Dirk Purschke
Der Rechtsgedanke bei Marx

De Gruyter Marx Forschung

―
Herausgegeben von
Andreas Arndt und Gerald Hubmann

Band 2

Dirk Purschke

Der Rechtsgedanke bei Marx

Quellenstudien zu einer entwicklungsgeschichtlichen
Rekonstruktion seiner Philosophie des Rechts

DE GRUYTER

Zugleich Dissertation Technische Universität Dresden

ISBN 978-3-11-135759-1
e-ISBN (PDF) 978-3-11-078313-1
e-ISBN (EPUB) 978-3-11-078325-4
ISSN 2629-4877

Library of Congress Control Number: 2022931912

Bibliografische Information der Deutschen Nationalbibliothek
Die Deutsche Nationalbibliothek verzeichnet diese Publikation in der Deutschen Nationalbibliografie; detaillierte bibliografische Daten sind im Internet über http://dnb.dnb.de abrufbar.

© 2023 Walter de Gruyter GmbH, Berlin/Boston
Dieser Band ist text- und seitenidentisch mit der 2022 erschienenen gebundenen Ausgabe.
Druck und Bindung: CPI books GmbH, Leck

www.degruyter.com

Für meinen Vater

Vorwort

Die vorliegende Arbeit wurde im März 2021 von der Philosophischen Fakultät der Technischen Universität Dresden als Dissertation angenommen. In den Kapiteln 4.5 und 7.2 wurde sie nachträglich noch geringfügig ergänzt. Dem aufmerksamen Leser mag dabei nicht entgehen, dass die Titelwahl nicht zufällig erfolgt ist. Sie lehnt sich ganz bewusst an die hervorragende Arbeit Alexander Hollerbachs zum Rechts- und Staatsdenken Schellings an (*Der Rechtsgedanke bei Schelling. Quellenstudien zu seiner Rechts- und Staatsphilosophie*). Aufgrund der Parallelen im Werkkanon beider Denker, dabei insbesondere der Stellung und Bedeutung des Rechts, dem zwar keine eigene systematische Auseinandersetzung zu Teil wird, jedoch stets als elementarer Teil des Denkens präsent bleibt, vom frühesten Beginn des Schaffens bis in das jeweilige Spätwerk hinein. So stand die grandiose entwicklungsgeschichtliche Darstellung Pate für die methodische Idee der vorliegenden Arbeit, um den spezifischen Charakter des Marx'schen Rechtsdenkens herausstellen zu können. Mit der Titelwahl verbindet sich somit sowohl eine Hommage als auch die Hoffnung, dass dieser Arbeit zumindest ein kleiner Teil jener Wirkung beschieden sein darf, die der *Rechtsgedanke* Hollerbachs auf dem Feld der Schelling-Forschung hat erzielen können.

Besonders herzlichen Dank schulde ich Andreas Arndt für die Betreuung meiner Promotion. Bei Johannes Rohbeck möchte ich mich für die Begleitung und Unterstützung aufrichtig bedanken, die er mir zur Umsetzung meines Promotionsprojektes hat zukommen lassen. Auch den zahlreichen Lehrenden in Osnabrück und Bielefeld möchte ich danken, die mir auf dem Weg zur Abfassung dieser Arbeit zur Seite gestanden haben. Hervorheben möchte ich gerne Rainer Trapp, der mich zu Beginn meines Philosophiestudiums immer gefördert und zu dessen Weiterführung motiviert hat. Bei Uwe Meyer und Christian Lavagno bedanke ich mich nicht nur für die lehrreichen und wegweisenden Seminare, sondern auch für die Bereitschaft, die Betreuung meiner Promotion zu übernehmen, auch wenn es dann ganz anders gekommen ist.

Zu großem Dank verpflichtet bin ich zudem den Korrektoren meiner Dissertation, Michael Niekamp, Andreas Vogt und Jürgen Grosser. Ihnen möchte ich ganz herzlich für die umfangreichen und zeitintensiven Korrekturarbeiten sowie die vielen nützlichen Anregungen danken, ohne die diese Arbeit sicherlich ganz anders ausgesehen hätte. Vor allem für die herzliche und stets gastfreundliche Atmosphäre im Hause Grosser möchte ich mich an dieser Stelle bei Marita und Jürgen ganz herzlich bedanken.

Zum Schluss möchte ich natürlich auch meiner Familie und meinen Freunden danken, die den nicht immer linearen Weg bis zur Fertigstellung durch ihren Zuspruch und ihre Unterstützung überhaupt erst möglich gemacht haben.

Osnabrück, Januar 2022   Dirk Purschke

Inhalt

Abkürzungsverzeichnis —— XIII

1	**Einleitung** —— 1	
2	**Zeitgeist und Wegmarken** —— 12	
2.1	Das Recht und die Philosophie —— 12	
2.2	Savigny und die Historische Rechtsschule – Die Wurzeln des Rechts und ihre positive Gestalt —— 13	
2.2.1	Vom Beruf unserer Zeit für Gesetzgebung und Rechtswissenschaft —— 14	
2.2.2	Das Recht des Besitzes —— 19	
2.3	Hegel – Naturrecht als philosophische Grundlegung des Rechts —— 22	
2.3.1	Der Naturrechtsaufsatz von 1802/03 —— 24	
2.3.2	Die Grundlinien der Philosophie des Rechts —— 30	
2.4	Gans – Die Etablierung der Philosophischen Rechtsschule auf dem Rücken Savignys —— 44	
2.4.1	Naturrecht und Universalrechtsgeschichte —— 46	
2.4.2	Über die Grundlage des Besitzes. Eine Duplik —— 53	
2.5	Exkurs: Feuerbach und Stahl – Die „historisch-christliche Rechtsschule" und die positive Philosophie des Staates —— 57	
2.6	Zusammenfassung —— 62	
3	**Auf der Suche – Zwischen Rechtswissenschaft und Philosophie** —— 65	
3.1	Der rechtsphilosophische Ausgangspunkt (1835–1837) —— 65	
3.2	Die Dissertation – Von Titanen und der Verwirklichung der Philosophie (1838–1841) —— 67	
3.3	Die Rheinische Zeitung und die Kritik der Historischen Rechtsschule (1842–1843) —— 71	
3.3.1	Die Freiheit der Presse und das Wesen des Rechts —— 71	
3.3.2	Die Lehre vom christlichen Staat und das Manifest der Historischen Rechtsschule —— 77	
3.3.3	Das Holzdiebstahlgesetz und das wirkliche Gewohnheitsrecht —— 83	
3.3.4	Der Ehescheidungsgesetzentwurf und die Verteidigung der sittlichen Institutionen —— 90	
3.3.5	Das organische Staatswesen und seine Verwaltung —— 94	
3.3.6	„Die gute und die schlechte Presse" und das Verbot der Rheinischen Zeitung —— 101	
3.3.7	Zusammenfassung —— 107	

3.4		Die Deutsch-Französischen Jahrbücher und die Kritik der Hegelschen Rechtsphilosophie (1843–1844) —— 110
3.4.1		Zur Kritik der Hegelschen Rechtsphilosophie —— 111
3.4.2		Zur Judenfrage —— 121
3.4.3		Zur Kritik der Hegelschen Rechtsphilosophie. Einleitung —— 127
3.5		Zusammenfassung —— 131
4		**Das Recht und der Historische Materialismus (1844–1848) —— 135**
4.1		Die Ökonomisch-philosophischen Manuskripte —— 135
4.2		Die heilige Familie oder Kritik der kritischen Kritik —— 143
4.3		Die Manuskripte der Deutschen Ideologie und die „Wissenschaft der Geschichte" —— 151
4.4		Das Manifest der Kommunistischen Partei und die englische Freihandelsdebatte —— 167
4.5		Basis und Überbau – Das Recht in der Zeit nach Marx —— 176
4.6		Zusammenfassung —— 183
5		**Die Neue Rheinische Zeitung – Das Recht zwischen Revolution und Konterrevolution (1848–1849) —— 186**
5.1		Die „Vereinbarungstheorie" und das Recht —— 187
5.2		Die preußische Finanzpolitik und ihre „Sonderinteressen" —— 193
5.3		Das Strafrecht, die freie Presse und der „konstitutionelle Usus" —— 201
5.4		Pro domo I: Marx und das preußische Staatsbürgerrecht —— 207
6		**Die Zeit des Stillstands und die Kritik des Rechts (1850–1862) —— 210**
6.1		Die Neue Rheinische Zeitung. Politisch-ökonomische Revue und Der achtzehnte Brumaire des Louis Bonaparte —— 211
6.1.1		„Die Revolution in Permanenz!" —— 211
6.1.2		Die Kritik der bürgerlichen Verfassung und die Rede von der Abschaffung des Staates —— 216
6.2		Die „journalistischen Brotarbeiten" und das Recht des Herzens —— 223
6.2.1		Das irische Pachtrecht und das System der direkten Besteuerung —— 225
6.2.2		Die Fabrikgesetzgebung —— 230
6.2.3		Verbrechen, Strafe und *lettres de cachet d'anglais* —— 234
6.2.4		Exkurs: Die „Trent-Affäre" und das englische Seerecht —— 240
6.3		Der Kommunistenprozess zu Köln und die Klage gegen die National-Zeitung —— 243
6.4		Pro domo II: Marx und das preußische Staatsbürgerrecht —— 251
6.5		Zusammenfassung —— 253

7	Das Recht und das „Reich der Freiheit" (1850–1881) —— 257	
7.1	Die „verzauberte Welt" der Dinge und die Kritik der politischen Ökonomie —— 259	
7.2	Der „Verein freier Menschen" und die „Ökonomie der Zeit" —— 275	
8	Zur Rekonstruktion des Gedankens freiheitlichen Rechts bei Marx —— 289	

Bibliografie —— 293
    Quellentexte —— 293
    Sekundärliteratur —— 293

Namenregister —— 304

Sachregister —— 307

Abkürzungsverzeichnis

ALR	Allgemeines Landrecht für die Preußischen Staaten
FGW	Gesammelte Werke – Feuerbach
HA	Hamburger Ausgabe – Goethe
HGW	Gesammelte Werke – Hegel
IAA	Internationale Arbeiterassoziation
KdU	Kritik der Urteilskraft – Kant
KpV	Kritik der praktischen Vernunft – Kant
LW	Lenin Werke
MEGA²	Marx – Engels – Gesamtausgabe
MEW	Marx – Engels – Werke
NRhZ	Neue Rheinische Zeitung
NYDT	New York Daily Tribune
SeSW	Sämtliche Werke – Schelling
ScSW	Sämtliche Werke – Schiller
ShSW	Sämtliche Werke – Shakespeare

1 Einleitung

Bei der Betrachtung der gegenwärtigen philosophischen Debatte lässt sich ein wiederaufkeimendes Interesse an der Gesellschaftstheorie von Karl Marx registrieren, welches nicht nur auf die Feuilletons beschränkt bleibt, sondern sich auch auf den akademischen Bereich erstreckt.[1] Die Auseinandersetzung mit seiner Theorie oder spezifischen Denkmotiven hieraus erfolgt dabei zumeist in einer direkten Anknüpfung an aktuelle gesellschaftspolitische oder soziale Fragestellungen, die vor dem Hintergrund des Krisengeschehens einer globalisierten Wirtschaft und ihrer Auswirkungen auf den gesellschaftlichen Lebenszusammenhang erwachsen. Mit der Anknüpfung an die Marx'sche Gesellschaftstheorie verbindet sich die Hoffnung, ein kritisches Verständnis des kapitalistischen Wirtschaftssystems zu gewinnen, zugleich aber auch den Blick für „Alternativen zum Kapitalismus" freizulegen.[2] Entsprechend strukturiert stellt sich dann auch die Interpretations- und Rezeptionslandschaft dar, deren Schwerpunkte die ökonomische Kapitalanalyse, Politik, Ideologiekritik und Entfremdungsproblematik bilden.[3] Augenscheinlich wenig Aufmerksamkeit dagegen genießt die Auseinandersetzung mit dem *Recht* im Werk Marxens, das, sofern es überhaupt eine explizite Thematisierung erfährt, bestenfalls im Klangschatten ökonomischer oder sozialphilosophischer Betrachtungen tangiert wird. Deutlich wird dies nicht zuletzt anhand der Zeitschriftenartikel und Sammelbände, die in jüngerer Zeit erschienen sind.[4] Dieses Bild fügt sich nahtlos in die gesamte Rezeptionsgeschichte ein, in der das Recht nie über die ihm anheimfallende Rolle eines „Stief-

---

[1] Vgl. Rohbeck 2006, S. 9; Hubmann 2008, S. 789; Weckwerth 2008, S. 436; Lohmann 2012, S. 112; Hühn / Müller 2018, S. 245. Ihre „letzte Hochphase" (Lohmann 2012, S. 112) genoß die Marxrezeption in der mit den 1960er Jahren einsetzenden „Renaissance" (Heinrich 2011, S. 9), die in verschiedener Ausprägung bis zum Beginn der 1990er Jahre anhielt, bevor der „Wegfall des Ost-West-Konflikts" (Quante/Schweikard 2016, S. V) eine akademische Stille um das Werk von Marx einleitete. Vgl. Easton 2008, S. XI f.; Lohmann 2012, S. 112. Erst in den 2000er Jahren blühte allmählich eine erneute Renaissance auf, die ihren vorläufigen Höhepunkt in der Publikationsvielfalt anlässlich des 200. Geburtstags Marxens fand.
[2] Vgl. Quante 2002, S. 450; Ders. 2009b, S. 217; Ders. 2010, S. 98; Ders. 2018, S. 11; Weckwerth 2008, S. 436; Honneth 2010, S. 193; Iorio 2012, S. 1 f.; Lohmann 2012, S. 112; Jaeggi / Loick 2013, S. 9 f.; Hühn / Müller 2018 S. 245 f.; Quante / Schweikard 2016, S. V.
[3] Vgl. Hubmann 2008, S. 797 f.; Weckwerth 2008, S. 436.
[4] Zu nennen wären hier *Karl Marx' kommunistischer Individualismus* (Pies / Leschke 2005), die Artikelreihe zu Marx in der *Deutschen Zeitschrift für Philosophie 58* (2010), die beiden Sammelbände von Jaeggi / Loick, *Nach Marx. Philosophie, Kritik, Praxis* und *Karl Marx – Perspektiven der Gesellschaftskritik* (beide 2013) sowie die Artikelreihe in der *Allgemeinen Zeitschrift für Philosophie 43.3* (2018). Ein ähnliches Bild liefert das *Marx-Handbuch* von Michael Quante und David P. Schweikard (2018). Auch hier fristet das Recht nur ein Schattendasein und erhält der Gliederung zufolge nicht einmal den Status eines Grundbegriffs der Marx'schen Philosophie. Eine Ausnahme stellt das Buch *Staat, Recht und Demokratie* von Andreas Fisahn dar, das 2018 erschienen ist. Hier werden allerdings die Rechts- und Staatsauffassungen von Marx und Engels miteinander vermengt.

kind[es]" der Marx-Forschung hinauszugelangen vermochte.[5] Bemerkenswert ist dies vor allem vor dem Hintergrund von Forschungsmeinungen, die gerade eine Nähe bzw. Zusammengehörigkeit zwischen der ökonomischen Kapital- und der Staatskritik explizit herausstellen, d. h. also jenem Werkteil, der auch die Auseinandersetzung mit dem *Recht* beinhaltet, zumal sich die Anknüpfung an eine kritische Gesellschaftstheorie stets auch Rechenschaft über die institutionellen Konsequenzen sollte geben können, die ihr Verfasser mit seiner Kritik verbunden hat.[6] Zu berücksichtigen wäre schlussendlich auch, dass Marx zunächst ein Studium der Jurisprudenz aufnahm und sich erst im weiteren Verlauf dieses Studiums der Philosophie und anderen Wissenschaften zuzuwenden begann. Ungeachtet dieser Punkte tritt eine dezidierte Auseinandersetzung mit dem Rechtsdenken Marxens in der Forschung jedoch hinter das Primat der Ökonomiekritik zurück und beschränkt die Betrachtung des Rechts auf eine bloße Randnotiz. Gründe für diese defizitäre Forschungslage sind zum einen darin zu sehen, dass Marx selbst keine systematische Rechts- und Staatstheorie hinterlassen hat. Vielmehr kommt seinen Erörterungen des Rechts ein nur fragmentarischer Charakter zu, da sie als einzelne Textstellen über die Publikationen und Exzerpte des gesamten Oeuvres verstreut liegen.[7] Zum anderen sind auch die theoretischen Schwierigkeiten zu nennen, die eine Auseinandersetzung mit dem „Kernstück marxistischer Rechtstheorie" bereitet, der auf dem Primat der Ökonomiekritik aufbauenden „Basis-Überbau-Lehre".[8] Zu guter Letzt bilden Recht und Staat dann gerade die Werkteile, die am ehesten mit dem Kainsmal realsozialistischer Instrumentalisierungen behaftet sind.[9] Des Weiteren wird in der Forschung aber auch immer wieder herausgestellt, dass sich mit dem Wegfall des zentralen weltanschaulichen Schismas der zweiten Hälfte des 20. Jahrhunderts erstmals auch die Chance einer von diesen ideologischen Blockaden unabhängigen Rezeption der Theorie bietet, die eine Freisetzung ihrer „kritische[n] Kraft" und „gesellschaftskritischen Potentiale" ermöglicht.[10] In Bezug auf das *Rechtsdenken* bei Marx steht die Ergreifung dieser Chance bislang noch aus.

Eine umfassende Rekonstruktion des Rechtsdenkens, die den verschiedenen Aspekten seiner Thematisierung im Werk von Marx Rechnung tragen will, muss die

---

5 Vgl. Cerroni 1972, S. 172; Negt 1975, S. 31; Arndt 2015, S. 76.
6 So wird beispielsweise betont, dass die werksbiographisch zentrale Ökonomiekritik auf den Auseinandersetzungen zum Verhältnis von Recht, Politik und Staat zur bürgerlichen Gesellschaft aufbaue. Vgl. Wildt 1977, S. 208; Menke 2013, S. 273. Ohne diese Verbindung würde eine Betrachtung der Ökonomiekritik notwendig unvollständig bleiben und nur theoretischen Missverständnissen Vorschub leisten. Vgl. Heinrich 2015, S. 10.
7 Vgl. Poulantzas 1972, S. 181; Baratta 1974, S. 93; Negt 1975, S. 31; Easton 2008, S. XIII; Vincent 2008, S. 44; Arndt 2015, S. 104 f.
8 Rottleuthner 1975, S. 201; s. *Kap.* 4.5.
9 Vgl. Baratta 1974, S. 94 f.; Quante / Schweikard 2016, S. V.
10 Vgl. Rohbeck 2006, S. 14; Easton 2008, S. XIV; Weckwerth 2008, S. 437; Quante 2009b, S. 216; Ders. 2010, S. 97; Ders. 2018, S. 13; Arndt 2011; Ders. 2015, S. 16; Endreß / Jansen 2020, S. 9; Piraud / Rother 2020, S. 4.

werkbiographisch relevante Bedeutung der Philosophie Hegels einbeziehen, das Verhältnis zwischen den tendenziell eher rechts- und staatstheoretischen Frühschriften und der späteren ökonomie- und politiklastigeren Werkphase bestimmen sowie auch die Werkteile an der Peripherie einbeziehen (Zeitungsartikel, politische Korrespondenz etc.), deren Beachtung aufgrund der ohnehin wenig reichhaltigen Quellenlage unverzichtbar scheint.[11] Um sicherzustellen, dass diese Faktoren im Rahmen einer Rekonstruktion auch Berücksichtigung finden, drängt sich eine *entwicklungsgeschichtliche* Methode auf, die den Weg der Herausbildung und der Weiterentwicklung der Auseinandersetzung mit dem Recht ausgehend von der frühesten Phase des rechtswissenschaftlichen Studiums bis zur späteren Werkphase des Londoner Exils nachzeichnet. Eine solche bislang noch nicht vorliegende Rekonstruktion bietet zum einen die Möglichkeit eine alternative Perspektive auf die im Rahmen der Forschung zur Marx'schen Rechtstheorie auftretenden Fragestellungen einzunehmen sowie überhaupt erst Fragen aufzuwerfen, die noch keinen Einzug in die Debatte haben finden können: Wie ist die Entwicklung des Rechtsdenkens im Ausgang vom Hegel'schen Rechtsverständnis zu sehen? Verficht Marx in seinem Werkverlauf einen Rechtsbegriff, der sich an den rechtsphilosophischen Bestimmungen Hegels orientiert? Welche Rolle kommt der rechtsphilosophischen Vermittlung Eduard Gans' dabei zu? Lässt sich eine Kontinuität des Rechtsdenkens im Gesamtwerk feststellen? In welchem Verhältnis steht das Rechtsdenken zur Ökonomiekritik? Ist die Rechtsauffassung Marxens auf eine bloße Kritik des Rechts reduzierbar? Welche Position vertritt Marx in Bezug auf das moderne Recht? Hält er an der Vorstellung institutionalisierter Individualrechte fest? Bietet das Rechtsdenken die rechtsphilosophische Grundlage für eine hierauf zu entwickelnde *normative* Rechtstheorie? Zum anderen vermeidet eine umfassende Zusammenstellung die Gefahr, disjecta membra vereinzelter Rechtserörterungen im Werk zur Grundlage des gesamten Rechtsverständnisses zu verklären. Erst unter dieser Voraussetzung eröffnet sich der Weg zu einem unverfälschten und vollständigen Bild des *gesamten* Rechtsdenkens Marxens. Das Fehlen einer solchen Rekonstruktion gilt bislang noch als „Desiderat".[12]

---

11 In Bezug auf die frühe Werkphase kann der Einfluss der Philosophie Hegels auf die Entwicklung Marxens als unbestritten gelten. Weniger Einvernehmen herrscht dagegen mit Blick auf die Entwicklung, die mit dem Übergang zur *Kritik der politischen Ökonomie* einsetzt. Hier bildet die Verhältnisbestimmung den Gegenstand umfassender Debatten zur *Kontinuität* oder zu einem *Bruch* im Werk.
12 Das Vorliegen dieses Forschungsdesiderats hat Andreas Arndt bereits 1985 in seiner umfassenden Untersuchung zur Gesamttheorie Marxens betont und im Nachwort zur 2. Auflage 2012 erneut bekräftigt. Vgl. Arndt 2012, S. 111, 262f. Siehe zudem: Klenner 1984, S. 70; Stoppenbrink 2016, S. 404. Einer solchen Rekonstruktion steht die Methodik gegenüber, die sich als „perspektivische Aneignung" (Nutzinger 2005, S. 206) einzelner Bestandteile der Kritik versteht, um diese in Hinblick auf Problemlagen der Gegenwart hin überprüfen zu können. Vgl. Honneth 2010, S. 193. Ist diesem Vorgehen in Bezug auf die entwickelten Werkteile der Marx'schen Gesellschaftskritik uneingeschränkt zuzustimmen (Politik, Ideologie, Ökonomie), so kann dies nicht gleichermaßen für die Bereiche seines Werks gelten, denen es noch immer an einer quellenorientierten Grundlagenforschung mangelt. Insoweit wäre auch eine Kritik zurückzuweisen, die in einer grundlegenden Wiederanknüpfung an die Marx'-

Die bisherige Forschungslage zum Recht im Werk von Marx bleibt auf *unvollständige* oder *systematische* Rekonstruktionen beschränkt, die auf einer selektiven Rezeptionspraxis aufbauen. Eine holistische Perspektive auf die Komplexität des Marx'schen Rechtsdenkens wird so aber von vornherein ausgeschlossen und Raum für interpretative „Mißbildungen" geschaffen, die seinem Rechtsverständnis einen nur *instrumentellen Charakter* zusprechen oder gar einen „Rechtsnihilismus" attestieren.[13] Vor allem aber mangelt es an einer umfassenden Rekonstruktion des Rechtsdenkens, die eine dezidierte Verhältnisbestimmung der Rechtsbetrachtungen Marxens zur Rechtsphilosophie Hegels beinhaltet.

Ausgangspunkt und prägendes Signum der Rezeptionsgeschichte bildet die Auseinandersetzung mit dem Recht bei Marx, die im Kontext der erfolgreichen Oktoberrevolution in den 1920er und 30er Jahren in der Sowjetunion erfolgte. Wichtigster Vertreter und „Haupt der sowjetischen Rechtstheorie" war Eugen Paschukanis, dessen 1924 erschienenes Hauptwerk *Allgemeine Rechtslehre und Marxismus. Versuch einer Kritik der juristischen Grundbegriffe* die Debatte maßgeblich beeinflussen sollte.[14] Locus classicus und Orientierungspunkt seiner Betrachtungen bildete die von Lenin 1917 veröffentlichte Schrift *Staat und Revolution*.[15] In Anlehnung an populäre Textstellen aus den Schriften von Friedrich Engels wird hier der These vom Absterben des Staates auf einer höheren Entwicklungsstufe der kommunistischen Gesellschaft im Kontext politischer Umwälzungsprozesse eine breite Wahrnehmung eröffnet.[16] Dieses Postulat eines institutionellen Suizids, den eine gesellschaftliche Veränderung auf kommunistischer Basis in den Augen Lenins zu vollziehen habe, beinhaltet letztlich einen Zustand gesellschaftlichen Zusammenlebens, der einer Notwendigkeit rechtlicher Normierungen vollends entbehrt.[17] Hieran anknüpfend entwickelt Paschukanis seine marxistische Theorie des Rechts, die vor allem dessen ideologische Funktion in ihren Fokus rückt und auf dieser Grundlage einen Versuch begründet, die Rechtsform parallel zur Entwicklung der Warenform im *Kapital* herauszuarbeiten.[18] Mit der konsequenten Ableitung des Rechts aus der Ökonomie bleibt seine Theorie aber auf die kritische Dimension der Rechtsbetrachtung Marxens beschränkt und mündet letztlich in jener vollständigen Negation der Institution des Rechts, die bereits in *Staat*

---

schen Quellen nur eine vorschnelle Preisgabe der Errungenschaften bisheriger Marx-Forschung zu erblicken vermeint und die Gefahr einer „Reprimitivierung des kritischen Diskurses" heraufbeschwört. Vgl. ebd., S. 193 f.; Lohmann 2012, S. 113. Zumindest bezüglich des Rechts schafft die Erschließung der Quellenlage erst den *Boden*, um hierauf aufbauend die kritischen Potenziale des Rechtsdenkens erschließen und auf ihre Tragfähigkeit für den kritischen Diskurs der Gegenwart hin überprüfen zu können.
13 Poulantzas 1972, S. 181; Rottleuthner 1975, S. 7.
14 Vgl. Cerroni 1972, S. 172, 174 f.; Reich 1972, S. 9 f.; Spitzer 2008, S. 22 f.
15 Vgl. Negt 1975, S. 17; Loick 2013, S. 313.
16 LW 25, 397 f., 469 f., 483; vgl. Arndt 2012, S. 109; Ders. 2015, S. 113.
17 LW 25, 489. Vor diesem Hintergrund bezeichnet Andrew Vincent die theoretische Linie von *Staat und Revolution* daher auch als „communist anarchism". Vgl. Vincent 2008, S. 58.
18 Paschukanis 1972, S. 109; Ders. 2013, S. 61, 82 f.

und Revolution postuliert wurde.¹⁹ Genauer betrachtet verfällt die reduktionistische Theorie Paschukanis' in einen *rechtlichen Ökonomismus*, dessen Abnabelung von der philosophischen Grundlage des Marx'schen Rechtsdenkens nicht nur einer affirmativen Bezugnahme zum Recht jeden Raum nimmt, sondern eine vollständige Entwurzelung des Individuums als *Rechtsperson* vollzieht.²⁰

Mit Beginn der sechziger Jahre setzte in den westlichen Ländern eine kritische Auseinandersetzung mit der sowjetischen Rechtstheorie ein. Ungeachtet dieser Kritik verblieb das Augenmerk der Auseinandersetzung weiterhin auf dem Schwerpunkt der ideologischen Rechtskritik im Kontext der ökonomischen Schriften. Bedeutung erlangte vor allem die im Zuge der theoretischen Neuinterpretation des „strukturalen Marxismus" Louis Althussers durch Nicos Poulantzas in seinen Arbeiten bewirkte Lesart des Verhältnisses von Ökonomie und Recht.²¹ Aufbauend auf einem epistemologischen Bruch, den Marx im Übergang zum Historischen Materialismus gegenüber seiner an Hegel ausgerichteten philosophischen Frühphase vollzogen habe, wird durch die strukturale Rekonstruktion der Theorie eine Perspektive geschaffen, die Poulantzas als *relative Autonomie des Rechts* begreift und die eine vollständige Reduktion des Rechts auf die Ökonomie nicht mehr zulässt.²² Ungeachtet dieser Flexibilisierung des Verhältnisses von Ökonomie und Recht führt die Fokussierung auf die Rechtskritik der Kapitalanalyse und die Annahme eines vollständigen Bruchs mit den rechtsphilosophischen Überlegungen der frühen Schriften Marxens zu einer nur verkürzten Betrachtung seines Rechtsdenkens, die die positive Bestimmung und normative Bedeutung des Rechts für das Individuum gar nicht erst in den Blick zu nehmen vermag.²³ Gleiches gilt für die Ansätze Oskar Negts und Alessandro Barattas, die ausgehend vom ökonomischen Spätwerk eine materialistische Rechtstheorie zur Bestimmung des ökonomischen Klasseninhalts des Rechts zu entwickeln versuchen, die zugleich die ideologische Funktion des bürgerlichen Rechts offenlegt.²⁴ Zwar verweist Negt entgegen dem Absterbepostulat auf eine Fortdauer des Rechts auch unter postbürgerlichen Produktionsbedingungen, schafft es mangels des Einbezugs

---

19 Ebd., S. 59, 132 f., 161; vgl. auch Negt 1975, S. 17, 19.
20 Vgl. Spitzer 2008, S. 23; Vincent 2008, S. 52. Auf die sozialphilosophischen Implikationen dieses reduktiven Rechtsverständnisses hat beispielsweise Arndt hingewiesen. Mit der Konzentration auf die ideologische Rechtskritik sowie der Parallelisierung von Recht und abstrakten Wertbegriff der Ware schaffe Paschukanis eine vollständige Identität zwischen Rechtsperson und Warenbesitzer, die einen Blick für die freiheitskonstituierende Bedeutung des Rechts überhaupt nicht mehr zulasse. Vgl. Arndt 2015, S. 115 f.; Ders. 2017, S. 47. Diese Nivellierung des Rechts führe dann zu einer *Prävalenz des Kollektivs* gegenüber dem Individuum, die in letzter Konsequenz die Möglichkeit einer Herrschaft des „sozial funktionalen Wesens" über jedwede Individualität und Persönlichkeit in sich trage und somit erst Raum für eine „totalitär[e]" Auslegung der Theorie eröffne. Ebd., S. 47 f.
21 Vgl. Poulantzas 1972, S. 181, 184–186; Jaeggi 1977, S. 16; Honneth 1977, S. 405.
22 Vgl. Poulantzas 1972, S. 183 f., 195, 198; vgl. auch Newman 2005, S. 33; Spitzer 2008, S. 25 f.
23 Bezogen auf die Theorie Althussers hat bereits Honneth eine ähnliche Kritik formuliert: Vgl. Honneth 1977, S. 439 f.
24 Vgl. Baratta 1974, S. 96–99; Negt 1975, S. 14, 34, 48, 55–58.

der frühen Schriften aber nicht, eine positive Rechtsbestimmung der Marx'schen Theorie zu rekonstruieren.[25] Im Ergebnis verzichten sowohl Poulantzas als auch Negt und Baratta auf eine entwicklungsgeschichtliche Betrachtung des Marx'schen Rechtsdenkens und beschränken sich ganz auf eine systematische Analyse spezifischer Werkausschnitte, die den Zugriff auf das kritische Potenzial der an Hegel anknüpfenden rechtsphilosophischen Grundlagen bereits im Ansatz blockiert.

Eine weitere Richtung dieser Zeit repräsentieren die Ansätze, die die Rekonstruktion einer marxistischen Rechtstheorie mit der kritisch reflektierten Marx-Interpretation Jürgen Habermas' verbinden.[26] Zentral hierbei zeigt sich der Rekonstruktionsversuch der Rechtstheorie Marxens, den Wolf Paul als eine *emanzipative* Ideologiekritik des Rechts zu vollziehen beansprucht, die die Kritik mit der Möglichkeit einer „qualitative[n] Veränderung des Rechts" verknüpft.[27] Dabei stützt Paul seine Interpretation schwerpunktmäßig auf die Schriften der frühen Werkphase und erklärt den Entstehungsprozess der Marx'schen Rechtskritik allein aus dessen Auseinandersetzung mit der Historischen Rechtsschule heraus.[28] Die Freilegung des emanzipatorischen Potenzials des Rechts wird dann auf eine kommunikative und konsensbasierte Realisierung zurückgeführt, die die Marx'sche Theorie als bloßes Postulat hinterlassen habe und das vor allem bei Dietrich Böhler aufgegriffen und auszuformulieren versucht wird.[29] Diese Formulierung erfolgt in Gestalt einer „dialogische[n] Reziprozität", mit der Marx seine Rechtskritik implizit unterlegt habe und die Böhler im weiteren Verlauf zu einer normativen Begründungsreflexion im Sinne einer diskursethischen Überprüfung der allgemeingültigen Begründbarkeit von Normen und Institutionen verfestigt.[30] Leitender Gedanke der Marx'schen Rechtstheorie sei es dabei, die „individuelle Freiheit im sozialen Kontext der Gegenseitigkeit zu institutionalisieren" und nicht etwa die Aufhebung allen Rechts zu begründen.[31] Wenngleich die Anerkennung der positiv-emanzipatorischen Funktion des Rechts als Garant individueller Freiheit zwar hervorzuheben ist, ergibt sich dies bei näherer Betrachtung aber erst durch die diskursethische Anreicherung der primär als Ideologiekritik identifizierten Rechtsauffassung Marxens. Aufgrund der in beiden Ansätzen praktizierten systematisch-selektiven Adaption des Rechtsdenkens entzieht sich die Frage, ob der normative Leitgedanke einer unbeeinträchtigten Institutionalisierung der Bedingungen individueller Freiheit nicht bereits in der Theorie von Marx selbst angelegt ist und welche Bedeutung dem rechtsphilosophischen Ausgangspunkt in diesem Fall dabei zuwächst, bereits im vorhinein jedweder Überprüfung. Eine

---

25 Vgl. ebd., S. 21, 64 f., 67.
26 Vgl. Paul 1972, S. 204, 215.
27 Vgl. ders. 1971, S. 201 f.; Ders. 1972, S. 208, 227; Ders. 1975, S. 77.
28 Vgl. ders. 1972, S. 205, 219; Ders. 1975, S. 79; vgl. auch Stoppenbrink 2016, S. 404.
29 Vgl. Paul 1975, S. 86 f., 89; Böhler 1975, S. 102, 105 f.
30 Vgl. ebd., S. 124–129, 144.
31 Vgl. ebd., S. 105 f., 132.

solche Untersuchung muss einer umfassenden entwicklungsgeschichtlichen Rekonstruktion vorbehalten bleiben.

Gegenüber dem kontinentaleuropäischen Diskurs dieser Zeit ist die *anglo-amerikanische Debatte* maßgeblich durch die analytische Tradition beeinflusst, die die Schwerpunkte der Marx-Forschung zur Moraltheorie und politischen Philosophie hin verschiebt, wobei sich die Diskussion insbesondere an der Normativität und Gerechtigkeit innerhalb der Marx'schen Theorie entzündet.[32] Eine bedeutsame Richtung auf dem Feld der Adaption des Marx'schen Rechtsdenkens stellen die durch seine Theorie inspirierten Auseinandersetzungen mit dem US-amerikanischen Recht dar, die in den sechziger und siebziger Jahren im Rahmen der *Critical Legal Studies* erfolgten. Gegenstand dieser Studien war vor allem die ideologiekritische Auseinandersetzung mit dem Verhältnis von Politik und Recht vor dem Hintergrund sozialpolitischer Problematisierungen.[33] Als Rekonstruktion einer Marx'schen Rechtsphilosophie oder -theorie verstanden sie sich jedoch nicht. Auch mit dem zum Ende der siebziger Jahre aufkommenden *Analytischen Marxismus* änderte sich dieses Bild nicht, zumal sich diese Strömung der Marx-Forschung bereits definitorisch gegenüber der Philosophie Hegels und ihren Denkmotiven explizit abzugrenzen bestrebt war.[34] Einzelne sich im weiteren Verlauf mit dem Rechtsdenken Marxens auseinandersetzende Artikel bauen auf einem systematischen Bezug zu partiellen Werkteilen auf, um hieraus den normativen Gehalt der Theorie kondensieren zu können. Insbesondere die Bedeutung individueller Freiheit und ihre Definition bei Marx werden dabei thematisiert, wobei ihre Einbettung in eine Theorie des Rechts bzw. ein positives Rechtskonzept kontrovers bleiben.[35] Mit Blick auf diese Debatte ist insgesamt festzustellen, dass ungeachtet der Bemühungen, das normative Potenzial der Theorie freizulegen, der rechtsphilosophische Ausgangspunkt Marxens nicht explizit aufgegriffen oder im Rahmen einer entwicklungsgeschichtlichen Betrachtungsweise zu rekonstruieren versucht wird.

Die Rezeption des Marx'schen Rechtsdenkens in der gegenwärtigen Zeit zeichnet sich durch die Verbindung von aktuellen Problemen der philosophischen und sozialwissenschaftlichen Debatte mit einer „perspektivische[n] Aneignung" und schlaglichtartigen Betrachtung von Denkmotiven seiner Rechtsauffassung aus. Ziel ist die differenzierte Weiterführung kritischer Anknüpfungspunkte, die Marx im Rahmen seiner Analysen herausgearbeitet hat, wobei insbesondere die in der Rechtskritik angelegte Herrschafts- und Ideologiekritik und die hiermit verbundene Kritik an den Menschenrechten der bürgerlichen Gesellschaft im Zentrum des Interesses stehen.

---

[32] Fragen zur Normativität und zur Marx'schen Position in Bezug zur Gerechtigkeit bilden den Gegenstand einschlägiger Sammelbände dieser Zeit: *Marx, Justice and History* (1980) und *Marx and Morality* (1981).
[33] Vgl. Easton 2008, S. XII; Stoppenbrink 2016, S. 405; Somek 2017, S. 24, 170, 172.
[34] Vgl. Easton 2008, S. XI; Iorio 2012, S. 314 f.
[35] Vgl. Buchanan 1981, S. 288, 291, 300; McMurtry 1981, S. 184 f.; Miller 1981, S. 343; Brown 2008, S. 263; Roth 2008, S. 269, 285.

Ansätze dieser Art stellen die in jüngerer Zeit erschienenen Arbeiten von Christoph Menke, Daniel Loick und Georg Lohmann dar.[36] Obschon diese demokratietheoretische Lesart der Marx'schen Rechtskritik auch den Freiheitsbegriff im Kontext des Rechts fruchtbar macht und die Bedeutung der Philosophie Hegels dabei herausstellt, unterbleibt eine umfassende Rekonstruktion des Rechtsdenkens, die eine solche Verbindung im Werk selbst nachzuweisen sucht.

Eine Sonderstellung innerhalb der bisherigen Rezeptionsgeschichte nehmen die Ansätze von Christoph Schefold, Hermann Klenner und Andrea Maihofer ein, die sich als originäre Rekonstruktionen des Marx'schen Rechtsdenkens verstehen. Schefolds systematische Rekonstruktion zeichnet sich zwar auf der einen Seite durch die Herausarbeitung des freiheitsaffinen und demokratischen Potenzials der frühen Werkphase aus, bleibt auf der anderen Seite aber in ihrer Darstellung auf eben diesen Ausschnitt des Gesamtwerks beschränkt.[37] Sie bietet keinen Überblick und Zusammenhang des Rechtsdenkens auf breiter Werkbasis. Ein solcher Rekonstruktionsversuch liegt erst im Werk von Hermann Klenner vor.[38] Aber auch die seiner partiell-entwicklungsgeschichtlich verfahrenden Rekonstruktion zugrunde liegende *Anthologie* der rechtsrelevanten Textstellen bei Marx bleibt letztlich unvollständig.[39] Des Weiteren erfasst seine Darstellung zwar die wesentlichen Einflussgrößen der Entstehung und Entfaltung des Marx'schen Rechtsdenkens, zielt in ihrer Verlaufsrichtung jedoch in erster Linie auf den Übergang zum dialektisch-materialistischen Verständnis des Rechts, der seines Erachtens mit der theoretischen Entwicklung des Historischen Materialismus vollzogen wird.[40] Entsprechend wird das Verhältnis zur Hegel'schen Rechtsphilosophie und der frühen Werkphase bereits ex eventu vom Standpunkt der ausgearbeiteten Ökonomiekritik betrachtet und bewertet.[41] Eine Herausstellung des normativen Potenzials, insbesondere der über die Hegel'sche Rechtsphilosophie transferierten Verbindung von Recht und Freiheit in die Rechtsphilosophie des jungen Marx, erfolgt im Rahmen seiner Rekonstruktion nicht.[42] Den

---

36 Vgl. Nutzinger 2005, S. 206; Menke 2013; Loick 2013; Lohmann 2013.
37 Vgl. Schefold 1970. Aus der Sicht Schefolds kommt es mit dem Übergang zur Auseinandersetzung mit den ökonomischen Schriften zu einem Bruch im Werk, der das Marx'sche Denken in der Folgezeit von der Hegel'schen Philosophie abschneidet.
38 Klenner 1984, 1991 und 2003.
39 Vgl. Klenner 1984, S. 79–138.
40 Vgl. ebd., S. 76, 171; Ders. 1991, S. 169–171.
41 Vgl. ebd., S. 173 f. Ohnehin scheint Klenner die Entwicklung des Rechtsdenkens bei Marx als *linearen Prozess* zu begreifen, in dem die ursprüngliche Kritik *unmittelbar* in die Ökonomiekritik einmündet. Entsprechend werden die frühen Schriften als „[...] persönlich und gesellschaftlich notwendige Durchgangsstufe im Denken und im Handeln [...]" Marxens „[...] als Materialist, als Dialektiker, als proletarischer Revolutionär [...]" bestimmt. Ebd. S. 163. Der Primat eines Bruchs bleibt auch in Klenners späteren Schriften bestehen. Vgl. ders. 2003, S. 69.
42 Stattdessen wird die positive Funktion des Rechts instrumentell auf ein bloßes Mittel zur sozialen Revolution verkürzt. Auch die Bedeutung der Verbindung zwischen Hegel und Gans sowie zwischen Gans und Marx wird letztlich nur angedeutet. Vgl. ders. 1991, S. 148 f., 153, 158; Ders. 2003, S. 69.

bisher umfassensten Ansatz einer Rekonstruktion hat Andrea Maihofer mit ihrem Buch *Das Recht bei Marx* vorgelegt.[43] Ausgangsüberlegung ihrer systematischen Rekonstruktion ist die Kritik an der Auffassung des Basis-Überbau-Theorems als fertiges theoretisches Konstrukt, das in seiner Konsequenz eine eigenständige marxistische Rechtstheorie von vornherein blockiere. Demgegenüber interpretiert Maihofer dieses Theorem als perspektivische Grundlage für ein neues Forschungsprogramm, das Marx ausgehend von den Texten der *Deutschen Ideologie* zu entwickeln begonnen habe.[44] Entsprechend wird das Werkganze in einen frühen philosophisch-rechtskritischen und einen späteren gesellschaftstheoretischen Diskurs unterteilt.[45] Den eigentlichen Gegenstand der systematischen Rekonstruktion bildet dann der gesellschaftstheoretische Diskurs, den Maihofer entlang der Kategorien von Gerechtigkeit, Menschenrechten und dem Recht im Allgemeinen entwickelt und aufschlüsselt.[46] Resultat ihrer Analyse ist der Nachweis einer dialektischen Rechtsauffassung Marxens, die der Position eines ökonomischen Reduktionismus entgegensteht.[47] Unter der Voraussetzung des mit dem Basis-Überbau-Theorem bereits gesetzten Bruchs schneidet Maihofer ihre Betrachtung aber bereits a limine von der rechtsphilosophischen Grundlage des Marx'schen Rechtsdenkens ab.[48] Der in der Rechtsphilosophie Hegels begründete Zusammenhang von Recht und individueller Freiheit sowie seine Verhältnisbestimmung zum Rechtsdenken Marxens werden in dieser Rekonstruktion daher auch nicht untersucht. Überdies wird der liberaleren Lesart dieser Rechtsphilosophie und ihrer Vermittlung durch Eduard Gans in ihrer Darstellung gar kein Raum gegeben. Demgemäß ordnet sich das Ergebnis der Untersuchung Maihofers in die zurückliegende Debatte ein: Rechtsförmige Regelungen des gesellschaftlichen Zusammenhangs seien für Marx letztlich zu überwinden.[49] Zudem zeige sich sein Ansatz als *grundlegende Kritik* des abstrakten modernen Rechts und seiner „Konzeption einer autonomen Subjektivität".[50] Festzustellen ist bei der Betrachtung der Rekonstruktion Maihofers ferner auch, dass ihre Darstellung ebenso wie die Klenners letztlich selektiv verfährt, da nicht *alle* zum Recht zur Verfügung stehenden Quellen Berücksichtigung finden.

Gegenüber dieser Rezeption in der Marx-Forschung verfolgt die vorliegende Arbeit eine *entwicklungsgeschichtliche Rekonstruktion auf der gesamten Werkbasis*, die das Rechtsdenken Marxens in seiner fortgehenden Entwicklung verfolgt und in den Kontext seiner wesentlichen Verlaufslinien einordnet. Dabei soll nachgewiesen werden, dass Marx an dem rechtsphilosophischen Glutkern festhält, den er im Rahmen seiner Auseinandersetzung mit der Rechtsphilosophie Hegels und ihrer liberaleren

---

43 Maihofer 1992.
44 Vgl. ebd., S. 19 f., 45.
45 Vgl. ebd., S. 11, 46, 52.
46 Vgl. ebd., S. 11, 64.
47 Vgl. ebd., S. 222, 236 f.
48 Vgl. ebd., S. 11, 55, 147.
49 Vgl. ebd., S. 127.
50 Ebd., S. 239 f.

Vermittlung durch Eduard Gans in seiner frühen Schaffensphase entwickelt und trotz perspektivischer Verschiebungen und Modifizierungen auch in den späteren Teilen des Werkes kontinuierlich verfolgen wird. Zentrale Bedeutung wächst in diesem Zusammenhang der Anknüpfung an den *Rechtsbegriff* Hegels und dessen normativen Gehalt eines spezifischen *Freiheitsverständnisses* zu. In dieser Bezugslinie zur Hegel'schen Rechtsphilosophie wird sich das Marx'sche Rechtsdenken als *Kritik*, zugleich aber auch als eine normativ begründete *Affirmation* des Rechts bestimmen lassen.

Beginnend mit dem *zweiten Kapitel* erfolgt ausgehend von einer kurzen Standortbestimmung der Rechtsphilosophie die Betrachtung der zentralen Theorien zum Recht, durch die Marx in der Zeit seines Studiums und der beginnenden Phase als Schriftsteller und Journalist maßgeblich beeinflusst wurde. Sichtbar gemacht werden sollen die unterschiedlichen Positionierungen der Historischen Rechtsschule auf der einen und der ihres sich auf die Rechtsphilosophie Hegels stützenden Pendants auf der anderen Seite. Aus der Gegenüberstellung dieser unterschiedlichen Rechtsbehandlungen heraus wird sich das Rechtsdenken von Marx in den folgenden Kapiteln näher bestimmen lassen. Zudem eröffnet sich erst so die Möglichkeit, die unmittelbaren Anknüpfungspunkte und die Orientierung an diesen Theorien in den frühesten Schriften von Marx offenzulegen.

Aufbauend hierauf folgt im *dritten Kapitel* die Betrachtung der Schriften und Artikel, die Marx in der Zeit von 1835 bis 1843 verfasst hat. Ausgehend von den frühesten Werktexten und der *Dissertation* werden vor allem die Artikel für die *Rheinische Zeitung* und die Schriften für die *Deutsch-Französischen Jahrbücher* in ihrer Bedeutung für die Formierung des Rechtsdenkens beleuchtet. Dabei wird sich zeigen, dass Marx auf der Grundlage einer dezidiert kritischen Auseinandersetzung mit den Theorien der Historischen Rechtsschule sowie der Rechtsphilosophie Hegels an der grundlegenden Verklammerung von Recht und Freiheit festhalten wird, diesen Zusammenhang im Kontext seiner Verwirklichung aber um eine soziale Bezugsdimension erweitert. Diese modifizierte Adaption der rechtsphilosophischen Grundgedanken Hegels wird dann den Weg zur Auseinandersetzung mit der politischen Ökonomie bereiten.

Die Darstellung des Rechts im Rahmen der Texte und Publikationen, mit denen Marx den Brückenschlag zur Ökonomie und zur politischen Arbeiterbewegung vollzieht, bilden den Gegenstand des *vierten Kapitels*. Eine Betrachtung dieser Arbeiten, die Marx in enger Zusammenarbeit mit Friedrich Engels in der Zeit von 1844 bis 1848 verfasst hat, wird offenlegen, dass die darin enhaltenen Neuausrichtungen und Perspektivverschiebungen keinesfalls einen Bruch mit dem rechtsphilosophischen Grundgerüst markieren. Vielmehr wird sich anhand der rechtsrelevanten Werkstellen im Kontext der Theorienentwicklung nachweisen lassen, dass sich das Rechtsdenken der frühen Schriften darin vollständig erhält. Insbesondere der normative Bezugspunkt der Freiheit sowie ihre Institutionalisierung im Wirken einer Form öffentlicher Gewalt werden in der Darstellung transparent gemacht.

Im *fünften* und *sechsten Kapitel* erfolgt die Betrachtung des politisch-journalistischen Schaffens in der Zeit von 1848 bis 1862. Geprägt sind die Zeitungsartikel und

Schriften dieser Zeit von einer Auseinandersetzung mit dem Recht im Kontext der zeitgenössischen politischen Entwicklungen. Den Schwerpunkt bilden dabei die Artikel, die Marx für die *Neue Rheinische Zeitung* und die *New York Daily Tribune* niederschrieb, sowie seine Schrift zum französischen Staatsstreich des Jahres 1851. Daneben werden aber auch Texte aufgegriffen, die im Rahmen der Auseinandersetzung mit dem Recht bei Marx bislang nur wenig Beachtung gefunden haben. Dies umfasst sein Schaffen für die *Neue Rheinische Zeitung. Politisch-ökonomische Revue*, die Veröffentlichungen um den *Kommunistenprozess zu Köln*, die Korrespondenz zu einer Klage gegen die *National-Zeitung* sowie die juristischen Widrigkeiten, mit denen der Privatmann Marx konfrontiert war. Auch in der Betrachtung dieser marginalen Publikationen und Werkteile wird sich die Kontinuität in der Auseinandersetzung mit dem Recht erweisen. Transparent wird durch die Darstellung vor allem, dass Marx im Kontext der politischen Konstellation seiner Zeit und der rechtlichen Problemlagen seine grundlegenden Positionen zum Recht forterhält und weiterentwickelt.

Das sich anschließende *siebte Kapitel* behandelt die sich parallel zur journalistisch-politischen Tätigkeit entfaltende *Kritik der politischen Ökonomie* (1850 – 1881). Eine Betrachtung der ökonomischen Texte und Manuskripte vor dem Hintergrund des Rechtsdenkens wird deutlich machen, dass die Ausführungen im Rahmen dieser Arbeiten im Einklang mit den rechtsphilosophischen Grundüberlegungen der früheren Schriften stehen. Vertieft werden diese Folgerungen zudem durch die Texte und Korrespondenzen die Marx in seiner politischen Tätigkeit ab 1864 vor allem für die *Internationale Arbeiterassoziation* und später im Kontext der sich formierenden deutschen *Sozialdemokratie* verfasst hat. So wird sich darstellen lassen, dass die *Kritik der politischen Ökonomie* nur ein verändertes theoretisches Konzept eröffnet, in das die fortentwickelten Überlegungen zum Recht integriert werden. Darüber hinaus wird anhand entsprechender Werkstellen herausgearbeitet, dass Marx an seinem rechtsphilosophischen Grundgedanken eines institutionalisierten Rechts und der damit verbundenen Freiheitsauffassung festhält. Unter Berücksichtigung der in dieser Arbeit verfolgten Schwerpunktsetzung kann der ökonomische Rahmen der Theorie innerhalb der entwicklungsgeschichtlichen Untersuchung jedoch nur in seinen wesentlichen Grundzügen erörtert werden.

Abgeschlossen wird diese Untersuchung durch eine zusammenfassende Darstellung, die die Entwicklung des Rechtsdenkens und ihr Resultat noch einmal konzise rekapituliert (*achtes Kapitel*). Auf dieser Grundlage soll überdies eine kurze Einordnung der *Rechtsphilosophie* von Marx erfolgen sowie ein Ausblick auf eine sich hierauf beziehende *Theorie des Rechts* geworfen werden.

2 Zeitgeist und Wegmarken

2.1 Das Recht und die Philosophie

Die Diskussion innerhalb der zeitgenössischen Rechtsphilosophie als der Wissenschaft der Grundlegung des Rechts und der Bestimmung der Natur des Rechts ist insbesondere durch einen Gegensatz geprägt, der auch schon die Debatte in der ersten Hälfte des 19. Jahrhunderts maßgeblich begleitet hat.[51] Es ist der bekannte Gegensatz von Rechtspositivismus und Naturrecht, oder in der gegenwärtigen Gestalt, von Rechtspositivismus und Rechtsmoralismus.[52] Wesentliche Inhalte der Auseinandersetzung bilden vor allem die genaue Definition des Rechts, die Bestimmung seines spezifischen „Verpflichtungscharakter[s]" sowie das Problem der Legitimität und Richtigkeit des Rechts.[53] Dabei steht vor allem die *Richtigkeitsfrage* des Rechts im Zentrum einer Auseinandersetzung, die sich um eine genaue Verhältnisbestimmung von Recht und Moral dreht.[54] Der Position, die das Recht „unter Rekurs auf etwas Faktisches" erklärt, demnach die „richtige Erkenntnis des bereits bestehenden Rechts" in den Fokus ihrer Betrachtungen rückt, treten Ansätze gegenüber, die das Recht unmittelbar mit einem normativen Maßstab verbinden und somit das Recht auch unter dem Gesichtspunkt „wie es sein soll" in ihre Erkenntnisperspektive integrieren.[55] Dieser Spannungsbogen zwischen der Wirklichkeit und der Möglichkeit des Rechts liegt bereits jenem „Paradigmenwechsel" zugrunde, der sich zu Beginn des 19. Jahrhunderts in den Rechtswissenschaften vollzieht und dem auch der junge Marx begegnen wird, der sich während seines Studiums der Jurisprudenz in Bonn und Berlin mit genau diesen Abgrenzungen und Auseinandersetzungen konfrontiert sieht, sind sie zu dieser Zeit auch noch gewissermaßen in statu nascendi.[56] Wesentliche Einflussgrößen, die das Feld der wissenschaftlichen Betrachtungen des Rechts zu dieser Zeit bestimmen, sind die Historische Rechtsschule, die Philosophie Hegels und ihre juristisch vermittelte Gestalt in den Arbeiten von Eduard Gans. Es wird sich im

---

[51] Vgl. Müller 1999, S. 498; Alexy 2008, S. 13 f.
[52] Vgl. Koller 2008, S. 157 f.; von der Pfordten 2013, S. 16, 66. Franz-Alois Fischer bezeichnet diesen Gegensatz auch als Kern der „Standardgeschichte der Rechtsphilosophie". Fischer 2018, S. 38.
[53] Vgl. Alexy 2008, S. 15 f.; Koller 2008, S. 162; von der Pfordten 2013, S. 36. Neben den das Recht kennzeichnenden Eigenschaften von *Formalität*, *Legitimität* und *Generalität* ist es vor allem die *Normativität*, die in der Definition des Rechts herausgestellt wird und die Rechtfertigung seiner Geltung gegenüber den Rechtsadressaten durch gute Gründe zum Ausdruck bringt. Vgl. Habermas 1976, S. 264 f.; Koller 2008, S. 162. Dieses Erfordernis erwächst nicht zuletzt vor dem Hintergrund der genuinen *Verbindlichkeit* des Rechts, die diesem kraft der Möglichkeit zur *Sanktionsdrohung* zuwächst und es hierdurch überhaupt erst von anderen Regelsystemen sozialer Verhaltenssteuerung unterscheidet. Vgl. Koller 2008, S. 171; von der Pfordten 2013, S. 32 f., 36, 39; Somek 2018, S. 34.
[54] Vgl. Braun 2011b, S. 4, 13; Somek 2018, S. 15.
[55] Braun 2011b, S. 22; von der Pfordten 2013, S. 66; Somek 2017, S. 89, 107.
[56] Vgl. Braun 2011b, S. 14, 19; von der Pfordten 2013, S. 32 f.

weiteren Verlauf der Untersuchung zeigen, dass sich im Rechtsdenken Marxens die Probleme der Rechtsphilosophie im Zusammenhang mit den Erfordernissen des Rechtsbegriffs mit einer kritisch-eklektischen Aneignung dieser wirksamen Traditionsströmungen seiner Zeit verbinden.

2.2 Savigny und die Historische Rechtsschule – Die Wurzeln des Rechts und ihre positive Gestalt

Ausgehend von den Rechtslehren Montesquieus und Kants kam es in Verbindung mit dem sich durchsetzenden Historismus zu Beginn des 19. Jahrhunderts zu einem Autonomiebestreben der Rechtswissenschaften.[57] Ziel dieses Projektes war die Etablierung der Rechtswissenschaft als eigenständige Fachdisziplin mit einer ihr originären wissenschaftlichen Methode.[58] Eine der Hauptströmungen, die sich dieser Erneuerung der Rechtsforschung verschrieben hatte, ist die *Historische Rechtsschule*.[59] Grundlegendes Charakteristikum dieser Richtung bildet die Ablehnung eines vernunftbegründeten Naturrechts sowie die Kritik an einer unangemessenen Berücksichtigung der gewachsenen römisch-germanischen Rechtstradition, d. h. eben jener Auffassungen, die der bislang in den Rechtswissenschaften dominierenden Naturrechtstradition zu eigen waren.[60] „Stern erster Größe" und Haupt der Historischen Rechtsschule war Friedrich Carl von Savigny.[61] In seinem Werk findet sich die „markante

---

57 Vgl. Senk 2007, S. 259, 264.
58 Vgl. ebd., S. 264; Somek 2017, S. 19.
59 Vgl. Senk 2007, S. 265. Eine umfassende Untersuchung zum Schulstatus dieser Forschungsrichtung der Rechtswissenschaften hat in jüngster Zeit Hans-Peter Haferkamp vorgelegt (Haferkamp 2018). Obschon die Geburtsstunde der Historischen Rechtsschule ihm zufolge um 1806/08 angelegt sei, lasse sich von einer *Schule* dieses verzweigten und arbeitsteilig organisierten Netzwerkes erst zum Ende der 20er Jahre sprechen. Vgl. ebd., S. 111, 326 f. Den „Höhepunkt ihrer rechtswissenschaftlichen Produktivität" erreichte sie in den späten 1830er Jahren, bevor dann nach 1848 ihr allmählicher Niedergang einsetzte. Vgl. ebd. 2018, S. 268, 313, 315, 330.
60 Vgl. Skirbekk / Gilje 1993, S. 550, 560; Horster 2002, S. 57.
61 Ruge 1841, S. 501. Haferkamp bemängelt in Bezug auf die Forschungssituation zur Historischen Rechtsschule, dass diese zumeist auf das Wirken und die Schriften Savignys reduziert werde. Dem komplexen und vielseitigen Bild der Schule werde dieses Vorgehen in seinen Augen nicht gerecht. Vgl. Haferkamp 2018, S. 4, 6, 111, 325. Für die begrenzte Ausrichtung dieser Arbeit, die vor allem die Wirkung der Schule auf einen bloßen Teil ihrer zeitgenössischen Gegner in den Blick nimmt, ist diese Engführung allerdings gerechtfertigt, da sich die Kritik dieser Gegner ganz bewusst auf Savigny konzentriert. Bereits zu seiner Zeit an der Rheinischen Friedrich-Wilhelms-Universität traf der junge Marx auf Vertreter der Historischen Rechtsschule. Bonn war im Laufe der 1820er Jahre durch den Zugang mehrerer Anhänger der Schule zu einer Art „Außenstelle" des Berliner Stammsitzes avanciert. Ebd., S. 22. Hier lehrten ab 1821 u. a. Johann Christian Hasse, August Wilhelm Heffter, Eduard Puggé, Eduard Böcking und Moritz August von Bethmann-Hollweg. Marx besuchte u. a. Vorlesungen bei Böcking (*Institutionen*) und Puggé (*Enzyklopädie der Rechtswissenschaft, Europäisches Völkerrecht und Naturrecht*) und ab dem Wintersemester 1836/37 dann in Berlin auch Vorlesungen bei Savigny selbst (*Pandekten*). Daneben belegte er Vorlesungen zum *Kirchenrecht* sowie zum *Zivil*- und *Kriminalprozess* bei

rechtstheoretische Präzisierung" einer geschichtlich orientierten Rechtsforschung.[62] Die in diesem Zusammenhang bedeutendsten und für die Darstellung der Schulposition elementarsten Schriften sind zum einen die 1814 publizierte Programmschrift *Vom Beruf unserer Zeit für Gesetzgebung und Rechtswissenschaft* sowie seine bereits 1803 erschienene Untersuchung über *Das Recht des Besitzes*.[63]

2.2.1 Vom Beruf unserer Zeit für Gesetzgebung und Rechtswissenschaft

Ausgangspunkt der Programmschrift von 1814 bildet die in Anlehnung an den französischen Code Napoléon u. a. durch Anton Friedrich Thibaut erhobene Forderung nach einem allgemeingültigen Gesetzbuch für alle deutschen Staaten. Diese Forderung nimmt Savigny zum Anlass für eine Kritik am philosophischen Natur- und Vernunftrecht des vorangegangenen Jahrhunderts.[64] Das aufkommende Kodifizierungsverlangen sei letztlich nur Ausdruck einer Selbsttäuschung, in die sich die Rechtswissenschaft unter dem Einfluss der vernunftrechtlichen Denktradition verfangen habe, als Konsequenz der mangelnden Aneignung des überlieferten Stoffs an Rechtsnormen und -ansichten. Aufgrund dieses Vorgehens werde allein das Jetzt der gegenwärtigen Gesellschaft zum allgemein Menschlichen erhoben und fundiert in den Augen Savignys so eine Verkehrung der zeitgenössischen Rechtswissenschaft, die darin bestehe, dass nicht die Juristen den Stoff, sondern der Stoff die Juristen be-

---

Heffter und *Erbrecht* bei Adolf August Friedrich Rudorff. Vgl. Kliem 1970, S. 73, 95 f.; Klenner 1991, S. 157; Kelley 2008, S. 4.
62 Senk 2007, S. 388.
63 Die Auswahl der hier zu betrachtenden Schriften muss sich am Ziel der Untersuchung orientieren. Einzubeziehen sind die Werke, die maßgeblichen Einfluss auf die Formierung des Rechtsdenkens des jungen Marx entfaltet haben. Obschon das eigentliche Hauptwerk Savignys in der mehrbändigen Ausgabe des *System[s] des heutigen Römischen Rechts* (1840–1849) zu sehen ist, sind es vor allem die beiden zuvor benannten Schriften, welche ab Mitte der 1820er Jahre die größte Wirkung auf Anhänger und Widersacher der Historischen Rechtsschule entfalten konnte. Neben der eigentlichen *Programmschrift*, die auch als solches wahrgenommen wurde, war es vor allem *Das Recht des Besitzes*, das einen enormen Status im Bereich der zeitgenössischen Rechtswissenschaften zu gewinnen vermochte. So galt sie als Muster einer modernen rechtswissenschaftlichen Monographie schlechthin, deren einflussreiche Wirkung Johann Braun zufolge sogar in einer kultartigen Verehrung dieses *heiligen Textes* mündete. Vgl. Braun 1980, S. 460, 462; Kelley 2008, S. 9. In der Zeit, in der Marx seine Vorlesungen in Berlin besuchte, lag *Das Recht des Besitzes* bereits in der 6. Auflage vor. Des Weiteren wird mit der Einbeziehung dieser Schrift auch der enormen Bedeutung Rechnung getragen, die der Eigentumsfrage im Oeuvre Marxens zukommt, oder gar der „Überbetonung" der hiermit zusammenhängenden Problematiken, wie es Christoph Schefold formuliert. Vgl. Schefold 1970, S. 46 Fn. 21. Wenngleich Haferkamp auf die begrenzte Wirkung dieser Texte im Umfeld der *Schule* hinweist, sind die Bezüge in den Werken ihrer *Gegner* mehr als augenscheinlich. Vgl. Haferkamp 2018, S. 128, 327.
64 Vgl. Savigny 2013, S. 4 f., 17 f., 45. Die Kritik umfasst dabei sowohl die Vorstellung einer metaphysischen Rechtsbegründung durch die Vernunft als auch die eines willkürliche Kodifikationen bewirkenden positiven Gesetzgebers (*voluntative Rechtsbegründung*). Vgl. ebd., S. 6, 14.

herrsche.⁶⁵ Kodifizierungen auf dieser verkehrten Grundlage würden daher nur *zufällige* Rechtsregeln zu einer äußeren Autorität exekutieren.⁶⁶ Den aus seiner Sicht philosophischen Anmaßungen setzt Savigny eine Hinwendung zum bestehenden rechtlichen Stoff entgegen, in Gestalt einer dezidierten Untersuchung des in den deutschen Staaten vorherrschenden gemeinen Rechts (*ius commune*) als *fortentwickeltes Gewohnheitsrecht*.⁶⁷

Getragen von dieser Kritikskizze und dem daraus gefolgerten Gegenparadigma, entwirft Savigny den Programmgedanken einer wissenschaftlich neu ausgerichteten, an Geschichte und Erfahrung orientierten „lebendige[n] Schule" der Erforschung des Rechts.⁶⁸ Gegenstand dieser programmatischen Neuausrichtung ist zuvorderst das in verschiedenen deutschen Staaten als bürgerliches Recht wirksame *gemeine Recht*.⁶⁹ Es handelt sich hierbei um einen Sammelbegriff, der die sich im Volk forterhaltenden Massen an germanischen, römischen und kanonischen Rechtansichten und -begriffen bezeichnet. Ergeben sich je nach Landesgrenze auch unterschiedliche Gestalten dieses gemeinen Rechts, so besitze es Savigny zufolge doch eine gemeinsame Wurzel.⁷⁰ Aufgabe der Rechtswissenschaft sei es, eben jene Wurzel freizulegen, um so überhaupt erst die Möglichkeit zu erlangen, aus der großen Masse des vorhandenen

---

65 Vgl. ebd., S. 112–115.
66 Vgl. ebd., S. 3, 18. Nicht als solche explizit benannt können doch sicherlich die Rechtsbegründungen Fichtes und des jungen Schellings als eben jene Ansätze gelten, die das Recht allein auf vernunftlogischer Grundlage zu entwickeln beabsichtigen (*Grundlage des Naturrechts nach Prinzipien der Wissenschaftslehre* 1796/97; *Neue Deduction des Naturrechts* 1796). Hintergrund der Kritik an den Ansätzen einer vernunftlogischen Begründung des Rechts bildet Savignys eigenes Verständnis des *organischen Zusammenhangs* von Recht und Gesellschaft. Hervorstechend und möglicherweise bedeutsam für die Rezeption Marxens kann sicherlich der durch Savigny erfasste Zusammenhang von (theoretischer) Selbsttäuschung, Recht und Verkehrung des Verhältnisses von Gegenstand und Subjekt gelten.
67 Vgl. ebd., S. 133. Im Rahmen der Programmschrift setzt sich Savigny mit drei jüngeren Kodifikationen seiner Zeit auseinander, dem *Preußischen Landrecht* (1794), dem *Code Napoléon* (1804) und dem *Österreichischen Gesetzbuch* (1812). In seiner Betrachtung dieser Gesetzbücher arbeitet er die mangelnde Kenntnis des historischen Stoffs, d. h. der römischen Rechtsgrundlagen heraus. Diese spiegeln sich insbesondere in der nur unzutreffenden Verarbeitung des römischen Vermögensrechts und der Definitionen des Besitz- und Eigentumsbegriffs wider. Es gelinge den Gesetzbüchern daher nicht, den Bogen zur gewachsenen und gelebten Rechtstradition zu spannen. Vgl. ebd., S. 54, 66 f., 83, 90, 95, 99, 108.
68 Ebd., S. 125. Die wichtigsten Bezugspunkte Savignys stellen dabei die Arbeiten von Justus Möser und Gustav Hugo dar. Insbesondere Letzterer habe den Weg zu einer historischen Hinwendung der Rechtsforschung eingeleitet. Vgl. Savigny 2013, S. 14 f. Auch Marx greift noch bei seinen rechtshistorischen Darstellungen in den *Grundrissen der Kritik der politischen Ökonomie* (1857/58) auf Mösers Theorie der Zustände frühgermanischer Gesellschaften zurück. Später dann, Ende der 1860er Jahre, wird er diese durch Georg Ludwig von Maurers Theorie des germanischen Agrarkommunismus ersetzen. *Marx an Friedrich Engels*, 14.3. u. 25.3.1868, MEW 32, 42, 51; vgl. Landau 1973, S. 367 f.
69 Vgl. Savigny 2013, S. 35, 151 f.
70 Vgl. ebd., S. 40, 166.

Rechtsstoffs die *lebendigen* von den *toten* Elementen zu trennen.[71] Konkreter gefasst wird dieser Freilegungsprozess auch als Vordringen zum „organischen Princip" des Rechts begriffen. Savigny zielt darauf, die „leitenden Grundsätze" des Rechts herauszuarbeiten, die gleich der geometrischen Bestimmung eines Dreiecks die Teile des Rechts darstellen, aus denen alle weiteren Bestandteile notwendig folgen.[72] Die spezifische Methode, die dabei zur Anwendung gelangt, entspricht einem zweigliedrigen *historisch-genetischen Vorgehen*. Zunächst erfolgt im ersten Schritt die *rechtsgeschichtliche Begründung* der leitenden Grundsätze, im zweiten dann deren *Systematisierung*.[73]

Erst mit dem Erwachen des „geschichtliche[n] Sinns" in der Rechtsforschung erfolge die für die Ermittlung der leitenden Grundsätze unerlässliche bewusste Aneignung des historischen Rechtsstoffs.[74] Anvisiert sei es dabei, den lebendigen Zusammenhang eines Volkes mit seiner individuellen Historie zu erfassen, der sich auch aus dem Recht speise.[75] Diese Annahme einer historisch-kulturellen Individualität eines Volkes verbindet Savigny dann mit seiner *Volksgeistlehre*, der zufolge die Entstehung des Rechts in der spezifischen Sprach- und Kulturgemeinschaft eines Volkes verwurzelt ist.[76] Das geltende Recht wird dabei als *Gewohnheitsrecht* begriffen.[77]

---

71 Vgl. ebd., S. 115, 117; Senk 2007, S. 363. Das *gemeine Recht* der deutschen Staaten stellte sich als eine umfassende Vermischung zwischen dem antiken römischen Recht und seinen späteren Modifikationen dar. Ein eigenes nationales Recht gab es nicht. Aus der Sicht Savignys bildeten die bestehenden Kodifikationen daher auch nur Sammlungen fremder Rechte, die man im Grunde nicht wirklich verstand. Der „Schlüssel" zum Verständnis dieser ungeheuren rechtlichen Stoffmengen, die im Mittelalter in den verschiedenen Territorien aufblühten, konnte daher nur in der gemeinsamen Wurzel zu finden sein, dem antiken *Ursprungsrecht*. Dieser „Schlüssel" sollte es ermöglichen nachzuvollziehen, was am bestehenden Recht auf Rechtsgrundsätzen des antiken römischen Rechts basierte und was als spätere Modifikation zu gelten hatte. Erst auf der Grundlage dieser wissenschaftlichen Dechiffrierung könne dann ganz bewusst ein *eigenes* nationales Recht entwickelt werden (Kodifikation). Vgl. Braun 2011b, S. 27; Haferkamp 2018, S. 55, 73f., 218.
72 Savigny 2013, S. 22, 117.
73 Vgl. Skirbekk / Gilje 1993, S. 560. Savigny selbst spricht insoweit von einem für die Rechtswissenschaft unerlässlichen „zweyfache[n] wissenschaftliche[n] Sinn". Savigny 2013, S. 48.
74 Vgl. ebd., S. 5, 113, 115.
75 Vgl. ebd., S. 112.
76 Vgl. Haferkamp 2018, S. 8f., 11; Senk 2007, S. 377, 379. Haferkamp bezeichnet die „Volksgeistlehre" auch als „Signum der Schule". Vgl. Haferkamp 2018, S. 109. Hintergrund dieser *metaphysischen Konstruktion* einer Rückbindung des geltenden Rechts an das Bewusstsein eines Volkes war die politische Unsicherheit nach dem Untergang des Alten Reichs, die auch auf die Fortgeltung des gemeinen Rechts abstrahlte. Durch die aufkommenden territorialen Kodifikationsbestrebungen spitzte sich diese Unsicherheit nur noch weiter zu. Vgl. ebd., S. 206f., 222f. Um dieser Gefahrenlage zu begegnen, vollzog Savigny eine Trennung zwischen dem *ius commune* und dem *Reich* als Träger dieses Rechts. Zum Träger wurde dann der den Beschränkungen eines institutionellen Staates enthobene „Volksgeist". Vgl. ebd., S. 71f., 109, 266.
77 Vgl. Savigny 2013, S. 14. Die Hervorhebung des Gewohnheitsrechts beinhaltet im Umkehrschluss die Ablehnung einer willkürlichen Gestaltung und Setzung von Rechtsnormen, wie sie Savigny im Vernunftrecht der Naturrechtstheorien erblickt: „Die Summe dieser Ansicht also ist, daß alles Recht

Entspreche das Recht seiner kulturellen Entwicklung nach zunächst noch einer symbolisch vermittelten Gestalt, sei es sukzessive in eine komplexere, sprachlich verfasste Form übergegangen. Begleitet wurde dieser Ausdifferenzierungsprozess von einer Verdoppelung des organischen Zusammenhangs zwischen Volk und Recht. Savigny zufolge ist von dort an zwischen einem *politischen* und einem *technischen* Element des Rechts zu unterscheiden. Während das politische Element sich in der Stellung des Rechts als fortwirkender Teil des gesellschaftlichen Lebenszusammenhangs ausdrücke, beinhalte das technische Element die wissenschaftliche Auseinandersetzung mit dem Recht, die fortan allein einer besonderen Gruppe zu überantworten sei, dem Stand der Juristen. Allein dieser Stand spiegele das Volksbewusstsein bezogen auf das Recht wider.[78] Mit diesem *Spezialistendogma* wird die gesamte Definitions- und Interpretationshoheit des Rechts allein auf die Rechtswissenschaft konzentriert.[79] Auf den konkreten rechtlichen Stoff bezogen fokussiert sich die Perspektive der Historischen Rechtsschule auf die zentrale Bedeutung des römischen Rechts bzw. genauer betrachtet auf den Corpus Iuris Civilis Justinians.[80] Begründet wird dieser „romanistische Purismus" zum einen mit der faktischen Bedeutung, den der Corpus für das geltende Recht in den deutschen Staaten besaß, zum anderen mit der Stellung des römischen Rechts als Muster eines idealen Normengefüges in Bezug auf das Gewohnheitsrecht.[81] Die *Programmschrift* fasst vier wesentliche Vorzüge dieses Normengefüges zusammen: (1) Die Entstehung des römischen Rechts als Gewohnheitsrecht;[82] (2) die beispiellose Kontinuität einer organischen Entwicklung, die es immer wieder vermochte, Veränderungen unter dem Forterhalt des Wesentlichen zu integrieren;[83] (3) die bewusste Erfassung der leitenden Grundsätze durch die römischen Juristen;[84] (4) die Sicherheit im Umgang mit dem Recht und seiner Anwendung, vermittelt durch den hohen Grad an Formalität und Abstraktion ihrer Methode.[85] Entsprechend dem Bedeutungsgewinn des Privatrechts, welches diesem mit dem sich

---

auf die Weise entsteht, welches der herrschende, nicht ganz passende, Sprachgebrauch als Gewohnheitsrecht bezeichnet, d. h. daß es erst durch Sitte und Volksglaube, dann durch Jurisprudenz erzeugt wird, überall also durch innere, stillwirkende Kräfte, nicht durch die Willkür eines Gesetzgebers." Ebd., S. 13 f. Zum *organischen Zusammenhang* zwischen Volk und Recht: „[...] so betrachte ich das Recht jedes Volkes, wie ein Glied an dem Leibe desselben, nur nicht wie ein Kleid, das willkürlich gemacht worden ist und ebenso willkürlich abgelegt und gegen ein anderes vertauscht werden kann." Ebd., S. 164.
78 Vgl. ebd., S. 10 f., 12; vgl. Senk 2007, S. 382.
79 Ebd., S. 382. Auch Habermas hebt diesen Zug der geschichtlichen Entwicklung des modernen Rechts hervor, in dem er auf die Professionalisierung im Zusammenhang mit der Systematisierung der Rechtssätze und Kohärenz der Rechtsdogmatik hinweist und das moderne Recht als „Juristenrecht" charakterisiert. Vgl. Habermas 1976, S. 263. Im Endeffekt wird die Volksgeistlehre so auf das Bewusstsein einer *Juristenschule* reduziert. Vgl. Paul 1972, S. 212; Haferkamp 2018, S. 207, 209.
80 Vgl. Savigny 2013, S. 28, 119, 166.
81 Senk 2007, S. 364, 386.
82 Vgl. Savigny 2013, S. 33.
83 Vgl. ebd., S. 28, 31, 33; Senk 2007, S. 364.
84 Vgl. Savigny 2013, S. 29.
85 Vgl. ebd. S. 29 f.

vollziehenden Durchsetzungsprozess der bürgerlichen Gesellschaft zuteil wurde, hebt Savigny insbesondere die zentrale Stellung der *Pandektistik* hervor. Im detaillierten rechtshistorischen Studium dieses Teils des Corpus liege so gesehen der Schlüssel zum „Geist des Römischen Rechts" und somit auch zu den leitenden rechtlichen Grundsätzen.[86] Im Anschluss soll die Systematisierung der ermittelten Rechtsbestimmungen in Form einer „lebendigen Verbindung" erfolgen, die in der *Programmschrift* als Wechselwirkung zwischen den Sätzen und Begriffen mit dem Ganzen des Rechtssystems aber nur sehr kursorisch skizziert wird.[87] Erst diese horizontale Ordnung der rechtshistorisch gewonnenen Bestimmungen biete dann die Folie potenzieller Kodifikationen.

Als Ziel der *Programmschrift* ist festzuhalten, dass sie die rechtshistorische Erfassung eines kulturell verwachsenen Gewohnheitsrechtes in Entgegensetzung zu den als mit der Rechtstradition brechend empfundenen Ansätzen willkürlicher Kodifikationen zu vollziehen beabsichtigt. Demgemäß wird dann auch der gegenwärtigen Zeit jegliche Befähigung zur Abfassung eines allgemeinen Gesetzbuches aberkannt.[88] Vielmehr könne eine solche Kodifikation erst dann erfolgen, wenn das Programm der Historischen Rechtsschule eingelöst sei. Letztlich überantwortet Savigny eine solche Kodifikation so aber der Unbestimmtheit eines künftig erst noch zu erreichenden Rechtszustandes.[89]

---

[86] Vgl. ebd., S. 35, 119. Mit den Reformbemühungen Gustav Hugos und Savignys setzte ab 1806 eine Blüte der Pandektenwissenschaft ein, die die bisher an den Fakultäten dominierenden Vorlesungen zum Reichsstaatsrecht verdrängten. Vgl. Haferkamp 2018, S. 59, 77. Auf die Bedeutung der Pandekten gewissermaßen als *Wiege des rechtlichen Formalismus* weist auch Somek hin. Vgl. Somek 2017, S. 42.
[87] Vgl. Savigny 2013, S. 48. Senk stellt in seinem Buch zu den *Hallischen Jahrbüchern* dies zweidimensionale Forschungsprogramm der Historischen Rechtsschule deutlich heraus. Letztlich sei das systematische Element in der Forschung jedoch kaum wahrgenommen worden. Zu dominant wirkte das Primat der Rechtsgeschichte im Programm Savignys und seiner Anhänger. Vgl. Senk 2007, S. 365.
[88] Vgl. Savigny 2013, S. 158.
[89] Vgl. ebd., S. 133 f. Die *Programmschrift* verbindet das Geschichtsbild der Aufklärung mit der zentralen Bedeutung des römischen Rechts. Nach der klassischen Zeit des römischen Rechts im 3. Jahrhundert n. Chr., in dem die zunächst höchste Stufe der Formalität des Rechts fußend auf den Wertvorstellungen der Republik erreicht worden sei, habe ein sukzessiver Niedergang der Rechtswirklichkeit stattgefunden. Vgl. ebd., S. 28–31. Erst zur gegenwärtigen Zeit, nach dem Interregnum des unbewussten Umgangs mit dem römischen Recht, erfolge eine Wiederaneignung auf höherer Ebene durch die Historische Rechtsschule. Vgl. ebd., S. 133 f. Bei der gewohnheitsrechtlichen Kodifikation Savignys handele es sich daher letztlich um eine bloße Sammlung des bereits geltenden Rechts. Nicht das *Werden*, sondern das *Sein* stehe im Fokus. Vgl. Senk 2007, S. 362, 392. Savigny selbst betont diesen Stellenwert sehr deutlich. Vgl. Savigny 2013, S. 113.

2.2.2 Das Recht des Besitzes

Bereits in seiner Marburger Zeit hatte Savigny die grundsätzlichen Züge seiner 1814 in der *Programmschrift* verfassten Richtlinien für die Rechtsforschung entwickelt.[90] Das *Recht des Besitzes* (1803) entstand auf eben diesen Grundlagen, so dass die Schrift durchaus als Muster für die Methode und Ausrichtung der Schule gelten darf. Inhaltlicher Angelpunkt der Untersuchung bildet das Verständnis des *gegenwärtigen Klagerechts* aus dem Besitz. Um eine angemessene Erkenntnis hierüber zu erlangen, sei es erforderlich, eine Theorie über den Besitz und dabei insbesondere eine klare Definition des Besitzbegriffes zu entwickeln.[91] Ziel der Untersuchung Savignys ist es demzufolge, eine entsprechende Theorie nach römischem Recht vorzulegen, die ganz bewusst von den veränderten Zügen neuerer Gesetzgebung abstrahiert.[92] Erst durch die Trennung des Alten vom Neuen vermag sich die von ihm später als *bewusste* „Herrschaft der Vergangenheit über die Gegenwart" gefasste Ausrichtung des Rechts in der Theorie des Besitzes zu entwickeln und zu behaupten.[93] Der Aufbau der *Besitzrechtsschrift* folgt der scholastischen Tradition, indem die Rechtsliteratur mit Bezug zu Besitz und Eigentum im Ausgang von den Pandekten und späteren Kommentatoren betrachtet und kritisiert wird. Hierauf folgt Savignys eigene Interpretation des Besitzes.[94] Ausgehend von den Grundlagen des römischen Rechts werden aus dem natürlichen Besitzzustand der *Detention* (Besitz einer Sache ohne Rechtsschutz) die Besitzwirkungen zunächst auf zwei fundamentale Formen eingeschränkt: *Usucaption* (Ersitzung) und *Interdicte* (Untersagung).[95] Um diese grundlegenden Formen ranken sich dann die beiden zentralen Fragestellungen der Untersuchung, die Bestimmung der rechtlichen Natur des Besitzes und dessen Einordnung in das gesamte System des Rechts.[96] Dabei wird sich gerade die Bestimmung der Natur des Besitzes in der Fol-

---

[90] Vgl. Hollerbach 1957, S. 297.
[91] Vgl. Savigny 1985, (§ 11) S. 107, (§ 49) S. 449.
[92] Vgl. ebd., (§ 48) S. 442. In kritischer Auseinandersetzung mit der bisherigen Rechtstradition konstatiert Savigny in § 3 seiner Schrift, dass dieser Begriff des Besitzes bisher nur unzureichend erfasst worden sei. Erwerb von Besitz und Eigentum würden in den bisherigen Theorien in eins fallen. Vgl. ebd., (§ 3) S. 10. Vor diesem Hintergrund vollzieht er in seiner Schrift eine „konsequente Historisierung der Besitzdogmatik" hin zum Verständnis des römischen Ursprungsbegriffs. Vgl. Haferkamp 2018, S. 55, 120.
[93] Vgl. Savigny 1985, (§ 48) S. 442; Ders. 2013, S. 113. Kritisch charakterisiert wird diese Grundtendenz der Historischen Rechtsschule u. a. bei Kelley. Aus einer Sicht wird hier die Gegenwart auf das *Kreuz der Vergangenheit* geschlagen. Vgl. Kelley 2008, S. 5.
[94] Vgl. ebd., S. 9.
[95] Vgl. Savigny 1985, (§ 2) S. 5. Der römischrechtliche Begriff der *Detention* war nicht Gegenstand der Tradition des gemeinen Rechts und in der juristischen Literatur zur Zeit Savignys nur wenig verbreitet. Vor allem seine Einbindung war es, die den Entwurf einer neuen Besitzrechtslehre ermöglichte. Vgl. Moriya 2003, S. 35. 235.
[96] Vgl. Savigny 1985, (§ 5) S. 22.

gezeit der Untersuchung als Gretchenfrage der Schrift erweisen.[97] Savigny zufolge ist der ursprüngliche Besitz ein bloßes Faktum (*ius in re*) und dementsprechend auch noch kein Bestandteil eines Rechtssystems.[98] Rechtsform erlange der Besitz erst durch ein possessorisches *Interdict* (Besitzschutzklage) und auch *nur* dann, wenn Gegenstand des *Interdicts* eine *gewaltsame Störung* des Besitzes qua factum ist: „Da der Besitz an sich kein Rechtsverhältnis ist, so ist auch die Störung desselben keine Rechtsverletzung, und sie kann es nur dadurch werden, daß sie ein anderes Recht zugleich mit verletzt. Wenn nun die Störung des Besitzes gewaltsam geschieht, so liegt in dieser Störung eine Rechtsverletzung, weil jede Gewalttätigkeit unrechtlich ist, und dieses Unrecht ist es, was durch ein Interdict aufgehoben werden soll."[99] Um seine Besitzdefinition gegenüber dem Vorwurf abgrenzen zu können, eine gewaltsame Verletzung könne nicht den natürlichen Zustand einer Sache beeinträchtigen, bedient sich Savigny noch einer weiteren Variation seiner Argumentation. Die Grundlage der *Interdicte* bildet hiernach die Erfassung des Besitzes als eines „Schatten des Eigentums", d.h. die Annahme einer *allgemeinen Vermutung*, dass der Besitzer einer Sache zugleich ihr Eigentümer sei.[100]

In der neueren Forschung zur *Besitzrechtsschrift* wird herausgestellt, dass ihr Clou gerade in der spezifisch-radikalen Modifikation der zu ihrer Zeit verbreiteten „Faktum-These" bestand.[101] Mittels des Begriffs der *Detention* konnte ein modern anmutender Begriff des ausschließenden Eigentums konstruiert werden, der dem Besitz keinen Raum mehr zu überlassen vermochte als den eines faktischen Zustands.[102] Ungeachtet

---

97 Braun bezeichnet den Versuch Savignys, diese Frage zu beantworten, als den zentralen „schwachen Punkt" der gesamten Schrift, der nicht zuletzt auch den Hauptgegenstand des sogenannten Besitzrechtsstreits bilden wird. Vgl. Braun 1980, S. 460.
98 Vgl. Savigny 1985, (§ 5) S. 22. Die Auseinandersetzung um den Status des Besitzes als *ius* oder *factum* war zur Zeit Savignys nicht neu. Ihre Verlaufslinie beginnt bereits im 17. Jahrhundert und zieht sich bis zum Ende des 18. Jahrhunderts fort. Darüber hinaus war die Ansicht von der faktischen Natur des Besitzes im ausgehenden 18. Jahrhundert durchaus verbreitet. Vgl. Moriya 2003, S. 5, 9. Neu war die Zusammenführung mit dem Begriff der *Detention* (s. Fn. 95).
99 Savigny 1985, (§ 2) S. 6–7. Am Ende der Schrift fasst Savigny das Zitat noch einmal zusammen, in dem er das Recht des Besitzes als Schutz der Ausübung des Eigentums gegenüber bestimmten Formen seiner Störung begreift. Vgl. ebd., (§ 44) S. 412. Entsprechend ordnet er das aus den *Interdicten* herrührende Recht dem Obligationenrecht zu. Vgl. ebd., (§ 6) S. 26, (§ 12) S. 134.
100 Vgl. Braun 1980, S. 461 f.
101 Moriya 2003, S. 9, 11.
102 Vgl. ebd., S. 24. Während Savigny unter dem Begriff des *Eigentums* die *berechtigte* Ausübung der *Detention* verstand, handelte es sich beim *Besitz* zwar um den nämlichen Zustand, nur eben *ohne* Berechtigung, d.h. einen rein faktischen Zustand. Vgl. ebd., S. 17, 35. Den zäsuralen Charakter der Schrift sieht Kenichi Moriya letztlich in der Verbindung zwischen der technisch-juristischen Transformation des Eigentumsbegriffs Fichtes mit den Begriffen des römischen Rechts verortet, die zu einer ihrer Zeit vorauseilenden begriffsdogmatischen Konstruktion des Eigentumsbegriffs führte. Vgl. ebd., S. 235, 237. Durch diese eine neue Perspektive eröffnende Konstruktion sei es Savigny gelungen den ersten Schritt zur Gestaltung eines „umfassenden modernen pandektistischen Sachenrechts" zu vollziehen. Ebd., S. 184. Seine Argumentation sei daher letztlich auch nur aus der modernen materiellrechtlichen Sichtweise nachzuvollziehen, die den Zeitgenossen noch nicht zugänglich sein konnte.

ihrer rechtsdogmatischen Bewertung fällt bei der Betrachtung der *Besitzrechtsschrift* als einer auf den programmatischen Grundsätzen verfassten rechtswissenschaftlichen Studie unmittelbar auf, welch hohe Bedeutung dem römischen Recht und dem Primat des Gewohnheitsrechts dabei zufällt. Des Weiteren tritt die Scheidung von formaler Abstraktion und konkreter Rechtswirklichkeit deutlich zutage. Die rein juristischen Resultate der Schrift verbanden sich daher auch mit politischen Implikationen, die den Zeitgenossen, insbesondere den für die aufkommende soziale Frage sensibilisierten Lesern, nicht verborgen bleiben konnten: Die Reduktion des Besitzrechts auf bestehende Fakten, d. h. auf die *bestehenden* Macht- und Eigentumsverhältnisse.[103]

Resümierend ist bei der Betrachtung der Historischen Rechtsschule unter Savigny die Wendung zum positiven Recht und zur reinen Rechtsgeschichte sowie die bewusste Abgrenzung gegenüber der zweiten großen Strömung ihrer Zeit festzustellen.[104] Der Letzteren, die das Recht aus seiner Sicht unangemessen aus philosophischen Grundsätzen abzuleiten versucht, tritt er mit dem Vorwurf entgegen, dass sie den Charakter des Rechts als Gewohnheitsrecht missachte und sich zum Konstrukteur eines nur künstlichen, gerade nicht organisch gewachsenen Systems erhöhe: „[...] Das Rad soll nicht Uhrfeder sein wollen [...] Manche Philosophen möchten wohl ganz gute Räder sein, aber das genügt ihnen nicht. Sie wollen für die ganze Uhr gelten, oder gar für den Uhrmacher, oder gar für den, welcher den Uhrmacher aufzieht und richtet, und darüber versäumen sie das recht zu sein, was sie sein könnten und sollten."[105] Mag diese aus einem Brief an Friedrich Julius Stahl stammende Kritik an der Philosophie vordergründig auch an die Adresse Schellings gerichtet sein, so trifft sie ihrem Inhalt nach ebenfalls auf einen anderen zur Zeit Savignys in Berlin lehrenden Vertreter einer philosophischen Grundlegung des Rechts zu, auf Georg Wilhelm Friedrich Hegel.

Hierin sieht Moriya auch den Grund für die heftigen Auseinandersetzungen um diese Schrift (u. a. der Besitzrechtsstreit). Vgl. ebd., S. 5 f., 237. Ob es sich ideengeschichtlich hierbei um einen bloßen Schluss ex eventu handelt, oder ob die Argumentation Moriyas der spezifischen Situation der Auseinandersetzung im zeitlichen Kontext der ersten Hälfte des 19. Jahrhunderts gerecht wird, kann vor dem Hintergrund der Zielsetzung dieser Arbeit dahingestellt bleiben.
103 Vgl. Kelley 2008, S. 10. Diese Engführung von Macht und Recht hebt auch Hermann Klenner hervor, in dessen Darstellung sie sich mit der spezifischen Rechtssicht Marxens verbindet. Vgl. Klenner 2004, S. 20, 23. Ebenso bei Norman Senk findet sich der Hinweis, dass das Durchschlagen der rechtswissenschaftlichen Diskussion auf die politische Ebene als Rechtfertigung der überkommenen altständischen Gesellschaftsordnung und ihrer materiellen Grundlage hätte dienen können. Vgl. Senk 2007, S. 369. An dieser Wirkung ändert auch die primäre Zielsetzung der Schrift als *dogmatische Präzisierung* nichts, die Haferkamp zufolge auf ein klareres Verständnis der Besitzrechtsentwicklung drängte, statt bestehenden Eigentumsverhältnissen das Wort zu reden. Vgl. Haferkamp 2018, S. 120.
104 Zur Unterscheidung zweier *Schulen*: Vgl. u. a. Schröder 1971, S. LIV; Braun 1980, S. 494–505; Klenner 1991, S. 147 f.; Senk 2007, S. 30.
105 *Savigny an Friedrich Julius Stahl*, 24.7.1840, Koglin 1975, S. 223; vgl. auch Hollerbach 1957, S. 301 Fn. 99.

2.3 Hegel – Naturrecht als philosophische Grundlegung des Rechts

Die Auseinandersetzung mit dem Recht im Werk Hegels wird durch den absoluten Leitgedanken seiner Philosophie und den zentralen Begriff des Deutschen Idealismus eingerahmt, den *Begriff der Freiheit*.[106] Die Darstellung des Rechts unter dem Gesichtspunkt dieses spezifischen Freiheitsverständnisses bildet den prägenden Zug seiner Rechtsphilosophie.[107] Überhaupt stellt die Beschäftigung mit dem Recht eine Konstante im Oeuvre Hegels dar. Eine erste Auseinandersetzung findet sich bereits in seiner frühen Werkphase der Jenaer Zeit. Die hier fixierten Problemlagen und Fragestellungen werden sich bis zur endgültigen Gestalt seines Systems erhalten. Der enorme Stellenwert, den Hegel der philosophischen Untersuchung des Rechts beimisst, wird zudem dadurch unterstrichen, dass sie den Gegenstand seiner ersten Vorlesungen in Berlin bildet (*Natürliches Recht und philosophische Wissenschaft*, 1818). Auch die erste Veröffentlichung dieser Zeit fällt in den Bereich des Rechts (*Grundlinien der Philosophie des Rechts*, 1820).[108] Aufgrund seiner bereits vor der Ankunft in Berlin geltenden Stellung als einer der wichtigsten Denker kantischer Tradition konnten die Vorlesungen durch großen Zulauf eine außerordentliche Wirkung entfalten.[109] Dieser Umstand wiegt umso schwerer, als dass Hegel von Beginn an als Kritiker der Historischen Rechtsschule in Erscheinung trat. So sind die *Grundlinien* insgesamt von einer Kritik an Gustav Hugo und Savigny geradezu durchzogen.[110] Bereits in der Grundausrichtung zeigten sich unüberwindbare Differenzen, da die Zielsetzung Hegels gerade nicht darin bestand, der strikten Trennung zwischen einer empirisch forschenden Rechtswissenschaft und einer rein theoretisch sich mit der Vernunft befassenden Philosophie Vorschub zu leisten. Ganz im Gegenteil stellt seine Rechtsphilosophie die Vermittlung zwischen dem philosophischen Vernunftrecht und einer historisch-positiven Rechtslehre in den Fokus.[111] In der Folge entwickelte er ei-

---

106 Vgl. Jaeschke / Arndt 2012, S. 33. Als gemeinsames Charakteristikum dieser Strömung kann der im Ausgang von der kritischen Philosophie Kants unternommene „Versuch einer vernunfttheoretischen Explikation der Freiheit als Autonomie" gelten. Vgl. Sandkühler 2005, S. 13, 144. Ohne die Unterschiede im Werk der einzelnen Vertreter zu nivellieren, lässt sich die enorme Bedeutung dieser Ausrichtung, um die Formulierung Odo Marquards aufzugreifen, gewissermaßen als „Konkordienformel" des Deutschen Idealismus begreifen. Vgl. Marquard 1975, S. 10.
107 Vgl. Arndt 2015, S. 14.
108 Vgl. Klenner 1991, S. 142; Cobben 2006a, S. 23.
109 Vgl. ebd., S. 23.
110 Vgl. Siep 2014, S. 7; s. Fn. 68, 86. Unter Bezug auf die Vorlesungen Hegels spricht Klenner gar von einer „Fundamentalkritik" an der Historischen Rechtsschule. Mitschriften der Vorlesungen würden eine „offene Kriegserklärung" an Savigny offenbaren. Vgl. Klenner 1991, S. 143. Eine kritische Auseinandersetzung mit den positiven Rechtswissenschaften enthält zudem bereits der *Naturrechtsaufsatz* von 1802/03 (Teil IV).
111 Vgl. ders. 1981, S. 596; Siep 2014, S. 8, 10. Vor diesem Hintergrund ist auch die vollständige durch eine *Konjunktion* geprägte Titelbezeichnung der *Grundlinien* zu sehen: *Grundlinien der Philosophie des Rechts oder Naturrecht und Staatswissenschaft im Grundrisse*.

nen Begriff des Rechts und eine Verhältnisbestimmung innerhalb des Systems der Philosophie, die sich erheblich von der Rechtsdefinition und Behandlungsart der Historischen Rechtsschule unterscheidet.

Zur Studienzeit Marxens in Berlin war Hegel zwar bereits verstorben, der Gegensatz zwischen den durch seine Philosophie inspirierten Vertretern und Anhängern der Historischen Rechtsschule lebte indessen fort. Neben den im vorigen Kapitel benannten Vorlesungsbesuchen bei Savigny und Vertretern der Historischen Rechtsschule nahm Marx auch Veranstaltungen bei Hegel-Schülern wahr. So hörte er bei Eduard Gans Kriminalrecht und Preußisches Landrecht, bei Georg Andreas Gabler, dem Nachfolger auf Hegels Lehrstuhl, Vorlesungen über die Logik.[112] Hinzu traten die Kontakte und ausschweifenden Diskussionen im hegelianisch geprägten *Doctorclub*, die die Begegnung Marxens mit der Rechtsphilosophie Hegels konturierten.[113]

Der erste große Versuch einer Auseinandersetzung mit dem Recht und somit die Keimzelle des rechtsphilosophischen Denkens Hegels fällt in die durch eine intensive Zusammenarbeit mit Schelling geprägte Jenaer Zeit, noch vor der Ausarbeitung seiner Geistphilosophie. In der mit Schelling gemeinschaftlich herausgegebenen Zeitschrift *Kritisches Journal der Philosophie* publizierte er 1802/03 den zweiteiligen Aufsatz *Über die wissenschaftlichen Behandlungsarten des Naturrechts, seine Stelle in der praktischen Philosophie und sein Verhältnis zu den positiven Rechtswissenschaften*. Stand dieser erste theoretische Entwurf noch im Zeichen einer erst noch zu entwickelnden, neuen Philosophie der Sittlichkeit, vollzog Hegel in der Folgezeit seiner Ausarbeitung der Geistphilosophie die Integration der Rechtsphilosophie in sein Gesamtsystem.[114] Der ersten noch skizzenhaft gehaltenen Darstellung in der *Enzyklopädie der philosophischen Wissenschaften* (1817) folgte im Anschluss die detaillierte Ausarbeitung mit den *Grundlinien der Philosophie des Rechts*.[115] Für eine auf die Auseinandersetzung mit Marx ausgerichtete Arbeit erscheint es daher als hinreichend, die Darstellung der Hegel'schen Rechtsphilosophie auf den *Naturrechtsaufsatz* und die *Grundlinien* zu beschränken, die als Verklammerung des Rechtsdenkens Hegels auf Marx wirken mussten.

---

112 Vgl. Kliem 1970, S. 95f.; Klenner 1991, S. 158.
113 Vgl. Kelley 2008, S. 8. Bei dem *Doctorclub* handelte es sich Michael Heinrich zufolge um einen „lockeren Diskussionszirkel", in dem Marx u.a. mit Bruno Bauer zusammentraf. Vgl. Heinrich 2018, S. 247f. Ob es sich zudem um den Diskussionszirkel handelte, in dem auch Eduard Gans verkehrte, wie es in den Erinnerungen des Schriftstellers Max Rings festgehalten ist, ist Heinrich zufolge dagegen nicht gesichert. Vgl. Kliem 1970, S. 91; Heinrich 2018, S. 247 Fn. 11.
114 Vgl. Schnädelbach 1999, S. 121.
115 Vgl. Cobben 2006a, S. 20; Honneth 2010, S. 33f. Der Kenntnis und Auseinandersetzung mit den *Grundlinien* misst Klenner den „zentralen Stellenwert" der gesamten Berliner Zeit Marxens zu. Es ist das Werk Hegels, in dessen Exemplar, welches sich im Privatbesitz Marxens befand, mit Abstand am meisten Notizen und Anmerkungen enthalten sind. Vgl. Klenner 1991, S. 159.

2.3.1 Der Naturrechtsaufsatz von 1802/03

Im *Naturrechtsaufsatz* setzt sich Hegel kritisch mit der neuzeitlichen Naturrechtstradition auseinander, wobei den einseitig-individualistisch geprägten Ansätzen eine progressive Wiederaneignung eines überkommenen Sittlichkeitskonzepts gegenübergestellt wird. Ziel ist es dabei, eine Vermittlung zwischen der klassischen praktischen Philosophie der Antike und den Errungenschaften der Moderne, insbesondere der kritischen Philosophie Kants, zu leisten.[116] Seinen Angelpunkt für die philosophische Neufassung des Naturrechts, der zugleich den Boden der Kritik bereitet, findet er in der mittels der Einführung des Begriffs des Absoluten veränderten Philosophieausrichtung, die bereits in der *Differenzschrift* von 1801 entwickelt wurde.[117] Die Kritik der neuzeitlichen Naturrechtstradition fächert sich zunächst in eine Kritik an den *empirischen* und den *formellen* Behandlungsarten des Naturrechts auf.[118] Den ersteren Ansätzen hält Hegel vor, dass sie sich die Absolutheit nur erschleichen, indem sie letztlich bloß zufällige Erfahrungen induktiv zur Allgemeinheit erheben.[119] Diese Kritik wird anhand des Naturzustandsparadigmas exemplifiziert. Bei dem Versuch, eine ursprüngliche Einheit aufzuzeigen, von der aus die Mannigfaltigkeit der Empirie geordnet und erklärt werden kann, erfolge eine Abstraktion von allem *Zufälligen* aus dem Bild des Rechtszustandes, so dass das, was verbleibt, schlichtweg das *Notwendige* darstellen müsse. Allerdings würden die Ansätze Hegel zufolge einer exakten Unterscheidungsmöglichkeit ermangeln, was notwendige und was nur zufällige Eigenschaften des Menschen im „Bilde des nackten Naturzustandes" seien.[120] So sei in den Ansätzen empirischer Naturrechtsbehandlung der inhaltlichen Zufälligkeit und Willkür Tür und Tor geöffnet.[121] Ähnlich gelagert wird auch die Kritik an den *formellen* Naturrechtsbehandlungen Kants (Moralität) und Fichtes (Legalität)

---

116 Vgl. Jonkers 2006a S. 43; Horstmann 2014, S. 195f.; Arndt 2015, S. 20. Die Philosophie Kants bildet zu dieser Zeit sowohl für Schelling als auch für Hegel jenen „ungeheuren Schritt nach vorn", hinter den zurückzufallen es in jedem Falle zu vermeiden gilt. Vgl. Frank 1995, S. 25. So stehen vor allem die *Grundlinien* mit ihrer „Ausbuchstabierung des an und für sich freien Willens" ihrem Selbstverständnis zufolge in der Tradition der praktischen Philosophie Kants. Vgl. Fischer 2018, S. 104.
117 *Differenz des Fichteschen und Schellingeschen Systems der Philosophie*; vgl. Jonkers 2006a, S. 39. Der Begriff des Absoluten umfasst die objektive Totalität, d. h. das Ganze von Wissen, Organisation und Erkenntnissen. *Logische* Gegensätze und Beschränkungen sind insoweit aufgehoben, nicht aber die *reellen* Entzweiungen als Fakten des Lebensprozesses. Vgl. ebd., S. 39.
118 HGW 4, 421. Zitiert wird nach den *Gesammelten Werken*, die von der Rheinisch-Westfälischen Akademie der Wissenschaften herausgegeben werden (*Akademieausgabe*).
119 HGW 4, 422f.
120 HGW 4, 424f.
121 Die Beschränkung auf empirische Notwendigkeiten, z. B. den Selbsterhaltungstrieb, mündet in einen Zustand der Gegensätze in Gestalt eines wechselseitigen zerstörerischen Krieges, der nur durch Rückgriff auf etwas *Äußeres* (Göttliches) befriedet werden kann. Die dann hinzutretende *Göttlichkeit* aber könne nicht aus sich heraus begriffen werden und führe so schlussendlich zu einem der Idee der Sittlichkeit widersprechenden Verhältnis der Herrschaft (z. B. in Gestalt des *Leviathan*). Vgl. HGW 4, 425–427.

aufgebaut. Wie schon den empirischen Ansätzen liege auch ihnen ein falsches Verständnis des Absoluten zugrunde, welches als bloß negative Seite die Zersplitterung der Momente des Absoluten für das Absolute selbst erkläre. Konsequenz sei dann die Verfestigung der Einseitigkeiten, die sich aus diesem Vorgehen ergeben. Die Grundlage dieses einseitigen Verständnisses des Absoluten liege letztlich im Gegensatz der sinnlichen Bedürfnisse (als Vielheit) und der Vernunft (als Einheit).[122] Übertragen auf die kritische Philosophie Kants leitet Hegel hieraus seinen Formalismusvorwurf gegenüber dem Kategorischen Imperativ ab. Als absolutem Gesetz komme diesem die Form reiner Einheit zu, dessen Materie wiederum Bestimmtheiten darstellen. Formellallgemein formuliert und ohne Bezug auf Inhalte bleibe der Kategorische Imperativ daher leer. Da für die Anwendung des Kategorischen Imperativs aber ein inhaltlicher Bezug unabdingbar sei, könne letztlich jeder zufällige Inhalt zum sittlichen Gesetz erhoben werden. Um den Vorwurf der Willkürlichkeit zu untermauern, vergleicht Hegel den „moralischen Formalismus" Kants im Naturrechtsaufsatz auch mit der „moralischen Kunst der Jesuiten".[123] Der im Anschluss an Fichte gerichtete Formalismusvorwurf bezieht sich auf die Konstruktion des Selbstbestimmungsakts der Individuen gegenüber der Widerstandserfahrung, die im Handeln Anderer liegt und letztlich in die Entgegensetzung von besonderer und allgemeiner Freiheit mündet. Das Sittlichkeitskonzept Fichtes, in der Form der Wechselseitigkeit des notwendig einzuführenden Zwangs, bleibe so jedoch ebenfalls leer (formell), da der Rückgriff auf äußerlichen Zwang im Bild der Wechselseitigkeit sich selbst aufhebe.[124] Zusammenfassend lässt sich der kritische Teil des Naturrechtsaufsatzes dahingehend rekapitulieren, dass die falsche oder mangelnde Erfassung des Absoluten zu einer Preisgabe gegenüber *Zufälligkeit* und *Willkür* und der damit verbundenen Gefahr einer Beherrschung durch Bestimmtheiten führt (Individualität / Subjektivität).[125] Im Gegensatz hierzu steht die von Hegel intendierte sittliche Totalität, die er auch als *Notwendigkeit* begreift.

Erst das richtige Verständnis des Naturrechts auf dem Boden dieser Notwendigkeit bildet den Gegenstand einer mit dem Begriff des Absoluten sich verbindenden *Philosophie*. Einzig die Philosophie vermag es in den Augen Hegels, den Zusammenhang der Bestimmtheit und des Inhalts als Notwendigkeit des Absoluten zu erfassen und somit auch die Potenzen als Stufen des Prozesses der Sittlichkeit zu identifizie-

---

[122] HGW 4, 431, 434. Die Gegensätze werden im Unterschied zur Hegel'schen Auffassung des Absoluten gerade nicht als aufgehoben *und* gesetzt gedacht (s. Fn. 117).
[123] HGW 4, 434–436, 438. Anders gefasst: *Der Zweck heiligt die Mittel.* Vgl. Trotzki 1967, S. 13.
[124] HGW 4, 442–444, 445f. Der äußerliche Zwang bezieht sich auf die Wechselseitigkeit der einzuführenden Rechtsordnung, um das redliche Handeln der Gesellschaftsmitglieder nicht dem *Zufall* überlassen zu müssen.
[125] Ausdruck dieser Gefahr ist die Verkehrung des Verhältnisses zwischen Naturrecht und Moral. Statt des Naturrechts wird dann die (subjektzentrierte) Moral als Absolutes genommen. HGW 4, 470.

ren.¹²⁶ Verbunden wird diese Stellung der Philosophie im *Naturrechtsaufsatz* mit einer kritischen Wendung gegen die besonderen Wissenschaften, denen die Tendenz anhafte, Teile für das Ganze zu nehmen und so einer Verfestigung von nur zufälligen Bestimmtheiten (Teilen) Vorschub zu leisten. Diese Bestimmtheit erscheine dann fälschlicherweise als Wesen und Zweck des Notwendigen.¹²⁷ Beide Punkte, die Stellung der Philosophie und die Kritik an den besonderen Wissenschaften, werden von Hegel dann mit Blick auf die positiven Rechtswissenschaften verengt. Im Rahmen dieser Wissenschaften erfolge eben jene Verfestigung von Potenzen der Individualität zum Ganzen des Absoluten.¹²⁸ Demgegenüber will Hegel dieser Verselbstständigungstendenz entgegenwirken, indem er weite Teile der positiven Rechtswissenschaften in seine „vollkommen entwickelte und ausgebreitete Philosophie" (re-)integriert.¹²⁹ Diese vollkommen entwickelte Form ist die „Philosophie der Sittlichkeit".¹³⁰

Das Argumentationsmuster der Darstellung der Philosophie der Sittlichkeit lässt sich in drei Schritte gliedern.¹³¹ Zunächst entwirft Hegel sein organisches Sittlichkeitsverständnis. Im zweiten Schritt erfolgt die Herausarbeitung der historisch entstandenen bürgerlichen Gesellschaft und ihrer als unorganisch begriffenen Funktionsprinzipien. Zuletzt zeichnet Hegel das Bild einer Vermittlung bzw. Versöhnung der sich hieraus einstellenden Gegensätze.

Die Sittlichkeit als Absolutes stellt für Hegel den lebendigen Prozess eines sich kontinuierlich in Bewegung befindlichen organischen Ganzen dar.¹³² Im *Naturrechtsaufsatz* erscheint diese als am Polis-Ideal orientierte Einheit zwischen dem Gemeinwesen und seinen Bürgern als Citoyens. Als intakter politischer Zusammenhang gehe die lebendige Einheit der Bürger über eine auf der Autonomie fußenden Moralität hinaus und stehe im expliziten Gegensatz zu einem unterwürfigen, herrschaftsbegründeten Einssein, wie es Hegel zufolge den Theorien des empirischen Naturrechts entspreche.¹³³ Träger der Sittlichkeit sind für ihn primär daher auch die

---

126 HGW 4, 434, 471, 479, 484. Zum Verhältnis von Potenz und Totalität: HGW 4, 479 f.; vgl. Jonkers 2006b, S. 362 f.
127 HGW 4, 471, 478. Im Gegensatz dazu stehe die Philosophie als Idee des Ganzen über den Teilen und verhindere so eine Verfestigung einzelner Teile und Bestimmtheiten zum Absoluten. HGW 4, 477.
128 HGW 4, 476, 478.
129 HGW 4, 471.
130 HGW 4, 484. Gerade diese Verbindung spiegelt auch die entscheidende Bedeutung der Betrachtung des Rechts und der positiven Rechtswissenschaften im Rahmen seiner Darstellung der Philosophie der Sittlichkeit wider.
131 Die Gliederung entspricht nicht dem Vorgehen Hegels im *Naturrechtsaufsatz*. Dort sind die vor dem Hintergrund dieser Arbeit strukturierten Gliederungsschritte fortwährend miteinander vermischt. Um den tieferliegenden Gedankengang und die Auseinandersetzung mit dem Recht offenzulegen, ist es jedoch notwendig, auf diese die Struktur aufbrechende Veranschaulichung zurückzugreifen.
132 HGW 4, 475 f.
133 HGW 4, 426–428, 467. Im Rahmen der Abgrenzung zwischen der alten, die politische Dimension umfassenden *Sittlichkeit* und der modernen *Moralität* bedient sich Hegel der analogen Unterscheidung

einzelnen Völker, die im Verhältnis der Individualität zueinander stehen. Erst die Sitten eines Volkes seien es, die dessen eigenständiges Wesen ausmachen.[134] Da die Entwicklung der spezifischen Sitten von den geographischen Rahmenbedingungen und der historischen Genese des Volkes abhänge, setze die Erkenntnis der Sittlichkeit die Erfassung der sich hierdurch einstellenden Individualität voraus.[135] Ein wichtiger Bestandteil dieses individuellen Wesens eines Volkes bilden seine Verfassung und seine Gesetze. Als Zusammenhang betrachtet stellt dieses System der Gesetzgebung die *allgemeine Form* der absoluten Sittlichkeit dar.[136] Um dem organischen Ganzen zu entsprechen, muss die allgemeine Form der Gesetzgebung Ausdruck der lebendigen Sittlichkeit sein.[137]

Prägendes Charakteristikum der Sittlichkeit der gegenwärtigen Gesellschaft sei das etablierte „System der allgemeinen gegenseitigen Abhängigkeit in Ansehung der physischen Bedürfnisse und der Arbeit und Anhäufung für dieselben", d.h. das System der bürgerlichen Gesellschaft. Den Ausgangspunkt der Darstellung der Entwicklung der bürgerlichen Gesellschaft in Bezug auf die Sittlichkeit bilde die Unterscheidung zweier Stände. Einem auf das politische Leben ausgerichteten Stand der Freien, dessen Tätigkeit auf die Erhaltung des Ganzen der sittlichen Organisation ziele, stehe ein Stand der Nicht-Freien gegenüber, der Stand des Besitzes und Erwerbs. Vermittelt über Arbeit und Bedürfnisse sei die treibende Kraft des Besitzstandes auf Einzelheit gerichtet.[138] Im Rahmen der historischen Entwicklung sei es zu einem sukzessiven Niedergang des ersten Standes und zu einer vollständigen Durchsetzung des Besitz- und Erwerbsstandes gekommen. Dieser Prozess gehe zugleich mit einer Ablösung des vormals bestehenden öffentlichen Lebens durch den Rückzug in die Gleichgültigkeit des Privatlebens einher.[139] Hegel bezeichnet den Zustand des Volkes im Rahmen der bürgerlichen Gesellschaft daher auch als „allgemeines Privatleben", in dem das Verhältnis der Bürger zueinander dem des Bourgeois entspreche und das

---

von alter göttlicher und moderner Komödie. Vgl. Cruysberghs 2006, S. 359. Zudem charakterisiert er die sittliche Organisation der Polis als lebendigen Zusammenhang des *Allgemeinen* mit der vollen Entfaltung des *Einzelnen*. HGW 4, 460.
134 HGW 4, 449, 479.
135 HGW 4, 479, 481. Wobei Hegel eine ausschließlich historische Erforschung der Sitten und Gesetze bereits hier ablehnt. Ein solches Vorgehen vermag es aus seiner Sicht nicht, die Lebendigkeit der *gegenwärtigen* Sittlichkeit zu erfassen und verharre auf dem Standpunkt der Vergangenheit, d.h. bereits *verlorener Sitten* und *erstorbenen Lebens*. HGW 4, 482.
136 HGW 4, 470. Auch die *besondere Form* wird im *Naturrechtsaufsatz* erörtert. Die Sittlichkeit des Einzelnen wird in Anlehnung an die *Nikomachische Ethik* als Erziehungsprozess zu den vorherrschenden Sitten eines Volkes dargestellt; systematisierbar in einer ethischen Tugendlehre. HGW 4, 467–469. Wenngleich Hegel die Bedeutung individueller Sittlichkeit als „Pulsschlag des ganzen Systems" (HGW 4, 467) hervorhebt, so tritt in seinen Ausführungen dieser Zeit der Vorrang des Allgemeinen vor dem Besonderen aber nur allzu deutlich hervor. Vgl. Horstmann 2014, S. 202.
137 HGW 4, 470.
138 HGW 4, 450, 455 f.
139 HGW 4, 456 f.

öffentliche Leben zur „politischen Nullität" herabsinke.[140] Im nächsten Schritt wird diese Logik der bürgerlichen Gesellschaft dann mit dem „System des bürgerlichen Rechts" verbunden. Das formelle bürgerliche Recht tritt im *Naturrechtsaufsatz* aus der Sphäre der Bedürfnisse und der Arbeit hervor und entspricht gewissermaßen der Logik des auf das jeweilige Eigeninteresse abzielenden Besitz- und Erwerbsstandes. Zentral hierbei ist die von Hegel explizit herausgestellte Transformation des Besitzes in die Institution des Eigentums, die durch die „Sphäre des Rechts" bewirkt wird.[141] Mit der Durchsetzung dieses formellen bürgerlichen Rechts erfolge eine Verabsolutierung des Einzelnseins und eine Begründung der Herrschaft der formalistischen „Lebendigkeit der Individualität".[142] Eigentums- und Rechtsprinzipien seien es, die fortan den alleinigen Maßstab zur Festlegung der Sittlichkeit in der Absolutheit beanspruchenden Sphäre der bürgerlichen Gesellschaft zu bilden vermögen.[143] Als Konsequenz stelle sich eine qualitative und quantitative Ausdehnung des Systems des bürgerlichen Rechts ein. Zum einen komme es zu einer *qualitativen* Kolonisierung der Rechtsgebiete des Staats- und Völkerrechts sowie des Privatrechts durch die Prinzipien des Vertrages und der Moralität.[144] Zum anderen dehne sich das System *quantitativ* aus, indem immer mehr Gesetze geschaffen werden, um Mängel bestehender Vorschriften zu beheben, und im Bereich der Anwendung des Rechts erwachse eine ganze Klagekultur.[145] Versuche, die Defizite und Widersprüche der bürgerlichen Gesellschaft (zunehmende Ungleichheiten und Differenzen) mit den Mitteln des formellen Rechts allein zu lösen, können daher nicht zum Erfolg führen. Konsequenterweise lehnt Hegel die auf dem Boden des formellen Rechts sich herausbildenden Vorstellungen der Menschenrechte und einer Weltrepublik als bloß abstrakte Ideen ab.[146] Letztlich bewirke der auf die bürgerliche Gesellschaft allein gestützte Zustand eines Volkes die Verdrängung der freien lebendigen Sittlichkeit und die Konstituierung der Herrschaft einer „fremde[n] Gewalt" oder „unabhängigen Macht".[147]

Vom absoluten Standpunkt der Sittlichkeit aus gilt es, die fortwährende Verfestigung der bürgerlichen Gesellschaft und ihres Systems des bürgerlichen Rechts als unabhängige Macht zu verhindern und deren unkontrollierte Ausdehnung zu begrenzen.[148] Um dieses Ziel zu erreichen, sei es notwendig, das System im „Gefühl seiner innern Nichtigkeit" zu halten, d.h. bereits das Aufkommen eines Absolutheitsanspruchs zu verhindern. Das Mittel hierzu erblickt Hegel im modernen Staat,

---

140 HGW 4, 456, 458.
141 HGW 4, 451, 476.
142 HGW 4, 484.
143 HGW 4, 457, 476.
144 HGW 4, 476 f.
145 HGW 4, 457 f.
146 HGW 4, 450 f., 484.
147 HGW 4, 450, 483.
148 HGW 4, 450.

der gegenüber dem in der bürgerlichen Gesellschaft vorherrschenden Eigeninteresse das wahrhaft allgemeine Interesse zu erhalten versteht.[149] So wie der Staat als positiver Ausdruck der Sittlichkeit fungiere, somit die Negativität der bürgerlichen Gesellschaft ausgleiche, müssen seine Gesetze *wahrhaft Positives* sein, d. h. den gegenwärtigen Sitten des jeweiligen Volkes entsprechen.[150] Vom absoluten Standpunkt der Philosophie unterscheidet Hegel die formelle Ebene der positiven Rechtswissenschaften. Gegenstand dieser Disziplin sei es nicht etwa, sich mit der Begründung und Rechtfertigung des Rechts als solches auseinanderzusetzen, d. h. mit der Natur des Rechts, sondern mit der konkreten Gesetzgebung, der Berechnung und Abwägung der notwendig auftretenden Differenzen und Ungleichheiten.[151] Veranschaulicht wird diese Aufgabenteilung im *Naturrechtsaufsatz* bei der Betrachtung der Strafe. Falle die vernunftgemäße Begründung der Institution des Strafens noch in den Bereich der Philosophie, obliege das durch den Staat zu verhängende konkrete Strafmaß der formellen Sphäre der positiven Rechtswissenschaften.[152]

Im dritten und letzten Schritt wird die Vermittlung zwischen unorganisch verstandener bürgerlicher Gesellschaft und ihrer formellen Rechtsauffassung mit der organischen Sittlichkeit vollzogen. Die Darstellung dieser Vermittlung erfolgt im *Naturrechtsaufsatz* auf der Basis einer ästhetisch-poetologischen Opfertheorie. Keinesfalls soll in einem bloß kruden Sinne das formelle Recht der Moderne durch eine bereits überkommene Polisutopie ersetzt werden, sondern der Bereich der bürgerlichen Gesellschaft und ihres Rechtssystems ist vielmehr ganz bewusst in die Idee des richtig verstandenen Ganzen zu integrieren.[153] Im Rahmen der Terminologie des *Naturrechtsaufsatzes* bedeutet dies, dass die organisch begriffene Sittlichkeit ihre Bedeutung nur zu bewahren vermag, wenn sie die Verwicklung mit der unorganischen Sphäre der bürgerlichen Gesellschaft zu objektivieren imstande ist.[154] Nur diese Objektivierung vermag das von Hegel intendierte Gefühl innerer Nichtigkeit zu erzeugen, welches notwendig ist, um der der unorganischen Sphäre immanenten Verselbstständigungstendenzen Herr zu werden. Die Verhältnisbestimmung zwischen der organisch begriffenen Sittlichkeit und der unorganisch-abstrakten Sphäre erfolgt dabei in Anlehnung an die griechische Tragödie nach dem Bild einer Sittlichkeit, die einen Teil ihrer selbst opfern muss, um sich als Sittlichkeit überhaupt weiterhin erhalten zu

---

149 HGW 4, 450 f.; vgl. Marcuse 2004b, S. 4.
150 HGW 4, 451, 470, 483.
151 HGW 4, 451 f. Insoweit unterscheidet sich die Verhältnisbestimmung von Philosophie und Rechtswissenschaften erheblich von der Savignys, der gerade die Abtrennung der Rechtswissenschaften als technische Sphäre von der politischen Dimension des Rechts betont und begrüßt. Dem Vorwurf eines unverhältnismäßigen Anspruchs der Philosophie begegnet Hegel daher gewissermaßen mit dem unverhältnismäßigen Anspruch der Rechtswissenschaften (s. S. 17, 21).
152 HGW 4, 448 f. Den Charakter der Berechnung vor Augen spricht Hegel hier nicht umsonst vom Gesetzbuch als „Preißcourant", den es auf den „Markt" der Verbrechen anzuwenden gelte.
153 Vgl. Horstmann 2014, S. 199.
154 HGW 4, 458, 484 f.

können.¹⁵⁵ Diese „Aufführung der Tragödie im sittlichen" verdeutlicht Hegel anhand der *Eumeniden* des Aischylos. Hierin erblickt er die Vermittlung zwischen zwei entgegengesetzten Kräften, Orest und den Erinnyen, welche durch die mit dem Göttlichen (Athene) verbundene sittliche Organisation des Volkes (lebendige Sittlichkeit) geleistet wird, indem neben einer Scheidung beider Mächte zugleich auch wieder deren Versöhnung bewirkt wird.¹⁵⁶ Konkret stellt sich dies als Prozess dar, in dem die Erinnyen als Personifizierung der Blutrache nicht etwa verstoßen werden, d. h. als Recht verworfen, sondern sich ganz objektiv in die „Mächte des Rechts" verwandeln, die die Rache in *Form* des geregelten Strafrechts eines Staates verkörpern – als Eumeniden.¹⁵⁷

Auch im weiteren Fortgang wird diese Verhältnisbestimmung zwischen der bürgerlichen Gesellschaft, dem Recht und der Sittlichkeit die Rechts- und Sozialphilosophie Hegels beschäftigen, wenngleich er deren ästhetisch-poetologische Einrahmung wieder verwerfen wird.

2.3.2 Die Grundlinien der Philosophie des Rechts

Mit dem Übergang zum endgültigen System der Geistphilosophie erfolgt die Auseinandersetzung mit der praktischen Philosophie im Rahmen der Lehre des objektiven Geistes.¹⁵⁸ Ausformuliert hat sie Hegel in den 1820 veröffentlichten *Grundlinien der Philosophie des Rechts*.¹⁵⁹ Zwei Leitgedanken, die bereits die Basis des *Naturrechts-*

---

155 HGW 4, 458 f. Diese strukturelle Entwicklungsfigur von bürgerlicher Gesellschaft und bürgerlichem Recht als „[...] ein Teil des Teils, der anfangs alles war [...]" (Goethe, *Faust I*, Vs. 1349, HA 3, 47), wird Hegel auch in seinen späteren Schriften beibehalten.
156 HGW 4, 458 f. Die Göttlichkeit entspricht dabei dem Vernunftgedanken der Sittlichkeit. In den *Eumeniden* wird Orest nach dem Urteil des Volkes zunächst schuldig gesprochen. Erst die durch göttliche Fügung und Vernunfturteil herbeigeführte Stimmengleichheit bewirkt den Freispruch Orestes von der Blutschuld. Aischyl. Ag. *Eum.* 734 / 735 u. 752 / 753.
157 HGW 4, 459. Die zuvor noch naturvermittelte, blinde Schicksalshaftigkeit der Strafe wird der vernunftgetragenen, selbstbestimmten Organisation einer Gemeinschaft überantwortet, die mit Bewusstsein über die Verhängung von Strafen bestimmt. Als solches bleibt die Strafe daher erhalten, gewechselt wird nur ihre *Form*.
158 Verwendet wird hier die von Eduard Gans im Rahmen der Freundesvereinsausgabe herausgegebene 2. Aufl. von 1833 (*Grundlinien der Philosophie des Rechts*, hrsg. v. Hermann Klenner, Berlin 1981). Es handelt sich hierbei um die Auflage der *Grundlinien*, mit der auch Marx gearbeitet hat und die er vorbehaltlos benutzte. Vgl. Klenner 1981, S. 561 f. Aus seiner Sicht mussten die Zusätze, die Gans in gekennzeichneter Weise dem Text der ersten Auflage beifügte, ausschließlich Hegel'sche Gedanken ausdrücken. Eine Einbeziehung der Zusätze ist aber auch schon daher gerechtfertigt, da Gans innerhalb dieses Kapitels eine eigene Würdigung erfährt, so dass die Gefahr einer Vermischung der Rechtsphilosophie Hegels mit ihrer Interpretation und Weiterführung durch Gans nicht besteht. Um der üblichen Zitation gerecht zu werden, wird jedoch nach der Akademieausgabe zitiert, soweit nicht die *Zusätze* betroffen sind (s. Fn. 118).
159 Vgl. Schnädelbach 1999, S. 120; Cobben 2006b, S. 73. Als „Novum der Systemkonzeption Hegels" umfasst der Begriff des Geistes alle Formen menschlicher Erkenntnis und des Wollens sowie die geistigen Produkte dieser Akte. Im weitesten Sinne als Kultur zu verstehen bildet er ein disjunktives

aufsatzes darstellten, bleibt Hegel dabei treu. Zum einen ist das die Neufassung der Vorstellungen antiker Sittlichkeit unter neuzeitlichen Bedingungen, d. h. die Verbindung klassischer Freiheitsvorstellungen in Form der Autarkie des politischen Ganzen mit der individuellen Freiheit nach dem Verständnis des neuzeitlichen Prinzips der Subjektivität.[160] Zum anderen die Kritik an der Behandlung des Rechts durch die positiven Rechtswissenschaften, insbesondere in Gestalt der Historischen Rechtsschule. Letztere ist in den Augen Hegels vor allem durch den Selbstzersetzungsprozess der Philosophie beflügelt worden, den Ansätze der neueren Zeit in ihrer Auseinandersetzung mit dem Recht darböten.[161] Auf der Grundlage der durch Gustav Hugo vollzogenen Trennung einer historischen von der philosophischen Betrachtungsweise erfolge eine bloß klassische Rezeption des römischen Rechts, die von der Überprüfung ihrer Kompatibilität mit den „höchsten Forderungen der Vernunft" abgeschnitten werde.[162] Gleiches gilt aus der Sicht Hegels auch für die von Hugo als so trefflich hervorgehobene mathematische Genauigkeit der abstrakten Methode römischer Jurisprudenz. Einen Ersatz für die vernunftbasierte Begründung und Rechtfertigung des Rechts vermöge sie indessen nicht zu bieten.[163] Ganz im Gegenteil erfolge durch die Ableitung allgemeiner Bestimmungen und Grundsätze aus historischen Rechtsverhältnissen eine Verkehrung der Rechtfertigung, indem eine spezifische äußere Erscheinung an die Stelle der Natur des Rechts gesetzt werde, d. h. etwas bloß Zufälliges (Relatives) zum Absoluten (Wesen der Sache) verklärt werde.[164] Aufgabe der Philosophie als Wissenschaft sei es dagegen, das Ganze und die Ausbildung seiner Glieder in Bezug auf das „Ergründen des Vernünftigen" und das „Erfassen des Gegenwärti-

---

Verhältnis zum Begriff der Natur. Vgl. Jaeschke / Arndt 2012, S. 36, 565 f., 632; Arndt 2015, S. 28. Die Produkte des subjektiven Geistes, die diesem als seine Vergegenständlichung erscheinen, bilden die Sphäre des objektiven Geistes, welche Hegel allerdings auf die *geistigen* Grundlagen des gesellschaftlichen Lebens begrenzt: Recht, Moral, Sittlichkeit. Vgl. Jaeschke / Arndt 2012, S. 644.

160 Vgl. Schnädelbach 1999, S. 120; Ders. 2014, S. 244; Gamm 1997, S. 170. Diese Rückkehr zum „Standpunkte des Altertums" in Verbindung mit der Durchführung einer der gegenwärtigen Zeit angemessenen Darstellung der Rechtsphilosophie wird bereits von Gans in seiner Vorrede zur 2. Auflage der *Grundlinien* 1833 hervorgehoben. Vgl. Gans 1981, S. 4 f.

161 Hegel kritisiert in der *Vorrede* den schwachen Zustand der Philosophie, den er insbesondere am *seichten* Charakter der Schriften Jacob Friedrich Fries' festmacht. Seinem Werk liege letztlich die Rückführung der Prinzipien des Rechts auf *subjektive Gefühle* und *partikuläre Überzeugungen* zugrunde. HGW 14, 1, (*Vorrede*) S. 9 f., 13.

162 HGW 14, 1, (§ 3) S. 30.

163 HGW 14, 1, (§ 3) S. 25–27, 30. Als ein durch den Klassizismus des römischen Rechts vernachlässigter Fortschritt der Rechtsvernunft begreift Hegel beispielsweise die erst in der Neuzeit sich etabliert habende allgemeine Rechtsfähigkeit des Menschen (*Zusatz* § 2, S. 30 f.). Vgl. Siep 2014, S. 7 f., 13, 20; Ritter 2014, S. 58 f. Die explizit an Hugo festgemachte Kritik bezieht sich dabei auch auf Savigny, wie Ludwig Siep betont. Vgl. Siep 2014, S. 7. Dieser Zusammenhang wird durch die eigens an Savignys *Programmschrift* geübte Kritik in der bekannten Textstelle des § 211 untermauert. HGW 14, 1, (§ 211) S. 177.

164 HGW 14, 1, (§ 3) S. 27. Bereits in der *Vorrede* wendet sich Hegel dagegen, das geistige Universum (die sittliche Welt) dem Zufall und der Willkür zu überlassen. HGW 14, 1, (*Vorrede*) S. 10.

gen" hin zu begreifen.¹⁶⁵ Für die Rechtsphilosophie bedeute dies, dass sie nicht auf die historische Betrachtungsweise des Rechts beschränkt werden kann, sondern Rationalität und Historizität zusammenführen muss.¹⁶⁶ Insofern hält Hegel an seiner bereits im *Naturrechtsaufsatz* entworfenen Unterscheidung zwischen Rechtsphilosophie und positiver Rechtswissenschaft fest. Während das Aufgabengebiet der positiven Rechtswissenschaft die besonderen gesetzlichen Bestimmungen umfasse, d. h. auf die Zusammenstellung, Konsequenz und weitere Anwendung des positiven Rechts gerichtet sei, wie z. B. die Festlegung konkreter Strafen für festgestellte Vergehen, obliege es hingegen der Rechtswissenschaft als Teil der Philosophie die Natur des Rechts und seine Vernünftigkeit zu erfassen (Begründung und Rechtfertigung).¹⁶⁷ Entsprechend definiert Hegel den Gegenstand der philosophischen Rechtswissenschaft als Idee des Rechts, d. h. als Begriff des Rechts und dessen Verwirklichung.¹⁶⁸ Konkreter gefasst sei mit der Idee die Vernunft des Rechts aus dessen Begriff selbst zu entwickeln.¹⁶⁹ Ludwig Siep charakterisiert das Ziel dieser durch die Zusammenführung von wissenschaftlicher Erkenntnis und historischer Realität sich auszeichnende „Begriffswissenschaft des Rechts" daher auch als Offenlegung der gedanklichen Voraussetzungen, die der historisch gewachsenen europäischen Rechtskultur und ihrer Institutionen zugrunde liegen.¹⁷⁰ Erst die Erfassung der zweckmäßig und begrifflich-notwendig strukturierten Wirklichkeit vermeide die durch die einseitigen Verfahren der formellen und historischen Betrachtungsweise erfolgenden Verfestigungen bloß zufälliger Erscheinungen.¹⁷¹ Die Methode, auf die sich Hegel dabei stützt, hatte er zuvor in der *Wissenschaft der Logik* entwickelt.¹⁷² Bezogen auf die *Grundlinien* folgt die wissenschaftliche Wirklichkeitserkenntnis einem zweidimensionalen Modell, das zum einen eine *systematische* Dimension, die die Nachweisbarkeit des Rechtssystems als in sich notwendige Entwicklung des Gedankens des Rechts erfasst, und zum anderen eine *historische* Dimension, als Darstellung und Begreifen der geschichtlich gewachsenen Institutionalisierung und Konkretion von Recht und Freiheit, enthält.¹⁷³ Die *Grundlinien* wollen daher nicht weniger leisten als eine zusammenhängende

---

165 HGW 14, 1, (*Vorrede*) S. 6, 13. Aufgabe der Philosophie kann nur die Erkenntnis dessen sein, was bereits *Wirklichkeit* geworden ist, d. h. was zur *Realität der begrifflichen Entwicklung* vorgedrungen ist. Vgl. Arndt 2015, S. 34. Spekulationen über eine ungewisse (noch nicht wirkliche) Zukunft können daher auch nicht Gegenstand der Hegel'schen Philosophie sein. Vgl. Marcuse 2004b, S. 191f.
166 Vgl. Klenner 1991, S. 160–162. Analog zum *Naturrechtsaufsatz* lehnt Hegel die bloß formelle Betrachtungsweise des Rechts als ebenso einseitig ab. Die entsprechende Kritik findet sich in § 2 der *Grundlinien*. HGW 14, 1, (§ 2) S. 23f.
167 HGW 14, 1, (§ 2) S. 23f., (§ 212) S. 177; Zusatz § 96, S. 125.
168 HGW 14, 1, (§ 1) S. 23.
169 HGW 14, 1, (§ 2) S. 23.
170 Vgl. Siep 2014, S. 8, 22.
171 HGW 14, 1, (§ 1) S. 23, (§ 2) S. 25; vgl. Siep 2014, S. 23, 27.
172 Vgl. ebd., S. 14. Die Voraussetzung dieser Methode wird von Hegel an verschiedenen Stellen der *Grundlinien* eigens hervorgehoben: HGW 14, 1, (*Vorrede*) S. 6, (§ 2) S. 25, (§ 272) S. 225.
173 Vgl. Siep 2014, S. 18f.

Untersuchung der Bestimmungen des Rechts, ausgehend von dessen Begriff bis hin zur institutionellen Verwirklichung in der Gesellschaft und im Staat des frühen 19. Jahrhunderts.[174]

Entsprechend dem abweichenden Vorgehen zu traditionellen Naturrechtsdarstellungen und der Historischen Rechtsschule wird auch der Ausgangspunkt der Untersuchung, der *Begriff des Rechts*, in einem anderen Bedeutungshorizont gefasst. Weitläufig bestimmt umfasst das Recht nicht nur das positive, bürgerliche Recht (Privat- und Strafrecht), sondern dehnt sich auf das Dasein *aller* Bestimmungen der Freiheit aus.[175] Teil des Rechts sind daher auch die sozialen und ökonomischen Grundlagen seiner Wirksamkeit bzw. die Ermöglichungsbedingungen individueller Selbstverwirklichung (Moralität und Sittlichkeit).[176] Dieses weite Rechtsverständnis gewinnt Hegel durch die spezifisch neuzeitliche Verankerung des Rechts im *Begriff des freien Willens*.[177] Der Begriff des freien Willens wird so zum eigentlichen „Dreh- und Angelpunkt" sowie zum „tragende[n] und organisierende[n] Prinzip" der gesamten Rechtsphilosophie.[178] Aufbauend auf diesem Verständnis des Rechts aus der Freiheit heraus erfolgt die Darstellung der institutionellen Grundlagen des gesellschaftlichen Lebens anhand der begriffslogischen Rekonstruktion der Entwicklung des freien Willens. Nachgewiesen werden soll dabei, dass die Idee der Freiheit als geschichtliches Resultat erst ein *Produkt* der modernen Rechtsauffassung ist, nicht

---

174 Unter Beachtung der Zielsetzung dieser Arbeit erscheint es als unerlässlich, sich mit dem spezifischen Philosophie- und Rechtsverständnis auseinanderzusetzen, welches Hegel in seinem System entwickelt hat. Einer Ersetzung der „Geistmetaphysik" durch eine „unabhängige, freistehende Beschreibungssprache", wie es beispielsweise Axel Honneth vorschlägt und die dann letztlich in Gestalt seiner Anerkennungsterminologie erscheint, ist in diesem Kontext nicht zu folgen. Vgl. Honneth 2013, S. 107. Vielmehr birgt die vorschnelle Transformation Hegel'scher Sprache und Gedanken die Gefahr einer lakonisch verfehlten Bewertung des Marx'schen Rechtsdenkens in sich, der Honneth mit seiner Etikettierung als im Ganzen bloß funktionalistische Rechtsinterpretation dann auch zu verfallen scheint. Vgl. ebd., S. 133. Unter kritischem Bezug auf die o. a. Textstelle verweist Arndt demgegenüber auf die Möglichkeiten, die die Geistphilosophie Hegels gerade eröffne, insoweit hierdurch ein bloß *unvermitteltes Setzen* von Freiheitszwecken und des entsprechenden Bewusstseins vermieden wird. Eine *Entwicklung* werde so erst transparent. Vgl. Arndt 2015, S. 28. Vor dem Hintergrund des originären Ansatzes Hegels, „die Entwicklung des Rechts als Gestalt des Geistes", weist überdies Fischer darauf hin, dass hier bereits die Grundlage für einen in der modernen Rechtsphilosophie anvisierten „dritten Weg" jenseits der Dichotomie von Naturecht und Rechtspositivismus angelegt sei. Vgl. Fischer 2018, S. 21, 59, 163.
175 Vgl. Jaeschke / Arndt 2012, S. 645.
176 *Zusatz* § 33, S. 69; vgl. Honneth 2010, S. 36, 39; Siep 2014, S. 21. „Die Freiheit hat im Recht ihre Verwirklichung, ist nicht darin beschränkt, die Bestimmungen des Rechts sind nicht negativ, beschränkend gegen die Freiheit, sondern das Recht hat ein affirmatives Verhalten zur Freiheit, diese ist im Recht affirmativ, präsent. [...] Die Freiheit soll wirklich werden durch das Recht, hierzu gehört sowohl das Moralische, als auch das Sittliche überhaupt und alle die sittlichen Sphären die der Staat in sich befaßt." *Vorlesungsnachschrift Griesheim* (zit. nach: Klenner 1981, S. 411).
177 HGW 14, 1, (§ 4) S. 31, (§ 29) S. 45; vgl. Jaeschke / Arndt 2012, S. 646.
178 Vgl. Honneth 2010, S. 36; Jaeschke / Arndt 2012, S. 647.

etwa ihre Voraussetzung.[179] Die der logischen Methode folgende Gliederung der *Grundlinien* verfolgt daher den Weg des freien Willens von seiner abstraktesten Bestimmung bis zur konkretesten Ebene des sittlichen Gemeinwesens, als rechtlich verfasster Staat.[180] Die wesentlichen dabei zu durchlaufenden Stufen sind das *abstrakte Recht*, die *Moralität* und die *Sittlichkeit*.[181]

Auf der Stufe des abstrakten Rechts wird die Exposition des Ansichseins des freien Willens, d.h. des ersten Moments innerhalb der logischen Bewegung eines Begriffs behandelt. Thematisch setzt sich Hegel innerhalb dieses Kapitels mit dem auf dem römischen Recht aufbauenden formellen Privat- und Strafrecht auseinander.[182] Zentralen Stellenwert gewinnt dabei die spezifische Begründung des Eigentumsrechtes.[183] Den Ausgangspunkt der Ausführungen bildet der unmittelbar natürliche Wille, der aufgrund seiner Bedürfnisbefriedigung notwendig auf die äußere Welt gerichtet ist.[184] Zunächst ein Prozess, der sich nach zügelloser Willkür vollzieht, erfolge mit der Verhältnisbestimmung des Willens zur äußeren Welt der Sachen ein zwingender Übertritt ins Recht.[185] Erst in dieser Abgrenzung gegenüber der Außenwelt erlange der Wille ein Bewusstsein seiner selbst als eines abstrakten Ichs.[186] Mit dieser abstrakten Bestimmung des Willens in seiner Einzelnheit sei zugleich der Begriff der Person gegeben.[187] Die Persönlichkeit wiederum bilde das Fundament der Sphäre des abstrakten Rechts, in dem sie Ausdruck der Rechtsfähigkeit sei.[188] Unter dem Ge-

---

179 Vgl. Cobben 2006b, S. 74; Siep 2014, S. 15; Arndt 2015, S. 17, 21, 26. Methodisch betrachtet ist die Idee der Freiheit durch die immanente Entwicklung des Begriffs selbst zu begreifen (§ 1 und § 2). Der Nachweis erfolgt durch die Darlegung des Gangs seines Gewordenseins als Resultat der Entwicklung (§ 2). Genauer bestimmt ergibt sich das Bild einer Rekonstruktion des Stufengangs des Rechts, mit den spezifischen Bestimmungen der jeweils erreichten Stufe (§ 30). Ziel ist es daher, die durch ein dialektisches Bewegungsprinzip sich sukzessive höherentwickelnde Begriffsbestimmung bis zur Erkenntnis der Idee (*Wahrheit*) als notwendiges Resultat der Entwicklung nachzuvollziehen. HGW 14, 1. (§ 31) S. 46 f.; *Zusatz* § 32, S. 66 f.
180 Vgl. Fischer 2018, S. 55 f., 107, 110.
181 HGW 14, 1, (§ 33) S. 48 f.; *Zusatz* § 33, S. 69 f.
182 Vgl. Schnädelbach 1999, S. 132.
183 Vgl. Ritter 2014, S. 55. Ritter weist darauf hin, dass sich Hegels spekulativ-metaphysische Theorie des Rechts erheblich von den zeitgenössischen Begründungsversuchen des Eigentums abhebt. So stehe die Theorie in einem alternativen Verhältnis zu Ansätzen, die eine Konstruktion des Eigentums aus dessen ursprünglicher Entstehung ableiten. Vgl. ebd. S. 61. Konsequenterweise wird das u. a. von Savigny in seiner Faktum-Lehre intendierte Recht der ersten Okkupation (*Usucaption*) explizit zurückgewiesen. HGW 14, 1, (§ 50) S. 61.
184 HGW 14, 1, (§ 11–§ 14) S. 36–38, (§ 17) S. 39 f.
185 HGW 14, 1, (§ 15) S. 38, (§ 19) S. 40.
186 HGW 14, 1, (§ 34) S. 51, (§ 39) S. 53.
187 HGW 14, 1, (§ 35) S. 51.
188 HGW 14, 1, (§ 36) S. 52. Der aus dem Recht folgende Begriff der (Rechts-)Person ist unmittelbar mit der *Verwirklichung der Freiheit* verknüpft. Vgl. Fischer 2018, S. 35. Genauer betrachtet ist es die *Selbstbestimmung*, die Hegel in den Begriff der Person integriert: „In der That aber gründet sich das Recht und alle seine Bestimmungen allein auf die freie Persönlichkeit, eine Selbstbestimmung, welche [...] das Gegentheil der Naturbestimmung ist." *Enzyklopädie 1830*, HGW 20, (§ 502) S. 488. Fischer

sichtspunkt der Allgemeinheit des Rechts erfolgt hieraus die Ableitung des formellen Rechtsgebotes: „Sei eine Person und respektiere die anderen als Person."[189] Im Folgenden gehen die *Grundlinien* den Bedingungen nach, die erfüllt sein müssen, damit die Personen dieses Gebot verwirklichen können.[190] Aufgrund der notwendigen Ausrichtung auf die Außenwelt zwecks Bedürfnisbefriedigung sei es für die Personen vernünftig, sich einen exklusiven Anteil dieser äußerlichen Sphäre als materiellen Freiraum anzueignen.[191] Diese Aneignung begründet das Eigentum, welches zugleich dem ersten Dasein der Freiheit entspricht: „Die Seite aber, daß Ich als freier Wille mir im Besitze gegenständlich und hiermit auch erst wirklicher Wille bin, macht das Wahrhafte und Rechtliche darin, die Bestimmung des Eigentums aus. [...] die wahrhafte Stellung [des Eigentums, D.P.] aber ist, daß vom Standpunkte der Freiheit aus das Eigentum als das erste Dasein derselben, wesentlicher Zweck für sich ist."[192] Dabei hebt Hegel expressis verbis hervor, dass dem durch die Person begründeten Eigentum notwendig der Charakter des Privateigentums anhafte.[193] Vorstellungen des Gemeineigentums und der materiellen Gleichheit dagegen werden konsequent zurückgewiesen.[194] Hegel verbindet dies sowohl mit einer philosophischen Kritik an der *Politeia* Platons, die sich im Wesentlichen gegen die in der *Vorrede* dargelegten Ansätze der *seichten Philosophie* richtet, als auch mit einer rechtshistorischen Kritik an den Eigentumsreformen der Gracchen. Deren Versuche, die Institution des *ager publicus* gegenüber dem Privateigentum an Grund und Boden durchzusetzen, wurden mit den Agrargesetzen der konservativen Senatsmehrheit 111 v. Chr. wieder aufgehoben.[195]

---

bezeichnet den Personenbegriff Hegels daher auch als „Normativitätsgaranten des Rechts". Vgl. ebd., S. 163.
189 HGW 14, 1, (§ 36) S. 52.
190 Vgl. Cobben 2006e, S. 382. So betrachtet ist die Person *immer* schon Teil einer Rechtsordnung, wie Cobben hervorhebt. Vgl. ders. 2006b, S. 74. Sie muss nicht erst eigens durch Vertrag begründet werden.
191 HGW 14, 1, (§ 41) S. 55, (§ 44) S. 57; vgl. Cobben 2006b, S. 75; Honneth 2010, S. 43; Ritter 2014, S. 61.
192 HGW 14, 1, (§ 45) S. 57. Indem die „äußerliche Bemächtigung" der Sache zugleich damit verbunden ist, dass der „persönliche Wille" in sie hineingelegt wird, entfaltet Hegel aus dem Begriff der Person heraus ein unmittelbares Zusammenfallen von Besitz und Eigentum. HGW 20, (§ 489) S. 482. „Aber dem Begriffe nach ist mein Recht an einer Sache nicht blos Besitz, sondern als Besitz einer Person ist es Eigenthum, rechtlicher Besitz [...]. Durch diese Bestimmung ist der Besitz Eigenthum, der als Besitz Mittel, als Daseyn der Persönlichkeit aber Zweck ist." HGW 20, (§ 486) S. 480, (§ 489) S. 482.
193 HGW 14, 1, (§ 46) S. 57. Diese Verbindung wird u. a. von Marcuse als Spezifikum der Theorie herausgestellt: „Selten ist die Institution des Privateigentums so konsequent aus der Natur des isolierten Individuums entwickelt und auf ihr begründet worden. [...] Eigentum existiert einzig aufgrund der Macht des freien Subjekts. Es wird aus dem Wesen der freien Person abgeleitet." Marcuse 2004b, S. 174. Unter Bezugnahme auf die Einteilung der positiven Rechtswissenschaften wird das Eigentumsrecht entgegen der Einschätzung Savignys (s. Fn. 99) unter die Kategorie des *Sachenrechts* subsumiert. HGW 14, 1, (§ 40) S. 53 f.
194 HGW 14, 1, (§ 46) S. 57. Auf der Stufe des abstrakten Rechts kann noch keine Begründung der Verteilung des Eigentums geschehen. Der Umfang ist hier noch zufällig. Die Auseinandersetzung über eine gerechte Verteilung des Eigentums fällt in die Sphäre der Sittlichkeit. HGW 14, 1, (§ 49) S. 60.
195 HGW 14, 1, (§ 46) S. 58. Gemeint sind die Agrargesetze von Tiberius und Gaius Gracchus, die in der Zeit zwischen 133 und 121 v. Chr. im Zuge ihres Volkstribunats zur Geltung gelangten und die Nutzung

Zur Sicherung des Eigentums bedarf es der Anerkennung durch andere Personen. Dieser wechselseitige Prozess findet im Vertrag statt.[196] Parteien im Vertrag sind die unmittelbar selbstständigen Personen (besondere Willen), die durch die wechselseitige Preisgabe und Annahme von Eigentum einen gemeinsamen Willen bilden.[197] Im Widerspiel zwischen dem besonderen Willen und dem allgemeinen Willen des formellen Rechts, d.h. zwischen unmittelbarem Eigeninteresse und dem gemeinsamen Interesse der vertraglichen Einigung, ist die Möglichkeit der Nichteinhaltung stets enthalten, so dass das Zustandekommen und die tatsächliche Umsetzung als eine Sache des Zufalls verbleiben. Aus diesem Zufallsmoment des Vertrages ergibt sich somit notwendig das Unrecht, als Kollision zwischen besonderem und allgemeinem Willen.[198] Die *Grundlinien* unterscheiden verschiedene Formen des Unrechts, wobei mit dem gewaltsamen Verbrechen der Übergang zum Strafrecht vollzogen wird.[199] Durch die gewaltsame Aufhebung des sich im Eigentum verwirklichenden freien Willens einer Person durch eine andere werde Zwang ausgeübt, dem mit der Ausübung eines zweiten Zwangs in Form der Strafe zu begegnen sei.[200] Abstraktes Recht ist daher auch für Hegel letztlich Zwangsrecht.[201] Zwar werde unter der Strafe die Aufhebung des Verbrechens durch „Wiedervergeltung" verstanden, jedoch nicht etwa auf der Basis eines *ius talionis*.[202] Ganz im Gegenteil sei streng zwischen einer strafenden und einer bloß subjektiv-rächenden Gerechtigkeit zu unterscheiden. Letztere berge nur den Keim weiterer Rechtsverletzungen in sich und sei als Zufälliges zu verwerfen.[203] Der Standpunkt der originär strafenden Gerechtigkeit, als Hinausgehen

---

des *ager publicus* durch einzelne Bürger begrenzte, was faktisch einer Beschränkung der Besitzkonzentration des Landes in den Händen der römischen Oberschicht gleichkam. Vgl. Linke 2015, S. 24, 52, 63f. Im Zuge der historischen Einordnung hebt Hegel hervor, dass das *Recht des Privateigentums* erst sehr spät den Charakter eines allgemein geltenden Rechts erlangt habe, es demnach eine vergleichsweise späte Frucht der Weltgeschichte darstelle. HGW 14, 1, (§ 62) S. 68.
196 HGW 14, 1, (§ 71) S. 76.
197 HGW 14, 1, (§ 74) S. 77, (§ 75) S. 78.
198 HGW 14, 1, (§ 81) S. 84; vgl. Mohr 2014, S. 97.
199 HGW 14, 1, (§ 84) S. 85f., (§ 85) S. 86, (§ 95) S. 89. Neben dem Verbrechen und dem Betrug erfährt noch das bürgerliche Unrecht eine eigene Würdigung. Es ist dies die Form einer zivilrechtlichen Meinungsverschiedenheit, in der beide Parteien das Recht grundsätzlich anerkennen. Bedeutsam ist dies vor dem Hintergrund der Unterscheidung der Eigentumstheorie Hegels von der Savignys. In den *Grundlinien* erfolgt die Abhandlung möglicher Besitzschutzklagen erst *nach* der Begründung des Eigentumsrechts. Zudem stellt die Ausübung von *Gewalt* kein notwendiges Kriterium zu ihrer Ableitung dar.
200 HGW 14, 1, (§ 90–93) S. 87f.; *Zusatz* § 97, S. 125.
201 HGW 14, 1, (§ 94) S. 89. Der Einbindung des Begriffs der Strafe in die begriffslogische Systematik der „Willensmetaphysik" (Mohr 2014, S. 95) entspricht in ihrem Resultat letztlich Ansätzen der modernen Rechtsphilosophie, die die Begründung von Normen im Bedarfsfall durch Sanktionsnormen ergänzen, um deren Einhaltung zu gewährleisten. Die Straftheorie Hegels ist jedoch keinesfalls als bloß *präventive* Straftheorie zu verstehen. Eine Herausstellung ihres originären Charakters findet sich u.a. bei Mohr: Vgl. ebd., S. 106, 109.
202 HGW 14, 1, (§ 101) S. 94.
203 HGW 14, 1, (§ 102) S. 95, (§ 103) S. 95.

über das bloß Einzelne des eigenen Willens, verweist diesen dann wiederum auf sich selbst zurück. Die Verwirklichung des Rechts muss zur Selbstbestimmung, d. h. zum Selbstausdruck des eigenen Willens werden.[204] Es ist demnach das mit dem Eigentum notwendig verbundene Unrecht, dass den weiteren Fortgang des freien Willens bestimmt: „Die Eumeniden schlafen, aber das Verbrechen weckt sie [...]."[205] So zeichnet sich am Horizont bereits das Bild des sittlichen Staates ab.[206] Zuvor ist jedoch noch die Stufe des freien Willens zu durchlaufen, in der der besondere Wille dazu gelangt, den allgemeinen Willen zu wollen, d. h. der allgemeine Standpunkt des Rechts vom zufälligen Zwang gelöst und als Selbstgewolltes erkannt wird – die Stufe der *Moralität*.[207]

Begriffslogisch erreicht der Wille auf der Ebene der Moralität das Moment des Fürsichseins. Gegenstand des Willens ist hier der Wille selbst, d. h. die Reflexion des Willens in sich (Subjektivität).[208] Werksarchitektonisch kommt diesem begrifflichen Entwicklungsmoment dabei die Vermittlerrolle zwischen der *abstrakten* Objektivität des Privatrechts und der *konkreten* Objektivität der Sittlichkeit zu.[209] Der Wille drängt zu einer höheren Verwirklichung seiner Freiheit, indem er die nur zufällige Durchsetzung des Rechts in seiner formell-abstrakten Gestalt überwindet und sich zunächst dem subjektiven Dasein der Freiheit zuwendet.[210] Zentraler Gesichtspunkt des dabei sich konstituierenden moralischen Standpunktes ist die Verbindung zwischen subjektiver (besonderes Wohl) und allgemeiner Freiheit (Idee des Guten).[211] Aufgrund der reinen Subjektivität des Standpunktes bleibt die Übereinstimmung zwischen beiden jedoch abermals dem Zufall überlassen.[212] Wie bereits im *Naturrechtsaufsatz* expliziert Hegel dies anhand der Kantischen Moralphilosophie. Die höchste Bestimmung des Guten finde das Subjekt in seinem Gewissen, da hier die Pflicht zum moralischen Handeln rein selbstzweckhaft erfolge, d. h. um ihrer selbst willen getan wird. Indem das eigene Denken so zum einzig Verpflichtenden des Subjekts werde, sei es Ausdruck seiner Autonomie und somit Dasein subjektiver Freiheit.[213] Da die Gewissheit, auf deren Grundlage das Subjekt handele, notwendig auf dieses beschränkt bleibe,

---

204 HGW 14, 1, (§ 104) S. 96 f., (§ 113) S. 103; vgl. Cobben 2006d, S. 327; Jaeschke / Arndt 2012, S. 649.
205 *Zusatz* § 101, S. 132.
206 Hegel zufolge sind es die (rationalen) *Eumeniden*, nicht die Erinnyen, die geweckt werden. *Tätig* werden sie jedoch erst auf Ebene der Sittlichkeit. Diese Deutung wird durch Ritter bestärkt, der die entscheidende These der *Grundlinien* darin erblickt, dass „alle substanziellen geistig-sittlichen Ordnungen der Freiheit" im Eigentum des bürgerlichen Rechts zur Existenz gelangen. Vgl. Ritter 2014, S. 61.
207 HGW 14, 1, (§ 103) S. 95 f.
208 HGW 14, 1, (§ 105) S. 99; vgl. Jaeschke / Arndt 2012, S. 649.
209 Vgl. Kervégan 2005, S. 162.
210 HGW 14, 1, (§ 106) S. 99; vgl. Cobben 2006d, S. 327. „Von der äußeren Welt zurückgestoßen, wendet sich der Wille jetzt nach innen, um hier absolute Freiheit zu suchen. Der freie Wille tritt in das zweite Reich seiner Verwirklichung ein: das aneignende wird zum moralischen Subjekt." Marcuse 2004b, S. 178.
211 HGW 14, 1, (§ 128) S. 113.
212 HGW 14, 1, (§ 125) S. 111.
213 HGW 14, 1, (§ 131) S. 114 f., (§ 136) S. 119.

handele es sich jedoch nur um ein *formelles Gewissen*. Übertragen auf den Kategorischen Imperativ führt dies zum bekannten Formalismusvorwurf, so dass im Grunde *jeder* Handlungsinhalt moralisch zu rechtfertigen wäre (Zufall).[214] Auf dieser abstraktinnerlichen Stufe beinhaltet der moralische Standpunkt die Möglichkeit, das eigene Wohl zum allgemeinen Prinzip zu erheben, um in Gestalt einer Maxime dann unrechtliche Handlungen moralisch legitimieren zu können.[215] Als Beispiel der aus einer solchen Maxime entspringenden Lehre führt Hegel analog zum *Naturrechtsaufsatz* das moralische Prinzip der Jesuiten an.[216] Das Fürsichsein des formellen Gewissens verbleibt daher als Zufallshort von echter Moralität und deren Umschlagen ins Gegenteil.[217] Erst in der Verbindung mit objektiven Bestimmungen und Pflichten vermag sich das bloß formelle in ein dann *wahrhaftes Gewissen* zu transformieren (Gesinnung). Wahrheit erlangt das moralische Sollen so betrachtet mit der Ergänzung des Bezugsrahmens objektiver Verhältnisse, in die es ja immer schon eingefasst ist.[218] Hiermit vollzieht sich der Übergang zur Stufe der *Sittlichkeit*, auf der das subjektive Gewissen der Moralität und die abstrakte Allgemeinheit des Rechts, unter Aufhebung ihrer jeweils abstrakten Einseitigkeit, zusammengeführt werden.[219]

Als Wille an und für sich wird auf der Stufe der *Sittlichkeit* die vollentwickelte Einheit von Begriff und Wirklichkeit des freien Willens erreicht.[220] Durch die Vereinigung von Allgemeinem (abstraktes Recht) und Besonderen (Moralität) zur konkreten Allgemeinheit der Sittlichkeit, tritt an die Stelle des vormals noch bloß abstrakten Guten auf dieser Ebene die Idee der Freiheit als das „lebendige Gute".[221] Gemeint ist damit, dass die *Form* moralischen Handelns auf der höheren Stufe der Sittlichkeit, um eine *inhaltliche* Dimension der Freiheit ergänzt wird. So bilden das moralische Subjekt und seine objektiven Verhältnisse, in der Gestalt institutioneller Ordnungen und Strukturen, eine notwendige Symbiose.[222] Die institutionellen Ordnungen und Strukturen treten als der Vernunft entsprechende Form in Gestalt eines sittlichen Systems auf, d.h. eines Systems der Bestimmungen der Freiheit.[223] Substanziell sind

---

214 HGW 14, 1, (§ 135) S. 118, (§ 137) S. 120; s. S. 25. Cobben fasst das Problem zusammen, in dem er darauf verweist, dass das Subjekt mit dem Dilemma konfrontiert sei, das Gute verwirklichen zu sollen, ohne dieses überhaupt zu kennen. Vgl. Cobben 2006d, S. 328.
215 HGW 14, 1, (§ 126) S. 111 f., (§ 139) S. 121; *Zusatz* § 137, S. 164.
216 HGW 14, 1, (§ 140) S. 125; *Zusatz* § 140, S. 183; s. Fn. 123.
217 HGW 14, 1, (§ 139) S. 121 f., (§ 140) S. 122 f.
218 HGW 14, 1, (§ 137) S. 119 f.; *Zusatz* § 108, S. 138.
219 HGW 14, 1, (§ 141) S. 135; *Zusatz* § 33, S. 69.
220 HGW 14, 1, (§ 143) S. 137, (§ 145) S. 137 f.
221 HGW 14, 1, (§ 142) S. 137, (§ 144) S. 137; vgl. Cobben 2006f, S. 408; Arndt 2015, S. 22 f.
222 Vgl. Cobben 2006f, S. 408. „Eine Pflichtenlehre, insofern sie nicht philosophische Wissenschaft ist, nimmt aus den Verhältnissen als Vorhandenen ihren Stoff, und zeigt den Zusammenhang desselben mit den eigenen Vorstellungen, allgemein sich vorfindenden Grundsätzen und Gedanken, Zwecken, Trieben, Empfindungen usf. und kann als Gründe die weiteren Folgen einer jeden Pflicht in Beziehung auf die andern sittlichen Verhältnisse, sowie auf das Wohl und die Meynung hinzu fügen." HGW 14, 1, (§ 148) S. 139.
223 HGW 14, 1, (§ 145) S. 137 f.

sie in der wirklichen Lebendigkeit des Selbstbewusstseins der unter diesen Bestimmungen existierenden Subjekte vorhanden.[224] Die starke Hervorhebung der objektiven Verhältnisse gegenüber dem Subjekt führt in den *Grundlinien* jedoch keinesfalls zu einer Verdrängung der Individualität. Vielmehr hebt Hegel explizit hervor, dass das Recht der Individuen in ihrer Besonderheit gleichwohl auch in der sittlichen Substanzialität erhalten bleibt.[225] Gegenstand des Kapitels der Sittlichkeit bildet die Betrachtung der verschiedenen, sich voraussetzenden institutionellen Gestalten ihres Systems. Der Weg zur Verwirklichung der Freiheit führt dabei von der *Familie* über die *bürgerliche Gesellschaft* zum *Staat*.[226]

Zunächst behandel Hegel in den *Grundlinien* die Familie als Form der unmittelbaren Sittlichkeit. Der familiäre Verbund zeichne sich durch eine liebesvermittelte Einheit aus, die das Selbstbewusstsein mit dem Bewusstsein der Anderen verbinde.[227] Mit der Erziehung der Kinder zu eigenen rechtlichen Persönlichkeiten, die wiederum eigene Familien gründen, gehe die Familie in ihre natürliche Auflösung über. Die Vielheit der Familien gelange an den Punkt ihrer Vergesellschaftung, in der sie in einem Verhältnis konkreter Personen zueinander stehen. Das ursprüngliche Moment der natürlichen Einheit wird in die Besonderheit aufgehoben.[228] Durch den Übergang zur Besonderheit wird zugleich die nächste Stufe der Sittlichkeit erreicht; das familiäre Individuum wird zum „Sohn der bürgerlichen Gesellschaft".[229]

Der der bürgerlichen Gesellschaft gewidmete Abschnitt zeichnet den Weg des sich vergesellschaftenden Individuums von der unmittelbaren Sittlichkeit der Familie bis zur wirklichen Sittlichkeit des Staates nach. Dargelegt werden soll der Prozess der sukzessiven Herausbildung des besonderen Interesses zur Form der Allgemeinheit, die in das Verhältnis des Staatsbürgers zum Gemeinwesen mündet.[230] Dieser Entwicklungsprozess vollzieht sich in den *Grundlinien* unter Berücksichtigung der historisch gewachsenen Verhältnisse und der damit einhergehenden spezifischen Vergesellschaftungsform der Moderne, einer arbeitsteilig organisierten und markt-

---

[224] HGW 14, 1, (§ 147) S. 138, (§ 151) S. 141.
[225] HGW 14, 1, (§ 154) S. 142. Erläuternd sei auf die Ausführungen bei Arndt verwiesen, der in den *Grundlinien* eine Auseinandersetzung mit der „fundamentalen Spannung" zwischen dem Recht der Besonderheit und der Allgemeinheit, auf dem Boden ihrer zeitgenössischen gesellschaftspolitischen Verhältnisse erblickt. Die praktische Philosophie Hegels ziele dabei sowohl auf die Vermeidung eines *totalitären Übergriffs* der Allgemeinheit auf das Recht der Besonderheit, als auch auf die Vorbeugung gegenüber einer durch eine *unangemessene Verselbstständigung* des Besonderen bedingte Zersetzung des politischen Gemeinwesens ab. Vgl. Arndt 2015, S. 23 f.
[226] HGW 14, 1, (§ 157) S. 143.
[227] HGW 14, 1, (§ 157) S. 143, (§ 158) S. 144; *Zusatz* § 158, S. 198. Diese natürliche Einheit ist noch insoweit begrenzt, als sie eine unterschiedslose Verschmelzung des Ganzen und des Individuums beinhaltet. Vgl. Bourgeois 2014, S. 217.
[228] HGW 14, 1, (§ 177) S. 155, (§ 181) S. 158 f.
[229] HGW 14, 1, (§ 238) S. 192.
[230] Vgl. Cobben 2006c, S. 230. Unter dem Gesichtspunkt der Rechtsphilosophie bildet der Abschnitt über die bürgerliche Gesellschaft das Herzstück der *Grundlinien*, da hier die Auseinandersetzung mit dem Recht im engeren Sinne erfolgt.

vermittelten Gesellschaftsformation.²³¹ Aus der Sicht Hegels stellt das Erreichen der bürgerlichen Gesellschaft eine auch mit Blick auf die Freiheit unhintergehbare Entwicklung dar, die zu verwerfen weder möglich noch wünschenswert wäre. Begründet liegt dies in den eröffneten Möglichkeiten, die der Entfaltung *persönlicher Freiheiten* innerhalb dieser Gesellschaftsform zuwachsen.²³² Gleichzeitig berge das Verlassen des sittlichen Bezugsrahmens der Familie und der Übergang zur Stufe der Besonderheit aber auch das Potenzial gesellschaftlicher Fehlentwicklungen in sich.²³³ Die Betrachtung dieses notwendigen Spannungsbogens beginnt mit dem Unterabschnitt des *Systems der Bedürfnisse*. Hierin erfolgt eine knappe Zusammenfassung der Erkenntnisse der klassischen Nationalökonomie.²³⁴ Den Ausgangspunkt bildet die Betrachtung des Prinzips der bürgerlichen Gesellschaft, welche sich aus zwei Momenten zusammensetzt: Auf der einen Seite der Mensch als *konkrete Person*, die sich selbst besonderer Zweck ist, d. h. als Bourgeois, und auf der anderen Seite die Beziehung auf andere Besonderheit (Personen) als Form vermittelter *Allgemeinheit*.²³⁵ Diese vermittelte Allgemeinheit fasst Hegel als dialektische Bewegung, die letztlich die allbekannte Formel der unbewussten Förderung der Bedürfnisse aller durch die selbstsüchtig agierenden Mitglieder der bürgerlichen Gesellschaft zum Ausdruck bringt.²³⁶ Dieses „System allseitiger Abhängigkeit" verfüge über eine ungeheure Dynamik, die zu einer Vervielfältigung der Bedürfnisse und den Mitteln ihrer Befriedigung führt, d. h. zum Wachstum und zur Ausweitung der arbeitsteilig organisierten Gesellschaft.²³⁷ Seinen Platz findet das Individuum in diesem System mittels seines Vermögens (Bildung, Geschicklichkeit etc.). Da die Fähigkeiten der Menschen naturgemäß jedoch nicht gleich verteilt seien, komme es auch auf der Ebene der Gesellschaft zu Ungleichheiten.²³⁸ Die individuellen Fähigkeiten einer Person legen demnach ihre soziale Rolle und objektive Stelle im System der Abhängigkeiten fest (ständische Zugehörigkeit).²³⁹ Die Eigendynamik der bürgerlichen Gesellschaft verfüge aber auch über Schattenseiten, da sie allein auf ihre Funktionsimperative gestellt den Verlust der Sittlichkeit zum Prinzip erhebe.²⁴⁰ In seiner ungehinderten Entwicklung sorgt das zur Form des Allgemeinen verfestigte Prinzip des Besonderen für eine Abhängigkeit des

---

231 Vgl. Schnädelbach 1999, S. 138.
232 HGW 14, 1, (§ 182) S. 160, (§ 206) S. 173; vgl. Arndt 2015, S. 23 f., 79.
233 HGW 14, 1, (§ 184–§ 186) S. 160–162.
234 HGW 14, 1, (§ 189) S. 165.
235 HGW 14, 1, (§ 182) S. 160, (§ 187) S. 162 f., (§ 190) S. 166.
236 HGW 14, 1, (§ 199) S. 169.
237 HGW 14, 1, (§ 183) S. 160, (§ 191) S. 166, (§ 196) S. 168.
238 HGW 14, 1, (§ 200) S. 169 f.
239 HGW 14, 1, (§ 201) S. 170. Die *Grundlinien* halten daher an der ständischen Einteilung der Gesellschaft fest die bereits dem *Naturrechtsaufsatz* zugrunde lag (s. S. 27). Zentrale Bedeutung hat auch hier der „zweite Stand", der Stand des Gewerbes, als Wiege des Bourgeois. HGW 14, 1, (§ 204) S. 172.
240 HGW 14, 1, (§ 184) S. 160.

gesellschaftlichen Zusammenlebens von Willkür und Zufall.[241] Die bürgerliche Gesellschaft verkomme zu einem gegensätzlichen Schauspiel von Ausschweifung und Elend, der simultanen Akkumulation von Luxus und Armut.[242] Hegel spitzt diese Argumentation zu, indem er hieraus die gesellschaftliche Entstehung einer Schicht der Armut und Not folgert, die des *Pöbels*. Gemeint ist die Erzeugung einer gesellschaftlichen Schicht, deren materielle Situation zu einem vollständigen Verlust ihres Rechtsgefühls, der Rechtlichkeit und der Ehre führt und die so betrachtet auch keine reelle Zugehörigkeit mehr in der ständischen Ordnung findet.[243] Eine solch verselbstständigte Entwicklung der Besonderheit berge zugleich die Gefahr einer gesellschaftlichen Entzweiung und den Untergang des gesamten Gemeinwesens in sich.[244] Um dies zu vermeiden, muss sich das System der Bedürfnisse den *Grundlinien* zufolge notwendig noch um *immanente sittliche Korrektive* ergänzen, die sich aus der Rechtspflege, der Polizei und der Korporation zusammensetzen.[245]

Das erste Korrektiv bildet die *Rechtspflege*, worunter die notwendige Ergänzung des dem Zufall und der Willkür überantworteten Marktgeschehens um eine bewusste Ordnung verstanden wird, die den Schutz und die Sicherheit des abstrakten Rechts, d.h. der Persönlichkeit und des Eigentums, gewährleistet.[246] Mit der Darstellung der Bedingungen für die Sicherung des abstrakten Rechts vollzieht sich der Übergang zu dessen Positivierung. Erst in der Gesetzesform erreichen die für ein modernes Gemeinwesen charakteristischen Rechtsstrukturen ihre erforderlichen Merkmale: Verbindlichkeit, Allgemeingültigkeit, Öffentlichkeit / Transparenz, gerichtliche Revisions- und Berufungsmöglichkeiten.[247] Die angemessene Darstellung der Gesetze erfolgt in einem öffentlichen Gesetzbuch, welches eine Sammlung der allgemeinen

---

[241] HGW 14, 1, (§ 185) S. 161, (§ 186) S. 162; vgl. Horstmann 2014, S. 210; Arndt 2015, S. 78f. Die bürgerliche Gesellschaft entspricht auf der Ebene des Systems der Bedürfnisse so gesehen einem auf die gesellschaftliche Ebene übertragenen Hobbesschen Naturzustand. Vgl. Jaeschke / Arndt 2012, S. 654.
[242] HGW 14, 1, (§ 185) S. 161, (§ 195) S. 167f., (§ 243) S. 193.
[243] HGW 14, 1, (§ 244) S. 194.
[244] HGW 14, 1, (§ 185) S. 161. In diesem Punkt folgen die *Grundlinien* dem *volonté générale*. Ein sittliches Gemeinwesen erfordert politisch-bewusst ins öffentliche Leben integrierte Personen. Allein die „Häuser" (bürgerliche Gesellschaft) machen noch keine „Polis" (Staat). Rousseau 2006, 1. Buch, 6. Kapitel S. 18 Fn.*. Der Verlust dieser Integration durch die vollständige Preisgabe des Rechtsgefühls beinhaltet daher die Gefahr der Entzweiung (z.B. einer Revolution) und der Zersetzung des Gemeinwesens. Voraussetzung für eine intakte Sozietät ist daher auch ein Mindestmaß an materieller Absicherung aller Personen, d.h. die Vermeidung allzu großer Extreme. Ebd., 1. Buch, 9. Kapitel S. 26 Fn.*.
[245] Jaeschke / Arndt 2012, S. 654.
[246] Wie schon im *Naturrechtsaufsatz* wird die moderne Form des Rechts direkt aus den ökonomischen Verhältnissen der bürgerlichen Gesellschaft deduziert: „Erst nachdem die Menschen sich vielfache Bedürfnisse erfunden haben, und die Erwerbung derselben sich in der Befriedigung verschlingt, vermögen sich Gesetze zu bilden." Zusatz § 209, S. 241.
[247] HGW 14, 1, (§ 212) S. 177, (§ 214) S. 178, (§ 215) S. 179f., (§ 220) S. 183, (§ 224) S. 184, (§ 228) S. 187. Hervorgehoben wird nicht zuletzt die Gleichheit der Parteien im Gerichtsverfahren, die eine unerlässliche Bedingung für die Forterhaltung des Rechtsgefühls der Bürger darstellt.

Grundsätze des Rechts bildet.[248] Auch der Rechtsgang im Bereich des Gerichtswesens folgt dem Gebot der Öffentlichkeit.[249] Als adäquate Prozessform plädiert Hegel zumindest im Bereich des Strafrechts für die Institution des Geschworenengerichts.[250] Nur diese Form des Prozesses vermöge die Verwirklichung des Rechts als Selbstausdruck des eigenen Willens auch im Fall des Verbrechens zu gewährleisten.[251] Neben der Fixierung der eigenen Position zum Recht in der bürgerlichen Gesellschaft enthält der vergleichsweise kurze Abschnitt über die Rechtspflege zudem noch eine umfas-

---

[248] HGW 14, 1, (§ 216) S. 180. Gemeint ist die Darstellung allgemeiner Rechtsvorschriften, deren Allgemeinheit aber auch bedingt, dass nicht jeder denkbare Einzelfall hierdurch abzubilden ist. Vielmehr unterliegen Zweifelsfälle einer gerichtlichen Einzelfallprüfung.

[249] HGW 14, 1, (§ 224) S. 184, (§ 228) S. 187 f. Mit dieser Forderung positioniert sich Hegel auf Seiten der liberalen Reformer des Prozesswesens im 19. Jahrhundert. Seit dem Mittelalter hatte sich in den deutschen Territorien eine zunehmend repressiv-restaurative Entwicklung des Prozessrechts durchgesetzt. Noch die *Allgemeine Gerichtsordnung für die Preußischen Staaten* (1793) und die *Preußische Kriminalordnung* (1805) waren nach dem Muster des gemeinrechtlichen Inquisitionsprozesses konzipiert. Dessen Charakteristika von Heimlichkeit, Schriftlichkeit und Formalität trugen dazu bei, den Inquisiten gewissermaßen der Willkür des Untersuchungsrichters auszuliefern. Zumal dies mit einer sukzessiven Zurückdrängung der Rechte des Inquisiten einherging Vgl. Senk 2007, S. 463–465, 474 f., 482. Die hiermit zusammenhängende Möglichkeit des Missbrauchs und der Instrumentalisierung des Rechtsprozesses wird von Hegel kritisiert. HGW 14, 1, (§ 223) S. 184. Des Weiteren sieht er das Zutrauen der Bürger in eine faire und gerechte Justiz nur durch die Öffentlichkeit der Prozesse gewährleistet. *Zusatz* § 224, S. 256.

[250] *Zusatz* § 227, S. 258 f. Mit dem Eintreten für die Geschworenengerichte setzt sich Hegel auch von der Historischen Rechtsschule ab. Noch 1846, im Amt des Preußischen Ministers für die Revision der Gesetzgebung, hatte Savigny den höchsten Behörden eine amtliche Denkschrift zukommen lassen, in der er sich gegen die Institution des Geschworenengerichts und für die Einsetzung von Berufsrichtern ausspricht: „Hauptsächlich aber werden in den Zeiten der Zerrissenheit und heftiger Parteiungen, für welche die Geschichte unmöglich nach einer Volksjustiz lüstern machen kann, die festesten Stützen der Ordnung immer Richterkollegien sein, denen es durch die Pflicht zur Gewohnheit geworden ist, unbekümmert um die Folgen, nur das Recht zu suchen und diese ihre Aufgabe größtenteils wissenschaftlich zu lösen. [...]". Daraus folgt dann, „[...] daß zur Zeit das Institut der Geschworenengerichte bei uns durch keinerlei Bedürfnis gefordert wird und daß die Einführung desselben mit zu vielen Gefahren für die Gerechtigkeit umgeben ist, als daß sie angerathen werden könnte." Savigny 1858, S. 475, 479.

[251] In den *Grundlinien* wird die Rechts- von der Tatfrage getrennt. Während die Rechtsfrage, d. h. die Subsumtion des Einzelfalles unter das allgemeine Gesetz aufgrund der notwendigen Detailkenntnis der Gesetze nur durch einen Berufsrichter vorgenommen werden könne, gelte dies für die Tatfrage nicht gleichermaßen, da im Grunde jede Person hierzu befähigt sei. HGW 14, 1, (§ 226) S. 185, (§ 227) S. 186. Letztlich sei ihre Beantwortung eine Sache der subjektiven Überzeugung des Entscheidungsträgers, d. h. seines Gewissens. HGW 14, 1, (§ 227) S. 186. Bilde die Grundlage für das Urteil des Richters ein Geständnis des Verbrechers, sei dies noch unproblematisch. Komme es jedoch zur Leugnung, bedürfe es der Vermittlung zwischen der subjektiven Gewissheit des Richters und der des Verbrechers. *Zusatz* § 227, S. 259. Ohne diese Vermittlung würde der Verbrecher nicht mehr als freie und vernünftige Person anerkannt, die Strafe wäre nicht mehr als Recht an diesem selbst zu verstehen. HGW 14, 1, (§ 220) S. 183; *Zusatz* § 227, S. 259. Dasein gewinne diese Vermittlung in den Personen der Geschworenen, indem sie eine Gleichbehandlung aller Parteien vor Gericht gewährleisten würde und so das notwendige Zutrauen in die Subjektivität der Entscheidenden begründe. HGW 14, 1, (§ 228) S. 187.

sende Kritik des Programms der Historischen Rechtsschule. Hegel versucht dabei die argumentative porte-épée Savignys an drei Punkten zu fassen zu bekommen: Kritik am Primat des Gewohnheitsrechts, Kritik der Kodifikationskritik und Kritik des Spezialistendogmas.[252] Zunächst stelle die Fokussierung auf *Gewohnheiten* eine Sache des Zufalls dar, die der Form der Allgemeinheit eines Gesetzes nicht entspreche. Auch die Rede von der Lebendigkeit des Gewohnheitsrechts vermöge dies nicht zu ändern. Vielmehr schlössen sich Gesetzesform und Gewohnheit eines Rechtes nicht aus.[253] Entsprechend lehnt Hegel auch die von Savigny anvisierte Sammlung von Gewohnheitsrechten ab. Unter der ausdrücklichen Zurückweisung der *Kodifikationskritik* Savignys plädiert Hegel für ein allgemeines Gesetzbuch. Das Festhalten am historisch Gewesenen in Gestalt des Corpus Iuris Civilis sei ihm zufolge ein Ausdruck des Verharrens in den Verhältnissen, auf die sich diese Rechtssammlung bezieht, d.h. eines Zustands, der der gegenwärtigen Vernunft nicht mehr entspreche.[254] Als letzten Kritikpunkt führt Hegel die Ablehnung des *Spezialistendogmas* ins Feld. Recht als Wirklichkeit der Freiheit müsse allen Menschen zugänglich und für diese erkennbar und verständlich sein. Eine Beschränkung des Umgangs mit dem Recht auf die Jurisprudenz käme einer Vormundschaft gleich, die eine neue Form der (geistigen) Leibeigenschaft begründe. Gewissenmaßen als abstrakte Herrschaft des Juristenstandes trete sie an die Stelle der überkommenen persönlichen Leibeigenschaft des Feudalismus.[255] Da das Feld der Rechtspflege jedoch mit dem Mal der Nachträglichkeit gezeichnet ist, bedarf es der Ergänzung durch noch weiterer Korrektive, die die Momente des Zufalls im System der Bedürfnisse begrenzen.[256] Als äußere Ordnung ist dies die Institution der *Polizei*, die die Bürger bei der Verfolgung ihrer besonderen Interessen schützt.[257] Demgegenüber stellen die mit den Berufszweigen verbundenen *Korporationen* eine immanente Schutz- und Solidaritätsinstitution dar, welche die Interessen ihrer Mitglieder vertreten sollen, zugleich aber auch deren Subsistenz zu gewährleisten haben.[258] Hegel bezeichnet die Korporation daher auch als „zweite Familie".[259]

---

252 Vor dem Hintergrund dieser kritischen Passage wird die Rede von der „offenen Kriegserklärung" gegenüber Savigny verständlich (s. Fn. 110).
253 HGW 14, 1, (§ 211) S. 176; *Zusatz* § 211, S. 243 f. Diese Lebendigkeit auch der Gesetzesform entspricht dem in den *Grundlinien* verwendeten Bild des Rechts als einer sich an den wachsenden Baum anrankenden Pflanze: „Nur das Unendliche, die Idee ist wirklich: das Recht existiert nur als Zweig eines Ganzen, als sich anrankende Pflanze eines an und für sich festen Baumes." *Zusatz* § 141, S. 187.
254 *Zusatz* § 211, S. 244. Beispielsweise weist Hegel das römische Erbrecht aufgrund der willkürlichen Testierfreiheit zurück, da dies der Sittlichkeit eines modernen Gemeinwesens widerspreche. HGW 14, 1, (§ 180) S. 157 f.
255 HGW 14, 1, (§ 228) S. 187 f.; *Zusatz* § 215, S. 248.
256 Vgl. Marcuse 2004b, S. 189; Horstmann 2014, S. 209.
257 HGW 14, 1, (§ 236) S. 190 f., (§ 249) S. 196.
258 Insofern erfüllen die Korporationen eine ökonomisch-politische Doppelfunktion. Vgl. Marcuse 2004b, S. 189.
259 HGW 14, 1, (§ 249) S. 196, (§ 252) S. 197, (§ 253) S. 197 f.

Eine vollständige Überwindung des Verlustes der Sittlichkeit, der mit dem Übergang zur bürgerlichen Gesellschaft vollzogen wurde, vermögen die immanenten sittlichen Korrektive jedoch nicht zu leisten.[260] Noch die Korporation ist als Vertretung eines jeweils spezifischen Erwerbsfeldes auf das besondere Wohl dieser Gruppe beschränkt und erreicht damit keine für ein sittliches Gemeinwesen notwendige Allgemeinheit.[261] Dieses Allgemeine, als allgemeine Substanzialität, in Verbindung mit der selbsttätigen Individualität der Gesellschaftssubjekte (Besonderheit der Individuen), findet sich erst im frühneuzeitlichen *Staat*.[262] Allein auf dieser begrifflichen Stufe vollendet sich die Wiederherstellung der unmittelbaren Sittlichkeit auf höherer Ebene. Hegel spricht vom Staat daher auch als „Wirklichkeit der sittlichen Idee" und vom Recht des Staates als dem Zustand, in dem die Freiheit ihre konkreteste Gestalt erreicht.[263] Im modernen Rechtsstaat des frühen 19. Jahrhunderts hat die Idee des Rechts Wirklichkeit erlangt, und der begriffslogisch ausdifferenzierte freie Wille, als Prinzip der Rechtsphilosophie, ist somit zu sich selbst gekommen – zum *Begriff* und seiner *Verwirklichung*.

Mit der Überleitung des Verhältnisses der Staaten zueinander in die Weltgeschichte vollzieht Hegel bereits den Übergang zur Lehre des absoluten Geistes, dessen Betrachtung hier nicht mehr zu verfolgen ist. Vielmehr gilt es den Blick auf die Weiterführung und Kondensation der Rechtsphilosophie Hegels zu richten, die Eduard Gans als dessen Freund und Schüler in der Folgezeit der *Grundlinien* vornehmen wird.

2.4 Gans – Die Etablierung der Philosophischen Rechtsschule auf dem Rücken Savignys

In den 30er Jahren des 19. Jahrhunderts galt Gans nach dem Tod Hegels als dessen bedeutendster Vertreter und Interpret in Berlin.[264] Als „Intimus" und „Kronprinz"

---

260 Vgl. Jaeschke / Arndt 2012, S. 654.
261 *Zusatz* § 255, S. 276; vgl. Cobben 2006g, S. 424. Ohne die Ebene des Staates gliche das Verhältnis der Korporationen *zueinander* wiederum dem des Zufalls.
262 HGW 14, 1, (§ 33) S. 49. „Das Wesen des neuen Staates ist, daß das Allgemeine verbunden sei mit der vollen Freiheit der Besonderheit und dem Wohlergehen der Individuen [...]." *Zusatz* § 260, S. 286.
263 HGW 14, 1, (§ 33) S. 49, (§ 256) S. 199f., (§ 257) S. 201, (§ 258) S. 201; vgl. Cobben 2006g, S. 424; Jaeschke / Arndt 2012, S. 654. Wie bereits im *Naturrechtsaufsatz* kommt der vollendeten Gestalt des sittlichen Gemeinwesens dabei eine Schutzfunktion vor den negativen Folgen des ökonomischen Systems der bürgerlichen Gesellschaft zu: „Wenn Hegel in diesem Zusammenhang den Staat bemüht, dann soll er nicht die kapitalistische Wirtschaft schützen, auch nicht vor sich selbst, sondern er soll das Gemeinwesen vor der kapitalistischen Wirtschaft schützen. Es geht um den Selbsterhalt des politischen Gemeinwesens, der koinonia politiké, gegenüber wirtschaftlichen Interessen." Arndt 2015, S. 79.
264 Vgl. Pinkard 2007, S. 133; Waszek 2015, S. 29. Bedingt durch die Auseinandersetzung um die Habilitation seines Jugendfreundes Karl Witte an der juristischen Fakultät zu Berlin, entwickelte Gans schon sehr früh ein distanziertes Verhältnis zu Savigny. Vgl. Braun 2011a, S. XVI f. Diesem Jugendfreund gegenüber zitiert Gans die Zeilen, die er kurze Zeit zuvor auf die *Rückseite* eines *Savigny-Bildnisses*

Hegels hatte Gans nicht nur bereits zu dessen Lebzeiten die Vorlesungen zur Rechtsphilosophie übernommen, sondern sich im anhaltenden wissenschaftlichen Konflikt mit Savigny und seinen Anhängern zum streitbaren „Haupt der philosophischen Rechtsschule" aufgeschwungen.[265] Vor diesem Hintergrund vollzieht er nicht nur die Verknüpfung der Rechts- und Geschichtsphilosophie Hegels mit dem Konzept der vergleichenden Rechtsgeschichte, dem auf Paul Johann Anselm von Feuerbach und Anton Friedrich Thibaut zurückgehenden Pendant zum Reformprojekt der Rechtswissenschaften Savignys und Hugos, sondern lässt der Theorie darüber hinaus eine außerordentlich progressive Rezeption angedeihen.[266] Als zentrale Merkmale dieser Interpretation werden in der Forschung vor allem die Historisierung und Liberalisierung der Rechtsphilosophie herausgestellt, d. h. die Rücknahme der Theorie in den geschichtsphilosophischen Entwicklungsgang und ihre explizite Öffnung für liberal-republikanisch gefärbte Elemente.[267] Im Zuge der Problemlagen, die sich im Kontext der in den 1830er Jahren an Bedeutung gewinnenden sozialen Frage einstellten, verbindet Gans die Hegel'sche Philosophie in der Folgezeit auch mit einer umfassenden Auseinandersetzung mit der frühsozialistischen Theorie des Saint-Simonismus.[268] So wird die Ganssche Rezeption Hegels dessen Theorie nicht zuletzt

---

geschrieben hatte: „Ist Juristerei von Leben / Und Gefühl der Gegensatz, / Ist der größte der Juristen / auch der trockenste von allen. / Drum nicht besser kann ich stellen / Worte, die Gefühl verkünden, / Wie auf des Juristen Rücken / Als des trockenen Antipode / Und den Gegensatz der Form: [...]" *Gans an Karl Witte*, 9.3.1818, Braun 2011a, S. 29.

265 Braun 1980, S. 498; Klenner 1991, S. 148; Waszek 2007, S. 21. Gans hat die Vorlesungen ab dem Wintersemester 1827/28 übernommen und von da an bis 1839 ununterbrochen beibehalten. Vgl. Braun 2005, S. XIX f.; Ders. 2011, S. XXII, XXVII.

266 *Gans an Altenstein*, 29.11.1822, Braun 2011a, S. 134–136; *Gans an Hegel*, Oktober 1823, Braun 2011a, S. 150 f.; vgl. auch Schröder 1971, S. XLV; Mohnhaupt 2002, S. 339 f., 343; Senk 2007, S. 290. Gans hatte zu seiner Heidelberger Studienzeit bei Thibaut gehört und promoviert (*Lebenslauf für die Promotion*, 13.2.1819, Braun 2011a, S. 31). Dieser hebt die Leistungen Gans' in einem Gutachten für die Berliner Universität hervor (*Gutachten Thibauts über Gans*, 1.4.1820, Braun 2011a, S. 47).

267 Vgl. Blänkner 2002, S. 383; Magdanz 2002, S. 201 f.; Göhler 2002, S. 211; Quante 2009a, S. 317, 320; Arndt 2012, S. 20. Die Herausbildung der vernünftigen Wirklichkeit kommt der Hegel'schen Rechts- und Geschichtsphilosophie zufolge im institutionellen Muster des Preußischen Staats zu Beginn des 19. Jahrhunderts zu ihrem *Abschluss*. Für Hegel stellt dies natürlich nicht das Ende zeitlicher Entwicklung schlechthin dar, nur werden in Bezug auf die verwirklichte Vernunft aus seiner Sicht keine entscheidenden Veränderungen mehr zu erwarten sein. Vgl. Göhler 2002, S. 208 f. Eben diese Zeitbindung der Form des Rechts und seiner Institutionen wird Gans dann wieder verwerfen und die Philosophie insoweit an die geschichtliche Entwicklung zurückkoppeln. Es ist diese historische Relativierung, die die Hegel'sche Philosophie gegenüber der Dimension der Zukunft öffnet und so zugleich auch Elementen der politischen Liberalisierung zugänglich machen wird. Vgl. ebd., S. 220 f.; Magdanz 2002, S. 206.

268 Die Rezeption der *Doctrine de Saint-Simon* durch Gans erfolgt dabei außerordentlich kritisch. Herausgestellt werden nur wenige aus seiner Sicht konstruktive Elemente der Theorie, andere werden mit Mitteln der Hegel'schen Philosophie zurückgewiesen. Vgl. Bienenstock 2002, S. 154, 169; Schmidt am Busch 2007, S. 107, 125.

auch für den kritischen Diskurs der Linkshegelianer öffnen.[269] Die Werke und das Wirken Gans', die in Bezug auf die Vermittlung seiner Interpretation der Hegel'schen Rechtsphilosophie den größten Einfluss auf diese Zuhörer- und Leserschaft ausüben sollten, sind zum einen die *Vorlesungen zur Rechtsphilosophie*[270], zum anderen seine gegen Savignys Besitzrechtsschrift gerichtete Publikation *Über die Grundlage des Besitzes. Eine Duplik.*[271]

2.4.1 Naturrecht und Universalrechtsgeschichte

Die *Vorlesungen* zur Rechtsphilosophie wurden von Gans in enger Orientierung an den *Grundlinien* abgehalten, wenngleich sie von Beginn an entscheidende konzeptionelle Modifikationen erfuhren.[272] Den Ausgangspunkt bildet zunächst die ideengeschichtliche Verortung des laufenden Diskurses der Rechtsphilosophie. Zäsurale Bedeutung und den Beginn der modernen Rechtsphilosophie erblickt Gans in der kritischen Philosophie Kants, die nicht nur erstmals den freien Willen zur Grundlage allen Rechts erhob, sondern zugleich auch der Trennung der positiven Rechtswis-

---

269 Vgl. Blänkner 2002, S. 383 f.; Pinkard 2007, S. 131. Die Verortung von Gans innerhalb der sich nach dem Tod Hegels vollziehenden schismatischen Teilung seiner Anhänger ist in der Forschung kontrovers. Als Tendenz lässt sich jedoch feststellen, dass das Bild des Epigonen und Rechts- bzw. Althegelianers Gans sich durch die Erforschung seines Eigenanteils bei der Rezeption Hegels nach und nach zu dem eines progressiveren Linkshegelianers verschiebt. Vgl. u. a. Klenner 1991, S. 153; Magdanz 2002, S. 202, 206; Pinkard 2007, S. 131 Fn. 3; Quante 2009a, S. 314 f. Differenzierter zuletzt Waszek, der Gans nicht als Links- bzw. Junghegelianer, sondern als „Jüngste[n]" der Althegelianer bezeichnet. Vgl. Waszek 2015, S. 47.
270 Die Vorlesungen Gans' sind durch mehrere Kollegmitschriften erhalten geblieben. Zwischenzeitlich wurden alle verfügbaren Nachschriften durch Braun erstmals in einen (Gesamt-)Fließtext überführt und unter dem Titel *Naturrecht und Universalrechtsgeschichte. Vorlesungen nach G. W. F. Hegel* rekonstruiert. Vgl. Braun 2005, XIX, 399, 403. Obschon Marx diese übergreifenden Vorlesungen zur Rechtsphilosophie nie besucht hat, ist davon auszugehen, dass Gans auch in anderen *collegia privata* Teile oder Bezüge dieser Rahmenvorlesung verwendet hat. Es wäre nur stringent, dass die Vorlesungen zum Kriminalrecht und zum Preußischen Landrecht auch unter Exkursionen in dieses Gebiet der Hegel'schen Gedanken abgehalten worden sind (s. S. 23).
271 Die 1839 erschienene *Duplik* sollte in der Folge den sogenannten Besitzrechtsstreit auslösen, der nicht nur die beteiligten Fakultäten, sondern auch die breite Öffentlichkeit für eine gewisse Zeit in ihren Bann zog. Vgl. Braun 1980, S. 457, 459, 479. Es ist kaum davon auszugehen, dass interessierte Studenten und Intellektuelle diese Auseinandersetzung nicht verfolgt haben. Allzumal Marx regelmäßig im *Doctorclub* verkehrte und zudem Vorlesungen bei beiden Kontrahenten belegt hatte. Den Einfluss gerade dieser Schrift auf Marx betont u. a. Kelley. Vgl. Kelley 2008, S. 10 f.
272 Inhaltlich gliedern sich die *Vorlesungen* in drei Teile: (1) Rechtsphilosophie im engeren Sinne (Entwicklung des Rechts aus dem Begriff des freien Willens), (2) Philosophische Rechtsgeschichte, (3) Praktisches Recht als Einheit des philosophischen und historischen Standpunktes. Vgl. Gans 2005, S. 65. Da sich die *Vorlesungen* im Wesentlichen an den *Grundlinien* ausrichten, kann auf eine genauere Darlegung verzichtet werden. Betrachtet werden im Folgenden daher nur die Aspekte und Fragestellungen, mit denen Gans über Hegel hinauszugehen trachtet.

senschaften vom philosophischen Naturrecht Vorschub leistete.²⁷³ Resultat dieser Teilung war die schulförmige Etablierung der Philosophie des positiven Rechts in Gestalt der Historischen Rechtsschule.²⁷⁴ Demgegenüber steht die ideengeschichtliche Stufe einer „rückkehrenden Rechtsphilosophie", der es an der Erfassung des gegenwärtigen Geistes von Recht und Staat gelegen ist und die Gans mit der spekulativen Rechtsphilosophie Hegels identifiziert. Erst hier verbindet sich die Betrachtung des Gegenwärtigen mit dem untrennbaren Zusammenhang von Recht und Freiheit, welches den Ausgang seines eigenen Versuchs zur Begründung eines neuen Standpunktes der Rechtsphilosophie bilden wird.²⁷⁵ Diesen Versuch wird Gans mit der Transformation der Philosophie des Rechts in eine *systematische Universalrechtsgeschichte* vollziehen.²⁷⁶

Das Naturrecht stellt in diesem Zusammenhang die Wissenschaftsdisziplin dar, die sich mit dem Wesen des Rechts auseinanderzusetzen hat, insbesondere vor dem Hintergrund der Verbindung von Geschichte und Philosophie.²⁷⁷ Die sich hierdurch ableitende Kritik der bisherigen Ansätze der Naturrechtstradition wird im Grunde buchstabengetreu von Hegel übernommen. Auf der einen Seite betrifft dies die Naturrechtsansätze des 17. und 18. Jahrhunderts, die rein subjektiv begründet werden und letztlich auf der Stufe einer Utopie bzw. eines bloßen Sollens verharren (*formelles Naturrecht*). Auf der anderen Seite sind es die *empirischen* Ansätze, die bei Gans allerdings eine Engführung auf die Theorie der Historischen Rechtsschule erfahren. Diese sei letztlich auf das bloße Sein fokussiert, d. h. auf die Wiedergabe des bereits Bestehenden beschränkt.²⁷⁸ Beide Behandlungsarten des Naturrechts blieben insoweit einseitig, als sie die Verbindung des Gedankens mit den Fakten nicht zu vollziehen vermochten. Demgegenüber will Gans mit seiner Universalrechtsgeschichte einen echten „Standpunkt der Einheit" begründen.²⁷⁹ Zwar hatte Hegel im Rahmen seiner spekulativen Rechtsphilosophie Idee und Geschichte bereits miteinander verwoben, dabei zugleich aber ein durch ihn selbst nicht mehr behobenes „spekulatives

---

273 Vgl. ebd., S. 45 f., 53.
274 Vgl. ders. 1824, S. VIII f.; Ders. 2005, S. 5. Der Bogen von der Philosophie Kants zum Programm einer modernen Rechtswissenschaft wurde zunächst mit dem 1798 erschienenen *Lehrbuch des Naturrechts als einer Philosophie des positiven Rechts* Gustav Hugos geschlagen. Programmatisch wird Savigny diese Anknüpfung übernehmen, jedoch keine dezidierte philosophische Begründung mehr für diesen Schritt suchen. Vgl. Senk 2007, S. 401 f.
275 Vgl. Gans 1824, S. XXXIX.; Ders. 1981, S. 6 f.; Ders. 2005, S. 53, 63. „Der Boden des Rechts ist die Freiheit; ohne sie ist kein Recht denkbar. Ein Recht ohne Freiheit wäre ein Baum ohne Wurzel. Recht und Freiheit fallen insofern zusammen, als das Recht verwirklichte Freiheit ist." Ebd., S. 64. Diese von Gans in Anknüpfung an die *Grundlinien* übernommene Zusammenführung von Freiheit und Recht wird nicht zuletzt auch durch die stilistische Verklammerung in den *Vorlesungen* untermalt. Der Zusammenhang eröffnet den Vorlesungsinhalt und setzt zugleich ihren Schlusspunkt. Vgl. ebd., S. 9, 64, 376.
276 Vgl. Schröder 1971, S. LXXVI; Nuzzo 2002, S. 140.
277 Vgl. Gans 2005, S. 8.
278 Vgl. ders. 1824, S. VIII f.; Ders. 2005., S. 4 f.
279 Vgl. ebd., S. 3.

Dilemma" hervorgebracht.[280] Dieses Dilemma drückt sich in der mangelnden Bestimmung des exakten Zusammenhangs zwischen der begriffslogischen Entwicklung einer Idee und ihrer konkreten geschichtlichen Erscheinung in der Zeit aus. Stattdessen bleibe die Rechts- und Geschichtsphilosophie Hegels auf ein systematisches Nacheinander von Idee und Geschichte beschränkt. Ein Nachweis der Koinzidenz zwischen beiden Entwicklungsdimensionen werde nicht geleistet.[281] Eben jene Verhältnisbestimmung im Kontext der Einheit verfolgt Gans mit seiner Zuspitzung dieser Problematik im Feld des Naturrechts, in Gestalt des Zusammenspiels von Rechtsphilosophie und Rechtsgeschichte. Demzufolge bilden beide Dimensionen nur unterschiedliche Seiten ein und derselben totalen Anschauung. Während sich die *Rechtsgeschichte* als nackte Darstellung des Seienden zeige, werde in der *Rechtsphilosophie* die Bedeutung dieses Seienden als Zusammenhang, d.h. dessen Bewegung bzw. innerster Gedanke, erfasst.[282] Gemeint ist ein konstitutives Wechselverhältnis zwischen der äußerlichen Existenz des Rechts als Idee und dem Recht als praktische Entwicklung in der Geschichte. Gegenüber dem Nacheinander Hegels findet sich bei Gans daher eine weitestgehende Gleichzeitigkeit der Entwicklung beider Bezugsdimensionen. Das Recht ist so betrachtet immer ein Ewig-Wahres und Wirklich-Erscheinendes zugleich. Als Gedanke ist das Recht ein zu *jeder* Zeit Vorhandenes, welches sich nur verschiedene zeitliche „Kleider" umwirft.[283] Unter Berücksichtigung des der Rechtsphilosophie Hegels entlehnten Totalitätsanspruchs kann die geschichtliche Betrachtung des Rechts daher nur als vergleichende Geschichte erfolgen. Die Fokussierung auf einen spezifischen Rechtsstoff, wie es durch den romanistischen Purismus der Historischen Rechtsschule vollzogen wird, scheidet demnach aus. Eine Beschränkung findet sich bei Gans jedoch insoweit, als nur der philosophische Kern in den verschiedenen geschichtlichen Gestalten des Rechts zu betrachten ist. So sei die Universalrechtsgeschichte letztlich als „philosophische Rechtsgeschichte" zu begreifen.[284]

---

280 Vgl. Gans 1981, S. 3; Nuzzo 2002, S. 140, 143.
281 Vgl. ebd., S. 143f.; Lucas 2002, S. 117. Den Hintergrund dieses Dilemmas bildet die Verhältnisbestimmung zwischen dem Ewig-Notwendigen (*Ideen*) und dem Zufällig-Gewordenen (*Geschichte*). Vgl. ebd., S. 116f. Eine solche Verhältnisbestimmung ist allerdings notwendig, um neben der Verbindung logischer Entwicklungen mit historischen Rückblicken auch Perspektivverschiebungen auf das erst Künftige rechtfertigen zu können. Vgl. ebd., S. 123. Bereits hier zeichnet sich demnach der Übergang ab, der die philosophische Betrachtung der Geschichte von der *Dämmerung* zu ihrer *Morgenröte* verschieben wird. Vgl. Arndt 2015, S. 74.
282 Vgl. Gans 1824, S. XXIX–XXXI; Ders. 2005, S. 3f. Wie bereits bei Hegel steht die Rechtswissenschaft unter dem Primat der Philosophie (s. S. 26, 31f.). Auch hier bildet sie einen Teil der Rechtsphilosophie. Vgl. ders. 1824, S. XXVIIff., 52f.; Senk 2007, S. 289f.
283 Vgl. Gans 2005, S. 5–6; Lucas 2002, S. 119f.; Nuzzo 2002, S. 143–145. Wobei der Begriff des *Kleides* in diesem Kontext nicht zufällig gewählt ist (s. Fn. 77). Im Gegensatz zur Abgrenzung gegenüber dem organischen Herauswachsen bei Savigny soll der Begriff bei Gans das bewusst Gemachte des Rechtsgedankens symbolisieren.
284 Gans 2005, S. 2, 6.

Neben dem Konzept der Universalrechtsgeschichte nimmt Gans aber auch inhaltliche Modifikationen der Rechtsphilosophie vor. Diese erstrecken sich im Wesentlichen auf die *Liberalisierungs- und Fortschrittstendenz*, die *Kritik an der Historischen Rechtsschule* sowie die Behandlung des *Konzepts der bürgerlichen Gesellschaft* in den *Vorlesungen*. Eine Bezogenheit auf die Gegenwart in Verbindung mit der Möglichkeit progressiver Veränderungen im Sinne einer liberaleren Gesellschaft findet sich an vielen Stellen seiner Rechtsphilosophie. Am deutlichsten zeigt sich diese Tendenz darin, dass Gans die Vollendung der Sittlichkeit aus der Gegenwart in die Zukunft verlagert.[285] So stelle der Ausdifferenzierungsprozess der Sittlichkeit im Übergang von Familie zur bürgerlichen Gesellschaft und zum Staat insgesamt einen Fortschrittsprozess dar. Gerade die Staaten mit einer besonders ausgeprägten bürgerlichen Gesellschaft würden hierdurch zunehmend auch an politischer Bedeutung gewinnen (England und die Vereinigten Staaten von Amerika).[286] Gans hebt in diesem Zusammenhang auch den Fortschritt einer umfassenden Gewerbe- und Handelsfreiheit hervor, deren vollständige Realisierung aber wiederum eine Sache künftiger Entwicklungen sei.[287] Vor diesem Hintergrund wird dann auch die Konzeption der Stufe des Staates durch Elemente gerade dieser Gemeinwesen modifiziert. So wird die fürstliche Gewalt von der Erbmonarchie gelöst und mit der Möglichkeit eines gewählten Präsidenten verknüpft, die Notwendigkeit einer politischen Opposition betont und gegenüber Hegel viel deutlicher Partei für eine umfangreiche Pressefreiheit ergriffen.[288] Die *Kritik an der Historischen Rechtsschule*, die die gesamten *Vorlesungen* durchzieht, folgt im Wesentlichen dem Trampelpfad der *Grundlinien* und lässt sich auf drei Hauptpunkte reduzieren. Der allgemeinste Kritikpunkt betrifft den unphilosophischen Charakter dieser Schule, die sich selbst zwar als Philosophie des positiven Rechts begreife, aber tatsächlich weder Philosophie im engeren Sinne noch eigentliches Naturrecht sei.[289] Bereits in der *Vorrede* zum ersten Band seiner umfangreichen Erbrechtsdarstellung hatte Gans diese Kritik formuliert, die die Position der Historischen Rechtsschule geradezu in einem „Haß gegen die Philosophie" und das philosophische Recht schlechthin kulminieren lässt.[290] Diese Kritik wird in den *Vorlesungen* dann weitergeführt, indem sie auf den Vorwurf rekurriert, dass im Rahmen der Historischen Rechtsschule keine begriffliche Deduktion des Rechts erfolge und es zudem an einer Anbindung an den Maßstab der Vernunft mangele.[291] So werde die Er-

---

285 „Als wirklich existierende Macht zu individuellen Gestaltungen erhoben, regiert die Sitte hauptsächlich im Altertum. In der jetzigen Zeit dagegen herrscht die Moral, und im nächsten Jahrhundert wird sich wahrscheinlich wieder die Sittlichkeit hervortun." Ebd., S. 138.
286 Vgl. ebd., S. 156 f., 158.
287 Vgl. ebd., S. 192 f.
288 Vgl. ebd., S. 214 f., 230–234. Auch an dieser Stelle akzentuiert Gans, dass die Pressefreiheit in den Vereinigten Staaten Amerikas am weitesten fortgeschritten sei. Ihre volle Realisierung obliege jedoch wiederum einer erst noch anbrechenden, *künftigen* Epoche.
289 Vgl. ebd., S. 5, 56 f.
290 Vgl. ders. 1824, S. X, XV.
291 Vgl. ebd., S. XIV, XVI.

kenntnis des Rechts nicht auf eine Entwicklung aus der Idee gestützt, sondern stattdessen den bloßen Erscheinungen der Geschichte überantwortet, d. h. dem Zufall.[292] Konsequenz aus diesem Vorgehen sei die Fokussierung auf das faktisch Bestehende, das „an sich positiver Institute", als eine bloße Darstellung dessen, was ist.[293] Einher gehe hiermit die Verschiebung der Blickrichtung von der Gegenwart auf das Vergangene, so dass die Rechtswissenschaft sich nur noch als Rückkehr zur guten alten Zeit zu verstehen vermöchte.[294] Zur Rechtfertigung des Erschienenen, gerade *weil* es erschienen ist, sei es dann nur noch ein kleiner Schritt.[295] Beispiele, die Gans hierfür anführt, bestehen zum einen in der Rechtfertigung des Instituts der Sklaverei in Rom durch Hugo sowie in der Staatsbegründung der Historischen Rechtsschule, die sich allein auf das geschichtliche Gewordensein beschränke.[296] Der zweite Kritikpunkt greift das Primat des Gewohnheitsrechtes auf. Wie bereits Hegel widerspricht auch Gans der Gewichtung von Gewohnheits- und Gesetzesform des Rechts, wie sie in der Historischen Rechtsschule vertreten wird. Wenngleich die Gewohnheit als Quelle des Rechts nicht an sich verworfen wird, so wird doch die höhere Bedeutung der Gesetzesform betont, indem der unbewussten Gefühlsmäßigkeit des Gewohnheitsrechts eine Darstellung des Gesetzes als Form des bewussten Denkens gegenübergestellt wird.[297] Diese Gewichtungsdifferenz bildet auch den Hintergrund für die Ablehnung der Kodifikationskritik Savignys. Der Konflikt zwischen dem Recht (*Sollen*) und dem Gesetz (*Sein*) ist Gans zufolge als Potenzial zu jeder Zeit vorhanden und bilde in seinem zeitlichen Verlauf geradezu die „Geschichte der Gesetzgebung".[298] Ungerechte Gesetze seien somit grundsätzlich immer möglich. Allerdings relativiert Gans diesen Punkt, indem er darauf verweist, dass sich die Gesetzgebung an die ihr vorauseilende allgemeine kulturelle Entwicklung anpasse.[299] Technisch falle diese Aufgabe der Rechtsprechung zu, mittels deren Auslegung der Sinn eines Gesetzes erschlossen

---

[292] Vgl. ders. 2005, S. 57.
[293] Vgl. ebd., S. 5.
[294] Vgl. ebd., S. 53, 56 f. Demgegenüber hebt Gans gerade die Bedeutung der Gegenwart als Fixpunkt der Wissenschaften hervor, in der darüber hinaus bereits *das Morgen wandelt* (Schiller, *Wallensteins Tod* Vs. 3489, ScSW 2, 532): „Was will eine Rechtswissenschaft sagen, deren Resultat die Berufslosigkeit unserer Zeit für Gesetzgebung, eine Geschichte, deren Endpunkt das Jahr 1789, eine Politik, deren letztes Wort die mechanische Vorstellung des europäischen Gleichgewichts ist? Die Gegenwart ist es, wohin die Wissenschaft beständig auszumünden hat. Woraus sie ihre Lebenskraft und den Anstoß zu neuen Entwicklungen empfängt: noch nie hat eine Wissenschaft ihre Zeit übertroffen, noch nie hat sie geholfen, wenn diese sonst ihm fehl war." *Manuskript über Wissenschaft und Gegenwart*, 23.4.1836. Braun 2011a, S. 340.
[295] Vgl. Gans 2005, S. 5.
[296] Vgl. ebd., S. 5, 203.
[297] Vgl. ebd., S. 172. „Die Gewohnheit für etwas Lebendigeres zu halten als das Gesetz, ist der poetische Irrtum, die Erscheinung für lebendiger zu halten als den Gedanken." Ebd., S. 173.
[298] Ebd., S. 174.
[299] Vgl. ebd., S. 173 f.

werden könne und so die Möglichkeit bestehe, *kranke* Gesetze wieder zu *heilen*.[300] Auf dieser Grundlage begegnet Gans der ungewissen Zukunftshoffnung der Historischen Rechtsschule mit seinem Plädoyer für eine Kodifikation.[301] Der „Reichtum einer Zeit" bestehe gerade in der Vielfalt der ihr entspringenden Gesetzbücher und die Schatztruhe, die Gans dann öffnet, fördert eben jene Juwelen zutage, die bereits Gegenstand der Betrachtungen Savignys gewesen sind.[302] Als dritter und letzter Kritikpunkt lässt sich die *Ablehnung des romanistischen Purismus* der Historischen Rechtsschule festhalten. Einer Sonderstellung des römischen Rechts widerspricht Gans explizit.[303] Seine Beurteilung erfolgt dabei völlig losgelöst von der Bedeutung des römischen Rechts für das gemeine Recht. Maßstab für die historische Bewertung des römischen Rechts bildet allein die zuvor mittels der rechtsphilosophischen Begriffsentwicklung abgeleitete institutionelle Struktur, die die Idee des Rechts im Rahmen ihrer Verwirklichung zu durchlaufen hat.[304] Des Weiteren unterscheidet sich die Einordnung des römischen Rechts auch noch in einer anderen Weise von der Savignys. Hatte Letzterer die Zeit des klassischen römischen Rechts noch als Formalisierung republikanischer Methoden und Inhalte begriffen („Zeit der Freyheit"), beschränken sich die *Vorlesungen* darauf, den negativen Charakter der Kaiserzeit als einer apathischen, von Despotismus und Hinwendung ins Privatleben gekennzeichneten Periode herauszustellen und somit gerade die historische Bedingtheit dieser Rechtsvorstellungen greifbarer offenzulegen.[305] Die letzte große Modifikation der *Vorlesungen* betrifft das *Konzept der bürgerlichen Gesellschaft*. Hatte Hegel die negativen Konsequenzen, die sich aus der ungehinderten Eigendynamik des Systems der Bedürfnisse ergeben, bereits klar beschrieben, erschien seine Lösungsskizze vor dem Hintergrund der ab 1830

---

300 Vgl. ebd., S. 174. Ebenso wie Hegel tritt auch Gans für die Öffentlichkeit und Mündlichkeit der Gerichtsverfahren ein und er spricht sich darüber hinaus für die Institution des Geschworenengerichts aus. Vgl. ebd., S. 179, 181 f.; s. Fn. 249–251. In engem Bezug zu dessen Begründung dieser Institution bezeichnet Gans die Geschworenen auch als „Betrachter des Herzens", die die Möglichkeit besitzen in das Gewissen des Verbrechers zu blicken und dem Bekenntnis zur Tat so einen objektiven Ausdruck zu verleihen, d.h. die Notwendigkeit eines bloß subjektiven Geständnisses auszuschließen. Vgl. ebd., S. 183 f., 187. Die sich auf der Grundlage der Hegel'schen Straftheorie bewegende Begründung Gans' wird von Savigny dann wiederum als „geistreiche Hypothese" zurückgewiesen, die sich fernab aller Grundsätze des Strafverfahrens bewege. Savigny 1858, S. 474 Fn. 1.
301 Vgl. Gans 2005, S. 176.
302 Ebd., S. 371. Ebenso wie in der *Programmschrift* Savigyns werden das *Preußische Landrecht*, der *Code Napoléon* sowie das *Österreichische Gesetzbuch* betrachtet (s. Fn. 67). Entgegen Savigny, in dessen Darstellung gerade das Preußische Landrecht als adäquatester Versuch einer Kodifikation erscheint, hebt Gans den progressiven Charakter vor allem des Österreichischen Gesetzbuches hervor. Vgl. Savigny 2013, S. 92 f.; Gans 2005, S. 371 f.
303 Vgl. ebd., S. 338.
304 Die Verlaufsrichtung der *Universalrechtsgeschichte* erfolgt insoweit spiegelverkehrt zu der der *Rechtsphilosophie im engeren Sinne*, d.h. vom Konkreten zum Abstrakten (vom Staat zur Person). Vgl. ebd., S. 261, 265.
305 Vgl. Gans 2005, S. 253, 337 f.; Savigny 2013, S. 31; s. Fn. 89.

an Bedeutung gewinnenden sozialen Frage zunehmend als unbefriedigend.[306] Insbesondere an diesem Punkt setzte die sich im Anschluss an die französische Julirevolution verbreitende Lehre des Saint-Simonismus an, deren bedeutsamen Zug Gans in ihren nationalökonomischen und gesellschaftlichen Gedanken erblickte.[307] Konkreter betrachtet richtet sich sein Augenmerk in erster Linie auf die *Diagnosen*, die die Saint-Simonisten für den durch die liberale Nationalökonomie gezeichneten Gesellschaftskörper bereithalten.[308] Die Rezeption der Lehre und ihre Übertragung auf das Konzept der bürgerlichen Gesellschaft erfolgt daher stets auf der Grundlage der Hegel'schen Rechtsphilosophie, als Instanz der *Therapie*.[309] Eine Synthese beider Theorien vollzieht Gans im Rahmen seiner Auseinandersetzung mit den Anschauungen über die gesellschaftliche Schicht des *Pöbels*. So finden die Saint-Simonistische Terminologie und die zugespitzte Gegensatzbestimmung zwischen Arbeitern und Fabrikherrn Eingang in seine Darstellung.[310] Über die Feststellung des bloßen Faktums hinausgehend will Gans den Pöbel, der bereits als Proletariat gefasst wird, in das sittliche Gemeinwesen integrieren, d. h. seine fortlaufende Erzeugung aufheben. Die Mittel hierzu findet er in einer Verbindung der Saint-Simonistischen Vorstellung der Assoziation mit Hegels Begriff der Korporation („freie Corporation" / „Vergesellschaftung").[311] Hieraus bildet er das Amalgam einer politisch-solidarischen Institution „protogewerkschaftlichen" Verständnisses, welches einen deutlich stärkeren Bezug zur Verbesserung der materiellen Lebensbedingungen der gesellschaftlichen Schicht des Pöbels aufweist.[312] Indem Gans am institutionellen Rahmen der Hegel'schen Rechtsphilosophie festhält, lehnt er die implizit in der Saint-Simonistischen Lehre befindliche Verwerfung der liberalen Marktwirtschaft jedoch ab. Die Grundlage dieser Zurückweisung bildet die originäre Verbindung von Recht und Freiheit, die die

---

306 Vgl. Bienenstock 2002, S. 154; Waszek 2015, S. 21–23.
307 Vgl. Gans 1836, S. 95f. Der wesentliche Inhalt dieser Lehre bestand in der Kritik der bestehenden sozialen Realität als eine blosse Fortsetzung klassenförmiger Ausbeutungsverhältnisse. Hiernach erscheint die Lohnarbeit der bürgerlichen Gesellschaft als eine moderne Sklaverei. Ziel der Saint-Simonisten war es daher ein alternatives Gemeinwesen („noveau regimé social") zu begründen, das *sämtliche* Formen der Exploitation entbehrt. Vgl. ders. 2005, S. 58–60. Zu erreichen war diese Zielperspektive nach den Überzeugungen der Saint-Simonisten durch ein vollkommenes Aufgehen des Einzelnen im Gemeinwesen. Aus diesem Grunde forderten sie u. a. die Abschaffung des Privateigentums, des Erbrechts und die Beseitigung der freien Konkurrenz (Marktwirtschaft). Vgl. ebd., S. 61f.
308 „Aber manche praktische Gedanken und Weisungen werden bleiben und Wurzel fassen, und wie die Homöopathie von folgenreichem Einfluß für die Medicin seyn wird, so dürfte auch dem St. Simonismus nicht streitig gemacht werden, daß er einige Hauptwunden unserer bürgerlichen Ordnung beschrieben hat, deren künftige Heilung seine Verdienste sind." Ders. 1836, S. 102.
309 Vgl. Waszek 2007, S. 30; Schmidt am Busch 2007, S. 107.
310 Vgl. Gans 1836, S. 100f.; Ders. 2005, S. 63; Bienenstock 2002, S. 169f.
311 Vgl. Gans 1836, S. 101; Bienenstock 2002, S. 171f.; Waszek 2007, S. 32, 33f.; Ders. 2015, S. 35, 42.
312 Vgl. Gans 1836, S. 101; Waszek 2007, S. 30, 32f. Wie bereits Hegel lehnt auch Gans die Einführung einer Armentaxe tendenziell ab, spricht sich darüber hinausgehend aber für die Errichtung von Arbeitshäusern aus. Vgl. HGW 14, 1, (§ 245) S. 194; Gans 2005, S. 195.

Rechtsphilosophie Hegels in seinen Augen auszeichnet.[313] Individuelle Freiheit als vollständige Entwicklungsmöglichkeit der Persönlichkeit und ihre institutionelle Anerkennung im sittlichen Gemeinwesen bilden eine untrennbare Einheit, die ihre Wurzeln letztlich im abstrakten Recht findet (Zusammenhang von Person und Eigentum).[314] Entsprechend wird die Forderung nach der Abschaffung der freien Konkurrenz, des Erbrechts und des Privateigentums entschieden zurückgewiesen. Zum einen würde dies zu einer Einebnung der institutionellen Ausdifferenzierung des sittlichen Gemeinwesens führen, da ohne Privateigentum und Recht des Vererbens das sittliche Moment der Familie eingebüßt würde, und zum anderen ginge die Entwicklung von Individualität und Besonderheit überhaupt verloren.[315] In Bezug hierauf vollzieht sich die zentrale Verteidigung und Hervorhebung der Notwendigkeit des Privateigentums als gegenständliches Substrat individueller Freiheit. Und es wird eben auch jene zivilrechtliche Gestalt dieser bedeutsamen Figur der Hegel'schen Rechtsphilosophie sein, der sich Gans in seiner Auseinandersetzung mit der Historischen Rechtsschule in der 1839 erschienenen *Duplik* noch ausgehend widmen sollte.

2.4.2 Über die Grundlage des Besitzes. Eine Duplik

Den Hintergrund für die Publikation der Schrift bildete die über Jahre hinweg praktizierte Koexistenz entgegengesetzter Lehrmeinungen an der Berliner Juristenfakultät, die sich jedoch zunehmend zugunsten der Historischen Rechtsschule verschob. Zusätzlich war 1837 bereits die 6. Auflage von Savignys *Besitzrechtsschrift* veröffentlicht worden, die nun erstmals auch die Einwände von Gans mit einbezog und zurückwies.[316] Gemäß der allgemeinen Erwartungshaltung einer Reaktion der Philosophischen Rechtsschule veröffentlichte Gans dann seine *Duplik*, in deren Folge sich der sogenannte Besitzrechtsstreit einstellen sollte.[317] Vordergründig als eine begrenzte Auseinandersetzung über die Natur des Besitzes auftretend, wurde er von Beginn an als Grundlagenstreit zwischen der Historischen und Philosophischen Rechtsschule

---

313 Vgl. Schmidt am Busch 2007, S. 111, 120.
314 s. Fn. 193.
315 Das sittliche Moment der Familie, das Arbeiten für Andere und seine Existenz im Familienvermögen, wären nicht mehr mit der Sorge um den Forterhalt des Gemeinwesens verknüpft. Vgl. Gans 1836, S. 97 f.; Ders. 2005, S. 62 f., S. 152 f. Insoweit bleibt Gans wie Hegel Pragmatiker: „Das Alterthum arbeitete mit seinen Sklaven; wir mit unseren eigenen Personen. Dafür gehört aber auch die Person sich selber an, und ihr Glück oder Unglück, Erfolg oder Mißgeschick nehmen, hieße ihr heute die einzige Poesie entziehen, deren sie fähig ist. Denn die negativen Seiten des Lebens gehören auch dazu: wie das Gute das Böse voraussetzt, so muß ein volles Unglück möglich seyn, damit das Glück eine konkrete und angemessene Gestalt empfange." Die Saint-Simonistische Alternative zur freien Konkurrenz wäre demgegenüber als eine ständisch hierarchisierte „Sklaverei der Aufsicht" zu begreifen. Vgl. ebd., S. 99; Ders. 2005, S. 60.
316 Vgl. Braun 1980, S. 466, 475; Senk 2007, S. 368.
317 s. Fn. 271.

über die jeweils spezifische Art des rechtlichen Denkens und Begründens wahrgenommen.[318] Bedeutsam ist dies umso mehr, da die juristische Materialschlacht eine enorme öffentliche Wirkung erzielen sollte; blieb sie doch nicht auf die Hörsäle beschränkt, sondern gelangte bis in die aktuelle Tagespresse hinein.[319] Gründe für das starke Interesse an der Debatte bestanden zum einen in ihrer gesellschaftspolitischen Brisanz, zum anderen aber sicherlich auch in der Wahrnehmung der Intensität und Schärfe einer spürbar auch persönlich belasteten Auseinandersetzung.[320]

Die Methode, die in der *Duplik* verfolgt wird, entspricht der einer wissenschaftlichen Polemik gegen die Positionen und Vertreter der Historischen Rechtsschule.[321] Bereits in der Einleitung wird mit martialischer Tonart der „wissenschaftliche Krieg" begründet, in dessen Zuge Gans für das nunmehr „unbewaffnet und sorglos" daliegende „philosophische Recht" das „Schwert" ziehen will. Schlachtfeld dieses Angriffs bildet einer der „wichtigsten Begriffe des Zivilrechts", der zugleich „Sitz [des] Lebens" der Historischen Rechtsschule ist.[322] Begleitet wird diese Kriegserklärung mit einer missgünstigen Beurteilung der juristischen Veröffentlichungspraxis, die sich in der Folgezeit der frühen kritischen Ausführungen Gans' entwickelt hat und keinen erwähnenswerten Erkenntnisgewinn habe erringen können.[323] Bezogen auf diese Publikationen spricht Gans auch von einer „Art [...] Überladungsekel", vor dessen „Sophistereien" es sich zu schützen gelte.[324]

Inhaltlich teilen sich die Darstellungen der Schrift in eine fundamentale Kritik an der Faktum-These Savignys und einer Erörterung der eigenen Position Gans' auf, wobei die Kritik Savignys wiederum selbst in eine methodische und inhaltliche zerfällt. Zunächst wird der *Besitzrechtsschrift* vorgeworfen, dass sie durch die Ersetzung des philosophischen Besitzbegriffs durch den historisch orientierten Begriff des römischen Rechts ein Gebiet betrete, für welches der spekulativen Philosophie der Zugriff fehle. Anstelle einer strengen Begriffsdeduktion erfolgten letztlich Postulierungen zusammenhangloser Sätze.[325] Verschleiert werde dieser Übergang durch eine

---

318 Vgl. Braun 1980, S. 457, 487, 495, 498.
319 Vgl. ebd., S. 459, 479.
320 Vgl. ebd., S. 499 f.; Senk 2007, S. 369; s. a. Fn. 103. Keim der persönlichen Spannungen bildete die Auseinandersetzung mit Savigny und nach dessen Ausscheiden aus dem Fakultätsleben die mit seinen Anhängern. Ein Beleg hierfür ist der Briefwechsel zwischen Gans und Theodor Schmalz, aus der Zeit von Januar bis Juli 1829 (Braun 2011a, S. 261–279). Bereits kleinste Quisquilien bedurften zumeist ministerialer Vermittlung. Vgl. auch Briefwechsel mit Moritz August von Bethmann-Hollweg, April und Juni 1828, Braun 2011a, S. 243 f., 246 f.
321 Vgl. Kelley 2008, S. 10.
322 Gans 1839, S. 1, 3, 5; *Gans an Reinhold Köstlin*, 3.4.1839, Braun 2011a, S. 401.
323 Vgl. Gans 1839, S. 2.
324 Ebd., S. 2, 4. Diese Schriften werden dann im Kapitel *Die übrigen Rechtslehrer ab 1827* abgehandelt. Unter anderem betrifft dies die einschlägigen Publikationen von Georg Friedrich Puchta und Adolf Friedrich Rudorff.
325 Vgl. ebd., S. 6–8. Insoweit verknüpft Gans die Debatte um den Besitz mit seiner allgemeinen Kritik an der Historischen Rechtsschule als unphilosophischer Rechtserforschung (s. S. 49).

sprachlich geschickte Argumentationsweise, die es verstehe, anfängliche Vermutungen bruchlos in unverrückbare Wahrheiten zu überführen. Aus einer „hypothetische[n] Raupe" werde so ein „thetische[r] Schmetterling".[326] Der *äußerliche* „Verpuppungsprozeß", der dieser Verwandlung zugrunde liegt, wird im Rahmen der inhaltlichen Kritik dann detailliert nachvollzogen.[327] Den Hauptvorwurf, den Gans auf dieser Grundlage gegen Savigny ins Feld führt, lässt sich als Verletzung von Humes Gesetz, d. h. als fehlerhafter Sein-Sollens-Schluss begreifen. Genauer betrachtet wird der Übergang von dem natürlichen Zustand des faktischen Besitzes zum rechtlichen des Eigentums mittels eines Kunstgriffs vollzogen, der sich als Zirkelschluss *entpuppen* wird.[328] Um dies darzulegen bedient sich Gans eines experimentum crucis: Ausgehend von der Savignyschen Annahme des Besitzes als bloßem Faktum wird die Entwicklung zum Recht über die gewaltsame Einwirkung auf diesen faktischen Zustand begründet. Da alle gewaltsamen Handlungen ein Unrecht darstellen, werde durch die gewaltsame Beeinträchtigung des faktischen Besitzes ein Interdikt geschaffen.[329] Impliziter Clou der Argumentation ist dann, wie Gans herausstellt, dass sich die gewaltsame Rechtsverletzung nur zu behaupten vermag, wenn der *Begriff der Person* einbezogen wird. Dann entfalle jedoch der Bezug auf den Besitz, mit der Konsequenz, dass ein nur zufällig abwesender Besitzer keinem Besitzschutzgrund unterliege.[330] Parallel noch die Verletzung des Besitzes selbst zu behaupten gelänge dann nur, wenn von Vorherein ein Besitzrecht unterstellt würde. Alles Unrecht aber beruhe auf der Negation eines Rechts. Der Versuch, über den Weg des Unrechts zum Begriff des Rechts zu gelangen, müsse daher immer schon implizit voraussetzen, was eigentlich erst zu beweisen sei, einen vorhergehenden Rechtszustand.[331] Entsprechend begreift Gans seine eigene Position als die Begründung des Rechts aus dem *Begriff* selbst, die mittels der Verbindung der Bestimmungen des Besitzes mit der Rechtsphilosophie der *Grundlinien* vollzogen wird: „Die Lehre vom Besitz ist demnach nicht bloß eine positive, sondern eine in der Natur des Geistes oder Willens liegende Lehre."[332] Hiernach werde der Boden des Rechts durch den freien Willen gebildet. Zunächst als Wille an sich sei dieser noch auf die embryonische Form allen Rechts beschränkt (*Möglichkeit*). Die erste Gestalt, in der sich das Recht dann zeige, sei der Begriff der Person, also die Rechtsfähigkeit. Somit ist Gans zufolge bereits mit der Person ein Recht sowie ein Schutzanspruch gegen Andere gegeben.[333] Dem Fortgang der *Grundlinien* folgend ist dann die äußerliche Vergegenständlichung des persönlichen Willens zuallererst der Besitz. Zu begreifen sei er als auf die Außenwelt erwei-

---

326 Ebd., S. 6.
327 Ebd., S. 15.
328 Vgl. ebd., S. 9 11, 16.
329 Vgl. ebd., S. 15 f.
330 Vgl. ebd., S. 16.
331 Vgl. ebd., S. 16 f.; Ders. 2005, S. 82 f.
332 Ebd., S. 84; vgl. ders. 1839, S. 19.
333 Vgl. ebd., S. 53 f.

tertes Recht der Persönlichkeit. Demnach erfolgt die Grundlegung des Rechts nicht aus einem Faktum heraus, sondern aus dem *Willen des Subjekts* selbst.[334] Im nächsten Schritt wird die Hegel'sche Unterscheidung zwischen Besitz und Eigentum aufgegriffen und auf die zwischen besonderen und allgemein anerkannten Willen zurückgeführt. Während der besondere Wille das bloße Wollen der Person in Bezug auf eine Sache darstelle, drücke sich im allgemeinen Willen gerade die *Anerkennung* eben jenes Wollens aus. Mit der besonderen Seite des Willens werde der Besitz bzw. „unmittelbares Eigentum" begründet, wohingegen erst der allgemeine Wille „wirkliches Eigentum" hervorzubringen vermöchte.[335] Anders ausgedrückt müsse sich der Besitzschutzgrund des besonderen Willens der höheren, begrifflich verdichteteren Rechtsgestalt in Form des allgemeinen Willens beugen.[336] Als letztes erfolgt die Verhältnisbestimmung des Besitzrechtes zum Unrecht. Würden Besitz und Eigentum zunächst noch unmittelbar zusammenfallen, komme es erst durch das Hinzutreten anderer Personen zum Auseinandertreten beider Rechte. Besteht kein Bezug einer anderen Person zu der Sache, fehle es an einer Kollision und der besondere Wille transformiere sich zum allgemeinen. Liegen hingegen Kollisionen vor, könne das Recht des besonderen Willens auf einer höheren Ebene wiederum zum Unrecht werden.[337]

Mit der umfassenden Kritik der *Besitzrechtsschrift* endet gewissermaßen der Prozess, den die Rechtsphilosophie zu Beginn des Jahrhunderts zu durchlaufen begonnen hatte, als in enger zeitlicher Folge der *Naturrechtsaufsatz* Hegels und die *Besitzrechtsschrift* Savignys erschienen.[338] Und es ist eben dieser vorläufige Höhepunkt eines „gegensätzliche[n] Gepräge[s]" der rechtsphilosophischen Debatte, mit der der junge Marx in seiner Berliner Zeit in Kontakt treten wird.[339] Um die Verlaufslinien für das Werden des Marx'schen Rechtsdenkens besser nachvollziehen zu können, sollen die wesentlichen Eckpunkte hieraus kurz zusammengefasst werden. Erst diese Gegenüberstellung legt den Blick frei für den Weg, den der Student der Rechtswissenschaften durch das Kreuzfeuer der Schulmeinungen hindurch einschlagen wird.

---

[334] Vgl. ebd., S. 54 f.
[335] Ebd., S. 19; vgl. ders. 2005, S. 83.
[336] Vgl. ders. 1839, S. 19.
[337] Vgl. ebd., S. 54 f., 57 f.; Ders. 2005, S. 81, 83 f. „Wer seinen Willen in eine Sache gelegt hat, hat ein Recht. Das Recht kann in späteren Stadien des Rechts Unrecht sein, so Besitz gegen Eigentum, Eigentum gegen Vertrag, Vertrag gegen Sittlichkeit, eine Stufe erhebt sich gegen die andere." Ebd., S. 84.
[338] Vgl. Klenner 1991, S. 74 f.
[339] Ebd., S. 74.

2.5 Exkurs: Feuerbach und Stahl – Die „historisch-christliche Rechtsschule" und die positive Philosophie des Staates

Neben der Auseinandersetzung zwischen den Hauptprotagonisten der Schulen führt der weitere Wirkungskreis dieser rechtsphilosophischen Debatte in den 1830er Jahren zu einem kritischen Aufeinandertreffen zwischen Ludwig Feuerbach und Friedrich Julius Stahl. Anlass der Kritik bot das Opus Magnum Stahls, die dreibändige *Philosophie des Rechts in geschichtlicher Ansicht,* die in vergleichsweise dichter Zeitfolge zwischen 1830 und 1837 erschienen war.[340] Stahl hatte der Abfassung des Werks die Zielsetzung zugrunde gelegt, den aus seiner Sicht noch ausstehenden rechtsphilosophischen Rahmen der Historischen Rechtsschule zu liefern.[341] Die Grundlage hierfür fand er in der theistischen Spätphilosophie Schellings, die dieser in Gestalt seiner *positiven Philosophie* gegen das System Hegels wandte.[342] War eigentlich zu erwarten gewesen, dass eine Herausforderung der Philosophischen Rechtsschule auf dem originären Gebiete Gans' durch eben diesen selbst pariert werde, kam eine dezidierte Auseinandersetzung mit der Lehre Stahls nicht zur Stande und fiel dann letztlich Feuerbach zu.[343] In zwei Arbeiten befasste dieser sich mit der Rechtsphilosophie Stahls, zum einen im Rahmen einer ausführlichen *Rezension* der ersten beiden

---

[340] Erscheinungsfolge: Bd. 1 (1830), Bd. 2.1 (1833), Bd. 2.2 (1837). Die enorme Bedeutung dieses Werks wird durch dessen Stellung als „erfolgreichste[s] rechtsphilosophische[s] System des 19. Jahrhunderts" unterstrichen, die diesem vor allem in seiner Funktion als „Grundlegung der offiziellen preußisch-deutschen Staatslehre" zuwächst. Klenner 1990, S. 530; Ders. 1991, S. 79.

[341] „So soll es denn hier versucht werden, das Innerste der geschichtlichen Richtung aufzudecken. Ihr Kern ist aber unmöglich, wie man anzunehmen pflegt, die Ansicht über das Faktische, wie das Recht entsteht; sondern nur die über das Ethische, wie es entstehen, welchen Inhalt es erhalten soll – Die Ansicht über das Gerechte –. Hier muß sie sich von der entgegengesetzten Richtung unterscheiden, wenn sie sich nicht eitel und vergeblich als eine neue ankündigte. Hier muß ihr eigenes Wesen klar werden, und auch nur hier kann es zur Entscheidung kommen, ob, warum, und wie weit die Rechtsphilosophie, wie sie bisher bestand, zu verwerfen ist." Stahl 1830, S. XI f. Die Anerkennung des Werks durch Savigny spiegelt dessen wohlwollende Bewertung der 2. Aufl. wider. *Savigny an Stahl,* 27.7.1845, Koglin 1975, S. 289. Vgl. auch Klenner 1991, S. 78 f.

[342] Vgl. Stahl 1830, S. VI f.

[343] Dass Gans die Arbeiten Stahls bekannt waren und er eine Auseinandersetzung mit dessen Rechtsphilosophie beabsichtigte, belegt sein Briefwechsel mit Feuerbach: „Was Sie mir von der südlichen Flora, wie Sie es nennen, sagen, ist mir nicht neu. In der Vorrede zu meiner Ausgabe des Hegel'schen Naturrechts hatte ich eine recht ordentliche Polemik mit Kartätschen gegen Schelling, Stahl usw. ergehen lassen; aber meine Mitherausgeber, die weder den Krieg lieben noch verstehen, hatten sich dem Abdrucke widersetzt [...]. In einer Anzeige des Stahlschen Naturrechts will ich indessen auf eigene Hand fortsetzen, was mich die Kollegialität zu tun verhindert hat." *Gans an Ludwig Feuerbach,* 4.1.1834, Braun 2011a, S. 324 f. Letztlich verbleibt das Oeuvre Stahls nur als Fußnote in den *Vorlesungen,* als Teil der fortschrittsfeindlichen Rechtsphilosophie, als die Gans bereits die Historische Rechtsschule etikettiert hatte. Vgl. Gans 2005, S. 55 f. Jene „Anzeige" indessen wird in der Folge dann Ludwig Feuerbach übernehmen. Vgl. *Feuerbach an Leopold von Henning,* Dez. 1834 und *Leopold von Henning an Feuerbach,* 24.1.1835, FGW 17, 211 f. u. 222 f. Die Schriften Feuerbachs werden nach den *Gesammelten Werken* der Berlin-Brandenburgischen Akademie der Wissenschaften zitiert.

Bände der *Philosophie des Rechts in geschichtlicher Ansicht*, die 1834 in den *Jahrbüchern für wissenschaftliche Kritik* erschien, zum anderen mit einer anonym verfassten *Polemik* gegen Stahl, die 1841 in den *Hallischen Jahrbüchern* ihren Abdruck fand.[344]

Obschon die Vorrede der *Philosophie des Rechts* die Sympathien und eigene Zuordnung Stahls zur Historischen Rechtsschule herausstellt, ist es vor allem die positive Philosophie Schellings, die dem Werk sein prägendes Charakteristikum verleiht.[345] Im Rahmen seiner Spätphilosophie hatte dieser den Unterschied zwischen einer negativen und positiven Philosophie begründet. Der negativen Philosophie, die letztlich mit dem philosophischen System Hegels identifiziert wird, begegnet Schelling mit dem Vorwurf einer einseitigen Beschränkung auf das Wesen der Dinge. Es handele sich um eine bloß begriffslogische Rekonstruktion aller Verhältnisse aus der Vernunft, der es an einer Erfassung der wirklichen Existenz der Dinge, d. h. der eigentlichen Faktizität mangele.[346] Eben diese Seite der Philosophie soll dann ihr positives Pendant einlösen. In deren Verlauf wird die Vorstellung der Existenz, verstanden als ein nicht aus logischen Ableitungen bestimmbares vordenkliches Sein, letztlich mit dem Rätsel der Schöpfung verbunden, indem der absolute Ausgangspunkt dieses Seins als frei gewollte Tat Gottes definiert wird.[347] An diese Verbindung von Philosophie und religiös motiviertem Denken sowie die damit einhergehende Ablehnung des Systems Hegels wird Stahl mit seiner Rechtsphilosophie anknüpfen.[348] Der christlichen Ansicht der Welt zufolge existiert diese qua freier Tat Gottes. Erst durch seine Zulassung habe der Mensch dann mittels der eigenen Freiheit Anteil an

---

344 FGW 8, 24–43; *Ein kurzes Wort gegen die Hypokrisie des liberalen Pietismus*. Feuerbach 1841, S. 367–368.

345 Vgl. Stahl 1830, S. VIII – X. Bereits zur Erlangener Zeit Schellings, Mitte der 1820er Jahre, bestand ein persönlicher Kontakt zwischen beiden. Nach dem Wechsel Schellings nach München gehörte Stahl zu den Hörern seiner Vorlesungen. Vgl. Haferkamp 2018, S. 165, 168 f. Obwohl Stahl seine *Philosophie des Rechts* als eine unmittelbare „juristische Umsetzung" der Gedanken Schellings begriff, traf dies nicht auf dessen Zustimmung. Ganz im Gegenteil verbat sich Schelling gar explizit, dass er im Zusammenhang mit diesem Werk als Vorbild genannt werde. Vgl. ebd., S. 165, 202. Die starke Nähe Stahls zur Historischen Rechtsschule verdeutlicht ein Brief an Karl Wilhelm Böttiger: „Die Schriften Savigny's hatten mehr Einfluß auf mich als meine Lehrer." *Stahl an Karl Wilhelm Böttiger*, 3.12.1833, Koglin 1975, S. 122.

346 Vgl. Hollerbach 1957, S. 204 f.; Gamm 1997, S. 237 f.; Wetz 1997, S. 182, 199, 201.

347 Vgl. ebd., 1997, S. 190, 202, 205; Haferkamp 2018, S. 201 f., 253 f. Hollerbach charakterisiert die positive Philosophie Schellings daher auch als „theistische Metaphysik der Freiheit und Existenz" sowie als eine die Vernunft übersteigende Hinwendung zu Gott. Vgl. Hollerbach 1957, S. 207.

348 Vgl. Stahl 1830, S. VI, XV f. „Es ist gewiß: durch die christliche Lehre lösen sich die Probleme, mit welchen die ganze Periode der rationalistischen Philosophie vergeblich sich beschäftigt hat: der Begriff des Rechts und sein Verhältnis zur Sittlichkeit, die Unterscheidung des öffentlichen und Privatrechts, die Scheidung des Staats in seine Gebiethe, der öffentlichen Gewalt in ihre Zweige, die Erklärung der Strafe, der Werth der Regierungsformen, das Verhältnis von Kirche und Staat, kurz die Ableitung und die innerste Bedeutung eines jeden Instituts, das System des Rechts d. i. sein wahrer wirklicher Zusammenhang." Ders. 1833, S. XI.

dieser Schöpfung.³⁴⁹ Der Maßstab zur Beurteilung menschlichen Zusammenlebens müsse folglich aus der christlichen Offenbarung abgeleitet werden.³⁵⁰ Mit seiner „Staatslehre aus dem Geiste des Christenthums" beabsichtigt Stahl eben jene konsequente Ableitung von Recht und Staat aus dem christlichen Glauben zu vollziehen. Im „System der christlichen Rechts- und Staatslehre" erscheint der Staat dann nicht länger als vernünftiges Resultat einer begriffslogischen Ableitung, sondern als äußerliches Reich Gottes, das dem Schutz der Schöpfung gegenüber der Willkür des gottentfremdeten Menschen diene.³⁵¹

Zwei wesentliche Umstände sind es, die das Interesse Feuerbachs an der Auseinandersetzung mit der Rechtsphilosophie Stahls verklammern. Auf der einen Seite erscheint die Kontroverse in seinen Augen primär als eine philosophische Grundsatzdebatte, d.h. als Konflikt zwischen der Philosophie Hegels und der positiven Philosophie Schellings und nicht so sehr als genuin rechtsphilosophische Auseinandersetzung.³⁵² So ist es dann auch kein Zufall, dass Feuerbach die *Philosophie des Rechts nach geschichtlicher Ansicht* als „orthodoxe Rechtslehre [...] ganz im Geiste der Positiven Philosophie" begreift.³⁵³ Auf der anderen Seite hatte sich Feuerbach bereits zu Beginn der 1830er Jahre intensiv mit dem Vermittlungsproblem zwischen philosophischen und theologischen Denkkategorien beschäftigt. Hierin kommt er letztlich

---

349 Vgl. Grosser 1963, S. 16. Der Hintergrund für die theologisch fundierte Rechtsphilosophie liegt in der Nähe Stahls zur protestantischen Erweckungsbewegung, die im 19. Jahrhundert in Deutschland Fuß fasste. Neben Stahl gehörten auch Schelling sowie viele Vertreter der Historischen Rechtsschule zu den Anhängern dieser Bewegung, nicht zuletzt auch Savigny. Vgl. Haferkamp 2018, S. 166–170, 179f., 183. In seiner Rechtsphilosophie geht Stahl dann davon aus, dass sich der frei waltende Gott den Menschen gegenüber im Recht offenbare. Gegenüber dieser göttlichen Freiheit als unendliche Wahl reduzierte sich die Sündenfallbelastete Freiheit des Menschen darauf zwischen dem Guten und dem Bösen wählen zu können, d.h. zwischen Freiheit und Unfreiheit. Prägendes Moment des Rechts ist demnach Gott und Freiheit ein Bekenntnis zu seiner Ordnung, also dem *Recht*. Vgl. ebd., S. 174f., 244, 246.
350 Vgl. Grosser 1963, S. 23f.
351 Stahl 1833, S. VI, IX; vgl. Grosser 1963, S. 23. Marcuse hebt hervor, dass der Antirationalismus Stahls vor allem im Dienste der herrschenden Aristokratie und der Rechtfertigung der Monarchie stand. Zentrale Begriffe zur Charakterisierung seiner Rechtsphilosophie seien daher auch *Ordnung* und *Autorität*, nicht etwa Freiheit. An die Stelle der Vernunft trete bei ihm der *Gehorsam*. Vgl. Marcuse 2004b, S. 318, 322, 325f.
352 *Feuerbach an Leopold von Henning*, Anfang April 1835, FGW 17, 235. Auch später noch, im Vorfeld der Polemik gegen Stahl, greift Feuerbach in einem Brief an Arnold Ruge zunächst Schelling an, in dem er den rückwärtsgewandten Charakter seiner Philosophie herausstellt. Er bezeichnet Schelling hier als „Münchner Nachteule" und „personifiziertes Präteritum der Philosophie". *Feuerbach an Arnold Ruge*, 24.2.1841, FGW 18, 63.
353 FGW 8, 37. Im Werk Feuerbachs findet sich wie auch bei Marx keine geschlossene Theorie zu Recht und Staat. Vielmehr sind es vereinzelte Äußerungen, die sich fragmentarisch über das Werkganze verteilen. Vgl. Klenner 1975, S. 64; Ders. 1990, S. 529. Dieses mangelnde Interesse am Recht hebt Feuerbach in einem Brief an Christian Kapp explizit hervor: „Ich habe aber keinen Beruf, noch weniger Lust, meinen Studien- und Gedankenplan zu zerstören, die Naturwissensch[aft] und Philos[ophie] der Jurisprudenz aufzuopfern." *Feuerbach an Christian Kapp*, 24.7.1840, FGW 18, 23.

zu dem Resultat, dass eine Vermittlung beider Bereiche nicht möglich sei und wissenschaftliche Erkenntnisse der Philosophie strikt vom religiösen Standpunkt zu trennen seien.[354] Diese zweifache Einrahmung der Auseinandersetzung mit Stahl spiegelt sich dann auch im Aufbau und der immanenten Gliederung der Kritik Feuerbachs wider. Auf die übergeordnete *Kritik der positiven Philosophie* folgt eine *Kritik der Rechts- und Staatslehre* Stahls.

Die *Kritik der positiven Philosophie* hebt mit deren „obersten und wichtigsten Begriffe" an, dem Begriff der Freiheit.[355] Ausgehend von einem einseitigen Verständnis der Selbstbestimmung definiere Stahl die Freiheit in seiner Rechtsphilosophie im Sinne einer bloßen Auswahl, d. h. Wahlfreiheit.[356] Die Kritik Feuerbachs erfolgt dann auf der Grundlage der Hegel'schen Philosophie, indem er darauf verweist, dass Freiheit gerade die Negation einer Wahl sei (Notwendigkeit). Letztlich verkläre Stahl daher die Voraussetzung der Freiheit (Wahl) zu ihrem Wesen.[357] Zu diesem Irrtum gelange er, indem er die Freiheit auf der Ebene des konkreten Individuums und nicht etwa auf dem Gebiet des Geistes definiere.[358] Neben der unzureichenden Bestimmung der Freiheit fehle aber auch eine begriffliche Verhältnisbestimmung zur Notwendigkeit, so dass eine bloß willkürliche Verknüpfung beider Begriffe verbleibe. Quintessenz der „begriffslosen Konfusionsmethode" Stahls und ihrer Ausklammerung des logisch-notwendigen Denkens sei das Aufgehen in bloßer Zufälligkeit und Willkür.[359] Und eben diese „bodenlose Willkür" ist es, die aus der Sicht Feuerbachs dann die Grundlage der Stahlschen Rechtsphilosophie bildet. Entsprechend ausgerichtet ist die *Kritik der Rechts- und Staatslehre* Stahls, die die willkürlich-widersprüchliche Ableitung von Recht und Staat aus der christlichen Religion offenlegt. Auf der allgemeinen Ebene erfolgt die Darstellung der grundsätzlichen Unvermittelbarkeit zwischen der Sphäre des positiven Rechts und der Sphäre der christlichen Religion.[360] Begründet liege diese Unvermittelbarkeit in den verschiedenen Wesenheiten beider Bereiche. Während das Wesen des Christentums die Liebe sei, die auf Einung und Zusammenführung ziele und somit gerade frei sei von äußeren und fremden Einflüssen, bestehe das Wesen des Rechts in der Selbstliebe (Egoismus) und ziele daher nicht auf Einung, sondern auf Entgegensetzung.[361] Indem nun Stahl das Recht aus dem Christentum herleite, verunreinige er das eigentliche Wesen des Christentums

---

354 Vgl. Weckwerth 2002, S. 43 f.
355 FGW 8, 25, 28.
356 FGW 8, 26, 28.
357 FGW 8, 26 f.
358 FGW 8, 28.
359 FGW 8, 28, 32 f., 43.
360 Klenner 1975, S. 64; FGW 8, 37 f.
361 „Das Recht dagegen begründet die große Scheidung in mein und dein und ist darin, obwohl es andrerseits die Gemeinschaft unter den Menschen gerade dadurch wieder erzeugt, daß es jedem ohne Unterschied das Seine gibt und sichert, die Quelle allen Haders und Zwiespalts; es isoliert den Menschen, konzentriert ihn auf sich selbst, setzt ihn als ein eignes, für sich seiendes Wesen dem andern gegenüber." FGW 8, 38.

und lösche letztlich dessen spezifischen Charakter aus.[362] Diese Kritik dehnt Feuerbach dann auch auf die Definition des Privat- und öffentlichen Rechts aus. Das Urbild des *Privatrechts* wird bei Stahl mit dem Wesen Gottes identifiziert, insbesondere auch mit dessen Verfügungsgewalt über die Natur („Macht über den Stoff"). Aus der Ebenbildlichkeit des Menschen mit Gott folgt dann die Begründung des privatrechtlichen Verhältnisses und der Institution des Eigentums.[363] Demgegenüber findet das *öffentliche Recht*, die Gehorsamspflicht gegenüber dem Gemeinwesen, seine Basis in der Herrschaft Gottes über seine Geschöpfe. Diese Verpflichtung überträgt sich dann auch gegenüber dem von Gott eingesetzten irdischen Gewalthaber (Monarch).[364] Gestützt auf diese Argumentation entgegnet Feuerbach Stahl, seine Deduktion des Eigentums sei unzulässig, da hierin der Bereich endlicher Verhältnisse mit der Sphäre des Unendlichen vermischt werde. Wie schon bei der allgemeinen Ableitung des Rechts aus dem christlichen Glauben konstruiere Stahl ausgehend von der realen Sache (Konkretes) ein Urbild, als dessen reales Nachbild die Sache dann erscheinen dürfe.[365] Auch der Übergang vom Individuum zum öffentlichen Recht des Gemeinwesens ist in den Augen Feuerbachs unplausibel. Voraussetzung des Zusammenschlusses sei die Ebenbildlichkeit des Menschen mit Gott. Die Gehorsamspflicht gegenüber dem Staat führe jedoch gerade zur Einschränkung dieser Ebenbildlichkeit. In der Konsequenz müssten diese Konstruktionen – so Feuerbach – eher zum Widerstand gegen den Staat und der damit verbundenen Preisgabe der Gottähnlichkeit führen.[366] Die Theorie Stahls vermag es der Kritik Feuerbachs zufolge daher nicht, eine Begründung des Rechts, eine Rechtfertigung des Staats sowie eine konsequente Deduktion des Eigentums zu leisten. Vielmehr enden die Darstellungen seiner Rechtsphilosophie in eben jener Willkür, die bereits der positiven Philosophie als ihrer Basis zugrunde liege. Durch den Bezug zu Gott und zum christlichen Glauben sollen die Defizite dieser Willkürlichkeit letztlich nur *verschleiert* werden.[367]

---

362 FGW 8, 37 f.
363 FGW 8, 40 f.
364 FGW 8, 40.
365 FGW 8, 41 f.
366 FGW 8, 40 f. „Wenn das Individuum im Gehorsam seine Gottähnlichkeit aufgibt, so ist es vollkommen berechtigt, dem Staate keinen Gehorsam zu leisten, d. h. ihm nicht seine Gottesebenbildlichkeit zum Opfer zu bringen." FGW 8, 41.
367 FGW 8, 35 f. Im Rahmen der späteren *Polemik* gegen Stahl wird Feuerbach die sich hieraus ergebende Heuchelei seiner Rechtsphilosophie kritisieren. Das polizeiliche Vorgehen gegen Kritiker des christlichen Glaubens wird dort von Feuerbach ihrer liberalen Fassade enthoben. Die Durchsetzung der von Stahl intendierten Ziele führe konsequent durchdacht auf eben jene alten Muster zurück, die angeblich längst überwunden wären, nämlich die Unterdrückung der Ketzerei durch „Strang und [...] Feuer". Feuerbach 1841, S. 367. Entgegen der Gradlinigkeit und offenen Unterdrückung des alten Glaubens komme die heuchlerische, vorgeblich modern-liberale, im Kern aber weiterhin repressive Theorie zur gleichen Konsequenz: „Haben wir also nicht eine religiöse Inquisition? Allerdings keine nominelle, aber faktische, d. h. keine rechtliche, aber unrechtliche." Ebd., S. 368.

Es ist nicht nur die zu dieser Zeit sich herausbildende Philosophie Feuerbachs, sondern eben auch die „historisch-christliche Rechtsschule" in ihrer Gestalt als Lehre vom christlichen Staat, der Marx in der Folgezeit noch begegnen sollte und deren Bedeutung im politischen Kontext der Zeit er sehr präzise erschließen wird.[368] Insoweit wird auch diese periphere Debatte ihren Anteil an der Herausbildung des rechtsphilosophischen Denkens des jungen Marx gewinnen.[369]

2.6 Zusammenfassung

Mit Blick auf die die rechtsphilosophische Debatte in der ersten Hälfte des 19. Jahrhunderts prägenden Theorienansätze stellt sich das Bild einer strikten Lagerteilung ein, die sowohl in der Defition des Rechts als auch in der bedeutsamen Frage nach seiner normativen Begründetheit zum Ausdruck kommt. In einer kurzen Gegenüberstellung sollen die wichtigsten Unterschiede der theoretischen Ausrichtungen dargelegt werden:

Savigny und die *Historische Rechtsschule* verfahren in ihrer Definition des Rechts letztlich selektiv-partiell und vertreten einen *engen Rechtsbegriff*. Das Recht wird hierbei mit dem vorhandenen bzw. geschichtlich sich entwickelten Rechtsmaterial identifiziert und umfasst alle Rechtsnormen, -ansichten und -prinzipien, die positives Recht sein können. Zudem liegt der Rechtsquellenlehre Savignys eine Perspektivverengung auf das *römische Recht* zugrunde, die insbesondere die Regelungen zum Zivilrecht aufgreift und es zum idealen Abbild des Rechts stilisiert. Unter dem Primat der Tradition wird es zum alleinigen Orientierungspunkt der Gestaltung des modernen Rechts. Deutlich wird dies insbesondere an der Bestimmung des *Besitzes*, die bei Savigny unter Rückgriff auf römische Rechtsdefitionen letztlich aus dem Faktischen heraus erklärt wird. So stellt sich eine Besitzesdefition ein, als deren implizite Folge dann die Tendenz erscheint, die Rechtswirklichkeit insgesamt auf das sozial Faktische beschränken zu wollen und somit die bestehenden Besitz- und Eigentumsverhältnisse

---

368 Haferkamp 2018, S. 268. Ab den 1840ern wird die Historische Rechtschule insgesamt als *historisch-christliche Schule* wahrgenommen. Auch wenn Haferkamp darauf aufmerksam macht, dass es vor allem die nicht minder erweckungstheologisch fundierte, aber doch deutlich gemäßigtere Ansprüche verfechtende Rechtsphilosophie Puchtas und Bethmann-Hollwegs war, die zur eigentlichen philosophischen Grundlage der Schule aufstieg, kann dies kaum darüber hinwegtäuschen, dass es vornehmlich die Rechtsphilosophie Stahls war, die von den Gegnern der Historischen Rechtsschule als originäre Schulphilosophie wahrgenommen wurde (s. *Kap.* 3). Vgl. ebd., S. 266, 268, 329. „Im Jahre 1830 wird Hegel, im Jahre 1842 Stahl als offizieller preußischer Staatsphilosoph betrachtet." *Denkschrift betreffend die Unterdrückung der „Rheinischen Zeitung",* zwischen dem 4. u. 7.2.1843, MEGA² I/1, 392 – 403, hier: 401. [Dubiosa].

369 Dass bereits bei Feuerbach die Möglichkeit einer materialistischen Rechtstheorie angelegt ist, hat Klenner mit dem Verweis auf den Versuch Ludwig Knapps verdeutlicht, der auf der Grundlage der Philosophie Feuerbachs eine Theorie des Rechts zu entwickeln versucht hatte (*System der Rechtsphilosophie*, 1857). Vgl. Klenner 1975, S. 59 – 63.

zu konservieren. Bestärkt wird diese Einschätzung durch die Abgrenzung des Rechts gegenüber der *Moral*, die vor allem aus den Betrachtungen des Zusammenhangs von Besitz und Interdikten folgt und den Charakter des Rechts als Zwangsrecht deutlich werden lässt. Darüber hinaus ergibt sich eine entsprechende Unterscheidung von der Moral und anderen Wertsystemen bereits durch die Trennung zwischen den Rechtswissenschaften und der Philosophie sowie des dabei von Savigny vertretenen Spezialistendogmas. Eine philosophische Legitimierung des Rechts findet bei ihm demzufolge nicht statt. Gegenstand der Betrachtungen Savignys ist die Erkenntnis der überlieferten Rechtsquellen und ihrer im römischen Recht wurzelnden Prinzipien, unabhängig von einer *normativen Bewertung* dieses Rechts. Indem die Historische Rechtsschule die Faktizität des Rechts zum alleinigen Maßstab seiner Beurteilung erhebt, ist sie letztlich als *positivistische Richtung* zu qualifizieren.

Demgegenüber nehmen *Hegel* und *Gans* eine holistische Perspektive gegenüber dem Recht ein und vertreten hierin einen deutlich *weiteren Begriff des Rechts*. Neben den positiven Normen und Rechtsansichten /-prinzipien schließt ihre Definition des Rechts sämtliche Bestimmungen der *Freiheit* ein, d.h. auch die sozialen und ökonomischen Ermöglichungsbedingungen individueller Selbstverwirklichung. Entgegen dem romanistischen Purismus der Historischen Rechtsschule wird dem *römischen Recht* hierbei zwar eine wichtige Bedeutung für die geschichtliche Entwicklung des Rechts beigemessen, jedoch keine Sonderstellung in Bezug auf seine moderne Gestalt zugewiesen. Vielmehr wird es an verschiedenen Stellen der *Grundlinien* und der *Vorlesungen* grundlegend kritisiert und verworfen. Gans vertritt überdies ganz explizit die Position der Universalrechtsgeschichte. Übereinstimmung mit der Historischen Rechtsschule herrscht mit Blick auf die zentrale Bedeutung des *Privateigentums*, das in den *Grundlinien* als eherne Grundlage des abstrakten Rechts und des Interaktionsrahmens der bürgerlichen Gesellschaft schlechthin fungiert. Der entscheidende Unterschied besteht jedoch in dem rechtlichen Charakter des Besitzes als Privateigentum, der Hegel und Gans durch die Verknüpfung mit dem Begriff der Person ermöglicht wird. Im Rahmen positiver Gesetzesform kommt diesem Recht dann auch der spezifische Verpflichtungscharakter des Rechts zu, der Gegenstand zivil- und strafrechtlicher Verhandlungen der Rechtspraxis des sittlichen Staats ist (*Zwangsrecht*). Mittels der willensbasierten Ableitung des Rechts schaffen sich die rechtsphilosophischen Ansätze Hegels und Gans' jedoch auch den Spielraum einer kritischen Reflexionsmöglichkeit auf die konkreten Rechts- und Sozialverhältnisse des sittlichen Gemeinwesens. Als Maßstab der inhaltlichen Beurteilung des Rechts fungiert in ihren Ansätzen dabei die vernunftvermittelte Entwicklung der *Freiheit*, in der jeweils spezifischen Gestalt ihrer Zeit. Deutlich wird dies vor allem anhand der *normativen Aufladung des Begriffs der Rechtsperson*, der von Beginn an mit einer Form der Selbstbestimmung verbunden wird. Moral und Recht sind in der Rechtsphilosophie Hegels und Gans' daher unmittelbar miteinander verschränkt und ihre Ansätze somit der *natur-/vernunftrechtlichen Tradition* zuzuordnen. Entsprechend werden *Philosophie und Rechtswissenschaft* auch nicht als strikt zu trennende Disziplinen behandelt. Während sich die Philosophie als Rechtsphilosophie mit der Darlegung der Natur des

Rechts und seiner normativen Rechtfertigung auseinandersetzt, ist es die Aufgabe der Rechtswissenschaften, sich mit konkreten Normen und Verfahrensweisen auf der Ebene des Rechts zu beschäftigen (Gesetzgebung, Rechtsprechung etc.). Insgesamt begründen sie gegenüber der Historischen Rechtsschule eine Theorie, die das Recht in ein umfassendes philosophisches Erklärungsmuster der Gegenwart einbettet. Vor allem Gans hatte mit seiner Integration der Rechtsphilosophie Hegels in die reelle Rechtsgeschichte eine Verschiebung zur zeitgenössischen Rechtswirklichkeit und den damit verbundenen sozialen und politischen Fragestellungen vollzogen und dabei den Spannungsbogen zwischen der *Idee* des Rechts und seiner *Wirklichkeit* nur noch deutlicher werden lassen.

Es sind diese sich widerstreitenden Schulmeinungen auf die der junge Marx während seines Studiums der Rechtswissenschaften treffen wird und die seine ersten rechtsphilosophischen Gehversuche begleiten. Ausgehend von den frühesten Texten wird sich dieser Prozess einer umfassenden und kritischen Auseinandersetzung mit dem Theorienansatz der Historischen Rechtsschule sowie der Rechtsphilosophie Hegels über die ersten journalistischen Arbeiten bis zu den *Deutsch-Französischen Jahrbüchern* erstrecken und dabei vor allem in einer differenzierteren Perspektive auf den Zusammenhang von Rechtsidee und -wirklichkeit münden.

3 Auf der Suche – Zwischen Rechtswissenschaft und Philosophie

3.1 Der rechtsphilosophische Ausgangspunkt (1835–1837)

„Deine Ansichten des Rechts sind nicht ohne Wahrheit, aber sehr geeignet in ein System gebracht, Stürme zu erregen, und weist Du nicht, wie heftig gelehrte Stürme sind. Wenn das Anstößige in der Sache nicht ganz zu beseitigen ist, so müßte wenigstens die Form mildernd und gefällig seyn."[370] Sind auch die Bezugsstellen dieser mahnenden Einschätzung des Vaters nicht überliefert, so fasst diese doch bereits zusammen, was die früheste Schaffensphase des jungen Studenten der Rechtswissenschaften prägen wird. Es ist die kritische Auseinandersetzung mit der eigenen Disziplin sowohl in der *Sache* als auch mit der *Form* ihrer Darstellung, als System. Ob das „Anstößige in der Sache", welches hier zum Ausdruck kommt, pathetisch formuliert den „Standpunkt in der Gesellschaft" umschließt, der einzig noch das „Wohl der Menschheit" in den Mittelpunkt rückt, wie es im Abituraufsatz des Schülers Marx anklingt, muss fraglich bleiben.[371] Sicher ist, dass es vor allem die „Form" sein wird, der sich Marx in der Folgezeit widmet und deren Analyse ihn zu einer ersten *fundamentalen Kritik der systematischen Jurisprudenz* führen wird.[372]

In einem Brief an den Vater zum Jahresende 1837 stellt Marx die erste Zeit in Berlin als eine Phase des geistigen Sichfindens dar. Neben Poesie und Philosophie bilden vor allem „positive Studien" den Gegenstand seiner Lektüre. Benannt wird die Beschäftigung mit Johann Gottlieb Heineccius, Anton Friedrich Thibaut sowie den Schriften zum Kriminalrecht von Paul Johann Anselm Feuerbach und Carl Ludwig Wilhelm Grolman.[373] Zentralen Stellenwert gewinnen zu dieser Zeit jedoch die Schriften Savignys und die Übersetzung der ersten Bücher der Pandekten.[374] Sie bilden den Hintergrund für eine intensive Auseinandersetzung auf dem Feld des Rechts, die Marx mit seinem „Versuch einer Rechtsphilosophie" bestreiten wird.[375] Ausgangspunkt des hierin enthaltenen Systems bildet eine Rechtseinteilung, die Marx zufolge stark an das Grundschema der *Rechtslehre* Kants angelehnt ist.[376] Kant wiederum hatte sich bei der

---

[370] *Heinrich Marx an Karl Marx*, 28.12.1836, MEGA² III/1, 303.
[371] *Betrachtung eines Jünglings bei der Wahl eines Berufs*, MEGA² I/1, 454; MEGA² I/1, 457. Diese direkte Verbindung wird beispielsweise bei Donald R. Kelley gezogen, der darüber hinausgehend den *Abituraufsatz* sogar unmittelbar mit der *Dissertation* verknüpft. Vgl. Kelley 2008, S. 3, 7.
[372] Ebd., S. 8.
[373] *Marx an Heinrich Marx*, 10. oder 11.11.1837, MEGA² III/1, 9–10, 16–17. Schon bei der Betrachtung der aufgezählten Werke und Vertreter ist der Einfluss Gans' unverkennbar (s. S. 45).
[374] MEGA² III/1, 10–11, 16.
[375] MEGA² III/1, 10; Klenner 1991, S. 155. Die Schrift selbst ist nicht überliefert, lediglich die indirekte Darstellung im Brief an den Vater legt Zeugnis über sie ab.
[376] MEGA² III/1, 15.

Systematisierung des Rechts von den Pandekten inspirieren lassen, so dass auch die Einteilung Marxens mit der traditionellen rechtswissenschaftlichen Unterscheidung von Privatrecht (*ius privatum*) und öffentlichem Recht (*ius publicum*) anhebt.[377] Dem juristischen Zeitgeist folgend wird dann ein trichotomisches Schema des Privatrechts entworfen: Persönliches Recht, Sachenrecht und persönlich dingliches Recht.[378] Den neuralgischen Punkt erreicht die Darstellung mit dem Übergang vom materiellen Privatrecht zum *ius publicum*. War Kant von einer Art Naturzustand privatrechtlicher Besitzsicherung noch recht nahtlos zur Staatsordnung übergegangen, die ein peremtorisches Eigentum an Sachen erst zu begründen vermag, erblickt Marx an diesem Übergangspunkt zunächst die „Falschheit des Ganzen", die das Recht als „konkreten Ausdruck lebendiger Gedankenwelt" nicht in den Blick bekommen kann.[379] Lokalisiert wird diese Falschheit dann letztlich in den philosophischen Grundlagen des Systems, der „Metaphysik des Rechts".[380] Marx macht den Fehler bereits im Bereich der formalen Begriffsbestimmung und Festlegung der Rechtsgrundsätze fest, die bei Kant und Fichte nach Art einer mathematischen „Konstruktionsmethode" durchgeführt werden: „Dabei war die unwissenschaftliche Form des mathematischen Dogmatismus [...] von vorn herein ein Hinderniß, das Wahre zu begreifen. Das Dreieck läßt den Mathematiker construiren und beweisen, es bleibt blose Vorstellung im Raume, es entwickelt sich zu nichts weiterem, man muß es neben anderes bringen, dann nimmt es andere Stellungen ein, und dieses verschieden an dasselbe gebrachte gibt ihm verschiedene Verhältnisse und Wahrheiten."[381] Die Kritik des Zufalls, die aus einem rein apriorischen Konstruktionsverfahren folgt, weist dabei große Ähnlichkeiten zu der Kritik des formellen Naturrechts Hegels auf, die dieser in seinem *Naturrechtsaufsatz* formuliert hat und die von Gans in seinen *Naturrechtsvorlesungen* weiter vermittelt wurde. Bereits hier hatte Hegel die strikte Scheidung von Naturrecht und positivem Recht kritisiert, die in Kants *Rechtslehre* zum Ausdruck kommt. Als naturrechtliche Seite beschränke sich die *Metaphysik des Rechts* letztlich darauf, eine rechtliche Normativität als solche zu spezifizieren, d. h. die juristische Form des Kategorischen Imperativs ohne Bezug zu einem materiellen Inhalt des Rechts zu begründen.[382] Marx verbindet diesen Gedanken mit einer Kritik an den Ausführungen der *Besitzrechtsschrift* Savignys, indem er das unverbundene Nebeneinander von formeller und materieller Bestimmung kritisiert. Hierin spiegelt sich aus der Sicht

---

377 Vgl. Kervegan 2005, S. 179.
378 MEGA² III/1, 12. Marx greift hier auf die klassische Einteilung in der Traditionslinie von den Pandekten bis zur Historischen Rechtsschule des 19. Jahrhunderts zurück. Vgl. Kelley 2008, S. 6 f.
379 MEGA² III/1, 11, 15; vgl. Kervegan 2005, S. 179 f.
380 MEGA² III/1, 10. Der „Geist des Rechtes und seine Wahrheit" seien nicht „ohne Philosophie" zu durchdringen. MEGA² III/1, 11, 15.
381 Arndt 2012, S. 17; MEGA² III/1, 10 f. Ob mit dem Dreieck des Mathematikers unterschwellig auch eine Kritik an Savignys *Programmschrift* verbunden ist (s. S. 16), lässt sich anhand der Textstellen nicht zweifelsfrei klären. Im Kontext der expliziten Herausstellung des *Irrtums* Savignys, der wenige Zeilen später folgt, erscheint eine solche Verbindung zumindest nicht unwahrscheinlich.
382 Vgl. Kervegan 2005, S. 178.

Marxens nur der idealistische „Gegensatz von Wirklichem und Sollendem", d. h. zwischen Sein und Sollen wider.[383] Anders ausgedrückt ist es die Abkopplung formaler Abstraktion von der sozialen Rechtswirklichkeit.[384] Um diesen Dualismus von Sein und Sollen, bzw. den von Wirklichkeit und Idee, zu überwinden, gelte es daher sich einer anderen philosophischen Grundlage zuzuwenden, die das Objekt des Rechts „in seiner Entwicklung belauscht" und die „Vernunft des Dinges selbst" als „in sich widerstreitendes fortrollen und in sich seine Einheit" Findendes begreife.[385] Diese philosophische Grundlage, die die Idee in der Wirklichkeit selbst zu suchen trachtet, entpuppt sich dann als Philosophie Hegels.[386]

Zusammenfassend lässt sich festhalten, dass es sich bei der ersten Kritik des philosophischen Fundaments der Historischen Rechtsschule durch Marx um einen Text handelt, der ganz im Zeichen der „hegel'schen Juristenschule" steht.[387] Sie trägt den Charakter einer Selbstverständigung und Selbstrechtfertigung der philosophischen Standortpositionierung.[388] Zugleich ist sie der Ausgangspunkt für eine intensivere Auseinandersetzung mit dem System Hegels und dem *gelehrten Sturm*, den die „jetzige Weltphilosophie" bereits im Gepäck führt.[389]

3.2 Die Dissertation – Von Titanen und der Verwirklichung der Philosophie (1838–1841)

Es ist dieser *Sturm* in Gestalt jenes philosophischen Handgemenges zwischen Alt- und Junghegelianern sowie Vertretern der positiven Philosophie Schellings, welcher die Folie bildet, auf der die Marx'sche Adaption des Hegel'schen Systems sich zu vollziehen beginnt.[390] Zum Ende des Jahres 1838 verbindet sich diese Auseinandersetzung mit dem philosophischen Diskurs seiner Zeit mit der Promotionsabsicht im Feld der Philosophie. Die *Dissertation* mit dem Titel *Differenz der demokritischen und epiku-*

---

[383] MEGA² III/1, 10; vgl. auch Klenner 1991, S. 155 f.; Kelley 2008, S. 7; s. S. 12 f.
[384] s. S. 21. Einen entsprechenden Impuls hatte auch Gans in seinen *Naturrechtsvorlesungen* fortlaufend gesetzt (s. S. 49 f.).
[385] MEGA² III/1, 11.
[386] MEGA² III/1, 11, 16 f.
[387] MEGA² III/1, 17.
[388] Entsprechend ist der Stellenwert der Schrift Klenner zufolge weniger in ihrem Inhalt zu sehen, als in der Aufdeckung der Rezeptionsfähigkeit Marxens und ihrem punktgenauen Vordringen zur Kantkritik Hegels. Vgl. Klenner 1991, S. 156. Im Zusammenhang mit der entwicklungsgeschichtlichen Betrachtung wird jedoch auch deutlich, dass die Schrift einer Selbstvergewisserung Marxens im intellektuellen Klima Berlins diente, das durch konkurrierende Schulmeinungen durchdrungen war. So ist der Text durchaus als ein *aktives sich durcharbeiten* zur Position der Philosophischen Rechtsschule zu betrachten.
[389] *Heinrich Marx an Karl Marx*, 28.12.1836, MEGA² III/1, 303; *Marx an Heinrich Marx*, 10. oder 11.11. 1837, MEGA² III/1, 17.
[390] MEGA² IV/1, 880 f.; vgl. auch Arndt 2012, S. 19 f.

reischen Naturphilosophie nebst einem Anhange, die Marx im Frühjahr 1841 fertigstellen sollte, ist vor allem durch die Auflösung des Gegensatzes von Sein und Sollen geprägt, auf den Marx in seiner Untersuchung der Theorie der Historischen Rechtsschule gestoßen war und die sich nun eingebettet findet in eine neue Verhältnisbestimmung der Philosophie zur Welt überhaupt.[391] Den Ausgangspunkt stellt die Wahrnehmung der Abgeschlossenheit des Systems Hegels dar. Innerhalb seiner Philosophie sei das Ganze des Seienden begrifflich erfasst und in das Denken überführt worden. Als „in sich totale Philosophie" begreife sie sich zugleich als Ende der philosophischen Entwicklung schlechthin.[392] Da die Auseinandersetzung mit dem Seienden jedoch ausschließlich auf der rein begrifflichen Ebene des Denkens erfolge, beschränke sie die Annahme einer vernünftigen Wirklichkeit auch nur auf das theoretische Feld der Philosophie. Es ist die Kritik der Einseitigkeit des Hegel'schen Systems, die diesem vorwirft, seine innere Selbstgenügsamkeit zu verabsolutieren und so die vernünftige Wirklichkeit zu einer „abstracten Totalität" zu verklären, ohne einen tatsächlichen Bezug zur *wirklichen* Wirklichkeit aufzuweisen.[393] Das Verhältnis der Philosophie zur Welt werde auf ein bloßes „Reflexionsverhältniß" reduziert.[394] Eine Vermittlung des Gegensatzes von Begriff und Wirklichkeit und somit auch zwischen Sein und Sollen könne auf dieser Grundlage daher nur eine Sache des Zufalls sein. Mit dem Hinweis auf die mangelnde Überbrückbarkeit der Kluft zwischen theoretischer Philosophie und bestehender Wirklichkeit verknüpft sich dann gewissermaßen parallel zur Kritik an der Historischen Rechtsschule der gegenüber Hegel erhobene Akkommodationsvorwurf. Demnach begünstige sein System ebenso wie die philosophischen Implikationen Hugos und Savignys letztlich nur die Positivität des faktisch Bestehenden.[395] Dieser Vorwurf wird von Marx in der vorgebrachten Form zwar nicht geteilt und als bloß moralisch-äußerliche Kritik verworfen, sein Vorbringen als sol-

---

[391] Vgl. ebd., S. 22; Ders. 2015, S. 61. Die *Dissertation* ist erst posthum aus dem Nachlass veröffentlicht worden (1902). MEGA² IV/1, 884. Die Auseinandersetzung mit dem Verhältnis zwischen Philosophie und Welt findet sich im *Anhang*. Auf den philosophiegeschichtlichen Stellenwert und Hintergrund des Textes kann an dieser Stelle nicht eingegangen werden. Eine Darstellung findet sich u. a. bei Arndt. Arndt 2012, S. 21 f. Zum Hintergrund der Beschäftigung Marxens mit der Epikureischen Philosophie vgl. auch MEGA² IV/1, 879 f.
[392] *Hefte zur epikureischen, stoischen und skeptischen Philosophie*, MEGA² IV/1, 10–141, hier: 101; vgl. Henrich 2010, S. 193 f.; Arndt 2012, S. 20; s. Fn. 267.
[393] *Differenz der demokritischen und epikureischen Naturphilosophie*, MEGA² I/1, 12–92, hier: 68; vgl. Schefold 1970, S. 6 f.; Henrich 2010, S. 194.
[394] MEGA² I/1, 68; vgl. Arndt 2012, S. 22; Ders. 2015, S. 65. Bereits Gans hatte das Problem einer Vermittlung von Vernunft (Philosophie) und Geschichte (Welt) erkannt und im Rahmen des *spekulativen Dilemmas* zu beheben versucht (s. S. 47 f.).
[395] Vgl. Henrich 2010, S. 194; Arndt 2012, S. 20. Der Vorwurf beinhaltet die unkritische Anpassung der Philosophie „an die politisch-gesellschaftliche Realität ihrer Zeit". Ders. 2015, S. 63. Auch wenn dieser Vorwurf insbesondere durch Arnold Ruge formuliert wurde (MEGA² IV/1, 948 f.), ist in diesem Zusammenhang die Sensibilisierung für die Problematik zu berücksichtigen, die bereits bei Gans aufscheint und die auch Marx somit hat wahrnehmen können.

ches fördere jedoch die Unzulänglichkeit des Hegel'schen Systems offen zutage.[396] Im Vergleich zur äußerlichen Kritik sei diese Insuffizienz aber aus dem Prinzip der Hegel'schen Philosophie selbst zu begreifen.[397] Den Schlüssel hierzu erblickt Marx in der „Spezifizierung des Umschlagens" der Philosophie zur Wirklichkeit, d.h. ihrer Verwirklichung, mit der sie zugleich die Einseitigkeit und innere Selbstgenügsamkeit überwindet.[398] Richtig erfasst als Kritik, im Sinne einer Praxis der Philosophie, müsse sich der „in sich frei gewordene theoretische Geist zur praktischen Energie" wandeln und nach außen wenden.[399] Indem die Philosophie das jenseitige „Reich des Amenthes" verlasse und ins Diesseits „der weltlichen Sirene" trete, verliere sie jedoch ihre bisherige Form als Philosophie.[400] Nur als Kritik vermag sie „die einzelne Existenz am Wesen" und „die besondere Wirklichkeit an der Idee" zu messen.[401] Die Überwindung des Gegensatzes von Welt und Philosophie fasst Marx daher in einer einheitsstiftenden Formel, „daß das Philosophisch-Werden der Welt zugleich ein Weltlich-Werden der Philosophie" ist.[402]

Im Anschluss gelangt Marx zu der Darstellung der bisherigen Versuche, die Einseitigkeit des Hegel'schen Systems zu überwinden. Zusammenfassend werden sie als Extreme sich philosophisch gegenüberstehender Richtungen herausgestellt, als „positive" und „liberale Partei".[403] Genauer betrachtet sind damit die im Gegensatz zueinander stehenden Richtungen der Junghegelianer und der positiven Philosophie Schellings sowie andere theologisch orientierte Ansätze, die das Denken dem Glauben unterordnen, gemeint.[404] Zugleich ist damit eine Beschreibung der philosophischen Landkarte gegeben, die zur Zeit der Abfassung der *Dissertation* insbesondere auf rechtsphilosophischer Ebene höchste Aktualität genoss. Nicht nur war 1839 die den Besitzrechtsstreit auslösende *Duplik* erschienen. Auf Initiative Savignys wurde ab 1840 auch Friedrich Julius Stahl auf den vakanten Lehrstuhl Gans' an die juristische Fakultät zu Berlin berufen.[405] Aus der Sicht Marxens musste der allgemein philosophische Gegensatz daher nachgerade als einer zwischen einer auf der Grundlage positiver Philosophie sich erhebenden Historischen Rechtsschule und der liberalen, sich auf die Hegel'sche Philosophie stützenden Rechtsphilosophie Gans' erscheinen.

---

396 MEGA² I/1, 67.
397 Vgl. Henrich 2010, S. 194, 202; Arndt 2012, S. 22; Ders. 2015, S. 63f. Dieses Prinzip wird von Marx als Vermittlung der Gegensätze zur Einheit identifiziert, vor allem den von *Begriff* und *Wirklichkeit*. Vgl. Henrich 2010, S. 194.
398 MEGA² I/1, 68.
399 MEGA² I/1, 67.
400 MEGA² IV/1, 99; MEGA² I/1, 68.
401 MEGA² I/1, 68. Arndt stellt heraus, dass Marx mit dem Verständnis der Philosophie als Kritik an Bruno Bauer anknüpft, ohne aber dessen *Philosophie des Selbstbewusstseins* zu adaptieren. Vgl. Arndt 2012, S. 20.
402 MEGA² I/1, 68; vgl. Henrich 2010, S. 197f.
403 MEGA² I/1, 69.
404 MEGA² I/1, 879, 950; vgl. auch Arndt 2015, S. 66.
405 Vgl. Klenner 1991, S. 80.

Entsprechend wird die *positive Partei* dann als letztlich unphilosophische Richtung verworfen. Mit dem Versuch, ausgehend vom Nichtbegriff der Philosophie (Realität / Existenz) das philosophische System Hegels zu kritisieren, beziehe diese Richtung einen Standpunkt kritikloser Akzeptanz des Bestehenden, der kein Vordringen mehr zum Begriff und Prinzip der Philosophie erlaube.[406] In der Konsequenz verharre sie auf der Realität.[407] Demgegenüber bemühe sich die *liberale* „Partei des Begriffes", die Welt philosophisch zu machen, gelange über ein bloßes Weiterphilosophieren jedoch nicht hinaus.[408] Das erstrebte *nach-außen-Wenden* der Philosophie misslinge. Zwar bleibe sie daher der Einseitigkeit der Philosophie Hegels verhaftet, aber im Gegensatz zur positiven Philosophie trägt sie aus der Sicht Marxens zumindest die Möglichkeit der Kritik und Veränderung der Welt, d.h. einer Verwirklichung der Philosophie in sich.[409] Obschon die liberale Partei die Einseitigkeit daher noch nicht habe überwinden können, bilde ihre Anknüpfung an das System Hegels die philosophische Grundlage, um hierauf mutatis mutandis eine progressive Rechtsphilosophie entwickeln zu können, die eine tatsächliche Veränderung der Wirklichkeit in sich berge.[410]

Zusammenfassend lässt sich mit Blick auf die *Dissertation* festhalten, dass Marx hier seine eigene philosophische Positionierung zu entwerfen beginnt. Nachdem die alten „Sonnen" erloschen sind, gilt es fortan, sich durch „eignes Feuer" leiten zu lassen.[411] Und das *eigne Feuer*, das wird die Verwirklichung der Philosophie in Gestalt des Hegel'schen Systems sein.[412] „Titanenartig sind [...] die Zeiten", die auf eine „in sich totale Philosophie" folgen, schreibt der junge Marx und es sei nun daran, ihr *heiliges Feuer* zu verweltlichen, d.h. zu den Menschen zu bringen.[413] Dies geschieht in

---

406 MEGA² I/1, 69; vgl. Arndt 2015, S. 67.
407 Vgl. Schefold 1970, S. 10. Ihrem Bild nach entspricht die Kritik an der positiven Philosophie daher derjenigen, die Hegel und Gans an der Historischen Rechtsschule übten, als einer unphilosophischen Strömung, die letztlich nur dem Kultus des Vergangenen huldige. s. S. 25f., 31f., 49–51; s. Fn. 135.
408 MEGA² I/1, 69.
409 Vgl. Schefold 1970, S. 9f.; Arndt 2015, S. 66f.
410 Die Kritik der Einseitigkeit junghegelianischer Philosophie trifft auch auf Gans zu, da seine Interpretation der *Rechtsphilosophie* Hegels auf dessen System verweilt und mit der Offenlegung des „spekulativen Dilemmas" gewissermaßen den Finger nur in die *Wunde* legt. Die Überwindung der Kluft zwischen Begriff und Wirklichkeit (Vernunft und Geschichte) erfolgt auch bei ihm nur begrifflich-verstehend, ohne eine Möglichkeit zur Veränderung der Wirklichkeit zu begründen. Liberale Tendenzen und Änderungen werden zwar benannt, deren Realisierung aber in eine noch unbestimmte Zukunft verlegt (Sollen). Nichtsdestotrotz wird gerade durch die Offenlegung des Sein-Sollens-Gegensatzes im System Hegels und der schonungslosen Herausstellung der Positivität der Historischen Rechtsschule eben jene Verbindungslinie geschaffen, an die die *konsequente* Umsetzung des Prinzips der Hegel'schen Philosophie anzuknüpfen vermag. Denn die *Wunde schließen*, das kann „[...] der Speer nur, der sie schlug." Wagner, *Parsifal* Vs. 1228–1229, Wagner 2013, S. 82.
411 Schiller, *Wallenstein. Die Piccolomini*, Vs. 685–686, ScSW 2, 337.
412 Vgl. Heinrich 2011, S. 90.
413 MEGA² IV/1, 101. Marx hatte seiner *Dissertation* einen dem *Prometheus* zugeschriebenen Ausspruch vorangestellt. MEGA² I/1, 14. Es ist ein Ausspruch jenes Titans, der den Göttern die Philosophie

der Folgezeit dann nicht mehr im Heimlichen, verborgen unter einem Narthex-Stengel, sondern durch die Verbindung rechtsphilosophischer Anliegen mit gesellschaftlichen Fragestellungen und Problemlagen der Vormärzzeit im Medium öffentlicher Pressearbeit.

3.3 Die Rheinische Zeitung und die Kritik der Historischen Rechtsschule (1842–1843)

3.3.1 Die Freiheit der Presse und das Wesen des Rechts

Im Juli 1841 siedelte Marx in die Preußische Rheinprovinz nach Bonn über. Der Versuch einer Verbindung seiner philosophischen Standortbestimmung mit den Prozessen der politischen Wirklichkeit sollte ihn dort zur Aufnahme einer publizistisch-literarischen Tätigkeit führen.[414] Neben einem Artikel für die *Deutschen Jahrbücher*, den er zum Jahresbeginn 1842 niederschreibt, beginnt ab März 1842 die Mitarbeit an der neu gegründeten *Rheinischen Zeitung*, deren Leitung Marx ab Oktober übernimmt.[415] Gegenstand dieser Zeitung bildete die Erörterung der „politischen Zustände" jener Zeit, d.h. die kritische Auseinandersetzung mit den „praktische[n] Fragen […] des wirklichen Staats" vor dem Hintergrund eines bürgerlichen Liberalismus.[416] Es ist dieser Kontext, in dem Marx seine ersten publizistischen Arbeiten verfasst, die *Bemerkungen über die neueste preußische Zensurinstruktion*[417] sowie die *Debatten über Pressefreiheit und Publication der Landständischen Verhandlungen*.[418]

Zwar bilden die Pressefreiheit und die damit verbundene öffentliche Berichterstattung durch die Tagespresse den vordergründigen Gegenstand der Artikel, jedoch werden diese „praktische[n] Fragen" von Marx zugleich mit seinen tiefergehenden

---

und Kultur in Gestalt des *heiligen Feuers* raubte, um sie den Menschen zu schenken. Aischyl. Ag. *Prom.* 7, 442 ff.

414 Zunächst verfolgte Marx die Absicht eine akademische Karriere aufzunehmen. Aufgrund der absehbaren Erfolglosigkeit einer zunehmend restriktiveren Zugangspraxis zu den Lehrstühlen und Dozentenstellen an den preußischen Universitäten verwarf er dies aber schnell wieder. Vgl. Arndt 2012, S. 23 f.

415 Vgl. Sieferle 2007, S. 22; Arndt 2012, S. 24.

416 Die „Rheinische Zeitung für Politik, Handel und Gewerbe", Rheinische Zeitung 335, 1.12.1842, MEGA² I/1, 388 [Dubiosa]; *Marx an Dagobert Oppenheim*, zweite Hälfte September 1842, MEGA² III/1, 32; *Marx an Wilhelm Eduard von Schaper*, zwischen dem 12. u. 17.11.1842, MEGA² III/1, 34; vgl. auch Sieferle 2007, S. 22. Sieferle zufolge avancierte die *Rheinische Zeitung* im Jahre 1842 zum „Organ der Junghegelianer" und ihrer politischen Überzeugungen schlechthin. Vgl. ebd., S. 22.

417 MEGA² I/1, 97–118. Niedergeschrieben Anfang 1842 und für eine Veröffentlichung in den *Deutschen Jahrbüchern* Arnold Ruges bestimmt, erschien der Artikel erst im Februar 1843 in einem anderen publizistischen Organ. MEGA² I/1, 984 f.; *Marx an Arnold Ruge*, 10.2.1842, MEGA² III/1, 21; *Arnold Ruge an Karl Marx*, 25.2.1842, MEGA² III/1, 370.

418 MEGA² I/1, 121–169. Die Artikelreihe erschien in der *Rheinischen Zeitung* zwischen dem 5. u. 19.5.1842.

Überlegungen zu einer Rechtsphilosophie verknüpft.[419] Diese Verbindung spiegelt sich auch in der Auseinandersetzung mit den Gegnern der freien Presse wider. Sowohl in den *Bemerkungen über die Zensurinstruktion* als auch in den *Debatten über Pressefreiheit* wird die eine Pressezensur befürwortende Position mit der „klassische[n] Theorie einer gewissen Partei" identifiziert, der der Historischen Rechtsschule bzw. positiven Philosophie.[420] Den Boden dieser Theorie bilde der romantische Standpunkt des „äußerlichen Schein[s]" der „menschlichen Verhältnisse" und der „allerniedrigsten Empirie".[421] Genauer betrachtet liege dieser Position Marx zufolge eine „mystische Unvollkommenheitstheorie" zugrunde, die die Natur des Menschen als prinzipiell unfrei und unselbstständig charakterisiere.[422] Während die individuelle Freiheit als Geschenk „einer besonders günstigen Constellation der Sterne", d. h. als Geburtsrecht privilegierter Stände und Personen erscheine, werde eine allgemeine Freiheit als Möglichkeit des Bösen zurückgewiesen.[423] Gerechtfertigt werde dies durch eine Methode, die die Wahrheit mit der christlichen Religion und dem Glauben verbindet und auf das Feld der Politik übertrage.[424] Eine Verbindung, deren konsequente Umsetzung in einem „fanatische[n] Herüberziehen der Religion in die Politik" münden müsse.[425] Der Religion wäre in allen Bereichen die entscheidende Stimme einzuräumen.[426] Da dies aber wiederum nicht der Fall sei, die Religion die Weltlichkeit

---

419 Die Bedeutung der Pressefreiheit wurde bereits von Hegel und Gans aufgegriffen und im Zusammenhang des Rechts erörtert (s. S. 49). Vor allem in der liberaleren Interpretation der Philosophie Hegels durch Gans findet die Pressefreiheit ihre spezifische Bedeutung im sittlichen Staat. Vgl. Gans 2005, S. 233.
420 MEGA² I/1, 127, 1000. In den *Bemerkungen* wird die Position der Zensurinstruktion mit der des „christlichen Staat[s]" gleichgesetzt, also mit der Theorie Stahls belegt. MEGA² I/1, 105. Das Marx sich zu dieser Zeit intensiv mit der Historischen Rechtsschule und der positiven Philosophie beschäftigt, davon zeugt nicht zuletzt die Aufzählung von Aufsätzen, deren Übersendung er gegenüber Arnold Ruge ankündigt: *Über religiöse Kunst, Über die Romantiker, Das philosophische Manifest der historischen Rechtsschule, Die positiven Philosophen*. Marx an Arnold Ruge, 27. 4. 1842, MEGA² III/1, 26.
421 MEGA² I/1, 139, 142, 149.
422 MEGA² I/1, 139, 149.
423 MEGA² I/1, 139 f., 142. Zur Identifikation individueller Freiheit mit der Möglichkeit des Bösen bei Schelling: Vgl. u. a. *System der gesamten Philosophie und der Naturphilosophie insbesondere* (1804), SeSW I/6, 542; *Philosophische Untersuchungen über das Wesen der menschlichen Freiheit und die damit zusammenhängenden Gegenstände* (1809), SeSW I/7, 388.
424 MEGA² I/1, 101–106.
425 MEGA² I/1, 106.
426 MEGA² I/1, 103, 105. Auf eine kritische Zurückweisung der Vermischung von Religion und Politik konnte Marx schon bei Hegel stoßen. HGW 14,1, (§ 270) S. 215. Darüber hinaus hatte auch Feuerbach bereits in seiner Auseinandersetzung mit Stahl auf die prinzipielle Unvermittelbarkeit religiöser und philosophischer Kategorien hingewiesen (s. S. 59 f.). Da die Politik, d. h. der sittliche Staat, aber in den Bereich der Philosophie fällt, ist es nur folgerichtig, wenn Marx in der Kolonisierung des Felds der Philosophie durch die Religion auch eine religiöse Durchdringung der Politik erblickt. Wie die Verdrängung der Religion durch das Recht bei Feuerbach wirke die Kolonisierung der Religion in der Sphäre der Politik entsprechend destruktiv. Vor allem dann, wenn konsequenterweise *alle* Entschei-

stütze, „ohne daß sich die Weltlichkeit der Religion unterwirft", sei diese Verbindung in den Augen Marxens letztlich widersprüchlich oder – wie es bereits Feuerbach vor ihm formulierte – die „Heuchelei eines liberalen Pietismus", hinter dem sich letztlich ganz weltliche Interessenlagen verbergen.[427] Mit der in der christlichen Religion verankerten Begründung und deren Schutz vor jeglicher Kritik werde dann nur eine falsche Ehrfurcht vor der Tradition verschleiert, die das Vergangene auf Kosten der Gegenwart konservieren möchte und deren „historischer Reliquiendienst" der geschichtlichen Vernunft widerspreche.[428] Ausdruck finde dies darin, dass Reformprozesse und neue Gesetze, die den veränderten gesellschaftlichen Entwicklungen entsprechen, verhindert würden und an faktisch freiheitsbeschränkenden Institutionen wie der Zensur festgehalten werde.[429] Abschließend konstatiert Marx, dass diese lediglich auf Selbstsucht fokussierten Positionen der „Psychologie und Menschenkunde" des Bourgeois und nicht etwa dem Standpunkt des Citoyen entsprechen.[430] Erst die richtige wissenschaftliche Methode eröffne durch die Verortung des sittlichen Staats in der (politischen) Philosophie den Weg zur Wahrheit.[431] Insoweit habe die „philosophische Presse" in verständlichen Worten aufzugreifen, was die Philosophie in der restaurativen „Abendblattszeit" nur unverständlich habe ausdrücken können.[432]

Im Gegensatz zur positiven Philosophie und Historischen Rechtsschule gelte es den „Standpunkte der Idee" einzunehmen, d.h. das Maß des Wesens der inneren Idee an die Existenz der Dinge zu legen und nicht einseitige Erfahrungen zum allgemeinen Maßstab zu verklären.[433] Demgemäß bildet die Freiheit in ihrer Bedeutung als Wesen

---

dungen und Gesetze dem Prinzip des Glaubens und der christlichen Religion unterworfen werden. Vgl. Feuerbach 1841, S. 368; MEGA² I/1, 106.
427 MEGA² I/1, 106, 140, 157; Feuerbach 1841, S. 368. Für Marx handelt es sich um einen notwendigen Widerspruch, „[...] denn ein transcendenter Staat und eine positive Religion gehören zusammen, wie ein Taschengott zu einem russischen Spitzbuben." Marx an Arnold Ruge, 20.3.1842, MEGA² III/1, 24.
428 MEGA² I/1, 123f., 127f., 167. Mit dieser Kritik an der Historischen Rechtsschule bewegt sich Marx im direkten Fahrwasser derjenigen Hegels (s. S. 26 u. 31f.) und Gans' (s. S. 47–50). Die Beherrschung der Gegenwart durch die Vergangenheit wird dann auch in bewusster Anspielung auf Savignys *Programmschrift* formuliert (s. S. 14f.): „Ihr habt die Bücher nicht, sie haben euch." MEGA² I/1, 123f.
429 MEGA² I/1, 127f., 167. In der scheinbar liberal auftretenden *Zensurinstruktion* erblickt Marx nur eine restriktivere Fassung vorhergehender gesetzlicher Regulierungen der Presse wie dem *Zensuredikt* von 1819. MEGA² I/1, 102, 110, 984.
430 MEGA² I/1, 157, 159.
431 Mit dem Hinweis, dass die *Wahrheit* sowohl das Resultat als auch den Weg dorthin umfasse, spielt Marx direkt auf die Philosophie Hegels an. MEGA² I/1, 100f.; s. Fn. 179.
432 MEGA² I/1, 105, 129. Auch hier wird der Bezug zu Hegel angedeutet. Sowohl die Zeitspanne von 1819–1830 als auch der Hinweis auf den „lebendige[n] Geist", der einzig noch in der Philosophie geherrscht habe, kann nur das System Hegels meinen.
433 MEGA² I/1, 142, 157. Indem von der *eigenen* Begrenztheit und Unvollkommenheit auf die *allgemeine* Unvollkommenheit aller Menschen geschlossen werde, werde eine willkürliche Erfahrung zum Maß erhoben und somit alles dem Zufall überantwortet, bis „alle Kühe schwarz sind". MEGA² I/1, 142. Um deutlich zu machen, gegen wen sich die Kritik richtet, greift Marx hier ganz bewusst auf die Schelling-

des Menschen den schematischen Ausgangspunkt der Betrachtungen Marxens.[434] Diese wesenhafte Freiheit des Menschen wird dann systemisch als „Weltsystem" von Sonne und Planeten gefasst. Während die Sonne mit der Gattung Freiheit gleichgesetzt wird, bilden die um die Sonne kreisenden Planeten besondere Freiheitssphären (Existenzen der Gattung).[435] Die besonderen Freiheitssphären wiederum besitzen einen jeweils eigenen Charakter, der sich auf bestimmte Handlungs- und Lebenssphären bezieht. So unterscheidet Marx u. a. die Gewerbe-, Eigentums-, Gewissens- und Gerichtsfreiheit.[436] Im Verhältnis dieser besonderen Freiheitssphären zueinander und zur Gattung der Freiheit herrsche ein *organischer Zusammenhang*. So sei es weder möglich, eine besondere Freiheitssphäre zum Maßstab aller anderen zu erheben (z. B. Eigentums- und Gewerbefreiheit), noch eine der Freiheitssphären komplett zu negieren, da so immer auch die Freiheit an sich aufgehoben werde.[437] Eben dies werde auf der Grundlage der positiven Philosophie aber vollzogen, indem mit der Pressefreiheit eine der besonderen Sphären negiert werde und mit ihr auch die freie Tätigkeit der Schriftsteller schlechthin.[438] Für Marx dient aber gerade die Presse als Organ öffentlicher Berichterstattung der Verwirklichung menschlicher Freiheit, und was der Verwirklichung der Freiheit diene, entspreche dem menschlichen Wesen, sei folglich als „menschlich gut", d. h. als Gesolltes zu qualifizieren.[439]

Durch die Verbindung mit der Normativität ist zugleich die Brücke zum *Wesen des Rechts* geschlagen.[440] Hier unterscheidet Marx zwischen Naturgesetzen der Freiheit einerseits und positiven Gesetzen andererseits. Während die Naturgesetze eine Gestalt des Rechts gemäß den inneren Lebensgesetzen der Menschen bildeten, die auf der vernünftigen Regel der Freiheit basierten, handele es sich bei den positiven Gesetzen um eine höhere Form des Rechts, die Marx explizit als „rechtlich anerkannte Freiheit […] im Staate" bzw. „positives Dasein der Freiheit" begreift.[441] Der höhere Charakter des Rechts in seiner staatlichen Positivierung ergebe sich aus der Bestimmung des Übergangs vom unbewussten Naturgesetz zum bewussten Staatsgesetz.[442] Ganz im

---

Kritik in der Vorrede der *Phänomenologie des Geistes* zurück. HGW 9, S. 17. Auch weist der Artikel insoweit Parallelen zur Kritik Feuerbachs an Stahl auf. Bereits dort war Feuerbach Stahls Rückgriff auf die positive Philosophie mit dem Vorwurf begegnet, dass dieser die Freiheit des *besonderen Individuums* (Wahlfreiheit) zum Ausgangspunkt seiner Betrachtungen erkoren hatte, anstatt des eigentlichen Wesens der Freiheit. s. S. 60.

434 MEGA² I/1, 143.
435 MEGA² I/1, 161.
436 MEGA² I/1, 161. Zu dieser Zeit bejaht Marx daher das Privateigentum, wie bereits Hegel und Gans vor ihm. Vgl. Schefold 1970, S. 46.
437 MEGA² I/1, 161–163, 168.
438 MEGA² I/1, 100 f., 125, 142–145, 165.
439 MEGA² I/1, 143, 146 f.
440 MEGA² I/1, 148.
441 MEGA² I/1, 150. Maßstab des positiven Rechts ist die Freiheit: „Das Gesetz tritt also vor dem Leben des Menschen, als einem Leben der Freiheit, zurück […]." MEGA² I/1, 151.
442 MEGA² I/1, 150. Die Bestimmungen orientieren sich an den Ausführungen von Gans zu unbewussten Gewohnheiten gegenüber bewusst durchdachten Gesetzen (s. S. 50).

3.3 Die Rheinische Zeitung und die Kritik der Historischen Rechtsschule (1842–1843) — 75

Geiste der Hegel'schen *Rechtsphilosophie* weist Marx dann auch die gewohnheitsrechtliche Ausrichtung der Historischen Rechtsschule zurück, indem er das Gesetzbuch eines Volkes als dessen „Freiheitsbibel" bezeichnet.[443] Wie es bereits den *Grundlinien* und in der *Universalrechtsgeschichte* zugrunde lag, wird der Staat auch hier durch Gesetze der rechtlichen Freiheit regiert.[444] Im Anschluss geht Marx zur Darstellung des Wirksamwerdens des positiven Gesetzes über. Das Gesetz wird hiernach als allgemeine Norm mit dem normativen Gehalt eines Gebots bestimmt. Sobald das Gebot übertreten werde, verwandele sich die Norm in ein „[t]hätiges Gesetz", d. h., die mit dem Übertreten verknüpften Folgen gelangen zur Anwendung.[445] Mit dem Feld der Anwendung des Gesetzes trete die Institution des Gerichts in Erscheinung. Hier müsse der Einzelfall unter das allgemeine Gesetz subsumiert werden.[446] Da sich in der Rechtsverletzung des Verbrechers zugleich die Selbstverletzung seiner eigenen Freiheit manifestiere, werde durch die gerichtlich verhängte Strafe letztlich auch seine Freiheit anerkannt. Indem die Strafe dem Verbrecher als eigene Tat erscheine, bewirke sie im selben Zuge seine Rückkehr auf den Standpunkt der rechtlichen Freiheit.[447] Um der rechtsgeschichtlich vorgehaltenen Möglichkeit freiheitswidriger Gesetze zu begegnen, wird die Unterscheidung zwischen bloß *formellen* und *wirklichen* Gesetzen eingeführt.[448] Nur wirkliche Gesetze würden der Vernunft und dem Dasein der Freiheit entsprechen, wohingegen bloß formelle Gesetze Ausdruck von Willkür und Zufall seien. Sie befinden sich nicht im Einklang mit der vernünftigen Regel der Freiheit.[449]

Auf diesem rechtsphilosophischen Boden wird dann die Frage nach der Rechtmäßigkeit der Zensur oder einer rechtlich geregelten Pressefreiheit erörtert. Während es sich bei Gesetzen der Zensur nur um *formelle Gesetze* handeln könne, wird sich für Marx das Pressegesetz als *wirkliches Gesetz* erweisen. Begründet sieht er dies darin, dass die Zensur im Widerspruch zur vernünftigen Regel der Freiheit stehe.[450] Ihrem Charakter nach besitze sie die Bedeutung einer polizeilichen Präventivmaßnahme, die sich als Tendenz- oder Gesinnungsgesetz manifestiere.[451] Gegenstand ihrer Anwendung seien demnach nicht etwa Handlungen, die einen normierten Spielraum übertreten, sondern die individuellen Meinungen und Gesinnungen von Schriftstellern und Publizisten.[452] Diese „Verwaltung des Geistes" werde dann einer Person über-

---

443 MEGA² I/1, 150.
444 Vgl. Schefold 1970, S. 13.
445 MEGA² I/1, 150.
446 MEGA² I/1, 154.
447 MEGA² I/1, 150. In der Darstellung des Strafrechts folgt Marx der Hegel'schen These von der Strafe als Recht am Verbrecher selbst (s. S. 42; s. Fn. 251, 300).
448 MEGA² I/1, 150. Auch hier finden sich Anleihen bei Hegel und Gans. HGW 14, 1, (§ 212) S. 177; Gans 2005, S. 173 f. Eine Ähnlichkeit weist diese Unterscheidung auch zu Gans' Trennung von *unmittelbarem* und *wirklichem* Eigentum (s. S. 56).
449 MEGA² I/1, 150–152.
450 MEGA² I/1, 151.
451 MEGA² I/1, 108, 151 f.
452 MEGA² I/1, 107 f., 154.

tragen, die der Regierung direkt unterstellt ist und festlegt, was überhaupt erst zulässige Meinungen und Gesinnungen sind.[453] *Macht* trete an die Stelle der Vernunft, erhebe die „Willkühr zum Gesetz" und verdränge so das *Recht*.[454] Indem Marx das Prinzip der Zensur mit dem der Jesuiten gleichsetzt, dass der Zweck die Mittel heilige, bedient er sich eben jener Kritik am moralischen Formalismus, die bereits Hegel in seinen rechtsphilosophischen Schriften übte, und unterstreicht damit die Verkehrung, dass die Zensur das Besondere zum allgemeinen Prinzip erhebe.[455] Als „Verdachtsgesetz gegen die Freiheit" handele es sich bei der Zensur daher gar nicht mehr um Recht, sondern um eine „Gestalt der Unfreiheit", die begrifflich schon nicht mehr als Gesetz zu fassen sei.[456] Beide Artikel beschreiben auch die negativen Auswirkungen willkürlicher Ungesetze auf das Gemeinwesen. In den *Bemerkungen über die Zensurinstruktion* erfolgt diese Darstellung vor dem Hintergrund des christlichen Staats, d. h. der Verdrängung der vernünftigen Regel der Freiheit durch Religion und Glauben.[457] Das religiöse Gewissen trete an die Stelle der moralischen Autonomie und führe schlussendlich zum Verlust der sittlichen „Gesinnung des Staats", also jener Gesinnung, die gemäß der *Rechtsphilosophie* Hegels gerade den notwendigen Übergang zur Sphäre der Sittlichkeit gewährleistet.[458] Ohne die moralische Sphäre der Autonomie aber fällt die „ganz wunderbare Architektonik" des sittlichen Staates in sich zusammen.[459] Das Gemeinwesen fällt auf die Ebene des abstrakten Rechts zurück, eben dorthin, wo die Erinnyen wüten. Marx spricht insoweit nicht umsonst davon, dass es sich bei den Gesinnungs- und Tendenzgesetzen um „Gesetze der Rache" handele, die eine Partei (Regierung) gegen eine andere (Volk) ins Feld führe.[460] In den *Debatten über Pressefreiheit* werden dann die Auswirkungen auf die politische Öffentlichkeit betont, die ebenso zum Zusammenbruch des sittlichen Staats führten. Indem die Freiheit durch Gesetzlosigkeit verdrängt werde und dem Volk feste Meinungen aufdiktiert würden, setze sich ein politischer Unglaube durch, der letztlich die Tötung des „Staatsgeist[es]" bedinge.[461] Es komme zur Abwendung vom Staatsleben und zur Konzentration auf das Private. Eine Schicht des „Privatpöbel[s]" entstehe, der seine besonderen Interessen vollends über das Heil des Ganzen stelle.[462]

---

453 MEGA² I/1, 118.
454 MEGA² I/1, 109, 152. Aus der Sicht Marxens entspricht der Zensor geradezu einer Form personifizierter Willkür. MEGA² I/1, 147, 151, 153 f.
455 MEGA² I/1, 152.
456 MEGA² I/1, 142, 150, 152, 154. Die „Jurisdiction des Verdachts" ist nicht mehr als die positive Sanktion der Gesetzlosigkeit. MEGA² I/1, 107. Wie auch schon Gans lehnt Marx daher die Institution der Verdachtsstrafe kategorisch ab. Vgl. Gans 2005, S. 187.
457 MEGA² I/1, 106 f.
458 MEGA² I/1, 108.
459 Gans 1981, S. 3.
460 MEGA² I/1, 108.
461 MEGA² I/1, 156.
462 MEGA² I/1, 156 f. Die Argumentation weist augenscheinliche Parallelen zu Hegels Ausführungen im *Naturrechtsaufsatz* sowie den *Grundlinien* auf. Auch hier wird der Rückzug in das „allgemeine

Gegenüber dem *formellen* Gesetz der Zensur führt Marx dann das Pressegesetz als *wirkliches* Gesetz ins Feld. Auf dem Boden der vernünftigen Regel stehend sei es positives Dasein der Freiheit und damit überhaupt erst Recht im eigentlichen Sinne.[463] Im Gegensatz zur bestehenden Zensurgesetzgebung werde mit dem Pressegesetz das freiheitliche Wesen der Presse anerkannt. Grundsätzlich in die Freiheit des Menschen vertrauend, würden lediglich Handlungen bestraft, die diese Freiheit missbrauchen.[464] Eng verbunden mit der Pressefreiheit sei die Öffentlichkeit der politischen Verhandlungen.[465] Denn die uneingeschränkte Berichterstattung über diese Verhandlungen sei die „Vergegenständlichung des öffentlichen Geistes", dem eine gravierende Bedeutung für das politische Gemeinwesen zukomme. Erst in diesem „geistige[n] Spiegel", in dem sich ein Volk erblicke, könne es zu dem Vertrauen zu sich selbst gelangen, welches unabdingbar sei für einen funktionierenden „Staatsgeist".[466] Mit dem Hinweis, dass sich in Nordamerika bereits eine freie Presse durchgesetzt habe, obwohl die historischen Grundlagen dafür in den deutschen Territorien viel ausgeprägter seien, verleiht Marx seiner Forderung nach einem die Freiheit bejahenden Pressegesetz gegenüber der bestehenden Tendenzgesetzgebung der Zensur nicht nur geschichtlichen Nachdruck, sondern er verlegt die vormals ungewisse Zukunft auch zurück in die politische Gegenwart.[467]

3.3.2 Die Lehre vom christlichen Staat und das Manifest der Historischen Rechtsschule

Im Juli und August 1842 publizierte Marx zwei Artikel in der *Rheinischen Zeitung*, in denen er sich vertiefend mit den Themenbereichen von Recht und Staat auseinandersetzte. Zunächst erschien *Der leitende Artikel* in Nr. 179 der *Kölnischen Zeitung*, im August folgte *Das philosophische Manifest der Historischen Rechtsschule*.[468]

Ausgangspunkt der Überlegungen im *leitenden Artikel* bilden ausführlichere Darlegungen des Konzepts der philosophischen Presse als Verwirklichung der Philosophie. Anlass hierzu bot die bestehende Spannung zwischen der philosophisch orientierten *Rheinischen Zeitung* und der *Kölnischen Zeitung*, als „religiöse Parthie"

Privatleben" und die Entstehung einer vom politischen Gemeinwesen ausgeschlossenen Schicht kritisiert. Hier expliziert Marx gewissermaßen die Bidirektionalität der Eigendynamik der bürgerlichen Gesellschaft, die bereits bei Hegel angelegt ist und neben den durch Armut gezeichneten Bevölkerungsteilen ebenso eine Kategorie des „reichen Pöbels" umfasst. Vgl. Arndt 2015, S. 87 f., 91.
463 MEGA² I/1, 142, 150, 152.
464 MEGA² I/1, 146, 150.
465 MEGA² I/1, 134, 137, 139.
466 MEGA² I/1, 136, 153.
467 MEGA² I/1, 155. Gans hatte diesbezüglich noch einen Wechsel auf die Zukunft ausgestellt (s. Fn. 288).
468 MEGA² I/1, 172–190 und MEGA² I/1, 191–198. Obwohl Marx das *Manifest* gegenüber Ruge bereits im April 1842 ankündigte, fand es erst am 9. August 1842 Eingang in die Zeitung (s. Fn. 420).

und Schutzorgan des Christentums am Rhein.[469] Dieser „religiösen Parthie" zufolge bestehe die höchste Blüte eines Volkes in einem möglichst ausgeprägten religiösen Sinn. Schwinde die religiöse Bildung des Volkes, verblasse auch seine Bedeutung und Macht.[470] Grundlage des gegenwärtigen Staates sei die christliche Religion, und das Gemeinwesen so gesehen eine „Vereinigung von Gläubigen".[471] Eine philosophisch-kritische Auseinandersetzung mit diesen Grundlagen des Staates dürfe daher nicht Gegenstand der Tagespresse sein. Entsprechende Presseorgane seien durch die Zensur zu verbieten.[472] Dem stellt Marx das Konzept der *philosophischen Presse* gegenüber. Ziel dieser journalistischen Ausrichtung sei es, die Wahrheiten der Philosophie aus ihrer systematischen Abgeschlossenheit und dem „geheime[n] Weben in sich selbst" herauszulösen und allen Menschen bzw. einem breiten Zeitungspublikum zugänglich zu machen.[473] Indem die Philosophie ihr „ascetische[s] Priestergewand" gegen die „leichte Conventionstracht der Zeitungen" tausche, gelange ihr innerlicher Gehalt zur äußeren Erscheinung.[474] Sie trete in Wechselwirkung mit der Wirklichkeit und transformiere sich so erst zur „Philosophie der gegenwärtigen Welt".[475] In diesem Zuge verleiht Marx seiner programmatischen Denkfigur reale Gestalt. Der Punkt des Übergangs der Philosophie in die Welt wurde durch das „Geschrei ihrer Feinde" eingeleitet, das sich rund um die junghegelianische Religionsphilosophie David Friedrich Strauß' und Ludwig Feuerbachs entzündet hatte und sich vor allem in kritischen Zeitungsberichten Bahn brach.[476] Als wahre Quintessenz ihrer Zeit habe die „Feuersbrunst der Ideen" im weiteren Gang die religiösen und philosophischen Fragen der Gegenwart erobert, deren drängendste die Auseinandersetzung mit der zeitgenössischen Politik und ihrer theoretischen Grundlage betreffe.[477] Auf diesem ihr ureigenem Feld beanspruche sie auch die Religion zu behandeln, soweit diese in den

---

469 *Marx an Arnold Ruge*, 9.7.1842, MEGA² III/1, 29.
470 MEGA² I/1, 177. Die Gefahren einer Stärkung des religiösen Sinns (Gewissen) gegenüber der moralischen Gesinnung hatte Marx bereits zuvor beschrieben. Im vorliegenden Artikel beschränkte er sich daher auf die Darlegung, dass die Ausführungen der *Kölnischen Zeitung* historisch falsch seien.
471 MEGA² I/1, 180.
472 MEGA² I/1, 173f., 176f., 184.
473 MEGA² I/1, 179, 182, 185. Bezüglich der falschen Methode der *Kölnischen Zeitung* und der damit verbundenen Unmöglichkeit zur Wahrheit vorzudringen, wird auf Kapitel 3.3.1 verwiesen. Letztlich beschränke sich die *Kölnische Zeitung* darauf, lediglich die *Affekte* ihrer Leserschaft anzusprechen. MEGA² I/1, 185.
474 MEGA² I/1, 183. Hinter diesem *Kleidertausch* verbirgt sich wieder eine Anspielung auf die Philosophie Hegels. Arndt erläutert in diesem Zusammenhang eine Textstelle in den *Vorlesungen zur Religionsphilosophie*, in der die Philosophie als *abgesondertes Heiligtum* beschrieben wird, deren Diener als von der Welt *isolierte Priester* den Besitzstand der Wahrheit zu hüten haben. Vgl. Arndt 2015, S. 35, 61f.
475 MEGA² I/1, 183. Die Philosophie wird zur „lebendige[n] Seele der Kultur", in dem sie weltlich wird und die Welt so philosophisch macht. MEGA² I/1, 183; s. S. 69.
476 MEGA² I/1, 183, 184f. Strauß, *Das Leben Jesu, kritisch bearbeitet* (1835/36), Feuerbach, *Das Wesen des Christentums* (1841).
477 MEGA² I/1, 183, 185.

Bereich der Politik hinübergreife, so wie es bei der Lehre des christlichen Staats der Fall ist.[478] Mit dieser Überleitung hebt die Kritik an der *Lehre des christlichen Staats* an.

Ziel der Kritik ist die Darlegung der Widersprüche dieser Lehre. Zunächst, als erster Punkt, wird herausgestellt, dass ein konsequent religiöser Staat nur ein „theokratische[r] Staat" sein könne, d. h. ein Staat, in dem der Religion in allen Dingen das letzte Wort zustehe.[479] Der christliche Staat müsse sich der Unfehlbarkeit einer institutionalisierten Kirche unterwerfen. Da in den protestantischen Staaten oberste kirchliche Autoritäten jedoch fehlten, nähmen hier die weltlichen Mächte ihren Platz ein. Unter der „Herrschaft der Religion" verberge sich dann zumeist nichts anderes als die „Religion der Herrschaft".[480] Der augenscheinliche Beleg für die nur oberflächliche Berufung auf das christliche Prinzip biete das praktische Leben der bürgerlichen Gesellschaft. Statt des Prinzips der Nächstenliebe und der „Passivität des Ertragens" werde gerichtlich um Rechte und persönliche Freiheiten gerungen, deren größter Teil Besitzstreitigkeiten ausmache.[481] Sowohl auf der Ebene des Staates als auch auf der der bürgerlichen Gesellschaft stelle sich daher ein widersprüchliches Bild von der Lehre des christlichen Staats ein. Der zweite Kritikpunkt betrifft die rational-theologische Forderung nach einer Trennung zwischen dem allgemeinen Geist und der positiven Gestalt einer Religion. Aus der Sicht Marxens ist der Geist einer Religion ebensowenig von ihren spezifischen Dogmen und Institutionen zu trennen wie der Geist des Rechts von Gesetzen und seinen positiven Institutionen im Staat. Die Forderung nach einem christlichen Staatsgeist könne daher nur einem „Uebermuth des weltlichen Verstandes" entspringen.[482] Als letzten Widerspruch führt Marx die fehlende Möglichkeit, die Verfassungsvielfalt christlicher Staaten zu erklären, ins Feld. Aus der christlichen Religion folge lediglich, dass die Obrigkeit von Gott eingesetzt werde. Wie die konkreten Verfassungen dabei auszusehen haben, sei hieraus jedoch

---

478 MEGA² I/1, 185 f.; s. Fn. 426. „Die Philosophie hat nichts in der Politik gethan, was nicht die Physik, die Mathematik, die Medicin, jede Wissenschaft innerhalb ihrer Sphäre gethan hat." MEGA² I/1, 188. „Wenn ihr die Religion zur Theorie des Staatsrechts macht, so macht ihr die Religion selbst zu einer Art Philosophie." MEGA² I/1, 186. In einem anderen Artikel der *Rheinischen Zeitung* weist Marx darauf hin, dass der philosophische Standpunkt nicht zu trennen ist von Gesetzen, positiven Institutionen und dem Staat. *Die Zentralisationsfrage in bezug auf sich selbst und in bezug auf das Beiblatt der „Rheinischen Zeitung" zu Nr. 137*, 17.5.1842. MEGA² I/1, 170–171, hier: 170.
479 MEGA² I/1, 187.
480 MEGA² I/1, 187. Auch Feuerbach hat diese Argumentation in seiner Polemik gegen Stahl verwendet. In einem konsequenten christlichen Staat müsse allein der Glaube allgemeingültiger Beurteilungsmaßstab sein: „Wenn ihr den Glauben zu einem Staatsprincip macht, so seid auch so ehrlich und muthig, den Glauben zu einem Staatsgesetz zu machen [...]." Feuerbach 1841, S. 368; s. S. 60 f.; s. Fn. 367.
481 MEGA² I/1, 186. Wie zuvor ist die Inkongruenz der Prinzipien von Religion und Recht bereits durch Feuerbach gegenüber Stahl reklamiert worden (s. S. 60). Während das Prinzip der Religion in der einenden Liebe bestehe, komme dem Recht das Prinzip eines die Menschen trennenden Egoismus zu. FGW 8, 38. Eine Vermischung dieser sich gegenüberstehenden Prinzipien lasse daher nur ein Trugbild entstehen, nicht mehr als eine „Tändelei mit frommen Bildchen." FGW 8, 40.
482 MEGA² I/1, 187.

nicht ableitbar. Trotzdem existierten christliche Staaten mit verschiedenen Verfassungen. Erklärbar sei dies daher nicht aus der christlichen Religion, sondern allein aus dem Wesen des Staats, also letztinstanzlich aus der „Natur der menschlichen Gesellschaft".[483]

Der widersprüchlichen Konstruktion des christlichen Staats setzt Marx dann den philosophischen „Staat der menschlichen Natur" entgegen, der statt aus der Religion einzig aus der „Vernunft der Freiheit" zu entwickeln sei.[484] Zurückgeführt wird der philosophische Staat dabei auf eine Traditionslinie, die von Machiavelli ausgehend, sich über Spinoza, Hugo Grotius und Rousseau bis zu Hegel hinzieht, in dessen „neueste[r] Philosophie" die Perspektive auf den Staat ihre gründlichste Ausprägung erhalte.[485] Aus der Idee des Ganzen hergeleitet bilde dieser in der Hegel'schen Philosophie einen „großen Organismus", der die Verwirklichung der rechtlichen, sittlichen und politischen Freiheit bezwecke.[486] Die Gesetze dieses Staates entsprächen daher den „Naturgesetzen [...] der menschlichen Vernunft".[487] Entgegen der Annahme Stahls würden die Gesetze somit nicht durch die Theologie bestimmt. Um diese Kritik historisch zu unterfüttern, verweist Marx auf den naturrechtlichen Hintergrund zweier großer Gesetzesbücher der Gegenwart, das Preußische Landrecht und den Code Napoléon. Während das Erstere auf die Schule von Christian Wolff zurückgehe, basiere der Code vor allem auf den Ideen Voltaires, Rousseaus und Montesquieus.[488] Neben dem positiven Recht finde die vernunftbezogene Grundlage des Staates ihren Ausdruck aber auch im öffentlichen Dasein des Gemeinwesens. Anders als in der „Bevormundungstheorie" des christlichen Staats zeichne sich der Zusammenhang der Staatsglieder durch ein wechselseitiges Verhältnis aus, so daß „[...] der Einzelne sich im Leben des Ganzen und das Ganze sich in der Gesinnung des Einzelnen genießt."[489] Es ist daher der sittliche Staat Hegels, der als vernunftrechtlicher „Staat der menschlichen Natur" auftrete und den Marx unter Hervorhebung des Charakters der Wechselseitigkeit als „Verein freier Menschen" begreift.[490]

---

483 MEGA² I/1, 188.
484 MEGA² I/1, 187 f.
485 MEGA² I/1, 189. Die von Marx aufgezählten Marksteine der naturrechtlichen Historie entsprechen dabei im Wesentlichen dem Abriss über die Geschichte des Naturrechts bei Gans. Vgl. Gans 2005, S. 30–64.
486 MEGA² I/1, 189.
487 MEGA² I/1, 189; s. S. 74 f.
488 MEGA² I/1, 189. Verbunden mit dieser Einschätzung ist auch die ausdrückliche Anmerkung Marxens, dass das Preußische Landrecht keine Grundlagen für einen christlichen Staat im Sinne der Historischen Rechtsschule enthalte. MEGA² I/1, 180.
489 MEGA² I/1, 181. Von Marx nicht expressis verbis betont, ist die „Bevormundungstheorie" wohl mit der „Unvollkommenheitstheorie" verknüpft, die bereits in den *Debatten über die Pressefreiheit* erörtert wurde. MEGA² I/1, 139–141; s. S. 72.
490 MEGA² I/1, 181, 187. Mit dem Verständnis eines *Vereins* interpretiert Marx den Staat nach dem Bild einer rechtsförmigen Gestalt, der eine Satzung und Verordnungen zugrunde liegen und deren wichtigstes Organ die Mitgliederversammlung darstellt.

Die Zurückweisung der Lehre vom christlichen Staat bedeutet auch eine Zurückweisung der Rechtsphilosophie Stahls als Spitze der Entwicklungslinie der Historischen Rechtsschule.[491] Diese Spitze stellt aus der Sicht Marxens jedoch nur ein unphilosophisches „Rauchwerke der Mystik" dar, welches die wahren Grundlagen der Schultheorie „in Nebel" hülle.[492] Nicht ganz ohne Ironie richtet er seine kritische Stoßrichtung daher im Folgenden gegen die theoretische Keimzelle der Historischen Rechtsschule, indem er absehend von ihrem großen *Strom* des gegenwärtigen Jahrhunderts zur *Quelle* vorzudringen trachtet – der Philosophie des positiven Rechts Gustav Hugos.[493] Der Artikel *Das philosophische Manifest der historischen Rechtsschule* zielt darauf ab, die philosophischen Grundlagen dieser Schule offenzulegen, mit denen ihre gesamte Bedeutung steht und fällt. Ihre genaue Untersuchung werde es ermöglichen „ein historisches Urtheil über diese Schule" zu fällen, um letztendlich zu klären, ob „Hugo's Nachfolger den Beruf haben, die Gesetzgeber unserer Zeit zu sein".[494]

Die Ausführungen zur Philosophie Hugos beginnen mit deren Selbstverständnis als direkte Anknüpfung und Weiterführung des Kantischen Naturrechts.[495] Allerdings verzichtet Hugo auf die Entwicklung einer Metaphysik der Rechtslehre, da eine solche aufgrund der formalen Leere der praktischen Vernunft im Grunde überflüssig sei. Um sich überhaupt erst einen Inhalt geben zu können, bedürfe die praktische Vernunft stets der Geschichte und Erfahrung. Folglich könne die inhaltliche Bestimmung positiver Gesetze auch allein auf Geschichte und Erfahrung beschränkt werden und die

---

491 MEGA² I/1, 198.
492 MEGA² I/1, 198. Neben der Lehre Stahls bezieht sich Marx auch auf die *Restauration der Staats-Wissenschaft* Karl Ludwig von Hallers sowie auf die Schriften Heinrich Leos. MEGA² I/1, 198.
493 „Die historische Schule hat das Quellenstudium zu ihrem Schiboleth gemacht, sie hat ihre Quellenliebhaberei bis zu dem Extrem gesteigert, daß sie dem Schiffer anmuthet, nicht auf dem Strome, sondern auf seiner Quelle zu fahren; sie wird es billig finden, daß wir auf ihre Quelle zurückgehen, auf Hugo's Naturrecht. Ihre Philosophie geht ihrer Entwicklung voraus, man wird daher in ihrer Entwicklung selbst vergeblich nach Philosophie suchen." MEGA² I/1, 191. Mit der Metapher des *Schiffers* knüpft Marx an eine Formulierung aus Savignys *Recht des Besitzes* an, dessen „[...] Schiffer sein Schiff, aber nicht das Wasser auf welchem er fährt" besitzt. Savigny 1985, (§ 1) S. 2; vgl. auch Klenner 1991, S. 168 Fn. 24. Indem der *Schiffer* aber nicht vom Fleck kommt, spricht Marx der Historischen Rechtsschule jegliche Weiterentwicklung ab und reduziert ihre Bedeutung auf die ihr zugrunde liegende Philosophie. Die Fokussierung der Kritik auf Gustav Hugo entspricht daher dem Vorgehen Hegels und Gans'.
494 MEGA² I/1, 197. Obschon sich das Manifest nicht als *Programmschrift* Savignys, sondern als *Lehrbuch* Hugos entpuppt, ist jener doch der eigentliche Adressat des Artikels (s. Fn. 274). Seit Februar 1842 war Savigny im Amt des preußischen Ministers für die Revision der Gesetzgebung und es war daher naheliegend, dass neuere Gesetzesvorhaben die *Handschrift* der Historischen Rechtsschule tragen würden. Dieser Umstand und die damit verbundene Gefahr der Zensur des Artikels durch einen direkten Angriff auf einen preußischen Minister dürften wohl auch die wahren Gründe dafür sein, Ross und Reiter nicht beim Namen zu nennen. Anders: Schefold 1970, S. 18; Kelley 2008, S. 13.
495 MEGA² I/1, 192.

Naturrechtslehre unmittelbar mit der Philosophie des positiven Rechts anheben.⁴⁹⁶ In diesem Vorgehen Hugos erblickt Marx eine unkritische Missdeutung der Naturrechtslehre Kants.⁴⁹⁷ Durch das Abstrahieren von der Metaphysik werde das Recht vollends von der Vernunft entkoppelt. Resultat sei dann, dass im Prinzip jede Existenz als Autorität gelte, oder anders ausgedrückt, *jeder* Inhalt Recht sein könne.⁴⁹⁸ Ermöglich werde dies durch die „rücksichtslose Methode der historischen Schule", den *vollendeten Skeptizismus* Gustav Hugos.⁴⁹⁹ Gemeint ist hiermit eine Skepsis gegen das „nothwendige Wesen der Dinge", die sich in der Rechtfertigung der durch Geschichte und Erfahrung gegebenen Faktizität niederschlage, oder anders gefasst, durch den Nachweis der Gültigkeit des *unvernünftigem Positiven*.⁵⁰⁰ Die Skepsis gegenüber den Fähigkeiten und Möglichkeiten der Vernunft schlägt somit um in eine Skepsis gegen das Bestehen der Vernunft und verkehre die Philosophie Kants so in eine bloße Travestie.⁵⁰¹ Der „Geist des Positiven" opfere den rechtlichen, sittlichen und politischen Menschen einem „historischen Reliquiendienst".⁵⁰² Zur juristisch maßgeblichen Eigenschaft werde die *tierische Natur* des Menschen, d.h. eine Eigenschaft ohne Vernunft und selbstständige Entwicklungsfähigkeit.⁵⁰³ Verbunden mit der von Hugo eingeforderten Gehorsamspflicht gegenüber der Obrigkeit entpuppe sich seine Philosophie daher auch als „rohe[r] Stammbaum" dessen, was Marx in seiner Kritik an Stahl zuvor als Symbiose von Unvollkommenheits- und Bevormundungstheorie begriffen hatte.⁵⁰⁴ Das Recht Hugos sei daher auch nicht mehr als „[d]as Recht der willkürlichen Gewalt".⁵⁰⁵ Diese Kritik wird unterstrichen, indem Marx Hugo zwar als

---

496 „[...] denn das Resultat aller Metaphysik kann kein anderes sein, als das alles möglich ist, was die Erfahrung als wirklich lehrt, mithin muß alles Dasjenige positives Recht sein können, was positives Recht ist." Hugo 1799, (§ 50) S. 55.
497 MEGA² I/1, 192 f.
498 MEGA² I/1, 193, 197. Die philosophische Kritik Marxens zielt daher ebenso wie bereits die Hegels und Gans' vor allem auf die intendierte Selbstrechtfertigung der Geschichte ab, die nur allzu leicht in eine bloße Akzeptanz des Gegebenen und Gewohnten zu münden vermag. Vgl. Schefold 1970, S. 17; Kelley 2008, S. 13; s. S. 50.
499 MEGA² I/1, 192 f.
500 MEGA² I/1, 192. „Wenn das Positive gelten soll, weil es positiv ist, so muß ich beweisen, daß das Positive nicht gilt, weil es vernünftig ist, und wie könnte ich dies evidenter, als durch den Nachweis, daß das Unvernünftige positiv, und das Positive nicht vernünftig ist?" MEGA² I/1, 192. So gelange Hugo u.a. auch zur Rechtfertigung der Institution der Sklaverei, wie Marx explizit herausstellt. MEGA² I/1, 194 f.
501 MEGA² I/1, 193 f.
502 MEGA² I/1, 192, 194. Ein *Reliquiendienst*, der die falsche Ehrfurcht vor der Tradition in Widerspruch zur geschichtlichen Vernunft bringe (s. S. 72 f.).
503 MEGA² I/1, 194, 198.
504 MEGA² I/1, 197 f.; s. Fn. 351, 489. Schefold hebt in diesem Zusammenhang auch eine Textstelle bei Hugo hervor, in der dieser sich auf das englische Staatsrecht beruft und festhält, dass der König und das Parlament dort nach Willkür verfahren können (Hugo 1819, (§ 384) S. 522 Fn. 3). Vgl. Schefold 1970, S. 17.
505 MEGA² I/1, 198.

Aufklärer begreift, aber eben nur als „Aufklärer des ancien régime".[506] Mit seiner Kritik am Schein der Vernunft, der dem Positiven anhaftet, wolle Hugo die „falschen Blumen" an den Ketten zerpflücken, um dann doch nur „[...] ächte Ketten ohne Blumen zu tragen."[507] Und es werden seine Nachfolger sein, die wieder falsche Blumen an eben jene Ketten knüpfen, indem sie das „thierische Recht" als *organisches Recht* verschleiern.[508]

3.3.3 Das Holzdiebstahlgesetz und das wirkliche Gewohnheitsrecht

In der unmittelbaren Folgezeit wird sich Marx dann mit der konkreten Gesetzgebung auseinandersetzen, die der Lehre vom christlichen Staat der Historischen Rechtsschule entspringt. Zwischen dem 25. Oktober und dem 3. November 1842 erscheint die Artikelserie *Debatten über das Holzdiebstahlgesetz* in der *Rheinischen Zeitung*, deren Gegenstand die Einführung eines Gesetzes bildet, welches das Raffholzsammeln, d. h. das Auflesen toten, abgefallenen Holzes in den Wäldern als Verbrechen unter Strafe zu stellen beabsichtigt.[509] Dieser aus der Sicht Marxens völlig „geistlosen Debatte" nähert er sich in seinen Artikeln auf zwei Argumentationsebenen.[510] Während sich die erste Ebene auf das Feld des *Rechts* bezieht, beinhaltet die zweite das bereits Positive, als Ebene des *Gesetzes*.

Auf der Ebene des *Rechts* vollzieht Marx eine differenzierte und kritische Auseinandersetzung mit dem Gewohnheitsrecht, d. h. jenem „Stein der Weisen" des „gelehrte[n] und gelehrige[n] Bediententhum[s] der sogenannten Historiker".[511] In einem historischen Rückblick auf die liberale Gesetzgebung der Aufklärung, die die mittelalterlichen Gesellschaftsverhältnisse juristisch aufarbeitete, wird deren Einseitigkeit in der Positivierung der vorgefundenen Rechte herausgestellt. Gemeint ist damit, dass letztlich nur Privilegien und Vorrechte erfasst und in Gesetzesform gebracht wurden, ohne dass etwa „zufällige Conzessionen" oder gewohnheitsmäßige Handlungsweisen Berücksichtigung fanden, die mit diesen Vorrechten aber unmit-

---

506 MEGA² I/1, 198.
507 MEGA² I/1, 193.
508 MEGA² I/1, 198; s. S. 15 f.; s. Fn. 66, 77.
509 MEGA² I/1, 199–236. „Eine für die vorliegenden Debatten charakteristische Tatsache springt sofort in die Augen. Der Landtag tritt als ergänzender Gesetzgeber an die Seite des Staatsgesetzgebers. [...] Wir stellen in den Debatten des Landtags über das Diebstahlgesetz unmittelbar die Debatten des Landtags über seinen Beruf zur Gesetzgebung dar." MEGA² I/1, 200.
510 MEGA² I/1, 235.
511 MEGA² I/1, 204. Gemeint ist die Historische Rechtsschule, deren Auffassung des Gewohnheitsrechts im weiteren Verlauf der Argumentation zurückgewiesen wird. Im Ergebnis ganz mephistophelisch gefasst so, dass „wenn sie den Stein der Weisen hätten", es doch die *Weisen* wären, an denen es dem *Stein* mangelte. Goethe, *Faust II*, Vs. 5064–5065, HA 3, 158.

telbar verknüpft waren.⁵¹² In der Engführung der Betrachtung auf den Eigentumsbegriff bedeutet dies, dass die Gesetzgebung sich darauf beschränkte, die „staatsrechtlichen Privilegien des Eigenthums" ihres „abenteuerlichen Charakters" zu entkleiden, nur um sie dann mit einem neuen „bürgerlichen" Gewand zu versehen.⁵¹³ Den Grund hierfür sieht Marx vor allem in der Herangehensweise, dem dualistisch-zwitterartigen Wesen des mittelalterlichen Rechts mit den abstrakten Kategorien des römischen Privatrechts Herr zu werden.⁵¹⁴ Zu Privateigentum werden daher nur offenkundige Besitzrechte, nicht aber Gegenstände, die ihrer Natur nach nicht den Charakter von Privateigentum anzunehmen vermögen.⁵¹⁵ Darüber hinausgehende Forderungen der privilegierten Stände, noch zusätzliche Ansprüche gesetzlich zu verankern, lehnt Marx vehement ab. Diese „vornehmen Gewohnheitsrechte" sind für ihn nur ein maskierter Ausdruck des „thierische[n] Recht[s]" der feudalen Gesellschaft, also jenes „geistige[n] Thierreich[es]" einer „Welt der geschiedenen Menschheit".⁵¹⁶ Da in dieser Welt noch keine allgemeine Gleichheit herrsche, sondern die Gleichheit sich nur auf Standes- oder Kastenebenen beschränke, sei es letztlich ein „Dasein der Unfreiheit", welches Einheit und Gleichheit nur im „Magen des Raubthieres" zu erzeugen vermöge.⁵¹⁷ Versuche, sich Formen des Gemeinguts als Privateigentum anzueignen, seien daher nicht mehr als das Bestreben, die zufälligen Konzessionen und gewohnheitsmäßigen Handlungsweisen der weniger begüterten Bevölkerungsteile in ein „Monopol der Reichen" zu verwandeln.⁵¹⁸ Die „Gewohnheitsrechte der privilegirten Stände" widersprächen daher dem Begriff des vernünftigen Rechts und ihre Positivierungen seien nur „Formationen der Gesetzlosigkeit".⁵¹⁹ Dieser Auffassung des Gewohnheitsrechts der Historischen Rechtsschule setzt Marx ein Plädoyer für die Gesetzesform entgegen.⁵²⁰ In der Zeit *allgemeiner Gesetze*, d. h. der

---

512 MEGA² I/1, 207. Als Beispiel für derartige, aus den mittelalterlichen Verhältnissen stammende Konzessionen, die keine rechtliche Form besitzen, verweist Marx auf die Unterstützungsleistungen der Klöster für die Armen. Im Rahmen des Säkularisierungsprozesses blieben diese *zufälligen Konzessionen* unberücksichtigt. MEGA² I/1, 207.
513 MEGA² I/1, 208.
514 MEGA² I/1, 208.
515 MEGA² I/1, 207.
516 MEGA² I/1, 205 f. Dieses „thierische Recht" entspricht dem Recht der Historischen Rechtsschule, welches Gustav Hugo als „Aufklärer des ancien régime" in seinem Lehrbuch verfochten hat (s. S. 82 f.). Den Begriff des „geistige[n] Thierreich[s]" hat Marx der *Phänomenologie* Hegels entlehnt. Dort bezeichnet der Begriff eine Entwicklungsstufe des Bewusstseins auf der Ebene des *Ansichseins*. Die Individuen sind hier noch vollkommen auf ihr eigenes zweckhaftes Tun beschränkt und können auch nur in Bezug auf dieses Tun Freude empfinden. HGW 9, 216 u. 220.
517 MEGA² I/1, 205. Insoweit widerspricht das „thierische Recht" bereits dem organischen Freiheitsverständnis Marxens, welches Gleichheit voraussetzt (s. S. 73 f.). Diese ist schon im „formellen Rechtsgebot" der *Grundlinien* zu suchen (s. S. 34 f.).
518 MEGA² I/1, 209.
519 MEGA² I/1, 206.
520 MEGA² I/1, 206. Ganz explizit spricht Marx davon, dass die „sogenannten Historiker" ihr Gewohnheitsrecht einsetzen, um jede „unvernünftige" und „unlautere Anmaßung in lauteres Rechts-

positiven Umwandlung des Zufalls in die Notwendigkeit, trete das „vernünftige Gewohnheitsrecht" als „Gewohnheit des gesetzlichen Rechts" auf.[521] Nur außerhalb dieses gesetzlichen Rechts stehende Gewohnheiten, die ihre Gesetzesform aber bereits antizipierten, könnten vernünftiges Gewohnheitsrecht sein. Voraussetzung einer solchen Antizipation sei die *naturgemäße Form* der Gewohnheiten, die Marx als empfindungsbasierte Aneignung natürlicher Begebenheiten begreift. Er spricht insoweit auch von der Befriedigung eines „rechtlichen Trieb[s]" oder „natürliche[n] Bedürfniß[ses]".[522] Legitimiert werde dieser „instinktmäßige Rechtssinn" wiederum durch physische Armut und die soziale Stellung innerhalb der bürgerlichen Gesellschaft.[523] Gewohnheitsrechte können ihrer Natur nach bei Marx daher immer nur „Gewohnheitsrechte der Armuth" sein.[524] Eben diese Voraussetzungen träfen auf das Raffholzsammeln der besitzlosen Masse zu und machten es so erst zu einem *wirklichen* Gewohnheitsrecht.[525]

Nach der Zurückweisung einer gewohnheitsrechtlichen Begründungsmöglichkeit des Holzdiebstahlgesetzes wendet sich Marx der Ebene des *positiven Rechts* zu. Grundlage des Gesetzes bildet aus dieser Perspektive die Gleichsetzung des Auflesens toten Holzes mit der Entwendung von stehendem noch grünem Holz. Beide Handlungen würden gleichermaßen als Verbrechen betrachtet und unter die Kategorie des Diebstahls subsumiert. Zur Begründung werde darauf verwiesen, dass in beiden Fällen eine Entwendung fremden Holzes vorliege.[526] Aus der Sicht Marxens beruht die Argumentation der Deputierten des Landtags jedoch auf einem logischen Fehlurteil. Tatsächlich seien es zwei wesentlich verschiedene Handlungen, die auf völlig unterschiedlichen Tatbeständen fußten, nämlich auf der einen Seite die gewaltsame Aneignung noch grünen sowie die Entwendung bewusst gefällten Holzes, die echte Eigentumsdelikte begründeten, und auf der anderen Seite das Aufsammeln toten Holzes, welches sich aus dem bewussten Eigentumszusammenhang bereits gelöst

---

gold" zu verwandeln. MEGA² I/1, 204, 206. Hinter diesen Anmaßungen stehe aber dann nur wieder die bekannte Figur des Besonderen (Eigentumsfreiheit, private Interessen), das sich zum allgemeinen Prinzip erhebe, d. h. eine „Gestalt der Unfreiheit" (s. *Kap* 3.1.1). Allerdings geht Marx mit seiner Kritik über Hegel und Gans hinaus, indem er nicht bloß die Positivierung des Faktischen und die Konservierung des Vergangenen auf Kosten der Gegenwart kritisiert, sondern zugleich auch den *Wegfall* faktischer Gegebenheiten der armen Gesellschaftsteile offenlegt. Die Kritik wird um eine zusätzliche *sozialkritische Komponente* ergänzt.

521 MEGA² I/1, 206 f. Mit diesem Verständnis von Gesetz und Gewohnheitsrecht sowie ihres Verhältnisses zueinander knüpft Marx direkt an Hegel und Gans an. Wie diese weist er den „poetische[n] Irrtum" der Historischen Rechtsschule zurück. HGW 14, 1, (§ 211) S. 176; Gans 2005, S. 172 f.; s. Fn. 297.
522 MEGA² I/1, 208 f. Auch hier stehen Marxens Ausführungen in großer Nähe zu Gans: „Die Gewohnheit ist die unbewußte Form des Rechts, die Form, die noch nicht zu dem zum Bewußtsein vorgedrungen Recht fortgeschritten ist. [...] Das Gesetz hängt mit dem Denken, die Gewohnheit mit dem Gefühl zusammen." Gans 2005, S. 172; s. Fn. 442.
523 MEGA² I/1, 209.
524 MEGA² I/1, 205 f.
525 MEGA² I/1, 209; s. S. 75.
526 MEGA² I/1, 200 f.

habe.⁵²⁷ Letzteres entspreche dem einfachen Holzfrevel, der als Folge „sociale[r] Unordnung[en]" auftrete und der mit „höchster Milde" zu korrigieren sei, nicht aber harter Strafen bedürfe.⁵²⁸ Eben jene werden in der Debatte aber gefordert. Neben der Erstattung des Werts des entwendeten Holzes solle ein zusätzlicher Schadenersatz an den betroffenen Waldeigentümer geleistet werden, wobei der Wert des entwendeten Holzes eigens durch dessen Bedienstete zu ermitteln sei und als verbindliche Feststellung einen Teil des gerichtlichen Urteils vorwegnehme.⁵²⁹ Soweit der Delinquent nicht in der Lage sein sollte, seinen Zahlungspflichten nachzukommen, müsse er diese im Rahmen von Zwangsarbeit ableisten, welches einer zumindest „temporelle[n] Leibeigenschaft" gleichkomme.⁵³⁰ Dieser Forderung begegnet Marx mit einer differenzierteren strafrechtlichen Betrachtung, die sich augenscheinlich an der *Rechtsphilosophie* Hegels orientiert. Während das Verbrechen die *begriffliche* Voraussetzung der Institution des Strafens sei, sei es die *Wirklichkeit* des Verbrechens, die eine konkrete Festlegung des Strafmaßes erfordere.⁵³¹ *Begrifflich* diene die Strafe ausschließlich der „Wiederherstellung des Rechts", d.h. dem durch das Verbrechen beeinträchtigten Dasein der Freiheit.⁵³² So gesehen sei das Recht des Strafens immer auch zugleich ein Recht des Verbrechers gegenüber dem Staat, als notwendige Möglichkeit eines Ausgleichs mit der „Staatsvernunft".⁵³³ Indem Marx seine Ausführungen auch auf die Ebene der *Wirklichkeit* des Verbrechens ausdehnt, geht er über Hegel und Gans hinaus. Die Gerechtigkeit der Strafbemessung erfordert ihm zufolge die Regelung durch ein allgemeines Rechtsprinzip, welches dem Grundsatz der Verhältnis-

---

527 MEGA² I/1, 201. Soweit im Privateigentum befindliche Bäume und Pflanzen *beeinträchtigt* werden oder ihre Form als zur weiteren Aneignung vorgesehener Gegenstände *entwendet* wird, wird hierdurch ein Diebstahldelikt begangen. Hingegen stellt die Verwendung sich auf *natürliche Weise* von diesem Eigentum gelöster Gegenstände keinen Diebstahl dar. Diese Unterscheidung gewinnt Marx aus der „hochnothpeinliche[n] Halsgerichts-Ordnung des 16. Jahrhunderts". MEGA² I/1, 201f.
528 MEGA² I/1, 200, 210.
529 MEGA² I/1, 203f., 212, 224.
530 MEGA² I/1, 229.
531 MEGA² I/1, 203.
532 MEGA² I/1, 225.
533 MEGA² I/1, 204, 227, 234. Marx bewegt sich unmittelbar auf der Grundlage der Strafrechtstheorien Hegels und Gans'. Zum einen trennt er die Ebene der *rechtsphilosophischen* Betrachtung des Begriffs der Strafe von der *rechtswissenschaftlichen* Bestimmung konkreter Straffestsetzung ab (s. S. 29, 32). Zum anderen greift er den Gedanken des *zweiten Zwangs* auf, der als Negation der Negation zu einer Wiederherstellung des Rechts führt. HGW 14, 1, (§ 92) S. 88, (§ 93) S. 88, (§ 99) S. 91f.; Gans 2005, S. 106f., 109f., 114. Zu guter Letzt wird auch der originäre Zug der Hegel'schen Strafrechtstheorie betont, der die Strafe als Recht des Verbrechers definiert, wodurch dieser „als Vernünftiges geehrt" werde. HGW 14, 1, (§ 100) S. 93; Gans 2005, S. 116; s. Fn. 251. Dies erklärt sich daraus, dass das Recht des Staates in seinen vernünftigen Kodifikationen immer *auch* das Wohlergehen der einzelnen Individuen mitumfasst. Mit der Missachtung des Rechts wendet sich das vernünftige Individuum daher stets auch gegen sich selbst. Die Strafe hebt die *unrechte Handlung* auf und stellt zugleich das *wirkliche Recht* des Individuums wieder her, als eines an der Vernunft partizipierenden Teiles der sittlichen Gemeinschaft. Vgl. Gans 2005, S. 128f.; Marcuse 2004b, S. 177.

mäßigkeit entspricht.⁵³⁴ Seine Anwendung setze zudem die Gleichheit aller Personen als Staatsbürger voraus.⁵³⁵ Eine zentrale Bedeutung entfaltet der Gleichheitssatz für die Form des Gerichtsprozesses. Während Marx in den Forderungen der Deputierten nur eine andere Form grundherrlicher Gerichtsbarkeit erblickt, die die Wertbestimmung des Schadens allein in die Hände der Waldeigentümer legt, sei die gerechte Strafpraxis mit der ihr „nothwendige[n], eingeborene[n]" Form eines „öffentlichen freien Prozeß[es]" verknüpft, die sich durch eine „Parteilosigkeit" in Bezug auf Form *und* Inhalt auszeichne.⁵³⁶ Obschon nicht explizit benannt, ist dies die Prozessform des Geschworenengerichts.⁵³⁷ Auf dieser Grundlage komme es allein den Gerichten zu in Fällen von Eigentumsdelikten den Wert der entwendeten Sachen festzulegen.⁵³⁸ Die Kritik, die hieraus folgt, lässt sich in zwei Punkten zusammenfassen: Erstens unterliege nur der echte Holzdiebstahl der Strafe, da nur er die Voraussetzung des Verbrechens erfülle. Das Raffholzsammeln als bloßer Holzfrevel unter Strafe zu stellen sei daher begriffslogisch schon nicht möglich. Zweitens unterliege das Strafmaß des Holzdiebstahls der Verhältnismäßigkeit, welches durch die Forderungen der Deputierten gleich mehrfach verletzt werde. Insbesondere die Zubilligung eines „besondern Schadenersatzes", zumal in Form einer vorübergehenden Leibeigenschaft, sei rechtswidrig, da in ihm die Zubilligung eines Strafgeldes an Privatpersonen zum Tragen komme.⁵³⁹ In den Augen Marxens stehe dies einer Privatisierung des Strafrechts gleich, d.h. einer Aneignung des allgemeinen Rechts durch Privatpersonen.⁵⁴⁰ Es sei die „Logik des Eigennutzes", die das Recht kolonisiere und so eine völlige Verkehrung des sittlichen Staats bewirke.⁵⁴¹

---

534 MEGA² I/1, 203 f. „Sie [die Strafe, D.P.] muß dem Verbrecher als die nothwendige Wirkung seiner eigenen That, daher als seine eigene That erscheinen. Die Gränze seiner Strafe muß als also die Gränze seiner That sein. [...] Die Strafe darf nicht mehr Abscheu einflößen, als das Vergehen, die Schmach des Verbrechens darf sich nicht verwandeln in die Schmach des Gesetzes; [...]" MEGA² I/1, 203 f., 210.
535 MEGA² I/1, 214.
536 MEGA² I/1, 212, 234. Soweit die Strafmaßbestimmung, als *Inhalt* des Rechts (materielles Recht), nicht mehr Teil der Tätigkeit des Gerichtes ist, wird die Parteilosigkeit des Gerichts allein auf die *Form* reduziert (formelles Recht). Dies ist für die Einhaltung des Gleichheitssatzes aber nur unzureichend, denn „die Form hat keinen Werth, wenn sie nicht die Form des Inhalts ist." MEGA² I/1, 234. Willkürliche Strafbemessungen würden nur mit dem Schein der Gerechtigkeit eines parteilosen Urteils versehen.
537 Mit dem Eintreten für ein parteiloses, freies und öffentliches Verfahren knüpft Marx nahtlos an die mit dem Geschworenengericht verbunden Ausführungen Hegels (s. Fn. 250, 251) und Gans' (s. Fn. 300) an. Dass es sich auch bei Marx um das Geschworenengericht handelt, wird durch einen Artikel der *Rheinischen Zeitung* vom 6.1.1843 bekräftigt, der sich für die Institution des Geschworenengerichts ausspricht. Zwar ist die Autorenschaft Marxens diesbezüglich nicht gesichert, aufgrund des Inhalts und Stils jedoch als höchst wahrscheinlich anzunehmen. *Über Geschworenengerichte*, MEGA² I/1, 391, 1148 [Dubiosa].
538 MEGA² I/1, 227.
539 MEGA² I/1, 224, 225–227.
540 MEGA² I/1, 229.
541 MEGA² I/1, 219. Die Strafe ist nicht mehr länger das Medium des Ausgleichs zwischen Staat und Verbrecher. Der Ausgleich zugunsten des Privateigentums bewegt sich auf der Ebene der *rächenden*,

Als Mündungspunkt beider Argumentationslinien wird dann der verdeckte Hintergrund freigelegt, auf dem die gesamte Gesetzesdebatte fußt. Die Absicht, das Raffholzsammeln unter Strafe zu stellen, sei nichts anderes als der Versuch, sich vormals gemeines Eigentum privat anzueignen und aus den Eingriffen in dieses Privateigentum auch noch einen „Mehrwerth" zu generieren.[542] Es sei das rigorose Bestreben einer Durchsetzung des Standpunktes des Eigennutzes samt seines „Grundprinzip[s]" des Interesses.[543] Die originäre Wirkungsebene der „geistlose[n] und selbstsüchtige[n] Seele" des Privatinteresses sei aber die bürgerliche Gesellschaft, nicht der Staat; seine Natur nicht die Vernunft, sondern ein „gesetzloser Naturinstinkt".[544] Verdeutlicht wird dieser Gedanke durch die Darstellung, dass das Interesse ausschließlich von Zweckmäßigkeitserwägungen getragen wird, „[...] gehe auch die Welt des Rechts und der Freiheit darüber zugrunde [...]."[545] Würde der Standpunkt des Privatinteresses zum allgemeinen Gesichtspunkt des Staates erhoben, werde dieser auf seine „dürftigste Gestalt" nach Art eines Nachtwächterstaats erniedrigt.[546] Quelle der Gesetze sei dann nicht länger das vernünftige Recht, sondern der „gesetzlose Naturinstinkt" des Privatinteresses.[547] Der Staat würde zu einer „Sphäre der Willkür jener privilegirten Privaten", d. h. des Zufalls, degenerieren.[548] Die Folge wäre nichts weniger als die Selbstaufhebung des Rechts, da das Volk einer Abgrenzung zwischen

---

nicht mehr der *strafenden Gerechtigkeit* (s. S. 30, 76). So ist es auch kein Zufall, dass Marx den Anspruch auf *temporelle Leibeigenschaft* mit der bürgerlichen „Hartherzigkeit" (LW 25, 483) eines Shylock verbindet, der anstatt Zinsen ein Pfund Fleisch aus dem Körper seines säumigen Schuldners verlangt (Shakespeare, *Der Kaufmann von Venedig*, IV. Aufzug, 1. Szene, ShSW 1, 445f.). MEGA² I/1, 230. Die Verknüpfung „abscheuliche[r] Gesetz[e]" mit der Figur des Shylock findet sich bereits in den *Grundlinien*. HGW 14, 1, (§ 3) S. 28 f. Abschießend gelangt die *Abscheulichkeit* des Holzdiebstahlgesetzes zu ihrer zynisch-überspitzten Schlussbewertung: „Es wundert uns nur, daß der Waldeigenthümer nicht auch seinen Ofen mit den Walddieben heizen darf." MEGA² I/1, 228.
542 MEGA² I/1, 225.
543 MEGA² I/1, 203, 230.
544 MEGA² I/1, 210 f., 235. Diese Formulierung enthält zugleich eine implizite Kritik an der Historischen Rechtsschule. Der „gesetzlose Naturinstinkt", bar aller Vernunft, entspricht in seiner Bedeutung genau dem Standpunkt der „allerniedrigsten Empirie" sowie dem des „thierische[n] Recht[s]" (s. S. 72, 82f.). Zwischen dem „verworfene[n] Materialismus" (MEGA² I/1, 236) der Deputierten und der Methode des „vollendeten Skeptizismus" besteht daher eine unmittelbare Nähe.
545 MEGA² I/1, 224, 230. „Das Interesse denkt nicht, es rechnet." MEGA² I/1, 224. Um die Bedingungslosigkeit der zweckrationalen Verfolgung eigennütziger Interessen offenzulegen, bedient sich Marx abermals der Figur des Shylock, der in seinem Handeln die praktische Mentalität der bürgerlichen Gesellschaft zum Ausdruck bringe: „Wer haßt ein Ding und bräcth' es nicht gern um!" (Shakespeare, *Der Kaufmann von Venedig*, IV. Aufz., 1. Szene, SW 1, 439). Vielleicht etwas klarer gefasst hat es Bertolt Brecht ein Jahrhundert später in seiner Stadt der bürgerlichen Gesellschaft, in der das größte Verbrechen darin besteht kein Geld zu besitzen: „Denn wie man sich bettet, so liegt man / Es deckt einen keiner da zu / Und wenn einer tritt, dann bin ich es / Und wird einer getreten, dann bist's du!" (Brecht 1963, S. 41).
546 MEGA² I/1, 210, 215 f.
547 MEGA² I/1, 235.
548 MEGA² I/1, 219.

Recht und Unrecht enthoben wäre, wenn wie im Falle des Holzdiebstahlgesetzes die Kategorie des Diebstahls allein mit der Perspektive des besonderen Interesses verknüpft werde und naturgemäß rechtliche Handlungen zu einem Verbrechen verkehrt.[549] Eine große Masse unbescholtener Menschen ohne kriminelle Gesinnung würde als Verbrecher gebrandmarkt und so vom Staatsganzen, vom „grünen Baum der Sittlichkeit" getrennt.[550]

Im Vergleich dazu sei der Standpunkt des „Staat[s] der menschlichen Natur" nicht einseitig auf den „freien Willen" beschränkt, d.h. auf das abstrakte Recht, sondern zugleich auch mit der Moralität verbunden, also den „guten Motive[n]".[551] Der „wahre" bzw. „sittliche Gesetzgeber"[552], dessen Bezugspunkt allein die „Wahrheit" sei, habe seine Gesetze nach der „rechtliche[n] Natur der Dinge" auszurichten. Marx fasst diesen Gedanken noch genauer, wenn er darlegt, dass die Gesetze notwendiger Ausdruck eines *allgemeinen* und *vernünftigen* Agierens gegenüber dem Recht, Leben und Eigentum der Staatsbürger sein müssten.[553] Vor diesem Hintergrund bestehe die Aufgabe des Staates darin, das Recht gegen den Zufall und somit auch bloß willkürlichen Anmaßungen zu verteidigen.[554] Bezogen auf die Debatte zum Holzdiebstahlgesetz leitet Marx dann zwei Konsequenzen ab: Privatinteressen seien zwar auch im sittlichen Staat zu berücksichtigen, aber nur soweit sie im Einklang mit den vernünftigen Gesetzen stehen. Die Forderungen der Deputierten erfüllten diese Voraussetzung aber gerade nicht.[555] Des Weiteren müsste das „negative Wesen" der Ausübung „volksthümliche[r] Gewohnheitsrechte", d.h. der „rechtliche Trieb" der armen

---

[549] MEGA² I/1, 202f. Die Verkehrung wird dadurch bewirkt, dass ein bloß Vorübergehendes (besonderes Interesse) zum Wesen (Allgemeines) verklärt, d.h. das unsterbliche Recht durch ein Endliches bedingt wird. MEGA² I/1, 210, 230f. Richtig wäre es, das Wesen der inneren Idee an die Existenz der Dinge zu legen, nicht umgekehrt. Andernfalls würde die Natur des sittlichen Staats aufgehoben und auf die Ebene des abstrakten Rechts zurückgeschleudert. MEGA² I/1, 230; s. S. 76.
[550] MEGA² I/1, 201. Bereits im Rahmen der Auseinandersetzung mit dem Gewohnheitsrecht hat Marx die Existenz einer standeslosen, armen Klasse betont. Ausgeschlossen von der Partizipation am sittlichen Staat gehe sie gleich dem Hegel'schen Pöbel ihrem Rechtsgefühl verlustig. Das verlorene Vertrauen in den Staat birgt so die Möglichkeit desaströser Folgen für das gesamte Gemeinwesen in sich (s. S. 41, 76).
[551] MEGA² I/1, 187, 218f., 224.
[552] MEGA² I/1, 202, 211. Aus der Sicht Marxens steht die Wahrheit der Philosophie daher im direkten Widerspruch zum *lügenhaften Vorgehen* der Deputierten im Rahmen des Holzdiebstahlgesetzes. MEGA² I/1, 202; s. S. 77f.
[553] MEGA² I/1, 215. Dies ist dann der Fall, wenn die Gesetze den „Naturgesetzen [...] der menschlichen Vernunft" entsprechen (s. S. 80). Vor dem Hintergrund der naturrechtlichen Grundlage sind auch die Formulierungen von der *Unsterblichkeit des Rechts* und der „ewigen Rechtsordnung" zu sehen. MEGA² I/1, 210, 230.
[554] MEGA² I/1, 230.
[555] MEGA² I/1, 231. Eine angemessene mit der Allgemeinheit vermittelte Berücksichtigung der Privatinteressen kann auch dazu führen, dass eine Kompensation trotz erlittenen Vermögensschadens unterbleibt. Für Marx eine hinnehmbare Folge des sittlichen Staats: „Die Welt fällt deswegen nicht aus den Angeln, der Staat verläßt deswegen nicht die Sonnenbahn der Gerechtigkeit [...]" MEGA² I/1, 231.

Bevölkerungsteile, in die positive Handlungssphäre des gesetzlichen Rechts überführt werden.[556] So sei es zuletzt eben jener die Gesetze und Prozesse beseelende *Geist* des sittlichen Staats, der einer „geistlosen Debatte" samt ihres „Gespensterglauben[s]" erst Einhalt zu gebieten vermöge.[557]

3.3.4 Der Ehescheidungsgesetzentwurf und die Verteidigung der sittlichen Institutionen

Eine weitere Episode der konkreten Gesetzgebung der Historischen Rechtsschule, der Marx sich im Anschluss an die Auseinandersetzung mit dem Holzdiebstahlgesetz zuwenden wird, betrifft Savignys Reformbemühungen auf dem Gebiet des Familienrechts. Nach seiner Ernennung zum Minister übernahm dieser den Vorsitz der Kommission zur Überarbeitung der Ehescheidungsgesetzgebung des Preußischen Landrechts, in deren Wirken der Entwurf einer Ehescheidungsverordnung erarbeitet und im Oktober 1842 fertiggestellt wurde.[558] Der ministeriale *Entwurf eines Gesetzes über Ehescheidung* gelangte auf unklarem Wege aus dem Ministerium hinaus und wurde von der *Rheinischen Zeitung* am 20. Oktober 1842 veröffentlicht. Im Zuge der sich einstellenden öffentlichen Diskussion um dieses Gesetzgebungsvorhaben publizierte Marx zwei Artikel: *Zum Ehescheidungsgesetzentwurf. Kritik der Kritik*[559] und *Der Ehescheidungsgesetzentwurf.*[560]

---

556 MEGA² I/1, 208, 210. Diese Forderung entspricht dem Primat des gesetzlichen Rechts, denn der sittliche Staat wird durch Gesetze der rechtlichen Freiheit regiert (s. S. 75).
557 MEGA² I/1, 234 f.; *Ein Korrespondent der „Kölnischen Zeitung" und die „Rheinische Zeitung", Rheinische Zeitung 321*, 17.11.1842, MEGA² I/1, 266. Gemeint ist die Verwechslung der zu betrachtenden Gegenstände (*Wesen*) mit den bloßen Träumen darüber (*Erscheinung*). Zur Verbindung der Historischen Rechtsschule mit dem Standpunkt des *Gespensterglaubens:* MEGA² I/1, 124 f.
558 Vgl. Mikat 1976, S. 681 f. Hintergrund für die mit dem Entwurf verbundenen Reformabsichten des Ehescheidungsrechts bildete die sich ab der zweiten Hälfte des 18. Jahrhunderts in Preußen etabliert habende milde Scheidungspraxis, die ihren Niederschlag auch im Landrecht fand. Vgl. ebd., S. 674 f., 678. Neben einer erheblichen Vielzahl von Scheidungsgründen bestand auch ein die Eheauflösung begünstigender gerichtlicher Verfahrensgang. Entsprechend zweidimensional ausgerichtet war der Entwurf Savignys: *Materiellrechtlich* ging es in erster Linie um eine drastische Begrenzung der Scheidungsgründe. *Verfahrensrechtlich* wurde das Scheidungsverfahren mit dem Grundsatz der freien richterlichen Beweiswürdigung verknüpft, um der Praxis Herr zu werden, sich allein auf ein das Verschulden dokumentierendes Geständnis beschränken zu müssen. Vgl. ebd., S. 682 f. Ausgehend von der Grundposition einer Verdrängung der mit den Lehren des Christentums nicht übereinstimmenden Grundsätze des Preußischen Landrechts und der Wiederherstellung der Heiligkeit der Ehe, hebt Savigny vor allem die Würde dieser Institution als überindividuelles *sittliches Verhältnis* hervor und weist eine unangemessen starke Berücksichtigung individueller Freiheiten der Ehegatten im Zusammenhang mit der Ehescheidung zurück. Vgl. ebd., S. 682, 689 f.
559 *Rheinische Zeitung 319*, 15.11.1842, MEGA² I/1, 260–263.
560 *Rheinische Zeitung 353*, 19.12.1842, MEGA² I/1, 287–290.

Den Ausgangspunkt für das Eintreten Marxens in die Debatte bildet die in der Presse dargelegte Kritik am Entwurf des Ehescheidungsgesetzes, die aus seiner Sicht zwei Vorgehensweisen enthält, die beide zurückzuweisen seien. Auf der einen Seite ist dies die Kritik, die allein vom *juristischen Standpunkt* ausgeführt wird, und zum anderen die *moralische Kritik*, die allein aus der eudämonistischen Perspektive des Individuums erfolgt.561 Ähnlich wie auch schon Marx selbst weise die *juristische Kritik* zwar eine Einmischung der Religion ins Recht zurück, jedoch fänden diese weder auf der richtigen Grundlage statt noch führten die sich hieraus ergebenden Folgerungen zu einer Lösung der Ehescheidungsdebatte. Die Ehe als religiös-kirchliche Institution werde letztlich nur um ihren weltlichen Charakter ergänzt und somit auf zwei Wesen verteilt, ein geistliches und ein weltliches Wesen, ohne dass eine Vermittlung des Widerspruchs zwischen ihnen erfolge.562 Eine konsequente Rückführung der fälschlicherweise religiös erfassten Institution auf ihr weltliches Pendant werde dagegen nicht vorgenommen. Stattdessen verbleibe die Unvereinbarkeit als ungelöste Kollision zweier voneinander geschiedenen Lebenssphären, der des Rechts (weltliche Ehe) und der des Geistes (geistliche Ehe).563 Aber auch die *eudämonistische Kritik*, die eine gesetzliche Scheidungsmöglichkeit an der individuellen Situation innerhalb einer zerrütteten Ehe festmacht, d. h. „[...] dem Unglücke der wider ihren Willen gebundenen Ehegatten", vermöge keine rechtlich begründete Lösung des Problems zu liefern.564 Würde die Konstituierung des Gesetzes allein auf die Interessen der Privatpersonen abstellen, so würde das Besondere zum Wesen der Sache verklärt und bloße Willkür zum Gesetz erhoben.565 Gesetze in diesem Sinne wären daher immer nur formelle Gesetze.566

Gegenüber der bisherigen Kritik, die ihrem Gegenstand nicht gerecht werden könne, beabsichtigt Marx eine Kritik vom „rechtsphilosophischen Standpunkt" durchzuführen.567 Grundlage hierfür bietet die klare Unterscheidung zwischen einem „consequente[n]" und einem „religiösen Gesetzgeber", d. h. zwischen der auf Selbstbestimmung rekurrierenden „menschliche[n] Sittlichkeit" und einer mit Fremdbestimmung operierenden „geistliche[n] Heiligkeit".568 Indem der religiöse

---

561 MEGA² I/1, 260, 288.
562 MEGA² I/1, 260, 287.
563 MEGA² I/1, 263. Ohne eine hinreichende begriffliche Bestimmung der Ehe als weltliche Institution komme es daher zu einer Scheidung der „Jurisprudenz von der Philosophie". MEGA² I/1, 263. Diese Scheidung sieht die von Marx adaptierte Position der *Grundlinien* so jedoch nicht vor (s. S. 25f., 31f.).
564 MEGA² I/1, 287.
565 MEGA² I/1, 288.
566 MEGA² I/1, 263; s. S. 75.
567 MEGA² I/1, 260, 263.
568 MEGA² I/1, 260. Marx knüpft hier augenscheinlich an die im Zuge der Kritik an der Lehre des christlichen Staats vollzogene Verbindung zwischen Unvollkommenheits- und Bevormundungstheorie an. s. Fn. 489. Es ist die bereits dort formulierte Gegenüberstellung zwischen einer „bewußten Unterwerfung unter sittlich-natürliche Mächte" und dem „bewußtlosen Gehorsam gegen eine übersittliche und übernatürliche Autorität". MEGA² I/1, 290.

Gesetzgeber die Ehe unter die „Oberaufsicht der geistlichen Behörde" stelle, sie damit von ihrem eigentlichen Wesen als weltlich-sittliche Institution abtrennt und somit seine bloßen „Einfälle" an die Stelle des „Wesens der Sache" setze, fuße er seine Gesetzgebung auf die „maßloseste Willkür".[569] Dem entgegengesetzt sei der „Gesichtspunkt der Nothwendigkeit", der Standpunkt des sittlichen Gesetzgebers, der eine Ausrichtung am „Wesen der Dinge" vorsehe und sie zum Maß für deren Existenz mache, nicht umgekehrt.[570] Zunächst sei daher das Wesen der Ehe zu bestimmen, welches vorsehe, „[...] den Begriff der Ehe und die Consequenzen dieses Begriffes zu entwickeln".[571] Die begriffliche Bestimmung des Wesens der Ehe müsse sich also auf der Grundlage der Philosophie Hegels entfalten.[572] In der Lehre des objektiven Geistes erfolgt die Erörterung der Ehe im Rahmen der Sittlichkeit, als erstes Moment ihrer unmittelbaren Gestalt, der *Familie*.[573] Die Ehe bilde daher nicht nur eine notwendige Stufe in der Entwicklung des freien Willens an und für sich auf seinem Weg zum sittlichen *Staat*, sondern sei zudem begrifflich untrennbar verwoben mit den anderen Momenten der Familie, dem Vermögen, der Kindeserziehung und ihrem Zerfall.[574] In ihrem institutionellen Dasein, als „rechtlich sittliche Liebe", sei die Ehe daher unauflösbar.[575] Da die Ehe aber immer auch *wirklich* ist, d. h. in ihrer sittlichen Existenz, könne sie grundsätzlich auch geschieden werden. Aufgrund der Bedeutung der Ehe als sittliches Verhältnis ist die Scheidung nach Hegel aber aufs Höchste zu erschweren und ausschließlich der Entscheidung einer „sittliche[n] Autorität" zu überantworten.[576] Das Wesen der Ehe sei daher nicht religiös, sondern sittlich und das Befinden über ihre Auflösung somit Sache der weltlichen Gesetzgebung.[577]

---

569 MEGA² I/1, 260, 288.
570 MEGA² I/1, 260, 289; s. S. 73 f., 80.
571 MEGA² I/1, 260.
572 MEGA² I/1, 288.
573 HGW 14, 1, (§ 157) S. 143, (§ 160) S. 144.
574 HGW 14, 1, (§ 160) S. 144. Nur vor diesem Hintergrund wird es verständlich, wenn Marx davon spricht, dass eine Ehescheidung immer auch eine „Familienscheidung" darstellt. MEGA² I/1, 288.
575 *Zusatz* § 161, S. 200.
576 *Zusatz* § 163, S. 203 u. § 176, S. 213; HGW 14, 1, (§ 176) S. 154. Bei Hegel wird diese sittliche Autorität noch durch die Kirche *oder* das Gericht repräsentiert. In den *Naturrechtsvorlesungen* von Gans ist diese Disjunktion dann schon nicht mehr vorhanden. Die Scheidung ist hier bereits ausschließliche Sache der säkularen Gerichtsbarkeit. Vgl. Gans 2005, S. 146.
577 *Zusatz* § 161, S. 200; MEGA² I/1, 260, 289. Marx scheint sich bei der Abfassung der Artikel vor allem an Gans orientiert zu haben. Seine Ausführungen weisen sowohl dem Inhalt als auch der Struktur nach auffällige Parallelen mit denen von Gans auf. Dieser hatte bereits in seinen *Naturrechtsvorlesungen* eine Entgegensetzung von kanonischem und sittlichem Recht betont und die Möglichkeit eines Auseinanderfallens von Begriff (Sollen) und Realität (Sein) der Ehe hervorgehoben. Nur vor dem Hintergrund des Bezugs zu Gans wird auch verständlich, wieso Marx im Zuge der Erörterungen zur Ehe einen Brückenschlag zum Staat und der Weltgeschichte vollzieht. MEGA² I/1, 288. Erst auf der Stufe des Staates erreiche die *Sittlichkeit* ihre Entsprechung von Begriff und Realität und werde somit *unauflösbar*. Eine Auflösung könne sich dann nur noch auf der Stufe des absoluten Geistes vollziehen, der Weltgeschichte. Die Unauflösbarkeit dagegen auf der Ebene der Ehe selbst zu fixieren, wie es das

3.3 Die Rheinische Zeitung und die Kritik der Historischen Rechtsschule (1842–1843)

Für den „consequente[n] Gesetzgeber" leitet Marx dann hieraus ab, dass dieser sowohl das sittliche Wesen der Ehe als auch deren grundsätzliche Auflösbarkeit anzuerkennen hat.[578] Voraussetzung für eine Scheidung sei die bereits vollzogene innere Auflösung der Ehe, ihr „sittliche[r] Tod".[579] Aufgabe der Gerichte sei es dann nur noch, diese innere Auflösung festzustellen und zu protokollieren.[580] Als Ausdruck der sittlichen Vernunft und Grundlage des Staates seien die sittlichen Verhältnisse nach Möglichkeit zu erhalten. An die Feststellung der inneren Auflösung sind daher auch Marx zufolge hohe Anforderungen zu stellen. Nur wenn die „untrüglichsten Symptome" für den „sittlichen Tod" der Ehe vorlägen, solle die Möglichkeit der Scheidung bestehen.[581] Die genauen Bestimmungen, wann „die Existenz eines sittlichen Verhältnisses seinem Wesen nicht mehr entspricht", obliege dem Stand der positiven Wissenschaften und der allgemeinen Einsicht.[582] Gesetze, die eine Auflösung der Ehe in diesem Sinne regeln, müssten als „bewußte[r] Ausdruck des Volkswillens" gelten.[583] Unter dem allgemeinen Gesichtspunkt der Konservierung des Lebens der „sittlichen Verhältnisse" verbindet Marx seine Ausführungen zur familienrechtlichen Gesetzgebung an dieser Stelle ganz augenscheinlich mit seiner rechtsphilosophischen Grundausrichtung.[584] Denn nur als „Naturforscher" vermöge der Gesetzgeber zu jenem *Volkswillen* vorzudringen, um „die innern Gesetze geistiger Verhältnisse" in Form „bewußte[r] positive[r] Gesetze" aussprechen zu können.[585]

---

kanonische Recht mache, sei nicht zulässig: „Der Staat wird durch die Weltgeschichte zerbröckelt, aber die Ehe wird durch sich selbst gebrochen. [...] Nirgends ist daher das eheliche Verhältnis unheiliger als da, wo es heilig ist [...]." Gans 2005, S. 146.
578 MEGA² I/1, 260, 289.
579 MEGA² I/1, 289.
580 MEGA² I/1, 289; vgl. Gans 2005, S. 146. In den wesentlichen Punkten stimmen die Reformansätze Savignys mit den Erwägungen Marxens überein. s. Fn. 558. Dies wird Marx im Zuge der redaktionellen Tätigkeit für die *Rheinische Zeitung* noch eigens hervorheben: *Randglossen zu den Anklagen des Ministerialrescripts*, zwischen dem 4. u. 7.2.1843, MEGA² I/1, 349–353, hier: 353 [Dubiosa]. Zu berücksichtigen ist aber, dass Savigny seine Reformansätze in einer *Sittlichkeit* verankert, die sich aus der „christlichen Lebensansicht" seiner theologischen Grundüberzeugungen speist und nicht etwa aus der Vernunft. Vgl. Haferkamp 2018, S. 179 f., 183. Schon in der *Sache* so nahe, liegt doch eine *methodische* Welt zwischen ihnen, die *Welt der Philosophie*. So muss Marx es zumindest empfunden haben.
581 MEGA² I/1, 289.
582 MEGA² I/1, 289.
583 MEGA² I/1, 289.
584 MEGA² I/1, 289.
585 MEGA² I/1, 288. Nur in der Natur des Rechts, d. h. in seinem Wesen, sind die Grundlagen für die Errichtung *wirklicher Gesetze* zu finden. Diese Grundlagen als innere Gesetze geistiger (respektive sittlicher) Verhältnisse entsprechen den vernünftigen Lebensgesetzen der Menschen, deren Positivierung nur eine höhere Gestalt des Rechts ausdrückt (s. *Kap.* 3.3.1).

3.3.5 Das organische Staatswesen und seine Verwaltung

Im Anschluss an die Artikel, die sich mit der konkreten Gesetzgebung beschäftigen, wendet sich Marx einer Diskussion zu, die sich mit der politischen Repräsentation auseinandersetzt. Ausgelöst wurde diese Kontroverse durch die Forderungen der bürgerlichen Opposition, die Zusammensetzung der *ständischen Ausschüsse* nicht mehr allein vom Grundeigentum abhängig zu machen.[586] Zum Ende des Jahres 1842 beteiligt sich Marx mit einer Artikelserie an dieser Debatte. In *Der Artikel in Nr. 335 und 336 der Augsburger Allgemeinen Zeitung über die ständischen Ausschüsse in Preußen* setzt er sich sowohl mit der Rechtfertigung der ständischen Vertretungen als auch mit der liberalen Opposition kritisch auseinander.[587]

Inhaltlich bezieht sich die Kritik der bürgerlichen Opposition auf den Zugang der Industrie und der Intelligenz zu den ständischen Ausschüssen. Eine zwingende Verknüpfung der politischen Vertretung mit dem Besitz von Grundeigentum entspreche nicht mehr den veränderten sozialen Verhältnissen der Gegenwart.[588] Insbesondere der Intelligenz als Stand bzw. in Gestalt bestimmter Berufsgruppen (Geistliche, Lehrer, Privatgelehrte etc.) müsse die Möglichkeit eingeräumt werden, an den Vertretungen teilzuhaben.[589] Ohne diese Einbeziehung existiere keine gesamtstaatliche Repräsentation und das Volk würde nur als „rohe, unorganische Masse" behandelt.[590] Aus der Sicht Marxens ist diese Kritik jedoch verfehlt, da sie aufgrund ihres falschen methodischen Vorgehens kein richtiges Verständnis für den Gegenstand ihrer Betrachtung zu gewinnen vermöge und letztlich nur eine *Ergänzung der Zusammensetzung* der Ausschüsse fordere, ohne überhaupt die *Bestimmung* der politischen Vertretung, d. h. ihr Wesen, erfassen zu können.[591] Dieser „logische Grundmangel" der Kritik soll durch eine Anknüpfung an die *Rechtsphilosophie* Hegels behoben werden.[592]

Das Paradigma, welches im Hintergrund der Marx'schen Kritik steht, ist die organische Staatsauffassung, die in den *Grundlinien* im Kapitel zum inneren Staatsrecht (politische Verfassung) entwickelt wird. Hegel führt hierzu aus, dass die Idee des Staates als „inwendiger Organismus" in der politischen Verfassung ihre „unmittelbare Wirklichkeit" eines „sich auf sich selbst beziehende[n] Organismus" erreiche. Gemeint ist die innere Organisation des Staates als „Prozeß seines organischen Lebens in Beziehung auf sich selbst".[593] Genauer betrachtet sei es der *Geist* des Staates der als

---

[586] MEGA² I/1, 1061. Die *ständischen Ausschüsse* wurden als zusätzliche Vertretungsgremien aus den acht Provinziallandtagen Preußens geschaffen. Die in den jeweiligen Provinziallandtagen vertretenen Stände (Ritter, Städte, Landgemeinden) wählten aus ihrer Mitte Delegierte, die in diesen Ausschüssen zusammenkamen. Ein Vertretungsrecht in den Provinziallandtagen besaßen *nur* Grundbesitzer.
[587] *Rheinische Zeitung* 345, 354, 365, 11.12., 20.12. u. 31.12.1842, MEGA² I/1, 272–285.
[588] MEGA² I/1, 273.
[589] MEGA² I/1, 284.
[590] MEGA² I/1, 276.
[591] MEGA² I/1, 272, 278.
[592] MEGA² I/1, 272.
[593] *Zusatz* § 258, S. 285; HGW 14, 1, (§ 259) S. 205, (§ 271) S. 223.

Prozess dieses organischen Zusammenhangs wirke und die Entwicklung der einzelnen Glieder und ihre Unterscheidungen in der Form verwirkliche, dass die Selbsterhaltung der einzelnen Glieder immer auch die Erhaltung aller anderen Glieder mitbedinge.[594] Dieses lebendige Band des Geistes der politischen Verfassung sei die Voraussetzung für das Zutrauen der Bürger in den Staat und ihre im Gemeinwesen gelebte Gesinnung.[595] Und es sei dieses den Staat tragende „Selbstgefühl der Individuen", das dem maschinenhaften Modell des Mechanismus entgegengesetzt wird, welches den Verfassungen der überkommenen Feudalmonarchien und Despotien zukomme.[596] Statt einer organischen Einheit finde hier nur eine mechanische Zerteilung der Staatsgeschäfte statt, die dazu führe, dass die Selbsterhaltung der einzelnen Glieder nicht mehr notwendig mit der Erhaltung anderer Glieder im Staat verbunden sei.[597] Die Individuen verblieben letztlich nur als ein unorganischer „[...] Haufen, eine Menge von zersplitterten Atomen."[598]

An eben dieses Paradigma des Organismus knüpft Marx an, wenn er die Kritik der bürgerlichen Opposition als eine bloß sinnliche Wahrnehmung der verschiedenen Verfassungselemente charakterisiert, deren Erklärungen dann auf dem Stand mechanischer Muster verbleiben.[599] Der Staat werde letztlich in feste, abstrakte und nebeneinander für sich bestehende Teile zerlegt, ohne dass die Bewegung der einzelnen Teile und ihre Beziehung zum Ganzen erfasst würden.[600] Verengt auf die Betrachtung der ständischen Ausschüsse bedeute dies, dass es der Kritik nicht gelingen könne, zur Bestimmung der Ausschüsse vorzudringen, d. h. zu ihrer „leitende[n] und ordnende[n] Seele", und sich darauf beschränken müsse, rein äußerlich-mechanisch

---

[594] *Zusatz* § 263, S. 290; *Zusatz* § 267, S. 292; HGW 14, 1, (§ 269) S. 212, (§ 278) S. 231 f., (§ 299) S. 247 f. Den locus classicus für die organische Staatsauffassung im Deutschen Idealismus bilden die § 59 und § 65 der *Kritik der Urteilskraft* Kants (KdU). Zumindest andeutungsweise wird hier die Verbindung des Organismus als Erklärungsmuster der Prozessualität in der Natur, als Struktur eines in sich selbst bestimmten Bestimmungsverhältnisses mit der Auffassung über den Staat verbunden. Vgl. KdU (§ 59) A 253; (§ 65) A 287. Charakteristikum einer solchen Organizität ist dabei ein wechselseitiges Verhältnis aller Teile zueinander, die so erst die Einheit des Ganzen formen. Verbunden mit der Vorstellung der Entwicklung wird diese Erklärung dann mit dem Vorhandensein eines organisierenden Prinzips als in sich bildende Kraft des Organismus erweitert. Vgl. KdU (§ 65) A 289.
[595] HGW 14, 1, (§ 265) S. 211; *Zusatz* § 265, S. 291. Einzelne Glieder dieses organischen Zusammenhangs sind z. B. auch die Stände im Staat, die durch ihre spezifische Funktion ein Moment im Organismus des Ganzen ausmachen. *Zusatz* § 276, S. 320; HGW 14, 1, (§ 302) S. 250 f.
[596] *Zusatz* § 265, S. 291.
[597] HGW 14, 1, (278) S. 231 f., (§ 286) S. 239 f. Die Charakterisierung des despotischen Staats als Maschine und die Gegenüberstellung mit einem organischen Staat der nach *inneren* Volksgesetzen beherrscht wird, findet sich bereits bei Kant. Der maschinenhafte Staat gleicht hier einer „Handmühle" die von *außen* in Gang gesetzt wird. Vgl. KdU (§ 59) A 253.
[598] *Zusatz* § 290, S. 338.
[599] MEGA² I/1, 272 f., 275. Den Standpunkt der *niederen Empirie* hatte Marx zuvor der Historischen Rechtsschule zugesprochen (s. S. 72).
[600] MEGA² I/1, 277.

auf ihre Zusammensetzung zuzugreifen.⁶⁰¹ Das wahre Wesen des Staates als organische Einheit gerate so jedoch aus dem Blick.⁶⁰² Um dieses wahre Wesen erkennen zu können, bedürfe es statt der sinnlichen einer „vernünftigen Wahrnehmung des organischen Naturlebens", die zuallererst den Staat als lebendigen Organismus zu erfassen in der Lage ist.⁶⁰³ Nur so vermöge eine Betrachtung des Staates zur lebendigen Bewegung der Glieder vorzudringen, deren unterschiedliche Funktionen die Einheit des Ganzen ausmache.⁶⁰⁴ Analog zur *Rechtsphilosophie* Hegels fasst Marx diese lebendige Bewegung als „geistige Mächte", die den Prozess des Staatslebens aus sich heraus erzeugen und „die ganze Natur mit geistigen Nerven" durchziehen.⁶⁰⁵ Der Staat als Organismus sei dann Ausdruck jenes „Geist[es] einer lebendigen Einheit", der dem Chaos einer Vielheit *zersplitterter Atome* direkt entgegengesetzt sei.⁶⁰⁶

Auf der Grundlage einer organizistischen Kritik werden die ständischen Ausschüsse dann auf die mechanisch zergliederten Provinziallandtage zurückgeführt. Die Wahl der Delegierten, die durch die verschiedenen voneinander isolierten Stände erfolge, führe letztlich dazu, dass der einzelne Stand dem Einfluss des Ganzen entzogen sei und nur in seinen eigenen Grenzen befangen bleibe. Alles außerhalb des eigenen Standes wird als Äußerliches und Fremdes betrachtet.⁶⁰⁷ Hieran ändere sich auch nichts, wenn die Intelligenz als eigener Stand ergänzt werde. Der mechanische Charakter der Organisation und die mit diesem einhergehende Isolierung der Teile vom Ganzen würde dadurch nicht aufgehoben.⁶⁰⁸ In einem nächsten Schritt wird die Fehleinschätzung der Kritik dann mit einer undifferenzierten Verwendung des Begriffs der Intelligenz verbunden. Neben einer „nützliche[n] Intelligenz", auf die sich die Kritik stützt, existiere auch eine „freie Intelligenz", die in der mechanisch zergliederten Auffassung der politischen Vertretungen aber keinen Platz finde.⁶⁰⁹ Eben diese beschränkte Lesart der Intelligenz im Rahmen der mechanischen Staatsauffassung sei

---

601 MEGA² I/1, 272f., 277.
602 „[...] so wenig darf und kann der Staat, dieses natürliche Geisterreich, in einer Thatsache der sinnlichen Erscheinung sein wahres Wesen suchen und finden." MEGA² I/1, 275.
603 MEGA² I/1, 275.
604 MEGA² I/1, 275.
605 MEGA² I/1, 285. Neben dem *Prinzip des Geistes* wird in den *Grundlinien* auch die Vorstellung des Staates als in sich organisiertes „Nervensystem" entwickelt. *Zusatz* § 263, S. 290. Bereits in den Artikeln zur *Pressefreiheit* erwähnt Marx im Zusammenhang mit dem Geist die „unsichtbaren Nervenfäden", die das Besondere mit dem Allgemeinen verknüpfen. MEGA² I/1, 124.
606 MEGA² I/1, 275. Im Zuge der Artikelserie zu den ständischen Ausschüssen wird die bereits vorher schon bestehende organische Staatsauffassung somit vertieft und konturiert. Auch im Zusammenhang mit dem System der Freiheit (*Kap.* 3.3.1) sowie mit der Beschreibung des sittlichen Staats (*Kap.* 3.3.2) hatte Marx auf das Organismus-Modell zurückgegriffen.
607 MEGA² I/1, 278f., 284.
608 Die bloße Zusammenkunft an einem gemeinsamen Ort allein begründe noch keine den Staat ausmachende „organisierende Seele". MEGA² I/1, 279f.
609 MEGA² I/1, 281. Während die „nützliche Intelligenz" der egoistischen Intelligenz des Privatinteresses entspreche, der es nur am eigenen „Heerd" gelegen sei, vermöge es die „freie Intelligenz" trotz des eigenen Herdes „das Rechte" durchzusetzen. MEGA² I/1, 281.

es dann auch, die mit der Wirklichkeit der Provinziallandtage im preußischen Staat korrespondiere, als einer „Gesellschaft von Sonderinteressen".[610] Gemeint ist hiermit, dass das Vertretungsprivileg den ständischen Abgeordneten ermögliche, ihr besonderes Interesse in der Form einer „berechtigte[n] Selbstkonstituirung" gegen den Staat geltend zu machen, so dass es dazu komme, dass die bürgerliche Gesellschaft sich als „unstaatliche Momente" im Staat selbst festsetze.[611] Liege eine solche „politische Verselbstständigung der Sonderinteressen" vor und werde sie gar zur „Staatsnothwendigkeit" erhoben, drücke sich in ihr nur das Vorliegen einer „innern Krankheit des Staats" aus, gleich einem unbeseelten Körper.[612]

Der gesunde, wahre Staat werde demgegenüber durch eine „organische Staatsvernunft" bestimmt, die sich in der Wirklichkeit des Staatslebens durch lebendige Bewegungen seiner Glieder vollziehe und in ihren Unterscheidungen zugleich seine Einheit erhalte.[613] Glieder in diesem Sinne sind die „Kreise, Landgemeinden, Regierungen, Provinzialregierungen, Militärabtheilungen", die als „freie Schöpfungen aus dem Geist des preußischen Staats" selbst hervorgingen und nicht als Relikte längst vergangener Zeiten sich der Gegenwart aufdrängten.[614] Auf dieser Grundlage sei dann die Forderung an den wirklichen Staat zu richten, die eine „konsequente und allseitige Ausführung der preußischen Fundamental-Institutionen" im Geiste eines „wirklich organische[n] Staatsleben[s]" beinhaltet.[615] Voraussetzung hierfür sei das Vorhandensein einer „organisirenden Seele" im Staat und seinen Gliedern.[616] Diese organisierende Seele sei jene *freie Intelligenz*, „[...] die jeden Stoff beherrscht und nur sich selbst dient."[617] Sie bilde die Grundlage für die Bestimmung der besonderen durch das allgemeine Wesen und die damit einhergehende Verwandlung der „Ver-

---

610 MEGA² I/1, 284. Der Betrachtung dieser *Wirklichkeit* war Marx bereits im Zusammenhang mit der Pressedebatte und dem Holzdiebstahlgesetz nachgekommen: „Es ist in diesen Blättern weitläufig und an konkreten Beispielen dargethan worden, wie wenig die Provinzialstände zu einer Betheiligung an der Gesetzgebung [...] berufen sind." MEGA² I/1, 279; s. Fn. 509.
611 MEGA² I/1, 285. Diesen Bezug zur bürgerlichen Gesellschaft hat Marx vor Augen, wenn er davon spricht, dass nicht „[...] die organische Staatsvernunft, sondern die Nothdurft der Privatinteressen [...] der Baumeister der ständischen Verfassung" ist. MEGA² I/1, 283.
612 MEGA² I/1, 283, 285.
613 MEGA² I/1, 276, 283.
614 MEGA² I/1, 276. Der Bezug auf die institutionelle Gliederung des wirklichen Staats erfolgt im bewussten Gegensatz zu den Ständekategorien, mit denen die bürgerliche Opposition operiert. Eine Kritik des wirklichen Staats lasse sich nur dann vornehmen, wenn sie sich an den wirklichen, „durch die innere Konstruktion des Staats" selbst geschaffenen Sphären orientiere und nicht in bereits überkommene, bloß „eingebildete Sphären" zurückfalle. Im Rahmen dieser Betrachtung würden sich die Ständekategorien in den höheren Einheiten des Staates ohnehin auflösen. MEGA² I/1, 276.
615 MEGA² I/1, 276.
616 MEGA² I/1, 284.
617 MEGA² I/1, 281, 284. Bei der *freien Intelligenz* handelt es sich den Ausführungen Marxens zufolge um eine allgemeine Eigenschaft aller Menschen und nicht etwa um eine mit der Ständezuordnung verbundene Fähigkeit. MEGA² I/1, 280.

treter der Provinzialinteressen in Vertreter der Staats-Interessen".[618] Erst diese „allgemeine Macht" einer politischen Intelligenz vermöge das notwendig aus der bürgerlichen Gesellschaft entspringende Sonderinteresse im „Gefühl seiner Nichtigkeit" zu halten.[619] Als „bewußte Vertretung der Volksintelligenz" sei sie untrennbar mit der „selbstgewisse[n] Lebendigkeit der höchsten Kraft" verknüpft, die den Bürgern das Gefühl vermittele, den Staat und sein Wirken als *eigene Tat* zu begreifen.[620] Anders ausgedrückt schaffe es die politische Vertretung nur so, jenes Zutrauen und jene Gesinnung im Volk zu erhalten, die das Gefühl eine nur „unorganische Masse" zu sein gar nicht erst aufkommen lasse.[621] Der organische Staat als „Geist einer lebendigen Einheit" entspricht in seinem Wesen daher dem sittlichen „Staat der menschlichen Natur".[622]

Aus diesem organischen Staatsverständnis heraus wendet sich Marx dann Anfang des Jahres 1843 der Verwaltung des preußischen Staates zu. In dem Artikel *Rechtfertigung des ++–Korrespondenten von der Mosel* betrachtet Marx die wirkliche Verwaltungspraxis, wie sie sich im Zuge einer Notlage von Bevölkerungsteilen darstellt.[623] Ausgehend von der Absicht die „Eigenthümlichkeit des Nothzustandes an der Mosel" vom „sachlichen Standpunkt" der „Macht der allgemeinen Verhältnisse" darzulegen, erfolgt eine Gegenüberstellung der sich widersprechenden Sicht- und Handlungsweisen der zuständigen preußischen Verwaltung auf der einen Seite und der vereinsmäßig organisierten privaten Winzer auf der anderen.[624] Erst in dieser Zusammenführung der privaten und staatlichen Dimension eröffne sich die Möglichkeit, den „wirklichen Zustand der Moselgegend" zu erfassen.[625]

---

618 MEGA² I/1, 279, 284.
619 MEGA² I/1, 284 f. Auch wenn nicht mit Sicherheit zu belegen ist, dass Marx mit dem *Naturrechtsaufsatz* Hegels vertraut gewesen ist, so ist die Ähnlichkeit ihrer Formulierungen in diesem Kontext mehr als augenscheinlich. Hatte doch Hegel im *Naturrechtsaufsatz* bereits den Staat als jene Sphäre begriffen, die das System der bürgerlichen Gesellschaft „im Gefühl seiner innern Nichtigkeit" halte, um der von diesem notwendig ausgehenden Verselbstständigungstendenzen Herr zu werden. HGW 4, 450 f.; s. S. 28.
620 MEGA² I/1, 285.
621 MEGA² I/1, 276. „Durch die Gewalt, meint die Vorstellung oft, hänge der Staat zusammen, aber das Haltende ist allein das Grundgefühl der Ordnung, das alle haben." *Zusatz* § 267, S. 292.
622 MEGA² I/1, 187, 275.
623 *Rheinische Zeitung*, 15, 19, 20, 15.1., 19.1. u. 20.1.1843, MEGA² I/1, 296–323. Im Zuge des 1833 gegründeten Deutschen Zollvereins entfielen die Einfuhrzölle für Weine aus den übrigen deutschen Territorien. So gelangten die zumeist preisgünstigeren Weine aus den süddeutschen Staaten auf den preußischen Markt. Preisverfall und Absatzkrisen der Winzer im Bereich der Mosel waren die Folge, die zur Verarmung und Verelendung der ärmeren Winzerfamilien führten. MEGA² I/1, 1077. Um die Situation der Winzer darzulegen, erschienen zwei Artikel des Juristen Peter Coblenz in der *Rheinischen Zeitung*. Mit seinem Artikel verteidigt Marx dessen Darstellungen und das Vorgehen der Zeitung gegenüber den Verleumdungsbeschuldigungen des Oberpräsidenten der Rheinprovinz. MEGA² I/1, 1076.
624 MEGA² I/1, 301, 318.
625 MEGA² I/1, 301.

3.3 Die Rheinische Zeitung und die Kritik der Historischen Rechtsschule (1842–1843)

Die Sicht- und Handlungsweisen der zuständigen Verwaltungsbehörden werden zunächst durch die bestehenden Gesetze definiert, aus denen sich ihre Institutionen und Verwaltungsmaximen herleiten.[626] Zugleich ist dies die Grundlage für ihre wesentliche Bestimmung als „bureaukratische[s] [...] Verhältniß", d.h. der spezifisch verwaltungsmäßigen Erfassung von Sachverhalten nach der „amtlichen Natur der Dinge" und dem Begreifen der Wirklichkeit als „bureaukratische Wirklichkeit".[627] Im Fall der Situation an der Mosel beauftragte die Verwaltung einen Gutachter, der überprüfen sollte, inwieweit tatsächlich eine zu behebende Notlage vorliege. Im Ergebnis stellte dieser dann fest, dass kein allgemeiner Notzustand gegeben sei und die Forderungen der Winzer einer ohnehin unausweichlichen Entwicklung entgegenstünden. In der Konsequenz sei dies gleichbedeutend mit einem notwendigen „Untergang der ärmeren Winzer".[628] Entsprechend fielen die Vorschläge zur Verbesserung der wirtschaftlichen Lage der Region aus, die in Steuererleichterungen, der sukzessiven Umstellung der Anbaukulturen sowie einer Beschränkung der erbrechtlichen Parzellierung des Grundbesitzes bestanden.[629]

Demgegenüber steht die Perspektive des *Vereins zur Förderung der Weinkultur an der Mosel und Saar zu Trier* der den amtlichen Bericht als wirklichkeitsentstellenden einseitigen Standpunkt der Verwaltung begreift.[630] Jener amtliche Bericht enthalte eine vorurteilsbehaftete Darstellung, die den Grund des Übels nicht in den Verwaltungsmaximen selbst erblicken könne und mittels deren innerhalb der durch den Wirkungskreis der Behörde vorgegebenen Wirklichkeit auch die unmittelbar praktische Seite des „wirkliche[n] Elend[s]" nicht zu erfassen sei.[631] Die *Wirklichkeit der Akten* stimme nicht mit der „wirklichen Gestalt der Welt" überein.[632] Auf dieser Grundlage hält der Verein an seiner Forderung gegen den Staat fest, die Notlage zu beseitigen und eine „Atmosphäre" zu schaffen, in der die Moselaner ihrer durch „die Natur und die Sitte angewiesene[n] Arbeit" nachgehen können.[633] Die staatlichen Vorschläge zur Abhilfe der Notsituation werden indessen abgelehnt. Insbesondere in der Vorgabe von Anbaukulturen und der Beschränkung der Parzellierung erblickt Marx einen Eingriff in die Eigentumsfreiheit, d.h. eine „Verletzung der gesetzlichen Gleichheit", die neben der *physischen* dann noch eine „rechtliche Armuth" begründen würde.[634] Dieser „Nothzustand des Rechts" sei mit dem Gefühl verknüpft, dass die tatsächlichen Verhältnisse verkehrt werden, indem sich Land und Menschen der Verwaltung anzupassen hätten, statt dass die Verwaltung des Landes und der Men-

---

[626] MEGA² I/1, 309f.
[627] MEGA² I/1, 309f., 312.
[628] MEGA² I/1, 306f.
[629] MEGA² I/1, 311.
[630] MEGA² I/1, 308.
[631] MEGA² I/1, 308f.
[632] MEGA² I/1, 308f.
[633] MEGA² I/1, 309, 312.
[634] MEGA² I/1, 311.

schen wegen existiere.[635] Und es sei diese Beeinträchtigung des *Rechtsbewusstseins*, welche eine direkte Wirkung auf das Zutrauen der Bürger in ihren Staat und ihre Gesinnung entfalte.[636]

So stelle sich ein echtes Dilemma ein zwischen der Verwaltung auf der einen Seite, die aus ihrem Wesen heraus eine konstante Kollision zwischen der Wirklichkeit und ihren Maximen nicht zu beheben vermöge, und den Weinbautreibenden auf der anderen, die ihr „Privatleiden" in unangemessener Weise verallgemeinerten und zum „Staatsleiden" stilisierten.[637] Auch eine Vielheit einzelner Stimmen ergebe Marx zufolge nicht notwendig die „Volksstimme" und bleibe letztlich Besonderes gegenüber dem Allgemeinen.[638] Der Notzustand an der Mosel entpuppe sich daher als „Nothzustand des Rechts" und „Nothzustand der Verwaltung" gleichermaßen.[639] Um die Kluft zwischen beiden zu überbrücken, bedürfe es der Vermittlung durch eine dritte Partei – der *freien Presse*.[640] In ihr verbinde sich eine politische, aber nicht amtliche, mit einer bürgerlichen, vom Einfluss des konkreten Privatinteresses aber unabhängigen Sichtweise, so dass Marx von dieser freien Presse auch als „staatsbürgerlichem Kopf" mit „bürgerlichem Herzen" spricht.[641] Nur hier existiere die Möglichkeit einer gleichmäßigen und fairen Kritik sowohl der Verwaltungsgrundsätze als auch der überzogenen Forderungen der Bürgerschaft. Die Schilderung des Notzustandes erhalte so eine angemessene Form als „Gegenstand der allgemeinen Aufmerksamkeit" (öffentliche Meinung).[642] Dass hierbei einstweilen auf eine „affektvolle Sprache der Verhältnisse" zurückgegriffen werde, um der „rücksichtslose[n] Stimme der Noth" Gehör zu verschaffen, rechtfertigt Marx mit dem Aufbau und dem Wirken des Presseorgans selbst.[643] Demzufolge sei der Weg zur Wahrheit als ein sukzessiver Prozess der arbeitsteilig organisierten Zeitungen zu verstehen. Teil dieser „lebendige[n] Preßbewegung" sei es, die unmittelbare Wirklichkeit so aufzunehmen, wie sie der Stimme des Volkes entspringe.[644] Dies schließe nicht aus, dass derselbe Tatbestand nochmals unter historischen oder nationalökomischen Gesichtspunkten betrachtet

---

635 MEGA² I/1, 311f.
636 „Dergleichen negative Erfindungen [Vorschläge der Verwaltung, D.P.] prallen daher erfolglos an der Wirklichkeit nicht nur der Zustände, sondern auch des bürgerlichen Bewußtseins ab." MEGA² I/1, 312.
637 MEGA² I/1, 312f. Einen Grund hierfür erblickt Marx in der Hierarchie der Behörden. Während auf den unteren Ebenen kein Einfluss auf die Erstellung und Beurteilung der Verwaltungsmaximen vorherrsche und darauf vertraut werde, dass es sich um gute Maximen handele, würden die oberen Behördenebenen von einer verständigen Anwendung ihrer guten Verwaltungsmaximen ausgehen. MEGA² I/1, 310.
638 MEGA² I/1, 313.
639 MEGA² I/1, 311f.
640 MEGA² I/1, 313.
641 MEGA² I/1, 313.
642 MEGA² I/1, 313.
643 MEGA² I/1, 296f., 313.
644 MEGA² I/1, 297.

und aufgearbeitet werde. Erst durch diese vielseitige Betrachtung setze sich die Presse dann in den „Besitz der ganzen Wahrheit".[645]

Mit der Notwendigkeit der öffentlichen Meinung und ihrer Sicherstellung durch die Institution der Presse bewegt sich Marx wieder auf dem vertrauten Boden der Philosophie Hegels und Gans'.[646] Anders als seine Vorgänger hebt er die Rolle der freien Presse jedoch viel stärker hervor und integriert sie deutlich offenkundiger in den *organischen Zusammenhang* des Ganzen.[647] Nicht zufällig charakterisiert Marx das Verhalten der Presse zu den Zuständen im Volk als „Intelligenz".[648] Als „mächtigste[r] Hebel der Kultur und der geistigen Volksbildung" vermöge sie die tatsächlichen Verhältnisse in ihrer Bedeutung für die ärmeren Winzerfamilien darzulegen, ohne sich in einer verklausulierten Verwaltungssprache zu verlieren.[649] Die sich hierdurch ergebende Vermittlungsfunktion bedinge dann vor allem, dass die auf unterer Verwaltungsebene nicht mehr zu lösenden Kollisionen mit höheren Stellen transparent gemacht würden, und eröffne so die Möglichkeit, durch veränderte Gesetze auch veränderte Verwaltungsmaximen zu bewirken.[650]

Auf dieser Grundlage verteidigt Marx die Bedeutung der freien Presse auch unter ausdrücklicher Bezugnahme auf die Kabinettsordre vom 24. Dezember 1841 gegenüber einer Zensur, die ihren langen Schatten längst vorauswarf.

3.3.6 „Die gute und die schlechte Presse" und das Verbot der Rheinischen Zeitung

Ende des Jahres 1842 erfolgte das Verbot der *Leipziger Allgemeinen Zeitung*. Wenngleich die offizielle Begründung des Verbots auch anders formuliert wurde, so konnten doch insbesondere die Redaktionen anderer Zeitungen klar erkennen, dass es

---

645 MEGA² I/1, 297.
646 HGW 14, 1, (§ 316) S. 258, (§ 319) S. 260; Gans 2005, S. 232 234.
647 Aufgrund ihrer spezifischen Vermittlerfunktion scheint sie gar mit eben jener *Kontrolle von unten* verbunden zu sein, die in den *Grundlinien* noch allein den Gemeinden und Korporationen vorbehalten war. Als Schutz gegen die „Einmischung subjectiver Willkühr" in das Verwaltungshandeln einzelner Beamter soll diese Kontrollinstanz dafür sorgen, dass „die Zufriedenheit und das Zutrauen der Bürger" in die Regierung und ihren untergeordneten Behördenapparat gewahrt bleibt. HGW 14, 1, (§ 295) S. 245.
648 MEGA² I/1, 313; s. S. 77.
649 MEGA² I/1, 272.
650 „Die freie Presse endlich trägt die Volksnoth in ihrer eigenen, durch keine die bureaukratischen Medien durchgegangenen Gestalt an die Stufen des Thrones, zu einer Macht, vor welcher der Unterschied von Verwaltung und Verwalteten verschwindet und es nur mehr gleich nah und gleich fern stehende Staatsbürger gibt." MEGA² I/1, 313. Diese Haltung bekräftigt Marx in seinem späteren Artikel *Replik auf die Denunziation eines „benachbarten" Blatts*. Der Annahme einer zu mächtigen Bürokratie stellt er hier die Position des Artikels zu den *ständischen Ausschüssen* gegenüber. Die derzeitigen Staatsformen könnten demnach „mit lebendigem Inhalt" gefüllt werden, sofern die „preußischen Fundamental-Institutionen" (MEGA² I/1, 276) zu einer konsequenten Umsetzung gelangten. *Replik auf die Denunziation eines „benachbarten Blattes"*, Rheinische Zeitung 10, 10.1.1843, MEGA² I/1, 334–337, hier: 336.

eine allzu kritische Haltung gegenüber der preußischen Regierung war, die letztlich zum Verbot des Blattes führte und zudem erahnen ließ, welche Strategie die Regierungsstellen gegenüber einer oppositionellen Presse in näherer Zukunft einzuschlagen gedachten.[651] Die Folge war eine rege Debatte innerhalb der Pressezunft, an der auch Marx sich maßgeblich beteiligen sollte. Vor allem sein Artikel *Das Verbot der „Leipziger Allgemeinen Zeitung" für den preußischen Staat*,[652] der in der ersten Nummer des neuen Jahrgangs in der *Rheinischen Zeitung* erschien, führte zu polemischen Reaktionen und Angriffen anderer Presseorgane.[653]

Den Ausgangspunkt der Betrachtungen Marxens bildet die Darlegung des Wesens und der Wirklichkeit der Presse, wobei nun insbesondere von der „Volkspresse" die Rede ist, d.h. einer Presse als Spiegel des Wesens des Volkes.[654] Analog zur organischen Betrachtung des Staates wird die „Natur der Volkspresse" dann als Körper begriffen, der sich aus verschiedenen Organen zusammensetze.[655] Die Organe wiederum bildeten die einzelnen Zeitungen mit ihren jeweils verschiedenen und sich wechselseitig ergänzenden Charakteren. Seine Bestimmung finde dieser „Körper der Volkspresse" in einem „innern Gesetze", welches die Bewegung des Ganzen durch die „naturgemäße Entwicklung" seiner Glieder bedinge, d.h. der ihnen jeweils „eigenthümliche[n] Ausbildung".[656] Nur durch diese selbstständig-einseitige Entwicklung der einzelnen Glieder könne sich die Herausbildung der „‚gute[n]' Volkspresse" vollziehen, also einer Presse, die ihrem Wesen entspreche.[657] Einzig als *gute Volkspresse* vermag sie die harmonische Vereinigung aller „wahren Momente des Volksgeistes" darzustellen, die den „wirklich sittliche[n] Geist" in ihren Organen zum Ausdruck gelangen lasse, ebenso „wie in jedem Blatt der Rose ihr Duft und ihre Seele".[658] Gegenüber der Darlegung ihres Wesens entspreche die Wirklichkeit dieses

---

651 MEGA² I/1, 1071.
652 Rheinische Zeitung 1, 1.1.1843, MEGA² I/1, 291–293.
653 Im Folgenden werden berücksichtigt: *Die „Kölnische Zeitung" und das Verbot der „Leipziger Allgemeinen Zeitung"*, Rheinische Zeitung 4, 4.1.1843, MEGA² I/1, 328–329; *Die gute und die schlechte Presse*, Rheinische Zeitung 6, 6.1.1843, MEGA² I/1, 330; *Replik auf den Angriff eines „gemäßigten" Blattes*, Rheinische Zeitung 8, 8.1.1843, MEGA² I/1, 331–333; *Replik auf die Denunziation eines „benachbarten Blattes"*, Rheinische Zeitung 10, 10.1.1843, MEGA² I/1, 334–337; *Die Denunziation der „Kölnischen" und die Polemik der „Rhein- und Mosel-Zeitung"*, Rheinische Zeitung 11, 11.1.1843, MEGA² I/1, 340–346.
654 MEGA² I/1, 292. Bereits in den Artikeln zur *Pressefreiheit* hatte Marx die Presse als „geistige[n] Spiegel" des Volkes bezeichnet. s. S. 77.
655 MEGA² I/1, 328f.
656 MEGA² I/1, 329.
657 MEGA² I/1, 329.
658 MEGA² I/1, 329. Neben der rein organischen Metapher stellt die Verwendung des Begriffs der *Rose* im Zusammenhang mit dem sittlichen Geist eine bewusste Anspielung an die *Grundlinien* Hegels dar. In seiner *Vorrede* hatte dieser von der Vernunft als der „Rose im Kreutze der Gegenwart" gesprochen, d.h. der durch sein System der Philosophie vermittelten Einsicht, die eine Versöhnung mit der Wirklichkeit erst zu begreifen vermöge. HGW 14, 1, (*Vorrede*) S. 15f. Eben jener Rose, die es der *schwarzen Blume* der Zensur vorzuziehen gelte, die Marx unter Bezugnahme auf Hegels *Wissenschaft der Logik* bereits in den *Bemerkungen* verwendet hatte: „Die wesentliche Form des Geistes ist Heiterkeit, Licht,

3.3 Die Rheinische Zeitung und die Kritik der Historischen Rechtsschule (1842–1843) — 103

sittlichen Geistes in der gegenwärtigen Volkspresse der eines noch jungen Volksgeistes.[659] Die Glieder der „jungen Volkspresse" befänden sich daher noch im Prozess ihrer „naturgemäße[n] Entwicklung", dem Wirklichwerden als Durchlaufen der „nothwendigen, in ihrem Wesen begründeten Entwicklungsstadien".[660] Während der politische Sinn auf dieser Entwicklungsstufe der Form nach noch laut, übereilt und boshaft zum Ausdruck komme, d. h. als leidenschaftliche Wiedergabe des Fühlens und Denkens eines Volkes, bleibe er doch an der Wahrheit orientiert, der Darstellung von Wirklichkeit und öffentlicher Meinung, wie sie tatsächlich seien und nicht wie sie von außen vordiktiert würden.[661] Marx zufolge ist es eine notwendige Bewegung, die zur vollen Herausbildung der Glieder fortschreite und deren Korrektiv der sich entwickelnde, an Vernunft zugewinnende Volksgeist selbst sei: „Mag sich daher die junge Presse täglich kompromittiren, mögen schlechte Leidenschaften in sie eindringen, das Volk erblickt in ihr seinen eigenen Zustand, und weiß, daß trotz allem Gift, was die Bosheit oder der Unverstand herbeischleppt, ihr Wesen immer wahr und rein bleibt und das Gift in ihrem immer bewegten, immer vollen Strome zur Wahrheit und zur heilsamen Arznei wird. Es weiß, daß seine Presse seine Sünden trägt, [...] die Rose des sittlichen Geistes innerhalb der Dornen der Gegenwart darstellt."[662] Vor diesem Hintergrund seien die Vorwürfe gegenüber der *Leipziger Allgemeinen Zeitung* als Kritik an der Wirklichkeit der Presse zu verstehen. Genauer betrachtet ist es eine Kritik an dem in ihrem Wesen begründeten Entwicklungsprozess, da das Verhalten, welches die Zensur bemängele, aus dem Wesen der Volkspresse selbst hervorgehe.[663] Sich gegen diese notwendige Entwicklung der Volkspresse auszusprechen würde dann aber auch heißen, den „politischen Volksgeist" zu verwerfen und bestenfalls noch eine *schlechte Presse* zu etablieren, die ihre Funktion im sittlichen Staat gar nicht mehr ausfüllen könnte.[664] Bald darauf führt Marx dieses Vorgehen der Regierung und Zensurbehör-

---

und ihr macht den Schatten zu seiner einzigen entsprechenden Erscheinung; nur schwarz gekleidet soll er gehen und doch gibt es unter den Blumen keine schwarze." MEGA² I/1, 100; HGW 11, 6.
[659] MEGA² I/1, 291. Dem jungen Volksgeist stehe ein bereits etablierter gegenüber, der sich in politischen Kämpfen erst herausgeschält habe. MEGA² I/1, 292.
[660] MEGA² I/1, 292 f., 329.
[661] MEGA² I/1, 291 f., 330. Marx unterscheidet in diesem Zusammenhang die *gute* und die *schlechte Presse*. Die *gute* an der Wahrheit orientierte Presse decke sich mit der philosophischen Presse seiner vorgehenden Artikel (s. S. 73, 77 f.). Demgegenüber handele es sich um eine *schlechte Presse*, wenn sie sich *schwarz einkleiden* lasse und die Wirklichkeit so darstelle wie dies von außen verlangt werde und die öffentliche Meinung so völlig entstelle. MEGA² I/1, 330; s. Fn. 658.
[662] MEGA² I/1, 292.
[663] MEGA² I/1, 328.
[664] MEGA² I/1, 293; s. S. 100 f. Ohne den Spiegel der wahren Presse verliere das Volk sein Zutrauen in das Gemeinwesen, welches aber die unabdingbare Voraussetzung für einen gesunden „Staatsgeist" darstelle (s. S. 77). Die Verbindung zwischen dem organischen Staatsganzen und dem Wesen der Volkspresse wird zudem dadurch bekräftigt, dass Marx in diesem Zusammenhang auch die „passive Schlechtigkeit" einiger „Zeitungen älteren Styls" kritisiert, deren „Unterlassungssünden" in Bezug auf die Verwirklichung des Wesens der Presse den „Begehungssünden" der *Leipziger Allgemeinen Zeitung* in Nichts nachstehen. MEGA² I/1, 331, 344.

den gegenüber Arnold Ruge auf die befürchtete repressive Lesart der *Zensurinstruktion* zurück, die sich als „Tendenzzensur" nun auch gegen die *Rheinische Zeitung* selbst zu richten beginnt, als einen Teil der „guten Presse".[665]

Bereits die Veröffentlichung des Artikels über das *Holzdiebstahlgesetz* sowie die Weigerung der Redaktion, den Namen des Einsenders des Ehescheidungsgesetzentwurfs zu benennen, leitete im November 1842 bereits erste Maßnahmen der Regierungsstellen auch gegen die *Rheinische Zeitung* ein.[666] Am 20. Januar wurde dann der endgültige Verbotsbeschluss gefasst und die Zeitung mit Ablauf des 31. März 1843 eingestellt.[667] Bis dahin unterlagen alle weiteren Artikel verschärften Zensurbedingungen.[668] Mit der Begründung des Verbots setzte sich Marx in den *Randglossen zu den Anklagen des Ministerialreskripts*[669] auseinander, deren Überarbeitung als Teil der *Denkschrift betreffend der Unterdrückung der „Rheinischen Zeitung"*[670] als Stellungnahme der Zeitung an den Oberpräsidenten der Rheinprovinz erging.[671]

In den *Randglossen* und der *Denkschrift* wendet sich Marx zunächst einer Kritik der Form der Vorwürfe gegenüber der Zeitung zu, indem er auf seine Kritik der Tendenzgesetzgebung zurückgreift.[672] Demnach würden die Vorwürfe in einer so unbestimmten und vieldeutigen Form vorgebracht, dass sie als „allgemein gehaltene Beschuldigungen" im Grunde zum Verbot jeder beliebigen Zeitung herhalten könnten.[673] Genauer betrachtet bilde die „Böswilligkeit der ganzen Tendenz" die Grundlage des Verbots und die entsprechenden Ausführungen würden demzufolge auch keine Tatsachen, sondern lediglich Laster artikulieren, so dass die Vorwürfe auch „[...] nicht Thaten, sondern den Charakter anklagen."[674] Eine Gesinnung aber könne nicht schlecht sein, zumindest nicht im rechtlichen Sinne, und demnach auch nicht zum Gegenstand „strafende[r] Gesetze" werden: „Bis jetzt gibt es nämlich noch keinen Codex der Gesinnung und keinen Gerichtshof der Gesinnung."[675]

---

665 *Marx an Arnold Ruge*, 25.1.1843, MEGA² III/1, 40, 43; MEGA² I/1, 330.
666 MEGA² I/1, 1022, 1051. So erging am 12. November 1842 die Aufforderung an die Zeitung personelle Veränderungen in der Redaktion zu bewirken, ansonsten drohe ein Verbot des Blattes. MEGA² I/1, 1022.
667 MEGA² I/1, 1108.
668 *Marx an Arnold Ruge*, 25.1.1843, MEGA² III/1, 40. Diese verschärften Zensurbedingungen betrafen bereits den Artikel zur *Notlage der Moselwinzer,* von dem nur zwei der ursprünglich fünf geplanten Abschnitte publiziert wurden. Bereits der dritte Abschnitt wurde am 27. Januar 1843 von der zuständigen Zensurbehörde für den Druck nicht mehr freigegeben. MEGA² I/1, 1077.
669 MEGA² I/1, 349–353. Verfasst wurde der Text zwischen dem 4. und 7. Februar 1843, aber erst posthum veröffentlicht. MEGA² I/1, 1109.
670 MEGA² I/1, 392–403 [Dubiosa]. Zwar ist die Autorenschaft Marxens nicht mit absoluter Sicherheit festzustellen, jedoch sprechen Stil und Eigenheiten der Abfassung mit „hoher Wahrscheinlichkeit" dafür. MEGA² I/1, 1151.
671 MEGA² I/1, 1152.
672 s. S. 75f.; s. Fn. 456.
673 MEGA² I/1, 350, 400.
674 MEGA² I/1, 400, 402f.
675 MEGA² I/1, 332, 345, 403. Politische und religiöse *Meinungen* können einen *Rechtszustand* nicht beeinträchtigen. MEGA² I/1, 332. Sie müssten sich in tatsächlichen Handlungen manifestieren, um in

Neben der Form setzt Marx sich auch inhaltlich mit den einzelnen Vorwürfen auseinander. Aus der Argumentation lässt sich folgende Gliederung gewinnen: (1) Stellungnahme zum Vorwurf der Aufreizung einzelner Stände gegen andere Stände; (2) Stellungnahme zum Vorwurf der böswilligen Verdächtigung gegenüber den Regierungsmaßnahmen in der öffentlichen Meinung und der Erregung von Mißvergnügen mit den bestehenden gesetzlichen Zuständen; (3) Stellungnahme zum Vorwurf, die Verfassung des Staats in ihrer Basis angegriffen zu haben, verbunden mit der Erschütterung des monarchischen Prinzips.[676] Auf den Vorwurf der Anstachelung der Stände gegeneinander geht Marx nur kurz ein und führt lediglich aus, dass die Zeitung weiter nichts als die „ständische Unvernunft" einzelner Stände kritisiert habe und sie hiermit höchstens gegen ihren „eigenen Egoismus" habe aufreizen wollen.[677] Der Beschuldigung böswilliger Verdächtigungen von Regierungsmaßnahmen und der Erregung von Missvergnügen an bestehenden Gesetzen hält Marx entgegen, dass die Kritik von Gesetzen überhaupt erst die Voraussetzung für eine Gesetzesentwicklung sei.[678] Grundlage einer solchen Kritik sei die Entzweiung zwischen Herz und Kopf der Staatsbürger mit den bestehenden Gesetzen bzw. mit dem Vorliegen von Verwaltungsmaßnahmen, die dem Volksgeist widerspreche.[679] Gemäß ihrer Funktion in der Staatsentwicklung obliege es der Presse, diese Entzweiung in der öffentlichen Meinung abzubilden.[680] Den größten Raum in der Argumentation nimmt die Zurückweisung des Vorwurfs ein, die Basis der preußischen Verfassung und das monarchistische Prinzip angegriffen zu haben. Zunächst verweist Marx darauf, dass in Bezug auf die Basis der preußischen Verfassung verschiedene Meinungen bzw. Theorien vorherrschen, wobei es vor allem zwei Theorien seien, die das Feld der Auseinandersetzung bestimmten: „Im Jahre 1830 wird Hegel, im Jahre 1842 Stahl als offizieller preußischer Staats-Philosoph betrachtet."[681] Die Kritik der *Rheinischen Zeitung* richte sich dem-

---

klaren gesetzlichen Formulierungen dem Strafrecht unterliegen zu können. Eine bloße Gesinnung, die als schlecht erachtet wird, habe daher ein Recht zur Existenz, soweit sie nicht *ungesetzmäßig* ausgeübt werde. MEGA² I/1, 345. Vor diesem Hintergrund entpuppt sich der vorgeblich liberale Charakter der Zensurinstruktion für Marx auch als ein „romantische[r] Jesuitismus", d. h. als romantischer Glaube an eine Freiheit, die man real gar nicht zu besitzen trachtet. *Marx an Arnold Ruge*, 23.1.1843, MEGA² III/1, 40.
676 MEGA² I/1, 349.
677 MEGA² I/1, 351 f., 401 f.
678 MEGA² I/1, 352. „Jede Gesetzesreform und Revision, jeder Fortschritt beruht auf solchem Mißvergnügen." Bereits Gans hatte in seinen *Naturrechtsvorlesungen* den Konflikt von Sein und Sollen zu jeder Zeit als Motor der Entwicklung der Gesetze begriffen, der eine „Geschichte der Gesetzgebung" geradezu erst ermöglicht (s. S. 50).
679 MEGA² I/1, 351 f.
680 Diese spezifische Vermittlerposition hatte Marx im Artikel zur Notlage der Moselwinzer herausgearbeitet, in der er von der Presse auch als Verbindung von staatsbürgerlichem Kopf und bürgerlichem Herzen spricht (s. S. 100).
681 MEGA² I/1, 401. „Hegel glaubte zu seinen Lebzeiten in seiner Rechtsphilosophie die Basis der preußischen Verfassung niedergelegt zu haben [...]. Was damals Hegel glaubte, glaubt heut zu Tage Stahl." MEGA² I/1, 350.

nach nur gegen eine der beiden Interpretationen und nicht gegen die preußische Verfassung als solches. Auf eben diese bezogen vertrete die Lehre Stahls die Position eines „despotisme éclairé" in der Staatsform einer Monarchie mit „christlichen Institutionen".[682] Die Souveränität stelle sich hier als Freiheit dar, die auf die Person des Fürsten beschränkt sei, der dann dem „Staatsganzen, als einem geistlosen und unfreien Stoffe" gegenüberstehe.[683] Entgegen dieser „zeitweilige[n] Regierungsansicht" vertrete die *Rheinische Zeitung* die Position der Hegel'schen *Rechtsphilosophie*.[684] Hiernach ist die Staatsform als „Monarchie, umgeben mit republikanischen Institutionen" charakterisiert, deren gesamter „Geist der Souverainetät" Freiheit ist.[685] Unter bewusster Verwendung organischer Terminologien wird das Staatsganze dann als Körper des Fürsten bezeichnet, dessen Organe die einzelnen Institutionen darstellen, in denen der freiheitliche „Geist der Souverainetät" lebt und wirkt.[686] Mit der Parteinahme für die *Rechtsphilosophie* Hegels ist darüber hinaus auch die Ablehnung jener Vermischung von Politik und Religion verbunden, die die Staatsphilosophie Stahls überhaupt erst definiert.[687] Gegenüber dem Vorwurf, das monarchische Prinzip erschüttert zu haben, macht Marx auf der Grundlage des „vorherrschenden Charakter[s]"[688] der *Rheinischen Zeitung*, dem Interesse am „politischen Gedanken", geltend, dass diese nie offen Partei für oder gegen eine „bestimmte Staatsform" ergriffen habe. Ganz im Gegenteil betrachte sie die Monarchie nicht als gesondertes Prinzip, sondern als mögliche „Verwirklichung des staatlichen Princips" überhaupt: „Ihr war es um ein sittliches und vernünftiges Gemeinwesen zu thun, sie betrachtete die Forderungen eines solchen Gemeinwesens als Forderungen, die unter jeder Staatsform verwirklicht werden müßten und verwirklicht werden könnten. [...] es handelte sich ihr hauptsächlich um den Inhalt, um die Demokratie in dem Sinne, daß der freie Mensch das Prinzip des Staates sein solle."[689]

In ihrer Ausgabe vom 18. März 1843 veröffentlichte die *Rheinische Zeitung* eine kurze Stellungnahme Marxens, in der dieser seinen Austritt aus der Redaktion erklärte.[690] Mit dieser Erklärung endet das Engagement für die *Rheinische Zeitung* und zugleich auch jenes *prometheische Projekt,* welches ausgehend von der *Dissertation* die

---

682 MEGA² I/1, 350.
683 MEGA² I/1, 350 f. Die Darstellung der Souveränität in der Lehre des christlichen Staats spielt an die *Unvollkommenheits-* und *Bevormundungstheorie* an und enthält zudem eine deutlich lesbare *mechanische* Struktur (s. Fn. 489). Erst der Fürst verleihe dem Staatsganzen gewissermaßen äußerlich seinen Geist.
684 MEGA² I/1, 350 f., 401.
685 MEGA² I/1, 350.
686 MEGA² I/1, 350 f.
687 „In Bezug auf die Religion endlich hat sie [die Rheinische Zeitung, D.P.] nach dem Art. II des Censuredicts von 1819 gehandelt, nämlich dem Fanatischen Herüberziehn von Religionswahrheiten in die Politik und der daher entspringenden Verwirrung der Begriffe entgegengearbeitet." MEGA² I/1, 352.
688 MEGA² I/1, 333, 401.
689 MEGA² I/1, 351 f., 401.
690 *Erklärung, Rheinische Zeitung 77,* 18. 3. 1843, MEGA² I/1, 366.

Philosophie in die Wirklichkeit tragen sollte. Die folgende Zeit wird durch eine Abwendung von der Fokussierung auf die *Historische Rechtsschule* und eine kritische Rückbesinnung auf eine ganz andere „Metaphysik des Rechts" charakterisiert sein.[691]

3.3.7 Zusammenfassung

Ausgehend von der rechtsphilosophischen Problemlage eines Auseinanderfallens von Sein und Sollen, der Abtrennung formaler Abstraktion von der sozialen Rechtswirklichkeit, hatte Marx die Quelle dieses unvermittelten Gegensatzes der Rechtsphilosophie in einer falschen *Metaphysik des Rechts* lokalisiert. Prägendes Charakteristikum der Folgezeit ist der Versuch, eine Vermittlung dieses Gegensatzes zu bewerkstelligen. Dies geschieht zum einen, indem die theoretische Strömung der aus seiner Sicht falschen Metaphysik sichtbar gemacht wird und die mit ihrer Position intendierten Konsequenzen schonungslos ausformuliert werden, zum anderen durch die Einebnung des Gegensatzes in einer spezifischen Aneignung des philosophischen Systems Hegels, als Teil des in diesem vermittelten Verhältnisses von Philosophie und Welt (Verwirklichung der Philosophie).

In den Artikeln der *Rheinischen Zeitung* zeichnet Marx das Bild einer Historischen Rechtsschule, die nicht nur keine Lösung für das Problem des Gegensatzes von Sein und Sollen bereithalten könne, sondern durch die einseitige Fixierung auf das geschichtliche Sein zudem noch eine Festigung des Auseinanderfallens betreibe.[692] Entsprechend sind die Artikel geradezu durchzogen von einer intensiven Kritik an dieser rechtswissenschaftlichen Richtung, die eine Nähe Marxens zu Savigny nur schwerlich wird konstatieren können.[693] Leitender Gesichtspunkt ist dabei die Offenlegung ihrer profanen Grundlage, der Dominanz des Besonderen über das Allgemeine. Indem es letztlich die egoistischen Interessen Einzelner seien, die das Recht bestimmten, leiste die Theorie dem Zufall und der Willkür Vorschub, statt einer Notwendigkeit des Allgemeinen, als Ausdruck der vernunftbasierten menschlichen

---

691 s. S. 66.
692 Die *Metaphysik des Rechts* wird gar nicht aufgegriffen, sondern *kritiklos* verworfen. Allein Geschichte und Erfahrung stellten den Nährboden des Rechts dar, ohne eine Einbeziehung der *Vernunft*.
693 In diesem Zusammenhang ist Schefold zu widersprechen. Soweit in den Artikeln der *Rheinischen Zeitung* Übereinstimmungen mit der Position Savignys auftauchen, ist dies gewissermaßen nur eine zufällige Verwandtschaft, die sich durch die Orientierung an der Philosophie Hegels und Gans' ergibt. Beispielsweise ist die Auffassung des Rechts als objektive Herrschaft der Gesetze zur wechselseitigen Beschränkung der Willkür einzelner bereits Ausdruck der Philosophie Hegels, ohne dass es hierzu etwaiger Anleihen bei Savigny bedürfte. Zumal eine solche Herrschaft des Gesetzes in den Augen Marxens immer auch eine Legitimation durch die Vernunft beinhaltet, ohne die es gar kein Gesetz im eigentlichen Sinne sein könne. Vgl. Schefold 1970, S. 51 Fn. 25. Als Sinnbild dieses Verhältnisses kann sicherlich die Auseinandersetzung zum *Ehescheidungsgesetzesentwurf* gelten. Auch wenn Savigny und Marx in den *Konsequenzen* weitestgehend übereinstimmen, so gehen sie doch von völlig verschiedenen *Prämissen* aus.

Freiheit. Diesen Zug der Historischen Rechtsschule als „Recht der willkürlichen Gewalt" verfolgt Marx durch alle Artikel hindurch, nicht zuletzt auch vor dem Hintergrund der potemkinschen Fassaden einer *Lehre vom christlichen Staat*.

Demgegenüber bietet die einheitsstiftende *Rechtsphilosophie* Hegels in ihrer liberalen Lesart durch Gans das Instrumentarium, um den Gegensatz zwischen Sein und Sollen überwinden zu können. Getragen durch einen konkreteren Bezug zur Wirklichkeit ist die Adaption durch Marx in erster Linie als ein Ausschärfungs- und Verdichtungsprozess der *Rechtsphilosophie* zu verstehen und zumindest zu dieser Zeit auch noch nicht als bewusste Loslösung von Hegel zu begreifen.[694] Diese unmittelbare Verbindung der Zeitungsartikel mit der *Rechtsphilosophie* Hegels lässt sich anhand der Übernahme zentraler Gesichtspunkte und Charakteristika dieser Theorie verdeutlichen. Vor allem der untrennbare Zusammenhang von *Recht und Freiheit*, der den Ausgangspunkt der *Grundlinien* und der *Naturrechtsvorlesungen* bildet, avanciert auch bei Marx zur Grundlage seiner Rechtsphilosophie. So sind die Ausführungen zum freiheitlichen Wesen des Menschen unmittelbar mit dem Wesen des Rechts verknüpft. Der Inhalt der beides verbindenden *vernünftigen Regel der Freiheit* wird zwar nicht explizit formuliert, baut aber augenscheinlich auf dem Rechtsgebot der wechselseitigen Anerkennung als Rechtspersonen auf, welches Marx dann mit der geschichtlich-gewordenen Freiheit in ihrer spezifisch ausdifferenzierten Form verbindet.[695] Eine weitere Nähe zu Hegel ergibt sich dadurch, dass eine der in den organischen Zusammenhang eingebetteten besonderen Freiheitssphären das Eigentum umfasst. Marx begreift Eigentum wie Hegel und Gans daher zunächst als *Privateigentum*.[696] Auch die explizit *naturrechtliche Ausrichtung* knüpft nahtlos an die *Grundlinien* und *Naturrechtsvorlesungen* an.[697] Maßstab der verschiedenen Gestalten des Rechts ist für ihn allein die freiheitsverwirklichende Vernunft, die sowohl die Naturgesetze der

---

694 Vor allem Schefold suggeriert diesen Prozess der Abnabelung unter Hervorhebung der eigenständigen Merkmale des rechtsphilosophischen Ansatzes Marxens. Vgl. Schefold 1970, S. 44 Fn. 17, 47 Fn. 22, 54 Fn. 3, 55–58, 69 Fn. 21, 91 f., 118, 121, 128, 188 f., 198. Zeugnis der engen Anbindung an Hegel legt auch die Vielzahl an Zitaten und Formulierungen ab, die in die Artikel Marxens einfließen.
695 Statt dieser Interpretation verknüpft Schefold den Inhalt der vernünftig-rechtlichen Regel anachronistisch mit Hegelkritischen Intentionen späterer Werkstellen. Vgl. Schefold 1970, S. 78–84.
696 Wie es zuvor in den *Grundlinien* und den *Naturrechtsvorlesungen* begriffen wurde, kann das Privateigentum und das mit ihm verbundene Interesse in einem angemessenen Rahmen als Besonderes im Gemeinwesen wirken. Letztlich entscheidend bleibt jedoch das Allgemeine, sollte dies auch hinnehmbare Nachteile und Beeinträchtigungen für das jeweilige Privateigentum beinhalten (s. S. 89; s. Fn. 555). Die Auffassung des Eigentums als Privateigentum wird zudem durch die Verteidigung der Institution der Ehe und des mit ihr verbundenen Familienvermögens und Erbrechts verdeutlicht (s. S. 92 f.). Des Weiteren auch durch die Parteinahme für die Eigentumsfreiheit der Moselwinzer (s. S. 99).
697 Eine umfangreiche Darlegung der *naturrechtlichen Rechtsphilosophie* Marxens zu dieser Zeit bietet Schefold: Schefold 1970. Allerdings begrenzt er seine Darstellung des Ansatzes auf das Jahr 1842, obwohl Marx seine Position auch in den Artikeln des Jahres 1843 beibehält (s. *Kap.* 3.3.5 u. 3.3.6). Noch die Ausführungen der *Randglossen* und der *Denkschrift* lesen sich wie ein zusammenfassender Abriss seiner rechtsphilosophischen Grundauffassung dieser Zeit.

Freiheit als auch ihre höhere Form als positives Gesetz erst legitimiere. Der sittliche Staat wird auch bei Marx durch Gesetze der rechtlichen Freiheit regiert. Vor allem in Bezug auf das *Gewohnheitsrecht* trete dann aber das Primat der Wirklichkeit gegenüber den eher auf der Begriffsebene verbleibenden Ansätzen von Hegel und Gans stärker hervor. Innerhalb einer differenzierteren Auseinandersetzung mit den Gewohnheitsrechten wird der vernunftrechtliche Maßstab mit der Theorie des Pöbels verknüpft und die Möglichkeit echter Gewohnheitsrechte zu einer Zeit des gesetzlichen Rechts erheblich eingegrenzt. Nur physische Armut und der Mangel, rechtliche Ansprüche artikulieren zu können, könne noch Gewohnheitsrechte begründen, die durch einen sittlichen Gesetzgeber in positive Gesetze zu überführen seien.[698] Auch im Bereich des *Strafrechts* und der *Justiz* steht Marx fest auf dem Boden der *Rechtsphilosophie* Hegels. Recht ist auch bei ihm daher Zwangsrecht. So gilt ihm die begriffsnotwendige Institution der *Strafe* zugleich als Recht des Verbrechers, die diesem eine Rückkehr auf den Standpunkt der rechtlichen Freiheit ermögliche. Zugleich spricht sich Marx explizit gegen eine Tendenzgesetzgebung und Verdachtsstrafen sowie ein nichtöffentliches Rechtswesen aus. In einer über Hegel und Gans hinausweisenden Betrachtung der Wirklichkeit des Strafrechts erfolgt zudem der Versuch der Definition eines aus der Rechtsphilosophie herzuleitenden allgemeinen Rechtsprinzips, welches die Strafpraxis leiten soll (Grundsatz der Verhältnismäßigkeit und Gleichheitssatz). Auch tritt Marx zumindest im Strafrecht für die Prozessform des Geschworenengerichts ein, die ein faires Verfahren am ehesten zu gewährleisten vermöge.[699] Zuletzt folgt Marx den *Grundlinien* und den *Naturrechtsvorlesungen* auch mit der Einbettung des Rechtsdenkens in ein *organisch begriffenes Staatsganzes*. Hierauf wird das Verhältnis und Zusammenspiel zwischen Staat, bürgerlicher Gesellschaft und dem sich in der öffentlichen Meinung ausdrückenden Volksgeist weiter ausformuliert. Insbesondere Bedeutung und Funktion der freien Presse werden in diesem Zusammenhang deutlicher hervorgehoben. Der liberalen Interpretation der *Grundlinien* Gans' folgend tritt die Favorisierung eines republikanisch gefärbten Gemeinwesens hervor, in dem der sittliche Staat als eine auf Wechselseitigkeit gegründete rechtsförmige Gestalt mit möglichst horizontalen Strukturen erscheint – dem *Verein freier Menschen*. Zu betonen ist dabei, dass das Prinzip des freien Menschen, welches diesem Staat zugrunde liegt, vor dem Hintergrund der rechtsphilosophischen Position dieser Zeit nur als *Prinzip der rechtlichen Freiheit* zu begreifen ist.

---

[698] Neben dem Rückgriff auf die Darlegungen Hegels über den kraft seiner Armut und der hieraus resultierenden sozialen Stellung vom Staatsleben weitestgehend ausgeschlossenen Pöbel sind es vor allem die Gans'schen Gedanken, die im Zusammenhang mit den Ausführungen zum Gewohnheitsrecht auftauchen (s. S. 50, 84 f.).
[699] Wie zuvor tragen die Ausführungen Marxens eher den Charakter eines Versuchs der Weiterführung als einer Loslösung von der Rechtsphilosophie Hegels. Mit seinen Ausführungen zum Strafrecht tritt er allerdings schon in den Bereich über, der in den *Grundlinien* noch den besonderen Wissenschaften vorbehalten war.

In ihren wesentlichen Verlaufslinien folgt die rechtsphilosophische Position Marxens somit unmittelbar derjenigen Hegels und Gans'. Ohnehin lässt sich die frühe Phase bis zum Ende der *Rheinischen Zeitung* am ehesten als eine direkte Weiterführung der Position der *Philosophischen Rechtsschule* begreifen, wenngleich auch das Normativitätserfordernis im Sinne der Anerkennung der Normen durch ihre Adressaten durch die zunehmende Bedeutung der sozialen Frage an Gewicht gewinnt.

Es sind aber nicht so sehr die praktischen Erfahrungen der Not und des Elends weiter Bevölkerungsteile, sondern die sich aus den Erfahrungen ergebenden innertheoretischen Problemlagen, die zu einer kritischen Reflexion der eigenen Rechtsphilosophie führen. Der Versuch, die gesellschaftspolitischen Fragestellungen mit der Hegel'schen Philosophie aufzugreifen, hat Marx deutlich werden lassen, dass es nicht der sittliche Staat ist, der das Allgemeine gegen die bürgerliche Gesellschaft durchsetzt und sie so in einem Gefühl der Nichtigkeit hält, sondern dass es der bürgerlichen Gesellschaft im zunehmenden Maße gelingt, auf die politische Ebene des Staates überzugreifen und das Besondere zum Maß des Allgemeinen zu erheben. Die Kluft zwischen Sein und Sollen wird in der Wirklichkeit gerade *nicht* überwunden.[700]

Es ist diese *innere Krankheit* des wirklichen Staats, die Marx in der Folgezeit zu einer kritischen Reflexion auf die eigenen theoretischen Grundlagen führen wird und neben den Zweifeln an der bestehenden *Therapie* vor allem das Interesse an ihrer *Diagnose* wecken wird.[701]

3.4 Die Deutsch-Französischen Jahrbücher und die Kritik der Hegelschen Rechtsphilosophie (1843–1844)

Die praktischen Erfahrungen und die Theorienkrise, die aus der Redaktionszeit für die *Rheinische Zeitung* folgten, legten ganz offenkundig frei, dass das Programm einer Verwirklichung der Philosophie nicht in der Lage war, jene rechtsphilosophische Mauer zwischen dem Sein und Sollen zu überwinden, die doch überhaupt erst den Ausgangspunkt für eine intensive Beschäftigung mit der Rechtsphilosophie darstellte. Statt der versprochenen sittlich-allgemeinen Instanz erwies sich der Staat mit seinen Institutionen und Prozessen zunehmend in einem Abhängigkeitsverhältnis zur bürgerlichen Gesellschaft, geradezu gegensätzlich zu dem Wirkungszusammenhang, den die *Grundlinien* Hegels eigentlich verheißen hatten.[702] In der Folgezeit wird sich Marx daher einer kritischen Reflexion der eigenen rechtsphilosophischen Grundlagen widmen, welche zugleich mit einer beruflichen Neuausrichtung zusammenfällt,

---

[700] Es sind die politischen Erfahrungen im Zusammenhang mit der journalistischen Tätigkeit in ihrer Gesamtheit, die ein Auseinanderfallen zwischen dem wirklichen Staat und seinem Begriff offenbaren. Vgl. Sieferle 2007, S. 22f.; Heinrich 2011, S. 92; Arndt 2012, S. 25.
[701] MEGA² I/1, 285; s. S. 52, 97.
[702] Vgl. Klenner 1991, S. 164; Sieferle 2007, S. 24.

dem Projekt der *Deutsch-Französischen Jahrbücher*.⁷⁰³ Im Zusammenhang mit diesem neuen Projekt hebt Marx gegenüber Ruge auch seine Beschäftigung mit der kritischen Philosophie Feuerbachs hervor, die seiner erneuten Auseinandersetzung mit der *Rechtsphilosophie* Hegels ihren charakteristischen Zug verleihen wird.⁷⁰⁴ Was das Interesse Marxens an Feuerbach dabei wecken sollte, war vor allem die Einschätzung der Hegel'schen Philosophie als eine bloße Überführung der Theologie in die Logik.⁷⁰⁵ Für Marx musste sich die Frage aufdrängen, was das für eine Rechtsphilosophie bedeuten würde, die sich ja bislang gerade als konsequenter Gegner einer theologisch ummantelten Rechts- und Staatsbegründung verstanden hatte. Anders ausgedrückt: Wenn das System Hegels nichts anderes ist als eine in die Logik überführte Theologie, dann wird möglicherweise auch die *Logifizierung des Rechts* zu politischen Konsequenzen führen, wie sie in der Lehre des christlichen Staats bereits zum Ausdruck kommen, als eine bloße Akkommodation an die bestehende Wirklichkeit. Mit der Schrift *Zur Kritik der Hegel'schen Rechtsphilosophie* verdichten sich im März 1843 die intensive Auseinandersetzung mit der Philosophie Feuerbachs und die kritische Selbstreflexion Marxens zu einem ausführlichen Kommentar des Staatskapitels der *Grundlinien*.⁷⁰⁶

3.4.1 Zur Kritik der Hegelschen Rechtsphilosophie

Innerhalb der Schrift setzt sich Marx mit den §§ 260–313 der *Grundlinien* auseinander, d. h. dem Teil der *Rechtsphilosophie* Hegels, der das *innere Staatsrecht* (*ius publicum*) abhandelt.⁷⁰⁷ Nicht zuletzt vor dem Hintergrund der Erfahrungen seiner Redaktionszeit und der wirkungslos verhallenden Kassandrarufe nach sittlichen Staatseinwirkungen intensiviert er damit seine Beschäftigung mit eben jener theoretischen Nahtstelle, an der Staat und Individuen (Familie, bürgerliche Gesellschaft)

---

703 *Marx an Arnold Ruge*, 13.3.1843, MEGA² III/1, 44.
704 *Marx an Arnold Ruge*, 13.3.1843, MEGA² III/1, 45. Zwar hatte Marx gegenüber Ruge bereits ein Jahr zuvor bekräftigt, einen Aufsatz zur „Kritik des Hegelschen Naturrechts" verfassen zu wollen, die intensive Auseinandersetzung mit Feuerbach erfolgte jedoch erst ab März 1843. *Marx an Arnold Ruge*, 5.3. 1842, MEGA² III/1, 22; *Marx an Arnold Ruge*, 20.03.1842, MEGA² III/1, 24; MEGA² I/1, 576.
705 Vgl. Marcuse 2004b, S. 237. Auch Arndt betont die zentrale Bedeutung der Religion für die Konzeption der *Grundlinien*. Vor allem das freiheitliche Verständnis des Geistes besitze religiöse Wurzeln. Vgl. Arndt 2015, S. 30 f. Als Grundlage der Logifizierung der Wirklichkeit führt insbesondere dieser Geistbegriff Feuerbach zu der Auffassung, in Hegels Philosophie den „letzten spekulativen Außenposten Gottes" zu erblicken. Vgl. Weckwerth 2002, S. 52; Vincent 2008, S. 47 f.
706 Obschon fortlaufende Publikationsabsichten bestanden, wurde die Schrift zu Lebzeiten Marxens nicht veröffentlicht. In der Forschung wird angenommen, dass ihre Niederschrift zwischen März und September 1843 erfolgte. MEGA² I/1, 571, 580. Zwar zählt die Schrift nicht zum strengen Kanon der *Deutsch-Französischen Jahrbücher*, aber allein die permanenten Veröffentlichungsabsichten und ihre Abfassung vor dem Hintergrund des neu beginnenden Gemeinschaftsprojekts rechtfertigen ihre Einbeziehung in diese Entwicklungsphase des Marx'schen Rechtsdenkens.
707 MEGA² I/2, 3–137.

aufeinandertreffen. Die methodischen Grundlagen für die ausführliche Beleuchtung der einzelnen Paragraphen entnimmt Marx der kritischen Philosophie Feuerbachs, die dieser seit 1839 in verschiedenen Schriften zum Programm einer *Neuen Philosophie* fortentwickelt hatte.[708]

Die Kritik Feuerbachs an Hegel richtet sich dabei vor allem gegen dessen Erkenntnisbegriff, der ihm zufolge einseitig auf einen sich selbst erzeugenden Denkprozess reduziert wird.[709] Innerhalb dieses Prozesses werde das Sein rein begrifflich gefasst und nicht etwa als Tatsache der Außenwelt begriffen. So trete es im System nur als „abgeleitete[r] Modus des Denkens" hervor.[710] Als Quintessenz stelle sich dann zu guter Letzt ein „unkritischer Objektivismus" ein, der die bestehende Wirklichkeit mit der Vernunft gleichsetze, indem er die bloß positiv gegebene Welt wieder in das philosophische System integriere.[711] Um diese Konsequenz zu vermeiden, müsse die Philosophie ihre *spekulative Form* abstreifen. Dies vollzieht Feuerbach durch die „Umkehr der Hegelschen Philosophie", indem die Auffassung von Erst- und Zweitursachen Hegels vertauscht wird – die bekannte Inversion von Subjekt und Objekt (Prädikat).[712] In der anthropologischen Philosophie Feuerbachs erscheint die Beziehung zwischen Subjekt und Objekt dann nicht mehr primär als *Denkprozess*, sondern verlagert sich auf eine *sensuelle Bedürfnisbeziehung*. Ausgangspunkt der *Neuen Philosophie* wird dann ein *Sein*, welches als Natur begriffen wird, insoweit sie das menschliche Dasein betrifft.[713] Der Mensch als bedürftiges Wesen rückt ins Zentrum der Philosophie. Wie genau sich diese grundlegende Erschütterung des Systems auf die *Rechtsphilosophie* auswirkt, wurde von Feuerbach jedoch vernachlässigt.[714] An diesem Punkt knüpft Marx mit seinen Überlegungen an die „Inversionsmethode" der *Neuen Philosophie* an, um die *esoterische* Terminologie der *Grundlinien* zu dekodieren und die Widersprüchlichkeit ihrer Staatstheorie offenzulegen.[715]

Den Beginn der Betrachtungen bildet der Widerspruch zwischen den Sphären der Familie und bürgerlichen Gesellschaft (System der Sonderinteressen) auf der einen

---

708 Zur *Kritik der Hegelschen Rechtsphilosophie* (1839), *Das Wesen des Christentums* (1841), *Vorläufige Thesen zur Reformation der Philosophie* (1842), *Grundsätze der Philosophie der Zukunft* (1843).
709 Vgl. Weckwerth 2002, S. 54.
710 Vgl. Marcuse 2004b, S. 238.
711 Vgl. Weckwerth 2002, S. 60; Marcuse 2004b, S. 238. Weckwerth spricht insoweit auch von einer *konservativ-affirmativen* Funktion des Systems. Vgl. Weckwerth 2002, S. 60.
712 Vgl. ebd., S. 61. Die Lösung des Problems der Transzendentalphilosophie bestehe daher *nicht* darin, die Hegel'sche Philosophie vollständig zu verwerfen. Allerdings werde ihre historisch-logische Realisierung in den Augen Feuerbachs erst durch ihre *Umkehrung* ermöglicht. Vgl. ebd., S. 52, 62; Marcuse 2004b, S. 237. Feuerbach fasst dies in seiner bekannten Formel zusammen, dass das Denken aus dem Sein und nicht das Sein aus dem Denken folge. Vgl. ebd., S. 238.
713 Vgl. Honneth / Joas 1980, S. 20 f.; Weckwerth 2002, S. 55; Marcuse 2004b, S. 238 f.
714 „Feuerbachs Aphorismen sind mir nur in dem Punkt nicht Recht, daß er zu sehr auf die Natur und zu wenig auf die Politik hinweist. Das ist aber das einzige Bündniß, wodurch die jetzige Philosophie eine Wahrheit werden kann." *Marx an Arnold Ruge*, 13.3.1843, MEGA² III/1, 45.
715 MEGA² I/2, 8; *Marx an Arnold Ruge*, 5.3.1842, MEGA² III/1, 22; Klenner 1991, S. 165.

und dem Staat (System des allgemeinen Interesses) auf der anderen Seite.[716] In den *Grundlinien* wird dieser Antagonismus zwischen *Besonderem* und *Allgemeinem* durch eine spezifische Staatskonstruktion vermittelt. Allerdings werde diese Vermittlung von Hegel nur *logisch* erschlichen, wie Marx herausstellt.[717] Als Einfallstor der Logifizierung der *Grundlinien* lokalisiert Marx insbesondere den § 262, in dem sich „[...] das ganze Mysterium der Rechtsphilosophie [...] und der hegelschen Philosophie überhaupt" konzentriere.[718] Näher betrachtet vollziehe sich dieses Mysterium in der spekulativen „Verkehrung" von Subjekt und Prädikat, indem die Idee des Staates als *Subjekt* fungiert und die Sphären der Familie und bürgerlichen Gesellschaft zu bloßen *Prädikaten* herabgesetzt werden.[719] So werde das tatsächliche Wirkungsverhältnis jedoch umgekehrt, welches Marx darin erblickt, dass der Staat aus den Sphären der Familie und bürgerlichen Gesellschaft hervorgeht, nicht umgekehrt:[720] „Die Idee wird versubjektiviert und das wirkliche Verhältniß von Familie und bürgerlicher Gesellschaft zum Staat wird als ihre innere imaginaire Thätigkeit gefaßt. Familie und bürgerliche Gesellschaft sind die Voraussetzungen des Staats; sie sind die eigentlich thätigen; aber in der Spekulation wird es umgekehrt. Wenn aber die Idee versubjektiviert wird, werden hier die wirklichen Subjekte, bürgerliche Gesellschaft, ‚Umstände, Willkühr etc.' zu unwirklichen, anderes bedeutenden, objektiven Momenten der Idee. [...] Der wahre Weg wird auf den Kopf gestellt."[721] In der spekulativen Methodik der *Rechtsphilosophie* trete somit letztlich die *Logik* an die Stelle der Sache selbst.[722]

Eine tatsächliche Vermittlung der Widersprüche zwischen bürgerlicher Gesellschaft und Staat vermöge dieser unkritische Mystizismus der Verkehrung nicht zu leisten.[723] Stattdessen führe das Vorgehen Hegels dazu, dass die empirische Existenz der *bestehenden* Gesellschaftsorganisation in seinem System als *vernünftig* zu begreifen ist.[724] Die rein ideal-begriffliche Fassung des Staats als Grundlage der Vernunft

---

716 MEGA² I/2, 5.
717 MEGA² I/2, 6.
718 MEGA² I/2, 10. „[...] dieser Mysticismus ist sowohl das Räthsel der modernen Verfassungen [...] wie auch das Mysterium der Hegelschen Philosophie, vorzugsweise der Rechts- und Religionsphilosophie." MEGA² I/2, 92.
719 MEGA² I/2, 8f., 12, 40.
720 MEGA² I/2, 8f. Bei Hegel wird dieser Wirkzusammenhang dadurch kaschiert, dass er die *wirkliche Idee* so darstellt, als würde diese selbst aktiv wirken (handeln). MEGA² I/2, 12f.; vgl. Arndt 2015, S. 70.
721 MEGA² I/2, 8, 43. Diese zu Beginn der Schrift entworfene Kritikfigur zieht sich dann durch die gesamte Kommentierung der Paragraphen hindurch: vgl. u. a. MEGA² I/2, 18, 92, 115f., 131.
722 „Das Wesen der staatlichen Bestimmungen ist nicht, daß sie staatliche Bestimmungen sind, sondern, daß sie in ihrer abstraktesten Gestalt, als logisch-metaphysische Bestimmungen betrachtet werden können. Nicht die Rechtsphilosophie, sondern die Logik ist das wahre Interesse. Nicht daß das Denken sich in politischen Bestimmungen verkörpert, sondern daß die vorhandenen politischen Bestimmungen in abstrakte Gedanken verflüchtigt werden, ist die philosophische Arbeit. Nicht die Logik der Sache, sondern die Sache der Logik ist das philosophische Moment. Die Logik dient nicht zum Beweis des Staats, sondern der Staat dient zum Beweis der Logik." MEGA² I/2, 18.
723 Vgl. Arndt 2012, S. 29f.
724 MEGA² I/2, 9, 40f.

könne so aber nur zu einer „Apologie der unvernünftigen Wirklichkeit" führen, in der Marx die ganze „Unkritik der Hegelschen Rechtsphilosophie" erblickt.[725] Eine unvernünftige Wirklichkeit, die sich darin manifestiere, dass die logische Abstraktion nur eine neue „Form des alten Inhalts" schaffe.[726] Marx hat hier vor allem die überkommenen politischen Institutionen im Visier, insbesondere die fürstliche Gewalt und das ständische Element, welche durch die abstrakte Form nur ein „philosophisches Attest" erhalten sollen.[727] So gesehen sei die *Rechtsphilosophie* nicht mehr als eine Reminiszenz an den Status quo der politischen Organisation und eine unkritische Akzeptanz des *ancien régime* samt seines Rechts.[728] Nicht zufällig klingen daher auch Parallelen zur Kritik der Historischen Rechtsschule an, wenn Marx davon spricht, dass das „Moment des ständischen Elements" die „Romantik des politischen Staates" sei, „der Traum seiner Wesenhaftigkeit oder seiner Uebereinstimmung mit sich selbst".[729] Ebenso wie der Historischen Rechtsschule und ihrer Lehre vom christlichen Staat wird auch der *Rechtsphilosophie* Hegels daher eine bloße Akkommodation vorgeworfen, d. h. ein unkritisches Festhalten am traditionell Hergebrachten und Bestehenden, so dass sie sich letztlich wie diese nur als weitere Manifestation einer *Metaphysik des Rechts* entpuppe.[730] Und auch was die inhaltliche Kritik der folgenden Paragraphen angeht, ist die Parallele zur Historischen Rechtsschule weithin spürbar.

Zunächst führe die der *Rechtsphilosophie* zugrunde liegende Verkehrung zu einem abstrakten und letztlich rein imaginär bleibenden *organischen Staatszusammenhang*. Die Fixierung der Staatsgewalten, die Hegel vornimmt, vollziehe sich vor dem Hintergrund einer bereits *vorausgesetzten* politischen Verfassung.[731] Aus der Sicht Marxens ist dies aber nur ein ideeller „Staatsformalismus", der sich auf dem Boden einer überkommenen Ständegesellschaft mittelalterlichen Charakters erhebt.[732] Entsprechend sei auch die Verfassung dieses Staats, die *konstitutionelle Monarchie*, nicht als „höchste[s] Dasein der Freiheit" zu begreifen, mithin eben nicht „Staat der allgemeinen Angelegenheit", sondern in seiner „Scheinform" nicht mehr als eine sich durch Gesetze geltend machende Herrschaftsausübung, der das Prinzip des *unfreien Menschen* zugrunde liege.[733] Gegenüber Ruge wird Marx in diesem Punkt deutlicher:

---

[725] MEGA² I/2, 38; Henrich 2010, S. 205.
[726] MEGA² I/2, 43.
[727] MEGA² I/2, 43, 105. „Es ist dies die unkritische, die mystische Weise, eine alte Weltanschauung im Sinne einer neuen zu interpretieren [...]." MEGA² I/2, 92.
[728] Vgl. Kelley 2008, S. 15.
[729] MEGA² I/2, 102.
[730] Vgl. Kelley 2008, S. 14; s. S. 66.
[731] MEGA² I/2, 14 f., 62. „Die verschiedenen Gewalten sind als nicht durch ihre ‚eigne Natur' bestimmt, sondern durch eine fremde. Ebenso ist die Nothwendigkeit nicht aus ihrem eignen Wesen geschöpft, noch weniger kritisch bewiesen. Ihr Schicksal ist vielmehr prädestinirt durch die ‚Natur des Begriffs', versiegelt in der Santa Casa (der Logik) heiligen Registern. Die Seele der Gegenstände, hier des Staats, ist fertig, prädestinirt vor ihrem Körper, der eigentlich nur Schein ist." MEGA² I/2, 15.
[732] MEGA² I/2, 125.
[733] MEGA² I/2, 32 f., 60, 68.

In dem sich in zeitlicher Nähe zur Abfassung der Kritik bewegenden Briefwechsel spricht er in Bezug auf den zeitgenössischen Staat von einem „widerwärtigste[n] Despotismus" und einem „verknöcherten Diener- und Sklavenstaat", kurz: einer „Unnatur [des] Staatswesens".[734] Zudem bezeichnet er die Gesellschaft dieses Staatswesens als „Philisterwelt", die sich bei näherer Betrachtung als eine „politische Thierwelt" zeige, in der die dienende *Herde* durch „Offiziere und Landjunker" beherrscht werde, über denen nur noch der preußische „König der Philister" throne.[735] Es sei eine „entmenschte Welt", in der die „politischen Thiere" einzig danach streben, zu „leben und sich fortzupflanzen".[736]

Nicht zuletzt auch vor dem Hintergrund dieser als animalisch charakterisierten Wirklichkeit wird die Monarchie als Staat der bürgerlichen Gesellschaft begriffen, ihre Verfassung als eine „Verfassung des Privateigenthums".[737] Die historische Wurzel finde diese Verfassung in der politischen Bedeutung der Stände mittelalterlicher Gesellschaftsorganisationen.[738] Gekennzeichnet sei diese durch einen politischen Charakter der Privatsphären gewesen, d. h. der „politische[n] Wirksamkeit und Bedeutung des Privatstandes als Privatstand".[739] Sei im Übergang zum modernen Gemeinwesen auch die Identität zwischen den Ständen der bürgerlichen Gesellschaft und den politischen Ständen überwunden worden, habe die „Privation des politischen Charakters" indessen fortgelebt. Entsprechend stelle sich die bürgerliche Gesellschaft der *Rechtsphilosophie* als ein atomisiertes Dasein von Privatpersonen dar, deren politische Bedeutung allein auf eben jener „Atomistik" fuße.[740] Ihr Prinzip sei das „durchgeführte Princip des Individualismus; die individuelle Existenz ist der lezte Zweck: [...]".[741] Auf dieser Grundlage betrachtet Marx das ständische Element der gesetzgebenden Gewalt auch nur als „Deputation der bürgerlichen Gesellschaft an den Staat", deren jeweiliges Privatinteresse als allgemeine Angelegenheit in Er-

---

734 *Marx an Arnold Ruge*, März 1843, MEGA² III/1, 47; *Marx an Arnold Ruge*, erste Hälfte Mai 1843, MEGA² III/1, 51.
735 *Marx an Arnold Ruge*, erste Hälfte Mai 1843, MEGA² III/1, 49, 51.
736 *Marx an Arnold Ruge*, erste Hälfte Mai 1843, MEGA² III/1, 48 f. Die „politische Thierwelt" aber ist die Welt Gustav Hugos und der Historischen Rechtsschule. Bereits im Zusammenhang mit der Kritik an dieser Richtung der Rechtsforschung hatte Marx von der Feudalgesellschaft als einem „geistige[n] Thierreich" gesprochen (s. Fn. 516), in dem die Gleichheit der Menschen sich nur im „Magen des Raubthieres" zu erzeugen vermag (s. S. 84). Entgegen der *Anthropologie* der *Neuen Philosophie* sei das „Geheimnis des Adels" demnach auch in der „Zoologie" zu suchen. MEGA² I/1, 115.
737 MEGA² I/2, 33, 108, 118.
738 MEGA² I/2, 33, 78.
739 MEGA² I/2, 33, 78. „Man kann den Geist des Mittelalters so aussprechen: Die Stände der bürgerlichen Gesellschaft und die Stände in politischer Bedeutung waren identisch, weil die bürgerliche Gesellschaft die politische Gesellschaft war: weil das organische Prinzip der bürgerlichen Gesellschaft das Prinzip des Staats war." MEGA² I/2, 78.
740 MEGA² I/2, 85 f., 90.
741 MEGA² I/2, 90. „Der wirkliche Mensch ist der Privatmensch der jetzigen Staatsverfassung." MEGA² I/2, 90.

scheinung trete.⁷⁴² Im Zentrum des Interesses stehe das Privateigentum, dessen rechtliche Anerkennung das „höchste sittliche Dasein" bilde.⁷⁴³ Deutlich wird dies aus der Perspektive Marxens in der Behandlung des *Majoratsrechts* in der *Rechtsphilosophie*. In seiner „Doppelzwerggestalt" als Form der erbrechtlichen Unveräußerlichkeit des *Grundbesitzes* und Entréebillet zu politischen Entscheidungsgremien erscheint es in Hegels Ausführungen als staatliche Begrenzung des Privateigentums.⁷⁴⁴ Tatsächlich aber stelle das Majoratsrecht geradezu „die Macht des abstrakten Privateigenthums über den politischen Staat" dar.⁷⁴⁵ In seiner Konsequenz verbleibe das Privatrecht Hegels somit aber auf dem Stand des „abstrakten Rechts" und kehre auf Ebene des Staates auch nur in dieser Form wieder zurück – als „Recht der abstrakten Persönlichkeit[en]" (*ius privatum*).⁷⁴⁶ Die gesonderte und vom Privatrecht geschiedene Darlegung des Privateigentums auf der Ebene des Staatsrechts wird bei Marx dann zur Seite des Privatrechts hin wieder aufgelöst. Eine über das Majorat fixierte Unabhängigkeit des Privateigentums von der Willkür der bürgerlichen Gesellschaft und die sich hierdurch dann einstellende politische Unabhängigkeit von Privatpersonen entpuppe sich daher als eine reine Konstruktion der *Rechtsphilosophie*.⁷⁴⁷ Anders ausgedrückt:

---

742 MEGA² I/2, 64, 67. In den Augen Marxens ist dies der Versuch Hegels, das mittelaltrig-ständische Element mit einer ihm entgegengesetzten Bedeutung zu versehen, als Bestimmung der bürgerlichen Gesellschaft durch den politischen Staat. Tatsächlich aber ist es umgekehrt und das Bestimmungsverhältnis der *Rechtsphilosophie* nur Resultat der logischen Verkehrung. MEGA² I/2, 68, 100. Eine „mystische Substanz" wird zum „wirklichen Subjekt" gemacht, so dass das „reelle Subjekt" nur noch als „Moment der mystischen Substanz" erscheint. MEGA² I/2, 24 f. Als „metaphysische Staatsgewalt" ist das ständische Element ein Teil dieser *mystischen Substanz* und zugleich der Sitz „der metaphysischen, allgemeinen Staatsillusion". MEGA² I/2, 70. „Das ständische Element" ist daher auch nur „die politische Illusion der bürgerlichen Gesellschaft." MEGA² I/2, 66.
743 MEGA² I/2, 109, 112.
744 Goethe, *Faust II*, Vs. 5474, HA 3, 171.
745 MEGA² I/2, 109. Grundlage der Kritik Marxens bildet auch hier wieder der Vorwurf der logischen Verkehrung. Hegel mache an dieser Stelle die eigentliche Ursache zur Wirkung und die bloße Wirkung zur Ursache. Richtig verhalte es sich so, dass das Majoratsrecht Resultat und nicht Ursache der fortgeschrittenen Entwicklung des Privateigentums sei. Es sei nur seine rechtliche Sicherung. Entsprechend charakterisiert Marx das Majorat auch als „versteinerte[s] Privateigentum". MEGA² I/2, 109. Ganz augenscheinlich wird das Grundeigentum im Majorat zum *Subjekt*, indem es Zugang zur gesetzgebenden Gewalt erst begründet, und der Mensch (Wille) wird zum bloßen *Prädikat* dieses Eigentums. MEGA² I/2, 110. Der Versuch, das althergebrachte Majoratsrecht in einer neuen Form zu interpretieren, kann in den Augen Marxens dann auch nur als eine „Mißgeburt" der *Rechtsphilosophie* gelten. MEGA² I/2, 111.
746 MEGA² I/2, 27, 117. Bereits die Konstruktion der *fürstlichen Gewalt* als letzter Entscheidungsträger und absolute Selbstbestimmung des Willens hatte Marx als Rückkehr der *abstrakten Persönlichkeit des abstrakten Rechts* auf Ebene des Staates gebrandmarkt. Auch die „personificirte Vernunft" des Monarchen habe letztlich nur die Abstraktion eines „‚Ich will'" zum Inhalt. MEGA² I/2, 27 f.
747 MEGA² I/2, 113.

"In der Verfassung, worin das Majorat eine Garantie ist, ist das Privateigenthum die Garantie der politischen Verfassung."[748]

Den *Bruch mit der Philisterwelt* und den Entwurf einer positiven Gegenwelt zur Verfassung des Privateigentums vollzieht Marx mittels eines erneuten Rückgriffs auf eine Denkfigur Feuerbachs.[749] Aufbauend auf seiner Hegelkritik hatte Feuerbach in das *Wesen des Christentums* eine „anthropologische Entschlüsselung der Religion" entworfen. Quintessenz dieser Entschlüsselung ist das Verständnis der Religion als Objektivierung menschlicher Gattungskräfte in Gestalt einer „äußere[n] Macht", die den Menschen dann wiederum als beherrschendes, sein Dasein bestimmendes Moment gegenübertritt.[750] Mit der Entäußerung seiner Gattungskräfte auf eine *äußere Macht* begebe sich der Mensch in einen „entfremdeten Zustand", in dem er durch eine Gottesvorstellung dominiert werde, die er letztlich selbst geschaffen hat.[751] Als nur „ideale Verwirklichung des Gattungseins" sei die Religion in Wirklichkeit somit das Produkt des Menschen selbst. Ziel der *Neuen Philosophie* Feuerbachs ist es dann, mittels einer erkenntnistheoretischen „Entfetischisierung", d. h. dem Nachweis der Religion als nur „illusionäre Form der menschlichen Bedürfnisbefriedigung", eine Rückführung der in der Religion entfremdeten Gattungskräfte auf den Menschen selbst zu leisten, um somit letztlich die der menschlichen Kontrolle entglittenen Bewusstseins- und Handlungsformen wieder auf den Menschen selbst rückbinden zu können.[752]

Dieses Verhältnis zwischen dem Menschen und der Religion wird von Marx dann auf die Beziehung zwischen dem Volk und seiner Verfassung übertragen.[753] Ebenso wie der Mensch sich die Religion schaffe, schaffe sich ein Volk seine Verfassung. Während die Monarchie in dieser Analogie als weltliches Pendant zur Gottesvorstellung fungiert, als „vollendeter Ausdruck dieser Entfremdung", ist es die *Demokratie*, die Marx zum eigentlichen Wesen der Verfassung erhebt.[754] Einzig sie entspreche als

---

[748] MEGA² I/2, 118. Bereits der Historischen Rechtsschule hatte Marx den Rückfall auf die Ebene des abstrakten Rechts vorgeworfen, wenn der staatliche Zusammenhang nur durch weltliche Interessen und Machtansprüche genährt werde (s. S. 76).

[749] Auch bei Michael Quante findet sich die Unterscheidung zwischen einer *metaphysisch-ontologischen Anknüpfung* an Feuerbach, die mit der „Umkehrmetaphorik" verfolgt wird, und der Dimension einer Entfremdungstheorie, die den Projektionsprozess menschlicher Wesenseigenschaften auf eine transzendentale Entität aufdeckt. Vgl. Quante 2010, S. 101.

[750] Weckwerth 2002, S. 65; Skirbekk / Gilje 1993, S. 610.

[751] Ebd., S. 610. Innerhalb der Religion projiziere der Mensch eine von seinen endlichen Schranken befreite Vorstellung seines Wesens auf eine göttliche Gestalt. Die imaginäre Vorstellung eines göttlichen Wesens sei so betrachtet dann aber nur „das ausgesprochene Selbst des Menschen", „alle Bestimmungen des göttlichen Wesens [...] darum menschliche Bestimmungen". Zitation von Feuerbach nach Weckwerth: Vgl. Weckwerth 2002, S. 67 f.

[752] Ebd., S. 73, 75, 79; Honneth / Joas 1980, S. 23 f.

[753] MEGA² I/2, 31.

[754] MEGA² I/2, 31, 33. Wenngleich von Marx nicht explizit dargelegt, stellt sich das Bild ein, dass die fürstliche Gewalt und das ständische Element Formen darstellen, in die ein Volk seine eigenen Gattungskräfte projiziert und die sie als fremde Mächte dann beherrschen. Entsprechend hebt Marx die

Verfassung der „Selbstbestimmung des Volks" und bilde als „wahre Einheit des Allgemeinen und Besondern" überhaupt erst das „wahre Dasein" des Willens: „Die Demokratie ist das aufgelöste Räthsel aller Verfassungen. Hier ist die Verfassung nicht nur an sich, dem Wesen nach, sondern der Existenz, der Wirklichkeit nach in ihren wirklichen Grund, den wirklichen Menschen, das wirkliche Volk, stets zurückgeführt, und als sein eignes Werk gesetzt. Die Verfassung erscheint als das was sie ist, freies Produkt des Menschen [...]."[755] Ausdruck dieser Selbstbestimmung sei es, dass nicht der Monarch oder die Stände, sondern das Volk Träger der Verfassung sei, d. h. die wirkliche Idee den *wirklichen Subjekten* des Staats gewichen ist.[756] Nur dann ist gewährleistet, dass der Gattungswille mit dem selbstbewussten Willen des Volkes identisch ist.[757] Die gesetzgebende Gewalt trete dann nicht mehr als Repräsentant eines besonderen Willens dem Volk gegenüber, sondern sei der tatsächliche Repräsentant des Gattungswillens.[758] Erst unter dieser Voraussetzung sei es möglich, dass die Gesetze auch tatsächlich der Menschen wegen erlassen werden und nicht der Mensch nur der Gesetze wegen da ist, d. h. nur ein „gesetzliches Dasein" fristet statt ein „menschliches Dasein" zu leben.[759] Indem die Tätigkeit der gesetzgebenden Gewalt nicht dadurch definiert wird, Gesetze zu machen, sondern sie zu *entdecken* und zu *formulieren*, knüpft Marx unmittelbar an die naturrechtliche Ausrichtung seiner

---

Wertigkeit der Staatsformen hervor, wenn er von der Monarchie als der „schlechte[n] Art" einer Verfassung und von der Demokratie als der „Wahrheit [...] alle[r] Staatsformen" spricht. MEGA² I/2, 30, 32.
755 MEGA² I/2, 31, 69. In einem bewussten Gegensatz zur Demokratie als aufgelöstes Rätsel *aller* Verfassungen (Wesen) stehe der unkritische Mystizismus Hegels als Rätsel der *modernen*, d. h. der bestehenden Verfassungen (besondere Existenz). MEGA² I/2, 92. Ernst Michael Lange weist darauf hin, dass die Vorstellung der idealen Demokratie eine unmittelbare Weiterführung des Konzepts eines *Vereins freier Menschen* darstellt. Vgl. Lange 1986, S. 105, 108; s. S. 80.
756 MEGA² I/2, 61; vgl. Lange 1986, S. 110 f.
757 MEGA² I/2, 69. Mit der Hervorhebung des *Bewusstseins* setzt Marx der *politischen Tierwelt* eine „Menschenwelt der Demokratie" gegenüber, in der das „Selbstgefühl der Menschen, die Freiheit" herrscht. *Marx an Arnold Ruge*, erste Hälfte Mai 1843, MEGA² III/1, 48, 51. „Hier [...] handelt es sich um den Staat, wo das Volk selbst die allgemeine Angelegenheit ist; hier handelt es sich um den Willen, der sein wahres Dasein als Gattungswille nur im selbstbewußten Willen des Volkes hat." MEGA² I/2, 69. Es ist dann nicht mehr nur eine Demokratie im Sinne einer nominellen, sondern im Sinne einer tatsächlich realisierten Volkssouveränität. Vgl. Schmidt 2018, S. 33.
758 MEGA² I/2, 61.
759 MEGA² I/2, 31. Marx knüpft hier an seine Kritik der Bürokratie an, die er in dem Artikel über die *Moselwinzer* bereits konturiert hatte (s. S. 99 f.). Vor allem das Eigenleben der Bürokratie wird hervorgehoben in dem sie als verselbstständigter Übergriff des bürgerlichen „Corporationsgeist[es]" (MEGA² I/2, 49 f.) auf den Staat verstanden wird. So gesehen mache sich der Staat zur bürgerlichen Gesellschaft bzw. zu einem *imaginären* Staat neben dem *reellen*. MEGA² I/2, 50 f. Verfestigt zum „jesuitisch, theologische[n] Geist" (MEGA² I/2, 50) der verselbstständigten Bürokratie ziele diese einzig noch auf die Wirksamkeit ihrer Autorität (Herrschaft). Der Selbstzweck der Bürokratie wird so zum letzten Endzweck des Staates überhaupt. An eine Verschränkung von Herrschaft und verselbstständigter Bürokratie anknüpfend wird Max Weber einige Zeit später pointierter von einer „Menschenmaschine" sprechen, dem „geronnene[n] Geist" eines *Gehäuses der Hörigkeit*. Vgl. Weber 1980b, S. 332; Ders. 1988, S. 413.

rechtsphilosophischen Überlegungen an.⁷⁶⁰ So gesehen formuliert die gesetzgebende Gewalt nur die Gesetze, die dem Gattungswillen entspringen.⁷⁶¹ Das Privatrecht dieses Staats entspricht dann auch nicht länger dem abstrakten Recht der *Grundlinien*. Verantwortlich für die Darstellungen der *Rechtsphilosophie* sei der Umstand, dass Hegel sich in seiner Ausrichtung am politischen Status quo indirekt am germanischen Recht, nicht aber dem römischen Recht als Ursprung des Privatrechts in „seiner klassischen Ausbildung" orientiert habe.⁷⁶² Während die römischen Juristen einen bloß rationalen Zugang zur rechtlichen Regelung abstrakter Eigentumsverhältnisse gesucht hätten, werde dieser erst im germanischen Recht mystifiziert und mit politischer Machtausübung verbunden. Das abstrakte Privatrecht (*ius privatum*) greife auf das Staatsrecht über (*ius publicum*).⁷⁶³ Marx führt diesen Aspekt näher aus, indem er auf die klassischen Bestimmungen des römischen Rechts zurückgreift, die er aus Savignys *Besitzrechtsschrift* kannte: Ausgangspunkt bildet das Verständnis des Rechts des Privateigentums als berechtigte Verfügungsgewalt über eine bestimmte Sache. Grundlage einer solchen Verfügungsgewalt kann wiederum nur der Besitz der Sache sein, d.h. die Sache als „unerklärliches Faktum".⁷⁶⁴ Die rechtliche Qualität des ausschließlichen Privateigentums gewinnt der faktische Besitz aber *erst* durch die juristischen Bestimmungen der Sozietät.⁷⁶⁵ Diese augenscheinliche Anlehnung Marxens an die Ausführungen der Historischen Rechtsschule wird dann nachvollziehbar, wenn sie um die Erwähnungen eines *öffentlichen* bzw. *sozialen Eigentums* ergänzt wird. Erst die Lösung des Privateigentums aus dem erdrückenden Klammergriff der abstrakten Persönlichkeit sowie die Betrachtung der Sache als bloßes Faktum, eröffnet die Möglichkeit zu einer Gestalt des Eigentums als „durch den socialen Willen gesetzten Eigenthums".⁷⁶⁶ Mit anderen Worten: Das Privateigentum an Grundbesitz und das

---

760 „Der Wille soll hier nicht statt des Gesetzes gelten; sondern es gilt, das wirkliche Gesetz zu entdecken und zu formuliren." MEGA² I/2, 129. Das „wirkliche Gesetz" aber ist das mit der *Vernunft* einhergehende gesetzliche Recht, d.h. *Dasein der Freiheit* (s. S. 75).
761 MEGA² I/2, 62.
762 MEGA² I/2, 118.
763 MEGA² I/2, 118; s. S. 65 f. „Statt das Privateigenthum zu einer staatsbürgerlichen Qualität, macht Hegel das Staatsbürgerthum und Staatsdasein und Staatsgesinnung zu einer Qualität des Privateigenthums." MEGA² I/2, 120.
764 MEGA² I/2, 119.
765 MEGA² I/2, 119. Zwar stimmt Marx mit Savigny auch darin überein, dass das abstrakte Privatrecht seine höchste Entwicklungsstufe zur römischen Kaiserzeit erreicht habe. Die strikte Trennung von Privat- und Staatsrecht vor Augen hebt er aber viel deutlicher hervor, dass zwischen der Entwicklung des Privatrechts und dem politischen Auflösungsprozess des römischen Reichs keine kausale Verbindung bestanden habe. Anders als in den gegenwärtigen Staaten, wo Privat- und Staatsrecht untrennbar miteinander *vermischt* seien MEGA² I/2, 119 f.
766 MEGA² I/2, 108. Diese Verbindung zwischen Person und Eigentum, die nicht zuletzt auch die Demarkationslinie zur Historischen Rechtsschule symbolisierte, hatte Gans nicht nur in seiner *Duplik* aufgegriffen (s. S. 55 f.), sondern schon in seinen *Naturrechtsvorlesungen* vehement verteidigt: „Eine Person ist also schon dadurch, daß sie Person ist, Eigentümerin, es ist nicht nötig, daß eine Sache dazukomme; das Eigentum liegt schon in der Person. [...] Wenn das Eigentum die Realität der Person in

hiermit verbundene Majoratsrecht seien juristische Bestimmungen der Gesellschaft der konstitutionellen Monarchie und könnten demzufolge auch durch die juristischen Bestimmungen eines demokratischen Gemeinwesens ersetzt werden.[767]

Als Quintessenz der *Kritik der Hegelschen Rechtsphilosophie* stellt sich ein, dass sie und die Historische Rechtsschule nur zwei Seiten ein und derselben *Metaphysik des Rechts* darstellen, die einer Festigung des bestehenden Status quo Vorschub leisten. Die Aufhebung des Gegensatzes zwischen Sein und Sollen ist auf der Grundlage einer unkritischen Handhabung der *Rechtsphilosophie* Hegels daher nicht mehr möglich. Vielmehr ist diese Aufhebung erst in einem demokratischen Gemeinwesen zu erreichen, da das Recht nur hier als wirklich selbstgesetzte Freiheit gelten kann. Trotz der massiven Kritik an der *Rechtsphilosophie* hält Marx dennoch an ihrem Grundaxiom einer natur-/vernunftrechtlichen Grundlegung des Rechts fest, wenn er sich auch viel stärker noch als Gans aus dem inhaltlichen Bezugsrahmen der Theorie zu lösen versteht. Wie bei Feuerbach wird die Auflösung der Probleme der *Rechtsphilosophie* in einer Umkehr der Hegel'schen Ausführungen gesehen, keinesfalls in einer vollständigen Abkehr von seiner Philosophie.[768] Konsequenz dieser Umkehr ist aber auch eine veränderte Form der Kritik, die sich nun dem eigentlichen Hort des Geheimnisses von Recht und Staat zuzuwenden beginnt, der *bürgerlichen Gesellschaft*.[769] Nicht die spekulative Logik des sittlichen Staats, sondern „die eigenthümliche Logik des eigenthümlichen Gegenstandes" soll nun den Weg aufzeigen, der über eine Herrschaft vom *type ancien* hinausweist und den Übergang zu einem demokra-

---

der Sache ist, so ist zu fragen, wie es beschaffen sein muß, ob es Privateigentum oder allgemeines Eigentum sein muß." Gans 2005, S. 85. Aufbauend auf der grundlegenden Verbindung von Person und Eigentum votiert Gans dann, wie vor ihm bereits Hegel, ausnahmslos für die Seite des Privateigentums samt des Erbrechts als dessen „Moralisierung". Vgl. ebd., S. 62, 85. Vorstellungen des Allgemein- bzw. Staatseigentums werden auch unter Rückgriff auf das römische Recht entschieden zurückgewiesen. Vgl. ebd., S. 86; s. S. 35. Insoweit ist die Erwähnung antiker Vorstellungen des „öffentliche[n] Eigenthum[s]" als Verfügung des Gemeinwesens über das „Privateigenthum im Ganzen" kaum als Zufall zu begreifen. MEGA² I/2, 120. Gemeint ist bei Marx allerdings nicht etwa eine vollständige Negation des Privateigentums. Vielmehr sind die Ausführungen an dieser Stelle als eine Weiterführung der Gedanken zu verstehen, die bereits im Zusammenhang mit dem *Holzdiebstahlgesetz* formuliert wurden (s. S. 89 f.). Es ist die Vorstellung eines rechtlich getragenen Primats einer vernünftigen Allgemeinheit, die sich notfalls auch gegenüber unangemessenen Privatinteressen und Eigentumsbegründungen geltend machen lässt. Genauer betrachtet handelt es sich daher um die Position, die die Theorie des sittlichen Staats eigentlich suggeriert.

767 „Im Majorat erscheint dieß, daß das Privateigenthum das Verhältniß zur Staatsfunktion ist, so, daß das Staatsdasein eine Inhärenz, Accidens des unmittelbaren Privateigenthums, des Grundbesitzes ist. Auf den höchsten Spitzen erscheint so der Staat als Privateigentum, während hier das Privateigenthum als Staatseigenthum erscheinen sollte." MEGA² I/2, 120.
768 Vgl. Vincent 2008, S. 49; Henrich 2010, S. 205.
769 „Das System des Erwerbs und Handels, des Besitzes und der Ausbeutung der Menschen führt aber noch viel schneller als die Vermehrung der Bevölkerung zu einem Bruch innerhalb der jetzigen Gesellschaft, den das alte System nicht zu heilen vermag, weil es überhaupt nicht heilt und schafft, sondern nur existirt und geniesst." *Marx an Arnold Ruge*, erste Hälfte Mai 1843, MEGA² III/1, 52.

tischen Gemeinwesen ermöglicht.[770] Die Umkehr der Bestimmungsverhältnisse wird aber auch mit einer Zuwendung zu einer Theorienrichtung einhergehen, die ihr Hauptaugenmerk gerade auf die bürgerliche Gesellschaft gelegt hatte und der Marx zuvor noch eher ablehnend und zögerlich gegenüberstand – den *kommunistischen Gesellschaftstheorien*.[771]

3.4.2 Zur Judenfrage

Im Oktober 1843 siedelt Marx in die „neue Hauptstadt der neuen Welt" über, nach Paris. Begleitet wird diese räumliche Veränderung von einem modifizierten Verständnis der Kritik, welches sich aus der selbstreflexiven Auseinandersetzung mit der Hegel'schen Rechtsphilosophie ergeben hatte.[772] Es ist der Übergang zu einer „neuen Richtung", die sich selbst als „rücksichtslose Kritik alles Bestehenden" begreift und der es zuvorderst daran gelegen ist, eine neue Gesellschaftsorganisation „aus der Kritik der alten Welt" herzuleiten, indem sie es vermag, „aus den eigenen Formen der existirenden Wirklichkeit die wahre Wirklichkeit als ihr Sollen und ihren Endzweck" zu entwickeln.[773] Gestützt auf die kritische Philosophie Feuerbachs soll dies durch eine „Reform des Bewusstseins" vollzogen werden, die die alte Welt aus dem „Traum über sich selbst" erwachen lässt, durch die „Analysirung des mystischen, sich selbst unklaren Bewusstseins, trete es nun religiös oder politisch auf".[774] Es ist daher nicht nur die Übertragung der Denkfiguren Feuerbachs auf das Feld der Rechts- und Staatsphilosophie, sondern zugleich eine Zusammenführung der beiden Kritiklinien, der Kritik an der *Historischen Rechtsschule* und ihrer Doktrin des christlichen Staats sowie der Kritik der spekulativen Verkehrung der *Rechtsphilosophie* Hegels, die Marx hierbei intendiert.[775] Vor diesem Hintergrund beginnt Marx die Abfassung seiner Schrift *Zur Judenfrage*.[776]

---

770 MEGA² I/2, 101; *Marx an Arnold Ruge*, erste Hälfte Mai 1843, MEGA² III/1, 51 f. Marx löst sich hier von der „vulgäre[n] Kritik" die sich darauf beschränke Widersprüche der bestehenden Verfassung aufzuzeigen. Demgegenüber gilt es den Standpunkt der „wahrhaft philosophische[n] Kritik" der jetzigen Staatsverfassung zu beziehen, die nicht bloß Widersprüche aufdecke, sondern diese Widersprüche in ihrer Genesis und Notwendigkeit auch zu erklären in der Lage ist. MEGA² I/2, 100 f.
771 Vgl. *Die Kommunalreform und die „Kölnische Zeitung"*, Rheinische Zeitung 317, 13.11.1842, MEGA² I/1, 258 f.; *Marx an Arnold Ruge*, 30.11.1842, MEGA² III/1, 38.
772 *Marx an Arnold Ruge*, September 1843, MEGA² III/1, 54.
773 *Marx an Arnold Ruge*, September 1843, MEGA² III/1, 54 f.
774 *Marx an Arnold Ruge*, September 1843, MEGA² III/1, 56.
775 Beiden Richtungen hatte Marx in seinen Auseinandersetzungen eine *Romantik* und *Träumerei* vorgeworfen (s. S. 72, 114).
776 Die Schrift wurde zwischen Oktober und Dezember 1843 abgefasst und 1844 in den *Deutsch-Französischen Jahrbüchern* publiziert. MEGA² I/2, 650 f. Als Folie der Kritik dienten die Schriften eines Vertreters der *alten Richtung* und früheren Mitstreiters Marxens. Es sind die Publikationen Bruno Bauers zur Frage der politischen Emanzipation der Juden (*Die Judenfrage*, 1843; *Die Fähigkeit der heutigen Juden und Christen, frei zu werden*, 1843). Hintergrund der Veröffentlichungen war die Fort-

Ausgangspunkt der Verknüpfung beider Verlaufslinien bildet die kritische Philosophie Feuerbachs im Kontext der Rechts- und Staatsphilosophie, mit der sich Marx bereits in der *Kritik der Hegelschen Rechtsphilosophie* auseinandergesetzt hatte. Demnach sei das „Dasein der Religion das Dasein eines Mangels", dessen Quelle im „Wesen des Staates selbst" zu suchen sei.[777] Nicht die „religiöse Befangenheit", sondern die „weltliche Befangenheit" der Bürger sei es, in deren Aufhebung der Schlüssel zur Beseitigung des Mangels in Gestalt von Entfremdung und entäußerter Fremdherrschaft liege.[778] Demzufolge müsse eine Kritik wie die Bauers, die sich allein auf eine *politische Emanzipation* stützt, d. h. eine politische Aufhebung der Religion verfolgt, auf die Kritik am christlichen Staat beschränkt bleiben.[779] Den Grund hierfür erblickt Marx darin, dass die politische Emanzipation letztlich nur zur Loslösung des Staats von der Staatsreligion führe und demzufolge nicht zum *wesentlichen* Problem des politischen Staats vorzudringen vermöge.[780] Um diesen Punkt näher darzulegen, greift er auf die Kritik an der Lehre vom christlichen Staat zurück, die bereits Gegenstand seiner Zeitungsartikel war. Der „sogenannte christliche Staat" ist hiernach im Grunde eine „christliche Verneinung des Staats", da die Religion lediglich als „Ergänzung und als Heiligung" seiner Unvollständigkeit hinzutrete.[781] Es sei ein „Staat der Heuchelei", dem die Religion lediglich als Mittel zum Zweck diene und dessen politisches Handeln im direkten Widerspruch zu den Inhalten der christlichen Lehre stehe.[782] Hinter dem religiösen „Deckmantel" würden letztlich ganz weltliche Zwecke verfolgt; „[...] die Herrschaft der Religion" sei dann nicht anderes als „die Religion der Herrschaft".[783] Die Entfremdung erscheint hier in der Person des Königs, der als göttliches Wesen vom Menschen unterschieden wird und diese dann kraft jener Unterscheidung beherrsche.[784] Obschon die Kritik am christlichen Staat in den Augen Marxens gerechtfertigt ist, sei sie keinesfalls mit einer umfassenden Emanzipation

---

geltung eines diskriminierenden Dekrets der napoleonischen Ära in der preußischen Rheinprovinz. Im Verlauf des Jahres 1843 entbrannte eine Debatte um dessen Aufhebung, an der auch Bauer sich mit seinen Schriften beteiligte. Vgl. Schmidt 2018, S. 29.
777 MEGA² I/2, 146.
778 MEGA² I/2, 146. Die grundlegende Kritikfigur die Marx in der *Judenfrage* verfolgt ist die Verselbstständigung des eigenen Gattungswesen als fremde, dem Menschen gegenübertretende Macht, auf die er bereits in der *Kritik der Hegelschen Rechtsphilosophie* zurückgegriffen hatte (s. S. 117). Hier wurde die ursprünglich auf die Religion bezogene Kritik Feuerbachs bereits auf die Staatskonstruktion der *Rechtsphilosophie* Hegels übertragen. Vgl. Heinrich 2011, S. 98 f.
779 MEGA² I/2, 144 f.
780 MEGA² I/2, 147, 149.
781 MEGA² I/2, 151.
782 MEGA² I/2, 151, 153. „Vor seinem eignen Bewußtsein ist der offizielle christliche Staat ein Sollen, dessen Verwirklichung unerreichbar ist, der die Wirklichkeit seiner Existenz nur durch Lügen vor sich selbst zu konstatieren weiß und sich selbst daher stets ein Gegenstand des Zweifels, ein unzuverlässiger, problematischer Gegenstand bleibt." MEGA² I/2, 153.
783 MEGA² I/2, 153. Marx greift hier wortwörtlich auf die Formulierungen seiner früheren Kritik zurück (s. S. 79).
784 MEGA² I/2, 153.

zu verwechseln, da die Ausrichtung auf die Verfolgung weltlicher Zwecke und die menschliche Selbstentfremdung durch eine nur politische Emanzipation unangetastet bleibe.[785]

Durch eine politische Emanzipation werde lediglich die „Dislokation der Religion aus dem Staate in die bürgerliche Gesellschaft" bewirkt und der religiöse Staatsgeist so nur in den „Geist der bürgerlichen Gesellschaft" transformiert.[786] Resultat der politisch vollzogenen Emanzipation sei dann eine atheistische Demokratie als Verweltlichung des religiösen Geistes.[787] Die Grundlage dieser Demokratie sei dementsprechend der „menschliche Grund des Christenthums", d. h. die Vorstellung des Menschen als höchstes Wesen, aber in seiner „unkultivierten, unsozialen Erscheinung".[788] Zur Konkretisierung dieses Gedankens wird die Entwicklung einer rein politischen Emanzipation von Marx dann anhand des „politische[n] Drama[s]" der französischen Revolution nachvollzogen.[789] Mit der Zerschlagung der alten Feudalgesellschaft und des mit ihr verbundenen unmittelbar politischen Charakters der Elemente des gesellschaftlichen Lebens (Grundherrlichkeit, Stände, Korporationen etc.), die das Verhältnis des Individuums zum hierarchisierten Staatsganzen definierten, verschwand zugleich die Erscheinungsweise der Staatseinheit als „besondere Angelegenheit eines von dem Volk abgeschiedenen Herrschers und seiner Diener".[790] Erst durch die Aufhebung dieser Herrschermacht und des unmittelbar politischen Charakters der bürgerlichen Gesellschaft konstituierte sich der *politische Staat* als wirklicher Staat. Dieser Konstitutionsprozess vollzieht sich Marx zufolge aber in doppelter Gestalt: Zum einen als Herausbildung des politischen Gemeinwesens und seiner Institutionen, an denen der Mensch als abstrakter Staatsbürger (*Citoyen*) teilhat und zum anderen als bürgerliche Gesellschaft, die aller überlieferten sozialen Bande enthoben ist und einzig noch auf den Menschen als *Bourgeois* rekurriert.[791] Das Verhältnis zwischen der bürgerlichen Gesellschaft und dem politischen Staat in diesem Gemeinwesen sei aber nicht weniger „spiritualistisch" als in der unmittelbar mit der Religion verklammerten Feudalgesellschaft.[792] Vielmehr entspreche das Verhältnis des Menschen zum politischen Staat *exakt* demjenigen zur Religion.[793] Der Staat trete

---

[785] MEGA² I/2, 145, 150.
[786] MEGA² I/2, 150.
[787] MEGA² I/2, 151, 154. „Der religiöse Geist kann nur verwirklicht werden, insofern die Entwicklungsstufe des menschlichen Geistes, deren religiöser Ausdruck er ist, in ihrer weltlichen Form heraustritt und sich konstituirt. Dies geschieht im demokratischen Staat." MEGA² I/2, 154.
[788] MEGA² I/2, 154.
[789] MEGA² I/2, 151.
[790] MEGA² I/1, 160.
[791] MEGA² I/2, 148 f., 161 f.
[792] MEGA² I/2, 149.
[793] MEGA² I/2, 147. „Religiös sind die Glieder des politischen Staats durch den Dualismus zwischen dem individuellen und dem Gattungsleben, zwischen dem Leben der bürgerlichen Gesellschaft und dem politischen Leben [...]. Das Phanatsiegebild, der Traum, das Postulat des Christenthums, die

hier an die Stelle des abstrakten Mittlers zwischen dem Menschen und seiner Freiheit, dem Wesen und seinen Gattungseigenschaften, wenn auch in der Form eines *politischen Staats*.[794] Unter Zugrundelegung des Feuerbachschen Inversionsdenkens sei es dann eben nicht die abstrakte Vorstellung des Citoyen, sondern die des Bourgeois, die sich als Vorstellung des wirklichen und wahren Mensch zugleich herauskristallisiert.[795] Für Marx ist die politische Revolution daher nicht mehr als eine „Revolution der bürgerlichen Gesellschaft" und die Abstraktion des politischen Staats nur eine veränderte Gestalt der Entfremdung des Menschen vom Menschen.[796]

Forderungen nach einer politischen Emanzipation entsprächen demzufolge einem politisch-mystifizierten Bewusstsein, in dem die Verhältnisse „auf den Kopf gestellt" seien.[797] Es sei eine „optische Täuschung" des Bewusstseins, die ihre Wurzel in der unkritischen Akzeptanz der bürgerlichen Gesellschaft und ihrer Bestandteile finde.[798] Diese erschienen als unverrückbare „Naturbasis" und „nicht weiter begründete Voraussetzung" des Gemeinwesens.[799] Den Grund für diese verkehrte Wahrnehmung erblickt Marx dann in dem spezifischen Vollzug des Übergangs von der Feudalgesellschaft zum politischen Staat der Demokratie: Sowohl „[d]ie Constitution des politischen Staats und die Auflösung der bürgerlichen Gesellschaft in die unabhängigen Individuen [...] vollzieht sich in einem und demselben Akte."[800] Indem die „selbstbewußte Thätigkeit" sich jedoch einseitig auf den politischen Akt konzentriere, bleibe ihr der Veränderungsprozess der bürgerlichen Gesellschaft verborgen.[801] Erst im Nachhinein erscheine das Resultat der Veränderung dann als unmittelbare Gewissheit und Notwendigkeit.[802] Die Folgen hieraus hatte Marx bereits in seiner *Kritik der Hegelschen Rechtsphilosophie* beschrieben und als „Herrschaft des Privateigenthums" gebrandmarkt, die den Menschen zum „Spielball fremder Mächte" degradiere und ihn unter die „Herrschaft unmenschlicher Verhältnisse und Elemente"

Souveränetät des Menschen, aber als eines fremden, von dem wirklichen Menschen unterschiedenen Wesens, ist in der Demokratie sinnliche Wirklichkeit, Gegenwart, weltliche Maxime." MEGA² I/2, S. 154.
794 MEGA² I/2, 147. Der Staat rückt an die Stelle, die zuvor noch *Gott* oder seinen weltlichen Monarchen zukam (s. S. 117). Diese Betrachtung führt dazu, dass Marx in der atheistischen Demokratie dann auch nur den *vollendeten* christlichen Staat zu sehen vermag. MEGA² I/2, 151. Mit dieser Verknüpfung wird die geschichtliche Entwicklung mit der Entfremdungstheorie in Einklang gebracht, die zugleich der Entwicklungsrichtung in der *Rechtsphilosophie* entspricht. Auf die *Lehre vom christlichen Staat* (Historische Rechtsschule) folgt die *Rechtsphilosophie* Hegels in ihrer liberalen Lesart.
795 MEGA² I/2, 149, 162. Es ist eine Gesellschaft, in der „[...] nicht der Mensch als citoyen, sondern der Mensch als bourgeois für den eigentlichen und wahren Menschen genommen wird." MEGA² I/2, 159.
796 MEGA² I/2, 160.
797 MEGA² I/2, 160; s. S. 113.
798 MEGA² I/2, 160.
799 MEGA² I/2, 162.
800 MEGA² I/2, 162.
801 MEGA² I/2, 162. Die Formulierung der *selbstbewussten Tätigkeit* ist dabei nicht zufällig gewählt. Sie spielt auf die *Philosophie des Selbstbewusstseins* Bauers an und entspricht dem theoretischen Standpunkt einer unkritischen Anknüpfung an die Hegel'sche *Rechtsphilosophie*.
802 MEGA² I/2, 162.

subsumiere.⁸⁰³ Den Grundgedanken der Kritik fortführend ist es dann aber der Wertmaßstab des Eigentums, das *Geld*, welches zu einem „fremden phantastischen Wesen" erhoben wird, um die Menschen als neuer „Weltgott" zu beherrschen.⁸⁰⁴ Die Politik werde zum „Leibeignen" der „Geldmacht".⁸⁰⁵ Forderungen der politischen Emanzipatoren, die allein auf der politischen Ebene erhoben werden, würden die unkritische Akzeptanz der bürgerlichen Gesellschaft samt ihrer Herrschaftsverhältnisse daher letztlich nur weiter festigen. Marx dokumentiert dies durch seine Betrachtung der höchsten Form dieser Forderungen, der *Menschenrechtsproklamationen*.

Der Dualismus zwischen dem politischen Staat und der bürgerlichen Gesellschaft, der durch die politische Revolution bewirkt werde, spiegele sich auch in den *Menschenrechten* wider. Entsprechend der Proklamation der Menschenrechte in der französischen Revolution unterscheidet Marx zwischen den *politischen Teilhaberechten* als Rechte des Staatsbürgers und den vorpolitischen *Menschenrechten*.⁸⁰⁶ Das Menschenbild der bürgerlichen Gesellschaft voraussetzend stellten die Menschenrechte dann aber nur die „Rechte des Mitglieds der bürgerlichen Gesellschaft" dar und vermöchten es somit nicht über den bloß „egoistischen Menschen" hinauszuweisen.⁸⁰⁷ Entsprechend gebe das *Menschenrecht der Freiheit* nur die Freiheit der monadenartigen Individuen zueinander wieder. Ausfluss dieser Freiheit sei dann deren „praktische Nutzanwendung", die durch eine exklusive Verfügungsgewalt über das eigene Vermögen konstituiert werde, das *Recht des Privateigentums*.⁸⁰⁸ Erst in der Kombination dieser beiden Freiheiten finde die bürgerliche Gesellschaft ihre *Grundlage*.⁸⁰⁹ Die weiteren Menschenrechte, Gleichheit und Sicherheit, dienten nur noch der fortwährenden Gewährleistung dieser *Grundlage*; der Erhaltung der Person, der

---

803 MEGA² I/2, 149, 154, 167; *Marx an Arnold Ruge*, September 1843, MEGA² III/1, 56. Zu beachten ist allerdings, dass Marx die zuvor noch auf die konstitutionelle Monarchie gemünzte Kritik nun auch auf die Demokratie des politischen Staats ausdehnt.
804 MEGA² I/2, 167 f. „Der Gott des praktischen Bedürfnisses und Eigennutzes ist das Geld. [...] Das Geld ist der allgemeine, für sich selbst constituirte Werth aller Dinge. Es hat daher die ganze Welt, die Menschenwelt, wie die Natur, ihres eigenthümlichen Werthes beraubt. Das Geld ist das dem Menschen entfremdete Wesen seiner Arbeit und seines Daseins, und dies fremde Wesen beherrscht ihn, und er betet es an." MEGA² I/2, 166.
805 MEGA² I/2, 166.
806 MEGA² I/2, 156.
807 MEGA² I/2, 157 f. „Dieser Mensch, das Mitglied der bürgerlichen Gesellschaft, ist nun die Basis, die Voraussetzung des politischen Staats. Er ist von ihm als solche anerkannt in den Menschenrechten." MEGA² I/2, 161.
808 MEGA² I/2, 157 f.
809 MEGA² I/2, 157. In Bezug auf die individuelle Freiheit schreibt Marx, dass die Grenzen der Freiheiten zueinander durch *Gesetze* bestimmt werden, die die Grenzen zwischen den Freiheiten und ihren Nutzanwendungen bestimmen, so wie ein „Zaunpfahl" zwei Felder voneinander trenne. MEGA² I/2, 157. Mit dieser offensichtlichen Anspielung an Rousseaus *Diskurs über die Ungleichheit* soll vor allem die Historizität dieses Moments hervorgehoben werden. Vgl. Rousseau 2008, S. 173. Gemeint ist das bürgerliche Verständnis der rechtlichen Freiheit als *historische Kategorie*.

Rechte und des Eigentums des Mitglieds der bürgerlichen Gesellschaft.[810] Aus der Perspektive Marxens stellen die Menschenrechte darum auch nur „formelle Riten" dar, mit denen sich die „Welt des Eigennutzes" umgebe.[811] Es sei die staatliche Anerkennung der Freiheit des egoistischen Menschen und der „zügellosen Bewegung der geistigen und materiellen Elemente, welche seinen Lebensinhalt bilden", die im Zuge des politischen Konstitutionsprozesses als immerwährendes Naturrecht erschienen.[812] Der im Wesen des politischen Staats begründete Mangel einer fortdauernden religiösen Beschränktheit, die als Entfremdung des Menschen und seiner Beherrschung durch fremde Mächte zutage trete, sei mit der Berufung auf die Menschenrechte daher nicht Herr zu werden. Hierzu bedürfe es einer über das Politische hinausgehenden *menschlichen Emanzipation*.[813]

Erst durch das Verständnis der Emanzipation als eine allgemein menschliche werde die Frage der politischen Emanzipation auf die „Höhe" der „allgemeine[n] Frage der Zeit" gehoben, d. h. auf den Stand der kritischen Philosophie Feuerbachs.[814] Ziel der menschlichen Emanzipation sei die Etablierung eines „widerspruchslose[n] Gattungsleben[s]", d. h. der Rückführung der (entfremdeten) Welt des Menschen auf den Menschen selbst.[815] Möglich werde dies durch die kritische Erkenntnis der religiösen Beschränktheit und des mystifizierten Bewusstseins im politischen Staat, die es erlaube, die Welt aus dem „Traum über sich selbst" zu erwecken und den fortlaufenden „Aberglauben in Geschichte" aufzulösen.[816] So vermöge der wirkliche, individualisierte Mensch seine Entfremdung aufzuheben, indem er die moralische Person des abstrakten Staatsbürgers wieder in sich zurücknehme. Mit dem Wegfall der politischen Abtrennung menschlicher Gattungskräfte und deren Projektion auf „imaginäre Glied[er]" einer nur „eingebildeten Souverainetät" sei die Grundlage geschaffen, die menschlichen Kräfte endlich gesellschaftlich zu organisieren und den Widerspruch zwischen dem Gattungswesen und dem materiellen Leben des Menschen überwinden zu können.[817]

---

810 MEGA² I/2, 158. Diese Kritik an einer rein formal bleibenden Gleichheit, die bestehende materielle Ungleichheiten außer Acht lässt, wird in der Marx-Literatur nicht selten mit einem bekannten Zitat Anatole France' ausgeschmückt: „Dafür dürfen sie [die Armen, D.P.] arbeiten unter der majestätischen Gleichheit des Gesetzes, das Reichen wie Armen verbietet, unter Brücken zu schlafen, auf den Straßen zu betteln und Brot zu stehlen." France 1925, S. 116. Vgl. u. a. Balbus 2008, S. 129; Graf / Krug / Peitsch 2017, S. 14.
811 MEGA² I/2, 167.
812 MEGA² I/2, 161 f.
813 MEGA² I/2, 150, 163. Die Ablehnung der Menschenrechte als Allheilmittel der Lösung allgemeiner Problemlagen im Kontext einer frei wütenden bürgerlichen Gesellschaft kommt der Hegel'schen Kritik des *Naturrechtsaufsatzes* verblüffend nah (s. S. 28).
814 MEGA² I/2, 145.
815 MEGA² I/2, 151, 162.
816 *Marx an Arnold Ruge,* September 1843, MEGA² III/1, 56; MEGA² I/2, 146.
817 MEGA² I/2, 149, 163. Im Gegensatz zur *Kritik der Hegelschen Rechtsphilosophie* tritt die „rücksichtslose Kritik alles Bestehenden" als Kritik des politischen Staats schlechthin auf, nicht mehr nur

Zusammenfassend bleibt festzuhalten, dass die *rücksichtslose Kritik* die Positionen der Historischen Rechtsschule und der Hegel'schen *Rechtsphilosophie* vor dem Hintergrund eines mystifizierten Bewusstseins miteinander verbindet. Dies führt zu einer Festigung und Vertiefung der Kritikfigur der Entfremdung und ihrer Konzentration auf die Ebene der bürgerlichen Gesellschaft. Das mit dem Privateigentum unmittelbar verbundene Geld tritt an die Stelle des göttlichen Wesens.[818] Die Fokussierung der Blickrichtung auf die bürgerliche Gesellschaft lässt dabei auch das Recht nicht unberührt. In der Schift *Zur Judenfrage* wird das Recht erstmals in seiner geschichtlichen Genese begriffen, als eine im Übergang von der feudalen zur modernen bürgerlichen Gesellschaft entstandene Form des Rechts. Insbesondere die Menschenrechte als höchste Gestalt des Rechts werden als *spezifische Gestalt* eines Rechts der bürgerlichen Gesellschaft erfasst. Aus der Sicht Marxens sind sie letztlich nicht mehr als leere Verzierungen, nur das Recht eines von seinem Gattungswesen entfremdeten Menschen.[819] Spürbar ist dabei immer auch der zunehmende Bedeutungsgewinn der materiellen Dimension, der die Frage nach der „sociale[n] Wahrheit" und ihre Verwirklichung mehr und mehr in den Vordergrund rücken lässt.[820]

3.4.3 Zur Kritik der Hegelschen Rechtsphilosophie. Einleitung

„Die Kritik hat die imaginairen Blumen an der Kette zerpflückt, nicht damit der Mensch die phantasielose trostlose Kette trage, sondern damit er die Kette abwerfe und die lebendige Blume breche."[821] Die *trostlose Kette* zu tragen, die Kette Gustav Hugos und der Historischen Rechtsschule, hatte Marx bereits in den Artikeln der *Rheinischen Zeitung* zurückgewiesen. Waren die *falschen Blumen* dort aber noch auf die Blütenpracht der Ansätze Savignys, Hallers und Stahls beschränkt, so hatte im Fortgang der Kritik nun auch die Rose Hegels ihr glanzvolles Dasein in ein „bläuliches Licht" gehüllt.[822] Die „Romantik des politischen Staates" hatte sich als bloße „Traumgeschichte" erwiesen.[823] Entgegen der romantischen Sehnsucht gelte es die *lebendige Blume* der Selbstbestimmung und Freiheit jedoch im „Diesseits" und nicht in einer bloßen Träumerei zu suchen.[824] Im direkten Anschluss an die Schrift *Zur*

---

als Kritik *bestimmter* Staatsformen. Vgl. Heinrich 2011, S. 98; s. S. 122f. Diese Ausdehnung der Kritik ist die Konsequenz aus der Zuwendung zu kommunistischen Positionen und Zielvorstellungen, die sich bei Marx zu dieser Zeit zu einem Konzept der vollständigen Versöhnung des Individuums mit der Gemeinschaft zu verfestigen beginnen. Vgl. Arndt 2012, S. 34; Ders. 2015, S. 120.
818 Vgl. Heinrich 2011, S. 99.
819 Vgl. Arndt 2015, S. 120.
820 *Marx an Arnold Ruge*, September 1843, MEGA² III/1, 56.
821 MEGA² I/2, 171.
822 Novalis, *Heinrich von Ofterdingen*, Novalis 2013, S. 132
823 MEGA² I/2, 102, 174.
824 MEGA² I/2, 171; vgl. Safranski 2007, S. 248. Die *blaue Blume* Novalis' gilt als romantisches Sehnsuchtsmotiv und Symbol der Einheit, da sie in der *Erde* wurzelnd zugleich die Farben des *Himmels*

Judenfrage ist es der Aufsatz *Zur Kritik der Hegelschen Rechtsphilosophie. Einleitung*, in dem Marx die Kritik an der Historischen Rechtsschule und der Philosophie Hegels mit einer Ausschärfung des Konzepts der *menschlichen Emanzipation* verbindet, eben jener *lebendigen Blume*, die es zu brechen gelte.[825]

Ausgangspunkt des Textes bildet die in der *Judenfrage* bereits behandelte Verknüpfung der Kritik der Historischen Rechtsschule, die Marx im Ausgang von Hegel und Gans übernommen hatte, mit der philosophischen Position der *rücksichtslosen Kritik*.[826] Es ist die schon erörterte Kritik an der Vergangenheitsorientierung der Historischen Rechtsschule, die letztlich nur dazu diene, gegenwärtige „Niederträchtigkeit[en]" zu legitimieren.[827] Aus der Sicht Marxens suche sie die „Geschichte der Freiheit" in den „teutonischen Urwäldern" und finde so doch nur eine „Freiheitsgeschichte des Ebers", d.h. eine Geschichte der *tierhaften Natur* des Menschen in eben jenem „geistige[n] Thierreich" bereits überkommener Gesellschaftsverhältnisse.[828] Der „christlich-germanische Schein", mit dem die unbarmherzig-tierhaften Verhältnisse dann verhüllt würden, sei durch die Kritik der Religion bereits gelüftet und die weltlichen Mängel des Staates offengelegt worden.[829] „Die Kritik des Himmels verwandelt sich damit in die Kritik der Erde, die Kritik der Religion in die Kritik des Rechts, die Kritik der Theologie in die Kritik der Politik."[830] Die Kritik des Rechts und der Politik bezeichnet dann bereits den Übergang zur Kritik der Hegel'schen Rechtsphilosophie, die Marx im folgenden Schritt darlegt.

Zunächst stellt er heraus, dass die Rückständigkeit der tatsächlichen politischen Entwicklung Deutschlands gegenüber anderen Nationen durch die spezifische Entwicklung auf philosophischer Ebene kompensiert worden sei. Als „ideale Verlängerung" der tatsächlichen Geschichte gewinne die Philosophie hierdurch eine exponierte Stellung, die es erlaube, ihre Kritik zugleich als Kritik am Puls der Zeit zu

---

trägt. Vgl. Schulz 2013, S. 697. Existent ist die „hohe lichtbaue Blume" (Novalis 2013, S. 132) aber eben nur im *Traum*.

825 MEGA² I/2, 170–183.
826 Die Einbeziehung der Historischen Rechtsschule erfolgt nicht nur um den eigenen Ansatz aus dem Werdegang der Kritik herzuleiten, sondern die Auseinandersetzung ist aus der Sicht Marxens auch deswegen geboten, da die positive Philosophie, der Geburtshelfer und theoretische Rahmen der Lehre vom christlichen Staat, gegenwärtig als „preussische Politik sub specie philosophiae" in Erscheinung trete, wie Marx in einem Brief an Feuerbach hervorhebt. *Marx an Ludwig Feuerbach*, 9.10.1943, MEGA² III/1, 59.
827 MEGA² I/2, 172.
828 MEGA² I/2, 172, 205; s. S. 82f.
829 MEGA² I/2, 170, 172 Marx verdeutlicht seine Kritik, indem er den Urheber dieses „christlich-germanischen Scheins", Savigny, mit der unbarmherzigen Personifizierung der bürgerlichen Gesellschaft schlechthin gleichsetzt: „Shylock, aber Shylock der Bediente, schwört sie für jedes Pfund Fleisch, welches aus dem Volksherzen geschnitten wird, auf ihren Schein, auf ihren historischen Schein, auf ihren christlich-germanischen Schein." MEGA² I/2. 172, 673; s. Fn. 541, 545.
830 MEGA² I/2, 171.

identifizieren.[831] Den wichtigsten Teil dieser philosophischen „Traumgeschichte" bilde die deutsche Rechts- und Staatsphilosophie, deren „konsequenteste, reichste und letzte Fassung" durch die „spekulative Rechtsphilosophie" Hegels repräsentiert werde. Spekulativ sei sie, da ihr „abstrakt überschwengliche[s] Denken des modernen Staats" letztendlich vom Menschen abstrahiere und die Wirklichkeit in ein bloßes „Jenseits" verlege.[832] Zugleich verbinde sich aber erst in dieser Rechtsphilosophie die Kritik des modernen Staats und seiner Wirklichkeit mit einer Negation des bisherigen rechtlich-politischen Bewusstseins in der Weise, dass eine kritische Revision ihrer Darstellungen den Weg zur Offenlegung auch der „unheiligen Gestalten" der Selbstentfremdung zu ebnen vermöge.[833] Dabei verbleibe die „Kritik der spekulativen Rechtsphilosophie" nicht auf dem Standpunkt einer inneren philosophischen Selbstgenügsamkeit, sondern erkenne, dass die durch die Kritik aufgeworfenen Fragen und Aufgaben letztlich nur *praktisch* zu lösen seien.[834] Für eine *rücksichtslose Kritik* bedeute dies dann konkret, dass sie die Aufdeckung der Selbsttäuschung und Resignation des „deutschen politischen Bewußtseins" mit dem Aufkeimen von Empörung und „Courage" zusammenführen müsse, um jenes Moment des Enthusiasmus im Volk zu wecken, das eine Veränderung der Wirklichkeit überhaupt erst zu ermöglichen vermöge.[835] Die philosophische Kritik stelle sich somit in den „Dienst der Geschichte", indem sie sich mit der Vorstellung einer „radikale[n] Revolution" zusammenschließt, die die „ungepuderten Zöpfe" der deutschen Verhältnisse abzuschneiden und die gesellschaftlichen Zustände auf eine allgemein „menschliche Höhe" zu heben trachtet, d.h. auf die Höhe der menschlichen Emanzipation.[836]

Notwendiges Moment jeder Revolution sei aber eine „materielle Grundlage", die neben der Kritik bestehe und dafür sorge, dass nicht nur „der Gedanke zur Verwirklichung", sondern auch die Wirklichkeit „sich selbst zum Gedanken drängt".[837] Unter diesem Gesichtspunkt knüpft Marx dann unmittelbar an die Gedankenfigur an, die er im Rahmen der *Holzdiebstahldebatte* bereits entworfen hatte. Es sei der außerhalb der bürgerlichen Gesellschaft stehende Stand des Proletariats, der diese *materielle*

---

831 MEGA² I/2, 175. „Die Deutschen haben in der Politik gedacht, was die andern Völker gethan haben." MEGA² I/2, 176. Sie seien daher zwar keine historischen, jedoch „philosophische Zeitgenossen der Gegenwart" MEGA² I/2, 175.
832 MEGA² I/2, 175f.
833 MEGA² I/2, 171. Nachdem die „Heiligengestalt der menschlichen Selbstentfremdung" (MEGA² I/2, 171) bereits durch Feuerbach zertrümmert worden sei, gelte es sich nun den Entfremdungsformen auf Ebene der Rechts- und Staatsphilosophie zuzuwenden, wie Marx es bereits in seinem kritischen Kommentar zu Hegels *Rechtsphilosophie* festgehalten hat.
834 MEGA² I/2, 177. Die Überwindung des „spekulativen Dilemmas" wird so gesehen durch die Zurückbindung der idealen Traumgeschichte an den gegenwärtigen Prozess der politischen Wirklichkeit vollzogen. s. S. 47f.
835 MEGA² I/2, 172f., 177, 180.
836 MEGA² I/2, 171, 177, 179.
837 MEGA² I/2, 178.

Grundlage ausfüllen solle und zum Träger der radikalen Revolution erhoben wird.[838] Analog zur Legitimation des wirklichen Gewohnheitsrechtes des Pöbels ist es die gesellschaftlich verursachte prekäre Situation des Proletariats, die zu einem außerordentlichen Leiden dieses Standes führt und dann unmittelbar mit einem Unrecht verknüpft wird, und zwar nicht irgendeinem Unrecht, sondern dem „Unrecht schlechthin".[839] Erst indem sich die Revolution des Proletariats mit den Resultaten der kritischen Philosophie verbinde, d. h. der Erkenntnis, dass „der Mensch das höchste Wesen für den Menschen sei", werde das „Unrecht schlechthin" nicht wieder bloß durch ein „besondres Unrecht" ersetzt, wie in der Revolution der Bourgeoisie gegen Adel und Klerus, sondern die Entfremdung könne durch eine „völlige Wiedergewinnung des Menschen" überwunden werden.[840] Entgegen der nur abstrakten Freiheit der Menschenrechte spricht Marx daher auch ganz bewusst von einer „socialen Freiheit", unter deren Voraussetzung „alle Bedingungen der menschlichen Existenz" zu organisieren sind, statt dass diese „unter der Voraussetzung gewisser, außerhalb des Menschen liegender und doch von der menschlichen Gesellschaft geschaffener Bedingungen" verwirklicht werde.[841] Eine *Wiedergewinnung* auf der Grundlage dieser *sozialen Freiheit* könne sich daher nur durch die Aufhebung der „Herrschaft des Privateigenthums" und der „Welt des Reichthums" über den Menschen vollziehen, d. h. durch die „Negation des Privateigenthums" und der mit diesem verbundenen „Weltordnung".[842] Erst hierdurch vermöge die Einebnung jenes elementaren Konflikts gelingen, von dem Marx in der *Judenfrage* gesprochen hatte, dem Konflikt zwischen dem Gattungswesen des Menschen und seinem materiellen Leben.[843]

---

838 MEGA² I/2, 182.
839 MEGA² I/2, 181 f. Das Proletariat als Stand einer neuen, „künstlich produzierte[n] Armut" (MEGA² I/2, 182) musste Marx von Gans her bekannt sein. Bereits dieser hatte den Begriff im Rahmen seiner Auseinandersetzungen mit dem Saint-Simonismus in das Repertoire seiner *Vorlesungen* übernommen (s. S. 45, 52). Analog zur Definition des Pöbels im Artikel über das *Holzdiebstahlgesetz* wird die Rolle des Proletariats durch seine materielle Armut und seine untergeordnete soziale Stellung in der bürgerlichen Gesellschaft legitimiert (s. S. 85).
840 MEGA² I/2, 177, 179 f., 181 f. Wie im *Holzdiebstahlartikel* verbindet sich das *gefühlsmäßige Leiden* eines Teils der Bevölkerung mit der *bewussten Erkenntnis* der Philosophie. Vgl. Heinrich 2011, S. 102. „Die Emancipation des Deutschen ist die Emancipation des Menschen. Der Kopf dieser Emancipation ist die Philosophie, ihr Herz das Proletariat. Die Philosophie kann sich nicht verwirklichen ohne die Aufhebung des Proletariats, das Proletariat kann sich nicht aufheben ohne die Verwirklichung der Philosophie." MEGA² I/2, 183.
841 MEGA² I/2, 181.
842 MEGA² I/2, 174, 182.
843 s. S. 126. Grundlage der Verbindung zwischen der kritischen Philosophie und den kommunistischen Theorien ist die sensualistische Anthropologie Feuerbachs. Aufbauend auf dem Konzept des Gattungswesens wird der Stand, der den *höchsten Entfremdungsgrad* aufweist, zum Träger der Revolution. Vgl. Heinrich 2011, S. 103. Seine vollkommene Negation in der bürgerlichen Gesellschaft, bar des geringsten Teils ihrer elementaren Ressourcen (Geld und Bildung), führt zur *größtmöglichen Fremdbestimmung*, deren emanzipatorische Überwindung nur in eine *größtmögliche Selbstbestimmung und Freiheit* münden kann. MEGA² I/2, 179. Gegenüber Feuerbach, dem Marx den Text der Schrift *Zur Kritik*

3.5 Zusammenfassung

Der Entwicklungsgang der Theorie von ihren rechtsphilosophischen Ausgängen zu den *Deutsch-Französischen Jahrbüchern* hat entscheidende Wandlungen im Denken Marxens offengelegt. Gleichwohl hält er aber an den Grunderwägungen seines Rechtsdenkens fest, welche vor allem aus der Auseinandersetzung mit Hegel und Gans gewonnen werden. Seine ursprünglichen Überlegungen ließen Marx über das Kainsmal der Rechtsphilosophie stolpern, den Übergang vom *ius privatum* zum *ius publicum*, den er im weiteren philosophischen Bezugsrahmen als Gegensatz von Sein und Sollen begriffen hatte. In der Folge werden die bestehenden rechtsphilosophischen Ansätze in Gestalt der Historischen Rechtsschule (*Artikel der Rheinischen Zeitung*) und der Rechtsphilosophie Hegels (*Deutsch-Französische Jahrbücher*) als Theorien entlarvt, die eine Überwindung dieses Gegensatzes eben nicht zu leisten vermögen und daher nur weitere Inkarnationen einer bloßen *Metaphysik des Rechts* darstellen. Erst der durch die Anknüpfung an die Philosophie Feuerbachs vermittelte Übergang zu einer kritischen Philosophie liefert Marx eine Erklärung dafür, warum das Sein sich dem Sollen des sittlichen Staats nicht beugen will und wie die Überwindung des Gegensatzes letztlich doch möglich ist. Ab hier wird das Konzept des Gattungswesens zum rechtsphilosophischen Rahmen vor allem einer „Kritik des Rechts".[844]

Der mit der Anknüpfung an Feuerbachs Inversionsdenken eingeleitete „Bruch mit der Spekulation" erweist sich jedoch keinesfalls als einer mit dem Recht.[845] In erster Linie bedingt die philosophische Neuausrichtung eine Perspektivverschiebung vom Staat hin zur Ebene der bürgerlichen Gesellschaft. Entsprechend nimmt die rechtsphilosophische Auseinandersetzung in den Schriften der *Deutsch-Französischen Jahrbücher* die negative Form einer *Kritik* an, einer *Kritik des Rechts der bürgerlichen Gesellschaft*.[846] Gegenstand der Betrachtungen ist das positive Recht, welches auf einer spezifischen Grundlage der Ungleichheit gründet, seien dies nun

---

der Hegelschen Rechtsphilosophie. Einleitung zusendet, bezeichnet er dessen Arbeiten auch ganz explizit als „philosophische Grundlage" des Sozialismus. *Marx an Ludwig Feuerbach*, 11.8.1844, MEGA² III/1, 63, 605. Diesen Status erhalte die Philosophie Feuerbachs, da sie zum einen eine Verhältnisbestimmung von Theorie und Praxis erlaube und zum anderen die Formulierung konkreter Zielvorstellungen der kommunistischen Bewegung ermögliche. Vgl. Arndt 2012, S. 35. Allerdings steht dies zu diesem Zeitpunkt noch vollkommen unter dem Primat einer *Kritik der Hegelschen Rechtsphilosophie*.
844 MEGA² I/5, 262. In der *Kritik der Hegelschen Rechtsphilosophie* arbeitet Marx sehr mühsam heraus, dass es sich bei dem *ius publicum* der *Grundlinien* letztlich doch nur um ein *ius privatum* im Zerrspiegel der Logik handelt.
845 Arndt 2012, S. 26.
846 Zu berücksichtigen ist, dass die *Kritik der Hegelschen Rechtsphilosophie* zunächst als eine Kritik des Kapitels über den Staat auftritt. Mit der Umkehrung des Wirkungszusammenhangs tritt die Bedeutung des Rechts auf Ebene der bürgerlichen Gesellschaft umso klarer hervor. HGW 14, 1, (§ 188) S. 164. Es ist ein Recht *ohne* das Korrektiv des sittlichen Staats. Die Absage an *dieses* Recht ist daher keinesfalls als eine Absage an das Recht schlechthin misszuverstehen.

feudale Grundbesitzverhältnisse oder bereits die modernen Bedingungen des Privateigentums (*Geldherrschaft*). In beiden Fällen führt das individualisierte und untrennbar mit dem Eigentum verknüpfte Zusammenleben dazu, dass die Eigentumsinteressen zum dominierenden Moment der Politik und somit auch der Gestaltung des Rechts werden. Dieser Umstand wird von Marx auf der Theoriehöhe der *Deutsch-Französischen Jahrbücher* durch eine Entfremdungstheorie erklärt, in der die sich durch die geschichtliche Entwicklung ausdifferenzierende bürgerliche Gesellschaft als ein entfremdeter Zustand des Menschen zeigt und das Privateigentum zu einer den Menschen beherrschenden Macht avanciert. Konsequenterweise werden dann auch Bestrebungen einer bloß politischen Emanzipation abgelehnt, die ihre Zielsetzungen in erster Linie auf die politische Mitbestimmung beschränken und Änderungen des positiven Rechts doch nur wieder auf der bestehenden Grundlage der bürgerlichen Gesellschaft vollziehen würde. Deutlich wird dies anhand der Menschenrechte, die in der Darstellung Marxens als eine Art *Kriegsrecht* begriffen werden, d. h. als Recht des „Kampfplatz[es] des individuellen Privatinteresses aller gegen alle".[847] Zudem offenbart die Menschenrechtskritik, dass die Beurteilung des Rechts in den *Deutsch-Französischen Jahrbüchern* nach wie vor auf dem Gegensatz von formellem und wirklichem Recht erfolgt. Zwar tritt das Recht des Privateigentümers als immerwährendes Naturrecht in Erscheinung, entpuppt sich aber in der näheren Betrachtung nur als *formelles Recht*. Um *wirkliches Recht* zu sein, müsste es dem Derivat eines widerspruchslosen Gattungslebens entsprechen, welches Marx als ein Dasein begreift, in dem das Gattungswesen des Menschen mit seinem materiellen Leben übereinstimmt, d. h. einem *Dasein der Freiheit*.

Der grundsätzliche Rahmen der *rechtsphilosophischen Überlegungen* Marxens wird durch den Übergang zur rücksichtslosen Kritik und einer Gattungsmetaphorik nicht grundlegend verändert. Maßstab des widerspruchslosen Gattungslebens bleibt die *rechtliche Freiheit* des Menschen. Deutlich wird dies durch die Anknüpfung der *Kritik der Hegelschen Rechtsphilosophie* an die Überlegungen zur wahren Demokratie eines *Vereins freier Menschen*. Als „freies Produkt des Menschen" ist die Demokratie eine Verfassung, in der die „wahre Einheit des Allgemeinen und Besondern" begründet liegt.[848] Die Gesetze dieses Gemeinwesens sind wirkliches Recht, da sie dem *Gattungswillen* entsprechen und somit Ausdruck der „Selbstbestimmung des Volks" sind.[849] Auf der Ebene des Rechts entspricht dies zugleich der von Marx geforderten

---

847 HGW 14, 1, (§ 289) S. 241.
848 s. S. 117 f.
849 s. S. 117 f. Hauke Brunkhorst weist darauf hin, dass Marx in der Selbstbestimmung der wahren Demokratie das gesellschaftliche Pendant zum Rechtsbegriff Hegels erblickt, d. h. der hiermit verknüpften Selbstbestimmung der Person. Vgl. Brunkhorst 2016, S. 164, 233 f.; s. Fn. 188. Die Kritik an der Demokratie, die Marx in der *Judenfrage* durchführt, bezieht sich auf die Demokratievorstellungen in der Debatte der politischen Emanzipation, d. h. einer Demokratie der Bourgeoisie, deren politische Partizipationsrechte in der Abstraktion verharren und nur eine politische Vernebelung darstellen. Die wahre Demokratie, deren Ausformulierung eine frappierende Ähnlichkeit zur Charakterisierung des

gesellschaftlichen Organisation der menschlichen Kräfte bzw. der freiheitlichen Organisation der Bedingungen menschlicher Existenz.[850] Einerseits bezeugt die Ersetzung der Vernunft durch den Gattungswillen zwar die Loslösung aus dem Bezugsrahmen der *Rechtsphilosophie* Hegels. Andererseits drückt sich hierin aber auch ein Festhalten an der elementaren Grundlage des *Naturrechts* Hegels und Gans' aus, der untrennbaren Verknüpfung von Recht und Freiheit.[851] Die entscheidende Absetzbewegung gegenüber seinen Vorgängern bezieht sich daher nicht etwa auf das Paradigma der rechtlichen Freiheit, sondern auf einer stärkeren Akzentuierung der „sociale[n] Wahrheit", mit dem der Übergang zu den kommunistischen Theorien vollzogen wird.[852] Unabdingbare Voraussetzung der rechtlichen Freiheit wird eine *soziale Freiheit*.[853] Nur auf der Grundlage einer solchen sozialen Freiheit ist die Kontaminierung des Rechts und seiner Gestaltung durch Eigennutz und Eigentumsinteressen ausgeschlossen und es kann überhaupt erst *wirkliches Recht* existieren.[854]

Bezogen auf die Rechtsphilosophie ergibt sich zum Abschluss der Arbeit an den *Deutsch-Französischen Jahrbüchern* daher das Bild einer kritischen Weiterführung der Theorie des Rechts, die Marx ausgehend von Hegel und Gans zu entwickeln begonnen

---

Vereins freier Menschen aufweist, den Marx im Zusammenhang mit den Artikeln über die *Lehre des christlichen Staats* entworfen hatte, wird dadurch weder kritisiert noch verworfen.
850 s. S. 126, 130.
851 Die philosophische Nähe zu Hegel und Gans wird vor allem durch die beständigen Rückgriffe auf Denkfiguren und Formulierungen der vorgehenden Texte dokumentiert, die gerade aus einer Fortführung dieser Theorien entwickelt worden sind.
852 s. S. 127, 129 f.
853 Im Gegensatz zu Schefold, der Marx hier eine *Ersetzung* des Konzepts der rechtlichen durch die soziale Freiheit attestiert, an deren Ende eine völlige Abkehr von der Rechtsphilosophie steht. Vgl. Schefold 1970, S. 230, 273 f. Ähnlich Sebastian Schwenzfeuer, der die rechtliche Freiheit in Gegensatz zur sozialen Freiheit bringt. Ihm zufolge dient Marx das Konzept der sozialen Freiheit ausschließlich zur Kritik der bürgerlichen Freiheit und ihrer Gestalt des Rechts. Vgl. Schwenzfeuer 2018, S. 307, 317. Tatsächlich aber bauen die Freiheitsformen vielmehr aufeinander auf. Mit der Dimension der sozialen Freiheit soll sich so gesehen nur die Extension erweitern, ohne die Intension preiszugeben. Die hiermit verbundene Problemlage der materiellen Gesellschaftssituation als Hindernis eines rechtlich-freiheitlichen Zusammenhangs für *alle* Mitglieder der Societät ist bereits bei Hegel (*Pöbel*) und Gans (*Proletariat*) vorgezeichnet. Bei beiden ist es der sittliche Staat, der letztlich eine Besserung der gesellschaftlichen Rahmenbedingungen erwirken soll, ohne dass materielle Ungleichheiten und damit verbundene Schieflagen im Ganzen verschwinden. An diesen Staat anzuknüpfen ist Marx jedoch nicht mehr möglich. Auch Harald Bluhm weist darauf hin, dass Marx an dieser Stelle soziale Gleichheit als notwendige Bedingung der Freiheit versteht. Diese „soziale Freiheitskonzeption" sei dabei *individualistisch* ausgerichtet, da sie unter dem Primat der „freien Selbstentwicklung" der Individuen stehe, also nichts anderem als der *rechtlichen Freiheit*. Vgl. Bluhm 2005, S. 60.
854 Konsequenzen ergeben sich vor allem für die Institution des Privateigentums. Wobei die hiermit verbundene „Negation", von der Marx in der *Kritik der Hegelschen Rechtsphilosophie. Einleitung* spricht, nur unscharf bleibt. Zumindest zu diesem Zeitpunkt muss unklar bleiben, ob hiermit die vollständige Aufhebung des Privateigentums im Geiste des Saint-Simonismus gemeint ist oder nur eine Zurückweisung allzu unverhältnismäßiger Ungleichheiten, wie sie sich bei Rousseau findet und wie sie Marx in den Schriften zuvor vertreten hatte.

hatte. Die maßgeblichen Bestimmungen des Rechts bleiben im Wesentlichen unberührt. Modifikationen ergeben sich nur auf der Ebene der *Richtigkeit des Rechts*, in deren Rahmen die Legitimität des Rechts nun an den freiheitsfundierten Gattungswillen geknüpft wird. Durch den Bedeutungsgewinn der *sozialen Freiheit* und der damit einhergehenden Betrachtung des Privateigentums wird Marx in der Folgezeit eine neuerliche Perspektivverschiebung vornehmen. Den *Gespenstern des Aberglaubens* weiter nachstellend wird sich die Blickrichtung auf den innersten Glutkern der bürgerlichen Gesellschaft verschieben, auf das *System der Bedürfnisse* samt seiner ihm *eigentümlichen Logik.*[855]

---

[855] „Nun begegnet mir noch gar der Aberglaube, der mir als das Schädlichste was bei den Menschen einkehren kann, verhaßt bleibt. Wir spielen mit Voraussagen, Ahnungen und Träumen und machen dadurch das alltägliche Leben bedeutend. Aber wenn das Leben nun selbst bedeutend wird, wenn alles um uns sich bewegt und braust, dann wird das Gewitter durch jene Gespenster nur noch fürchterlicher." Goethe *Wahlverwandtschaften* I, 18, HA 6, 357; s. S. 90, 120, 126.

4 Das Recht und der Historische Materialismus (1844 – 1848)

Hatte sich im Zuge des Bruchs mit der Spekulation das Privateigentum als Ausdruck menschlicher Entfremdung erwiesen, welches kraft seiner Herrschaft den Staat und das Recht nicht unberührt lässt und dessen Aufhebung im Zuge einer radikalen Revolution überhaupt erst zu einer Überwindung der Entfremdung führen würde, beginnt Marx sich nun mit der Institution des Privateigentums auf ihrem ureigenen Feld zu beschäftigen. In einer Ausschärfung des durch die Anknüpfung an Feuerbach gewonnenen kritischen Blicks erfolgt so eine konsequente Ausdehnung der Entfremdungstheorie auf das *System der Bedürfnisse*. Die Disziplin dieses Terrains ist aber nicht mehr die der Philosophie oder der Jurisprudenz, sondern die besondere Wissenschaft der *Nationalökonomie*. Innerhalb der kritischen Betrachtungen wird sie nun den Raum einnehmen, der zuvor noch von den Theorien der *Historischen Rechtsschule* und der Hegel'schen Rechtsphilosophie besetzt wurde.[856] Mit dem Versuch einer „Systematisierung seiner Studien zur bürgerlichen Gesellschaft und deren ›Anatomie‹" schlägt Marx die Richtung einer philosophisch-ökonomischen Amalgamierung ein, die sich in den Folgejahren zur Theorie des Historischen Materialismus verfestigen wird.[857] Erste Schritte in diese Richtung stellen die zu seinen Lebzeiten nicht mehr veröffentlichten und nur fragmentarisch überlieferten *Ökonomisch-philosophischen Manuskripte* dar.[858]

4.1 Die Ökonomisch-philosophischen Manuskripte

Die Abfassung der *Manuskripte* erfolgte zwischen Mai und Juni 1844, nachdem Marx sich zuvor intensiv mit den Theorien Saint-Simons und Pierre-Joseph Proudhons beschäftigt hatte.[859] Die Resultate dieser Auseinandersetzung werden mit Studien zu den Autoren der klassischen Nationalökonomie verbunden und in einen philosophischen Rahmen eingefasst, der maßgeblich durch die Hegel-Rezeption Moses Heß' geprägt

---

[856] „Die Nationalökonomie sucht das Treiben der bürgerlichen Gesellschaft nach vernünftigen Grundsätzen festzusetzen." Gans 2005, S. 159. Dieser Zusammenhang zwischen dem System der Bedürfnisse und der „Staats-Oekonomie" als „[...] eine der Wissenschaften, die in neuerer Zeit" entstanden sind, durfte Marx auch durch Hegel bekannt sein. HGW § 14, 1, (§ 189) S. 165. Es ist aber vor allem Gans, der in seinen *Naturrechtsvorlesungen* auf die wichtigsten Ansätze der Nationalökonomie eingeht. Vgl. Gans 2005, S. 164 – 166.
[857] Arndt 2012, S. 35.
[858] MEGA² I/2, 189 – 438.
[859] MEGA² I/2, 686 f. Die nur fragmentarisch erhaltenen *Manuskripte* wurden zwar erst 1932 posthum veröffentlicht, zumindest jedoch in den Jahren 1844 und 1845 hegte Marx diesbezüglich auch eigene Veröffentlichungsabsichten. Vgl. u. a. Quante 2009b, S. 215.

ist.⁸⁶⁰ Die Verbindung wird die Gestalt einer Weiterführung und Vertiefung der Entfremdungsproblematik der *Deutsch-Französischen Jahrbücher* annehmen, eingebettet in eine geschichtsphilosophisch unterfütterte „Metaphysik des Gattungswesens".⁸⁶¹

Resümee der kritischen Betrachtung der Hegel'schen Rechtsphilosophie war das Bild einer Wirklichkeit der bürgerlichen Gesellschaft als eines Verhältnisraums atomisierter und eigennutzorientierter Individuen, der den Nährboden sozialer Ungleichheiten nur konserviert und dessen Grundlage eine mit der sozialen Institution des Privateigentums verbundene Entfremdung darstellt.⁸⁶² Für Marx ist das Privateigentum die embryonale Form dieser im Verlauf der bürgerlichen Gesellschaft manifestierten Entfremdung in Gestalt eines *umfangreichen Geldsystems*, welches ihre höchste Spitze im modernen Kreditwesen der Banken findet.⁸⁶³ Und diese Institution des Privateigentums und seine „nach vernünftigen Grundsätzen" vollzogene Bewegung bilde die „empirische" und „theoretische Basis" der Nationalökonomie.⁸⁶⁴ Indem sie ihre Grundlage in einer unkritischen Adaption der bürgerlichen Gesellschaft finde, in ihrer bloßen Erscheinung, sei die Nationalökonomie daher auch nur eine „Wissenschaft [...] innerhalb der Entfremdung".⁸⁶⁵ Ausdruck dieser unkritischen

---

860 Vgl. Arndt 2015, S. 48.
861 Quante 2010, S. 98. Aufgrund des Schwerpunktes der Arbeit muss sich die Betrachtung der umfangreichen *Manuskripte* auf die für das Rechtsdenken Marxens relevanten Aspekte beschränken. Ausführlichere Analysen finden sich u. a. bei Marcuse 2004a, Quante 2009b und Arndt 2012.
862 MEGA² I/2, 245.
863 In den *Manuskripten* wird das Privateigentum auf der Ebene des *Systems der Bedürfnisse* analysiert, d. h. in seinem Zusammenhang mit Arbeit und Austausch. MEGA² I/2, 235. Eine Verbindung des Geldes als Wertmaßstab des Eigentums mit der Religionskritik Feuerbachs hatte Marx in Anlehnung an Heß bereits in der Schrift *Zur Judenfrage* vollzogen. Zu Beginn des Jahres 1844 greift er diesen Gedanken in dem den *Manuskripten* vorgehenden *Mill-Exzerpt* wieder auf. MEGA² IV/2, 428–470. Das Geld als Mittler von Arbeit und Austausch wird hier zu einer vom Menschen „unabhängige[n] Macht", d. h. zum „wirklichen Gott" erhoben. MEGA² IV/2, 448. Ihre höchste Ausprägung gewinne das Geldsystem der Entfremdung dann in der Kreditbeziehung, in der der Mensch selbst an die Stelle des Geldes trete und zum reinen Gegenstand des Austausches wird: „Statt Geld, Papier ist mein eignes persönliches Dasein, mein Fleisch und Blut, meine gesellige Tugend und Geltung die Materie, der Körper des Geldgeistes. Der Credit scheidet den Geldwerth nicht mehr in Geld, sondern in menschliches Fleisch und menschliches Herz" (MEGA² IV/2, 451). In dieser vollständigen Unkenntlichkeit des „falschen Systems" erblickt Marx nicht nur den „höchste[n] Rückschritt", sondern die „Consequenz der Niedertracht" schlechthin. MEGA² IV/2, 451.
864 MEGA² I/2, 260, Gans 2005, S. 159.
865 Heinrich 2011, S. 110. Bereits in den Erörterungen zur politischen Emanzipation hatte Marx den *blinden Fleck* in der Entwicklung der modernen bürgerlichen Gesellschaft hervorgehoben (s. S. 124). Diese Wahrnehmung des Bestehenden als unmittelbar Gewisses und Notwendiges, statt eines nur Gewordenen, wird nun auf das Vorgehen der Nationalökonomie übertragen: „Der Nationalökonom – so gut, wie die Politik in ihren Menschenrechten – reducirt alles auf d[en] Menschen, d. h. auf das Individuum, von welchem er alle Bestimmtheit abstreift, um es als Capitalist oder Arbeiter zu fixiren." MEGA² I/2, 309. Ähnlich im *Mill-Exzerpt:* „Man sieht, wie die Nationalökonomie die entfremdete Form des geselligen Verkehrs als die wesentliche und ursprüngliche und der Menschlichen Bestimmung entsprechende fixiert." MEGA² IV/2, 453.

Umgangsweise mit der bürgerlichen Gesellschaft sei dann die Behandlung des Privateigentums als unmittelbares und voraussetzungsloses *Faktum*, dessen Bewegung in abstrakte Formeln gekleidet und dann mit Gesetzesgeltung versehen werde, ohne dass sie auf das Wesen des Privateigentums zurückgeführt würde. Was eigentlich erklärt werden solle, werde daher nur unterstellt, nicht nachgewiesen.[866] Insoweit leisteten die Ansätze der Nationalökonomie letztlich eine zutreffende „Widerspiegelung der bürgerlichen Gesellschaft unter der Voraussetzung des Privateigentums".[867] Als solche seien sie aber zugleich nur eine „wissenschaftliche Sanktionierung der Verkehrung", die im Grunde ebenso eine Verfestigung des Status quo im Gepäck führe, wie es durch die Historische Rechtsschule erfolge und auch in der spekulativen Rechtsphilosophie Hegels verankert liege.[868] Zur Ursache der Entfremdung und der hierdurch bedingten gesellschaftlichen Verhältnisse vermöge sie dagegen nicht vorzudringen.[869]

Um dies leisten zu können, müsse die *Kritik der Nationalökonomie* das vermeintliche Faktum selbst aufgreifen und erklären, d. h. zum innersten „Geheimniß" des Privateigentums vorstoßen.[870] Die Lösung dieses *Geheimnisses* findet Marx dann in der Rückführung des Privateigentums auf die *entfremdete Arbeit*.[871] In den *Manuskripten* ist es daher das Verhalten des Menschen zu den Gegenständen seiner Arbeit, die die Ursache dafür bilden, dass es zur Entstehung einer dem Menschen als *fremde Macht* gegenübertretenden Geld- und Warenwelt kommt.[872] Diese Vorstellung

---

[866] MEGA² I/2, 234 f. Die Argumentation im Zusammenhang mit dem Privateigentum erinnert stark an die Argumentationsfigur, die Gans in seiner *Duplik* zur Anwendung gebracht hatte. Auch hier wird die „hypothetische Raupe" durch bloße Setzung zum „thetischen Schmetterling", ohne dass der „Verpuppungsprozeß" wirklich nachvollzogen und erklärt werde (s. S. 55). Vor dem Hintergrund der Entfremdungsproblematik parallelisiert Marx diese Methodik, in der die wesentlichen Fragen in „eine graue, nebelhafte Ferne" gerückt werden, nicht zufällig mit der *Theologie*. MEGA² I/2, 235; s. S. 78.
[867] Arndt 2012, S. 37.
[868] Marcuse 2004a, S. 512. In der Konsequenz sorge die Nationalökonomie aufbauend auf dem Faktum des Privateigentums nur dafür, dass an die Stelle des einfachen, „sinnlichen Aberglaube[ns]" die abstrakte Gestalt eines „raffinirten Aberglauben[s]" trete. MEGA² IV/2, 449; s. S. 126, 134.
[869] Vgl. Arndt 2012, S. 37. Die Bewegung des Privateigentums als Bewegung von Reichtum und Armut werde weiter verfestigt und das stationäre Elend des Proletariats nur wissenschaftlich legitimiert. MEGA² I/2, 332, 394. Ein durch die Kritik vermittelter Zugang zur *sozialen Wahrheit* finde nicht statt und der *innere Widerspruch* zwischen der theoretischen Bedeutung und der Wirklichkeit des Wechselspiels von Eigentum und Arbeit könne so gar nicht erst ins Blickfeld geraten, Vgl. Heinrich 2011, S. 105.
[870] MEGA² I/2, 235, 244.
[871] MEGA² I/2, 239.
[872] Vgl. Marcuse 2004a, S. 512, 517. Ebenso wie in der Religionskritik das göttliche Wesen als ein Produkt des Menschen betrachtet wurde, ist es nun das Produkt seiner Arbeit, das sich verselbstständigt und ihm als fremde Macht entgegentritt: „Nicht die Götter, nicht die Natur, nur der Mensch selbst kann diese fremde Macht über d[en] Menschen sein". MEGA² I/2, 243. Auf der Grundlage der *Phänomenologie des Geistes* und des hier durch Hegel entwickelten Modells der Vergegenständlichung und Entäußerung begreift Marx die Arbeit in den *Manuskripten* daher als Selbsterzeugungsakt des Menschen. Vgl. Quante 2009b, S. 235 f. Um diese tätigkeitsbezogene Selbsterzeugung zu vollziehen, müsse der Mensch sich eine wirkliche, gegenständliche Welt erschaffen. Und dies wiederum beinhaltet

der entfremdeten Arbeit wird von Marx dann in eine geschichtsphilosophische Konzeption eingebunden, die die gesellschaftliche Entwicklung des Menschen maßgeblich als *Entfremdungsgeschichte* und deren Überwindung begreift. Hintergrund hierfür bildet eine insbesondere durch Moses Heß vermittelte Lesart der *Phänomenologie des Geistes*, die die Geschichte des zum Bewusstsein seiner selbst kommenden Geistes in eine „Logik der geschichtlichen Selbstkonstitution des Menschen durch Arbeit" umdeutet.[873] Hiernach erscheint die Geschichte als ein fortschreitender Entfremdungsprozess, der seinen Höhepunkt in der entfremdeten Arbeit der modernen bürgerlichen Gesellschaft und der hierdurch bedingten Existenz des Proletariats findet.[874] Den Ankerpunkt dieser „naturgeschichtlichen Phänomenologie" menschlicher Selbsterzeugung lokalisiert Marx im positiven Kern seiner Entfremdungstheorie, dem *Gattungswesen des Menschen*.[875] Zentrales Charakteristikum dieses Wesensbegriffs ist die Bestimmung der Arbeit des Menschen als freie und bewusste Tätigkeit, innerhalb der er sich seiner Natur nach verwirkliche.[876] Die gesellschaftliche Organisation dieser bewussten und freien Äußerung seiner Lebenstätigkeit im Produktionszusammenhang habe dann vor dem Hintergrund der wechselseitigen Befriedigung menschlicher Bedürfnisse zu erfolgen.[877] Eben dieser Zusammenhang sei im entfremdeten Gesellschaftszustand durch das Dazwischentreten einer vermittelnden Instanz jedoch durchbrochen und in der bürgerlichen Gestalt des Geldsystems geradezu in sein Gegenteil verkehrt. Analog zur *Kritik der Hegelschen Rechtsphilosophie* liege der Schlüssel zur Behebung dieser Entfremdung dann in der *Umkehrung* der durch das

---

die *Möglichkeit* der Erhebung der gegenständlichen Welt zu einer fremden Macht über den Menschen, die in der Darstellung Marxens zu einer *geschichtlichen Notwendigkeit* avanciert und in der Faktizität der bestehenden bürgerlichen Gesellschaft kulminiert, als dem „Endpunkt dieser entfremdeten Vergegenständlichung". Vgl. Marcuse 2004a, S. 522, 524f., 533; Quante 2009b, S. 258.

873 Arndt 2015, S. 47f., 52, 58. In der *Phänomenologie* beschreibt Hegel die Entwicklung des Geistes, der sich ausgehend von der sinnlichen Gewissheit bis zum absoluten Wissen hervorarbeitet, d. h. zum Wissen des Geistes von sich selbst und seinem Wesen. Vgl. Jaeschke/Arndt 2012, S. 583, 591; s. Fn. 159. In der „historischen Lesart" (Arndt 2015, S. 58) dieses Bildungsprozesses tritt dann der Produktions- und Reproduktionsprozess des Menschen an die Stelle der *Arbeit des Geistes*.

874 Vgl. Quante 2009b, S. 250, 258.

875 Arndt 2012, S. 39, 43.

876 MEGA² I/2, 239, 241.

877 Vgl. Quante 2009b, S. 255; Arndt 2012, S. 37. Innerhalb der dem bürgerlichen System der Bedürfnisse von Marx entgegengesetzten *menschlichen Produktion* vollziehe sich eine doppelte Bejahung sowohl des eigenen Selbst als auch der anderen Menschen. Hiernach schaffe die eigene „individuelle Lebensäußerung" unmittelbar auch die Lebensäußerung des Anderen, so dass „[...] in meiner individuellen Thätigkeit unmittelbar mein wahres Wesen, mein menschliches, mein Gemeinwesen bestätigt und verwirklicht" werde. MEGA² IV/2, 465. In dem direkt nach der Abfassung der *Manuskripte* entstandenen Artikel *Kritische Randglossen zu dem Artikel „Der König von Preußen und die Socialreform. Von einem Preußen"* setzt Marx das „wahre Gemeinwesen der Menschen" mit dem „menschliche[n] Wesen" gleich. *Vorwärts! 63 u. 64,* 7.8. u. 10.8.1844, MEGA² I/2, 445–463. Es ist nicht länger ein Gemeinwesen, von dem die Menschen kraft ihrer Arbeit getrennt sind, sondern es „ist das Leben selbst, das physische und geistige Leben, die menschliche Sittlichkeit, die menschliche Thätigkeit, der menschliche Genuß, das menschliche Wesen." MEGA² I/2, 462.

Privateigentum bewirkten *Verkehrung* des menschlichen Wesens und seines Gattungsdaseins sowie der Beseitigung des hierdurch gesetzten Widerspruchs zwischen einer gesellschaftlich produzierten Gegenständlichkeit und einem ungesellschaftlichen Sonderinteresse, d. h. einer Umkehrung, die sich durch die *Aufhebung des Privateigentums* vollzieht.[878]

Es ist eine Aufhebung, die unmittelbar mit der „menschlichen Emancipation und Wiedergewinnung" verbunden ist, die in den *Manuskripten* erstmals als kommunistische Gesellschaftsorganisation ausformuliert wird:[879] „Der Communismus als positive Aufhebung des Privateigentums, als menschlicher Selbstentfremdung und darum als wirkliche Aneignung des menschlichen Wesens durch und für d[en] Menschen; darum als vollständige, bewußt und innerhalb des ganzen Reichthums der bisherigen Entwicklung gewordne Rückkehr des Menschen für sich als eines gesellschaftlichen, d. h. menschlichen Menschen."[880] Der Wegfall der sozialen Institution des Privateigentums und die gesellschaftliche Organisation des Produktionszusammenhanges gemäß dem Gattungswesen des Menschen wird dann mit der Auflösung aller Widersprüche identifiziert, die sich im entfremdeten Gesellschaftszustand ergeben hatten.[881] Indem Marx dabei ein Bild des „wahre[n] Gemeinwesen[s] der Menschen" vor Augen hat, welches den Individuen nicht mehr länger als „abstraktallgemeine Macht" gegenübertritt, sondern als „menschliche[s] Gemeinwesen" unmittelbar „Wesen eines jeden Individuums" ist, ergeben sich auch Folgewirkungen für die Betrachtung des Rechts.[882] Mit der Aufhebung der ökonomischen Entfremdung des

---

878 Vgl. Arndt 2012, S. 37, 43.
879 MEGA² I/2, 275. Auch in den *Randglossen* stellt Marx heraus, dass die Widersprüche der bürgerlichen Gesellschaft die Grundlage des modernen Staates bilden. Die staatliche Administration besitze insoweit keine Einwirkungsmöglichkeit auf das bürgerliche Leben. MEGA² I/2, 456. Vielmehr würden die Widersprüche zwischen dem Allgemeininteresse und den Sonderinteressen durch ihre Maßnahmen nur verewigt und das „Sklaventhum der bürgerlichen Gesellschaft" am Leben erhalten. MEGA² I/2, 453, 456. Indem Marx Maßnahmen ablehnt, die auf dem rein *politischen Standpunkt der Administration* beruhen, widerspricht er direkt der Position Gans', der auf das Konzept des sittlichen Staates gestützt noch explizit für administrative Maßnahmen zur Beseitigung der Armut eingetreten war. MEGA² I/2, 452 f.; Gans 2005, S. 195; s. Fn. 312. Allein der „Standpunkt des Ganzen" und die hiermit verbundene Aufhebung des Privateigentums in einer sozialen Revolution ermögliche es, den Pauperismus zu überwinden. „Erst in dem Socialicmus kann ein philosophisches Volk seine entsprechende Praxis, also erst im Proletariat das thätige Element seiner Befreiung finden." MEGA² I/2, 459, 462.
880 MEGA² I/2, 263. Marx betont diesbezüglich nochmals explizit, dass es sich hierbei um eine „allgemein menschliche" und nicht bloß *politische* Emanzipation handelt. MEGA² I/2, 245. In den *Randglossen* greift er in der Auseinandersetzung mit Arnold Ruge daher erneut auf seine Kritik einer nur politischen Emanzipation zurück. Gestützt auf einen nur „politischen Verstand" könnte eine Emanzipation bestenfalls eine Änderung der Staatsform erwirken, ohne dass hierdurch die Widersprüche beseitigt würden, auf denen der moderne Staat doch gerade fuße. MEGA² I/2, 456 f., 461.
881 Der Kommunismus „[...] ist die wahrhafte Auflösung des Widerstreits des Menschen mit der Natur und mit d[em] Menschen, die wahre Auflösung des Streits zwischen Existenz und Wesen, zwischen Vergegenständlichung und Selbstbestätigung, zwischen Freiheit und Nothwendigkeit, zwischen Individuum und Gattung." MEGA² I/2, 263.
882 MEGA² IV/2, 452.

wirklichen Lebens würden ebenso die Entfremdungen auf dem „Gebiet des Bewußtseins" fortfallen, da die Wiederaneignung des menschlichen Lebens zugleich als „Rückkehr des Menschen aus Religion, Familie, Staat etc. in sein menschliches d. h. gesellschaftliches Dasein" begriffen wird.[883] Dieses Verhältnis von wirklicher und ideeller Entfremdung folgt aus dem Primat der ökonomischen Betrachtungen, denen zufolge „Religion, Familie, Staat, Recht, Moral, Wissenschaft, Kunst etc." nur „besondre Weisen" der materiellen Produktion darstellen und daher dessen allgemeinem Gesetz unterliegen.[884] Die Überwindung dieser besonderen *Produktionen* durch die Aufhebung der entfremdeten ökonomischen Bedingungen fügt Marx dann in eine geschichtsteleologische Perspektive ein, die der spezifisch „entfremdungsgeschichtlichen Lesart der Phänomenologie des Geistes" entnommen wird.[885] Hiernach bildet die „ganze Bewegung der Geschichte" den „wirkliche[n] Zeugungsakt" der kommunistischen Überwindung des entfremdeten Gesellschaftszustandes.[886] Anders ausgedrückt: Die „wirkliche communistische Aktion" der „revolutionaire[n] Bewegung" wird der Gegenwart enthoben und der Zukünftigkeit eines geschichtlichen Werdens überantwortet.[887] Es ist ein Werden, das die Arbeiter ihre „Höhlenwohnung[en]" verlassen lässt, um endlich die „Lichtwohnung" zu beziehen, die *Prometheus* den Göttern einst abgerungen hatte.[888]

---

[883] MEGA² I/2, 264.
[884] MEGA² I/2, 264.
[885] Arndt 2015, S. 75. Diese Anlehnung an die *Phänomenologie* wird vor allem bei Arndt ausführlich betrachtet und dargelegt. Vgl. ebd., Kap. 3 u. 4. Dem strukturellen Verlauf der *Phänomenologie* folgend wird die „weltgeschichtliche Konstitution als Gattung" bei Marx nach dem Muster der „vollkommene[n] Überwindung des Gegensatzes von Subjekt und Objekt im absoluten Wissen" begriffen. An die Stelle des absoluten Wissens trete in den *Manuskripten* dann der Kommunismus. Vgl. ebd., S. 49, 58 f.
[886] MEGA² I/2, 263. Das *aufgelöste Rätsel der Verfassungen* wird daher durch den Kommunismus verdrängt, als „aufgelöste[s] Räthsel der Geschichte". MEGA² I/2, 263; s. S. 118.
[887] MEGA² I/2, 263, 289. „Um das wirkliche Privateigenthum aufzuheben, dazu gehört eine wirkliche communistische Aktion. Die Geschichte wird sie bringen und jene Bewegung, die wir in Gedanken schon als eine sich selbst aufhebende wissen, wird in der Wirklichkeit einen sehr rauhen und weitläufigen Proceß durchmachen". MEGA² I/2, 289. Wie genau dieser Prozess der kommunistischen Bewegung aussehen soll, verdeutlichen die Ausführungen zum Aufstand der schlesischen Weber in den *Randglossen*. Marx begreift den Weberaufstand hier als bewusste Aktion des Proletariats gegen die „Gesellschaft des Privateigenthums". Er führt dies darauf zurück, dass die Weber mit dem „Bewußtsein über das Wesen des Proletariats" handeln, da sie nicht nur die unmittelbaren Produktionsmittel zerstören, sondern die „Titel des Eigenthums", die „Kaufmannsbücher", gleich mit. MEGA² I/2, 459. Mit dem mit der Einsicht in die „Wurzel der gesell[i]gen Noth" verbundenen „sociale[n] Instinkt" des Proletariats knüpft Marx dann direkt an den „instinktmäßige[n] Rechtssinn" des Pöbels in den Artikeln zur *Holzdiebstahldebatte* an. MEGA² I/2, 461; s. S. 85.
[888] MEGA² I/2, 280; s. Fn. 413. „Mein Wort soll keine Schmähung für die Menschen sein, / Daß meine Gaben gut gemeint sind, kund nur tun; / Vordem ja, wenn sie sahen, sahn sie ganz umsonst; / Vernahmen, wenn sie hörten nichts, nein: nächtgen Traums / Wahnbildern gleich, vermengten all ihr Leben lang / Sie blindlings alles, wußten nichts vom Backsteinhaus / Mit sonngebrannten Ziegeln noch von Holzbaus Kunst / Und hausten eingegraben gleich leicht wimmelnden / Ameisen in Erdhöhlen ohne Sonnenstrahl." (Aisc. Ag. *Prom.* 446–453).

In der Forschung kommt den *Ökonomisch-philosophischen Manuskripten* hinsichtlich der Verhältnisbestimmung zwischen Philosophie und Ökonomie im Werk Marxens bekanntlich eine Schlüsselstellung zu.[889] Die unmittelbare und offene Verschränkung zwischen philosophischen und ökonomischen Denkmotiven führte dabei zu Ausdeutungen der *Manuskripte* sowohl als einen einsetzenden Abnabelungsprozess von der Philosophie als auch der eines Dokuments der Forterhaltung philosophischer Grundlagen, insbesondere in Bezug auf die spätere ökonomische Kritik.[890] Es sind daher Einordnungen, die sich um die Frage eines Bruches zwischen Früh- und Spätwerk und der Kontinuität in der Theorie Marxens drehen. Eine ähnliche Bedeutung der *Manuskripte* scheint in Bezug auf das *Recht* vorzuherrschen. Mit dem Übergang vom Konzept der freiheitlichen Rechtsphilosophie der *Deutsch-Französischen Jahrbücher* zu einer geschichtsphilosophisch-anthropologischen Konzeption der menschlichen Gattung schafft Marx einen Spannungsbogen, der in der Forschung den Boden für die Annahme eines Bruchs mit dem Recht bereitet. So hebt beispielsweise Quante hervor, dass mit den *Manuskripten* eine völlige Abkehr von der Hegel'schen Sozial- und Rechtsphilosophie vollzogen werde, die die hiermit verbundene „kulturelle und politische Selbstverständigung" im Ganzen preisgibt.[891] Durch die Adaption der anthropologisch-sozialen Perspektive Feuerbachs und der geschichtsphilosophischen Ausführungen Heß' werde das Verhältnis zwischen dem Allgemeinen und dem Besonderen zugunsten einer vom Individuum unabhängigen „Wesensverwirklichung" umgedeutet.[892] Dies führe in der Konsequenz zur vollständigen Unterordnung des Individuums unter die Gattung und zur Ablehnung jedweder Existenz eines Rechtsstaats. Letzterer werde in Anlehnung an Heß durch eine „bewusst geplante und rational durchschaute Kooperation" ersetzt, nach dem Bild einer Utopie sozialer Einheit und Harmonie.[893] Ergänzend läßt sich mit Heinrich dann feststellen, dass Marx sich in den *Manuskripten* „an der Grenze zum utopischen Sozialismus" bewege.[894] Verengt auf die Sphäre des Rechts führe der Rahmen der neu konzipierten „Geschichtsdialektik" zur Verdrängung der Subjektivität und individuellen Freiheit, wie Schefold es fasst.[895] Die Vorstellung eines „objektiv-emanzipierte[n] Gattungsleben[s]"[896] kehre sich ihm zufolge in ein Primat des gattungshaften Daseins um, welches mit der individuellen Grundlage des Rechts nicht mehr vereinbar sei. Vor dem Hintergrund der politischen Zeitgeschichte führt dies in Schefolds Augen gar dazu, dass er in den *Manuskripten* den Übergang zu einer „gattungshaft-monistische[n] Freiheit [...] im kommunistischen oder nachkommunistischen Kollektiv" erblickt, die

---

889 Vgl. Marcuse 2004a, S. 509 f.; Quante 2009b, S. 215 f., 334 ff.; Arndt 2012, S. 36.
890 Vgl. Quante 2009b, S. 232; Arndt 2012, S. 36.
891 Vgl. Quante 2009b, S. 264 f.; Ders. 2010, S. 98, 109.
892 Vgl. ders. 2009b, S. 264 f.; Ders. 2010, S. 109.
893 Vgl. ders. 2009b, S. 266 f.
894 Vgl. Heinrich 2011, S. 117.
895 Vgl. Schefold, S. 231, 234 f., 262, 272 f.
896 Ebd., S. 231. S. 262.

die Rechtsphilosophie zu einer „Propaganda" pervertiere, welche „[...] in ihrer Tendenz schon totalitär" sei.[897]

Demgegenüber steht die Wahrnehmung der *Manuskripte* vor allem als Werkstatttexte, die keinesfalls schon als vollständiger Übergang zur Kritik der politischen Ökonomie zu verstehen seien, sondern Zeugnis über eine theoretische „Übergangsperiode" ablegen, in der die *rücksichtslose Kritik* in verschiedene Richtungen strebe.[898] Dieser „experimentelle Charakter" der *Manuskripte* wird vor allem bei Arndt herausgestellt.[899] In der vorliegenden Form nicht zur Veröffentlichung bestimmt seien es zuvorderst Texte aus dem „theoretische[n] Laboratorium", die den Versuch dokumentierten, der bürgerlichen Gesellschaft und ihrem Funktionszusammenhang erstmals mit den Mitteln der besonderen Wissenschaft zu begegnen.[900] Der Rückgriff auf Feuerbach und Heß erfolge im Rahmen der Auseinandersetzungen mit der Nationalökonomie dabei primär, um die empirischen Leerstellen der Kritik philosophisch auffüllen und problematisieren zu können, ohne damit sogleich wieder in einen spekulativen Idealismus zu verfallen.[901] Grundsätzlich bleibe die enge Orientierung an der Hegel'schen Philosophie Arndt zufolge aber erhalten. Belegt wird dies dadurch, dass Marx die theoretischen Bezüge zur *Phänomenologie* schon wenig später wieder aufgeben und zur *Logik* zurückkehren wird, der methodischen Herzkammer der *Rechtsphilosophie*.[902] Zu berücksichtigen ist in diesem Zusammenhang ferner auch, dass Marx zur Zeit der Abfassung der *Manuskripte* zu verschiedenen Seiten hin Abgrenzung betreibt und theoretische Kämpfe ausficht.[903] Sinn und Ziel erhalten die verschiedenen Abgrenzungen in den Augen Marcuses dabei in erster Linie vor dem spezifischen Hintergrund ihres jeweiligen Opponenten. Demzufolge liege der Schwerpunkt und Fokus der *Manuskripte* auf dem Kampf gegen die „Verdinglichung der Nationalökonomie".[904]

Unter Beachtung dieses allgemeinen Hintergrundes zur Bestimmung der Bedeutung der *Manuskripte* für die Thematik des Rechts ergibt sich folgendes Bild: Wird der experimentelle Charakter der Texte zugrunde gelegt und zudem mit einbezogen, dass Marx bislang eine konsequente Weiterentwicklung seiner Kritik betrieben hatte, ohne alle Bezüge und Brücken zu seinem rechtsphilosophischen Ausgangspunkt zu kappen, scheint ein unvermittelter Bruch mit dem Recht und seine vollständige Nivellierung nur wenig überzeugend. Gleiches gilt für die romantisierte Vorstellung eines

---

[897] Ebd., S. 271, 273.
[898] Vgl. Marcuse 2004a, S. 534 f.; Arndt 2012, S. 36.
[899] Ebd., S. 42.
[900] Ebd., S. 36, 42.
[901] Vgl. ebd., S. 36.
[902] Vgl. ders. 2015, S. 75 f.; s. Fn. 172. Die Rückkehr zur *Logik* erfolgt hiernach im Rahmen der Auseinandersetzungen mit Proudhon (*Das Elend der Philosophie. Antwort auf Proudhons „Philosophie des Elends"*, 1847). Mit der Rückkehr zur *Logik* falle dann auch der Bezug auf eine unbestimmte, utopisch verklärte Zukunftsgesellschaft fort. Vgl. ebd., S. 75 f.
[903] Vgl. Marcuse 2004a, S. 534.
[904] Vgl. ebd., S. 534 f.

gegensatzlosen Gemeinwesens, das an die Stelle eines freiheitlichen durch selbstbestimmtes Recht fundierten Lebenszusammenhanges treten soll, welchen Marx in dem zurückgelegten Weg noch konsequent verfochten hatte. Zu berücksichtigen wäre ferner auch, dass sich die Kritik des Rechts der *Deutsch-Französischen Jahrbücher* allein auf das Recht der bürgerlichen Gesellschaft bezogen hatte, d. h. auf das entfremdete Recht. Ein Widerspruch zu seinem positiven rechtsphilosophischen Konzept bestand insoweit nicht. Die Weiterverfolgung der Kritik auf dem Terrain der Ökonomie hebt mit dem Privateigentum daher zunächst nur das ohnehin *entfremdete Recht* auf.[905] Als letzter Punkt wäre noch anzuführen, dass Marx in dem Entwurf zur *Vorrede* der *Manuskripte* auf die Publikationspläne der Kritik der Hegelschen Rechtsphilosophie in den *Deutsch-Französischen Jahrbüchern* hinweist. Hiervon abrückend wird die Absicht geschildert, in „verschiednen selbstständigen Brochuren die Kritik des Rechts, der Moral, Politik etc. auf einander folgen zu lassen".[906] Zudem finde man in den *Manuskripten* „den Zusammenhang der Nationalökonomie mit Staat, Recht, Moral, bürgerlichem Leben etc. grade nur so weit berührt, als die Nationalökonomie selbst ex professo diese Gegenstände berührt."[907] Hierin drückt sich sowohl ein Festhalten an den bisherigen Ausführungen zum Recht als auch ein fortgehendes Interesse an dieser Thematik aus, welches vor dem Hintergrund einer völligen Abkehr von der Hegel'schen Rechts- und Sozialphilosophie äußerst fraglich erschiene.

Den Spannungsbogen des Rechts, der sich mit dem Erreichen des Feldes Ökonomie einstellt, gilt es in der weiteren Entwicklung der Schriften Marxens nachzuvollziehen. Vor allem sind dies die Arbeiten, mittels derer in der Folgezeit das *Programm des Historischen Materialismus* ausgearbeitet werden wird.

4.2 Die heilige Familie oder Kritik der kritischen Kritik

Im August 1844, unmittelbar nach der Abfassung der *Ökonomisch-philosophischen Manuskripte* und der *Randglossen*, wendet sich Marx zunächst wieder der Kritik der spekulativen Philosophie zu. Insbesondere ist es die *Philosophie des Selbstbewußtseins* Bruno Bauers, in der er die unkritische Fortsetzung der Philosophie Hegels erblickt, die geradezu den „Unsinn der deutschen Spekulation" auf einen ganz neuen

---

[905] Mit dem Privateigentum fällt die Institution hinfort, die das Recht zu einem *Mittler* zwischen dem Menschen und seiner Freiheit hat werden lassen, statt selbst schon Dasein der Freiheit zu sein. Im Umkehrschluss heißt dies aber nicht, dass das nichtentfremdete Recht als Ausdruck selbstbestimmter Freiheit negiert wird. Denn es „[...] ist vor allem zu vermeiden die ‚Gesellschaft' wieder als Abstraktion dem Individuum gegenüber zu fixieren." MEGA² I/2, 267.
[906] MEGA² I/2, 314.
[907] MEGA² I/2, 314.

„Gipfelpunkt" führe.[908] Hintergrund hierfür war die seit 1843 von Bauer herausgegebene *Allgemeine Literatur-Zeitung*, die als „intellektuelles Sprachrohr" seiner Philosophie und ihrer Anhänger fungierte, der „kritische[n] Kritik".[909] Entgegen dem „spekulativen Idealismus" dieser Kritik trat Marx für die Position des „reale[n] Humanismus" Feuerbachs ein.[910] Jenem gegenüber kündigte Marx in einem Brief vom 11. August 1844 auch bereits an, dass er eine „kleine Broschüre gegen diese Verirrung der Kritik" erscheinen lassen wolle.[911] *Die heilige Familie oder Kritik der kritischen Kritik. Gegen Bruno Bauer und Konsorten* wurde dann im Februar 1845 als Gemeinschaftsarbeit mit Friedrich Engels veröffentlicht.[912] Der Charakter der Schrift entspricht dabei dem eines „intellektuelle[n] Statusbericht[es]" der gemeinsamen Grundpositionen beider Autoren.[913] Wesentliche Eckpunkte, die sich aus dem polemisch gehaltenen Text des Werkes herausfiltern lassen, sind die *Kritik der spekulativen Philosophie*, eine *Zusammenfassung des eigenen philosophischen Standpunktes* sowie *Ausführungen zum Bereich des Rechts*.

In der „kritische[n] Kritik" erblickt Marx den Versuch die „verwelkte und verwitwete Hegelsche Philosophie" neuzubeleben, deren „alte[r], spekulative[r] Kohl" nur wieder neu aufgewärmt werden solle.[914] Genauer betrachtet handelt es sich bei dem *alten Kohl* um die spezifische Adaption der Methode und Geschichtsauffassung der *Phänomenologie des Geistes* als einer Philosophie des Selbstbewusstseins.[915] In der *Phänomenologie* trete die Betrachtung des Selbstbewusstseins an die Stelle des wirklichen Menschen. Seine Zustände und Verhältnisse würden als bloße Bestimmtheiten des Selbstbewusstseins betrachtet und an die Stelle der menschlichen Wirklichkeit in toto das absolute Wissen als Daseinsweise des Selbstbewusstseins gesetzt.[916] Diese Überführung der Wirklichkeit in das *reine Denken* führe dann aber auch dazu, dass die Aufhebung und Überwindung von *wirklichen* Zuständen und Verhältnissen sich nur noch im Denken vollziehen könne.[917] Entsprechend erscheine der Fortgang des Selbstbewusstseins dann letztlich als eine der empirischen Wirk-

---

908 MEW 2, 7 u. 20. Bereits Ende 1842 hatte sich Marx mit den Berliner „'Freien'" überworfen und ihre Philosophie und Art des Schreibens gegenüber Ruge stark kritisiert. *Marx an Arnold Ruge*, 30.11.1842, MEGA² III/1, 37.
909 MEW 2, 7; Vieth 2016, S. 50.
910 MEW 2, 7.
911 *Marx an Ludwig Feuerbach*, 11.8.1844, MEGA² III/1, 65.
912 MEW 2, 4–223. Die Abfassung der Schrift erfolgte zwischen September und November 1844. MEW 2, 653.
913 Vgl. Arndt 2012, S. 47; Vieth 2016, S. 50.
914 MEW 2, 20, 203.
915 MEW 2, 89f., 203f. Die Anknüpfung an die *Phänomenologie* durch die kritische Kritik steht somit in direktem Gegensatz zur noch nicht nach außen in Erscheinung getretenen *historischen Lesart*, die Marx in den *Ökonomisch-philosophischen Manuskripten* in Anlehnung an Heß entworfen hatte.
916 MEW 2, 7, 203. „Die ganze ‚Phänomenologie' will beweisen, daß das Selbstbewußtsein die einzige und alle Realität ist." MEW 2, 204.
917 MEW 2, 203. Dass es die Inversionsmethode Feuerbachs ist, die hier als Pate der Kritik Marxens fungiert, ist dabei unverkennbar.

lichkeit vorangehende „spekulative, esoterische Geschichte", d. h. als Prozess, der ausschließlich „in der spekulativen Einbildung" stattzufinden vermöge.[918] Belastet mit dem Schandmal dieser „spekulativen Erbsünde", ist die kritische Kritik in den Augen Marxens letztlich unfähig, zur wirklich-empirischen Welt vorzudringen, und somit auch nicht in der Lage, die materiellen Grundlagen „der verschiedenen entfremdeten Gestalten des menschlichen Selbstbewußtseins" zu erfassen.[919] Bezogen auf die messianische Selbstüberhöhung Bauers, die Marx diesem gleich mehrfach vorwirft, bedeutet dies, dass der „Umgestaltungsakt der Gesellschaft" auf die „Hirntätigkeit der kritischen Kritik" reduziert werde, mit dem Ergebnis, dass diese sich letztlich wie bereits die *Phänomenologie* vor ihr als „konservativste Philosophie" entpuppe.[920] Anders ausgedrückt: Durch die Verlagerung der Überwindung wirklicher Zustände in das bloße Denken wird die menschliche Praxis allein auf den „dialektischen Denkprozeß der kritischen Kritik" verkürzt und von einer praktisch-gegenständlichen Veränderungsmöglichkeit völlig abgeschnitten.[921] So kann die kritische

---

[918] MEW 2, 90.
[919] MEW 2, 150, 203 f., 205. Hintergrund der Kritik an der *Philosophie des Selbstbewusstseins* ist die Verbindung der Kritik der Spekulation im Rahmen der Auseinandersetzung mit der Hegel'schen Rechtsphilosophie mit der durch Feuerbach ermöglichten historischen Lesart der *Phänomenologie des Geistes*, die Marx sich bei der Abfassung der *Ökonomisch-philosophischen Manuskripte* angeeignet hatte. Indem die kritische Kritik auf der Hegel'schen Philosophie aufbaut, ohne jedoch den Inversionsgedanken nachzuvollziehen, werde die Versubjektivierung der Idee, die der Konstruktion des sittlichen Staats zugrunde liege, nicht überwunden und bleibe als Abstraktion bestehen (s. S. 112 f., S. 123 f.). In den Augen Marxens muss die Philosophie Bauers daher zwar als kritische Weiterführung der Philosophie Hegels gelten, aber zugleich als eine, die auf der grundlegenden Verkehrung dieser Philosophie aufbaut und den wirklichen Menschen so gar nicht erst ins Blickfeld zu bekommen vermag. Die kritische Kritik verbleibe als ein „erhabnes Kreisen in sich selbst" (MEW 2, 151), das sich darauf beschränke, den Staat und das Privateigentum als Widersprüche gegenüber dem unendlichen Selbstbewusstsein zu konstatieren, anstatt zu zeigen, „[...] wie Staat, Privateigentum usw. die Menschen in Abstraktionen verwandeln oder Produkte des abstrakten Menschen sind, statt die Wirklichkeit der individuellen, konkreten Menschen zu sein." MEW 2, 204.
[920] MEW 2, 91, 203. Der Vorwurf der messianischen Selbstüberhöhung ist eingebettet in das Verhältnis zwischen der *passiven Masse* der Menschen und dem *aktiven Geist* der Kritik, welches Bauer im Rahmen seiner Adaption der Hegel'schen *Phänomenologie* entwirft. MEW 2, 89–91. Für Marx stellt dies aber den Versuch dar, die Kritik selbst in eine „transzendente Macht" zu verwandeln. MEW 2, 7. Bereits gegenüber Feuerbach hatte Marx dies hervorgehoben: *Marx an Ludwig Feuerbach*, 11.8.1844, MEGA² III/1, 65. In Anlehnung an die Kritik der Hegelschen Rechtsphilosophie bedeutet dies für Marx, dass die unkritische Theorie der kritischen Kritik nur das Bestehende in eine neue Form überführe (s. S. 113 f.). Eine Veränderung der wirklichen Verhältnisse könne sie nicht leisten. Marx hatte dies bereits in seiner Kritik der politischen Emanzipation Bauers in der Schrift *Zur Judenfrage* herausgestellt.
[921] MEW 2, 55 f. „Aber um sich zu heben, genügt es nicht, sich in Gedanken zu heben und über dem wirklichen, sinnlichen Kopf das wirkliche, sinnliche Joch, das nicht mit Ideen wegzuspintisieren ist, schweben zu lassen. Die absolute Kritik jedoch hat von der Hegelschen Phänomenologie wenigstens die Kunst erlernt, reale, objektive, außer mir existierende Ketten, in bloß ideelle, bloß subjektive, bloß in mir existierende Ketten und daher alle äußerlichen, sinnlichen Kämpfe in reine Gedankenkämpfe zu verwandeln." MEW 2, 87.

Kritik Bauers in den Augen Marxens dann auch nicht über die spekulativen Grenzen der Philosophie Hegels hinausgelangen.[922]

Aus der detaillierten Darstellung der verschiedenen Spielarten der kritischen Kritik und ihrer Zurückweisung durch Marx lassen sich aber auch *positive Inhalte der eigenen Position* und Ausführungen zum *Bereich des Rechts* ablesen. Aufbauend auf der ökonomisch fundierten Entfremdungstheorie der *Manuskripte* werde sowohl die geschichtsphilosophische Revolutionstheorie als auch das Bild der kommunistischen Gesellschaft durch Marx weiter konturiert. In Anlehnung an die Diskussion zu Proudhon zeichnet er zunächst das Bild eines Klassengegensatzes zwischen einer *konservativen* und einer *destruktiven Partei*.[923] Hiernach zerfalle die „Welt des Privateigentums" in den Gegensatz zwischen der besitzenden Klasse der Bourgeoisie und der des Proletariats.[924] Obschon beide Klassen zum Adressatenkreis der menschlichen Selbstentfremdung zählten, werde diese nur durch das Proletariat als „Wirklichkeit einer unmenschlichen Existenz" erlebt und empfunden. Und es sei dieser Widerspruch zwischen der menschlichen Natur und der unmenschlichen Lebenssituation, der dem Proletariat die Entfremdung bewusst werden lasse und es zur Empörung gegenüber dem Widerspruch treibe.[925] Diesen *Mechanismus der Empörung* lässt Marx dann automatisch aus der „nationalökonomischen Bewegung" des Privateigentums folgen, indem dessen Aufhebung als eine „durch die Natur der Sache bedingte Entwicklung" begriffen wird.[926] Entsprechend der Identifikation der Revolution mit der menschlichen Emanzipation würden mit der Aufhebung der entfremdeten Lebensverhältnisse des Proletariats zugleich *alle* unmenschlichen Lebensbedingungen der bestehenden Gesellschaft aufgehoben.[927] Erst in dieser aus dem Entfremdungszusammenhang gelösten Gesellschaft sei es dann möglich, die Lebensumstände menschlich auszugestalten, d.h., dass der Mensch dazu gelange, das „wahrhaft Menschliche" darin erfahren zu können.[928] Diese menschlichen Lebensumstände werden dann als solche definiert, in denen jedem Menschen ein hinreichender „so-

---

922 Die an die Kritik der Historischen Rechtsschule angelehnte Kritik der Hegel'schen Rechtsphilosophie wird somit auch auf die Kritik der kritischen Kritik übertragen.
923 MEW 2, 37.
924 MEW 2, 37, 130.
925 MEW 2, 37; s. S. 129 f.; s. Fn. 887.
926 MEW 2, 37. Auslöser der Empörung und Hebel für die Aufhebung der entfremdeten Lebensverhältnisse sei vor allem die mit den unmenschlichen Lebensbedingungen verknüpfte *praktische Not*, die die Proletarier durch die „harte, aber stählende Schule der Arbeit" leidvoll erfahren. Dabei bleiben die Ausführungen an dieser Stelle ganz in den geschichtsteleologischen Zusammenhang der *Manuskripte* eingebunden: „Es handelt sich nicht darum, was dieser oder jener Proletarier oder selbst das ganze Proletariat als Ziel sich einstweilen vorstellt. Es handelt sich darum, was es ist und was es diesem Sein gemäß geschichtlich zu tun gezwungen sein wird. Sein Ziel und seine geschichtliche Aktion ist in seiner eignen Lebenssituation wie in der ganzen Organisation der heutigen bürgerlichen Gesellschaft sinnfällig, unwiderruflich vorgezeichnet." MEW 2, 38.
927 MEW 2, 38.
928 MEW 2, 138.

ziale[r] Raum" für die Entfaltung seiner „wesentliche[n] Lebensäußerung" zugebilligt wird, um seine „wahre Individualität" geltend machen zu können.[929]

Die Grundlage der *Rechtsbetrachtungen* in der *Heiligen Familie* bildet die Position der Rechtskritik, die Marx in den *Deutsch-Französischen Jahrbüchern* gegenüber Bauer bereits ausgeführt hatte. Hierüber hinausgehend wird sie nun aber in den Theorienentwurf der *Manuskripte* eingebunden. Entsprechend den Ausführungen in den *Jahrbüchern* sei es nicht die bürgerliche Gesellschaft, die durch den modernen Staat bedingt wird, sondern der moderne Staat finde seine „Naturbasis" in der bürgerlichen Gesellschaft, „[...] diese[m] Krieg aller nur mehr durch ihre Individualität voneinander abgeschlossenen Individuen gegeneinander und die allgemeine zügellose Bewegung der aus den Fesseln der Privilegien befreiten elementarischen Lebensmächte."[930] Die Menschenrechte sind für Marx nur das rechtliche Pendant dieser „Naturbasis", mittels deren der moderne Staat seine „eigne Geburtsstätte und Grundlage" nachträglich legitimiere.[931] Trotz des aus den Menschenrechtsproklamationen erwachsenen Scheins erweiterter politischer Freiheiten blieben die Menschen daher auch im demokratischen Repräsentativstaat der politischen Emanzipation dem „Sklaventum der bürgerlichen Gesellschaft" unterworfen, welches dem Grunde nach nur eine verwandelte Gestalt des Sklaventums der Antike darstelle.[932] Unter diesem Gesichtspunkt dienten die Menschenrechte einzig der Legitimation und Absicherung der bestehenden gesellschaftlichen Verhältnisse des modernen Staats. Sie seien lediglich „an die Stelle des Privilegiums" getreten.[933]

Weitere inhaltliche Ausführungen zum Recht finden sich in der *Heiligen Familie* zum *Eigentum* (Privatrecht) und zum *Strafrecht*. Zusammenhängend mit der Interpretation Proudhons und der klassischen Nationalökonomie, die sich Marx bereits in den *Manuskripten* angeeignet hatte, setzt er sich mit der Frage des Eigentums an

---

[929] MEW 2, 138. Zwar fasst Marx an dieser Stelle der *Heiligen Familie* nur die im Einklang mit der kommunistischen Theorie stammenden Ausführungen der Materialisten zusammen, aber unter Berücksichtigung der utopischen Gattungsromantik der *Manuskripte* erscheint es naheliegend, dass die Ausführungen auch Marxens eigene Auffassungen zumindest in diesem Werkstadium widerspiegeln.
[930] MEW 2, 120, 123; s. S. 132. Es ist ein geschichtlich sich herausgeschälter Zusammenhang, der sich durch Zufall und Willkür, nicht etwa durch das Wirken einer sittlichen Vernunft auszeichnet: „Die Anarchie ist das Gesetz der von den gliedernden Privilegien emanzipierten bürgerlichen Gesellschaft, und die Anarchie der bürgerlichen Gesellschaft ist die Grundlage des modernen öffentlichen Zustandes, wie der öffentliche Zustand wieder seinerseits die Gewähr dieser Anarchie ist." MEW 2, 124.
[931] MEW 2, 120; s. S. 125 f.
[932] MEW 2, 120, 123. In dem Marx im Zusammenhang mit dem „Sklaventum der bürgerlichen Gesellschaft" hier nun auch von den „Sklaven der Erwerbsarbeit" (MEW 2, 120) spricht, dem Proletariat, verbindet er seine *Rechtskritik* mit der geschichtsphilosophischen Revolutionstheorie der *Manuskripte*. Mit der durch die Menschenrechte vollzogenen Anerkennung dieser Sklaverei geht dann auch jener unkritische Positivismus einher, der die unvernünftige Wirklichkeit des Bestehenden zu konservieren trachtet, wie Marx dies im Kontext der Rechtfertigung der Sklaverei bereits Gustav Hugo vorgeworfen hatte (s. Fn. 500). MEGA² I/1, 194 f.
[933] MEW 2, 123.

Grund und Boden auseinander.[934] In Anlehnung an Jean-Baptiste Say bedürfe die reine Aneignung von Grund und Boden dem Hinzutreten des Rechts, um als *Eigentum* gelten zu können. Ansonsten wäre die Okkupation des Bodens nur als willkürlicher Akt zu qualifizieren.[935] Das Hinzutreten des Rechts erfolgt dann über den Rechtstitel der *Verjährung* (*Usucaption*), der auch bei Savigny bereits Verwendung findet.[936] In der an Locke orientierten Betrachtung der klassischen Ökonomie führt diese Annahme dann dazu, dass die fortwährende Bearbeitung und Nutzbarmachung des Bodens zugleich das Eigentum hieran schaffe.[937] Diesem Bild widerspreche Proudhon, in dem er nachweise, dass durch die Bearbeitung des Bodens lediglich ein Anspruch auf die Produkte der Bearbeitung (Ertrag), keinesfalls aber auf den bearbeiteten Boden selbst (Substanz) abgeleitet werden könne.[938] Folglich könne der Rechtstitel der *Usucaption* den nur faktischen Besitz des Bodens auch nicht in ein Eigentumsrecht verwandeln.[939] Grundeigentum, ob nun in Form des Privat- oder Nationaleigentums eines ganzen Volkes, könne aus der Sicht Proudhons daher immer nur eine willkürliche Aneignung darstellen. Um dies zu vermeiden, sei der „Genuß" des Bodens im „allgemeinen Interesse" zu regeln.[940]

Die Erörterungen zum *Strafrecht* erfolgen im Zusammenhang mit der Kritik an einer Rezension zu Eugène Sues Roman *Die Geheimnisse von Paris*, die in der *Literatur-*

---

934 Die entsprechenden Ausführungen erfolgen im Rahmen der Kritik an Edgar Bauers Übersetzung und Darstellung Proudhons in der *Literatur-Zeitung*. Obschon Marx in erster Linie Proudhon gegen die aus seiner Perspektive unzutreffende Interpretation verteidigt, wird unter Zuziehung der *Manuskripte* und der Ausführungen in der *Kritik der Hegelschen Rechtsphilosophie* deutlich, dass dies durchaus auch der eigenen Position Marxens zu dieser Zeit entspricht.
935 MEW 2, 45, 47.
936 s. S. 19. Hier allerdings *faktisch*, nicht rechtlich.
937 „Wer sich von Eicheln ernährt, die er unter einer Eiche aufliest, oder von Äpfeln, die er von den Bäumen des Waldes pflückt, hat sich diese offensichtlich angeeignet. Niemand kann bestreiten, daß diese Nahrung sein ist. Ich frage nun, zu welchem Zeitpunkt wurden sie sein Eigentum? Als er sie verdaute? Oder als er sie aß? Als er sie kochte? Als er sie nach Hause brachte? Oder als er sie aufsammelte? Wenn sie ihm nicht durch das erste Aufsammeln gehörten, dann ist es klar, daß nichts anderes sie ihm zu eigen machen konnte. Diese Arbeit bewirkte einen Unterschied zwischen ihnen und dem gemeinsamen Besitz. [...] Aber da der Hauptgegenstand des Eigentums heute nicht die Früchte der Erde sind und die Tiere, die auf ihr leben, sondern die Erde selbst als das, was alles übrige enthält und auf sich trägt, ist es, glaube ich, offensichtlich, daß auch das Eigentum an ihr genauso erworben wird wie das vorige. So viel Land ein Mensch bepflügt, bepflanzt, bebaut, kultiviert und so viel er von dem Ertrag verwerten kann, so viel ist sein Eigentum." Locke 1977, II (§ 28) S. 217 und (§ 32) S. 219.
938 MEW 2, 48 f.
939 MEW 2, 50.
940 MEW 2, 47. Im Grunde greift Marx vermittelt über Proudhon die bekannte *Faktums-These* wieder auf (s. S. 20, 54 f.). Bereits in der *Kritik der Hegelschen Rechtsphilosophie* hatte Marx sich davon gelöst, faktischen Besitz stets mit *Privateigentum* gleichzusetzen. Allerdings hatte er dort auch noch die Möglichkeit einer rechtlichen Begründung sozialen Eigentums gesehen (s. S. 119). Ob Marx dies nun auch verwirft und stattdessen wenig spezifisch von einem „Genuß" der begrenzten Ressource Boden spricht, der im „allgemeinen Interesse" zu regeln wäre, wie es der Proudhon in seiner Darstellung macht, bleibt in diesem Zusammenhang letztlich unscharf.

Zeitung erschienen war.[941] Auf der Folie des Protagonisten, der sich anschickt, das Böse zu bestrafen und das Gute zu belohnen, entwickelt der Rezensent eine kritische Straftheorie, die letztlich als eine Doppelung der Justiz auftrete.[942] Neben der traditionellen Strafjustiz wäre zusätzlich eine belohnende Tugendjustiz zu errichten.[943] Aus der Sicht Marxens stellt sich als Konsequenz so aber nur eine bloße Wiederbelebung der katholischen Straftheorie ein, hinter der sich eine Vermischung von Theologie und Jurisprudenz verberge.[944] Vordergründig werde diese theologische Wurzel jedoch durch den Bezug zur „Hegelschen Straftheorie" verdeckt, insbesondere durch die Anknüpfung an die These, dass der Verbrecher in der Strafe zum Richter über sich selbst werde.[945] Eingebunden in die allgemeine Kritik an der spekulativen Philosophie sei dies aus der Sicht Marxens aber nur eine bloße Idee, d.h. leere Abstraktion.[946] Hegel schaffe dies, indem er Philosophie und besondere Wissenschaft trenne und die konkrete Strafe der mit der Wirklichkeit geschlagenen Jurisprudenz überlasse. Der Zwangscharakter des Rechts als äußerlich auferlegter Strafe werde dadurch letztlich nur in die von der spekulativen Philosophie geschiedene Sphäre der empirischen Welt verlagert und bleibe der „subjektive[n] Willkür" rechtlicher Entscheidungsträger überantwortet.[947] Entsprechend vernichtend fällt das Urteil über diese Theorie aus, die Marx nunmehr als „spekulative[s] Schönflaster des alten jus talionis" betrachtet, also eben jener Gerechtigkeit der Erinnyen, die die Straftheorie Hegels sich zu überwinden eigentlich anschickte.[948]

---

941 Sues Roman erschien zwischen 1842 und 1843 und wurde von Franz von Zychlinski unter dem Pseudonym Szeliga in der *Literatur-Zeitung* rezensiert. Vgl. Biewer 2016, S. 35.
942 MEW 2, 57, 81, 199, 205.
943 MEW 2, 201.
944 MEW 2, 189, 199f. Die weltlichen Strafen sollen durch christliche Reue ersetzt werden, die im Roman dann aber als Strafe der Blendung auftritt, als Abschneidung von der sinnlichen Welt. Insofern stellt sich Marx auf einen ähnlichen Standpunkt wie Feuerbach in seiner Polemik gegen Stahl, in dem er die christliche Straftheorie gegenüber der weltlichen zwar nicht als weniger grausam, aber doch als weniger aufrichtig erachtet (s. Fn. 367): „Wie human ist gegen diese christliche Grausamkeit die gewöhnliche Straftheorie, welche einem Menschen einfach den Kopf abschlägt, wenn sie ihn vernichten will. Es versteht sich endlich von selbst, daß die wirklich massenhafte Gesetzgebung, sooft es ihr ernstlich um die Besserung der Verbrecher zu tun war, ungleich verständiger und humaner verfuhr als der deutsche Harun al Raschid." MEW 2, 190.
945 MEW 2, 189f. Marx hebt an dieser Stelle auch die weitergehende Ausführung der Theorie durch Gans hervor.
946 MEW 2, 190.
947 MEW 2, 190. „Eine Straftheorie, welche zugleich im Verbrecher den Menschen anerkennt, kann dies nur in der Abstraktion, in der Einbildung tun, eben weil die Strafe, der Zwang dem menschlichen Verhalten widersprechen. In der Ausführung wäre die Sache zudem unmöglich. An die Stelle des abstrakten Gesetzes würde die rein subjektive Willkür treten, da es jedesmal von den offiziellen, ‚ehrbaren und anständigen' Männern abhängen müßte, die Strafe nach der Individualität des Verbrechens einzurichten." MEW 2, 190.
948 MEW 2, 190; s. S. 36f.

Die Ausführungen zu Privateigentum und Straftheorie bewegen sich auf dem Boden der Kritik des bürgerlichen Rechts, den Marx seit den *Jahrbüchern* verfolgt hatte. Grundlage der Funktion und des Wirkens des Rechts in der bürgerlichen Gesellschaft sind hiernach die vorhandenen Eigentumsverhältnisse und ihre Widerspiegelung in den staatlichen Institutionen. So würde gerade in den gerichtlichen Prozessen eine „Rechtslosigkeit" begründet, die nicht zuletzt auch dem „Glaubensbekenntnis der meisten Staaten" entspreche, „hoch und niedrig, reich und arm vor dem Gesetz ungleich zu setzen".⁹⁴⁹ So gesehen sanktioniere das Recht letztlich nur das *Vorhandene*.⁹⁵⁰ Auch existiere unter den entfremdeten Bedingungen der bürgerlichen Gesellschaft keine Möglichkeit einer Moralisierung des Rechts durch „‚Gemüt und Gewissen'".⁹⁵¹ Die Unabhängigkeit des Rechts von der Moral bezeichnet Marx an dieser Stelle als eines der „Hauptdogmen des Rechts", welche nicht nur das „einseitige Wesen des Rechts" begründe, sondern deren „praktische Ausführung" auch geradezu den „Gipfel der Rechtsentwicklung" bilde.⁹⁵² Diese scheinbar positivistische Wendung ist allerdings im Kontext der Entfremdungstheorie und der Kritik des bürgerlichen Rechts zu lesen, denn die Architektonik der Sittlichkeit, auf *die* die kritische Kritik in ihren Betrachtungen zurückgreift, ist in den Theoriegedanken Marxens bereits nicht mehr vorhanden. Deutlich wird dies in den Passagen der *Heiligen Familie*, wo Marx die soziale Freiheit, d. h. die Freiheit im materialistischen Sinne, mit der Möglichkeit verbindet, durch diese „positive Macht" seine „wahre Individualität" geltend machen zu können (rechtliche Freiheit).⁹⁵³ Erst unter diesen „menschlichen Verhältnissen", in denen die menschlichen Interessen mit dem Privatinteresse zusammenfallen, finde das Strafrecht dann die Grundlage für die Entfaltung der Gedanken Hegels.⁹⁵⁴ So scheint sich Marx die Selbstrichtung des Verbrechers unter postbürgerlichen Lebensverhältnissen als Konsequenz *wirklich* selbstbestimmten und damit freiheitlichen Rechts zu denken: „Unter menschlichen Verhältnissen dagegen wird die Strafe wirklich nichts anderes sein als das Urteil des Fehlenden über sich selbst. Man wird ihn nicht überreden wollen, daß eine äußere, ihm von andern angetane Gewalt eine Gewalt sei, die er sich selbst angetan habe. In den anderen Menschen wird er vielmehr die natürlichen Erlöser von der Strafe finden, die er über sich selbst verhängt hat, d. h. das Verhältnis wird sich geradezu umkehren."⁹⁵⁵

---

949 MEW 2, 58, 202.
950 MEW 2, 202. Ein praktisches Beispiel dieses Rechts ohne Grundlage sozialer Freiheit hatte Marx in den Debatten zum *Holzdiebstahlgesetz* bereits betrachtet. Hier ließ sich deutlich erkennen, *wer* und *wie* in der Wirklichkeit der bürgerlichen Gesellschaft bestraft wird (s. S. 85–87).
951 MEW 2, 102.
952 MEW 2, 102.
953 MEW 2, 138.
954 MEW 2, 138, 190.
955 MEW 2, 190. Entsprechend sei unter *menschlichen Verhältnissen* auch nicht das Verbrechen am Einzelnen zu bestrafen, sondern vielmehr seien die „antisozialen Geburtsstätten des Verbrechens" zu beseitigen. MEW 2, 138.

Diese noch schemen- und bruchstückhaften Überlegungen zum Recht werden Marx und Engels in einer weiteren Auseinandersetzung mit der junghegelianischen Philosophie wieder aufnehmen, die durch das Erscheinen eines Buches erforderlich wird, welches ihre Theorie nachhaltig beeinflussen sollte: *Der Einzige und sein Eigentum* Max Stirners.

4.3 Die Manuskripte der Deutschen Ideologie und die „Wissenschaft der Geschichte"

Stirners *Einziger* erschien bereits im Oktober 1844, also noch während der Abfassung der *Heiligen Familie*, und trat als grundlegende Kritik der bisherigen junghegelianischen Philosophie in Erscheinung. Wichtiger Bestandteil dieser Schrift war eine ausführliche und durchdachte Kritik der Philosophie Feuerbachs, d. h. eben jener Philosophie, die nicht nur das Fundament der jüngsten Kritik an Bauer und seiner kritischen Kritik bildete, sondern deren anthropologische Gattungsmetaphorik bislang noch die „philosophische Grundlage [des] Sozialismus" schlechthin lieferte.[956] Entsprechend heftig musste die Kritik Stirners in die theoretischen Überlegungen Marxens und Engels einschlagen. Erkennbar ist dies nicht zuletzt daran, dass Marx unmittelbar nach dem Erscheinen der *Heiligen Familie* im Februar 1845 bereits mit einer *behutsam-kritischen* Reflexion der Philosophie Feuerbachs beginnt.[957] Verbunden mit den Überlegungen auf dem Gebiet der Ökonomie wird sich bis zum Ende des Jahres hieraus die Absicht einer völligen Neubestimmung des Verhältnisses von Sein und Denken (Philosophie und Wirklichkeit) einstellen, indem der „Bruch mit der Spekulation" durch den Übergang zu einem empirischen Forschungsprogramm *vollendet* wird.[958] Diese „Wendung von der Philosophie zur empirischen Wissenschaft" bildet den Gegenstand verschiedener, zum Teil nur fragmentarisch überlieferter Manuskripte, die von Marx und Engels in der Zeit von Oktober 1845 bis Mai 1847 abgefasst wurden und erst posthum unter dem Titel *Die deutsche Ideologie* erschienen.[959] Als

---

[956] *Marx an Ludwig Feuerbach*, 11.8.1844, MEGA² III/1, 63. Gewissermaßen analog zum Vorgehen Marxens gegen die *Historische Rechtsschule*, deren philosophische Grundlagen er rügte, ist es nun Stirner, der mit seiner Kritik an Feuerbach die Axt an das philosophische Wurzelwerk Marxens legt.
[957] Gemeint sind die *Thesen über Feuerbach*, die im Frühjahr 1845 niedergeschrieben wurden.
[958] Vgl. Arndt 2010, S. 158; Ders. 2012, S. 48 f.; Heinrich 2011, S. 131.
[959] Arndt 2012, S. 48; *Deutsche Ideologie. Manuskripte und Drucke*, MEGA² I/5. Zum Abfassungsdatum der Manuskripte: MEGA² I/5, 731. Bei dem Konvolut handelt es sich um insgesamt 18 Manuskripte, von denen nicht einmal die Hälfte in ausgearbeiteter Form vorliegt (u. a. Bauer- und Stirnerkritik). Der Großteil ist unvollendet geblieben, wie z. B. die Vorrede und das Kapitel zu Feuerbach. MEGA² I/5, 725 f. Zwar hegten Marx und Engels eine Veröffentlichungsabsicht der bereits fertigen Manuskripte, bis auf einen kleinen Teil (Kritik an Karl Grün) blieb diese Absicht jedoch ergebnislos. Vgl. *Erklärung gegen Karl Grün, Deutsche-Brüsseler-Zeitung 28*, 8.4.1847, MEW 4, 38. Nachdem die wechselnden Planungen einer Veröffentlichung (Vierteljahresschrift, zweibändige, dann einbändige Ausgabe) gescheitert waren, sollte diese im Dezember 1847 dann endgültig verworfen werden. MEGA² I/5, 727. Nahezu vollständig

programmatische Sammlung beinhalten die Manuskripte der *Deutschen Ideologie* eine umfangreiche und komplexe Vielfalt von Themen und Fragestellungen, deren abschließende und vollständige Behandlung an dieser Stelle nicht erfolgen kann. Angesichts des Gegenstandes dieser Arbeit kann es nur darum gehen, die für die Betrachtung des Rechts relevanten Gedanken und Ausführungen offenzulegen. Die Darstellung dieser Schrift konzentriert sich daher darauf, den aus der Feuerbach-Kritik Stirners gewonnenen Entwurf einer *Wissenschaft der Geschichte* sowie dessen Bedeutung für das Verhältnis zu Recht und Staat nachzuzeichnen.

In den Ausführungen Stirners wird das Feuerbachsche Konzept der Rückführung Gottes auf den Menschen und der dabei zum Tragen kommenden Rede von Gattung und Wesen als bloße Abstraktionen kritisiert. Aus seiner Sicht ist es nun das sinnliche Sein, welches bloß an die Stelle des Denkens tritt und als Wesen gegenüber dem wirklichen Individuum verfestigt werde.[960] Im Grunde bleibe der Materialismus Feuerbachs daher in eben jener spekulativen Abstraktion befangen, die er durch die Inversion der Hegel'schen Philosophie eigentlich überwinden wollte.[961] Dem Gattungskonzept Feuerbachs setzt Stirner dann in seinem Buch die Betonung des wirklich-individuellen Menschen als bestimmungsloses Ich gegenüber, in dessen Anerkennung als Einzigen der gesellschaftliche Zusammenhang im Sinne einer Assoziation freier Menschen erst seine wahre Begründung finde.[962]

---

veröffentlicht wurden die Manuskripte erst posthum 1932, im Rahmen der ersten MEGA, mit der an Marx' Ausführungen in der Kritik an Karl Grün selbst angelehnten Titelwahl, *Die deutsche Ideologie*. MEW 4, 38; MEGA² I/5, 784, 789. Der dortige Versuch einer systematischen Rekonstruktion der Manuskripte als geschlossenes Werk erfolgte nach Einschätzung der jüngeren Forschung vor dem Hintergrund, ein *Werk* zu konstruieren, das als „Gründungsschrift des historischen Materialismus" gelten konnte. MEGA² I/5, 789f. Eine solche Rekonstruktion ist nach dem gegenwärtigen Forschungsstand aber nicht möglich, zumindest nicht ohne erhebliche Eingriffe in die Anordnung und inhaltliche Ausgestaltung der Manuskripte vorzunehmen. Die Veröffentlichung in der MEGA² folgt demgegenüber einer Anordnung und Darstellung, die dem fragmentarischen Stand und „Werkstattcharakter" (Bluhm 2010, S. 9) der Manuskripte eher gerecht zu werden versucht. MEGA² I/5, 792, 794.

960 Vgl. Arndt 2010, S. 155; Ders. 2012, S. 51; Eßbach 2010, S. 170; Heinrich 2011, S. 123.
961 Vgl. Arndt 2012, S. 51; Stedman Jones 2020, S. 35. Letztlich verbleibe die Religionskritik Feuerbachs in jenem religiösen Geist befangen, den sie der Hegel'schen Philosophie vorwarf. Vgl. Heinrich 2011, S. 123. Das *äußere* werde hier nur zu einem *inneren* Jenseits: „Daraus geht aber auch hervor, wie durchaus theologisch, d. h. gottesgelahrt, die Befreiung ist, welche Feuerbach Uns zu geben bemüht. Er sagt nämlich, Wir hätten Unser eigenes Wesen nur verkannt und darum es im Jenseits gesucht, jetzt aber, da Wir einsähen, dass Gott nur Unser menschliches Wesen sei, müssten Wir es wieder als das Unsere anerkennen und aus dem Jenseits in das Diesseits zurückversetzen. [...] Das höchste Wesen ist allerdings das Wesen des Menschen, aber eben weil es sein Wesen und nicht er selbst ist, so bleibt es sich ganz gleich, ob Wir es außer ihm sehen und als ‚Gott' anschauen, oder in ihm finden und ‚Wesen des Menschen' oder ‚der Mensch' nennen. Ich bin weder Gott, noch der Mensch, weder das höchste Wesen, noch Mein Wesen, und darum ist's in der Hauptsache einerlei, ob Ich das Wesen in Mir oder außer Mir denke." Stirner 2009, S. 42f.
962 Vgl. Eßbach 2010, S. 172, 174; Heinrich 2011, S. 123. Inwieweit dabei Gemeinsamkeiten oder gravierende Differenzen zwischen Marx und Stirner vorliegen, ist in der Literatur kontrovers. Vgl. Eßbach 2010, S. 174f.; Heinrich 2011, S. 129 Fn. 15. Als Vertreter einer Differenz zwischen Marx und Stirner weist

Mit der Kritik am Begriff der Gattung Feuerbachs traf Stirner zugleich auch das Konzept des wirklichen Gattungswesens, welches ebenso das Fundament der *Ökonomisch-philosophischen Manuskripte* lieferte.[963] Dieser Umstand musste Marx vor Augen führen, dass auch seine Position im Grunde nichts weiter war als ein bloßer Epizykel des „spekulativen Kreislauf[es]", den er um Bauer und die kritische Kritik in ihrer Beziehung zur Philosophie Hegels geschlossen hatte.[964] Der Sprung aus der innerphilosophischen Kritik heraus war noch nicht vollzogen.[965] Um den *Diadochenkämpfen* in der Nachfolge Hegels tatsächlich den Rücken kehren zu können, bedurfte es daher eines endgültigen Bruchs mit der *traditionellen Philosophie*.[966] Entsprechend explizit bemühen sich Marx und Engels um eine Abgrenzung, die ihren Standpunkt als Theorie „jenseits der Philosophie" erscheinen lässt, als Programm einer „wirkliche[n], positive[n] Wissenschaft", die nur noch „Wissenschaft der Geschichte" sein will.[967]

Ausgehend von der Hegel'schen Geschichtsphilosophie als der „letzte[n], auf ihren ‚reinsten Ausdruck' gebrachte[n] Konsequenz" der bisherigen Geschichtsbetrachtung als eine Geschichte im „Gebiete des ‚reinen Geistes'", habe sich auch die hierauf folgende „philosophische Marktschreierei" nicht entscheidend von der „Herrschaft der Gedanken" zu lösen vermocht und sich daher immer wieder aufs

---

beispielsweise Schmidt darauf hin, dass Stirner die Konsequenz der Philosophie Feuerbachs und ihrer Weiterführungen darin erblicke, dass Staat, Gesellschaft, Recht und selbst die Rede vom Menschen nicht über den Status bloßer Abstraktionen hinauszugelangen vermögen. Vielmehr bergen sie die Gefahr in sich, sich zu verfestigten Prinzipien aufzubauschen, mittels deren dann nur wieder eine weitere Form der Fremdherrschaft legitimiert werde. Der *Verein der Einzigen* soll demgegenüber eine von allem sozialen Denken befreite Form der Gesellschaftlichkeit darstellen, die das Zusammenwirken der Einzelnen ausschließlich an das eigene Interesse zurückbindet. Vgl. Schmidt 2018, S. 71–73.
963 Vgl. Eßbach 2010, S. 170; Heinrich 2011, S. 126; Quante 2018, S. 37 f.
964 MEW 2, 151.
965 MEGA² I/5, 291; vgl. Arndt 2012, S. 52; s. Fn. 919. In einer umfassenden Auseinandersetzung mit der „pure[n] Subjektivität" des *Einzigen* weisen Marx und Engels dann en detail nach, dass es wiederum die Theorie Stirners sei, die in der Abstraktion spekulativer Philosophie befangen bleibe. Vgl. ebd., S. 55.
966 MEGA² I/5, 12.
967 MEGA² I/5, 136, 824; vgl. Arndt 2010, S. 154. Der Bruch mit der traditionellen Philosophie bezieht sich dabei sowohl auf die idealistische Philosophie der zeitgenössischen Gegenwart als auch auf den bisherigen Materialismus, der seit den *Thesen über Feuerbach* ebenfalls den „anschauende[n] Materialismus" (MEW 3, 7) Feuerbachs miteinschließt. Vgl. Arndt 2012, S. 162. Dass das antiphilosophische Selbstverständnis der *Deutschen Ideologie* letztlich unklar bleibt, hat Arndt hervorgehoben. Vgl. ders. 2010, S. 154. Insbesondere die Beziehung zur Philosophie Hegels bleibe doppeldeutig. Auf der einen Seite soll das verselbstständigte Denken theoretischer Reflexion überwunden werden, auf der anderen Seite kommt aber auch eine Kritik der politischen Ökonomie nicht ohne eine „begriffliche Durchdringung der Wirklichkeit" aus, wie nicht zuletzt der dezidierte Rückgriff auf die Methodik der *Wissenschaft der Logik* offenlegt, den Marx später explizit betonen wird. Arndt zufolge sei die „Kritik der Philosophie" daher vor allem im Kontext der Zeit zu betrachten, in der die „Naherwartung einer revolutionären Umwälzung" die Blickrichtung sich zur *Wirklichkeit* als Gegenstand praktischer Veränderung verschieben lässt. Vgl. ebd., S. 158, 162 f.

Neue in einer „verdrehte[n] Auffassung" oder „gänzliche[n] Abstraktion" von der Geschichte verfangen.[968] Dieser *abstrakt-verdrehten* Geschichtsphilosophie treten Marx und Engels mit einer zweifachen Strategie entgegen: Zum einen wird die Kritik der spekulativen Philosophie in eine stärkere disziplinäre Abgrenzung gegenüber dem Diskurs der Junghegelianer eingefasst. Zum anderen wird die holzschnittartig entwickelte Geschichtsauffassung der *Ökonomisch-philosophischen Manuskripte* wieder aufgegriffen und vor dem Hintergrund des Feuerbachverdikts Stirners vertieft und modifiziert. Ziel ist die Entwicklung einer *Wissenschaft der Geschichte,* deren Gegenstand die Erfassung des gesellschaftlichen Zusammenhangs bildet, erstmals als eine wirkliche „Geschichte der Menschen".[969] Dreh- und Angelpunkt wird dabei von Beginn an die bestehende bürgerliche Gesellschaft sein, als der „wahre Heerd & Schauplatz aller Geschichte".[970]

Die disziplinäre Abgrenzung erfolgt auf der Basis, dass die Erkenntnis der Geschichte nicht im luftleeren Raum der Abstraktion stattfindet, sondern auf „wirklichen Voraussetzungen" aufbaut.[971] Genauer betrachtet sind es die „natürlichen Voraussetzungen" des gesellschaftlichen Lebensprozesses, der als „empirisch anschauliche[r] Entwicklungsproz[eß]" begriffen wird.[972] Im weiteren Verlauf werden diese Voraussetzungen als grundlegende gegenständliche Tätigkeit gefasst, die die „Reproduktion der physischen Existenz der Individuen" als auch die Produktion einer „bestimmte[n] Lebensweise" einschließt, also *was* und *wie* produziert wird.[973] Eingebunden sei die materielle Produktion in den „Verkehr der Individuen unter einander", der durch sie bedingt wird.[974] Diese Verknüpfung bedeutet dann aber auch, dass die „Formen des Eigenthums", als Teil dieser Verkehrsform, ebenfalls nicht losgelöst von der Produktion zu betrachten seien.[975] Vielmehr seien die unterschiedlichen Eigentumsformen vor dem Hintergrund einer formspezifischen Fassung der Produktion zu begreifen, als deren historischer Schrittmacher die „Theilung der Arbeit" fungiere,

---

[968] MEGA² I/5, 3, 15, 48, 51, 824. „Hirngespinsten" und „eigebildeten Wesen" verhaftet blieben die Ansätze Bauers und Stirners letztlich in einer *Geschichte des Aberglaubens* verfangen, die es doch gerade zu überwinden gelte. MEGA² I/2, 146; MEGA² I/5, 3; s. S. 126. Der „historische Verlauf" müsse in diesen Theorien dann auch als „bloße ‚Ritter-, Räuber- und Gespenstergeschichte'" erscheinen. MEGA² I/5, 51; s. S. 134; s. Fn. 557. Die Rechts- und Staatsphilosophie Hegels wurde bereits in den *Deutsch-Französischen Jahrbüchern* zur Spitze der philosophischen Entwicklung erhoben (s. S. 129).
[969] MEGA² I/5, 824.
[970] MEGA² I/5, 39, 115.
[971] MEGA² I/5, 8, 136.
[972] MEGA² I/5, 136; Arndt 2012, S. 57. Arndt weist darauf hin, dass diese *Natürlichkeit* die Grundlage für den *Empirismus* der *Deutschen Ideologie* bildet und daher auch in diesem Sinne zu verstehen sei. Vgl. ebd., S. 57.
[973] MEGA² I/5, 11; vgl. Arndt 2012, S. 57.
[974] MEGA² I/5, 11.
[975] MEGA² I/5, 129.

d. h. die Entwicklung der Produktivkräfte.⁹⁷⁶ Als Konsequenz stelle sich ein, dass die wirklichen Verhältnisse ausschließlich als „bestimmte Verhältnisse" zu erfassen seien, im Sinne einer historischen Bestimmtheit der natürlichen Voraussetzungen.⁹⁷⁷ Dieses „Prinzip der historischen Spezifizierung" muss folgerichtig dann aber auch beinhalten, dass das *Bewusstsein* im Rahmen der bestimmten Verhältnisse zu betrachten ist, in deren Rahmen es wirkt und waltet.⁹⁷⁸ Und somit sei auch die Wissenschaft selbst nie als voraussetzungslos zu begreifen, sondern immer schon als ein „Moment des Lebensprozesses" selbst, in seiner historischen Bestimmtheit.⁹⁷⁹ Eine wissenschaftliche Erkenntnis der Geschichte erfordere demnach zweierlei: zum einen die *empirische Erforschung* der spezifischen Bestimmtheit der jeweiligen Verhältnisse und zum anderen das *Bewusstsein* über die eigene Abhängigkeit von eben diesen Verhältnissen.⁹⁸⁰ Diese Erkenntnis, die Marx und Engels im Rahmen ihrer „Metakritik" an der junghegelianischen Philosophie herausarbeiten, bildet dann auch die Wasserscheide, die die eigentliche *Wissenschaft* von bloßen *Ideologien* zu trennen vermöge.⁹⁸¹

Im nächsten Schritt wird das *empirische* Wissenschaftskonzept mit den Überlegungen der *Ökonomisch-philosophischen Manuskripte* verknüpft und zu einem neuen Programmentwurf verfestigt. Den Ausgang bildet die Rückführung der Geschichte auf die „grundlegenden Momente" der Produktion und Reproduktion des materiellen Lebens, die von Beginn an als „doppeltes Verhältniß" in Erscheinung treten.⁹⁸² Dieses doppelte Verhältnis sei die Vereinigung eines „natürliche[n]" Verhältnisses, also einer bestimmten Produktionsweise, mit einem „gesellschaftliche[n]", d. h. eines be-

---

976 MEGA² I/5, 129. Die Existenz verschiedener Eigentumsformen und ihre Bedingtheit durch die materielle Produktion und Arbeit wird Arndt zufolge nur dann verständlich, wenn sie ebenfalls formspezifisch als eine jeweils *bestimmte* Produktion und Arbeit gilt. Vgl. Arndt 2012, S. 57 f.
977 Ebd., S. 58. Das Paradigma der historischen Bestimmtheit der wirklichen Verhältnisse knüpft direkt an die Kritik Marxens an, die dieser bereits im Zusammenhang mit der übergeschichtlichen Abstraktion der bürgerlichen Gesellschaft (*Zur Judenfrage*) und ihrer Grundlagen (*Ökonomisch-philosophische Manuskripte*) geübt hatte (s. S. 123–125, 136 f.; s. Fn. 865).
978 MEGA² I/5, 135; Arndt 2012, S. 53.
979 Ebd., S. 58 f.
980 Vgl. ebd., S. 58.
981 Heinrich 2011, S. 131. Wissenschaft und Ideologie sind im Kontext der *Manuskripte* als Gegenbegriffe zu verstehen. Ideologien sind hiernach „verselbständigte Theorien" die sich und ihren Gegenstand von ihren wirklichen Verhältnissen entkoppelt haben. Vgl. Arndt 2012, S. 56. So gesehen bilden die Theorien der Junghegelianer nur „ideologische Reflexe & Echos" der sie bestimmenden Verhältnisse und ihre „Nebelbildungen" befördern – wie auch schon die Theorie Hegels – letztlich nur den Fortbestand des Bestehenden. MEGA² I/5, 136. Anders ausgedrückt: „Sie weben mit am Schleier." Adorno 2016, S. 13.
982 MEGA² I/5, 28; Arndt 2012, S. 59. Als *grundlegende Momente* begreifen Marx und Engels hierbei die Erzeugung der *Mittel* zur Befriedigung der Bedürfnisse (Essen, Trinken, Wohnung, Kleidung etc.), die Erzeugung und Befriedigung *neuer Bedürfnisse*, die ermöglicht werden, und die menschliche *Reproduktion durch Fortpflanzung* selbst. MEGA² I/5, 26–28.

stimmten „Zusammenwirken[s] mehrerer Individuen" (Verkehrsform).[983] Dieser Zusammenhang, der die Grundlage jedes gesellschaftlichen Wechselspiels in seiner jeweils historischen Bestimmtheit bilde, weise jedoch nicht etwa eine paritätische Struktur auf, sondern stehe vielmehr unter dem *Primat der materiellen Produktion*, also des natürlichen Verhältnisses.[984] Als fortschreitende Entwicklungsdynamik aus diesem Primat fungiert dann die Arbeitsteilung und die aus ihr hervorgehenden Widersprüche, die einen historisch spezifizierbaren Fortgang verschiedener Produktionsweisen und Verkehrsformen bedingen und bis in die moderne bürgerliche Gesellschaft fortragen.[985] Diese Geschichtsbetrachtung als eine strukturelle „Historisierung der Ökonomie" wird dann im nächsten Schritt mit dem normativen *Paradigma der Entfremdung* verbunden.[986] Hiernach sei der geschichtliche Prozess bis zur modernen bürgerlichen Gesellschaft als eine „naturwüchsige" Entwicklung zu begreifen,

---

983 MEGA² I/5, 28.
984 Vgl. Arndt 2012, S. 60.
985 Als Grundlage der „Theilung der Arbeit" erachten Marx und Engels zunächst die Geschlechtertrennung, dann im weiteren Verlauf vor allem die Ausdifferenzierung von „materielle[r] & geistige[r] Arbeit", die eine „wirklich[e] Theilung" erst begründe. MEGA² I/5, 31. So komme es im Verlauf der sich entwickelnden Arbeitsteilung letztlich zu einem „Sichfestsetzen der sozialen Thätigkeit" sowie der Konsolidation einer „sachlichen Gewalt" (MEGA² I/5, 37) darüber, d. h. des Eigentums, „[...] weil mit der Theilung der Arbeit die Möglichkeit, ja die Wirklichkeit gegeben ist [...], daß der Genuß & die Arbeit, Production & Consumtion verschiedenen Individuen zufallen [...]." MEGA² I/5, 32. Bereits in dieser Entwicklung sei daher auch die „ungleiche [...] Vertheilung der Arbeit & und ihrer Produkte" (MEGA² I/5, 33) angelegt und somit zugleich jener grundlegende Widerspruch zwischen dem „besonderen & gemeinschaftlichen Interesse" (MEGA² I/5, 33 f.), der bis in die gegenwärtige Gesellschaft fortlebe, als „Zersplitterung zwischen Kapital & Arbeit" (MEGA² I/5, 109). Zur Geschichte der Produktionsweisen und der Teilung der Arbeit: MEGA² I/5, 69–90. Zu den Eigentumsformen: MEGA² I/5, 129–134.
986 Arndt 2012, S. 67. Entgegen der Einschätzung von Heinrich ist in Bezug auf die Manuskripte der *Deutschen Ideologie* durchaus von einer Kontinuität der Entfremdungsproblematik zu sprechen. Vgl. Heinrich 2011, S. 141 f. Dechiffriert man den Text genau, so sind die Parallelen zum Textaufbau der *Ökonomisch-philosophischen Manuskripte* unübersehbar. Dies gilt insbesondere auch für das Entfremdungsparadigma. Nicht nur hebt Marx dies selbst explizit hervor (MEGA² I/5, 37, 285), auch zitiert er im Zusammenhang mit der Entfremdung eine Stelle aus Shakespeares *Timon von Athen* (ShSW IV, 976), die ihm bereits in den *Manuskripten* als Vorlage für die Charakterisierung des Geldes und seine *verkehrende Wirkung* auf das Wesen der Menschen diente. MEGA² I/2, 319; MEGA² I/5, 286. Ob es sich darüber hinausgehend bei der Entfremdungstheorie zudem um *das* zentrale Konzept des ganzen Werks handelt, kann dahingestellt bleiben. Vgl. Heinrich 2011, S. 141. Entwicklungsgeschichtlich, aus dem Frühwerk begriffen, stellt diese Theorie jedenfalls den Schlüssel dar, der das Auseinanderfallen von Sein und Sollen für Marx überhaupt erst erklärbar gemacht hat und eine Welt hat verständlich werden lassen, die auf dem *Kopf* zu stehen scheint. Diesem *Wal der Entfremdung*, der alles „vernichtet" und doch nichts „besiegt" (Melville 2003, S. 863), war Marx bereits vom Staat zur bürgerlichen Gesellschaft und von dort in die Tiefen des Systems der Bedürfnisse nachgejagt. Hier angekommen werden im Rahmen der programmatischen Neuausrichtung nun die spekulativen Wurzeln der Gattungsmetaphorik gekappt und durch einen alternativen *Kern* ersetzt. Das Grundmuster einer Welt, die durch den Menschen selbst erzeugt wird und ihm dann als eine unabhängige und fremde Macht entgegentritt und zudem die normative Brücke dafür schafft, den Übergang zu einer wirklichen Welt des Menschen vollziehen zu können, bleibt im Konvolut der *Deutschen Ideologie* vollständig erhalten.

d. h. als ein Prozess, der sich innerhalb der widerspruchsbegründenden Arbeitsteilung vollziehe und in der Verfestigung der „eignen Produkt[e]" zu einer „sachlichen Gewalt" kulminiere, die den Menschen nach und nach als eine „fremde [...] Macht" gegenübertrete.[987] Es sei die bereits bekannte „Herrschaft des Privateigenthums", die im geschichtlichen Fortgang der Verkehrsformen verschiedene Gestalten annehme und in der gegenwärtigen bürgerlichen Gesellschaft ihre „schärfste & universellste Form" erreiche.[988] In diesem Gesellschaftszusammenhang, in dem das Zusammenwirken der Individuen auf „reine Geldverhältnisse" reduziert werde, sähen sich die Menschen mit einer fremden Macht als einem verselbstständigten und einzig noch den Gesetzen der „Anarchie" unterworfenen „Weltmarkt" konfrontiert.[989] Diese „naturwüchsige Form des weltgeschichtlichen Zusammenwirkens der Individuen", die durch Zufall und Fremdbestimmtheit charakterisiert sei und letztlich einen Zustand der *Unfreiheit* aller Individuen generiere, wird durch den Übergang zu einer nichtnaturwüchsigen Form der Vergesellschaftung kontrastiert.[990] Gedacht wird sie als eine revolutionäre Überwindung, durch die die Individuen die „sachlichen Mächte wieder unter sich subsumiren", indem sie das Privateigentum aufheben und somit ihre materiellen Lebensbedingungen wieder der eigenen „Controle & bewußte[n] Beherrschung" unterwerfen.[991] Erst mit dem Übergang zur „kommunistischen Gesellschaft" – als der „wirklichen Gemeinschaft" – werden die materiellen Bedingungen geschaffen, die es erlauben, den Widerspruch zwischen der „persönliche[n]

---

987 MEGA² I/5, 34, 37.
988 MEGA² I/5, 496 f.
989 MEGA² I/5, 42, 430; MEW 2, 124; s. Fn. 930. Durch die Teilung der Arbeit und die hiermit bewirkte Verfestigung der „soziale[n] Macht", verbunden mit den „Kräfte[n] [...] des Privateigenthums", entglitten dem Menschen nach und nach die auf seine eigene Tätigkeit zurückgehenden Verhältnisse und träten ihm als verselbstständigte widerspruchsvolle Mächte entgegen. MEGA² I/5, 37, 110; s. S. 137. In der Gestalt des Geldes erfahre dieser Prozess dann eine Potenzierung der Verselbstständigung in Form einer durchdringenden *Versachlichung*. MEGA² I/5, 109, 377, 453 f., 496. Diese Entwicklung der Entfremdung umfasse sowohl das wirtschaftliche Zusammenwirken des *Handels* als auch die Institutionen des *Staats*, des *positiven Rechts* und der *Politik*, die in ihrer Gesamtheit die „Herrschaft der sachlichen Verhältnisse über die Individuen" bilden. MEGA² I/5, 33, 37, 104, 116 f., 496. Es ist eine *Herrschaft*, die der bewussten Kontrolle der Individuen völlig entzogen ist und deren Zufälligkeit „gleich dem antiken Schicksal über der Erde schwebt" und aller „Individualität" die Luft zum Atmen raube. MEGA² I/5, 38, 496.
990 MEGA² I/5, 37, 42, 97, 99 f. Das naturwüchsige Zusammenwirken wird als „nicht freiwillig" beschrieben, die Lebensbedingungen im Rahmen der modernen bürgerlichen Gesellschaft als *zufällig* und somit „unfrei" charakterisiert. MEGA² I/5, 37, 97.
991 MEGA² I/5, 37 f., 42, 95 f., 496; s. S. 138 f. „Es ist eben die Vereinigung der Individuen [...], die die Bedingungen der freien Entwicklung & Bewegung der Individuen unter ihre Controle gibt, die bisher dem Zufall überlassen waren & sich gegen die einzelnen Individuen eben durch ihre Trennung als Individuen, durch ihre nothwendige Vereinigung, die mit der Theilung der Arbeit gegeben & durch ihre Trennung zu einem ihnen fremden Bande geworden war, verselbstständigt hatten." MEGA² I/5, 100.

Freiheit" des Individuums und seinen tatsächlichen Existenzbedingungen schlussendlich zu beseitigen.[992]

Diese *Wissenschaft der Geschichte* als eine Rekonstruktion der historischen Entwicklung in Gestalt einer spezifizierbaren Abfolge von Produktivkräften und Verkehrsformen in deren Abhängigkeit das Bewusstsein einer historischen Entwicklungsstufe steht, bildet dann die theoretische Folie, auf der die in den *Deutsch-Französischen Jahrbüchern* angelegte *Kritik des Rechts* in den programmatischen Neuentwurf integriert wird. Fand die Rechtskritik hier noch ihre Grundlage in der Zurückweisung der spekulativen Philosophie, ist es nun die konsequente Rückbindung des Bewusstseins, d. h. der Ideen, Vorstellungen und Theorien, an historisch bestimmte Produktionsbedingungen, aus denen sie erwachsen und mit denen sie untrennbar verflochten sind.[993] Ohne Berücksichtigung dieses Verhältnisses drohe einer Theorie die Gefahr einer folgenschweren Entkopplung des Begriffs von der empirischen Wirklichkeit und des Umschlagens in bloße Ideologie. Eben dieser Vorwurf wird dann gegen die gesamte Theorienrichtung erhoben, die den *freien Willen* zur alleinigen Grundlage des Rechts und Staats erhebt.[994] Als „allgemeine[r] Begriff" und demnach bloße Idee bedinge dieser freie Wille durch seine Verselbstständigung von der Wirklichkeit dann jene Verkehrung, die die Basis für die Illusionen der Juristen

---

[992] MEGA I/5, 34, 95 f., 101; s. S. 126. „In der wirklichen Gemeinschaft erlangen die Individuen in & durch ihre Association zugleich ihre Freiheit. [...]; erst in der Gemeinschaft wird also die persönliche Freiheit möglich." MEGA² I/5, 95 f. Das Vorgehen in der *Deutschen Ideologie* entspricht weitestgehend dem entfremdungstheoretischen Grundgedanken der *Ökonomisch-philosophischen Manuskripte* (s. S. 136–139). Bedingt durch den *neuen Programmentwurf* wird der *positive Kern*, der zuvor durch die Gattungsmetaphysik besetzt wurde, nun jedoch durch den Begriff der *persönlichen Freiheit* verdrängt, ohne aber dabei seine essenzielle Bedeutung einzubüßen. Wurde doch bereits in den *Ökonomisch-philosophischen Manuskripten* der Wesensbegriff an einen *freien* und *bewussten* Tätigkeitsvollzug der Menschen rückgekoppelt (s. S. 138). Um den Bezug zum Gattungswesen des Menschen vermeiden zu können, greifen Marx und Engels auf den Begriff der *persönlichen Freiheit* zurück, den sie aus einer Kritik am *einseitigen* Freiheitsverständnis der bisherigen Philosophie gewinnen. Auf der einen Seite ist dies die materialistische Bestimmung der Freiheit, als „Herrschaft über die Umstände & Verhältnisse", in denen die Menschen leben, und auf der anderen Seite die idealistische Freiheit, als „Selbstbestimmung" in der Form eines „Lossein[s] von der wirklichen Welt" (MEGA² I/5, 1216). Im Begriff der persönlichen Freiheit verbinden sich diese beide Dimensionen, indem zunächst die materiellen Bedingungen der Freiheit zu etablieren seien, d. h. die *bewusste* Beherrschung der Lebensverhältnisse durch die Individuen, um auf dieser Grundlage dann eine individuelle Selbstbestimmung als Selbstverwirklichung aller Menschen gewährleisten zu können („Individualität", s. Fn. 989; „wahre Individualität", s. S. 147). Erst dann trete die „freie Betätigung" und „freie Entwicklung der Individuen" an die Stelle eines bloßen „Genuß[es] der Zufälligkeit". MEGA² I/5, 100, 497.
[993] MEGA² I/5, 135.
[994] Die Grundlage für die Willenstheorie des Rechts wird in der Philosophie Kants erblickt, die die Basis für eine Weiterführung durch Hegel und die „Berliner Ideologen" darstellt. MEGA² I/5, 249–251, 403. Bereits Gans hatte Kant diese fundamentale Bedeutung zugeschrieben: „Er [Kant, D.P.] hat (in Verbindung mit Rousseau) den Boden gefunden, auf dem dieses [Naturrecht, D.P.] gebaut werden muß, und dieser Boden ist der Wille. Der Wille aber ist die Freiheit, der Ausgangspunkt des ganzen Rechts." Gans 2005, S. 45.

und Politiker schaffe, rechtliche Verhältnisse ausschließlich als *abstrakte Willensverhältnisse* zu begreifen, unabhängig von ihrer sozialen Wirklichkeit.[995] Es sei eine Überantwortung des Rechts und seiner Gestaltung an eine theoretische Beliebigkeit, die die Möglichkeit einer „subjektive[n] Willkür" suggeriere. Tatsächlich sei die Willenstheorie des Rechts aber durch die materiellen Produktionsbedingungen der bürgerlichen Gesellschaft beeinflusst, deren ideeller Ausdruck sie nur sei, als „ideologische Begriffsbestimmung" des politischen Liberalismus.[996] Als solche ist sie dann aber auch nicht mehr als eine schlichte „Apologie des Bestehenden", ebenso wie die Theorien der Historischen Rechtsschule, die Rechtsphilosophie Hegels und die Ansätze der klassischen Nationalökonomie zuvor.[997]

Demgegenüber bestehe das Ziel der *Wissenschaft der Geschichte* darin, Recht und Staat einer konsequenten „materialistische[n] Fundierung" zu unterziehen.[998] Zugleich wird diese Rückbindung des Staats und seiner Institutionen an eine historisch spezifizierbare Entwicklungsstufe der Produktivkräfte und Verkehrsformen mit dem Klassenparadigma der *Deutsch-Französischen Jahrbücher* und der *Heiligen Familie* verbunden.[999] Werden die entsprechenden Ausführungen der Manuskripte der *Deutschen Ideologie* hierzu betrachtet, ist dabei zu berücksichtigen, dass diese Ausführungen zum Abhängigkeitsverhältnis des Staats und des positiven Rechts von den Produktivkräften und Verkehrsformen, d.h. der bürgerlichen Gesellschaft, sich im Kontext der Geschichte *naturwüchsiger Gesellschaften* bewegen, also Gesellschaften, die mit den durch die Arbeitsteilung verursachten Eigentumsverhältnissen konfrontiert sind. Vor diesem Hintergrund ist das Ziel der *materialistischen Fundierung* darin

---

[995] MEGA² I/5, 62, 285, 372, 396, 410 „Daher die Illusion, als ob das Gesetz auf dem Willen & zwar auf den von seiner realen Basis losgerissenen dem freien Willen beruhe." MEGA² I/5, 117. Die Kritik der Willenstheorie des Rechts entspricht insoweit der Zurückweisung einer Reduktion sozialer Beziehungen auf Ideen, die Marx bereits der spekulativen Philosophie vorgeworfen hatte. Vgl. Kelley 2008, S. 18.
[996] MEGA² I/5, 249f., 251, 276, 380, 413, 420; Arndt 2015, S. 107.
[997] MEGA² I/5, 471. Die auf der Willenstheorie Kants aufbauende spekulative Philosophie bringe daher immer nur „neue Phrasen zur Interpretation der bestehenden Welt" hervor. MEGA² I/5, 452. Selbst wenn sie sich kritisch gegen die bestehende Welt gebare, bleibe sie letztlich doch „,leeres Gerede'", da sie im Fall der „praktischen Kollision" immer Partei für den Erhalt des Status quo ergreifen werde. MEGA² I/5, 61, 452. In diesem Zusammenhang wird Kant auch als „beschönigender Wortführer" der deutschen Bürger etikettiert und Stirners Verein der freien Einzigen letztlich als bloßes Spiegelbild des *Deutschen Zollvereins* entlarvt. MEGA² I/5, 249, 468.
[998] Arndt 2015, S. 107.
[999] „Diese Geschichtsauffassung beruht also darauf, den wirklichen Produktionsproceß & zwar von der materiellen Produktion des unmittelbaren Lebens ausgehend, zu entwickeln & die mit dieser Produktionsweise zusammenhängende & von ihr erzeugte Verkehrsform, also die bürgerliche Gesellschaft in ihren verschiedenen Stufen als Grundlage der ganzen Geschichte aufzufassen [...]. Das materielle Leben der Individuen, [...] ihre Produktionsweise & die Verkehrsform, die sich wechselseitig bedingen, ist die reelle Basis des Staats & bleibt es auf allen Stufen, auf denen die Theilung der Arbeit u. das Privateigenthum noch nöthig sind, ganz unabhängig vom Willen der Individuen." MEGA² I/5, 45, 382f.

zu erblicken, die Symbiose der spezifischen Weise der Konstitution eines Gemeinwesens und seines Wirkens in den Gesetzen mit eben diesen Eigentumsverhältnissen und den hiermit verbundenen *Interessen* der Individuen transparent zu machen.[1000] Und es seien die verschiedenen Interessen der Individuen, die innerhalb der materialistischen „Rechtsgeschichte" sowohl die Grundlage des Staats als auch der *Klassengegensätze* bilden.[1001] So begreifen Marx und Engels die Konstitution des Staats als eine aus dem „Besitz" hervorgehende „soziale [...] Macht", in der die „herrschenden Individuen" einer Epoche ihre „gemeinsamen Interessen" geltend machen.[1002] Die Institution, in der die durch die materiellen Verhältnisse bedingten Interessen dann zum Ausdruck gelangen, ist das *Gesetz*.[1003]

Diese allgemeinen Ausführungen zur materialistischen Fundierung des Rechts sind in der *Deutschen Ideologie* stets mit dem eigentlichen „Schauplatz aller Geschichte" verknüpft, der bürgerlichen Gesellschaft in ihrer zeitgenössischen Gestalt.[1004] Mit dem Übergang vom Feudalismus zur bestehenden Gesellschaft wurden „Befehl & Willkühr Einzelner" hiernach keinesfalls überwunden, sondern lediglich in eine „materielle Grobheit" überführt, die sich aus der überkommenen „politischen Macht" gelöst hat und nun in der spezifischen Form einer „Durchschnittsherrschaft" in Erscheinung trete.[1005] Bezogen auf das positive Recht führe diese politische

---

1000 Aus dieser Symbiose wird verständlich, was Marx und Engels meinen, wenn sie davon sprechen, dass „[...] das Recht ebensowenig eine eigene Geschichte hat wie die Religion" MEGA² I/5, 118. Eine Geschichte könne dem Recht nur *innerhalb* der durch die materiellen Lebensbedingungen getragenen Entwicklung zukommen. Ohne deren Berücksichtigung würde sie sich zu einer ideologischen „Geschichte der Herrschaft von aufeinanderfolgenden Gesetzen" verzerren, die doch nur wieder eine „Geschichte der bloßen Gedanken" bleiben müsse. MEGA² I/5, 384.
1001 MEGA² I/5 33f., 397.
1002 MEGA² I/5, 44, 117, 383. „So hat sich die Gesellschaft bisher immer innerhalb eines Gegensatzes entwickelt, der bei den Alten der Gegensatz von Freien & Sklaven, im Mittelalter der vom Adel & Leibeignen, in der neueren Zeit der von Bourgeoisie & Proletariat ist. [...] In der Bourgeoisieklasse, wie in jeder andern Klasse, sind nur die persönlichen Bedingungen zu gemeinschaftlichen & allgemeinen entwickelt, unter denen die einzelnen Mitglieder der Klasse besitzen & leben." MEGA² I/5, 415, 488. Diesen Gegensatz zwischen der Bourgeoisie als der besitzenden Klasse und dem Proletariat als eigentumslose Masse hatte Marx bereits in der *Heiligen Familie* ausführlicher dargelegt. MEGA² I/5, 37f.; s. S. 146. Obschon es sich bei der Bourgeoisie um die herrschende Klasse in der modernen bürgerlichen Gesellschaft handelt, wird sinngleich zur vorgehenden Schrift betont, dass letztlich *beide* Klassen unter der „Beschränktheit der Entwicklung" leiden, sowohl die ausgeschlossene, als auch die bornierte, ausschließende Klasse. Gemeint sind die Bedingungen des *Zufalls* naturwüchsiger Gesellschaften, unter denen auch die vermeintliche Freiheit der herrschenden Klasse steht, die eben keine *allseitige Entwicklung* des Individuums beinhaltet, wie sie in der „wirklichen Gemeinschaft" durch die volle Entfaltung der *Individualität* zum Ausdruck kommt, in Gestalt der „persönliche[n] Freiheit". MEGA² I/5, 95f., 488. Anders formuliert: „Im Prinzip sind alle, noch die Mächtigsten Objekte." Adorno 2003, S. 41.
1003 MEGA² I/5, 120, 276, 383.
1004 MEGA² I/5, 39.
1005 MEGA² I/5, 275f., 383. Mit der *Durchschnittsherrschaft* zielen Marx und Engels auf die durch den politischen Liberalismus intendierte *Demokratie* ab, die bereits Gegenstand der Kritik der *Deutsch-*

Emanzipation dann dazu, dass die den Gesetzen zugrunde liegenden Interessen der herrschenden Klasse in eine abstrakte „Form der Allgemeinheit" eingekleidet würden, die sie als „gemeinschaftliche[s] Interesse" aller Gesellschaftsmitglieder erscheinen lasse.[1006] Seine „allgemeinste Form" finde dieses Recht in den *Menschenrechten*.[1007] Diese Entwicklung einer über die Willenstheorien des Rechts und Staats vermittelten Steigerung der Abstraktion sowie ihre Bestimmtheit durch die materiellen Lebensbedingungen der herrschenden Klasse spiegeln sich „aufs Klarste" aber auch in den für das System der Bedürfnisse essenziellen Regelungen des „Privat- & Kriminalrecht[s]" wider.[1008]

Die Auseinandersetzung mit dem *Privatrecht* erfolgt im Rahmen der *Wissenschaft der Geschichte* vor dem Hintergrund einer Rückbindung an die jeweiligen Eigentumsformen, die sich durch die historische Entwicklung der Produktivkräfte und

---

Französischen Jahrbüchern war (s. S. 123 f.). Die *Form* dieser Herrschaft bleibe daher bestenfalls eine gehaltlose, leere Hülle, denn „die Form hat keinen Werth, wenn sie nicht die Form des Inhalts ist" wie Marx es in den Artikeln zur *Holzdiebstahldebatte* bereits formuliert hatte. MEGA² I/1, 234; s. Fn. 536. Die *Willkür der Herrschaft* wird von der Ebene des Staats nur auf die der bürgerlichen Gesellschaft verlagert, wo sie als ein aus den ständischen Institutionen gelöstes Verhältnis zwischen Bourgeois und Arbeiter auftritt. MEGA² I/5, 275 f.

1006 MEGA² I/5, 62, 382 f. Schon in den *Deutsch-Französischen Jahrbüchern* hatte Marx diese Erscheinung privater Interessen als Angelegenheiten der Allgemeinheit herausgestellt und die Interessensvertreter als „Deputation der bürgerlichen Gesellschaft an den Staat" charakterisiert (s. S. 115).

1007 MEGA² I/5, 262, 265. Insoweit entspricht die Kritik des „politischen Liberalismus" (MEGA² I/5, 252) der Kritik der politischen Emanzipation, die Marx zuvor in den *Deutsch-Französischen Jahrbüchern* dargelegt hatte (s. S. 123 f.). Wie bereits hier skizziert führe die politische Umwälzung zum Ende des 18. Jahrhunderts zur Durchsetzung von „gleiche[n] Recht[en]" (MEGA² I/5, 381), die als „ewige Wahrheiten" (MEGA² I/5, 902) proklamiert würden und doch nur die Rechte des Menschen als Mitglied der modernen bürgerlichen Gesellschaft seien. Entgegen den ideologisch verselbstständigten Theorien der Menschenrechte sei es aber tatsächlich der Bourgeois, der „die Wahrheit des citoyen" ausmache und nicht umgekehrt. MEGA² I/5, 252; s. S. 73. Über die *Jahrbücher* hinausgehend wird diese Grundskizze der Rechtskritik dann in die materialistische Fundierung der *Deutschen Ideologie* eingepflegt. So sehen Marx und Engels in den bürgerlichen Menschenrechten nur einen Ausdruck der „modernen […] Produktionsweise" (MEGA² I/5, 381), d. h. einer Gesellschaft im „Zustande der Konkurrenz" mit „freie[m] Privateigenthum". MEGA² I/5, 262.

1008 MEGA² I/5, 383. Obschon nicht gesichert ist, ob Marx im Zusammenhang mit seiner Klassentheorie des Rechts auch auf Gedanken der Historischen Rechtsschule zurückgegriffen hat, finden sich insbesondere vor dem Hintergrund einer Einbindung des Privatrechts nicht unwesentliche Anknüpfungspunkte an diese Theorierichtung. Im Zuge der weiteren Ausarbeitung ihres Systems hatten sich die Vertreter der Historischen Rechtsschule mit der Möglichkeit von vernunftfreien, nur zufälligen Rechtssätzen beschäftigt. Ihre Untersuchungen verbanden sich dabei mit dem römischen Institut des Ausnahmerechts (*ius singulare*). Vgl. Haferkamp 2018, S. 230 f. Savigny fußte hierauf seine Unterscheidung von „regelmäßigem", d. h. dem auf reinem Rechtsgebiet entsprungen Recht, und dem „anomalische[n] Recht" des *ius singulare*, welches auf einem Rechtssystem äußerliche Faktoren zurückzuführen sei. Es ist die Vorstellung eines nicht mit dem Grundsatz der Gleichbehandlung belasteten *Sonderrechts* zugunsten bestimmter Gruppen oder Klassen. Vgl. ebd., S. 232. Das unvernünftige Ausnahmerecht wird dann bei Marx zum Regelfall, das *ius singulare* zum Recht der bürgerlichen Gesellschaft par excellence.

vermittelt durch die Arbeitsteilung gewissermaßen *fortgeerbt* haben.[1009] Ausgehend von Formen des „Stammeigenthum[s]" führt diese Entwicklung über das „antike Gemeinde- & Staatseigenthum" sowie das „feudale oder ständische Eigenthum" zum „reinen Privateigenthum" der bestehenden bürgerlichen Gesellschaft, d. h. dem „durch die große Industrie & universelle Konkurrenz bedingten Kapital".[1010] Begleitet werde diese Entwicklung durch Formen des Privatrechts, deren Gründungsakte mit dem Aufkommen des „Mobiliareigenthum[s]" im alten Rom zusammenfallen.[1011] Forterhalten in den Handelszentren des Mittelalters gelange das Privatrecht aber erst zum Ende des 18. und zu Beginn des 19. Jahrhunderts mit der Durchsetzung der „Macht der Privateigenthümer", d. h. der Bourgeoisie, zu seiner „eigentliche[n] Entwicklung", die nicht nur ihre Basis im „römischen Codex" finde, sondern auch das „gesammte Recht" auf das aus diesem abzuleitende Privatrecht reduziere.[1012] Dabei gelange eine spezifische Rezeption zur Anwendung, die das klassische römische Recht aus seiner ursprünglichen Bedeutung löse und letztlich auf abstrakte Willensverhältnisse zurückführe. Genauer betrachtet sei es das *Ius utendi et abutendi*, welches im bürgerlichen Privatrecht zur „willkührlichen Disposition über die Sache" und deren Verfügbarkeit in nach Belieben einzugehenden Rechtsgeschäften avanciere.[1013] Diese Reduktion des Rechts auf den Willen schafft in den Augen von Marx und Engels zuallererst die Grundlage für eine Trennung zwischen dem „juristischen Titel auf eine Sache" und deren unmittelbarem physischen Besitz.[1014] Insoweit sei das Privatrecht auch nicht mehr als eine juristische Konstruktion zur Rechtfertigung des

---

1009 MEGA² I/5, 384, 413. „Im Privatrecht werden die bestehenden Eigenthumsverhältnisse als Resultate des allgemeinen Willens ausgesprochen." MEGA² I/5, 118 f. Nicht zufällig trete diese Verbindung daher am deutlichsten im *Erbrecht* hervor, in dessen Entwicklung die „Abhängigkeit des Rechts von den Produktionsverhältnissen" ablesbar sei. MEGA² I/5, 420. Vor diesem Hintergrund wird anknüpfend an die *Deutsch-Französischen Jahrbücher* auch das *Majorat* „auf sehr bestimmte materielle Verhältnisse" zurückgeführt. MEGA² I/5, 419; s. S. 116.
1010 MEGA² I/5, 115 f., 129 f. Vom *reinen* Privateigentum sprechen Marx und Engels im Zusammenhang mit der Lösung des Eigentums aus den ständischen Beschränkungen der feudalen Verhältnisse und dem Übergang zur freien Konkurrenz. Dies ist zugleich eine „Emancipation des Privateigenthums vom Gemeinwesen" (MEGA² I/5, 116), mit der die Abhängigkeit des Staats von der bürgerlichen Gesellschaft sowie die zunehmende Verselbstständigung zu einer sachlichen Gewalt über die Individuen verknüpft wird.
1011 MEGA² I/5, 115, 117 f.
1012 MEGA² I/5, 115, 118, 376. Die Fokussierung auf den *Corpus Iuris Civilis* spiegelt sich am deutlichsten im Wirken der Historischen Rechtsschule und der mit ihr verbundenen Blütezeit der Pandektistik wider (s. Fn. 86). Dass mit dieser Entwicklung zugleich eine Reduktion anderer Rechtsformen auf das Privatrecht einhergeht, hatte Marx bereits im Zusammenhang seiner *Kritik der Hegelschen Rechtsphilosophie* ausgeführt und in der Menschenrechtskritik der *Judenfrage* weiter ausgeschärft (s. S. 116, 125 f.). Hiernach sind die Menschenrechte nicht mehr als die Rechte des Privateigentümers, d. h. des egoistischen Individuums der bürgerlichen Gesellschaft im Verhältnis der freien Konkurrenz.
1013 MEGA² I/5, 119 f.
1014 MEGA² I/5, 119.

Auseinanderfallens von Grundbesitz und Rente sowie Maschine und Profit und somit Ausdruck der *gewordenen* Eigentumsverhältnisse.[1015]

Ausführungen zum *Strafrecht* finden sich in den Manuskripten der *Deutschen Ideologie* nur vereinzelt und andeutungshaft. Verständlich werden sie erst im Kontext der Darstellungen der *Heiligen Familie*. Ausgangspunkt der Betrachtungen bildet auch hier die Kritik des ideologischen Strafrechtsverständnisses, d. h. der Theorien, die wie das spekulative Strafrecht Hegels den Begriff von der materiellen Wirklichkeit lösen und das Verbrechen allein auf die abstrakte Ebene der Willensverhältnisse reduzieren.[1016] Das Verbrechen sei dann aber kaum mehr als eine „Verspottung von Begriffen", deren Verletzung durch die Bestrafung allein Genüge getan werde.[1017] Tatsächlich werde die Bestrafung des Verbrechens aber der subjektiven Willkür „der Gerichte" überlassen, die sich im Kontext der Klassenauseinandersetzungen zwischen Aristokratie und Bourgeoisie als eine bedeutende „Macht" hätten etablieren können.[1018] Eine zunehmende Abstraktheit der Gesetze in Kombination mit einer notwendig willkürlich operierenden Strafpraxis der Gerichte befördere in der Folge die Konservierung der aus der Arbeitsteilung sich naturwüchsig einstellenden Lebensbedingungen der herrschenden Klasse.[1019] Unter Berücksichtigung der Zielsetzung ihrer

---

1015 MEGA² I/5, 285. Mit dem Zusammenhang zwischen dem *Ius utendi et abutendi* und dem Auseinanderfallen von Nutzung und bloßem Besitz einer Sache hatte sich Marx bereits in der *Heiligen Familie* auseinandergesetzt (s. S. 148). Zudem hatte er in der *Kritik der Hegelschen Rechtsphilosophie* die Rezeption des römischen Rechts im Rahmen der spekulativen Philosophie zurückgewiesen und Hegel gegenüber hervorgehoben, dass mit dem *Ius utendi et abutendi* ursprünglich keine Begründung oder Sicherung von Privateigentum verbunden war. MEGA² I/2, 118 f. Vielmehr sei das Eigentum in Rom zuvorderst öffentlichen Charakters und daher primär „Staatseigenthum" gewesen. MEGA² I/2, 120; MEGA² I/5, 415. Kelley weist diesbezüglich darauf hin, dass dem *Ius utendi* im römischen Recht der einfache Gebrauch und die Konsumtion einer Sache zugrunde lag, keinesfalls aber eine direkte Verbindung mit dem Recht auf Privateigentum bestand. Vgl. Kelley 2008, S. 17 f.; ähnlich: Renner 1965, S. 68, 74.
1016 MEGA² I/5, 383 f.
1017 MEGA² I/5, 396. Bereits in der *Heiligen Familie* hatten Marx und Engels die Trennung zwischen Philosophie und besonderer Wissenschaft, die der spekulativen Straftheorie Hegels zugrunde liegt, kritisiert. Losgelöst vom widersprüchlichen Zwangscharakter des Rechts in der *wirklichen* Rechtspraxis ermöglicht erst diese begriffslogische Engführung, die Strafe als eigene Tat des Verbrechers zu deuten, in der er zum Richter über sich selbst wird (s. S. 149).
1018 MEGA² I/5, 398. Vor dem Hintergrund dieser *subjektiven Willkür*, die in den ideologischen Theorien des Rechts mangels der Einbeziehung ihrer materiellen Rahmenbedingungen nicht erfasst wird, ist auch die Spitze gegen die *Historische Rechtsschule* zu verstehen: „Was sich die Knechte der Theilung der Arbeit, die Richter, und nun gar die professores juris dabei einbilden, ist höchst gleichgültig." MEGA² I/5, 398.
1019 s. S. 149. Hautnah konnte Marx dies im Zusammenhang mit den Artikeln zum *Holzdiebstahlgesetz* beobachten. Schon in diesen Artikeln hatte er die Ausdehnung des bürgerlichen Privatrechts in die Lebenswelt der nicht-bürgerlichen Gesellschaftsbereiche und ihre Umsetzung in der Rechtsprechung als einen Versuch der Privatisierung des Strafrechts gebrandmarkt (s. S. 87). Eingebunden in den programmatischen Neuentwurf der *Deutschen Ideologie* sei es nun der gesamte Staat, der sich im Verlauf der geschichtlichen Entwicklung in die Abhängigkeit des „bürgerlichen Erwerb[s]" (MEGA² I/5,

Wissenschaft betrachten Marx und Engels das Verbrechen daher auch als „Kampf des isolirten Einzelnen gegen die herrschenden Verhältnisse", dem nicht mit einem *repressiven Strafrecht*, sondern vielmehr mit der Beseitigung seiner „antisozialen Geburtsstätten", d.h. den naturwüchsigen Lebensbedingungen der bürgerlichen Gesellschaft, zu begegnen wäre.[1020] Erst in einer nicht-naturwüchsigen Gesellschaft würden Verbrechen und Strafe einen anderen Charakter zu gewinnen vermögen, losgelöst vom Privateigentum und seiner *Welt des Zufalls*.[1021]

Neben dieser materialistisch fundierten Kritik des positiven Rechts enthält die *Deutsche Ideologie* aber auch Textstellen, die die Auffassung nahelegen, dass die Bestimmtheit des Rechts durch die Interessen der herrschenden Individuen eben nicht zu einer vollständigen Reduktion des Rechts auf eine Art „Paragraphen-Automat[en]" führe, der durch die Eingabe der spezifischen Produktivkräfte und gewünschten Verkehrsform dann entsprechende Gesetze auswerfe.[1022] Der intendierte Übergang von der naturwüchsigen zur nicht-naturwüchsigen Gesellschaft, der durch das revolutionäre Proletariat bestritten werden soll und als eine sukzessiv sich vollziehende Entwicklung gedacht wird, ist begleitet durch ein „Appel an ihr Recht", der das Proletariat überhaupt erst zu einer „revolutionären, verbündeten Masse" zu formen vermöge.[1023] Ob hiermit die Erstreitung konkreter, verbesserter Lebensbedingungen oder bloss die politische Instrumentalisierung im Sinne der Formulierung einender Rechtsforderungen gemeint ist, bleibt zunächst unklar und ist demzufolge im Rahmen der Betrachtung der sich anschließenden Artikel und Schriften erst noch aufzuklären.

Zusammenfassend ergibt sich somit das Bild, dass ausgehend von der Verankerung der Ursache der Entfremdung in der „nationalökonomischen Bewegung" des Privateigentums, die in den *Ökonomisch-philosophischen Manuskripten* vollzogen wurde, und der im weiteren Diskurs der Junghegelianer sich notwendig einstellenden Ersetzung der Gattungsmetaphorik Feuerbachs in den Manuskripten der *Deutschen Ideologie* eine umfassende Reformulierung des „Zusammenhangs von Philosophie und Wirklichkeit" erfolgt, in deren Verlauf sich ein empirisch ausgerichtetes Forschungsprogramm konstituiert.[1024] In Erscheinung tritt dieses Programm dann in der Gestalt einer Theorie der Geschichte, als eine Abfolge von Gesellschaftsformationen, deren historische Spezifizierung über die in ihren Produktionsbedingungen eingebettete Entwicklung der Arbeit und ihrer Organisation sichtbar wird, dem „Programm

---

416) begeben hatte und durch die moderne Steuerpraxis und das Staatsschuldenwesen „geradezu an sich gekauft" (MEGA² I/5, 418) worden sei. MEGA² I/5, 116.
1020 MEGA² I/5, 120, 383; MEW 2, 138.
1021 s. S. 150, 157.
1022 Weber 1980a, S. 826. Das Bild des *Paragraphen-Automaten* wird bei Weber bekanntlich in einem anderen Kontext verwendet. Es dient ihm zur Charakterisierung einer rational-kalkulierbaren Justiz im bürokratischen Apparat des modernen, kapitalistischen Staats.
1023 MEGA² I/5, 377.
1024 MEW 2, 37; vgl. Tietz 2010, S. 60; Arndt 2012, S. 59.

des Historischen Materialismus".[1025] Mit dieser produktionstheoretischen Wendung geht auch eine veränderte Gewichtung des *Systems der Bedürfnisse* einher, die es vom bloßen „Moment zur Grundlage des objektiven Geistes" erhebt und somit zu einer materialistischen Einfassung der *Kritik des Rechts* führt. Quintessenz dieser Einfassung ist es dann, dass das *positive Recht* einer Zeit immer nur aus seiner historischen Bestimmtheit zu begreifen ist, die sich in einem „strukturelle[n] Abhängigkeitsverhältnis" zu den materiellen Lebensverhältnissen ausdrückt, d. h. in Bezug auf die vorherrschenden Eigentumsverhältnisse.[1026] Als solches ist das positive Recht einer bestimmten Gesellschaftsformation daher auch nicht von den arbeitsteilig vermittelten Machtverhältnissen zu trennen, d. h. der maßgeblichen Bestimmtheit seines Inhalts durch die Interessen der herrschenden Individuen, die sich im Wirken des Staats und seiner Institutionen niederschlagen.[1027] Genauer betrachtet handelt es sich daher um jene *Kritik des Rechts*, die aus der Perspektive der bestehenden bürgerlichen Gesellschaft in ihrem entfremdeten Lebenszusammenhang bereits in den *Jahrbüchern* entworfen wurde. Die Untersuchungen zu Recht und Staat hatten bereits hier dazu geführt, diese nicht mehr als die offenen, allgemeingültigen und im Gesamtinteresse der Gesellschaft agierenden Institutionen anzuerkennen, als welche sie im modernen Staat und zeitgenössischen Theorien erscheinen. Hatten doch die Tätigkeit für die *Rheinische Zeitung* und die Arbeiten im Rahmen der *Jahrbücher* die Bedingtheit der politischen Entscheidungsprozesse, der Gesetzesinhalte und als Ausfluss hiervon auch der konkreten Verwaltungsarbeiten durch die vorherrschenden Eigentumsverhältnisse mehr als sichtbar werden lassen. Diese *Kritik des Rechts* wird nun in eine Theorie der Geschichte eingebettet, die überhaupt erst zu erklären vermag, wie es zu einer Scheidung von Eigentum und Eigentumslosigkeit, deren Potenzierung im ge-

---

1025 Vgl. ebd., S. 49, 58 f., 63 f.
1026 Ders. 2015, S. 107; Heinrich 2011, S. 148. Gemeint ist hiermit in erster Linie, dass das positive Recht nicht isoliert betrachtet werden darf, als eine autarke Größe gegenüber den anderen gesellschaftlichen Bereichen, insbesondere gegenüber den vorherrschenden Produktionsverhältnissen. Auf elementarerer Ebene spricht Quante in Bezug auf das Verhältnis von Bewusstsein zu den materiellen Produktionsbedingungen auch von „strukturellen Rahmenbedingungen" und „funktionalen Vorgaben" denen die *Inhalte* des Bewusstseins insoweit unterliegen. Vgl. Quante 2018, S. 46. Zum Problem der Verhältnisbestimmung zwischen dem Recht und den ökonomischen Produktionsbedingungen (s. *Kap.* 4.5).
1027 An dieser Stelle verbindet sich die *Kritik des Rechts* mit dem Klassenkonzept der Revolutionstheorie Marxens. Vor diesem Hintergrund weist Bluhm auf eine Doppelbestimmung des Rechts hin, welches zum einen „strukturell" begriffen wird, als Bewegungsform der Eigentumsverhältnisse, und „akteurstheoretisch", als Instrument zur Durchsetzung der Klasseninteressen. Letztlich seien diese Bestimmungen nicht miteinander zu vereinbaren. Vgl. Bluhm 2010, S. 13. Bei näherer Betrachtung lösen sich diese Bedenken jedoch insoweit auf, als mit der materialistischen Einfassung des Rechts nur die strukturelle Bedingtheit seiner *inhaltlichen* Ausgestaltung und beschränkten *Wirksamkeit* angesprochen ist, insofern es allein auf sich gestellt nicht dazu in der Lage ist, den entfremdeten Gesellschaftszustand zu negieren (Kritik an der politischen Emanzipation und am politischen Liberalismus). Hieran vermag auch die progressive Funktionsmöglichkeit des bürgerlichen Rechts als Instrumentarium zur Beförderung der Überwindung der bestehenden Gesellschaftsverhältnisse nichts zu ändern.

schichtlichen Entwicklungsverlauf sowie ihrer Verknüpfung mit institutionellen Absicherungen gekommen ist und zudem, wieso dies eine zu überwindende historische Entwicklung darstellt. Hatte sich Marx in den *Jahrbüchern* noch auf eine allgemeine Theorie seiner „Kritik des Rechts" beschränkt und in erster Linie versucht, diese an der Konstitution der Menschenrechte zu verdeutlichen, dehnt er diese Betrachtungen in der *Heiligen Familie* und den Manuskripten der *Deutschen Ideologie* nun auch auf die konkreteren Rechtsbereiche des Privat- und Strafrechts aus.[1028]

Dass die *Kritik des positiven Rechts* sich hierbei nicht als eine *positive Theorie des Rechts* begreift, ist vor allem im Kontext der fortgehenden Entwicklung der Theorie zu betrachten. Mit dem Übergang zur Nationalökonomie ging es Marx vor allem darum, dem Geheimnis der Entfremdung auf die Spur zu kommen, um den begrenzten Möglichkeiten einer nur politischen Emanzipation entfliehen zu können. Insoweit ist das Werkstadium, das mit den *Ökonomisch-philosophischen Manuskripten* einsetzt und sich bis zu den Manuskripten der *Deutschen Ideologie* fortsetzt, als experimentelle Werkstattphase zu begreifen, an deren Ende ein neues Forschungsprogramm steht, das auf empirischen Wege die aus der Analyse der bestehenden bürgerlichen Gesellschaft gewonnenen Hypothesen belegen soll.[1029] Eine Verbindung zur *positiven Theorie des Rechts* kann daher nur darin bestehen, dass die Entwicklung, die ab 1844 einsetzt, unter rechtsphilosophischen Betrachtungen eine implizite Fortführung auch der zum Recht erarbeiteten und im weiteren Verlauf nicht explizit verworfenen Feststellungen zu betrachten ist.[1030] Die Zielsetzung einer von widerspruchsbegründenden Eigentumsverhältnissen bereinigten Gesellschaft, in der eine hinreichende *soziale Freiheit* vorherrscht, die überhaupt erst den Boden einer *rechtlichen Freiheit* bereitet, wird durch die materialistische Fundierung der *Kritik des Rechts* nicht beseitigt. Tatsächlich lebt die rechtsphilosophische Grundposition mit dem an die Stelle des Gattungswesens tretenden Konzepts der *persönlichen Freiheit* weiter fort. In der Verbindung der bewussten Kontrolle über die Produktionsbedingungen, d. h. der Beseitigung der Entfremdung, mit den individuellen Entfaltungsmöglichkeiten aller Gesellschaftsmitglieder, also ihrer rechtlichen Freiheit, ist kein Widerspruch zum freiheitlich-solidarisch strukturierten Verein freier Menschen zu erkennen. Dass innerhalb der materialistischen Fundierung zumindest hintergründig auch die Differenzierung zwischen formellem und wirklichem Recht, d. h. Recht im entfremdeten und im nicht-entfremdeten Gesellschaftszustand, bestehen bleibt, legen die Ausführungen zum Strafrecht nahe. Soweit im nicht-entfremdeten Gesellschaftszustand eine

---

1028 MEGA² I/5, 262.
1029 Vgl. Arndt 2012, S. 59, 63 f. Die empirische Analyse der *nationalökonomischen Bewegung des Privateigentums* als Quelle der Entfremdung und Schlüssel zum Übergang zur kommunistischen Gesellschaft wird dann zur Aufgabe der *Kritik der politischen Ökonomie*. Vgl. Tietz 2010, S. 66; Arndt 2012, S. 60.
1030 Belegt wird dies auch durch die Verweise auf die Ausführungen der *Jahrbücher*, die Marx und Engels in der *Heiligen Familie* und der *Deutschen Ideologie* insbesondere bei Thematisierungen des Rechts vornehmen.

Form der Strafe existiert, muss es auch diese Strafen auslösende Handlungsweisen geben, denen wiederum eine *Form rechtlicher Regelung* zugrunde liegt, will der nichtnaturwüchsige Gesellschaftszustand nicht eben jener Willkür einer *Welt des Zufalls* anheimfallen, die doch gerade die bestehende bürgerliche Gesellschaft auszeichnet.[1031]

4.4 Das Manifest der Kommunistischen Partei und die englische Freihandelsdebatte

Bereits Ende Februar 1845 war Marx aus Frankreich ausgewiesen worden und mit seiner Familie nach Brüssel übergesiedelt, wo er bis März 1848 tätig war, bevor die Reaktion der belgischen Regierung auf die französische Februarrevolution ihn zu einer erneuten Umsiedlung zwingen sollte. Der prägende Zug dieser Brüsseler Zeit ist nicht nur in der Abfassung der Manuskripte der *Deutschen Ideologie* zu sehen, sondern auch in der Anbindung an die politische Arbeiterbewegung, die Marx und Engels ab dem Frühjahr 1846 zu betreiben beginnen.[1032] Diese Anbindung erfolgt über den 1836 in Paris konstituierten *Bund der Gerechten*, auf dessen Reorganisation als *Bund der Kommunisten* sie maßgeblichen Einfluss nehmen.[1033] Kulminationspunkt dieses Wirkens ist die Abfassung der politischen Programmatik des *Bundes*, mit der die Verbindung zwischen der wissenschaftlichen Theorie und der Arbeiterbewegung endgültig vollzogen wird, des *Manifest*[es] *der Kommunistischen Partei*.[1034]

Den politischen Boden, auf dem das *Manifest* errichtet wird, bilden die Debatten der Jahre 1846 und 1847, die sich im politischen Handgemenge von Bourgeoisie, Aristokratie und den Arbeitern bewegen und in denen Marx vor allem einer Instrumentalisierung des nicht hinreichend organisierten Proletariats entgegenwirkt. Zentrale Themenfelder sind hierbei die politische Auseinandersetzung zur *Einführung einer Einkommensteuer* sowie die ökonomische Debatte zwischen *Schutzzollsystem* und *Freihandel*.[1035]

[1031] In den Manuskripten der *Deutschen Ideologie* ist im Zusammenhang mit der Rechtskritik der *Jahrbücher* auch die Rede von einem Gegensatz der zwischen dem Kommunismus und dem „Recht sowohl als politische[m] & private[m]" bestehe. MEGA² I/5, 262. Vor dem Hintergrund der vorgehenden Ausführungen ist hiermit jedoch keine Negation des Rechts als solches verbunden, sondern ausschließlich die Kritik an den bestehenden Gesetzen der bürgerlichen Gesellschaft, insbesondere ihres Privatrechts. Mit *dieser* entfremdungsschwangeren Form des Rechts ist die post-bürgerliche Gesellschaft des Kommunismus in den Augen Marxens tatsächlich nicht zu vereinbaren.
[1032] Vgl. Arndt 2012, S. 68.
[1033] Vgl. Kool / Krause 1972, S. 465; Arndt 2012, S. 68f.
[1034] Vgl. ebd., S. 69; Celikates / Loick 2016, S. 124.
[1035] Mit der Frage zur Einführung der Einkommensteuer beschäftigt sich Marx in zwei Zeitungsartikeln: *Der Kommunismus des „Rheinischen Beobachters", Deutsche-Brüsseler-Zeitung Nr. 73, 12.9.1847*, MEW 4, 191–203; *Die moralisierende Kritik und die kritisierende Moral. Beitrag zur Deutschen Kulturgeschichte. Gegen Karl Heinzen von Karl Marx, Deutsche-Brüsseler-Zeitung Nr. 86, 87, 90, 92, 94, 28.10.–*

Hinsichtlich der Steuern im Allgemeinen begreift Marx diese geradezu als „Dasein des Staats", im Sinne eines „gemeinschaftliche[n] Samen[s]", worin seine verschiedenen Potenzen bereits „embryonisch schlummern".[1036] Eine Steuerbelastung ergebe sich für die arbeitende Klasse daher unter jeder Staatsform.[1037] Die Weigerung des im Frühjahr 1847 einberufenen Vereinigten Landtags, einer Steuerreform der Regierung zuzustimmen, die die partielle Einführung einer Einkommensteuer vorsah, betrachtet Marx daher in erster Linie als eine Auseinandersetzung zwischen der Regierung und der bürgerlichen Opposition.[1038] So stellt er heraus, dass es sich bei der einzuführenden Einkommensteuer um eine bloße „Bourgeois-Maßregel" handele und dass die Frage der Besteuerung aus Sicht der Bourgeoisie wiederum das „goldene Band" sei, „womit man die absolute Monarchie erdrosselt."[1039] Das Besteuerungsrecht wird von Marx daher implizit mit den Eigentumsverhältnissen und den hieraus resultierenden Interessen verbunden, die sich in einem Konflikt zwischen der herrschenden Aristokratie und der sich behauptenden Bourgeoisie widerspiegeln. Indem Marx die eigenen politischen Interessen des Proletariats herausstellt, versucht er dessen Stellung in dieser Auseinandersetzung als eigene Klasse deutlich zu machen.[1040] Statt einer nur passiven Verweigerung von Steuereinnahmen hätte der Vereinigte Landtag in den Augen des Proletariats auch aktiv Reformen vorantreiben müssen, die eine Gleichheit vor dem Gesetz, die Einführung von Geschworenengerichten, die Aufhebung der Frondienste, eine Presse- und Assoziationsfreiheit sowie eine wirkliche Repräsenta-

---

25.11.1847, MEW 4, 331–359. Zur Freihandelsdebatte: *Grußadresse der Deutschen demokratischen Kommunisten zu Brüssel an Feargus O'Connor, The Northern Star Nr. 454, 25.7.1846*, MEW 4, 24–26; *Die Schutzzöllner, die Freihandelsmänner und die arbeitende Klasse*, MEW 4, 296–298; *Reden über Polen auf dem internationalen Meeting in London am 29. November 1847, anlässlich des 17. Jahrestages des polnischen Aufstands von 1830, Deutsche-Brüsseler-Zeitung Nr. 98, 9.12.1847*, MEW 4, 416–417; *Reden auf der Gedenkfeier in Brüssel am 22. Februar 1848 zum 2. Jahrestag des Krakauer Aufstandes von 1846*, MEW 4, 519–522.
1036 MEW 4, 348.
1037 MEW 4, 348.
1038 Der Vereinigte Landtag als Vollversammlung der Provinzialstände der acht preußischen Provinzen trat im März 1847 zusammen. Hintergrund war der gewachsene Finanzbedarf der Regierung, die aufgrund des sinkenden Steueraufkommens auf eine Reform drängte. Diese Reform beinhaltete u.a. eine partielle Ersetzung der seit 1820 geltenden *Klassensteuer*, die die Mitglieder der bürgerlichen Gesellschaft in sechs Steuerklassen einteilte und jeweils einen *Fixbetrag* an Steuern für die jeweiligen Klassen festlegte. Die Besteuerung der ersten beiden Steuerklassen (*wohlhabende* und *reiche Bürger*) sollte im Zuge der Reform durch eine Besteuerung des *fundierten* (Ertrag des Vermögens) und *unfundierten Einkommens* (Ertrag aus persönlicher Arbeit) mit festgelegten *Steuersätzen* ersetzt werden. Zudem war hiermit eine bei der Klassensteuer noch entfallene Deklarationspflicht des Steuerpflichtigen verbunden. Die Reform wurde mit großer Mehrheit (390 gegen 141 Stimmen) abgelehnt und der Landtag bereits im Juni durch den König wieder aufgelöst. Vgl. Metzger / Weingarten 1989, S. 11–15.
1039 MEW 4, 195, 349.
1040 MEW 4, 193f.

tion umfassen, oder kurz, Reformen, die den tatsächlichen „Bedürfnissen der Zeit" entsprächen.[1041]

Eine ähnliche Konstellation ergibt sich dann in der ökonomischen Debatte zum Schutzzoll- und Freihandelssystem, die zuvorderst ebenso eine Auseinandersetzung zwischen der Bourgeoisie und der „dritten Partei" sei, „der Aristokratie".[1042] Auch in diesem Zusammenhang würde das Proletariat von den Konfliktpartnern im Grunde nur instrumentalisiert und mit sozialen Reformversprechen auf die jeweilige Seite zu ziehen versucht.[1043] Während das „Schutzzollsystem" aus der Sicht Marxens abzulehnen sei, da es als *konservatives* System bestenfalls eine Erhaltung „des jetzigen Zustandes" der Gesellschaft bezwecke, fällt seine Beurteilung des „Freihandelssystem[s]" komplexer aus.[1044] Auf der einen Seite erblickt er in den Freihandelsforderungen der klassischen Nationalökonomie eine ökonomische Entwicklung, die massive Verschlechterungen der Lebensbedingungen des Proletariats im Gepäck führe, auf der anderen Seite schaffe aber gerade die Ausdehnung des Freihandels die unabdingbaren Voraussetzungen, unter denen eine gesellschaftliche Umwälzung überhaupt erst möglich werde.[1045] Diese Voraussetzungen bestünden in einer Zuspitzung der gesellschaftlichen Antagonismen, d. h. der Klassengegensätze, die zum einen die *dritte Partei* hinter sich lasse und zum anderen nationale Beschränkungen überwinde und die Ausbeutung so zu „ihrer kosmopolitischen Gestaltung" führe.[1046] Entgegen den Instrumentalisierungsversuchen durch die liberale Bourgeoisie und der konservativen Aristokratie lasse sich das Proletariat von den falschen Reformversprechen nicht täuschen, weder im Zusammenhang mit der Steuerdebatte noch mit der über den Freihandel. Die Parteinahme für den Liberalismus diene einzig dem Ziel, die „letzten Reste des Feudalismus" zu überwinden und sich als politische Kraft zu organisieren, um so in direkter Konfrontation der Bourgeoisie entgegentreten zu können.[1047] Bei

---

1041 MEW 4, 197.
1042 MEW 4, 25.
1043 MEW 4, 298, 445.
1044 MEW 4, 297, 457. Die durch den entfremdeten Gesellschaftszustand bedingte Ausbeutung des Proletariats bleibt hier bestehen, nur wird sie vordringlich von den eigenen Landsleuten betrieben, nicht denen fremder Nationen. MEW 4, 297.
1045 MEW 4, 449, 451, 453. Mit ihren ökonomischen Änderungen zielen die Freihandelsbefürworter in den Augen Marxens in erster Linie auf eine Senkung der Löhne ab, die durch einen Preisverfall anderer Waren erreicht wird. Eingebettet sei diese notwendige Konsequenz im System der Bedürfnisse selbst, da das „Gesetz der Ware Arbeit", seine Wertbestimmung durch Angebot und Nachfrage, im Durchschnitt immer zum „Lohnminimum" strebe. MEW 4, 194, 451, 455. „Was ist also unter dem heutigen Gesellschaftszustand der Freihandel? Die Freiheit des Kapitals." MEW 4, 455.
1046 MEW 4, 416, 455f. Der Übergang zum Freihandel entspricht dem geschichtlichen Entwicklungsgang einer Nation, zunächst den Freihandel im eigenen Land zu etablieren (Schutzzoll nach außen) und im Anschluss an die Herstellung der freien Konkurrenz auf nationaler Ebene sich „vom Weltmarkt abhängig zu machen". MEW 4, 457.
1047 MEW 4, 449. Zum einen könne „die Aristokratie nicht anders gestürzt werden [...] als durch die Bourgeoisie und das Volk zusammen", und zum anderen, sei die „Herrschaft des Volks in einem Lande, wo Aristokratie und Bourgeoisie noch nebeneinander bestehen, ein reiner Unsinn". MEW 4, 202. Mit

seinen Betrachtungen steht Marx dabei von Beginn an die zeitgenössische Situation eines Gesellschaftszustandes Pate, in der der Klassengegensatz zwischen Bourgeoisie und Proletariat „am entwickeltsten ist", der Gesellschaftszustand in *England*.[1048] Die Debatten zwischen Aristokratie und Bourgeoisie samt ihrer falschen Reformversprechen seien hier bereits überwunden und der zugespitzte Gegensatz „zwischen Kapital und Arbeit, zwischen Bourgeois und Proletarier", habe die Form einer organisierten politischen Auseinandersetzung zwischen *bürgerlichen Liberalen* und *demokratischen Chartisten* angenommen.[1049]

Die Erkenntnis einer Zuspitzung des Klassengegensatzes zu einem Kampf zweier Klassen sowie die Konstituierung des Proletariats als wirkliche Bewegung und ihre beginnende Organisation als politische Partei gewinnt Marx daher aus seiner Betrachtung der zeitgenössischen Geschichte. Entsprechend ihrer *Wissenschaft* baue die Überwindung der „alten Gesellschaft", d. h. der naturwüchsigen Gesellschaftsformationen, auf den „geschichtlichen Errungenschaften" eben jener „untergehenden Welt" auf.[1050] Einen Prototyp dieser geschichtlichen Bewegung findet Marx in der Bourgeoisie selbst, die in der Auseinandersetzung mit den „feudalen Eigentumsverhältnisse[n]" zunächst die „politische Hülse" der „alten Gesellschaft" erobert hat, um

---

der Beseitigung der „feudalen Ruinen" (MEW 4, 339) gebe der Liberalismus der Bourgeoisie dem Proletariat zugleich „ganz neue Waffen" an die Hand, d. h. die der Presse- und Assoziationsfreiheit, und ermöglicht ihm so eine „Stellung als anerkannte Partei". MEW 4, 193, 202. „Mit einem Wort, das System der Handelsfreiheit beschleunigt die soziale Revolution. Und nur in diesem revolutionären Sinne, meine Herren, stimme ich für den Freihandel." MEW 4, 458.

1048 MEW 4, 417. Bereits Gans hatte die *politische Bedeutsamkeit* von Staaten mit dem Entwicklungsstand ihrer *bürgerlichen Gesellschaft* verbunden (s. S. 49).

1049 MEW 4, 24f., 352, 417, 444. Der Argumentation zur Einführung der Einkommensteuer, die aufgrund der Mehreinnahmen auch soziale Reformen in Aussicht stellt, hält Marx entgegen, dass eine solche Einkommensteuer in *England* bereits eingeführt worden sei, *ohne* dass es dort zu einer signifikanten Verbesserung der sozialen Verhältnisse der Arbeiter gekommen wäre. MEW 4, 197f. Ebenso wie den „soziale[n] Reforme[n] der Monarchie" (MEW 4, 201) komme aber auch den von den Freihandelsbefürwortern in Aussicht gestellten Verbesserungen nur der „Charakter der Heuchelei" zu. MEW 4, 453. Faktisch gehe es der Bourgeoisie nur darum, die ökonomische Basis ihrer fortwährenden Herrschaft zu sichern. MEW 4, 453f. Die vorgebliche „Philantropie des Kapitals" (MEW 4, 298) kontrastiert Marx dann mit der bürgerlichen Armengesetzgebung und der Errichtung von Arbeitshäusern in *England*. MEW 4, 445. Schon in den *Randglossen* und den Manuskripten der *Deutschen Ideologie* hatte er sich kritisch mit der 1834 einsetzenden Revision der Armengesetzgebung auseinandergesetzt. Den Hintergrund für die Errichtung des „Regime[s] der Workhouses" erblickt Marx in dem sich in der Bourgeoisie durchsetzenden Bild des „selbstverschuldete[n] Elend[s]" der Armen, welches sich zu dieser Zeit aus der Malthusianischen Bevölkerungstheorie ableitete. MEGA² I/2, 453, 455. Gleichgelagert sind die Ausführungen in der Stirner-Kritik der *Deutschen Ideologie*, wo die Arbeitshäuser als Resultat eines „offenen & direkten Angriffskrieg[s] der herrschenden Bourgeoisie gegen das Proletariat" betrachtet werden, der über die Armensteuer abgewickelt werde: „Sie deckt die Kosten der Arbeitshäuser, die bekanntlich ein Malthusianisches Abschreckungsmittel gegen den Pauperismus sind." MEGA² I/5, 424. Anders ausgedrückt: Die Arzneien dieser *Philanthropie* „heilen diese Krankheit nicht: sie verlängern sie nur. Ihre Heilmittel sind geradezu ein Stück der Krankheit." Wilde 1982, S. 8.

1050 MEW 4, 339, 347, 417.

den Feudalismus dann vollends durch die „moderne bürgerliche Gesellschaft" ersetzen zu können.[1051] Bedeutsam hierbei seien die Schriftsteller und „wissenschaftlichen Vertreter der Bourgeoisieklasse" gewesen, deren Werke als „theoretische[r] Ausdruck der praktischen Bewegung" fungierten und je nach Entwicklungsphase der Bewegung eine utopische, dogmatische oder doktrinäre Gestalt angenommen hätten.[1052] An dieser Stelle verschmilzt Marx den eigenen Theorienstand der *materialistischen Wissenschaft der Geschichte* mit der zeitgenössischen *politischen* Situation. Analog zur geschichtlichen Entwicklung der Bourgeoisie seien es die „Sozialisten und Kommunisten", die die Stelle der „Theoretiker der Klasse des Proletariats" einnähmen.[1053] Nachdem sich das Proletariat bereits zu konstituieren begonnen habe, sei die *utopische Phase* reiner jeux d'esprit bereits überwunden und die Theoretiker haben in den Fokus zu rücken, „was sich vor ihren Augen abspielt".[1054] Erst durch diese Perspektivverschiebung legten sie ihren doktrinären Charakter ab und gelangten dazu, das progressive Organ der geschichtlichen Bewegung zu werden.[1055] Mit der Abfassung der politischen Programmatik dieser „wirklichen Bewegung" knüpft Marx daher an sein *prometheisches Projekt* an, jedoch nicht in der irrtümlichen Gestalt eines bloßen „Mythus" oder eines „Phantom[s] ohne Arme und Beine", sondern eines echten Titanen, der auf dem festen Boden der *materialistischen Wissenschaft der Geschichte* steht.[1056]

Das *Manifest der Kommunistischen Partei*[1057] erschien im Februar 1848 als programmatische und taktische Verdichtung des Programms des Historischen Materia-

---

[1051] MEW 4, 347, 357. Indem Marx die rechtlichen Forderungen der Jakobiner hervorhebt, die durch die bislang Herrschenden zunächst verurteilt, gegenwärtig nun als gemäßigter Liberalismus gepriesen würden, betont er zugleich die *historische Bestimmtheit* der politischen Entwicklungen. MEW 4, 519.
[1052] *Das Elend der Philosophie. Antwort auf Proudhons „Philosophie des Elends"*, MEW 4, 62–182, hier: 143; MEW 4, 357.
[1053] MEW 4, 143.
[1054] MEW 4, 143.
[1055] MEW 4, 143, 357. „Von diesem Augenblick an wird die Wissenschaft bewußtes Erzeugnis der historischen Bewegung, und sie hat aufgehört, doktrinär zu sein, sie ist revolutionär geworden." MEW 4, 143.
[1056] MEW 4, 122f., 357; s. S. 70, 106f.. Mit dem Prometheus als „Phantom ohne Arme und Beine" spielt Marx auf eine in seinen Augen unzutreffende Bezugnahme Proudhons an, die dieser in seinem Werk *System der ökonomischen Widersprüche oder Philosophie des Elends* (1846) verwendetet hatte. MEW 4, 121–123. Obschon Marx für die Eigentumsschrift Proudhons an verschiedenen Stellen Partei ergriffen hatte (*Heilige Familie*, *Deutsche Ideologie* MEGA² I/5, 423), übte er mit der 1847 in Frankreich publizierten Schrift *Das Elend der Philosophie. Antwort auf Proudhons „Philosophie des Elends"* (1847) scharfe Kritik an dessen Theorie. In den Augen Marxens versuche Proudhon die Methode Hegels in direktem Wege auf das Feld der politischen Ökonomie zu übertragen und verfange sich so in einer bloßen „Metaphysik der politischen Ökonomie" (MEW 4, 125). Wie bereits Hegel stelle er die Dinge somit aber auf den *Kopf*. MEW 4, 90, 128, 130f.; s. S. 113. Durch die Entkopplung von den materiellen Verhältnissen der Gesellschaft beschränke sich die Theorie dann aber nur darauf den „Mythus von Prometheus" dargelegt zu haben, d.h. ein „Phantom" reiner Ideen „ohne Arme und Beine" (Produktion, Maschinenbetrieb, Arbeitsteilung etc.). MEW 4, 122f.
[1057] MEW 4, 457–493.

lismus vor dem Hintergrund einer noch ausstehenden theoretischen Orientierung des *Bundes der Kommunisten*, die die politisch-sozialen Auseinandersetzungen der Zeit an die ökonomischen Bewegungsgesetze der bürgerlichen Gesellschaft zurückbindet.[1058] Innerhalb der *Wissenschaft der Geschichte* setzt das *Manifest* dabei mit der durch das Proletariat aktiv einzuleitenden Überwindung der „Epoche der Bourgeoisie" an, die sich durch einen zugespitzten Konflikt zweier Klassen im Kampf um die politische Macht charakterisiere.[1059] Die „moderne Bürgerliche Gesellschaft" als politisch erkämpftes Resultat der Überwindung der feudalen Gesellschaftsstrukturen, beschreiben Marx und Engels vor allem anhand der Durchsetzung der „freie[n] Konkurrenz" und „gewissenlose[n] Handelsfreiheit" sowie der Auflösung der „persönlichen Würde in den Tauschwert".[1060] Diese Entwicklung lasse die zum „Weltmarkt" ausgedehnten Produktions- und Verkehrsverhältnisse der Bourgeoisie „dem Hexenmeister" gleichen, „der die unterirdischen Gewalten nicht mehr zu beherrschen vermag, die er heraufbeschwor".[1061] Im Rahmen der Akzentuierungen politischer Agitation rückt im *Manifest* dann die sich im Zuge der bürgerlichen Produktionsverhältnisse etablierende „materielle Grobheit" in den Vordergrund, d.h. die von religiösen und politischen Illusionen befreite Form der „Ausbeutung" eines eigentumsbasierten „Gegensatz[es] von Kapital und Lohnarbeit".[1062] Wie in der *materialistischen Fundierung* der Kritik des

---

[1058] Vgl. Arndt 2012, S. 69; Herres 2020, S. 122.

[1059] MEW 4, 463, 471. Unter diesem Gesichtspunkt wird die Geschichte der Produktionsverhältnisse als eine Geschichte der Klassenkämpfe betrachtet: „Die Geschichte aller bisherigen Gesellschaft ist die Geschichte von Klassenkämpfen. Freier und Sklave, Patrizier und Plebejer, Baron und Leibeigener, Zunftbürger und Gesell, kurz Unterdrücker und Unterdrückte standen in stetem Gegensatz zueinander [...]." MEW 4, 462. Dabei ähneln die Ausführungen im *Manifest* sehr deutlich den Formulierungen Gans', die dieser im Zusammenhang mit seiner Betrachtung des Saint-Simonismus gebraucht hatte: „Wie sonst der Herr und der Sklave, später der Patrizier und der Plebejer, dann der Lehnsherr und Vasall sich gegenübergestanden haben, so jetzt der Müßige und der Arbeiter. [...] und die folgende Geschichte wird auf ihren Seiten mehr wie einmal von dem Kampfe der Proletarier gegen die mittleren Klassen der Gesellschaft zu sprechen haben." Gans 1836, S. 100. Die Überführung eines ökonomisch bedingten Klassengegensatzes in den *politischen Klassenkampf* hatte Marx bereits im *Elend der Philosophie* explizit vollzogen: „Die ökonomischen Verhältnisse haben zuerst die Masse der Bevölkerung in Arbeiter verwandelt. Die Herrschaft des Kapitals hat für diese Masse eine gemeinsame Situation, gemeinsame Interessen geschaffen. [...] Die Interessen, welche sie verteidigt, werden Klasseninteressen. Aber der Kampf von Klasse gegen Klasse, ist ein politischer Kampf." MEW 4, 180 f.

[1060] MEW 4, 465, 467.

[1061] MEW 4, 464, 467. Die Argumentation des *Manifests* greift damit zentrale Merkmale der Manuskripte der *Deutschen Ideologie* auf. Die naturwüchsigen Gesellschaften sind auch hier dadurch definiert, dass die zur Gestalt des Weltmarkts fortgeschrittene Arbeitsteilung alle Verhältnisse auf reine *Geldverhältnisse* (Tauschwert) reduziert, die den Menschen dann als eine unkontrollierbare Macht gegenübertritt. s. S. 157.

[1062] MEGA² I/5, 276; s. S. 160; MEW 4, 465, 475. In den Manuskripten der *Deutschen Ideologie* tritt an die Stelle der feudalen Herrschaftsverhältnisse die Herrschaft der „wirkliche[n] einzelne[n] Bourgeois" über die Arbeiter. MEGA² I/5, 275 f. Diese verengte Perspektive ist der politischen Zielsetzung der Schrift geschuldet. Den Rahmen dieses Ausbeutungsverhältnisses, jener Sklaverei der Erwerbsarbeit, bildet

4.4 Das Manifest der Kommunistischen Partei und die englische Freihandelsdebatte — 173

Rechts in den Manuskripten der *Deutschen Ideologie* bereits dargelegt, bediene sich die Bourgeoisie dabei des Staates, um ihre Interessen innerhalb dieses Gegensatzes zu sichern.[1063] Die angemessene politische Konstitution zur Durchsetzung ihrer Interessen finde sie dabei im „modernen Repräsentativstaat", d. h. jener Gestalt der „Durchschnittsherrschaft", in deren Wirken die Interessen der Bourgeoisie als allgemeine Interessen der Gesellschaft erschienen und die bestehenden Produktions- und Eigentumsverhältnisse als „ewige Natur- und Vernunftgesetze" verklärt würden.[1064] Unmittelbar auf die Bourgeoisie gemünzt bedeute dies dann auch, dass „[...] euer Recht nur der zum Gesetz erhobene Wille eurer Klasse ist, ein Wille, dessen Inhalt gegeben ist in den materiellen Lebensbedingungen eurer Klasse".[1065] In Bezug auf *England* verdeutlicht Marx dies an zahlreichen Stellen mit der Abschaffung der Kornzölle, die die Bourgeoisie durch die „Anti-Corn-Law-League" gegen die Interessen der grundbesitzenden Aristokratie erzwungen hatte.[1066] Weiterhin werden in diesem Zusammenhang auch die *repressiven Fabrikordnungen* der englischen Bourgeoisie angeführt, die die Engführung von Recht und Eigentumsverhältnissen in einer

---

jedoch noch die im Hintergrund bestehende Entfremdungskritik an *fremdbestimmten* und *unbewussten* Produktionsverhältnissen naturwüchsiger Gesellschaften (s. Fn. 989, 990).
1063 „Die moderne Staatsgewalt ist nur ein Ausschuß, der die gemeinschaftlichen Geschäfte der ganzen Bourgeoisieklasse verwaltet." MEW 4, 464. Ähnlich fasst Marx es bereits in dem Artikel gegen Karl Heinzen: „Die jetzigen bürgerlichen Eigentumsverhältnisse werden ‚aufrechterhalten' durch die Staatsmacht, welche die Bourgeoisie zum Schutz ihrer Eigentumsverhältnisse organisiert hat." s. Fn. 1035.
1064 MEW 4, 338, 464, 467, 478; MEGA² I/2, 383; MEGA² I/5, 383; s. S. 147, 160f.; Fn. 1005. Auf der Grundlage seiner Kritik des Rechts, wie Marx sie seit den *Jahrbüchern* verfolgt, führt er die bürgerlichen Vorstellungen von Freiheit und Recht auf die spezifischen Produktions- und Eigentumsverhältnisse ihrer Epoche zurück (Menschenrechtskritik). MEW 4, 477. In der wissenschaftlichen Metakritik der Manuskripte der *Deutschen Ideologie* hatte Marx auf die Gefahren hingewiesen, die sich durch die Verdrängung der historischen Relativität gesellschaftlicher Verhältnisse ergeben, indem diese *verabsolutiert* werden. Vor diesem Hintergrund kritisiert er zu dieser Zeit beispielsweise auch Alphonse de Larmatine dafür, dass er die Vorstellung des Privateigentums in seinen Darstellungen verewige. *Larmatine und der Kommunismus, Deutsche-Brüsseler-Zeitung Nr. 103, 26.12.1847*, MEW 4, 421. Zusammengefasst sind „[d]ie herrschenden Ideen einer Zeit" für Marx daher „stets nur die Ideen der herrschenden Klasse" (MEW 4, 480), d. h. „[...] weiter Nichts als der ideelle Ausdruck der herrschenden materiellen Verhältnisse, die als Gedanken gefaßten, herrschenden materiellen Verhältnisse; also der Verhältnisse die eben die eine Klasse zur herrschenden machen, also der Gedanken ihrer Herrschaft". MEGA² I/5, 60.
1065 MEW 4, 477. Das Verständnis des positiven Rechts entspricht somit der *Kritik des Rechts,* die Marx in die Darstellungen der *Deutschen Ideologie* integriert hatte (s. S. 159–164).
1066 MEW 4, 352, 444, 448. Auf Betreiben der *Liga* hatte das englische Parlament 1846 die Abschaffung der Korngesetze beschlossen, d. h. die Schutzzölle auf importiertes Getreide aufgehoben. Die sich hinter den Forderungen der Liga verbergenden materiellen Interessen stellt Marx in seinen *Freihandelsartikeln* deutlich heraus. Es sei die Preissenkung der Grundnahrungsmittel, die hiermit intendiert sei, um so auch gleichzeitig ein geringeres *Lohnminimum* für die Ware Arbeit erhalten zu können. MEW 4, 446f., 450; s. Fn. 1045.

Art privater Aneignung des Strafrechts offenlegen.[1067] Neben der Instrumentalisierung des positiven Rechts durch die herrschende Klasse wird im *Manifest* aber auch die Möglichkeit des *Appells an das Recht* im Kontext des politischen Klassenkampfes weiter ausgeschärft. So stelle insbesondere die Verabschiedung der „Zehnstundenbill" in England eine solche in „Gesetzesform" sich Bahn brechende Anerkennung der Interessen des Proletariats dar.[1068] Des Weiteren soll das positive Recht auch im Anschluss an die Erringung der politischen Macht dafür genutzt werden, die Klasseninteressen des Proletariats in Form „despotischer Eingriffe" in das „Eigentumsrecht und in die bürgerlichen Produktionsverhältnisse" durchzusetzen.[1069] Konkret dargelegt werden diese Eingriffe u. a. durch die umfassende „Expropriation des Grundeigentums", die Einführung einer „starke[n] Progressivsteuer" sowie der „Abschaffung des Erbrechts", also Forderungen, die ohne positivrechtliche Regelungen kaum denkbar scheinen.[1070]

Ziel des politischen Programms des *Manifests* ist die Überwindung der *alten* und die „Schaffung einer neuen Gesellschaft".[1071] Einer zweiteiligen Taktik folgend soll

---

1067 MEW 4, 448. Gegenstand dieser *Fabrikordnungen* war die Festlegung eines umfangreichen Katalogs von Geldbußen für Verstöße während der Arbeitszeit. Aus der Sicht Marxens war hiermit über die Gewährleistung des reinen Arbeitsprozesses hinausgehend auch eine zusätzliche Steigerung des Profits anvisiert, indem eine exogene Möglichkeit geschaffen wurde, den durch das „Gesetz der Ware Arbeit" (Fn. 1045) bestimmten Nominallohn weiter zu senken. Ganz augenscheinlich bewegen sich diese Ausführungen in Analogie zur Argumentation im Zusammenhang mit dem *Holzdiebstahlgesetz* (s. S. 86 f.). So bezeichnet Marx die Fabrikordnungen als „Privatgesetzgebung" im Sinne eines „regelrechte[n] Strafgesetzbuch[es]", welches den Fabrikbesitzern damit zu ihrem „Privatgebrauch" zur Verfügung stehe. MEW 4, 448. Nicht zufällig erinnert auch der zitierte Ausruf des Arbeiters bei einer öffentlichen Veranstaltung der Anti-Corn-Law-League an den zynischen Kommentar zum *Holzdiebstahlgesetz:* „'Wenn die Grundbesitzer unsere Knochen verkauften, so würdet ihr Fabrikanten die ersten sein, sie zu kaufen, um sie in eine Dampfmühle zu werfen und Mehl daraus zu machen.'" MEW 4, 449; s. Fn. 541.
1068 MEW 4, 471; s. S. 164. Gemeint ist der 1847 verabschiedete *Factory Act*, der die Arbeitszeiten von Frauen und Jugendlichen auf zehn Stunden pro Arbeitstag begrenzte. Zuvor lag die Sollarbeitszeit bei zwölf Stunden.
1069 MEW 4, 481.
1070 MEW 4, 481. Mit der Forderung nach der Einführung einer starken Progressivsteuer knüpft das *Manifest* an die *Einkommensteuerdebatte* an. Deutlich wird dies, wenn Marx und Engels im Kontext der im März 1848 ausbrechenden Revolution in Deutschland die „ziemlich allgemein" (MEW 4, 481) gehaltenen Forderungen in Bezug auf die deutschen Verhältnisse konkretisieren. Hier ist neben der Einführung einer Progressivsteuer auch die Rede von der Abschaffung der *Konsumtionssteuern*, die nur die seit 1820 bestehenden *Mahl- und Schlachtsteuern* meinen kann. *Forderungen der kommunistischen Parthei in Deutschland*, MEGA² I/7, 26. Die Abschaffung dieser Steuern hatte bereits die königliche Regierung im Zusammenhang mit dem 1847 unternommenen Versuch der Einführung einer Einkommensteuer in Aussicht gestellt. Diesen Vorstoß hatte Marx zuvor verworfen, da dieser nicht im Zeichen einer geschichtlichen Entwicklung, sondern eines gesellschaftlichen Stillstandes zu sehen war (s. S. 168).
1071 MEW 4, 181, 417. Mit der *alten* Gesellschaft ist ihre *naturwüchsige* Gestaltung gemeint die es zu ersetzen gelte (s. S. 156 f.). Es geht darum den jetzigen Gesellschaftszustand „in sein Gegenteil zu verwandeln", d. h. in seine *nicht-naturwüchsige* Gestalt. MEW 4, 297.

das organisierte Proletariat zunächst die politische Macht und somit auch die staatlichen Institutionen erobern, um dann im zweiten Schritt die sukzessive *Umkehrung* der Gesellschaft einleiten zu können.[1072] Zentrales Moment dieser Umkehrung ist der radikale Bruch mit den „überlieferten Eigentumsverhältnissen", d. h. die „Aufhebung des Privateigentums" und seine Überführung in eine Form des „gemeinschaftliche[n]" Eigentums aller Gesellschaftsmitglieder, womit zugleich jeglicher Klassengegensatz eingeebnet werde.[1073] Charakterisiert wird diese neue Gesellschaft wie bereits in den Manuskripten der *Deutschen Ideologie* zuvor mit einem Begriff, den Marx und Engels von den Saint-Simonisten übernehmen, der „Assoziation".[1074] Es ist eine Gesellschaft

---

[1072] MEW 4, 481. Die Eroberung der politischen Macht wird im *Manifest* auch als „Erkämpfung der Demokratie" bezeichnet. MEW 4, 481. Als historisches Vorbild für die Aneignung der politischen Gewalt dient die Bourgeoisie selbst, in ihrem politischen Kampf gegen die feudalen Gesellschaftsverhältnisse. MEW 4, 347, 464. Obschon im *Manifest* die proletarische Revolution beschworen wird, legen die Betrachtungen der politischen Landschaft Englands nahe, dass auch eine Durchsetzung *innerhalb* des modernen Repräsentativstaats nicht ausgeschlossen ist. Die politischen Interessen des Proletariats beschreiben Marx und Engels hier als „eine demokratische Umgestaltung der Verfassung auf der Grundlage der Volkscharte', durch die die arbeitende Klasse zur herrschenden Klasse Englands" werde. MEW 4, 24; s. Fn. 1035.

[1073] MEW 4, 181, 475f., 481f. Die grundsätzliche Gedankenfigur einer Überwindung des *entfremdeten* Gesellschaftszustandes durch die Aufhebung des Privateigentums, welches gleichbedeutend ist mit der Aufhebung der die Entfremdung einleitenden Arbeitsteilung, und die Etablierung einer sich durch bewusste Kontrolle der materiellen Produktion auszeichnenden Gesellschaft, wurde bereits in den Manuskripten der *Deutschen Ideologie* entwickelt (s. S. 155–158). Dass es sich bei der Aufhebung des Eigentums nur um die naturwüchsig-bürgerliche Form des Eigentums (bürgerliches Privateigentum) und nicht die Aufhebung des Eigentums schlechthin handelt, hebt zudem Arndt hervor. Vgl. Arndt 2015, S. 102. Insoweit kann sich der Wegfall des „politischen Charakter[s]" der „öffentliche[n] Gewalt" auch nur auf den naturwüchsigen Rahmen der bürgerlichen Gesellschaft beziehen. MEW 4, 182, 482. Ohne einen eigentumsbasierten Klassengegensatz bedürfte es der *bestehenden* politischen Institutionen nicht mehr, die ja überhaupt nur zur Sicherung und Rechtfertigung der Eigentumsinteressen ins Leben gerufen worden seien. Wenngleich die Vorstellung eines gemeinschaftlichen Eigentums ähnlich wie in den Ausführungen in der *Kritik der Hegelschen Rechtsphilosophie* nur andeutungshaft und unscharf verbleibt, so ist doch davon auszugehen, dass hier vorrangig das Eigentum an den Produktionsmitteln gemeint sein kann, da nur so die Fremdbestimmung einer zur sachlichen Gewalt verfestigten Produktion zu vermeiden ist. s. S. 119.

[1074] MEW 4, 482. Die Assoziation fungiert bei den Saint-Simonisten als Form einer *universellen Vergesellschaftlichung*, in der das gesamte Eigentum auf den Staat übertragen wird. Vgl. Bienenstock 2002, S. 172f. Eingehüllt ist diese Vorstellung in die „Verwirklichung des christlichen Gebots der Brüderlichkeit". Vgl. Thamer 2007, S. 54. Der hiermit intendierten „Neuformulierung eines Moral- und Wertesystem[s]" (Ebd., S. 54) erteilen Marx und Engels jedoch eine klare Absage. Aus ihrer Perspektive macht es keinen Sinn, die auf dem Boden der naturwüchsigen Gesellschaften erwachsenen Moralvorstellungen, die noch dazu als „ewige Wahrheiten" verklärt werden, wieder „neu zu gestalten". MEW 4, 480. Mit dem Wegfall des Privateigentums entfällt somit auch die Notwendigkeit eines mit diesem verbundenen „ideologischen Selbstschutz[es]" (Lukács 1923, S. 44). Dafür, dass diese Textstelle vor allem auch als Abgrenzung gegen den Saint-Simonismus aufzufassen ist, spricht auch, dass die bereits von Gans am Assoziationsbegriff der Saint-Simonisten geübte Kritik im *Manifest* zurückgewiesen wird. So entgegnen Marx und Engels dieser Kritik, dass mit der Aufhebung des Privateigentums auch die Grundlage für die „Persönlichkeit und Freiheit" sowie die „Familie" (Erbrecht) aufgehoben würden

„assoziierte[r] Individuen", in der „die freie Entwicklung eines jeden die Bedingung für die freie Entwicklung aller ist".[1075]

Zusammenfassend lässt sich das *Manifest der Kommunistischen Partei* als politisch pointierte Form des Programms des Historischen Materialismus begreifen, in der die zentralen Merkmale dieser Theorie zu wesentlichen Eckpunkten auch der politischen Bewegung des Proletariats verdichtet werden. Dies gilt nachgerade auch für die *Kritik des Rechts*. Nahezu parallel zur Veröffentlichung des *Manifests* setzte in Paris bereits die Februarrevolution ein, also jenes Fanal, welches den revolutionären Flächenbrand bald darauf in weite Teile Europas tragen sollte und Marx zurück auf ein vertrautes Terrain führen wird, der Herausgabe der *Neuen Rheinischen Zeitung*.

4.5 Basis und Überbau – Das Recht in der Zeit nach Marx

Durch die Umkehrung der Relation von Staat und bürgerlicher Gesellschaft und die Einfassung des Rechts in das „Paradigma der Produktion" etabliert sich mit dem Programm des Historischen Materialismus zugleich das Problem einer notwendigen

---

damit, dass insoweit lediglich die *bürgerlichen Formen* dieser Institutionen entfallen, d.h. eine nur spezifische historische Gestalt. MEW 4, 476, 478; Ders. 1836, S. 97f.; Ders. 2005, S. 61f., 152. Die vom „religiösen Kleide" (Gans 1836, S. 95) befreite Analyse des Saint-Simonismus Gans' dürfte daher zumindest Marx bekannt gewesen sein und eine differenzierte Anknüpfung hieran nahelegen.

1075 MEW 4, 482. Die Formulierung der Freiheit des *Einzelnen*, die mit der Freiheit aller *Anderen* verbunden ist, knüpft unmittelbar an die *persönliche Freiheit* der wirklichen Gemeinschaft an. Es sei die Selbstbestimmung, begriffen als *rechtliche Freiheit*, die sich im Rahmen der *sozialen Freiheit* erst zu entfalten vermöge (s. S. 157; s. Fn. 992). Erreicht werden soll dies durch die empfindlichen Eingriffe in das bürgerliche Eigentumsrecht, um der bestehenden Entfremdung und Ausbeutung nach und nach ihren Nährboden entziehen zu können. In die Betrachtungen dieses relativ unbestimmten gesellschaftlichen Zustands müssen zudem in jedem Fall die klaren Absagen Marx' und Engels' an bloße Utopien hinzugezogen werden, wie es in ihrer Kritik am „Gefühlssozialismus" (Arndt 2012, S. 72) Hermann Krieges, als auch in der kritischen Zurückweisung der Einwendungen Larmatines, der in den Forderungen der Kommunisten nur bloße Träumereien erblickt, zum Ausdruck kommt. *Zirkular gegen Kriege*, MEW 4, 3–17; MEW 4, 421; s. Fn. 1064. Um diesem Vorwurf entgegenzutreten, bedient sich Marx der *Wissenschaft der Geschichte*, indem er darauf hinweist, dass der Kommunismus fest in der geschichtlichen Entwicklung verankert liege und nicht als ein von dieser abgetrenntes *abstraktes Dogma* erscheine. *Der „Débat social" vom 6. Februar über die Association démocratique, Deutsche-Brüsseler-Zeitung Nr. 13*, 13.2.1848, MEW 4, 513. Diese Lesart wird durch die Aussage unterstrichen, dass auch in einem postkapitalistischen Gesellschaftszustand eine „öffentliche[n] Gewalt" (MEW 4, 482) fortbestehe, die kaum anders denkbar scheint als eine „Sanktionsgewalt des Rechts". Vgl. Arndt 2018, S. 26f.; s. Fn. 1073. Die relative Vagheit der Beschreibung dieses zukünftigen Gesellschaftszustandes ist nicht zuletzt auch dem Umstand geschuldet, dass Marx sich zu diesem Zeitpunkt bereits aus der *phänomenologischen* Experimentierphase gelöst und seine methodische Orientierung wieder an die Hegelsche Logik zurückgebunden hatte (s. S. 142; s. Fn. 902). Dem „Anti-Utopismus" Hegels folgend, ist es daher für Marx von hier an auch wieder nur das *Gegenwärtige*, die „Erkenntnis dessen was ist", die das „Movens" der Kritik vorgibt, nicht die Spekulation über eine noch unbestimmte Zukunft. Vgl. ders. 2015, S. 75f.; Ders. 2018, S. 25; s. Fn. 165.

Verhältnisbestimmung zwischen der materiellen Produktion und dem Recht.[1076] Zu dieser Einfassung des Rechts in seine „eigene materielle Umgebung" bedient sich Marx eines eigentümlichen terminologischen Rahmens, der der „Bildersprache der Gebäude-Architektonik" nachempfunden zu sein scheint und einer „reelle[n] Basis" der historisch spezifischen Produktionsweise und Verkehrsform einer Gesellschaft einen „ideologischen Überbau" gegenüberstellt, d. h. den mit der ökonomischen Basis einhergehenden politischen und juristischen Bewusstseinsformen.[1077] Die mit der Bestimmung der Relation zwischen dieser Basis und ihrem Überbau einsetzenden Problematik einer Interpretation ihrer exakten Verhältnisbestimmung findet innerhalb der Marx-Forschung im sogenanten „Basis-Überbau-Theorem" ihren Niederschlag. Wenngleich Marx und Engels den begrifflichen Rahmen dieses *Theorems* bereits mit den Ausführungen in den Manuskripten der *Deutschen Ideologie* geliefert haben, liegt sein eigentlicher locus classicus in der populären Ausformulierung im Vorwort der 1859 veröffentlichten Schrift *Zur Kritik der Politischen Ökonomie* verortet: „In der gesellschaftlichen Produktion ihres Lebens gehen die Menschen bestimmte, nothwendige, von ihrem Willen unabhängige Verhältnisse ein, Produktionsverhältnisse, die einer bestimmten Entwicklungsstufe ihrer materiellen Produktivkräfte entsprechen. Die Gesammtheit dieser Produktionsverhältnisse bildet die ökonomische Struktur einer Gesellschaft, die reale Basis, worauf sich ein juristischer und politischer Ueberbau erhebt und welcher bestimmte gesellschaftliche Bewußtseinsformen entsprechen. Die Produktionsweise des materiellen Lebens bedingt den socialen, politischen und geistigen Lebensproceß überhaupt."[1078] Innerhalb der „historisch-materialistische[n] Denktradition" der „Nachgeschichte der Marx'schen Theorie" führte die Begriffsbildung von Basis und Überbau zu „endlose[n] Debatten" und „weitläufige[n] Erörterungen" über die Bedeutung von Recht und Staat und avancierte insbesondere auf der Ebene des Rechts geradezu zum „Kernstück der marxistischen Rechtstheorie" überhaupt.[1079] Begründet liegt dies nicht zuletzt in der „extreme[n] Kürze der Ausführungen" sowie den „begriffliche[n] Unschärfen" einer *vieldeutigen Metaphorik*, die die bedrohliche „Tendenz" einer Deutung des Verhält-

---

[1076] s. S. 139 f., 164 f.; Márkus 1980, S. 16; vgl. Arndt 2012, S. 65, 67.
[1077] MEGA² I/5, 7, 383, 430; vgl. Renner 1965, S. 59; Dahmer / Fleischer 1976, S. 135; Arndt 2012, S. 86.
[1078] MEGA² II/2, 100; vgl. Dahmer / Fleischer 1976, S. 134; Habermas 1976, S. 157; Jaeggi 1977, S. 14; Heinrich 2005, S. 202; Newman 2005, S. 32 f. In den Manuskripten ist insoweit die Rede von einer „materiellen Basis" im Sinne der „Benutzung der Naturkräfte, & vieler andern Produktivkräfte" (MEGA² I/5, 92) sowie einer aus „der Produktion & dem Verkehr" folgenden „idealistischen Superstruktur" (MEGA² I/5, 115) und endlich auch von den der gesellschaftlichen Umwälzung zwangsweise weichenden Verhältnissen der Familie und Politik „nebst ihrem ganzen ideologischen Überbau" (MEGA² I/5, 430). In Bezug auf Staat und Recht wird auf die „reale Basis", d. h. die wechselseitige Bedingung von Produktionsweise und Verkehrsform verwiesen, ohne deren Berücksichtigung eine Rechts- und Staatstheorie notwendig ideologisch bleiben müsse. MEGA² I/5, 117, 135, 382 f.
[1079] Negt 1975, S. 34; Rottleuthner 1975, S. 201; Dahmer / Fleischer 1976, S. 124; Fleischer 1977, S. 193; Maihofer 1992, S. 11 f., 24 f.

nisses im Sinne einer *strikten Determination* einschließt.¹⁰⁸⁰ Dieser Lesart zufolge wäre die Bestimmung des Rechts durch die ökonomische Basis als „monokausale[s] Verhältnis" bzw. „lineare Kausalbeziehung" zu begreifen, die das Recht auf einen bloßen Reflex ökonomischer Entwicklungen reduziert und somit nicht nur einem „geschichtliche[n] Automatismus" das Wort reden, sondern zugleich auch jeder Auseinandersetzung mit dem Recht sowie der Möglichkeit einer marxistischen Rechtstheorie im Allgemeinen den Boden entziehen würde.¹⁰⁸¹

Eine solch strikte Lesart des „Basis-Überbau-Modells" findet sich beispielsweise bei den Vertretern des orthodoxen Marxismus zu Beginn des 20. Jahrhunderts.¹⁰⁸² Unter der verengten Blickrichtung des Rechts schließt dabei vor allem das Werk von Eugen Paschukanis eine derartige Position ein, in dessen mechanischer Gleichsetzung von Rechts- und Warenform ein „legal economism" zum Ausdruck gelangt, der letztendlich in einem „legal nihilism" aufgeht und dem Recht so keinerlei Bedeutung mehr zuzumessen vermag.¹⁰⁸³ Die Auseinandersetzung mit dem Recht wird so zu einem „kruden Ökonomismus" travestiert, der letztlich eine „Rechtstheorie ohne Analyse des Rechts" verbleiben lässt.¹⁰⁸⁴ Neue Impulse erfuhr die Interpretation des Basis-Überbau-Theorems in den Debatten der 60er und 70er Jahre dann vor allem durch die „strukturalistische Uminterpretation des historischen Materialismus", die sich im Wirken der „Althusser-Schule" Bahn brach.¹⁰⁸⁵ Aufbauend auf der Annahme eines „epistemologischen Bruch[s]" zwischen dem philosophischen Frühwerk Marxens und einer mit den Manuskripten der *Deutschen Ideologie* einsetzenden wissen-

---

1080 Rottleuthner 1975, S. 260; Heinrich 2011, S. 148 Fn. 46; Arndt 2015, S. 105. Zu den verschiedenen Interpretationsmustern der Metaphorik vgl. vor allem Rottleuthner 1975, S. 203, 214.
1081 Negt 1975, S. 41; Habermas 1976, S. 157; Jaeggi 1977, S. 14; Klenner 1991, S. 175; Maihofer 1992, S. 44; Heinrich 2005, S. 202; Ders. 2011, S. 148; Newman 2005, S. 32; Schmidt 2018, S. 129; Zelik 2018, S. 292. In diesem Sinne ist die Basis-Überbau-Metaphorik dann tatsächlich auch als „Signum der ganzen materialistischen Geschichtsauffassung" zu betrachten. Vgl. Dahmer / Fleischer 1976, S. 134.
1082 Marti 2010, S. 179.
1083 Spitzer 2008, S. 22 f.; s. S. 4 f. Obschon die strikte Lesart in der gegenwärtigen Debatte zur Marx'schen Rechtstheorie kaum noch eine Rolle spielt, finden sich auch hier durchaus noch „ökonomistische Interpretation[en]" (Heinrich 2005, S. 203) dieser Art. So beispielsweise bei Johann Braun: „Staat und Recht verlieren bei Marx daher ihren Eigenwert und werden zu einem Teil des ‚ideologischen Überbaus', der sich über der ökonomischen Basis erhebt, letztlich also zu einer Scheinwelt ohne eigen Substanz. Sieht man näher zu, verschwindet die Vorstellung der Gerechtigkeit im Marxismus jedoch nicht völlig. Sie wird vielmehr verpflanzt in die Vorstellung vom notwendigen Verlauf der Geschichte, an deren Ende eine friedliche und herrschaftsfreie Gesellschaft stehen soll." Braun 2011, S. 137. Auf der Grundlage eines Bruches zwischen dem Frühwerk und der späteren Ökonomiekritik scheint auch Jürgen Habermas eine hieran orientierte Position zu vertreten: „Bekanntlich ist Marx zu moral- und rechtsphilosophischen Überlegungen nach seiner frühen Kritik an Hegels Staatstheorie nicht zurückgekehrt. [...] Er will den Überbau des Staates in eine vom Recht überhaupt emanzipierte Gesellschaft auflösen und sieht nicht, dass die Bürger auch in einer von Ausbeutung und Repression freien Gesellschaft über eine privatrechtlich gesicherte gesellschaftliche Autonomie verfügen müssten [...]." Habermas 2019, S. 739 f.
1084 Heinrich 2011, S. 148; Maihofer 1992, S. 29.
1085 Honneth 1977, S. 406; Spitzer 2008, S. 22, 25; Egger 2017, S. 435; s. S. 5.

schaftlichen Phase, mit dem gegenüber der philosophischen Tradition eine völlig „neue Konzeption von Wissenschaft" begründet würde, verfolgt diese Schule nicht zuletzt auch eine Neufassung des *Basis-Überbau-Verhältnisses*, das durch eine Überwindung des strengen Gegensatzes dieses Begriffspaares charakterisiert ist.[1086] Zentraler Gedanke dabei ist das Konzept einer „relativen Autonomie" des Rechts, in dem es in Beziehung zu anderen Überbaumomenten und der Ökonomie tritt, jedoch „in letzter Instanz" durch eben diese ökonomische Basis determiniert bleibt.[1087] Veranschaulicht wird dieses Verhältnis von Althusser durch den Rückgriff auf die „räumliche Metapher des Gebäudes", in dem er die „Struktur jeder Gesellschaft" als ein Bauwerk begreift „[...] mit einer Basis (als Unterbau), über der sich die beiden ‚Stockwerke' des Überbaus [das des juristisch-politischen und des ideologischen Überbaus, D.P.] erheben" die „[...] sich nicht alleine (in der Luft) ‚halten' könnten, wenn sie nicht im Wortsinne auf ihrer Basis sowie auf ihrem Fundament aufruhen würden."[1088] Unter dem Gesichtspunkt einer „relativen Autonomie des Rechts" sowie der Möglichkeit einer „Rückwirkung des Überbaus auf die Basis", entfaltet sich so der Simultangedanke einer Unabhängigkeit und gewissen Abhängigkeit des Rechts zugleich, in dem es zwar in seinem „Einflußumfang", nicht aber in seiner „inneren Funktionsweise" durch die ökonomische Struktur determiniert wird.[1089] An die strukturellen Überlegungen Althussers anknüpfend ist es dann vor allem Nicos Poulantzas, der auf dieser Grundlage den Versuch unternimmt, eine marxistische Rechtstheorie zu rekonstruieren, in dem er das Basis-Überbau-Theorem in ein differenziertes „Strukturierungsverhältnis" überführt.[1090] Demnach ist die „soziale Struktur" einer spezifischen Produktionsweise als komplexe Einheit verschiedener Schichten „mit eigenen Strukturen und spezifischer Wirksamkeit" zu begreifen, „die aber letztlich von der Ökonomie beherrscht werden", zugleich aber auch die „Existenzbedingung" der ökonomischen Basis selbst bilden.[1091] Das Recht als *relativ autonome* Schicht der Sozialstruktur bewegt sich in seinem Wirkungsradius daher in-

---

[1086] Iorio 2012, S. 311; Egger 2017, S. 438; vgl. Spitzer 2008, S. 25, 27.
[1087] Althusser 2012, S. 91 f.; vgl. Rottleuthner 1975, S. 237; Honneth 1977, S. 411; Spitzer 2008, S. 25.
[1088] Althusser 2012, S. 90 f. Es ist nicht ausgeschlossen, dass Marx mit seiner Terminologie tatsächlich an eine räumliche Metaphorik anspielen wollte. Immerhin hatte bereits Gans in seiner Vorrede zur zweiten Auflage der *Rechtsphilosophie* Hegels eine solche Gebäude-Metapher verwendet, um die „ganze wunderbare Architektonik" der *Grundlinien* zu verbildlichen, ohne dabei die liebevolle Detailarbeit zu verschweigen, „die von der Spitze bis zur Grundlage sich bemerken läßt". Gans 1981, S. 3. Ganz im Stile der Umkehrung ist es bei Marx dann die *Grundlage*, von der aus es zur *Spitze* vorzudringen gilt.
[1089] Althusser 2010, S. 46; vgl. auch Honneth 1977, S. 424; vgl. Newman 2005, S. 33; Spitzer 2008, S. 25.
[1090] Vgl. Poulantzas 1972, S. 184, 186; Maihofer 1992, S. 39, 42; Spitzer 2008, S. 26.
[1091] Poulantzas 1972, S. 186 f.; Maihofer 1992, S. 42. Unter dem Begriff der Produktionsweise versteht Poulantzas eine „komplexe Ganzheit von Strukturschichten", die als „ein System spezifischer Verbindungen der unterschiedlichen Instanzen oder Schichten" auftritt und die ihre „regionalen Strukturweisen bestimmen. Die Produktionsweise umfaßt, wie es Engels schematisch ausdrückt, verschiedene Schichten von Strukturen oder Instanzen: Ökonomie, Politik – den Überbau des Staates und des Rechts – Ideologie und Theorie." Poulantzas 1972, S. 188.

nerhalb der durch die ökonomischen Basis „festgelegten Grenzen".[1092] Alles in allem kann der strukturalistische Marxismus sowohl in der Ausgestaltung Althussers als auch in der Theorie Poulantzas' zwar eine Flexibilisierung des Basis-Überbau-Verhältnisses bewirken, jedoch gelingt dies letztlich nur auf Kosten einer „systemfunktionalistischen Reduktion" des Rechts, die eine Erklärbarkeit seiner „historischen Genese" nicht mehr zu leisten vermag und auf eine normativ bereinigte Beschreibung der bloßen „Funktion" beschränkt bleiben muss.[1093] Vor dem Hintergrund dieser Interpretationsvarianten bewegt sich auch die umfassende Untersuchung des „Basis-Überbau-Problem[s]", die Andrea Maihofer unternommen hat.[1094] In ihrer Untersuchung, die das Theorem in seiner Bedeutung im Rahmen der Geschichte einer marxistischen Rechtstheorie betrachtet, gelangt sie zu dem Resultat, dass die bisherige Rezeption der Basis-Überbau-Kategorien, ohne nähere Untersuchung ihres Kontextes im Werk von Marx, diese als fertiges theoretisches Konstrukt missdeutet und so eine nur vorausgesetzte „Doktrin" fortwährend zur „selbstverständliche[n] Grundlage" einer Analyse des Rechts erhoben hat.[1095] Demgegenüber ergebe sich aus der Betrachtung des Werkkontextes heraus vielmehr das Bild eines Versuchs der theoretischen Erneuerung, welchen Marx im Ausgang von den Manuskripten der *Deutschen Ideologie* zu verfolgen begonnen hätte und in dessen Rahmen die Begriffe von Basis und Überbau als „Metaphern einer neuen theoretischen Perspektive" zu verstehen seien, d. h. als „Arbeitshypothesen", die eine grundlegende Untersuchung des Rechts in der modernen bürgerlichen Gesellschaft erst ermöglichen sollen.[1096] Neuere Auseinandersetzungen mit dem *Basis-Überbau-Theorem*, die sich zumeist intra et extra muros theoretischer Lagerbildungen bewegen, knüpfen an eben diesen Stand der Debatte an, in dem sie dem Paradigma eine *flexiblere Lesart* zugrundelegen und zugleich seine relative Stellung im *Werkkonext* berücksichtigen.[1097] Auf der einen Seite erfolgt dies durch die Parallelisierung mit den politischen Intentionen der Theorie, die auf eine Emanzipation des „normativen Bewusstseins" aus den naturwüchsigen Gesellschaftsbedingungen drängen, um eine „andere politische Ordnung" etablieren zu können und einer „reduktionistische[n] Lesart" somit keinen Raum mehr zu geben

---

1092 Ebd., S. 196.
1093 Vgl. Maihofer 1992, S. 42, 154; s. S. 5f.
1094 Rottleuthner 1975, S. 165.
1095 Ebd., S. 162; Maihofer 1992, S. 25. Zu ihrer Einschätzung gelangt Maihofer durch die Untersuchung fünf exemplarischer „Varianten marxistischer Rechtstheorie": Die Ansätze von Eugen Paschukanis, Petr Stutschka, Oskar Negt, Heinz Wagner und Nicos Poulantzas. Vgl. ebd., S. 25, 42. Auf der Grundlage der konstatierten Verselbstständigung bildet die Basis-Überbau-Terminologie bezogen auf die Dimension politischer Praxis dann auch einen Teil jener „zivilreligiösen Dogmen", in die die „Arbeiterbewegung" und die „kommunistische Staatenwelt des 20. Jahrhunderts" haben verfallen können. Vgl. Brunkhorst 2016, S. 142.
1096 Maihofer 1992, S. 45.
1097 Vgl. u. a. Newman 2005, S. 33; Marti 2010, S. 179; Rapic 2015, S. 166f., 176; Schmidt am Busch 2015, S. 280f.; Schmidt 2018, S. 126–129.

bereit sind.¹⁰⁹⁸ Auf der anderen Seite stützen sich diese Interpretationen auf eine strukturell orientierte Auslegung des Wirklichkeitsverständnisses Marxens, in der die „nicht-ökonomischen Verhältnisse" dergestalt in einer „strukturellen Abhängigkeit" zur ökonomischen Basis gesetzt werden, als das ihre relative Selbstständigkeit zum Ganzen stets durch die „Dominanz eines das System als System begründenden Elements" begleitet wird.¹⁰⁹⁹ Diese Dominanz des ökonomischen Elements führt aber keinesfalls zu einer Nivellierung des Rechts und seiner Bedeutung, sondern drückt lediglich aus, dass es in seiner inhaltlichen Ausgestaltung und seinen Wirkmöglichkeiten durch gesellschaftliche „Rahmenbedingungen" und „funktionalen Vorgaben" beschränkt ist.¹¹⁰⁰ Kontur gewinnt diese Sichtweise, wenn zudem die „Abgrenzungsabsicht" hinzugezogen wird, die Marx bei der Abfassung der Manuskripte der *Deutschen Ideologie* verfolgt hat.¹¹⁰¹ So bewege sich der theoretische Neuentwurf zu dieser Zeit vor allem in einer Distanzierung gegenüber idealistischen „Konzeption[en] eines freien Willens", die das Recht „aus sich selbst heraus" zu begreifen trachten und ihm so eine „substantielle Rolle als geschichtliche Antriebskraft" zusprechen.¹¹⁰² In diesem Sinne sei der Rückgriff auf die „vieldeutige[n]" und nur *mehr oder weniger nützlichen Metaphern* gewählt worden, um sich von der dem „Recht immanenten Faszination des Apriorisch-Geschichtslosen" und der damit verbundenen „Verselbstständigung des Rechts" abheben zu können, die den idealistischen Rechtstheorien in den Augens Marxens zu eigen seien.¹¹⁰³

Anknüpfend an diese neuere Rezeption lässt sich aus der *entwicklungsgeschichtlichen Perspektive* insbesondere der Werkkontext des *Basis-Überbau-Theorems* präziser bestimmen und die Grundlage für eine strikte oder reduktionistische Lesart des Verhältnisses von Recht und Ökonomie noch deutlicher zurückweisen. Ziel in der Auseinandersetzung mit dem Recht war es für Marx von Beginn an den *idealistischen Gegensatz* von Sein und Sollen und der auf dieser Grundlage vollzogenen Konservierung des gesellschaftlichen Status quo Herr zu werden, den er bereits im Rahmen

---

1098 Rapic 2015, S. 166, 176; Schmidt 2018, S. 129.
1099 Heinrich 2011, S. 148; Arndt 2012, S. 136.
1100 Quante 2018, S. 46; vgl. Arndt 2012, S. 136. Anders beispielsweise Honneth, der die *Basis-Überbau-Problematik* zwar nicht explizit aufgreift, aber gestützt auf die Annahme einer Verengung der Blickrichtung und des Erklärungsschemas, den die Marx'sche Theorie von den Frühschriften hin zur reifen Ökonomiekritik vollzogen habe, zu der Einsicht gelangt, dass Marx rechtliche Veränderungen nur noch als „funktionale Anpassungen an die Entwicklung der Produktionsverhältnisse" zu begreifen vermag. Vgl. Honneth 2020, S. 295, 297, 304. „[S]einem eigenen Selbstverständnis" zufolge könne Marx dem Recht demzufolge auch keine „unabhängige Gestaltungsmacht im kapitalistischen System" mehr einräumen: „[...] es ist die politische, rechtliche und moralische Verfasstheit der Gesellschaft, die festlegt, welchen Charakter die kapitalistische Akkumulation jeweils annimmt, und nicht umgekehrt, wie Marx es in seiner reifen Theorie des Kapitalismus zu glauben schien." Ebd., S. 314, 320; s. Fn. 174.
1101 Negt 1975, S. 35; vgl. Buchanan 1981, S. 272; Heinrich 2005, S. 203; Vincent 2008, S. 51; Arndt 2015, S. 107; Quante 2018, S. 47 f.
1102 Negt 1975, S. 35; Heinrich 2005, S. 203; Arndt 2015, S. 107.
1103 Negt 1975, S. 42; Vincent 2008, S. 53; Arndt 2012, S. 87; Ders. 2015, S. 105.

seiner *Dissertation* in den Versuch einer Uminterpretation des Verhältnisses von Philosophie und Wirklichkeit gekleidet hatte.[1104] Nachdem eine allein auf die Hegel'sche Rechtsphilosophie gestützte Interpretation dieses Zusammenhangs nicht den Schlüssel zur Einsicht in eine grundlegende Veränderung der gesellschaftlich-politischen Gemengelage hat liefern können, übernimmt Marx mit dem Übergang zur Kritik dieser Philosophie den von Feuerbach entworfenen Gedanken einer *Inversion von Subjekt und Prädikat*, der ihn letztlich zu einer *Historisierung des Rechts* im Kontext seiner spezifischen gesellschaftlichen Verhältnisse führen wird (*Herrschaft des Privateigentums*).[1105] Um die Eigentumsverhältnisse und ihre Wirkmechanismen auf der Ebene der bürgerlichen Gesellschaft dekodieren zu können, vollzieht Marx den ersten Übergang zu einer Kritik der Ökonomie, in deren Verlauf das Recht in einen untrennbaren Zusammenhang mit der *materiellen Produktion* gesetzt wird und es sich so vom isolierten Standpunkt einer *bloßen Rechtsentwicklung* zu lösen versteht, den die Theorien der unkritischen Weiterführung der Hegel'schen Philosophie verfolgen würden. Demnach ist es das Festhalten an der *Idee* der Menschenrechte und der *Vorstellung* eines demokratischen Repräsentativstaats, die allein auf sich gestützt die grundlegenden ökonomischen Bewegungsgesetze nicht zu beseitigen vermögen, die die gesellschaftliche Entfremdung und die damit einhergehenden Eigentumsverhältnisse doch fortwährend erzeugen.[1106] In den Manuskripten der *Deutschen Ideologie* wird dieser Gedankengang dann unter dem Primat einer stärkeren Abgrenzung gegenüber den konkurrierenden Ansätzen junghegelianischer Philosophie weitergeführt.[1107] Unter dem Gesichtspunkt einer Zurückweisung dieser Theoriengattung, die das Recht aus dem „historischen Lebensprozeß" herauslöst und es ausschließlich auf den „freien Willen" zurückführt, ist es das Ziel der *Wissenschaft der Geschichte*, das Recht an die „wirkliche Basis der Geschichte" zurückzubinden, d.h. an die bestehenden sozialen Verhältnisse und ihre „materielle[n] Voraussetzungen".[1108] Und vor diesem Hintergrund ist auch der Rückgriff auf die spekulativ-philosophisch unbelastete Terminologie von *Basis* und *Überbau* zu betrachten, die vor allem eine Dis-

---

1104 s. *Kap*. 3.1 und 3.2.
1105 s. *Kap*. 3.3 und 3.4.
1106 s. *Kap*. 4.1 und 4.2.
1107 Die Anknüpfung an die Position der *Deutsch-Französischen Jahrbücher* wird im Konvulut explizit hervorgehoben. MEGA² I/5, 252, 262f. Zudem ist zu berücksichtigen, dass der bei weitem größte Textumfang der Manuskripte auf die Kritik an Bauer und Stirner entfällt.
1108 MEGA² I/5, 47, 117, 135, 382–384. Deutlich wird dies innerhalb der Stirner-Kritik: „Daß die rechtlichen Verhältnisse hier wieder als Herrschaft des Rechtsbegriffs auftreten, & daß er das Recht schon dadurch tödtet daß er es für einen Begriff und damit für das Heilige erklärt das sind wir gewohnt, […] Das Recht entsteht nicht aus den materiellen Verhältnissen der Menschen, & ihrem daraus entstehenden Widerstreit untereinander, sondern aus ihrem Widerstreit mit ihrer Vorstellung, die sie sich ‚aus dem Kopfe zu schlagen' haben." MEGA² I/5, 372. Es ist diese Verselbstständigung des Rechts und seiner geschichtlichen Entwicklung gegen die sich die *Wissenschaft der Geschichte* richtet, trete sie nun als „Kultus des Rechts" (Historische Rechtsschule) oder als „Kultus des Staats" (Hegel'sche Rechtsphilosophie) in Erscheinung. MEGA² I/5, 7.

tanzierung gegenüber der völligen Abtrennung von Recht und Staat von den bestehenden sozialen Verhältnissen der bürgerlichen Gesellschaft Ausdruck verleihen will und somit gewissermaßen nur eine Fortsetzung des Inversionsgedankens *mit anderen Mitteln* darstellt.[1109] Diesem sich im Theorienverlauf verfestigten Gedanken zufolge ist das Recht aus seiner historischen Bestimmtheit heraus zu begreifen und somit auch in seiner *Abhängigkeitsrelation* zu den materiellen Lebensverhältnissen der bürgerlichen Gesellschaft. Genauer betrachtet bedingt die in Abhängigkeit von der Entwicklung der Produktivkräfte stehende historisch spezifische Verkehrsform, d.h. die Eigentumsverhältnisse, dass das Recht für sich betrachtet keine *grundlegenden* Veränderungen im Sinne umfassender gesellschaftlicher Umwälzungen zu bewirken imstande ist, wie sie im Rahmen der *menschlichen Emanzipation* gefordert sind. Beschränkt in seinem Einflussumfang ist einer begrenzten inhaltlichen Flexibilität und einer der allgemeinen Lebenserfahrung entsprechenden Rolle des Rechts damit aber keinesfalls der Boden entzogen. Ganz im Gegenteil begreift Marx das bestehende positive Recht ja gerade in seiner Doppelfunktion als *destruktive* Konservierung der bestehenden Herrschaftsverhältnisse durch die Bourgeoisie auf der einen Seite und in seiner *progressiven Funktion* als Mittel zur Organisation des Proletariats und der Einleitung erster Maßnahmen für eine nicht-naturwüchsige Gesellschaftsgestaltung auf der anderen. In der entwicklungsgeschichtlichen Betrachtung verbindet sich somit das Konzept der menschlichen Emanzipation und Rechtskritik der *Jahrbücher* mit dem Programm einer Negation willenstheoretischer Abstraktionen des Rechts und seiner Doppelfunktion im Staat der bürgerlichen Gesellschaft zu einem plausiblen Bild des Verhältnisses von Recht und materieller Produktion. Es beinhaltet eine intermediäre Stellung zwischen den Extremen einer strikten Determination und dem eines vollkommen verselbstständigten Mediums der Emanzipation, ohne dass die knappe und unpräzise Textgrundlage, die Marx hinterlassen hat, Rückschlüsse auf eine *exakte Grenzziehung* zulässt, „wo der Berg anfängt und wo das Tal endet".[1110]

4.6 Zusammenfassung

Auf der Grundlage der mit dem Übergang von den *Jahrbüchern* zu den *Ökonomisch-Philosophischen Manuskripten* vollzogenen materialistischen Einfassung des Rechts, d.h. der historisch-spezifischen Rückbindung des Rechts an die in der bürgerlichen Gesellschaft vorherrschenden Eigentumsinteressen, stellt sich mit Blick auf den rechtsphilosophischen Rahmen der Theorie folgendes Bild ein:

1109 Zur Einordnung des Stellenwerts der Kategorien ist hierbei auch der Werkstattcharakter der Werkphase zu dieser Zeit zu berücksichtigen (s. S. 142, 166), der den Metaphern tatsächlich den Charakter von „Arbeitshypothesen" einer „neuen theoretischen Perspektive" verleiht. Vgl. Maihofer 1992, S. 45.
1110 „Was ein Berg und was ein Tal ist, kann jeder mühelos angeben, wo jedoch der Berg anfängt und wo das Tal endet, das ist die schwierige Frage." Döring 1998, S. 87.

Soweit sich die Betrachtung auf die Kritik des bürgerlichen Rechts beschränkt, deckt sich der *Rechtsbegriff* Marxens mit den bestehenden Normen des positiven Rechts. Darüber hinausgehend finden sich jedoch auch Ausführungen und Bezüge, die nicht nur eine Fortexistenz des Rechts im nicht-naturwüchsigen Gesellschaftszustand nahelegen, sondern auch eine offenkundige Orientierung an dem weiten und normativ vorgeprägten Rechtsbegriff Hegels dokumentieren (*persönliche Freiheit*). Obschon die Kritik des Rechts durch ihre Rückführung auf den deskriptiv anmutenden Begriff der Arbeitsteilung zunächst *rein positivistisch* erscheint, verflüchtigt sich dieses Bild, wenn der geschichtsphilosophische Bezugsrahmen des Entfremdungsparadigmas mit einbezogen wird. Auf dieser Grundlage bewegt sich das Recht in einer Gegenüberstellung zwischen einem gesellschaftlichen Zustand des fremdbestimmten Zusammenlebens nach Regeln des Zufalls mit sozial inadäquaten Konsequenzen (*Sein*) und einer Vergesellschaftung, die sich durch Selbstbestimmung, Kontrolle und Bewusstsein des eigenen Lebensvollzugs und einer solidarischeren Gestaltung sozialer Spielräume der Individuen auszeichnet (*Sollen*). Als impliziter Beurteilungsmaßstab für die Legitimität des Rechts fungiert somit die persönliche Freiheit (rechtliche Freiheit als Selbstbestimmung). Normativ rechtfertigbar wird konkretes Recht nur dann, wenn es die Beförderung der persönlichen Freiheit im Relationsgefüge der von einer Kontamination durch Fremdbestimmung und Zufall bereinigten Gesellschaftsformation ermöglicht. Kraft dieser Form eines *säkularisierten Naturrechts* vermag Marx dann nicht mehr nur zwischen formellem und wirklichem Recht zu unterscheiden, sondern auch erklären zu können, wieso die fortlaufende Konstituierung formellen Rechts eine *notwendige Folge* des bestehenden Arrangements der bürgerlichen Gesellschaft ist (*Ideologie*).[1111] Und auf der Grundlage dieses durch die *Wissenschaft der Geschichte* vermittelten Verhältnisses zwischen *Rechtsgeltung* und *Rechtswirklichkeit*, weist seine Rechtsphilosophie dann auch über Hegel und Gans hinaus.

Gegenüber dem noch abstrakter gehaltenen Rahmen der *Jahrbücher* erfolgt in der Werkphase zwischen 1844 und 1848 eine stärkere Einbindung des konkreten Privat- und Strafrechts im Kontext der modernen bürgerlichen Gesellschaft. Marx betrachtet das vorherrschende Recht der bürgerlichen Gesellschaft im Wesentlichen als eine modifizierte Form des *römischen Privatrechts*. Insbesondere in seiner spezifischen Rezeption des 18. und beginnenden 19. Jahrhunderts ermöglichte der abstrakte Charakter dieses Rechts eine legitimatorische Einrahmung der bestehenden Eigentumsverhältnisse zu liefern (*Privateigentum*). Mit dem Übergang zu einem nicht-naturwüchsigen Gesellschaftszustand würde dann die arbeitsteilig vermittelte Form des bestehenden Privateigentums notwendig fortfallen. Inwieweit hiernach noch Formen des *Privatrechts* fortexistieren, ist zumindest zu diesem Zeitpunkt der Werksentwicklung noch offen. Die Betrachtung des Privatrechts beschränkt sich insoweit auf die Kritik des positiven Rechts *naturwüchsiger* Gesellschaften. Klarer sind die Darstel-

---

[1111] Vincent 2008, S. 62.

lungen des Rechts hinsichtlich seines besonderen *Verpflichtungscharakters*, den Marx ohne Zweifel als Zwangssystem begreift, wie es die Ausführungen zum bürgerlichen Strafrecht mehr als deutlich werden lassen. Schwieriger ist diese Frage dann mit Blick auf eine Form des Rechts in einem nicht-naturwüchsigen Gesellschaftszustand zu beantworten. In der entwicklungsgeschichtlichen Genese legen die Betrachtungen eine Form selbstbestimmten Rechts nahe, da in der post-bürgerlichen Gesellschaftsformation sowohl noch deviantes Verhalten als auch korrespondierende Strafen fortleben. Zieht man zudem die *Umkehr des Verhältnisses* mit ein, die Marx mit Blick auf diese Strafen erwähnt, wird die Einwirkung von außen auf das Individuum (*Erleben als Zwang*) scheinbar durch eine Beziehung des Individuums auf seine Umwelt ersetzt (*Selbstbestimmung*).[1112] Zwangsrecht in einem tradierten Sinne kann ein solches Recht daher nicht mehr sein. Vielmehr vermitteln die Ausführungen in der *Heiligen Familie* und in den Manuskripten der *Deutschen Ideologie* das Bild, dass Marx mit dem Fortfall der durch die soziale Ungleichheit bedingten Interessenskontaminierung des Strafrechts zugleich die eigentliche Realisierung des Gedankens einer durch den Delinquenten sich selbst auferlegten Strafe verbindet, da dieser hier zum einen als rechtlich freies Individuum *tatsächlich* an den Rechtssetzungen seines Gemeinwesens partizipiert und zum anderen dem Urteil rechtlich freier Individuum unterliegt, die in ihrer Rechtsfindung nicht mehr durch materielle Interessen und deren Fortbestand beeinflusst werden. Seine Betrachtungen des Strafrechts bleiben daher stark an denen Hegels und Gans' orientiert, wird auch der spezifisch-historischen *Rechtswirklichkeit* dabei weit mehr Bedeutung beigemessen.

[1112] Dieser Umstand wird zunächst durch die Gestaltung der materiellen Lebensbedingungen im Sinne *sozialer Freiheit* begünstigt, da bereits vielen Delikten der Nährboden entzogen ist. Obschon dies nicht explizit ausgesprochen wird, offenbaren die Betrachtungen des positiven Rechts als Klassenrecht verbunden mit dem spezifisch privatrechtlichen Charakter des bürgerlichen Rechts, dass Marx hier *vor allem* Eigentumsdelikte und politische Vergehen vor Augen hat. Entsprechende Berührungspunkte hatte er im Zuge seiner Tätigkeiten als Redakteur und Schriftsteller bereits gehabt (Eigentumsdelikte im Zusammenhang mit dem Holzdiebstahlgesetz, Zensur, politische Verfolgung).

5 Die Neue Rheinische Zeitung – Das Recht zwischen Revolution und Konterrevolution (1848 – 1849)

Aufgrund des Anfang März 1848 durch die belgische Regierung veranlassten Ausweisungsbefehls siedelte Marx mit seiner Familie zunächst von Brüssel nach Paris über.[1113] Mit dem Ausbrechen der Märzrevolution fasste er dann den Entschluss nach Deutschland zurückzukehren, um zusammen mit Engels die bereits bestehenden Überlegungen zu einer neuerlichen Herausgabe einer Tageszeitung umsetzen zu können.[1114] Ausgestattet mit französischen Reisepässen gelangten sie am 11. April zurück nach Köln, wo sie bereits am Folgetag an der einberufenen Gründungsversammlung dieses Zeitungsprojektes teilnahmen, der *Neuen Rheinischen Zeitung*.[1115] Bildete die Verfolgung des politischen Tagesgeschehens im revolutionären Europa zwar den vordergründigen Gegenstand der Zeitungsartikel, steht ihr Wirken von Beginn an im Zeichen der politischen Programmatik des *Bundes*, die bereits in den Manuskripten der *Deutschen Ideologie* und im *Manifest* entwickelt wurde. Folgerichtig unterstützte sie die demokratische Bewegung auf ihrem Weg zum modernen Repräsentativstaat.[1116] Auf dieser Grundlage erschien die *Neue Rheinische Zeitung* beginnend vom 1. Juni 1848 an als „politische Tageszeitung mit allen Merkmalen eines großen überregionalen Blattes" und fungierte von Anfang an als „bedeutende[s] Sprachrohr der demokratischen Bewegung" im gesamten deutschen Sprachraum.[1117]

Die Vielzahl der Artikel, die allein Marx für die *Neue Rheinische Zeitung* (NRhZ) verfasste, beinhalten neben den Darstellungen und Kommentierungen des politischen Tagesgeschehens auch Betrachtungen über das *Recht*.[1118] Zu unterscheiden sind dabei

---

[1113] MEGA² I/7, 868 – 869.
[1114] MEGA² I/7, 873, 875; vgl. Melis 1999, S. 98 f.
[1115] MEGA² I/7, 877, 880; vgl. Melis 1999, S. 99 – 101. Auf der am 26. Mai stattfindenden Generalversammlung wurde Marx dann zum *Redakteur en chef* berufen und auch die übrige Zusammensetzung der Redaktion festgelegt. Vgl. ebd., S. 106; Herres 2020, S. 129.
[1116] MEGA² I/7, 892; vgl. Herres 2006, S. 16. In den Manuskripten der *Deutschen Ideologie* und im *Manifest* gehen Marx und Engels davon aus, dass die Bourgeoisie dazu gelangt, die politische Herrschaft zu übernehmen und den modernen Repräsentativstaat mit erweiterten politischen Freiheiten durchzusetzen (*politische Emanzipation*). Erst auf dieser Grundlage könne sich dann die soziale Revolution des Proletariats vollziehen, um nach der Aneignung der politischen Macht die Gesellschaft kommunistisch umgestalten zu können (menschliche Emanzipation). s. S. 174 f. Dieses Konzept eines „mehrstufigen modernen Revolutionsprozess[es]" (MEGA² I/7, 862) lässt Marx und Engels dann für das „demokratische Lager" (MEGA² I/7, 892) Partei ergreifen, was nicht zuletzt auch durch den auf ihrer Zustimmung basierenden Untertitel der Zeitung deutlich wird: *Neue Rheinische Zeitung. Organ der Demokratie.* Vgl. Melis 1999, S. 105; Herres 2006, S. 16.
[1117] MEGA² I/7, 889, 899; Melis 1999, S. 97; Herres 2006, S. 17; Ders. 2020, S. 131.
[1118] Insgesamt haben Marx und Engels im Gesamtzeitraum der *NRhZ* 580 Artikel verfasst. Vgl. Melis 2006, S. 121.

die Artikel, die die politischen Ereignisse des Revolutionsjahres in den allgemeinen Kontext der theoretischen Programmatik eingliedern, und diejenigen, die sich ganz konkreten Rechtsfragen widmen. Während sich die Rechtsbetrachtungen *sensu lato* vor allem auf die *Verhältnisbestimmung des Rechts zur Revolution* stützen (5.1), fokussieren sich die Überlegungen zum Recht *im engeren Sinne* auf die Auseinandersetzungen mit der *preußischen Finanzpolitik*, dem *Recht der Besteuerung in der Steuerverweigerungsdebatte* (5.2), dem *Strafrecht* und der *Pressefreiheit* (5.3) sowie dem juristischen Vorgehen, welches Marx im Zuge der Erlangung des *Staatsbürgerrechts* in eigener Sache anzustrengen gezwungen war (5.4).[1119]

5.1 Die „Vereinbarungstheorie" und das Recht

Das ereignisreiche Revolutionsjahr 1848 musste bereits den Zeitgenossen als eine „Zeit verdichteter Politik" erscheinen, geprägt vor allem durch die intensive Auseinandersetzung zwischen der Hohenzollernmonarchie und der konstituierten preußischen Nationalversammlung.[1120] Eine Zeit, die sich von den Barrikadenkämpfen im März über die Septemberkrise und die sich anschließende Konterrevolution bis hin zum Staatsstreich und der oktroyierten Dezember-Verfassung erstreckte. Obschon das Hauptaugenmerk der *NRhZ* auf der demokratischen Ausdeutung dieser tagespolitischen Entwicklungen liegt, beginnt Marx im Zeitpunkt des sich abzeichnenden Scheiterns der bürgerlichen Revolution, die „politischen Formen" des Konflikts in ihren tieferliegenden *gesellschaftlichen* Bezugsrahmen seiner Theorie einzubetten.[1121]

Demzufolge entspreche die „Natur" dieser *politischen Auseinandersetzung* tatsächlich einem sozialen „Konflikt zweier Gesellschaften", d.h. dem Konflikt zwischen der „feudalen Gesellschaft" auf der einen und der „moderne[n] bürgerliche[n] Gesell-

---

1119 Als Textgrundlage für die bis zum Februar 1849 erschienenen Artikel wird auf die MEGA²-Bände I/7 und I/8 zurückgegriffen. Da das Erscheinen des Bandes I/9 noch aussteht, fungiert der MEW-Band 6 als Quelle für den Zeitraum bis Mai 1849. Insoweit lässt sich hinsichtlich der Artikel ab Februar 1849 eine Restunsicherheit über die genauen Autorenschaften nicht vermeiden, die durch die Edition der MEGA² gerade entfallen soll. Vgl. Melis 2006, S. 122, 127.
1120 Herres 2006, S. 16.
1121 *Der Prozeß gegen den Rheinischen Kreisausschuß der Demokraten*, NRhZ Nr. 231, 232, 25. u. 27.2. 1849, MEGA² I/8, 512. Die Entwicklung ist anhand folgender Artikel nachzuvollziehen: *Die Krisis*, NRhZ Nr. 101, 102, 104, 13.9.–16.9.1848, MEGA² I/7, 695–700; *Die Bourgeoisie und die Konterrevolution*, NRhZ Nr. 165, 169, 170, 183, 10.12., 15.12., 16.12., 31.12.1848, MEGA² I/8, 194–216; *Die revolutionäre Bewegung*, NRhZ Nr. 184, 1.1.1849, MEGA² I/8, 264–266; *Der Prozeß gegen den Rheinischen Kreisausschuß der Demokraten*, NRhZ Nr. 231, 232, 25., u. 27.2.1849, MEGA² I/8, 495–512; *Lohnarbeit und Kapital*, NRhZ Nr. 264–267, 05.–08.04., 11.04.1849, MEW 6, 397–423. Ergänzende Überlegungen finden sich zudem in folgenden Artikeln: *Valdenaires Haft-Sebaldt*, NRhZ Nr. 19, 19.6.1848, MEGA² I/7, 134–135; *Die Berliner Krisis*, NRhZ Nr. 138, 9.11.1848, MEGA² I/8, 69–70; *Die Staatsanwaltschaft in Berlin und in Köln*, NRhZ Nr. 149, 22.11.1848, MEGA² I/8, 117; *Wien und Frankfurt*, NRhZ Nr. 244, 13.3.1849, MEW 6, 336–338.

schaft" auf der anderen Seite.[1122] Durch diese Sichtweise wird es Marx dann möglich, den vormals als politisch interpretierten Gegensatz darauf zurückzuführen, dass die „mittelaltrige Produktions- und Verkehrsweise" der Gesellschaft des „privilegirte[n] adlige[n] Grundbesitz[es]" nicht mehr mit der gegenwärtigen Fortentwicklung von Industrie und Handel übereinstimme, d. h. mit der Entwicklung der Produktivkräfte, und daher auch dem „Lebensprinzipe" des Kapitals, „der freien Konkurrenz", nicht mehr gerecht zu werden vermöge.[1123] Die „materielle Grundlage" des absolutistischen Staats werde zur „hemmenden Fessel" für die veränderte Produktionsweise und ihre „commerciellen und industriellen Bedürfnisse".[1124] Konsequenz dieser Entwicklung sei ein Klassengegensatz zwischen den Vertretern der feudalen Ständegesellschaft (*Aristokratie*) und denen der modernen bürgerlichen Gesellschaft (*Bourgeoisie*) mit ihren jeweils verschiedenen „materiellen Interessen".[1125] Um ihre Interessen durchsetzen zu können, müsse die „Opposition der Bourgeoisie" notwendig in den Besitz der „politische[n] Macht" gelangen.[1126] Möglich werde dies einzig durch eine *Revolution* in der Gestalt einer konsequenten und „energische[n]" Überwindung der „Herrschaft der veralteten Gesellschaftselemente" und ihrer „historisch überlieferten Institutionen".[1127] Der *soziale Konflikt* dieser beiden Gesellschaften ist in den Augen Marxens daher der eines unversöhnlichen „Kampf[es] auf Leben und Tod", der notwendig den Untergang einer der beiden Gesellschaften nach sich ziehen müsse.[1128]

Im nächsten Schritt wird diese gesellschaftliche Grundlegung der Entwicklungen von 1848 mit dem Scheitern der demokratischen Revolution verknüpft. Den Grund

---

1122 MEGA² I/8, 499, 507 f. Bereits im Prozess der politischen Verdichtung seiner Theorie (s. *Kap.* 4.4) hatte Marx diese Rückkopplung politischer Fragen an die Perspektive sozialer Beziehungen explizit hervorgehoben: „Die politischen Beziehungen der Menschen sind natürlich auch soziale, gesellschaftliche Beziehungen, wie alle Verhältnisse, worin sich Menschen zu Menschen befinden. Alle Fragen, die sich auf Verhältnisse der Menschen zueinander beziehen, sind daher auch soziale Fragen." MEW 4, 340; s. Fn. 1035.
1123 MEGA² I/8, 499, 508; s. S. 169 f. „Auch das Kapital ist ein gesellschaftliches Produktionsverhältnis. Es ist ein bürgerliches Produktionsverhältnis, ein Produktionsverhältnis der bürgerlichen Gesellschaft." MEW 6, 408.
1124 MEGA² I/8, 196.
1125 MEGA² I/8, 196, 499, 509. Während die *Aristokratie* an einer Forterhaltung des Status quo interessiert sei (Grundeigentum, Privilegien etc.), gehe es der Bourgeoisie um eine Festigung und Ausdehnung des *bürgerlichen Produktionsverhältnisses*, d. h. der „Exploitation der Lohnarbeit durch das Kapital". MEGA² I/7, 699; MEGA² I/8, 208.
1126 MEGA² I/8, 197, 499.
1127 MEGA² I/7, 698; MEGA² I/8, 509.
1128 MEGA² I/7, 698; MEGA² I/8, 509. Eine andere Art der *Vermittlung* ist Marx zufolge nicht möglich, da die materielle Produktion und Verkehrsform beider Gesellschaften im Widerspruch zueinander stehen. Sie bilden diachrone „geschichtliche Entwicklungsstufe[n]" des Verhältnisses von materieller Produktion und Verkehrsform. MEW 6, 408; s. S. 154–156. Insoweit entspricht diese Einordnung auch der Revolutionsskizze, die im Rahmen der politischen Programmatik der Theorie entworfen wurde (s. Fn. 1059). Erst die „Herrschaft des Kapitals über die Arbeit" (MEGA² I/8, 210) vermöge dann *den* Klassengegensatz zu etablieren, der den Konflikt auf die Höhe der *proletarischen Revolution* zu tragen imstande sei.

für deren Misslingen erblickt Marx in dem spezifischen Verhalten der preußischen Bourgeoisie, die anstelle des kompromisslosen Ausfechtens eines gesellschaftlichen Überlebenskampfes zu einer Versöhnungsstrategie gegenüber den bestehenden Institutionen übergegangen sei.[1129] Resultat dieser *Vermittlung* sei dann die Hybridkonstruktion einer „konstitutionellen Träumerei", die der „Idee" nach eine konstitutionelle Monarchie, in der „Wirklichkeit" aber die Herrschaft der Bourgeoisie sein will.[1130] Die Grundlage hierfür gewinne die preußische Bourgeoisie aus ihrer „Vereinbarungstheorie", der zufolge Krone und Nationalversammlung als *gleichberechtigte* Teile der Souveränität fungierten, mit dem Ziel, sich auf einen neuen „contrat social" zu verständigen.[1131] Und es sei eben diese theoretische Grundlage, die von Beginn an mit einem unlösbaren Konflikt schwanger gehe, indem sie die Existenz zweier „souveraine[r] Gewalten" in ein und demselben Staat postuliere und so eine „Quadratur des Zirkels" erzeuge, die in einer „unvermeidliche[n] Kollision" münden müsse.[1132] Aus der Sicht von Marx sei es ein „Kampf zwischen zwei Gewalten", in dem immer nur die „materielle Macht" entscheiden könne und wo letztlich „Gewalt gegen Gewalt" stehe.[1133] Entsprechend dieser Sichtweise bildet dieser im *Anachronismus* der Vereinbarungstheorie bereits schlummernde Kampfplatz eben jenen Nährboden, der die demokratische Revolution im Oktober 1848 in ihr Gegenteil umschlagen lassen sollte, in die konterrevolutionäre „Restauration der preußischen Feudal-Herrschaft".[1134]

1129 MEGA² I/7, 698; MEGA² I/8, 199f., 500f.
1130 MEGA² I/7, 698; MEGA² I/8, 199. Marx hebt in diesem Zusammenhang den Gegensatz zum Vorgehen der französischen Bourgeoisie im Zuge der Revolution von 1789 hervor. Während die französische Bourgeoisie gerade auf einen radikalen Bruch mit den alten Institutionen und der Errichtung einer „neuen Gesellschaftsordnung" (MEGA² I/8, 199) gepocht habe, stelle das Vorgehen der preußischen Bourgeoisie den Versuch dar, ihre materiellen Interessen „innerhalb einer veralteten Gesellschaft" (MEGA² I/8, 200) durchzusetzen, wodurch sie sich letztlich aber in einem „Anachronismus" (MEGA² I/8, 200) verfange. MEGA² I/8, 199f. Der Stern der preußischen Märzrevolution entpuppe sich daher in den Augen Marxens auch nur als „Licht eines längst verwesten Gesellschaftsleichnams". MEGA² I/8, 200.
1131 MEGA² I/7, 696; MEGA² I/8, 201. Diese theoretische Grundlage der preußischen Märzrevolution wurde von den Ministerien der „liberalen Opposition" (MEGA² I/8, 196) entwickelt, den Regierungsbildungen unter Ludolf Camphausen und David Hansemann. MEGA² I/8, 204f. Aus Marx' Sicht stellt sie letztlich aber eine nur „künstliche Theorie" dar, „die eine grade Linie zieht zwischen seinem Ministerium [Camphausens, D.P.] und den alten Zuständen der preußischen Monarchie." *Das Ministerium Camphausen*, NRhZ Nr. 4, 4.6.1848, MEGA² I/7, 57.
1132 MEGA² I/7, 698, 700; MEGA² I/8, 503. Das Fundament dieser Annahme bildet der tieferliegende soziale Konflikt zwischen den unterschiedlichen Gesellschaften, die sich in ihrer materiellen Interessenlage grundlegend widersprechen und als deren *politische Inkarnationen* Krone und Versammlung nur auftreten (s. Fn. 1128).
1133 MEGA² I/8, 69, 497, 503.
1134 MEGA² I/8, 208. Der Kompromiss zwischen der „Herrschaft der Bourgeoisie" und „dem alten Polizei- und Feudalstaate" ist für Marx ein von Beginn an widerspruchsvolles Unterfangen, „in der die erst zu gründende Herrschaft der Bourgeoisie" gegenüber der Reaktion unterliegen *muss*. *Der Bürgerwehrgesetzentwurf*, NRhZ Nr. 51, 52, 54, 21.7., 22.7. u. 24.7.1848, MEGA² I/7, 371–380, hier: 377. Bereits

Die Erfahrungen des Scheiterns und seine Betrachtung im Kontext der gesamteuropäischen Entwicklungen des Jahres 1848 bedingen dann auch eine weitere Ausschärfung der politischen Programmatik des *Manifests*.[1135] Hierzu wird der maßgebliche Spannungsbogen gesellschaftlicher Auseinandersetzungen zwischen einer „feudale[n] absolutistische[n] Conterrevolution" und einer „social-republikanische[n] Revolution" in eine Art europäische *Dominotheorie* überführt, die ihre Grundlage in den *ökonomischen Verhältnissen* der einzelnen Staaten findet und deren Schlüssel in einer Veränderung der gesellschaftlichen Verhältnisse *Englands* zu suchen sei.[1136] Die theoretische Skizze, die dann entworfen wird, sieht eine revolutionäre Erhebung der Arbeiterklasse Frankreichs vor, die zu einer konterrevolutionären Gegenreaktion anderer europäischer Staaten und somit zu militärischen Auseinandersetzungen führt. Um ihre ökonomisch-politische Vormachtstellung sichern zu können, müsse sich die englische Bourgeoisie mit den kontinentalen Konterrevolutionen verbünden, was gleichbedeutend sei mit einer Ausweitung der Auseinandersetzungen zu einem „Weltkrieg".[1137] Die Entfesselung dieses *Weltkrieges* wiederum werde dann in einer politischen Rückkopplung münden, die zu einer Verdrängung der englischen Bourgeoisie durch die „Chartistenpartei" führen werde und so erst die Vorrausetzungen schaffe, um die „sociale[n] Revolution[en]" Europas schlussendlich „aus dem Reiche der Utopie in das Reich der Wirklichkeit" treten zu lassen.[1138]

---

im Zuge der Freihandelsdebatte hatte sich im Kontext der englischen Entwicklung das Bild eingestellt, dass eine „Herrschaft des Volks" nur dann möglich sei, wenn Bourgeoisie und Aristokratie nicht mehr zusammenwirken (s. S. 169 f.).

1135 s. S. 171 f., 174 f. Zwar habe sich in Europa die Konterrevolution durchgesetzt, dies sei aber nur der „erste Akt des Dramas" gewesen. MEGA² I/8, 512. Entsprechend betrachtet Marx sie als bloße „Phase der europäischen Revolution", deren Resultat nur ein „siegreiche[r] revolutionäre[r] Gegenschlag" sein könne, mit dem letztgültigen Ziel der „Emanzipation der arbeitenden Klasse!". *Die Berliner „National-Zeitung" an die Urwähler*, NRhZ Nr. 205, 207, 26.1. u. 28.1.1849, MEGA² I/8, 337; *An die Arbeiter Kölns*, NRhZ Nr. 301, 19.5.1949, MEW 6, 519.

1136 MEGA² I/8, 215, 265, 498, 512; MEW 6, 397 f. Das Fundament für diese Betrachtungen gewinnt Marx aus der „Weltherrschaft Großbritanniens" (MEGA² I/8, 266), die England als „Despoten des Weltmarkts" (MEW 6, 398) zuwachse (s. S. 169 f.). Diese ökonomische Beherrschung des Weltmarktes gehe auch mit einer faktischen Herrschaft der englischen Bourgeoisie über ihre kontinentaleuropäischen Äquivalente einher. Erst der Herrschaftsverlust der englischen Bourgeoisie eröffne daher den Raum für eine Entfaltung der menschlichen Emanzipation: „Eine Umwälzung der national-ökonomischen Verhältnisse in jedem Lande des europäischen Continents, auf dem gesamten europäischen Continente ohne England, ist der Sturm in einem Glase Wasser." MEGA² I/8, 265. Insoweit bleibt Marx seinem Revolutionskonzept des Vorjahres treu. Nach wie vor bildet England den Dreh- und Angelpunkt aller Überlegungen zu einer nachhaltigen Veränderung der politischen Verhältnisse in Europa. Bereits zuvor hatte er den internationalen Charakter der Klassengegensätze betont und pathetisch formuliert, dass „[d]er Sieg der englischen Proletarier über die englische Bourgeoisie [...] entscheidend für den Sieg aller Unterdrückten gegen ihre Unterdrücker" sein werde. MEW 4. 417; s. Fn. 1035.

1137 MEGA² I/8, 266; MEW 6, 397.

1138 MEGA² I/8, 266. Ein weiterer Hintergrund für diese Skizze bilden die diplomatischen Geschehnisse des Revolutionsjahres 1848. Neben der militärischen Unterstützung durch das zaristische Russland wurden die konterrevolutionären Bestrebungen in Europa auch durch die englische Bour-

5.1 Die „Vereinbarungstheorie" und das Recht

Die Einfassung der revolutionären Ereignisse in den Kontext der politischen Programmatik und insbesondere die Bedeutung der *Vereinbarungstheorie* bilden die Folie, auf der sich die Überlegungen zum *Recht* in den Artikeln der *NRhZ* bewegen. Genauer betrachtet ist es der Versuch der preußischen Bourgeoisie, im Rahmen ihrer „offizielle[n] Theorie" der Revolution einen „Rechtsboden" zu verleihen, d. h., die Neuordnung von Staat und Gesellschaft wieder an die vorrevolutionäre preußische Gesetzgebung zurückzubinden, die Marx kritisch aufgreift und in seinen Artikeln vehement zurückweist.[1139] Die Argumentation, die er dabei verfolgt, lässt sich durch zwei elementare Fragestellungen strukturieren: zum einen die Frage nach der *Berechtigung*, also der Legitimation der Revolution, und zum anderen die Frage des *Verhältnisses* der Revolution zum bestehenden *positiven Recht* des Staates.

Während Marx die Auseinandersetzung zwischen Krone und Nationalversammlung bereits im Zuge seiner übergeordneten theoretischen Einordnung als außerhalb des positiven Rechts liegenden Konflikt bestimmt hatte, in dem sich die stärkere *Macht* durchsetze, verweist er hinsichtlich der Legitimation dieses Kampfes darauf, dass dies letztlich eine „geschichtliche Frage" sei.[1140] Dieses Gedankenbild des politischen Konflikts muss nachgerade dann auch für die tieferliegende *gesellschaftliche* Ebene gelten, auf der die *Revolution* selbst angesiedelt ist. Die Frage der Legitimation wird auch hier der *Macht der Geschichte* überantwortet.[1141] Nur so ist die Rede vom „Rechtstitel des Volkes" zu begreifen, den eine Revolution für sich beanspruchen könne, die dem „Urgrundrechte" der Menschen entspreche, sich gegen eine „feudale oder spießbürgerlich-konstitutionelle Tyrannei" zu empören.[1142] Der „revolutionäre Boden" stehe daher auch im Gegensatz zum vereinbarungstheoretischen „Rechtsboden der konservativen Bourgeoisie".[1143]

---

geoisie gefördert, im Rahmen eines finanziellen Beistandes. MEGA² I/8, 265 f. In seinen Zeitungsartikeln entwirft Marx daher auch das Paradigma einer englisch-russischen „Doppelsklaverei", in der sich die revolutionären Arbeiter Europas befänden. MEW 6, 397; vgl. auch Arndt 2012, S. 74. Zur Verbindung des konterrevolutionären Preußens mit dem zaristischen Russland: *Die neue Standrechts-Charte*, NRhZ Nr. 299 u. 300, 16. u. 17. 5. 1849, MEW 6, 493–499.

1139 MEGA² I/7, 696; MEGA² I/8, 194 f., 497–500.
1140 MEGA² I/8, 497. „Der Kampf zwischen zwei Staatsgewalten liegt weder im Bereiche des Privatrechts noch im Bereiche des Kriminalrechts." MEGA² I/8, 497.
1141 MEGA² I/8, 497. Marx zufolge ist die Frage des Rechts, d. h. der Geltung des positiven Rechts, zwar eine Frage der *Macht*, dagegen aber die Frage nach der Berechtigung eine der *geschichtlichen Bewertung*. MEGA² I/8, 497. Zu berücksichtigen ist dabei, dass der Begriff der Geschichte in diesem Zusammenhang nicht zufällig anklingt. Wie zuvor bereits dargestellt (s. *Kap.* 4.3), handelt es sich hierbei um einen *normativ* erheblich aufgeladenen Begriff, der im Kontext der vorliegenden Textstelle nur an die Überwindung der *naturwüchsigen* Gesellschaftsformation samt der durch sie bedingten *Unfreiheit* und *Ausbeutung* anspielen kann. Nur vor dem Hintergrund des Erreichens nicht-naturwüchsiger Gesellschaftsverhältnisse kann eine Revolution daher fortan noch eine *geschichtliche Berechtigung* für sich in Anspruch nehmen.
1142 MEGA² I/8, 203; MEW 6, 338.
1143 MEGA² I/8, 194 f., 202 f., 511 f.

Auch die Verhältnisbestimmung der Revolution zum positiven Recht des bestehenden Staates wird vor dem Hintergrund des *Programms des Historischen Materialismus* erörtert. So spricht Marx auch hier vom Gesetz als dem Ausdruck der aus der „materiellen Produktionsweise hervorgehenden Interessen und Bedürfnisse", welche der geschichtlichen Entwicklung unterliegen und sich mit dem Wechsel ihrer „Lebensverhältnisse", d. h. „ihre[r] Erwerbsweise, ihre[m] Verkehr, ihre[r] materielle[n] Produktion" ebenso wandeln.[1144] Signum eines solchen Veränderungsprozesses seien die „politische[n] Revolutione[n]", in deren Folge die Gesetzgebung an die neuen Lebensverhältnisse angepasst werde.[1145] Indem die revolutionäre Gesetzgebung allein dem Prinzip des „salut public" folge, lege sie ihren Gesetzen das „zeitgemäße Gesamtinteresse", d. h. die „Interessen der Majorität", zugrunde.[1146] Die Bedürfnisse und Ansprüche dieser Interessen der Revolution widersprechen Gesetzen, die nur Ausdruck einer „vergangenen Gesellschaftsepoche" seien und die zusammen mit den „alten Zuständen" untergehen würden.[1147] Im Gegensatz hierzu stehe das Vereinbarungsdenken der preußischen Bourgeoisie, die entgegen den Bedürfnissen und Ansprüchen der veränderten Lebensverhältnisse an der „alten preußischen Gesetzgebung" festzuhalten trachte, um letztlich ihren „unzeitgemäße[n] Sonderinteressen" Geltung zu verschaffen, zumal diese *Sonderinteressen* der Bourgeoisie wiederum auf die Konservierung des Status quo der bestehenden Eigentums- und Ausbeutungsverhältnisse zielen.[1148]

1144 MEGA² I/8, 500. „Hier, der Code Napoléon, den ich in der Hand habe, er hat nicht die moderne bürgerliche Gesellschaft erzeugt, Die im 18. Jahrhundert entstandene, im 19. fortentwickelte bürgerliche Gesellschaft findet vielmehr im Code nur einen gesetzlichen Ausdruck. Sobald er den gesellschaftlichen Ansprüchen nicht mehr entspricht, ist er nur noch ein Ballen Papier." MEGA² I/8, 500.
1145 MEGA² I/8, 500. Die Grundlage der *bestehenden* Gesetzgebung werde durch die Revolution „in die Luft gesprengt". MEGA² I/7, 134. Auf einer *neuen* Grundlage erfolge dann die Veränderung der Gesetzgebung. In der preußischen Märzrevolution wurden hierzu Wahlen zur Nationalversammlung abgehalten. Aufgabe der Repräsentanten sei es hierbei gewesen für die „Interessen des Volks" (MEGA² I/8, 203) einzutreten, um eine den veränderten Lebensverhältnissen entsprechende Verfassung zu verabschieden. MEGA² I/8, 500 f.
1146 MEGA² I/7, 698; MEGA² I/8, 500. An anderer Stelle hebt Marx hervor, dass die Bourgeoisie in der Nationalversammlung wie ein *Wohlfahrtsausschuß* agieren müsse („Comité du salut public"). MEGA² I/8, 203. Dieser Verweis auf das zentrale Exekutivorgan der französischen Revolution von 1789 bringt deutlich zum Ausdruck, dass eine Rückbindung an vorrevolutionäre Gesetze in den Augen Marxens nicht mehr möglich ist. Erforderlich sei vielmehr eine „energische Diktatur" (MEGA² I/7, 698) die einen radikalen und konsequenten Bruch mit dem Überkommenen einleite: „Der ganze französische Terrorismus war nichts als eine plebejische Manier, mit den Feinden der Bourgeoisie, dem Absolutismus, dem Feudalismus und dem Spießbürgerthum, fertigzuwerden." MEGA² I/8, 199. Im *zeitgemäßen* Interesse liegen beispielsweise Forderungen nach der Aufhebung der Frondienste und einer weitreichenden Presse- und Assoziationsfreiheit (s. S. 168 f.).
1147 MEGA² I/7, 57, 134; MEGA² I/8, 499 f.
1148 MEGA² I/7, 134; MEGA² I/8, 208, 500. *Unzeitgemäß* seien diese Interessen, da sie dem „zeitgemäße[n] Gesamtinteresse" (MEGA² I/8, 500) veränderter Lebensverhältnisse widersprechen. Dies betrifft auch die Form des Verhältnisses von Kapital und Lohnarbeit, welches nicht auf den Stand einer bürgerlichen Gesellschaft mit modernem Repräsentativstaat gehoben werde, sondern aus Angst vor

Auf der Grundlage der Zusammenführung beider Betrachtungen des Rechts begreift Marx die Rede vom Rechtsboden dann auch nur als weitere Gestalt einer bloßen *Ideologie*. Die „Phrase vom Rechtsboden" sei das Produkt der „ideologischen Cretins der Bourgeoisie", um ihre Sonderinteressen zu beschönigen und für das „eigentliche Interesse" ausgeben zu können.[1149] Die Ursache hierfür erblickt Marx in einer „juristische[n] Einbildung", die bereits Gegenstand der *Wissenschaft der Geschichte* gewesen sei. Es sei die bereits erwähnte Verkehrung, dass die Gesellschaft auf dem Gesetz und nicht das Gesetz auf der Gesellschaft beruhe.[1150] Auf den Stand bloßer Ideologie verwiesen, könne diese „Behauptung des Rechtsbodens" in den Augen Marxens dann auch nicht mehr sein als ein „sich selbst aufhebende[s] und ins Gesicht schlagende[s] Formenspiel".[1151] Und es sind eben diese juristischen *Formenspiele*, denen er anhand seiner Betrachtung *konkreter Rechtsfragen* weiter nachspüren wird.

5.2 Die preußische Finanzpolitik und ihre „Sonderinteressen"

In verschiedenen Artikeln für die *NRhZ* setzt sich Marx mit der Finanzpolitik des preußischen Staats auseinander. Die Betrachtungen erfolgen dabei stets im Kontext der Entwicklungen des Revolutionsjahres und versuchen vor allem die Motive und Interessen der Maßnahmen und Vorgehensweisen der jeweiligen Akteure zu dekuvrieren. Zunächst betrifft dies die kritischen Darstellungen zweier Gesetzesentwürfe der Regierung im Juli 1848, die sich auf die *Einführung einer Zwangsanleihe* sowie die

---

dem Verlust der materiellen Grundlagen der bestehenden Produktionsverhältnisse in „herkömmlicher Weise" (MEGA² I/8, 208) erhalten werden solle. Ausschlaggebend hierbei sei die Furcht vor den Forderungen des Volkes, welches mit am Tisch der Revolution sitze und die Bourgeoisie den anachronistischen Schulterschluss mit der alten Aristokratie suchen lasse. Ausdruck finde dies im repressiven Vorgehen der bürgerlichen Ministerien gegen die „revolutionäre Bewegung" (MEGA² I/8, 209), d. h. gegen „Proletariat" und „bürgerliche Demokratie" (MEGA² I/8, 210). MEGA² I/8, 202–204, 209 f. Zudem bleibe der „Besitz" (MEGA² I/8, 210) Dreh- und Angelpunkt ihrer Gesetzgebung. Bereits in den Artikeln zum *Holzdiebstahlgesetz* und zu den *ständischen Vertretungen* hatte Marx die politische Repräsentation der bestehenden Gesellschaft als eine *Gesellschaft der Sonderinteressen* kritisiert, die das positive Recht allein nach Gesichtspunkten des Eigeninteresses gestalten (s. S. 88, 97). Nicht umsonst etikettiert er die Vereinbarungstheorie dann auch als eine Theorie, die „auf dem Baume des ‚goldnen' Lebens" gewachsen sei statt auf des „Lebens goldne[m] Baum". MEGA² I/8, 201; Goethe, *Faust I*, Vs. 2038–2039, HA 3, 66.
1149 MEGA² I/8, 204 f., 499 f.; s. a. S. 155, 160–163.
1150 s. Fn. 1144. Die *Rechtsbodentheorie* wird daher mit einer *Willenstheorie des Rechts* identifiziert, deren Reduktion der Verhältnisse des Rechts auf abstrakte Willensverhältnisse dazu führe, sich von der sozialen Wirklichkeit und ihrer geschichtlichen Entwicklung zu entkoppeln (s. S. 155, 158 f.). Letztlich diene sie nur dazu den *Sonderinteressen* die Form eines *gemeinschaftlichen Interesses* zu verleihen (s. S. 160).
1151 MEGA² I/8, 498, 500.

unentgeltliche Aufhebung agrarischer Lasten und Abgaben beziehen.[1152] Dem schließen sich die Artikel an, die sich vor dem Hintergrund des Vorgehens der Konterrevolution gegen die preußische Nationalversammlung im November 1848 mit dem *Recht der Steuerverweigerung* auseinandersetzen.[1153] Zuletzt werden noch die Artikel vom Beginn des Jahres 1849 hinzugezogen, die die offizielle *Finanzpolitik Preußens* betreffen.[1154]

Der wachsende Geldbedarf des preußischen Staates hatte im April 1848 dazu geführt, eine *freiwillige Anleihe* ins Leben zu rufen. Die mäßige Resonanz und das Ausbleiben des erwünschten Zuspruchs bedingten dann die Absicht, eine *gesetzliche Zwangsanleihe* aufzulegen, um die dringend benötigten Mittel in die Staatskasse zu spülen.[1155] Da die in Aussicht gestellte Verzinsung der Zwangsanleihe jedoch niedriger war als die der zuvor ausgegebenen freiwilligen Anleihe, verfolgte die Regierung mit ihren Planungen nicht zuletzt die Strategie, die „goldenen Fluthen des Vertrauens" vor allem für die lukrativere freiwillige Anleihe fruchtbar zu machen.[1156]

Die offizielle Begründung für das Ausbleiben der freiwilligen Zahlungen und die Einführung der Zwangsanleihe, die Unwissenheit der Bevölkerung über das „,wirkliche Bedürfniß des Staats'", betrachtet Marx als „reine Spielerei" und bloßes „Scheinmotiv", zumal eine Offenlegung des „mysteriösen preußischen Staatsschatz[es]" gegenüber der Öffentlichkeit nicht gewährt wird.[1157] Vielmehr stelle die Zwangsanleihe im Grunde die „außerordentliche Form einer Einkommensteuer" dar, deren ordentliche Form noch ein Jahr zuvor berechtigterweise durch die Bourgeoisie

---

1152 *Der Gesetzentwurf über die Zwangsanleihe und seine Motivierung*, NRhZ Nr. 56, 60, 26.7. u. 30.7. 1848, MEGA² I/7, S. 407–415; *Gesetzentwurf über die Aufhebung der Feudallasten*, NRhZ Nr. 60, 30.7. 1848, MEGA² I/7, 436–440.
1153 *Die Konterrevolution in Berlin*, NRhZ Nr. 141, 142, 12.11. u. 14.11.1848, MEGA² I/8, 75–78; *Extra-Blatt zu Nr. 143 der „Neuen Rheinischen Zeitung"*, NRhZ Nr. 143, 15.11.1848, MEGA² I/8, 91–92; *Bekenntnisse einer schönen Seele*, NRhZ Nr. 145, 17.11.1848, MEGA² I/8, 97–101; *Keine Steuern mehr!!!*, NRhZ Nr. 145, 17.11.1848, MEGA² I/8, 102. *Die Frankfurter Versammlung*, NRhZ Nr. 150, 23.11.1848, MEGA² I/8, 118–119; *Die Bourgeoisie und die Konterrevolution*, NRhZ Nr. 165, 169, 170, 183, 10.12., 15.12., 16.12., 31.12.1848, MEGA² I/8, 194–216; *Der Prozeß gegen den Rheinischen Kreisausschuß der Demokraten*, NRhZ Nr. 231, 232, 25., u. 27.2.1849, MEGA² I/8, 495–512; *Wien und Frankfurt*, NRhZ Nr. 244, 13.3.1849, MEW 6, 336–338.
1154 *Das Budget der Vereinigten Staaten und das christlich-germanische*, NRhZ Nr. 189, 7.1.1849, MEGA² I/8, 274–277 [Marx / Georg Weerth]; *Preußische Finanzwirtschaft unter Bodelschwingh und Konsorten*, NRhZ Nr. 224, 17.2.1849, MEGA² I/8, 446–455; *Weiterer Beitrag zur altpreußischen Finanzwirtschaft*, NRhZ Nr. 229, 23.2.1849, MEGA² I/8, 485–487.
1155 MEGA² I/7, 407, 1343.
1156 MEGA² I/7, 410, 1343. Hierbei stellt Marx kritisch heraus, dass durch dieses Vorgehen die ohnehin Vermögenden noch zusätzlich begünstigt würden, da sie den höheren Zinssatz für freiwillige Zahlungen in Anspruch nehmen könnten, während die in „weniger komfortablen Vermögensumständen" befangenen Bürger der Zwangsanleihe verfallen, weil sie nur „gewaltsam das Unentbehrliche sich nehmen lassen". MEGA² I/7, 410.
1157 MEGA² I/7, 409, 412, 415.

bekämpft worden sei.[1158] Entsprechend besteht das Vorgehen Marxens darin, die konkreten Bestimmungen des Verfahrens dieser Einkommensteuer zu erläutern, um darzulegen, dass diese nicht im Interesse einer zur gesellschaftlichen Veränderung drängenden Bourgeoisie liegen könne.[1159] Zum einen würden die Regelungen zur Zwangsanleihe die Möglichkeit eröffnen, neben dem Einkommen auch auf das Vermögen, d. h. das Betriebskapital, zurückzugreifen, und zum anderen schaffe es eine restriktive Deklarationsverpflichtung für die Bürger, die nur als *gehässiger* Versuch der „schamlosesten Einmischung der Bureaukratie in den bürgerlichen Verkehr und die Privatverhältnisse" zu begreifen sei.[1160] So betrachtet sei es der Versuch, die Verhältnisse geradezu umzukehren, die eine „konstitutionelle Aera" doch eigentlich verheißen hatte, die Kontrolle des „Staatsvermögen[s] durch das Volk" und nicht des „Volksvermögen[s] durch den Staat".[1161] Das Vorgehen der Regierung entspreche daher jenem „Sonderinteresse [...] Preußen[s]", das in der Debatte um die Vereinbarungstheorie noch deutlich hervortreten sollte und auch die Grundlage für ein weiteres Gesetzesvorhaben bildete, den *Gesetzentwurf über die Aufhebung der Feudallasten*.[1162]

Gegenstand dieses Gesetzentwurfs war die unentgeltliche Aufhebung eines umfangreichen Katalogs agrarischer Lasten und Abgaben.[1163] Die Planungen der

---

1158 MEGA² I/7, 412. In den Artikeln für die *Deutsche-Brüsseler-Zeitung* hatte Marx betont, dass es sich bei der Einkommensteuer um eine „Maßregel" für die Bourgeoisie handele und dass der Widerstand hiergegen dem „Band" gleichkomme, mit dem die Aristokratie zu erdrosseln sei. Eine Verabschiedung der Einkommensteuer würde somit einer Stützung des alten Gesellschaftszustandes entsprechen (s. Fn. 1035, 1070).
1159 Zur Zeit der Debatte um die Zwangsanleihe war die revolutionäre Entwicklung noch im Gange und ihr Scheitern für Marx noch nicht absehbar. Eine Durchsetzung der demokratisch ausgerichteten Teile der Bourgeoisie unter Preisgabe der Vereinbarungstheorie erschien noch nicht als vollends unmöglich.
1160 MEGA² I/7, 412–414. Die Widersinnigkeit, zur Durchsetzung der Besteuerungsansprüche auf diese Zentralgestalt des bürgerlichen Privateigentums zurückzugreifen, verdeutlicht Marx mit einer Anlehnung an Montesquieu, wenn er das Vorgehen der Regierung mit „dem Wilden" vergleicht, „der den Baum fällt, um in den Besitz der Früchte zu gelangen". MEGA² I/7, 412. Diese Anspielung ist umso bemerkenswerter, da Montesquieu sie in seinem *De l'esprit des loix* zur Charakterisierung einer „despotische[n] Regierung" verwendet hatte. Montesquieu 1994, 5. Buch, 13. Kapitel, S. 160. Auch das Deklarationsverfahren in Form einer „Selbstschätzung" entpuppe sich bei näherer Betrachtung als bloßes Trugbild, da die zuständige Prüfungskommission der Selbstschätzung eine eigene Einschätzung des Einkommens und Vermögens entgegenstellen kann. Auch die Möglichkeit eines sich anschließenden Rekurses zeige sich als „[d]ornenvoller Pfad", da die Kosten dieses Verfahrens allein durch den Rekurrenten zu tragen seien. MEGA² I/7, 413, 415. Eine *faktische Geldbuße* ist daher der „unzertrennliche Schatten" dieses *Pfades*. MEGA² I/7, 413. „Erst schätzt der Beitragspflichtige sich selbst und benachrichtigt davon den Beamten. Jetzt schätzt der Beamte und benachrichtigt davon den Beitragspflichtigen. Was ist aus der ‚Selbstschätzung' geworden? Die Grundlage ist zu Grunde gegangen." MEGA² I/7, 414.
1161 MEGA² I/7, 412.
1162 MEGA² I/7, 415. Zur *Vereinbarungstheorie*: s. Kap. 5.1.
1163 MEGA² I/7, 1365.

preußischen Regierung erweckten so den Eindruck „mit einem Federzug ein ganzes Mittelalter" samt seines „Naturalienkabinet[s] des modrigsten Plunders der vorsündfluthlichen Zeit" aufzuheben.[1164] Diesen Eindruck weist Marx in seinem Artikel als „süße Täuschung" über die letztlich nur „(illusorische) Ablösung" der Feudalrechte zurück.[1165] Bei näherer Betrachtung des Entwurfs und seiner Umsetzungsplanungen ergebe sich zum einen, dass die Feudallasten „im Allgemeinen" gar nicht entschädigungslos aufgehoben würden, und zum anderen umfasse die „pomphafte Liste" abzuschaffender Feudallasten zwar glanzvoll klingende „Trümmer der christlich-germanischen Glorie", nicht jedoch die eigentliche „Hauptfeudallast", die „Frohndienste".[1166]

Die Widersprüchlichkeit des Vorgehens der preußischen Regierung spiegelt sich dann auch in der „juristische[n] und ökonomische[n] Begründung" des Entwurfs, die Marx detailliert analysiert.[1167] Während die Aufhebung der unwesentlichen Feudallasten vom Standpunkt des modernen bürgerlichen Rechts („Freiheit der Person und des Eigenthums") sowie unter dem Gesichtspunkt der „Anforderungen des Zeitgeistes" gerechtfertigt werde, gelange dieser Maßstab in Bezug auf die „Frohndienste" nicht zur Anwendung. Von Marx nicht eindeutig benannt, aber zwischen den Zeilen deutlich spürbar, ist es der willkürliche Umgang mit dem Grundsatz *lex posterior derogat priori*, den er den Verfassern des Gesetzesentwurfs vorwirft.[1168] Deutlich wird dies, wenn die Kritik auch auf die Frage nach der Revision bereits durchgeführter *Ablösungen* zu sprechen kommt. Hier hebt Marx hervor, dass die Regierung den Forderungen der Bauern nach einer Revision dieser deutlich „zu Gunsten des Adels" beschlossenen Ablösungen eine Absage erteilt, indem sie auf das bestehende „formelle Recht und Gesetz" verweist, welches einen die „‚Stabilität des Civilrechts erschüttern[den]'" Angriff auf die „‚unzweifelhaftesten Vertragsverhältnisse'" und das

---

1164 MEGA² I/7, 436 f.
1165 MEGA² I/7, 439 f.
1166 MEGA² I/7, 436 f. Im Grunde wende sich die bürgerliche Regierung mit dem Gesetzentwurf gegen die Märzrevolution, da die Feudallasten auf dem Lande durch die Bauern bereits *tatsächlich beseitigt* waren. Der Gesetzesentwurf hingegen würde sie explizit *wiederherstellen*. MEGA² I/7, S. 437.
1167 MEGA² I/7, 438 f.
1168 MEGA² I/7, 438. Um das willkürliche Handeln im Umgang mit dem modernen Recht herauszustellen, hält Marx der Regierung vor, dass sie „überall moderne Rechtsbegriffe zwischen die feudalen Rechtsbestimmungen" des Lehnsrechtes eingeschmuggelt habe und so „den Feudalbaron des 12. Jahrhunderts eben so denken und urtheilen" lässt „wie den Bourgeois des neunzehnten". MEGA² I/7, 438. Den Hintergrund dieser Kritik bildet die Geschichtsauffassung, die in den Manuskripten der *Deutschen Ideologie* entworfen wurde. Maßgeblich sind demnach immer die *materiellen gesellschaftlichen* Entwicklungen in toto, nicht allein die des Rechts, und somit müssten konsequenterweise auch die Frondienste als überkommenes Relikt der alten Gesellschaft entfallen. Demgegenüber steht der Versuch der Regierung, mit Mitteln des bürgerlichen Rechts eine nur partielle Aufhebung der Lasten zu rechtfertigen, um im Endeffekt die Hauptlast bestehen lassen zu können. Bereits in der Debatte zum *Holzdiebstahlgesetz* hatte Marx eine solche Praxis aufgegriffen und deren Erklärungsmuster in der *Deutschen Ideologie* zu fixieren versucht (s. S. 84, 88, 162 f.).

„Eigenthumsrecht" nicht zulassen würde.[1169] Hinter diesen Nebelkerzen des Gesetzesentwurfs verbergen sich aus der Sicht Marxens daher letztlich nur Bestrebungen zur Stärkung und Sicherung des „bürgerliche[n] Eigenthum[s]", d. h. Interessen einer Forterhaltung des „alten Status Quo", die sich vollends auf dem *Rechtsboden der konservativen Bourgeoisie* bewegen.[1170]

Mit dem Versuch, die Rückkehr zu diesem Status quo auch gewaltsam zu erzwingen, ist das Vorgehen der Regierung gegen die preußische Nationalversammlung verbunden, welches im November 1848 einsetzt und zunächst eine Verlegung der Versammlung von Berlin in die Stadt Brandenburg initiierte.[1171] Als Reaktion hierauf verweigerte die Nationalversammlung der Regierung das Recht, Steuern zu erheben und Staatsgelder zu erhalten. Dieser „Beschluß der Steuerverweigerung" wurde dann wiederum durch die deutsche Nationalversammlung in Frankfurt für rechtswidrig und gegenstandslos erklärt.[1172]

In zahlreichen Artikeln, die von November bis Dezember in der *NRhZ* erschienen, hat Marx den „passiven Widerstand" der Nationalversammlung unterstützt und zum „bürgerlichen Ungehorsam" in Gestalt der Steuerverweigerung aufgerufen.[1173] Entgegen der Bewertung durch die Frankfurter Nationalversammlung seien die Beschlüsse zur Steuerverweigerung aus seiner Sicht „formell und materiell gültig".[1174] Entsprechend seiner Verhältnisbestimmung von Recht und Revolution kann sich diese Beurteilung dann auch nicht mehr auf dem Boden des positiven Rechts bewegen, sondern ihren Ankerpunkt nur noch auf dem *Boden der Revolution* finden, womit die Frage der Gültigkeit zu einer Frage der *Geschichte* erwächst.[1175] Im Gegensatz zur

---

1169 MEGA² I/7, 439. „Dem ‚steht das formelle Recht und Gesetz entgegen', was überhaupt jedem Fortschritt entgegensteht, da jedes neue Gesetz ein altes formelles Recht und Gesetz aufhebt." MEGA² I/7, 439; s. S. 74 f. In Übereinstimmung mit Hegel und Gans hatte Marx die Kritik bestehender Gesetzgebungen bereits in der *Rheinischen Zeitung* mit dem Fortschrittscharakter des Rechts verknüpft (s. S. 50, Fn. 678). Konsequent und in den Augen Marxens richtig wäre es daher, mittels eines neuen Gesetzes auch die noch geltenden Frondienste aufzuheben und die nicht minder feudalen Ablösungsverträge unter die veränderten Bedingungen der neuen Gesellschaft zu subsumieren.
1170 MEGA² I/7, 437, 440; s. S. 191. In den Ablösungsverträgen drücke sich bereits die Umwandlung der feudalen in *bürgerliche* Eigentumsverhältnisse aus. Eine Aufhebung dieser Verträge würde somit einer Verletzung bürgerlicher Eigentumsrechte gleichkommen. MEGA² I/7, 440. Zudem stellen die noch bestehenden Frondienste eine lukrative Quelle für künftiges Eigentum dar: „Der Adel opfert durch sämmtliche aufzuhebende Rechte nicht 50.000 Thaler jährlich und rettet dadurch mehrere Millionen." MEGA² I/7, 437.
1171 Unter dem Kabinett des Grafen von Brandenburg erfolgte am 9. November 1848 die Vertagung und Verlegung der Nationalversammlung nach Brandenburg. Nach der Weigerung der Abgeordneten, dieser Verlegung nachzukommen, wurde der Belagerungszustand über Berlin verhängt, der bis zur Auflösung der Nationalversammlung im Dezember 1848 in Kraft blieb.
1172 MEGA² I/8, 102.
1173 MEGA² I/8, 511; s. Fn. 1153; Krätke 2006, S. 32.
1174 MEGA² I/8, 512.
1175 s. S. 191. Expressis verbis weist Marx auf die „Heuchelei der Gesetzlichkeit" (MEGA² I/8, 497) hin, dass sich die Vertreter der Konterrevolution zur Illegitimität des Steuerverweigerungsbeschlusses der

allgemeineren Verhältnisbestimmung des Rechts zur Revolution verfolgt Marx an dieser Stelle dann eine doppelte Stoßrichtung. Im Zusammenhang mit dem „Steuerbewilligungs- und Verweigerungsrecht" wird zunächst der „weltgeschichtliche Schacher" des Tauschs von Privilegien gegen Geld in Gestalt der geschichtlichen Genese des Widerstandsrechtes von den Freiheitsabsicherungen des Mittelalters bis hin zu seiner „parlamentarische[n] Form" in modernen Staaten skizziert.[1176] Die historisch gewachsene „Controlle der bürgerlichen Gesellschaft über den Verwaltungsausschuß ihrer allgemeinen Interessen" habe hier die Form eines integrativen Moments einer Konstitution angenommen und trete als parlamentarische Möglichkeit der „Verwerfung eines Büdgets" in Erscheinung.[1177] Diese geschichtliche Legitimation prima facie wird dann im nächsten Schritt mit der Situation eines nur „provisorische[n] Staatszustands", d. h. dem nicht-konstitutionellen Dasein des Gemeinwesens verknüpft und das Recht zur Steuerverweigerung auf die „eigne Machtvollkommenheit" des Volkes zurückgeführt.[1178] Die Beurteilung der Rechtmäßigkeit der Steuerverweigerung fußt somit letztlich auf dem „Rechtstitel des revolutionären Volkes", dessen Legitimation aus der *geschichtlichen Entwicklung* erwachse.[1179] Insoweit sei der

---

Nationalversammlung auf Gesetze berufen, die sie durch ihren Staatsstreich selbst konterkariert haben. MEGA² I/8, 495 f. „[D]ie Krone hat eine Revolution gemacht, sie hat den bestehenden Rechtszustand über den Haufen geworfen, sie kann nicht an die Gesetze appelliren, die sie selbst so schändlich umgestoßen hat. [...] Nach vollendeter Revolution oder Conterrevolution kann man die umgestoßenen Gesetze gegen die Vertheidiger derselben Gesetze nicht in Anwendung bringen." MEGA² I/8, 496 f.
1176 MEGA² I/8, 197, 509 f.
1177 MEGA² I/8, 510. Wenngleich Marx das Widerstandsrecht in seinen Artikeln nicht explizit benennt, lassen seine Ausführungen eine Orientierung hieran durchaus plausibel erscheinen. So wird die Steuerverweigerung auch als „Nothwehr [...] der Gesellschaft" (MEGA² I/8, 511) bezeichnet, die dem Volk gegenüber einer „hochverrätherische[n] Regierung" (MEGA² I/8, 80) zukomme. Des Weiteren spielt die Bezugnahme auf Karl I auf die *Petion of Rights* an, mit der sich das englische Parlament 1627 gegen die absolutistischen Herrschaftsambitionen der Stuart-Monarchen zur Wehr zu setzen bemüht war und die letztlich mit der Hinrichtung des Königs endete. MEGA² I/8, 511. Zentraler Streitpunkt war auch hier die Bewilligung oder Verweigerung von Steuern durch das Parlament. Vgl. Willoweit / Seif 2003, S. 46. Ergänzt werden diese Ausführungen noch um die nordamerikanische Revolution, in der die Frage der Besteuerung und die Rolle des Parlaments hierbei einen sich ab 1763 zuspitzenden Konflikt geschaffen hatte, der sich zu guter Letzt im Amerikanischen Unabhängigkeitskrieg entlud. MEGA² I/8, 511.
1178 MEGA² I/7, 698; MEGA² I/8, 510. Um diesen Punkt hervorzuheben, verweist Marx u. a. auf den Sturz der Regierung im „historische[n] Land des Constitutionalismus", der sich im Jahr 1832 ereignet hatte: „Nicht das Parlament hatte in England die Steuerverweigerung beschlossen, das Volk proklamirte und vollzog sie aus eigner Machtvollkommenheit:" MEGA² I/8, 510.
1179 MEGA² I/8, 203; s. Fn. 1153. Entsprechend dieser Argumentation formuliert Marx auch seine Kritik an der Frankfurter Versammlung, die dem „Akt königlicher Willkühr" (MEGA² I/8, 118) Gefolgschaft leiste und so Hochverrat gegenüber dem eigenen Volk begehe. MEGA² I/8, 118 f. Ohne das Verständnis der *Wissenschaft der Geschichte* handelt es sich aus der Sicht Marxens bei diesem Parlament um eine bloße „Versammlung von Professoren" (MEGA² I/8, 119), die versuchen Geschichte zu machen ohne die Wirklichkeit zu bedenken: „Während die Professoren die Theorie der Geschichte machten, ging die Geschichte ihren stürmischen Lauf und kümmerte sich wenig um die Geschichte der Herren Professoren." MEGA² I/8, 118. Konsequenz dieser Bewertung ist dann auch die Kritik an der Grund-

Aufruf der preußischen Nationalversammlung als legitimes Mittel gegen die konterrevolutionären Absichten zu betrachten, den *alten Status quo* wiederherzustellen und die damit verbundenen *Sonderinteressen* zu sichern.[1180]

Im Anschluss an den durchgeführten Staatsstreich geht Marx dazu über, diesen Status quo und die Sonderinteressen der Aristokratie und konservativen Bourgeoisie offenzulegen, indem er die preußische Finanzpolitik anhand der gesetzmäßig veröffentlichten Finanzetats für die Jahre 1840–1848 sowie des veranschlagten Budgets für das Jahr 1849 darlegt und kritisiert. Der modus operandi dieser Kritik besteht zum einen in der Überprüfung der Einhaltung kameralistischer Grundlagen bei der Aufstellung der Etats und zum anderen in einer vergleichenden Betrachtung des Staatshaushalts der preußischen *Monarchie* und dem der *Republik* der Vereinigten Staaten von Amerika. Das Resultat der Marx'schen Analyse lässt sich in drei Punkten zusammenfassen. Zunächst stellt er anhand des Vergleichs der Ausgaben mit der „nordamerikanischen Bourgeoisierepublik" heraus, wie unverhältnismäßig teuer und kostspielig die preußische Monarchie ihre Untertanen zu stehen komme.[1181] Als zweites legt er die strafrechtlich relevante Verletzung einschlägiger Bestimmungen und Vorschriften zur Erstellung der Staatshaushalte durch die preußischen Finanzminister dar. So verstießen die zwischen 1840 und 1848 veröffentlichten Finanzetats gegen die Bestimmung, dass die zu veröffentlichen Etats auf den Durchschnittsummen der *wirklichen* Einnahmen und Ausgaben der einzelnen Verwaltungszweige für die vergangenen drei Jahre zu beruhen hätten.[1182] Zudem verletzten sie die Kabinettsordre vom 17. Januar 1820, die eine verbindliche Obergrenze für laufende Verwaltungsausgaben festlege.[1183] Aus den beiden ersten Feststellungen leitet Marx dann ab, dass diese Misswirtschaft ganz bewusst verschleiert wurde, um die Ausplünderung des Volksvermögens durch den „Glanze eines gottbegnadeten Hofes" und seiner „absolutistischen Gelüste" nicht offenlegen zu müssen.[1184] Der „mysteriöse preußische Staatsschatz" entpuppe sich in der näheren Betrachtung daher als systematisch

---

rechtsdebatte, die ohne die Einbeziehung der notwendigen „Grundgewalt", d.h. der Machtvollkommenheit des Volkes, nur leeres „Professoren- und Philistergeschwätz" darstelle. MEW 6, 337. In Anlehnung an den *Wanderer* Schillers spricht Marx der Frankfurter Versammlung im Angesicht der Geschichte daher auch ein vernichtendes Urteil aus-die „Vergessenheit". MEGA² I/8, 119; MEW 6, 337; Schiller, *Der Spaziergang*, Vs. 97–98, ScSW I, 231.

[1180] s. S. 192.
[1181] MEGA² I/8, 274f. Obwohl die Vereinigten Staaten flächengrößer seien und über mehr Einwohner verfügten, seien die für das Wirtschaftsjahr 1849/1850 veranschlagten Ausgaben um mehr als die Hälfte geringer als die des preußischen Staates. MEGA² I/8, 274–276.
[1182] MEGA² I/8, 447.
[1183] MEGA² I/8, 449f. Daneben wirft Marx den Finanzministern der betreffenden Jahre vor, mit öffentlichen Geldern spekuliert zu haben, indem sie Verwaltungsersparnisse nicht dem Staatsschatz zuführten, sondern mit dem Geld Staatsschuldenpapiere erwarben, die dann durch Kursverluste empfindliche Wertminderungen erlitten. MEGA² I/8, 485f.
[1184] MEGA² I/8, 276, 447f., 451f.

herbeigeführtes Defizit, welches den wahren Grund für den anhaltenden Geldbedarf der Regierung und den drohenden Staatsruin bilde.[1185]

Neben der Entlarvung der Misswirtschaft der preußischen Monarchie nimmt Marx auch eine dezidiert *juristische Bewertung* des Vorgehens der verantwortlich handelnden Personen vor. Die kontinuierliche Verletzung der Höchstgrenze für laufende Verwaltungsausgaben und deren Verschleierung durch bewusst zu niedrige Ausgabenansätze begründeten den strafrechtlichen Tatbestand eines Amtsvergehens in Form der Ausstellung „falsche[r] öffentliche[r] Urkunde[n]".[1186] Das zu verhängende Strafmaß bestimme sich dann nach § 333 II 20 des Preußischen Landrechtes (ALR) und könne aufgrund der enormen Höhe des verursachten Schadens in den Augen Marxens nur „die höchste gesetzlich zulässige Freiheitsstrafe" nach sich ziehen.[1187] Durch die strafrechtliche Einordnung als vorsätzlichen Betrug müssten die „Herren Exminister" zudem *zivilrechtlichen Schadenersatz* für den Vermögensverlust leisten, den das Volk durch ihr kameralistisches Fehlverhalten erlitten habe.[1188] In Ermangelung eines zivilrechtlichen Ausgleichs, der sich durch die kaum restituierbare Summe des Vermögensschadens ergebe, weist Marx darüber hinaus auf § 341 II 20 ALR hin, der bestimmt, dass in diesen Fällen der verursachte Schaden ersatzweise durch *Arbeitsleistungen* auszugleichen ist.[1189] Auf dieser Grundlage fordert er schließlich die Justiz auf, die Vorwürfe zu überprüfen und im Fall ihrer Bestätigung die gesetzmäßigen Strafen zu verhängen.[1190] Wobei diese Aufforderung nicht zuletzt auch eine implizite *Kritik* aufweist, die die anhaltende Strafvereitelung durch die preußische Justiz betrifft und dadurch dokumentiert, dass die Auslegung des positiven Rechts ganz im Dienste des „Verwaltungsausschuß[es] [der] allgemeinen Interessen" der bürgerlichen Gesellschaft steht.[1191] Marx verdeutlicht dies im Zusammenhang mit seinen Auseinandersetzungen mit dem strafrechtlichen Vorgehen der preußischen Verwaltung und Justiz gegen die freie Presse und die politischen Aktivisten der Märzrevolution.

1185 MEGA² I/7, 412; MEGA² I/8, 453f.; s. S. 194; s. Fn. 1038.
1186 MEGA² I/8, 447, 449f. Marx hebt hervor, dass es sich dabei um ein *vorsätzliches* Handeln der jeweils amtierenden Finanzminister handelt, da sie mit „Wissen und Willen" gegen die einschlägigen Vorschriften verstoßen haben. MEGA² I/8, 454.
1187 MEGA² I/8, 454. Zwar verfüge das Preußische Landrecht nicht über eine spezielle Vorschrift, die die Ausstellung falscher öffentlicher Urkunden behandle, jedoch existiere ein Reskript vom 3. Juni 1831, welches derartige Handlungen unter die analoge Anwendung des § 333 II 20 ALR subsumiere. MEGA² I/8, 448. Nach dieser Vorschrift bemisst sich die Strafe nach der Höhe des verursachten Schadens. Letzteren beziffert er mit „136 Millionen Thaler". MEGA² I/8, 454. Ein Wert der dem Kaufpreisäquivalent von 5,7 Mrd. EUR im Jahre 2020 entspricht. Vgl. *Kaufpreisäquivalente historischer Beträge in deutschen Währungen, Stand: Januar 2021*, www.bundesbank.de, Zugriffstag: 9.1.2022.
1188 MEGA² I/8, 454.
1189 MEGA² I/8, 454f.
1190 MEGA² I/8, 449. „Also heimlich wurde die preußische Wirtschaft fortgesetzt, und die Minister wurden selber vor dem positiven Gesetze zu Verbrechern. Freilich haben sie noch keinen Richter gefunden." MEGA² I/8, 452.
1191 MEGA² I/8, 511; s. Fn. 1153.

5.3 Das Strafrecht, die freie Presse und der „konstitutionelle Usus"

Mit seinen Betrachtungen der *juristischen Formenspiele*, die sich mit der aufziehenden Konterrevolution in verschiedenen Gestalten Bahn brechen, will Marx dem „modernen Theseus" den Faden spinnen, der ihn durch das *rechtliche Labyrinth* der preußischen Lebensrhythmik hindurch führen soll.[1192] Dieser *Faden* tritt dann als transparente Darlegung des zunehmend restriktiveren Vorgehens der preußischen Regierung und Verwaltung im Revolutionsjahr und der konterrevolutionären Folgezeit in Erscheinung, welches den eigentlichen Hintergrund der zunächst rechtlich geprägten Auseinandersetzungen darstellt. Gegenstand der Artikel, die Marx in diesem Zusammenhang verfasst, bilden zumeist kritische Analysen der verschiedenen Gesetzesreformen, die die Regierung ganz im Geiste von „Bodelschwingh, Savigny und Consorten" zu erlassen beabsichtige, sowie die juristischen Betrachtungen des Vorgehens gegen die demokratisch-republikanischen Interessensvertreter und ihre Presseorgane.[1193]

In seinen Analysen der verschiedenen *Gesetzesentwürfe* legt Marx offen, dass sich hinter diesen letztlich der Versuch einer Reorganisation der bestehenden Herrschaftsverhältnisse zu Lasten revolutionärer Veränderungen verberge. Zudem verfolgten die Entwürfe die Etablierung eines erweiterten juristischen Spielraums, um effektiver gegen revolutionäre Interessenvertreter agieren zu können. So stelle der

---

[1192] *Der Bürgerwehrgesetzentwurf*, NRhZ Nr. 51, 52, 54, 21., 22. u. 24.7.1848, MEGA² I/7, 371–380, hier: 377.

[1193] MEGA² I/7, 479. Artikel zu Gesetzesentwürfen: *Das Amendement Stupp*, NRhZ Nr. 21, 21.6.1848, MEGA² I/7, 143–146; *Der Bürgerwehrgesetzentwurf*, NRhZ Nr. 51, 52, 54, 21., 22. u. 24.7.1848, MEGA² I/7, 371–380; *Das Ministerium Hansemann und der altpreußische Strafgesetzentwurf*, NRhZ Nr. 65, 4.8.1848, MEGA² I/7, 479–480; *Drigalski der Gesetzgeber, Bürger und Kommunist*, NRhZ Nr. 153, 26.11.1848, MEGA² I/8, 136–140; *Drei neue Gesetzentwürfe*, NRhZ Nr. 244, 13.3.1849, MEW 6, 339–343; *Der Hohenzollernsche Gesamtreformplan*, NRhZ Nr. 246, 15.3.1848, MEW 6, 346–350; *Der Hohenzollernsche Preßgesetzentwurf*, NRhZ Nr. 252, 253, 22.3. u. 23.3.1849, MEW 6, 364–371; *Die neue Standrechts-Charte*, NRhZ Nr. 299, 300, 16. u. 17.5.1849, MEW 6, 493–499. Artikel zum Vorgehen gegen Personen und die Presse: *Valdenaires Haft-Sebaldt*, NRhZ Nr. 19, 19.6.1848, MEGA² I/7, 134–135; *Verhaftungen*, NRhZ Nr. 34, 4.7.1848, MEGA² I/7, 250 [Marx / Engels]; *Verhaftungen*, NRhZ Nr. 35, 5.7.1848, MEGA² I/7, 251–253 [Marx / Engels]; *Gerichtliche Untersuchungen gegen die „Neue Rheinische Zeitung"*, NRhZ Nr. 37, 7.7.1848; MEGA² I/7, 268–270; *Gerichtliche Untersuchungen gegen die „Neue Rheinische Zeitung"*, NRhZ Nr. 41, 11.7.1848, MEGA² I/7, 303–306; *Dr. Gottschalk*, NRhZ Nr. 66, 5.8.1848, MEGA² I/7, 489–490 [Marx / Engels]; *Die gerichtliche Verfolgung gegen die „Neue Rheinische Zeitung"*, NRhZ Nr. 66, 5.8.1848, MEGA² I/7, 491 [Marx / Engels]; *Das deutsche Reichsbürgerrecht und die preußische Polizei*, NRhZ Nr. 73, 12.8.1848, MEGA² I/7, 574–575; *Drei Staatsprozesse gegen die „Neue Rheinische Zeitung"*, NRhZ Nr. 153, 26.11.1848, MEGA² I/8, 145–146; *Prozeß gegen Gottschalk und Genossen*, NRhZ Nr. 175, 176, 22. u. 23.12.1848, MEGA² I/8, 243–251; *Die preußische Konterrevolution und der preußische Richterstand*, NRhZ Nr. 177, 24.12.1848, MEGA² I/8, 254–260; *Verteidigungsrede im ersten Preßprozess gegen die „Neue Rheinische Zeitung"*, NRhZ Nr. 221, 14.2.1848, MEGA² I/8, 409–420; *Lassalle*, NRhZ Nr. 219, 11.2.1849, MEGA² I/8, 389–391; *Lassalle*, NRhZ Nr. 237, 4.3.1849, MEW 6, 320–322; *Die standrechtliche Beseitigung der „Neuen Rheinischen Zeitung"*, NRhZ Nr. 301, 19.5.1849, MEW 6, 503–506.

Bürgerwehrgesetzentwurf des Ministeriums Hansemann das „bizarre Schauspiel" der Wiederherstellung eines konstitutionellen Instituts im Sinne des „altpreußischen, des büreaukratischen Staats" dar, der in seinem Kern eine Unterordnung unter die preußische Monarchie beinhalte und den Verlust der „persönlichen Freiheit" sowie der errungenen „politischen Rechte" im Gepäck führe.[1194] Ziel des Entwurfs sei dabei letztlich, die materiellen Gesellschaftsverhältnisse im Interesse des „privilegirten Kapitals" zu reetablieren und die Verfügungsgewalt über die Waffen allein auf die „Elite der Nation" zu konzentrieren, die *Bourgeoisie*.[1195] Und diese *Elite* ist es in den Augen Marxens dann auch, die nach dem Scheitern der Französischen Februarrevolution ab Juli 1848 beginnt, die Waffen des „Arsenal[s] der alten Gesetzgebung" gegen das „neue politische Leben" durch verschiedene Gesetzesentwürfe in Stellung zu bringen.[1196] Um gegen die politische Opposition auch in vergleichsweise liberalen Landesteilen vorgehen zu können, werden nach den Darstellungen der Artikel vor allem strafrechtliche Bestimmungen einer Revision unterworfen, die darauf abziele, die bestehenden Strafgesetze um altpreußische Delikte zu ergänzen, um intendierte

---

1194 MEGA² I/7, 372 f., 376, 379. Ob Marx hier an sein Freiheitsverständnis aus den Manuskripten der *Deutschen Ideologie* anspielt oder einen Begriff des juristischen Zeitgeistes aufgreift, ist anhand der Textstelle nicht zweifelsfrei zu bestimmen. Für eine solche Verbindung würde sprechen, dass er den Gesetzesentwurf an die materiellen Herrschaftsverhältnisse zurückbindet und mit den Interessen der liberalen Bourgeoisie begründet. Gleiches gelte für die Gesetzesentwürfe zu einem *Klub-*, *Plakat* sowie *Preßgesetz*, die in ihrer Gesamtheit einer „geschlossene[n] Phalanx der liebenswürdigsten Septembergesetze" gleichstehen und die Assoziations- und Pressefreiheit erheblich beinträchtigen. MEW 6, 339 f. Jene Mittel also, die doch eigentlich den politischen Freiraum etablieren sollen, der den Weg zu einer *menschlichen Emanzipation* erst freizulegen imstande ist (s. S. 168 f.; s. Fn. 1047, 1116).

1195 MEGA² I/7, 376, 379. Da die Anschaffung der Dienstkleidung zur Ausübung der Wehrberechtigung aus eigenen Mitteln zu bestreiten sei, unterscheide der Gesetzesentwurf faktisch zwischen dem „Bourgeois" und den „Proletariern der Bürgerwehr". MEGA² I/7, 375. Soweit Waffen und Ausrüstungen für die nicht zahlungsfähigen Bevölkerungsteile vorgehalten würden, blieben sie allein der Verfügung der die Gemeinden kontrollierenden Bourgeoisie überlassen. Dies aber stehe einer gesetzlichen Entwaffnung gleich, die einzig vor dem Hintergrund „mißliebige[r] politische[r] Kollisionen" zu sehen sei: „So ist das politische Privilegium des Kapitals in der unscheinbarsten, aber in der wirksamsten, in der entschiedensten Form wiederhergestellt. Das Kapital besitzt das Privilegium der Waffen gegenüber den Wenigvermögenden, wie der mittelaltrige Feudalbaron gegenüber seinem Leibeignen." MEGA² I/7, 375. Dass sich hinter der Gesetzgebung die Interessen der herrschenden Klasse verbergen, verdeutlicht Marx auch in einem Artikel zu einem *Änderungsantrag*, der zu dem Entwurf eines Immunitätsgesetzes für Abgeordnete eingebracht wurde. Indem die Immunität in diesem Antrag zu Gunsten des *Privatrechts* zurückgestellt wird, um ein gerichtliches Vorgehen auch gegen mandatierte Schuldner zu gewährleisten, werde einer „Souveränität der Civilklage und des Civilrechts" der Weg bereitet, welche das öffentliche Recht *vollends* dem Privatrecht unterordne. MEGA² I/7, 145 f.; s. S. 116, 162. „Das Civilrecht ist Moses und die Propheten! Schwört auf das Civilrecht, namentlich auf die Civilklage! Respekt Volk vor dem Allerheiligsten!" MEGA² I/7, 145.

1196 MEGA² I/7, 305. Mit dem Niedergang der Februarrevolution war der Zeitpunkt gekommen „[...] wo die preußische Bourgeoisie und die damals [Anfang Juli 1848, D.P.] mit ihr verbündete Regierung in rachedurstigem Uebermuthe den Augenblick gekommen glaubten, mit ihren politischen Gegnern ein Ende zu machen." MEGA² I/8, 248.

5.3 Das Strafrecht, die freie Presse und der „konstitutionelle Usus" — 203

Verfolgungen erleichtern zu können.[1197] Eine Verschärfung des Strafrechts und eine Aufweichung des rechtlichen Schutzes der Bürger musste dies vor allem für Rheinpreußen bedeuten, eine Provinz, in der die gegenüber dem Landrecht moderatere französische Gesetzgebung noch Gültigkeit besaß.[1198] Den Kern dieser „Verpreußung der ganzen Rheinprovinz" erblickt Marx darin, dass die „verhaßten Bestimmungen des Code pénal" durch „landrechtliche Rechtsbegriffe" angereichert werden, um so unbestimmtere und somit durch Verwaltung und Justiz leichter händelbare Straftatbestände zu etablieren.[1199] Delikte dieser Art stellten z. B. die dem Code unbekannten „Verbrechen gegen die Sittlichkeit" sowie die „Beleidigung des ‚Staatsoberhauptes'" und der Mitglieder der königlichen Familie dar.[1200] Zudem wurden Straftatbestände integriert, die sich an die altpreußischen Bestimmungen des „‚Erregen[s] von Mißvergnügen'" und der „Religionsbeleidigung" anlehnten.[1201] Ihren Kulminationspunkt erreichten diese „Belandrechtungen" dann mit der Erweiterung polizeilicher und gerichtlicher Maßnahmen, die bis in die „persönliche[n] Verhältnisse" des „Asyl[s] des Familienlebens" vorzudringen befugt waren und der „Plünderung des Privateigentums ruhiger Bürger" Vorschub leisteten.[1202] Die „bürgerliche Rechtspflege" werde

---

[1197] MEGA² I/7, 479 f. So hatte sich die Regierung in ihrem Programm vom 26. Juni 1848 darauf bezogen, die Strafrechtsbestimmungen zu überarbeiten. Aus den entsprechenden Pressemeldungen leitet Marx ab, das sich dahinter nichts anderes als eine Wiederbelebung des restriktiven „k.-preuß. Strafgesetzentwurfs von 1847" verberge. MEGA² I/7, 480, 1397. Der „preußische Scharfsinn" schaffe so eine Verbindung zwischen neuen „konstitutionelle[n] Forderungen" und der Einführung von „neuen Strafgesetzen, zu neuen Reglements, zu neuer Maßregelung, zu neuer Ueberwachung, zu neuen Chikanen." Es ist die „[...] Verwandlung konstitutioneller Phrasen in preußische Thatsachen." MEGA² I/7,373.
[1198] MEW 6, 341 f. Obschon für Marx der Code pénal ein ebenso repressives Gesetz darstellt, tritt dieser im „Lapidarstyl ausgehauene Codex der politischen Sklaverei" (MEGA² I/7, 305) als Resultat des raffinierten „Militärdespotismus des allmächtigen französischen Kaisertums" (MEGA² I/7, 304; MEW 6, 342) noch hinter den „patriarchalisch-schulmeisterlichen Despotismus des Landrechts" (MEGA² I/8, 412) zurück. MEW 6, 365. Die Rückständigkeit der preußischen Gesetzgebung stellt Marx dabei an verschiedenen Stellen mit Bezügen zur Lehre des christlichen Staats heraus (s. Kap 3.3.2). So wird der sich aus dem Landrecht speisende preußische Beamtencharakter mit der Weihe des katholischen Priesters verglichen, deren Entweihung einer „Religionsschändung" gleichkomme. MEGA² I/8, 412 f. Zudem bezeichnet er die Unterordnung von Verwaltung und Justiz unter die Herrschaft eines „gottbegnadeten Hofes" (MEGA² I/8, 276) auch als „Gottesfeier" und „Kultus". MEW 6, 348. Die Bewertung der französischen Gesetzgebung als fortschrittlicher im Vergleich zum Landrecht entspricht auch der Einordnung Gans' (s. Fn. 302).
[1199] MEGA² I/7, 480; MEW 6, 364 f., 367 f., 370.
[1200] MEGA² I/7, 480; MEW 6, 369.
[1201] MEW 6, 341. Diese „Standrechtsattentate gegen den Code" (MEW 6, 370) sind für Marx bewusste juristische Begriffsverwirrungen, deren Tatbestände „jede[n] Maße[s]" (MEGA² I/8, 415) entbehren und lediglich dazu dienen die „zahllosen politischen Prozesse" zu ermöglichen. MEGA² I/7, 480. Leidliche Erfahrungen hatte er mit dem Vorwurf des „Erregen[s] von Mißvergnügen" im Zusammenhang mit dem Verbot der Rheinischen Zeitung selbst machen müssen (s. S. 105).
[1202] MEW 6, 342, 366 f. Es ist die Organisation „[...] eine[r] öffentliche[n] Polizeijagd wider Eigentum und Privatbesitz der Bürger [...]" und der Versuch eine Sphäre dem Strafrecht zu unterwerfen, „die in

somit auf den Kopf gestellt und der Schutz von Persönlichkeit und Eigentum einer „[s]onderbare[n] Methode des Zufalls" überantwortet.[1203]

In den Betrachtungen der *Justiz* und der *konkreten Strafverfolgungspraxis* der preußischen Exekutivorgane verbindet sich diese Feststellung einer Nivellierung der bürgerlichen Rechtspflege dann mit der *Kritik des Rechts*. So wird die Unabhängigkeit des Richterstandes als bloße *Illusion* und „Blume der Volksphantasie" zurückgewiesen, da die Richter tatsächlich dem „Herzen des Königs" und der „Beamtenwillkühr" unterworfen seien.[1204] Ihr Wirken unterliege somit ebenso den Interessen der „privilegirten Klasse" wie die im Zusammenhang mit Strafprozessen zuständigen *Geschworenengerichte*.[1205] Zwar werde die reine Tatfrage im Falle der Geschworenengerichte dabei dem Votum einer Jury mehrerer Personen überlassen, jedoch obliege deren Auswahl wiederum der Regierung und ihren Verwaltungsinstanzen, so dass die „wirkliche Bildung des Geschworenengerichts" letztlich als ein „Ergebniß des Klassenprivilegiums" verbleibe.[1206] Somit speise sich die subjektive Überzeugung der Geschworenen aus einem „privilegirte[n] Gewissen", welches das Gericht dann zu einem bloßen „Institut zur Behauptung der Privilegien" verkommen lasse und einer Kabinettsjustiz Tür und Tor öffne.[1207] Ebenso führt auch die Betrachtung der *Straf-*

---

keiner Weise mit dem Strafrecht" in Verbindung stehe. MEW 6, 366. In diesem Kontext stellt Marx explizit heraus, dass sich das Vorgehen gegen die *NRhZ* (Vorladungen, Durchsuchungen etc.) erheblich repressiver gestalte als noch das gegen die *Rheinische Zeitung* einige Jahre zuvor. MEGA² I/7, 303.

1203 MEGA² I/7, 306; MEGA² I/8, 258. „In Preußen sieht die Bourgeoisie durch ihr feiges Zutrauen zu der Regierung und ihr verräterisches Mißtrauen gegen das Volk, die unentbehrliche Garantie des bürgerlichen Eigentums bedroht – die bürgerliche Rechtspflege. [...] La bourgeoisie sera punie, par où elle a péché – die Bourgeoisie wird gestraft, wodurch sie gesündigt hat – durch die Regierung." MEGA² I/8, 258. Der Rückgriff auf die Terminologie der *Rechtsphilosophie* an dieser Stelle dient Marx dazu, der Bourgeoisie auf ihrem eigenen Terrain zu offenbaren, dass die Unterstützung der Monarchie und ihrer Konterrevolution eine weitere *Verkehrung* nach sich zieht. Zwar greife der Staat nun tatsächlich wirksam in die Sphären der bürgerlichen Gesellschaft und der Familie über, aber eben nicht als *sittliche Instanz*, sondern als deren ehernes Gegenteil, als *Herrschaft des Zufalls*. Dessen ungeachtet macht die Belegstelle auch deutlich, dass Marx beim Verständnis des Rechts im Zusammenhang des Gemeinwesens weiterhin an der *Architektonik der Grundlinien* orientiert bleibt.

1204 MEGA² I/8, 254, 258; MEW 6, 347. „Mit der Abhängigkeit des Richterstandes wird die bürgerliche Rechtspflege selbst abhängig von der Regierung; d. h., das bürgerliche Recht selbst macht der Beamtenwillkühr Platz." MEGA² I/8, 258. In den Artikeln zur preußischen Justiz wird betont, dass die Gerichte sich entweder der preußischen Regierung anzubiedern hätten oder die entsprechenden Kollegien durch diese von „unhhoffähigen Elemente[n]" bereinigt würden. MEGA² I/8, 258; MEW 6, 348.

1205 MEGA² I/8, 243.

1206 MEGA² I/8, 243. Eine entsprechende Instrumentalisierung der Geschworenengerichte zeige Marx zufolge die „Geschichte der französischen Gesetzgebung". Zur Zeit der Restauration fungierten diese Gerichte „als standrechtliche Tribunale der siegenden Partei gegen die besiegte Partei." MEGA² I/8, 413. Von einer subjektiven Willkür der Gerichte hatte er bereits in der *Heiligen Familie* und den Manuskripten der *Deutschen Ideologie* gesprochen (s. S. 149, 163).

1207 MEGA² I/8, 244. Hatte Marx in seinen Artikeln für die *Rheinische Zeitung* noch am Institut der Geschworenengerichte festgehalten und sich dabei eng an Hegel und Gans orientiert, wird auch dieser

verfolgungspraxis zur Konstatierung einer willkürbehafteten Instrumentalisierung des Rechts durch die jeweiligen Exekutivorgane.[1208] Im Rahmen einer dezidiert juristischen Bewertung des Vorgehens der preußischen Behörden erhebt Marx diesen gegenüber den Vorwurf, dass die Verhaftungen nicht der vorgeschriebenen „gesetzlichen Form" entsprochen hätten und daher rechtswidrig erfolgt seien.[1209] Auch die fortgehende Behandlung der „politischen Gefangenen" im Gewahrsam der preußischen Justiz widerspreche den geltenden rechtlichen Bedingungen.[1210] Zu guter Letzt würden die ursprünglichen Vorwürfe des Haltens „aufrührerischer Reden" in den Prozessen dann nicht mehr auf Art. 102 des Code pénal gestützt, sondern aufgrund der „juristischen Unmöglichkeit" dieses Unterfangens Zuflucht dazu genommen, den Angeklagten die ganze „Bewegung des Jahres 1848" anzulasten und das Verfahren somit in einen reinen „Tendenzprozess" zu travestieren.[1211] Die „konstitutionellen

---

Bereich nun der *materialistischen Fundierung des Rechts* unterworfen (s. S. 159; s. Fn. 537). Die Konsequenz, die sich dann einstellt, ist es, dass das *Gewissen* als innerster Glutkern einer objektiven Vermittlung zwischen Richter und Verbrecher zum Erlöschen kommt (s. S. 42; s. Fn. 300). Diese materialistische Engführung der Justiz wird auch durch das „edelste Attribut der Geschworenengerichte" belegt, Gesetze, die im Widerspruch zu „einer neuerungenen Stufe der gesellschaftlichen Entwicklung" stehen, im Sinne der gegenwärtigen gesellschaftlichen Bedürfnisse interpretieren zu können und sie am Maßstab der „lebendigen Forderungen der Gesellschaft" auszurichten. MEGA² I/8, 416 f. Insoweit folgt die Einordnung der Judikation eben jener *Doppelfunktion* des Rechts überhaupt (s. S. 164, 174, 183).

1208 In mehreren Artikeln setzt sich Marx mit den politisch motivierten Verhaftungen Andreas Gottschalks, des Präsidenten des Kölner Arbeitervereins, Friedrich Annekes, eines Mitbegründers und Sekretärs des Vereins, sowie Ferdinand Lassalles auseinander. Eine entsprechende Motivlage dokumentiert auch die nach Meinung Marxens rechtswidrig erfolgte Ausweisung eines Korrektors der *NRhZ*, Karl Schappers, aus Preußen. MEGA² I/7, 574 f.

1209 MEGA² I/7, 252; MEGA² I/8, 137 f., 140. Bereits mit dem rechtswidrigen Vorgehen der Behörden sei der weiteren Strafverfolgung jede Grundlage entzogen, „[...] denn in einem ungesetzlichen Zustande können keine gesetzlichen Handlungen vorgenommen werden." MEGA² I/8, 140. Marx vergleicht die Praxis der preußischen Regierung daher auch mit den „Lettres de cachet" der französischen Könige. MEGA² I/7, 489 f.

1210 MEGA² I/8, 389. So würden Versuche unternommen eine Weitergabe von Informationen nach außen zu unterbinden und Bedingungen geschaffen, die eher einem „,spanische[n] Inquisitionsverfahren'" als einem „öffentlichen Verfahren" glichen. MEGA² I/7, 489; s. Fn. 249, 300. Des Weiteren würden Unterschiede in der Behandlung zwischen Untersuchungshäftlingen und Strafgefangenen nicht beachtet und Untersuchungen zu Amtsvergehen von Anstaltsmitarbeitern zu verhindern versucht. MEGA² I/8, 390 f. Im Fall von Lassalle reiche der „patriotische Eifer" der Ermittlungsbehörden gar soweit, dass unter Missachtung der französischen Strafprozessordnung bewusst gegen das *Verbot der Doppelbestrafung* verstoßen werde. Aufgrund des *gleichen Tatvorwurfs* solle Lassalle sowohl dem *Geschworenengericht* als auch der *Zuchtpolizeigerichtsbarkeit* überantwortet werden. Ein Freispruch in einem Verfahren würde die Verurteilung im jeweils anderen Prozess nicht ausschließen. MEW 6, 320 f.

1211 MEGA² I/7, 252; MEW 6, 320; MEGA² I/8, 244–249, 252. In den Artikeln zum Prozess gegen Gottschalk und Anneke legt Marx anhand der Anklageschrift dezidiert dar, dass es der preußischen Regierung nicht etwa darum gehe ungesetzliche *Handlungen*, sondern die „mißliebige" und „bösartige Tendenz" des Kölner Arbeitervereins und seiner Repräsentanten zu bestrafen. MEGA² I/8, 244, 250.

Institutionen" und „Phrasen" von Justiz und Verwaltung erwiesen sich unter der preußischen Ägide der Konterrevolution somit als bloße „Phantasiegebilde", die einer *sonderbaren Methode des Zufalls* weichen.[1212]

Im Zuge der Berichterstattung zu den Verhaftungen Gottschalks und Annekes kam es auch zur staatsanwaltschaftlichen Ermittlungen gegen die *NRhZ* selbst, die sich dem Vorwurf der Beleidigung und Verleumdung von Amtspersonen ausgesetzt sah.[1213] Marx wies diese Anschuldigungen im Rahmen des „konstitutionellen Usus" zurück, in dem er der Anklage „auf ihrem eigenen Terrain" entgegentrat, um sie „mit ihren eigenen Waffen zu schlagen", der Jurisprudenz.[1214] In seiner Verteidigungsrede in der gerichtlichen Verhandlung legt er detailliert dar, dass die Tatbestandsvoraussetzungen der maßgeblichen Paragraphen des Code pénal nicht erfüllt seien und ihre Anführung auf bewusst fehlerhaften Interpretationen des Ministeriums und seiner Verwaltungsstellen beruhe.[1215] Hinter der konkreten strafrechtlichen Verfolgung der *NRhZ* wähnt Marx darüber hinausgehend eine tiefgreifendere Absicht des „öffentlichen Ministeriums", das mit der zweckentstellenden Übertragung der Verleumdungsparagraphen auf den Bereich der „politische[n] Polemik" darauf ziele, den „allgegenwärtige[n] Mund des eifersüchtig seine Freiheit bewachenden Volksgeistes" vollends

---

Bereits im Rahmen seiner Tätigkeit für die *Rheinische Zeitung* hatte sich Marx gegen die Praxis der Tendenz- und Verdachtsstrafen gewandt (s. S. 76, 104; s. Fn. 456).

1212 MEGA² I/7, 373; s. Fn. 1193. „Es wäre leichter die Griechen wiederzuerkennen unter den Thierformen, worin die Circe sie verwandelt, als die konstitutionellen Institutionen unter den Phantasiegebilden, worin das Preußenthum sie umzaubert [...]." MEGA² I/7, 373.

1213 Bereits unmittelbar nach der Publikation des Artikels zu den *Verhaftungen* wurde der *NRhZ* eröffnet, dass gegen sie eine Untersuchung eingeleitet worden sei. MEGA² I/7, 268, 1263. Um den Verfasser des anonym erschienenen Artikels ausfindig zu machen, wurden verschiedene Mitarbeiter und Personen aus dem näheren Umfeld der Zeitung vernommen, darunter auch Marx selbst. Zudem wurden die Redaktionsräume der *NRhZ* durchsucht. MEGA² I/7, 303, 491. Die maßgeblich gegen Marx als mutmaßlichen Verfasser des Artikels gerichteten Ermittlungen dauerten bis Oktober 1848 an und führten zur Eröffnung eines Strafverfahrens vor dem Kölner Landgericht. Letztlich endete der Prozess am 7. Februar 1849 mit einem Freispruch für Marx und die anderen Angeklagten der Redaktion. MEGA² I/7, 1263–1265.

1214 MEGA² I/8, 410.

1215 MEGA² I/8, 409, 413f., 415. Der Beleidigungsparagraph des Code pénal (§ 222) ist den Ausführungen von Marx zufolge schon deswegen nicht anwendbar, weil dieser ausschließlich Beleidigungen in *wörtlicher Rede* umfasse, nicht dagegen aber Beleidigungen die aus geschriebenen Texten hervorgehen; „par écrit ist nicht par parole". Aber auch unter Zugrundelegung der Erfassung schriftlicher Beleidigungen durch § 222 treffe dieser nicht zu, da die Tatbestandsvoraussetzungen die *persönliche Gegenwart* der vermeintlich beleidigten Person erfordern (*während der Amtshandlung*), was im Falle eines Zeitungsartikels nachweislich nicht gegeben sei. MEGA² I/7, 306; MEGA² I/8, 410–415. Ähnlich geht Marx auch gegen den Verleumdungsvorwurf vor. Indem er darlegt, dass die §§ 367, 368, 370 des Code pénal sich nur auf den Tatbestand der Bezichtigung bestimmter Tatsachen oder Handlungen beziehen, nicht aber schon bloße *Äußerungen* mit einschließen, wie es in dem inkriminierten Artikel erfolgt sei, wird offenkundig, inwieweit auch diese Intention der Regierung der eigentlichen ratio legis widerspreche. Hier habe man einen Volksrepräsentanten letztlich nur mit ihm zugeschriebenen *Äußerungen* konfrontiert. MEGA² I/7, 269; MEGA² I/8, 415.

verstummen zu lassen.[1216] Ein Teil des Wirkens der freien Presse besteht ihm zufolge darin, dass sie das Unrecht und die Unterdrückungen in ihrer „nächsten Umgebung" denunziere und der öffentlichen Meinung mitteile, welches auch die Handlungen von Behördenvertretern mit einschließe.[1217] Indem die Regierung diese Aufgabenerfüllung strafrechtlich zu verhindern versuche, beseitige sie faktisch die „Preßfreiheit" und errichte eine neue „Censur ohne Censoren", eine „Censur der Gefängniß- und Geldstrafen".[1218]

5.4 Pro domo I: Marx und das preußische Staatsbürgerrecht

Neben der journalistischen Beschäftigung mit dem Recht war Marx zur Zeit der *NRhZ* auch in seinem Privatbereich mit juristischen Querelen konfrontiert. Unmittelbar nach seiner Ankunft in Köln stellte er bereits am 13. April 1848 einen Antrag auf Wiedereinbürgerung, nachdem er im Zuge der zunehmenden Belastungen durch die politische Verfolgung in Paris und Brüssel 1845 auf das „preußische Staatsbürgerrecht" verzichtet hatte.[1219] Nach einer Vorladung und Berichtsfertigung für die Polizeidirektion am 19. April 1848 übersandte der zuständige Polizeidirektor, Wilhelm Arnold Geiger, mit Schreiben vom 3. August 1848 einen formalen Ablehnungsbescheid an Marx, gegen den dieser dann „Recurs" beim Ministerium des Innern einlegte.[1220]

Im Schreiben vom 23. August 1848 begründet Marx dem preußischen Innenminister von Kühlwetter gegenüber seinen Rekurs damit, dass der Ablehnungsbescheid der Polizeidirektion Köln „ungesetzlich" sei und er weiterhin an seinem An-

---

1216 MEGA² I/7, 304f.; MEGA² I/8, 415–417. Was die Anwendung der Paragraphen aus der Sicht Marxens dabei so verführerisch mache, ist die kaum vorhandene Möglichkeit, sich vom Verleumdungsvorwurf zu entlasten. So erfordern die Paragraphen des Gesetzes, dass das tatsächliche Zutreffen der vermeintlich verleumdeten Tatsache durch „richterliches Urtheil" oder andere „authentische Urkunden" zu beweisen sei. Im Grunde werde die Beweisführung so verunmöglicht und faktisch eine Situation geschaffen, in der sämtliche Berichterstattungen über behördliche Maßnahmen entfallen, um sich einer *willkürlichen* Strafverfolgung nicht aussetzen zu müssen. Betroffen sei daher auch nicht nur die *NRhZ* allein, sondern die *gesamte* Presse. MEGA² I/8, 145f.; s. S. 104.
1217 MEGA² I/8, 418. „Aber einmal ist es die Pflicht der Presse, für die Unterdrückten in ihrer nächsten Umgebung aufzutreten. Und dann, meine Herren, das Gebäude der Knechtschaft hat seine eigentliche Stütze in den untergeordneten politischen und sozialen Gewalten, die unmittelbar dem Privatleben der Person, dem lebendigen Individuum gegenüberstehn." MEGA² I/8, 419. Die Bedeutung der Presse als eine „Kontrolle von unten" wurde bereits zur Zeiten der *Rheinischen Zeitung* betont (s. Fn. 647).
1218 MEGA² I/7, 373; MEGA² I/8, 416. Im Rahmen der Artikel der *Rheinischen Zeitung* hatte Marx die Pressefreiheit als notwendiges Moment eines intakten *Volkgeistes* herausgestellt (s. S. 77, 103). Demgegenüber begründe die Zensur eine bloße Tendenzgesetzgebung, die die *Willkür zum Gesetz* erhebe (s. S. 75 f.).
1219 *Marx an die Polizeidirektion in Köln*, 13.4.1848, MEGA² III/2, 149; *Marx an Friedrich Christian Hubert von Kühlwetter*, 23.8.1848, MEGA² III/2, 159; vgl. auch Kliem 1970, S. 184–188.
1220 MEGA² III/2, 734; *Marx an Wilhelm Arnold Geiger*, 5.8.1848, MEGA² III/2, 158; *Marx an Friedrich Christian Hubert von Kühlwetter*, 23.8.1848, MEGA² III/2, 159f.

trag auf „Renaturalisation" festhalte, d.h. die „Eigenschaft als Preuße" weiterhin zurückzuerlangen trachte.[1221] Die Begründung, der er sich dabei bedient, erfolgt in drei Schritten: (1) Verweis auf die geltenden Bundesbeschlüsse der Nationalversammlung; (2) Auslegung des Gesetzes über die Erwerbung und den Verlust der Eigenschaft als Preußischer Unterthan, so wie über den Eintritt in fremde Staatsdienste vom 31. Dezember 1842;[1222] (3) Darstellung der außerrechtlichen Gründe der Ablehnung.

Zunächst führt Marx aus, dass der *Bundesbeschluss* vom 31. März 1848 auch politischen Flüchtlingen mit ernsthaften Rückkehrabsichten das aktive und passive Wahlrecht zuspreche und dass die hierauf aufbauende Wahlordnung in Preußen gesetzlich gültig sei. Aus der Wählbarkeit zur Nationalversammlung ergebe sich der Besitz des „deutsche[n] Reichsbürgerrecht[s]", welches als „höchste[s] Recht" auch den Anspruch auf das „Preußische Staatsbürgerrecht" beinhalte.[1223] Im nächsten Schritt wirft Marx den für die Entscheidungen zuständigen Landespolizeibehörden eine unterschiedliche Handhabung des *Gesetzes vom 31. Dezember 1842* vor. Hiernach verliere u.a. derjenige die Eigenschaft als Preuße, der sich länger als zehn Jahre im Ausland aufhalte (§ 15 Nr. 3). Diese Regelung treffe Marx zufolge auf Mitglieder der bestehenden Nationalversammlung zu, denen bei ähnlich restriktiver Handhabung des Gesetzes wie für Fälle des antragsbegründeten Verlustes (§ 15 Nr. 1) ebenso das preußische Staatsbürgerrecht zu verweigern wäre, was jedoch nicht erfolge.[1224] Zuletzt verweist Marx auf die *tatsächlichen Gründe* für die Ablehnung seines Antrags, die er als *politisch motiviert* und somit rechtswidrig erachtet. Grundlage der Ablehnung sei seine Tätigkeit als Chefredakteur der *NRhZ* und die damit verbundene „democratische Gesinnung" sowie das „oppositionelle Auftreten gegenüber der bestehenden Regierung".[1225] Eine Ablehnung auf dieser Grundlage entspreche daher jenen „tendenzielle[n] Gründe[n]" des „alten Polizei-Staat[s]", die mit der Märzrevolution und ihren Errungenschaften nicht mehr zu vereinbaren seien.[1226] Der Rekurs Marxens wurde mit Schreiben vom 12. September 1848 als unbegründet zurückgewiesen.[1227]

Das willkürliche Agieren der „Gesetzgebung Geiger" stellt für Marx daher nur eine weitere Form der politischen Tendenzverfolgung dar, die sich vordergründig ad ho-

---

1221 *Marx an Friedrich Christian Hubert von Kühlwetter*, 23.8.1848, MEGA² III/2, 160f.
1222 *Gesetz-Sammlung für die Königlichen Preußischen Staaten* [1843] S. 15–18.
1223 *Marx an Friedrich Christian Hubert von Kühlwetter*, 23.8.1848, MEGA² III/2, 160.
1224 *Marx an Friedrich Christian Hubert von Kühlwetter*, 23.8.1848, MEGA² III/2, 161.
1225 *Marx an Friedrich Christian Hubert von Kühlwetter*, 23.8.1848, MEGA² III/2, 161.
1226 *Marx an Friedrich Christian Hubert von Kühlwetter*, 23.8.1848, MEGA² III/2, 161.
1227 *Friedrich Christian Hubert von Kühlwetter an Karl Marx*, 12.9.1848, MEGA² III/2, 470. Noch vor Erhalt der endgültig ablehnenden Antwort von Kühlwetters veröffentlicht Marx sein Rekurs-Schreiben in der NRhZ. *Der Konflikt zwischen Marx und der preußischen Untertanenschaft*, NRhZ Nr. 94, 5.9.1848, MEGA² I/7, 649–652. Einen Schritt, den Marx unter Rückgriff auf Mozarts *Figaro* bereits einen Monat zuvor angekündigt hatte: „Will der Herr Graf ein Tänzchen wagen, So mag er's sagen, Ich spiel' ihm auf! mögen noch so viele Geiger mit ihrer Violine [Arresthaus in Köln] drohen." MEGA² I/7, 575, 1461; s. Fn. 1193; Mozart, *Die Hochzeit des Figaro*, I, Sz. 2, Mozart 2016, S. 23.

minem zeige, in Wirklichkeit aber auf die Pressearbeit der *Neuen Rheinischen Zeitung* ziele.[1228] In der Folge verschiedener erfolgloser Versuche, die Zeitung zu beseitigen, wird der „versteckte Ausweisungsbefehl" der zurückgewiesenen Wiedereinbürgerung im Mai 1849 dann auch jene „Polizeifinte" ermöglichen, die die „standrechtliche Beseitigung" der Zeitung besiegeln sollte, die sofortige Ausweisung ihres *Redakteurs en chef* aus dem preußischen Staatsgebiet.[1229]

Nachdem Marx zunächst nach Paris emigrierte, musste er auf Veranlassung der französischen Regierung im August 1849 dann zwangsweise nach London umsiedeln.[1230] Im englischen Exil wird er das mit den Manuskripten der *Deutschen Ideologie* strukturierte und im *Manifest* politisch verankerte „Forschungsprogramm" wieder aufnehmen und weiter ausschärfen.[1231] Dies erfolgt zum einen durch die Fortführung seiner Auseinandersetzung mit der politischen Ökonomie, um dem *Betriebsgeheimnis* des Privateigentums endlich auf die Schliche zu kommen (*Kapitel 7*), zum anderen durch eine Anknüpfung an die politische Umsetzung des theoretischen Programms zunächst als Fortführung des Zeitungsprojektes in Gestalt einer „politisch-ökonomische[n] Zeit(Monats)schrift" (*Kapitel 6*).[1232]

1228 MEGA² I/7, 575; MEW 6, 503 f.; s. Fn. 1193.
1229 MEGA² I/7, 1518; MEW 6, 503; *Déclaration au rédacteur de „La Presse"*, La Presse v. 30.7.1849, MEGA² I/10, 5. Die zunehmende Festigung der Restauration erreicht ihren Höhepunkt aus der Sicht Marxens mit der ein „permanentes Standrecht" (MEW 6, 346) ermöglichenden Verfassung, in der sich die „preußische Herrlichkeit [...] in ihrer natürlichsten Nacktheit" (MEW 6, 493) zeige und eine Ende aller „Rechtsbodenschwärmer[ei]" (MEW 6, 495) bedeute. Es sei der Boden, auf dem sich das Handeln der „Terroristen von Gottes- und Rechts-Gnaden" (MEW 6, 505) vollziehe, der königlichen Regierung und der ihr nachgeordneten Behörden.
1230 MEGA² I/10, 5; *Marx an Friedrich Engels*, Ende Juli 1849 u. 23.8.1849, MEGA² III/3, 36, 44.
1231 Arndt 2012, S. 75.
1232 *Marx an Friedrich Engels*, Ende Juli 1849, MEGA² III/3, 36. Gegenüber dem Redakteur der Zeitung *La Presse* hatte Marx ebenso betont, sich nach der Ausweisung aus Preußen mit der vor fünf Jahren begonnenen Arbeit an der „l'histoire de l'économie politique" beschäftigen zu wollen. MEGA² I/10, 5.

6 Die Zeit des Stillstands und die Kritik des Rechts (1850 – 1862)

Unmittelbar mit der Einrichtung im englischen Exil beginnt für Marx die Zeit der Aufklärung über die „durchlebte Periode der Revolution".[1233] Diese Aufklärung beinhaltet zum einen eine genaue Analyse der Niederlagen, die die kontinentaleuropäischen Emanzipationsbestrebungen in den Jahren 1848 und 1849 erleiden mussten, und zum anderen eine Modifikation der mit dem Programm des *Bundes* verknüpften Revolutionsperspektive.[1234] Wie bereits in dem Zeitungsartikel *Lohnarbeit und Kapital* einige Monate zuvor skizziert geht es vordergründig um die Ermittlung der dabei relevanten wissenschaftlichen Grundlagen, d. h. eine Betrachtung der Ereignisse in Deutschland und in Frankreich eingebettet in ein „ausführliches und wissenschaftliches Eingehen in die ökonomischen Verhältnisse", um so die „reale Grundlage" unter den „oberflächlichen Wallungen" der politischen Wirrungen sichtbar zu machen.[1235] Als geeignetstes Format, um die „Ereignisse in größern Umrissen zu fassen", gilt Marx das gegenüber Engels angekündigte „deutsche Journal" in monatlicher Erscheinungsweise, das zu Beginn des Jahres 1850 Gestalt annehmen sollte, als *Neue Rheinische Zeitung. Politisch-ökonomische Revue*.[1236] Die hier aufgenommenen Problemstellungen und Denkmuster werden durch die Abfassung eines weiteren Dokuments der „historisch wissenschaftliche[n] Darstellung der Revolution" weitergeführt und ergänzt, das zu Beginn des Jahres 1852 entsteht.[1237] Unter dem unmittelbaren Eindruck des bonapartistischen *coup d' État*, der zum Ende des Jahres 1851 das endgültige Ende der französischen Republik besiegelte, publiziert Marx in der Folge die Broschüre *Der achtzehnte Brumaire des Louis Bonaparte*.[1238] Dominiert durch die Freilegung des Zusammenhangs der ökonomischen und politischen Ereignisse des Zeitgeschehens wird die „rücksichtslose Kritik" in den Abhandlungen und Darstel-

---

[1233] *Ankündigung der „Neuen Rheinischen Zeitung. Politisch-ökonomische Revue"*, Neue Deutsche Zeitung Nr. 14, 16.1.1850, MEGA² I/10, 17.
[1234] Vgl. MEGA² I/10, 675; Arndt 2012, S. 75; Schmidt 2018, S. 111.
[1235] MEGA² I/10, 17; *Revue. Mai bis Oktober*, Neue Rheinische Zeitung. Politisch-ökonomische Revue, H. 5/6, Mai–Oktober 1850, MEGA² I/10, 448 [Marx / Engels]; MEW 6, 397 f.; s. S. 187 f.
[1236] MEGA² I/10, 17; *Marx an Friedrich Engels*, 23.8.1849, MEGA² III/3, 44. Die offensichtliche Anknüpfung an das Zeitungsprojekt der *NRhZ* wird neben der Titelwahl auch durch die Absicht Marxens dokumentiert, die *Revue* langfristig wieder in eine tagesaktuelle Berichterstattung übergehen zu lassen. *Marx an Ferdinand Freiligrath*, 11.1.1850, MEGA² III/3, 60. Entgegen der öffentlichen Wirksamkeit der *NRhZ* vermochte die *Revue* jedoch keine entsprechende Resonanz zu erzeugen, so dass sie nach dem Erscheinen von nur sechs Heften im Zeitraum Januar bis Oktober 1850 aufgrund der anhaltenden Finanzierungsprobleme wieder eingestellt werden musste. MEGA² I/10, 679 f., 685 – 692, 695 f.; s. S. 186.
[1237] Brunkhorst 2016, S. 138.
[1238] MEGA² I/11, 96 – 189. Zunächst als Aufsatzserie für eine New Yorker Wochenzeitung geplant, wurden die Manuskripte des *Brumaires* im Mai 1852 als Broschüre publiziert und in den Vereinigten Staaten vertrieben. MEGA² I/11, 684, 687, 694.

lungen dieses Werkstadiums dabei auch mit einer weiterführenden Betrachtung des *Rechts* und des *Staats* konfrontiert sein, welche die „Zeit des scheinbaren Stillstandes" prägen wird.[1239]

6.1 Die Neue Rheinische Zeitung. Politisch-ökonomische Revue und Der achtzehnte Brumaire des Louis Bonaparte

Den Schwerpunkt der Betrachtungen in der *Revue* und im *Brumaire* bilden die französischen Verhältnisse, die auf der Grundlage der Blaupause erörtert und verallgemeinert werden, die Marx bereits in seiner Auseinandersetzung mit dem Scheitern der Märzrevolution gewonnen hatte.[1240] Herzstück der Analyse stellt die Artikelreihe *Die Klassenkämpfe in Frankreich 1848 bis 1850* dar, die in den ersten drei Heften der *Revue* erschien und an deren Darstellung die Schilderungen des *Brumaires* unmittelbar anknüpfen.[1241] Quintessenz der Analyse ist eine doppelte Perspektive auf die „Niederlage der Revolution", die Marx aus einer Symbiose der Gedanken aus der *Judenfrage* mit den Darlegungen zur Revolution in den Artikeln der *NRhZ* gewinnt.[1242] Aufbauend auf einer Rückführung des Scheiterns der „sociale[n] Revolution" auf ihre *reale Grundlage*, die es ermöglicht, hieraus die Perspektive für eine neue Revolution des Proletariats zu eröffnen, wird anhand der Analyse ihrer Verfassung auch der politische Niedergang der „bürgerliche[n] Republik" erklärbar gemacht.[1243]

6.1.1 „Die Revolution in Permanenz!"

Bezugnehmend auf die Auseinandersetzungen der verschiedenen politischen Gruppierungen der Februarrevolution, die Marx detailliert nachvollzieht, begreift er das Scheitern dieses Prozesses aus der Perspektive des revolutionären Proletariats in

---

1239 Gottfried Kinkel, Neue Rheinische Zeitung. Politisch-ökonomische Revue, H. 4, April 1850, MEGA² I/10, 318 [Marx / Engels]; MEGA² I/10, 17; s. S. 121.
1240 s. *Kap. 5.1*.
1241 Neue Rheinische Zeitung. Politisch-ökonomische Revue, H. 1, Januar 1850, H. 2, Februar 1850, H. 3, März 1850, MEGA² I/10, 119–196. In den weiteren Artikeln und Betrachtungen der *Revue* wird der hier entworfene Rahmen dann ergänzt und vervollständigt. *Revue*, Neue Rheinische Zeitung. Politisch-ökonomische Revue, H. 2. Februar 1850, H. 4, April 1850 u. H. 5/6, Mai–Oktober 1850, MEGA² I/10, 211–223, 301–304 u. 448–488 [Marx / Engels]. Abschließend sind zudem die Ansprachen an den *Bund der Kommunisten* zu berücksichtigen, die Marx und Engels anlässlich dessen Reorganisation nach den Revolutionspleiten im März und Juni 1850 verfasst hatten, d. h. in enger zeitlicher Nähe zu den Publikationen der *Revue*. Ansprache der Zentralbehörde des Bundes der Kommunisten vom März 1850, MEGA² I/10, 254–263; Ansprache der Zentralbehörde des Bundes der Kommunisten vom Juni 1850, MEGA² I/10, 336–342.
1242 MEGA² I/10, 119.
1243 MEGA² I/10, 136, 140.

erster Linie als falsches Verständnis der *sozialen Revolution* und der Bedingungen ihrer Durchsetzung. Ausgehend von der Grundlage dieses unrichtigen Verständnisses, welches sich als Vorstellungen der *politischen Emanzipation* erweist, entwickelt Marx ein Paradigma der Revolution „in absteigender Linie", an dessen Ende die Revolution wieder zu ihrem Ausgangspunkt zurückgelangt, zur „Herrschaft der Finanzaristokratie".[1244] Die grundlegenden Annahmen, die der ursprünglichen Zerschlagung dieser Herrschaft zugrunde lagen, bildeten ein Amalgam aus der „Ideologie" der „Bourgeoisrepublikaner" und dem „Wunderglauben" des „kleinbürgerliche[n] Socialismus" bzw. der „sozial-demokratische[n] Partei".[1245] Als Kern dieser Vorstellungen stellt Marx die Beschränkung der Emanzipation auf die Einführung des „allgemeinen Wahlrechts" sowie die Nivellierung des Klassenkampfes heraus.[1246] Allein auf die Ebene der politischen Ereignisse reduziert würde hierin mit dem Übergang zur Republik bereits die *Emanzipation* schlechthin identifiziert.[1247] Der „Schleier" dieser Vorstellungen wird im Zuge der Juniinsurrektion und der Niederlage des Proletariats jedoch zerreißen.[1248] Um den Verlauf der Revolution tatsächlich

---

1244 MEGA² I/10, 122; MEGA² I/11, 103, 118; s. S. 122 f. Mit der *Finanzaristokratie* kennzeichnet Marx eine korrupte Clique der herrschenden Kräfte, die sich durch Spekulationen zu Lasten der öffentlichen Kassen bereicherte. Diese unter der Julimonarchie etablierte Herrschaft einer „Aktien-Compagnie zur Exploitation des französischen Nationalreichthums" war es, gegen die sich die Akteure der Revolution erhoben und deren Reetablierung entgegen der Intentionen der Revolutionäre wieder am Ende der Republik stehen sollte. MEGA² I/10, 120–122; MEGA² I/11, 164. „Unsere ganze Darstellung hat gezeigt, wie die Republik vom ersten Tage ihres Bestehens an, die Finanzaristokratie nicht stürzte, sondern befestigte. Aber die Concessionen, die man ihr machte, waren ein Schicksal, dem man sich unterwarf ohne es herbeiführen zu wollen." MEGA² I/10, 180. Die Herrschaft der Finanzaristokratie setzt sich auch nach dem Staatstreich Bonapartes fort, wie es Marx in seinen Zeitungsartikeln für die *New York Daily Tribune* sehr genau nachverfolgen wird. Vgl. u. a. *Der französische Crédit mobilier*, New York Daily Tribune Nr. 4735, 4737, 4751, 5128, 21.6., 24.6., 11.7.1856, 26.9.1857, MEW 12, 20–36, 289–292.
1245 MEGA² I/10, 136, 138, 191; MEGA² I/11, 102, 120.
1246 MEGA² I/10, 124, 191 f.; MEGA² I/11, 121.
1247 Vor dem Hintergrund einer Rede von „heuchlerische[n] Phrasen […] der fraternité" (MEGA² I/10, 128) und der „gemüthliche[n] Abstraktion" (MEGA² I/10, 128) eines „eingebildeten Volkes" von „Citoyens" (MEGA² I/10, 135) sowie der „schwärmerischen[n] Erhebung über den Klassenkampf" (MEGA² I/10, 128) wird die Nähe zu den Ausführungen der *politischen Emanzipation* in den *Deutsch-Französischen Jahrbüchern* nur allzu sichtbar. Und es sind diese „republikanischen Illusionen" (MEGA² I/10 162), die den „revolutionairen Kampf der Klassen" (MEGA² I/10, 191) durch den *Traum* einer „friedliche[n] Durchführung" des „Socialismus" (MEGA² I/10, 191) sentimental „wegphantasir[en]" (MEGA² I/10, 191 f.). Mit dem „Sturz der bestehenden Regierung", d. h. dem bloßen Wechsel der Staatsform, und einem „Schein der Versöhnung" ist hiernach bereits das Ende der gesamten revolutionären Bewegung erreicht: „[…] ein Zusammenlauf auf der Straße, ein Krawall, ein Händedruck und Alles ist fertig." MEGA² I/10, 486; s. a. MEGA² I/10, 128. Die Vereinnahmung des Proletariats durch diese *ideologischen* Vorstellungen bildete die Grundlage für die Fehleinschätzung, die eigene Emanzipation, also die *menschliche Emanzipation*, *neben* der Bourgeoise und unter der *Abstraktion* von den gesamteuropäischen Gesellschaftsverhältnissen vollziehen zu können MEGA² I/10, 126; s. S. 126, 190.
1248 MEGA² I/10, 137. Nach der Abschaffung zentraler Errungenschaften der Arbeiter durch die sich im Mai 1848 konstituiert habende Nationalversammlung brachen am 22. Juni 1848 Barrikadenkämpfe in Paris aus, in denen die Arbeiter versuchten ihre Forderungen mit Gewalt durchzusetzen. Der Aufstand

nachvollziehen zu können, müsse sich die Blickrichtung analog zu den Betrachtungen der Märzrevolution auf die unterhalb der „politischen Welt" schlummernden „materiellen Grundlagen" richten, die die gesellschaftlichen Auseinandersetzungen bestimmten.[1249] Diese Grundlagen identifiziert Marx im *Brumaire* mit den „sozialen Existenzbedingungen" einer Klasse, also ihren Eigentumsverhältnissen.[1250] In Bezug auf die französische Bourgeoisie entsprechen diese „Kapital und Grundeigenthum".[1251] In der Folge der gesellschaftlichen Eruptionen der Februarrevolution sei es der republikanischen Bourgeoisie im Zuge einer „politische[n] Wiederbefestigung der bürgerlichen Gesellschaft" daher zunächst um die Stabilisierung der „bürgerlichen Verhältnisse" gegangen, d.h. der „bürgerliche[n] Production", um so letztlich die Lebensbedingungen ihres Eigentums zu verewigen, die „Herrschaft des Capitals, die Sklaverei der Arbeit".[1252] Und es sei dieses Festhalten an den „alten öconomischen Lebensverhältnisse[n]", das sich durch die gesamte Zeit der bürgerlichen Republik hindurchziehe und eine Sicherung des gesellschaftlichen „status Quo" intendiere.[1253] Auf der Grundlage dieser ökonomischen Verhältnisse vollziehe sich dann ein Wie-

---

wurde durch Armee und Nationalgarden gewaltsam beendet und leitete ein ganzes Bündel repressiver Maßnahmen gegen die Arbeiter und ihre Organisation ein. Diese „Leichenstätte" des Proletariats bildet für Marx die „wirkliche Geburtsstätte der bürgerlichen Republik". MEGA² I/10, 137, 139.

1249 MEGA² I/11, 107, 121.

1250 MEGA² I/11, 121; s. S. 188.

1251 MEGA² I/11, 121. Diese „materiellen Existenzbedingungen" prägen dann auch den „Ueberbau" des Individuums, d.h. seine Denkweise, seine Lebensanschauungen sowie seine Illusionen und nicht zuletzt auch seine *Interessen*. MEGA² I/11, 121 f. Im politischen Konflikt der Klassen spiegelt sich dieser *Überbau* dann als „exclusives Interesse" wider, das als Bedingungen der „Klassenherrschaft" in der Gestalt „nothwendige[r] Bedingungen der materiellen Production wie der aus ihr hervorgehenden gesellschaftlichen Verkehrsverhältnisse" gegenüber anderen Klassen geltend gemacht wird. MEGA² I/10, 164; MEGA² I/11, 106; s. Fn. 1063, 1064.

1252 MEGA² I/10, 129, 132, 136, 139. So ging es nach Ausbruch der Unruhen vor allem darum, den „öffentliche[n] Credit und de[n] Privatcredit" wiederherzustellen, was ein Vorgehen gegen die das Vertrauen in die „bürgerliche Moral und Zahlungsfähigkeit" unmittelbar bedrohende Emanzipation des Proletariats miteinschloss. MEGA² I/10, 129 f., 132, 143. Die Vorgehensweise der Bourgeoisie im Rahmen ihrer Mitwirkung an der provisorischen Regierung zeichnete sich daher durch eine Konzentration „der wirkliche[n] Staatsmacht" (MEGA² I/10, 126) auf ihre Interessensvertreter aus, die dann eine sukzessive Verbannung des Proletariats und der demokratischen Kleinbürger von der „revolutionären Bühne" ermöglichte. MEGA² I/10, 167; MEGA² I/11, 105.

1253 MEGA² I/10, 147, 481. Marx zufolge trage die Republik, in der nach der Verdrängung der republikanischen Bourgeoisie die Fraktionen der konkurrierenden Dynastien zusammenwirken und mit der Fortexistenz ihrer „unzeitgemäße[n] Sonderinteressen" (MEGA² I/8, 500; s. S. 192) gemeinsame Klassenziele verfolgten, daher auch nicht den Namen *Bourbon* oder *Orléans*, „sondern den Namen Kapital". MEGA² I/11, 114. Auf der Grundlage der spezifischen Gesellschaftsverhältnisse Frankreichs, in der zwei Drittel der Bevölkerung auf dem Land lebten, habe sich diese „Herrschaft des Eigenthums" (MEGA² I/11, 176) vor allem gegen die Landbevölkerung gerichtet. Hintergrund hierfür bilde vor allem die im 19. Jahrhundert vollzogene *Verbürgerlichung des Grundeigentums*, d.h. der ablösungsbedingten Umwandlung der Parzellen in kreditfinanziertes Privateigentum. Von der Exploitation des Proletariats unterscheide sich diese Ausbeutung daher nur durch die Form – „[d]er Exploiteur ist derselbe: das Capital." MEGA² I/10, 185, 187; MEGA² I/11, 122, 182 f.

dererstarken der „entsprechenden politischen Formen".[1254] So erscheine auch der Verzicht auf die „politische Macht" zugunsten des Forterhalts der „gesellschaftliche[n]" nur konsequent, den die royalistische Bourgeoisie im Zuge der permanenten Bedrohungslage durch konkurrierende Klassen letztlich billigend in Kauf zu nehmen bereit war.[1255] Insofern sei die „restaurirte Monarchie", die „Herrschaft von Säbel und von Kutte", Marx zufolge auch nur als „vollständige und eigenthümliche Gestalt" der „reife[n] Bourgeois-Republik" zu begreifen, in der doch nur die „Despotie einer Klasse" gegen die „Despotie eines Individuums" getauscht werde, ohne dass die grundlegenden Exploitationsverhältnisse hierdurch angetastet würden.[1256] Mit der Restauration der Monarchie kehre die Revolution dann zu ihrem Ausgangspunkt zurück und vollende somit ihren Zyklus „in absteigender Linie".[1257]

Im nächsten Schritt wird die materiell fundierte Analyse des Scheiterns in die *allgemeine Theorie der Revolution* überführt, die bereits Gegenstand des *Manifests* und der Artikel der *NRhZ* war und die in den Heften der *Revue* nun um eine ökonomische Engführung ergänzt wird.[1258] Das Fundament hierfür gewinnt Marx aus der Verbindung zweier elementarer Gedanken: Zum einen ist dies die Verhältnisbestimmung der über den „Weltmarkt" miteinander verwobenen „Produktionsverhältnisse" der verschiedenen Nationen, die gemessen am Grad der Entwicklung ihrer bürgerlichen Gesellschaften, d. h. des Entwicklungsstands der Industrialisierung, in einen *organischen Zusammenhang* gebracht werden.[1259] Entsprechend dieser Verbindung nehme England die Stelle des „Herzen[s]" des „bürgerlichen Körpers" ein, da nur hier die Herrschaft der „Industrie" voll entfaltet sei, die Länder Kontinentaleuropas die seiner „Extremitäten".[1260] Zum anderen ein Zusammenhang zwischen *ökonomischen Krisen* und *politischen Unruhen*, den Marx aus den ökonomischen Auswertungen der „Intervalle der Handelsgeschichte" Englands und Kontinentaleuropas bestimmt.[1261] Die

---

1254 MEGA² I/10, 147.
1255 MEGA² I/11, 122, 136, 169.
1256 MEGA² I/10, 154; MEGA² I/11, 101, 175, 178.
1257 MEGA² I/11, 118. Parallel zu den Betrachtungen der deutschen Verhältnisse in den Artikeln der *NRhZ* entwickelt Marx in der *Revue* und im *Brumaire* das Paradigma einer bürgerlichen Revolution, die als Bündnis verschiedener gesellschaftlicher Klassen auf der Grundlage einer noch feudal verwachsenen Gesellschaft durchgeführt wird und dann *notwendig* in eine Restauration umschlägt, da die Bourgeoisie um der Gefahr eines Verlusts ihrer materiellen Lebensgrundlage willen stets mit der „feudal-absolutistischen Partei" (MEGA² I/10, 255) paktieren werde. Eine ähnliche Bedrohung rühre in seinen Augen auch von einem künftigen Bündnis mit der kleinbürgerlichen Demokratie her. MEGA² I/10, 254–256, 319–320.
1258 s. S. 169f., 174f., 190.
1259 MEGA² I/10, 126; s. Fn. 1048.
1260 MEGA² I/10, 182, 466. Nur in England sei bereits der Entwicklungsstand erreicht, in dem *alle* Eigentumsverhältnisse durch die moderne Industrie geprägt seien. Signum dieser Gestaltung sei die Durchsetzung des *Freihandels*, die in Kontinentaleuropa bislang noch ausstehe. MEGA² I/10, 127, 182; s. S. 170.
1261 MEGA² I/11, 168. In den Ausführungen der *Revue* betrachtet Marx die industriellen Zyklen und ihre Verläufe in Phasen der Depression und Prosperität für England und Kontinentaleuropa im Zeit-

wesentliche Folie dieser Betrachtungen bildet der Krisenverlauf im Vorfeld der Februarrevolution, dessen Epizentrum in England lag und der dann zeitversetzt für ein Umschlagen des „allgemeinen Mißbehagens" in eine offene „Revolte" sorgen sollte.[1262] Zu revolutionären Erhebungen komme es daher immer nur in Phasen wirtschaftlicher Depression.[1263] Dieses organisch strukturierte „Abhängigkeitssystem" des Weltmarktes dient dann als Reißbrett für die Skizzierung des Szenarios der *sozialen Revolution*: Zunächst komme es in England zum Ausbruch einer ökonomischen Krise, die dann in „sekundärer und tertiärer Form" vom Herzen in die Extremitäten abstrahle und dort das Aufkommen von Revolutionen bewirke.[1264] Zentrale Bedeutung wachse dabei Frankreich zu, da hier die Erhebung des Proletariats zuerst einsetze.[1265] In der Folge gelange diese Entwicklung zu einem notwendigen Übergreifen der nationalen Revolution Frankreichs auf die Nachbarländer und zur Auslösung eines „europäischen Revolutionskrieg[s]".[1266] Dies Geschehen werde eine Partizipation Englands unumgänglich machen, so dass sich die Auseinandersetzungen zu einem „Weltkrieg" auswüchsen.[1267] Hierdurch setze wiederum eine Rückwirkung auf die ökonomische Krise im *Herzen* ein. Sei die Intensität dieser Rückwirkung hoch genug, komme es zum *politischen Kammerflimmern*, indem die revolutionäre Chartistenpartei Zugang zur politischen Bühne erhalte und aufgrund der Mehrheitsverhältnisse so die Möglichkeit gewinne, die Forderungen des Proletariats auf die Höhe der tagespolitischen Agenda zu heben.[1268] Es folge der *ökonomische Infarkt* des bürgerlichen Körpers, der Sturz des „Despoten des Weltmarkts".[1269]

---

raum 1837–1850. MEGA² I/10, 301–304, 448–454, 464 f. Als Quelle der dabei verwendeten empirischen Daten diente Marx der englische *Economist*. Vgl. Krätke 2006, S. 40.
1262 MEGA² I/10, 122; MEGA² I/11, 168. Demzufolge war es ein zu einer „allgemeine[n] Handels- und Industrie-Krise in England" zugespitzter Krisenverlauf, der im Oktober 1847 in Gestalt einer „Geldkrise" auf die kontinentaleuropäischen Staaten übergriff und für ein Erlahmen ihrer Kreditmärkte sorgte. MEGA² I/10, 123, 451, 454; s. Fn. 1252. „Jedenfalls aber ist gewiß, daß die Handelskrise zu den Revolutionen von 1848 unendlich mehr beigetragen hat, als die Revolution zur Handelskrise." MEGA² I/10, 455. Mit dieser Sichtweise wendet sich Marx unmittelbar gegen die *Ideologie* der Bourgeoisie, in der ihm zufolge Ursache und Wirkung verkehrt würden, da die politischen Auseinandersetzungen als Quelle der ökonomischen Krisen begriffen werden. MEGA² I/11, 167.
1263 „Eine neue Revolution ist nur möglich im Gefolge einer neuen Krisis. Sie ist aber eben so sicher wie diese." MEGA² I/10, 467.
1264 MEGA² I/10, 303 f., 466; Arndt 2012, S. 80.
1265 MEGA² I/10, 140, 263. In Frankreich erfolge diese Erhebung im Bündnis mit der Bauernklasse, die sich Marx zufolge bereits von Bonaparte abzuwenden beginne. MEGA² I/10, 188, 190, 216; MEGA² I/11, 183, 185. Sie werde „das Chor" der „proletarische[n] Revolution" bilden. MEGA² I/11, 185.
1266 MEGA² I/10, 126, 263. Dieses *notwendige* Übergreifen ergibt sich entweder aus der aktiven Initiative des französischen Proletariats selbst oder aus der passiven Invasion der „despotischen Mächte" (MEGA² I/10, 140) Europas gegen das „revolutionaire Babel" (MEGA² I/10, 256). MEGA² I/10, 140, 182, 263.
1267 MEGA² I/10, 182.
1268 In den Heften der *Revue* wird dieser Verlauf so dargelegt, dass es in Folge der ökonomischen Krisen und militärischen Auseinandersetzungen zu einer Übernahme der Regierung durch die konservativen Kräfte kommt (*Tories*). Diesen trete dann das breite Bündnis einer Opposition von liberaler

Resultat der Analyse des Scheiterns der Februarrevolution ist dann der Verlust der Illusionen einer nur politischen Emanzipation sowie eine differenziertere Einsicht in die materiellen Grundlagen des Klassengegensatzes und der sozialen Revolution im gesamteuropäischen Kontext. Das Durchlaufen dieser „Entwicklungsschule" der revolutionären Epoche bilde erst die Basis für die Verwirklichung der „sociale[n] Revolution des 19. Jahrhunderts".[1270] Dabei stehe die Lösung des „Räthsel[s] der Zukunft" entgegen dem Enthusiasmus der Vorjahre eben nicht unmittelbar an, sondern vielmehr werde ein „längere[r] revolutionaire[r] Entwickelungsgang", gestützt auf eine *beständige Selbstreflexion und Kritik* der proletarischen Bewegung, zu erwarten sein. In diesem Sinne spricht Marx davon, die „Revolution permanent zu machen".[1271]

6.1.2 Die Kritik der bürgerlichen Verfassung und die Rede von der Abschaffung des Staates

Mit der Rückführung der politischen Ereignisse der Februarrevolution auf ihre materiellen Grundlagen und der Freilegung des hiermit notwendig verknüpften Klassengegensatzes hatte Marx zugleich die Illusionen der politischen Emanzipation kritisiert, die von dieser „rauhe[n] Außenwelt" abstrahieren.[1272] Hierauf aufbauend erfolgt dann eine kritische Auseinandersetzung auf der Ebene des Rechts, deren Ausgangspunkt jene Epidemie eines „parlamentarische[n] Kretinismus" bildet, die 1848 in Europa um sich griff und die Akteure der Revolution an die nur „eingebildete Welt" einer *politischen Verfassung* bannen sollte.[1273] Als Grundlage der Betrachtung der

---

Bourgeoisie und Chartisten entgegen und bewirke die Durchsetzung einer parlamentarischen Reform (*Charte*). Mit der Etablierung des allgemeinen Wahlrechts erhalte der revolutionäre Flügel der Chartistenpartei Zutritt zum englischen Parlament, wo er aufgrund der Mehrheitsverhältnisse die Forderungen des Proletariats politisch durchzusetzen in der Lage sein werde. Es komme zur Entfesselung der „modernen englischen Revolution" (MEGA² I/10, 218). MEGA² I/10, 182, 303, 467, 471 f.
1269 MEGA² I/10, 126; s. Fn. 1136. Nur so wird verständlich, dass Marx von England als dem „organisatorischen" Ausgangspunkt der Revolution spricht. MEGA² I/10, 182. Eigentliches Ziel ist es von Beginn an, die „Gesetze" (MEGA² I/10, 126) des Weltmarktes zu brechen, d. h. jene Gesetze der „Anarchie" der „sachlichen Mächte", in welcher Gestalt der Weltmarkt den Menschen als „fremde [...] Macht" gegenübertritt. s. S. 157, 172; s. Fn. 872. Dass Marx hier tatsächlich an das *Paradigma der Entfremdung* anknüpft, wird durch Textstellen untermalt, in denen vom Kredit als „lebendige[n] und eifrige[n] Gott" (MEGA² I/10, 143) und von den „Priester[n] dieses Geldmarkts" (MEGA² I/11, 164) gesprochen wird. Zudem wird das Kapital auch als „goldne[s] Kalb" charakterisiert. *Marx an Ferdinand Freiligrath*, 31.7.1849, MEGA² III/3, 35; s. S. 124 f., 126; s. Fn. 863. Mit dem Vollzug der sozialen Revolution würden diese selbst erschaffenen „Götter" aufhören zu existieren, indem die *sachlichen Mächte*, d. h. „die Gesamtmasse der Produktivkräfte der modernen Industrie", der *Kontrolle* der assoziierten Menschen unterworfen werden. MEGA² I/10, 457 f.; MEGA² I/11, 135; s. S. 157.
1270 MEGA² I/10, 119, 140, 216, 474; MEGA² I/11, 101.
1271 MEGA² I/10, 101 f., 192, 258, 263, 486.
1272 MEGA² I/11, 155.
1273 MEGA² I/11, 155.

französischen Verfassung des Jahres 1848 dient dabei die Verknüpfung der Ausführungen in den *NRhZ-Artikeln* mit der Menschenrechtskritik der *Jahrbücher* und ihrer materiellen Fundierung in einer *Kritik des Rechts*.[1274]

Den Ausgang der Analyse bildet die *immanente* Widersprüchlichkeit der Verfassung von 1848, die auf der Implementierung zweier nebeneinander bestehender souveräner Gewalten beruhe – der „Nationalversammlung und des Präsidenten" der Republik.[1275] Einer „gesetzgeberische[n] Allmacht" stünden die gebündelten „Attribute der königlichen Gewalt" gegenüber, die Mittel der „exekutiven" Staatsgewalt.[1276] Und es sei dieses von Beginn an konfliktbeladene Verhältnis, das in den Augen Marxens in einem „Kampf der beiden Gewalten auf Leben und Tod" münden müsse.[1277] Die Grundlage dieses Konflikts finde sich letztlich in dem auf *gesellschaftlicher Ebene* beheimateten Antagonismus, der durch die beständigen Emanzipationsbestrebungen von Proletariat und dem demokratischen Kleinbürgertum eine fortgehende Bedrohungslage für die gesellschaftliche Macht der Bourgeoisie schaffe und so zu einer sukzessiven Stärkung der „bureaukratischen und militärischen Organisation" samt ihrer Spitze führe.[1278] Im fortgehenden Verlauf der bürgerlichen

---

[1274] Die ausführlichste Auseinandersetzung mit dieser Thematik findet sich im *Brumaire* (s. Fn. 1238). Zu berücksichtigen sind aber auch die bereits vor diesem Werk durchgeführten Betrachtungen in der *Revue* sowie die detaillierte Analyse der Verfassung die Marx in dem Chartisten-Organ *Notes to the People* veröffentlichte. *The Constitution of the French Republic adopted November 4, 1848*, Notes to the People Nr. 7, 14.6.1851, MEGA² I/10, 535–548.

[1275] MEGA² I/10, 148; MEGA² I/11, 110.

[1276] MEGA² I/11, 110. In der *Revue* hebt Marx hervor, dass sich hinter der Institution des Präsidenten nur die Umwandlung eines „stationaire[n] unverantwortliche[n] Erbkönigthum[s]" in ein „ambulantes verantwortliches Wahlkönigthum" verberge. MEGA² I/10, 146.

[1277] MEGA² I/11, 141.

[1278] MEGA² I/10, 148, 173; MEGA² I/11, 132f., 178. Die historische Wurzel der spezifischen Form der Exekutivgewalt Frankreichs liege Marx zufolge im Übergang vom Feudalwesen des absoluten Königtums zu den bürgerlichen Lebensverhältnissen in der Folge der Revolution von 1789. Im Zuge des Übergangsprozesses wurden Privilegien „feudale[r] Würdenträger" in „Attribute der Staatsgewalt" transformiert. Als Instrument zur Sicherung der Klassenherrschaft wurde diese „künstliche Staatsmaschinerie" im weiteren Fortgang der Geschichte Frankreichs dann immer weiter gefestigt und ausgedehnt. MEGA² I/11, 178f. Gewissermaßen als Verlängerung der „materiellen Wurzeln der feudalen Gesellschaft" (MEGA² I/10, 127) entspreche der Apparat der Bürokratie somit auch den „alten öconomischen Lebensverhältnissen" (MEGA² I/10, 147), auf denen er fuße. MEGA² I/11, 185. Hinter der Existenz der „Staatsmaschine" (MEGA² I/11, 189) verbergen sich daher immer materielle Klasseninteressen, wie Marx dies in Bezug auf die Bourgeoisie und die Bauernklasse explizit herausstellt. MEGA² I/11, 132, 178f.; s. Fn. 1251. Die Staatsgewalt „schwebt nicht in der Luft". MEGA² I/11, 179. Vorstellungen einer „Verselbständigung der Staatsmacht", die ihr eigenes Interesse vom Klasseninteresse entkoppelt und sich als „System administrativer Macht" zum „autoritäre[n] Staat" aufschwingt, wie Brunkhorst dies formuliert, beinhalten die Ausführungen des *Brumaires* daher nicht. Vgl. Brunkhorst 2016, S. 219, 222f. Diese Annahme wird zudem dadurch plausibilisiert, dass sich durch die revolutionäre Opposition von Proletariat und Bauernklasse auch *nach* dem Staatsstreich eine Perspektive für die Beschränkung des „fürchterliche[n] Parasitenkörper[s]" (MEGA² I/11, 178) ergebe. MEGA² I/10, 216; MEGA² I/11, 132, 183, 185.

Republik werde dieser Kampf im Dezember 1851 dann zugunsten der exekutiven Gewalt entschieden und die Verfassung in der „Blüthe der Jugend" dahingerafft.[1279]

Eine weitere Widersprüchlichkeit der Verfassung betrifft das Auseinanderfallen von *Form und Inhalt*, in dem sich das „konstitutionelle Dasein der Freiheit" als bloße Phrase entlarvt, die über ihren Inhalt hinausweist.[1280] Zwar proklamiere die Verfassung die Freiheiten als „unbedingte Rechte des französischen Citoyens", stelle diese dann aber unter den Vorbehalt von „Randglossen", die in der Gestalt „organische[r] Gesetze" auftreten und die Freiheiten unter dem Gesichtspunkt der „öffentlichen Sicherheit" wieder einschränken würden.[1281] Jeder Verfassungsparagraph enthalte somit zugleich seine „Antithese".[1282] Diesen Widerspruch greift Marx in einer Betrachtung der maßgeblichen *organischen Gesetze* in Bezug auf die zentralen Freiheiten der Verfassung dann en detail auf: So werden die *persönlichen Freiheiten* in Kapitel II Art. 2–4 der Verfassung durch das *Gesetz über den Belagerungszustand* vom 9. August 1849 wieder aufgehoben, da entgegen der Unverletzlichkeit der Wohnung die Berechtigung zu willkürlichen Hausdurchsuchungen ermöglicht werde. Des Weiteren könnten „political offenders" inhaftiert und ohne Prozess, d.h. unter Vorenthaltung ihres *natürlichen Richters*, durch ein Militärtribunal abgeurteilt werden.[1283] Begleitet werde die rechtliche Sanktionierung des Belagerungszustands durch Gesetze, die sicherstellen, dass die *Gerichte und Jurys* ausschließlich mit Interessenvertretern der herrschenden Klasse besetzt würden.[1284] Gleiches gelte für die *Pressefreiheit,* die durch verschiedene Gesetze im Zeitraum 1848 bis 1850 konterkariert werde. Neben der Wiedereinführung und Erhöhung von Kautionen für publizistische Organe würde dies insbesondere die stärkere Besteuerung von Büchern und Schriften beinhalten sowie das Verbot der anonymen Veröffentlichung von Artikeln.[1285] In der Konsequenz kommt dies Marx zufolge aber einem Todesurteil für die „working man's press" gleich und beseitigt somit die „dritte Macht im Staate" überhaupt, die „zahl- und namenlose

---

1279 MEGA² I/11, 111, 177. Entsprechend den Artikeln der *NRhZ* zu der Vereinbarungstheorie der preußischen Bourgeoisie ist es der sich im Verlauf der Revolution und den Auseinandersetzungen mit Proletariat und Kleinbürgertum vollziehende Schulterschluss mit den feudalen Kräften, um den Forterhalt des Status quo zu gewährleisten, der das Ende des „gesetzgeberischen Kunstwerks" (MEGA² I/11, 111) besiegelt.
1280 MEGA² I/11, 101, 109f.
1281 MEGA² I/11, 109.
1282 „Jeder Paragraph der Konstitution enthält nämlich seine eigne Antithese, sein eignes Ober- und Unterhaus in sich, nämlich in der allgemeinen Phrase die Freiheit, in der Randglosse die Aufhebung der Freiheit." MEGA² I/11, 109.
1283 MEGA² I/10, 174, 536. Zudem wird die Todesstrafe für politische Angelegenheiten in Art. 5 zwar grundsätzlich abgeschafft, aber durch die verhängten Deportationen in anderer Form wieder eingeführt: „But they transport to fever-stricken settlements, where they are executed, only a little more slowly, and far more painfully." MEGA² I/10, 536.
1284 MEGA² I/10, 544.
1285 MEGA² I/10, 474, 539; MEGA² I/11, 138.

öffentliche Meinung".¹²⁸⁶ In enger zeitlicher Nähe wurden zudem Gesetze gegen die Assoziations- und Versammlungsfreiheit erlassen, die die vorwiegend proletarisch geprägten „clubs" einer Fülle von Polizeimaßregeln aussetzten.¹²⁸⁷ Dies umfasse vor allem die Möglichkeit, die Art von *clubs* polizeilich zu unterdrücken, deren Ziel es sei, Missfallen gegenüber der bestehenden Regierung zum Ausdruck zu bringen.¹²⁸⁸ Ebenso zählt die Verhängung drakonischer Strafen gegen Arbeiter dazu, die sich zum Zweck der Einforderung von Lohnerhöhungen vereinigen.¹²⁸⁹ Zu guter Letzt werde auch das *allgemeine Wahlrecht* durch restriktive Gesetze beschnitten, in deren Folge der Großteil der Bevölkerung faktisch von den Wahlen ausgeschlossen werde.¹²⁹⁰ Zusammenfassend ergebe sich so das Bild eines Gegensatzes zwischen dem Wortlaut der Verfassung und ihrer praktischen Anwendung. Die die Freiheiten begleitenden „Repressionsgesetze" schützten demnach eine „öffentliche Sicherheit", die den Interessen der herrschenden Klasse entspreche und im Kern daher nur die „Sicherheit der Bourgeoisie" gewährleisten solle.¹²⁹¹ Diese Sicherheit gehe unmittelbar mit der eigentumsbasierten Grundlage ihrer Herrschaft einher, so dass der vorgebliche „Rechtsboden" der „‚ewigen Menschenrechte'" und „Wahrheiten" so betrachtet dann auch nur wieder als Boden des „Eigenthum[s]" und der „Ruhe des bürgerlichen Genießens" entlarvt werde.¹²⁹² Marx verdeutlicht dies auch anhand der Finanzpolitik der bürgerlichen Republik, die sowohl die Einführung einer progressiven „Einkommensteuer" als auch die einer „Hypothekensteuer" zu Lasten der Kapitaleigner verhinderte und stattdessen die *indirekte Besteuerung* forterhielt, die vor allem die weniger vermögenden Bevölkerungsgruppen traf.¹²⁹³

1286 MEGA² I/10, 474, 539. Mit der Funktion der Presse als *dritter Macht* im Staate, die als publizistisches Korrektiv gegenüber der Regierung und den Verwaltungsstellen auftritt, hatte sich Marx zuvor bereits mehrfach beschäftigt: s. S. 77, 100, 103, 207.
1287 MEGA² I/10, 539.
1288 MEGA² I/10, 159, 539.
1289 MEGA² I/10, 539.
1290 MEGA² I/10, 541; MEGA² I/11, 138 f.
1291 MEGA² I/10, 174; MEGA² I/11, 109.
1292 MEGA² I/10, 295, 473, 475; MEGA² I/11, 121. Bereits in dem Text *Zur Judenfrage* hatte Marx den innersten Kern der Menschenrechte als Rechte der Mitglieder der bürgerlichen Gesellschaft enttarnt und den zentralen Stellenwert des Privateigentums dabei deutlich herausgestellt (s. S. 125 f.). Im weiteren Verlauf der Theorie wird vor allem die spezifisch-allgemeine Form dargelegt, in der die Klasseninteressen der Bourgeoisie als gemeinsame Interessen aller Gesellschaftsmitglieder erscheinen (s. S. 160 f., 173). Dieses Klasseninteresse entspricht jenem „Genuß[es] der Zufälligkeit", der einer Verwirklichung der Individualität im Sinne der *persönlichen Freiheit* direkt widerspricht (s. Fn. 992).
1293 MEGA² I/10, 143, 147, 183. Gemeint ist die *Weinsteuer*, die die Konsumtion des Weins besteuerte, indem sie einen einheitlichen Steuersatz auf den Verkauf aller Weine festlegte. Aufgrund der *gehässigen* Form ihrer Erhebung und der mangelnden Differenzierung zwischen kostbaren und gewöhnlichen Weinen genoss diese Steuer nur wenig Popularität im Volk. MEGA² I/10, 183, 215; MEGA² I/11, 134; s. Fn. 1070. In der Ablehnung einer progressiven Einkommensbesteuerung kombiniert mit der überproportionalen Belastung der ärmeren Bevölkerungsteile erblickt Marx dann im Grunde auch eine bloße „Apologie des alten Steuersystems". MEGA² I/10, 183.

Gewissermaßen als Brennglas des aus der Debatte um die Revolution und die Verfassung hervortretenden Gegensatzes zwischen einer nur politischen und einer umfassend menschlichen Emanzipation fungiert eine Auseinandersetzung, die sich im Schatten der Verfassungskritik bewegt. Es ist die Debatte um die „Abschaffung des Staats".[1294] Den Ausgangspunkt bildet der Zusammenhang zwischen einer Aufhebung der Besteuerung und der Abschaffung des Staats, den Emile de Giradin in seinen Schriften entwickelt und an dessen Stelle er dann ein auf Wechselseitigkeit beruhendes Assekuranzsystem der Gesellschaftsmitglieder setzt.[1295] Im Kern ist dieser Ansatz dabei einer Theorienrichtung zuzurechnen, die auch Proudhon und Stirner umfasst und der Engels unter der Bezeichnung „Freunde der Anarchie" ein gemeinsames Etikett verleiht.[1296] Übereinstimmendes Merkmal dieser Theorien ist eine Kritik des Staates, die sich aus der Sicht von Marx und Engels auf der Grundlage des Fortbestehens der „bürgerlichen Verhältnisse", d. h. der „bürgerlichen Produktion", bewegt.[1297] Präzisiert wird dies im Kontext der *Rezension* mit der Unterscheidung zwischen einer Ebene der „Distributionsverhältnisse", die auf der bürgerlichen Produktion beruhen, und der *Produktion* selbst, als deren Grundlage.[1298] Allein auf die Ebene der Distribution verwiesen könnten Steuerreformen immer nur zu einer Modifikation der Einkommensverteilung führen, nie aber die Basis der bürgerlichen Verhältnisse bedrohen, die spezifische Weise ihrer Produktion. Dies gelte selbst im Fall einer vollständigen Aufhebung der Besteuerung, die mangels sämtlicher Umverteilungsmechanismen „die Entwicklung des bürgerlichen Eigenthums und seiner Widersprüche nur beschleunigen" würde.[1299] Zu einem Wegfall des bürgerlichen Staates könne es im Rahmen dieser Theorienrichtungen daher nicht kommen, bes-

---

[1294] MEGA² I/10, 297. Die Grundlage bildet die Rezension die Marx anlässlich Emile de Giradins 1850 veröffentlichten Buch *Le Socialisme et l'impôt* für die *Revue* abfasste. Literatur. III. Le Socialisme et l'impôt. Par Emile de Giradin. Paris, 1850, Neue Rheinische Zeitung. Politisch-ökonomische Revue, H. 4, April 1850, MEGA² I/10, 290–300. Einzubeziehen ist zudem noch ein unveröffentlicht gebliebenes Fragment von Friedrich Engels, anhand dessen ablesbar ist, dass zur Zeit der *Revue* die Planung bestand, die in der Rezension aufgegriffene Debatte in einem übergreifenden Kontext noch weiter zu intensivieren. *Über die Losung der Abschaffung des Staates und die deutschen „Freunde der Anarchie"*, MEGA² I/10, 330–335.
[1295] MEGA² I/10, 295. Die jeweilige Steuerbelastung wird hier durch eine Assekuranzprämie ersetzt, mit der sich die Gesellschaftsmitglieder gegen verschiedene Risiken versichern. Obschon der Prozentsatz für die Versicherungen zwar vorgegeben ist, gilt dies nicht für die Grundlage, auf die dieser sich bezieht, der Wert des Vermögens der einzelnen Gesellschaftsmitglieder. Dieser Wert wird durch die eigene Schätzung der Vermögensinhaber festgelegt. Ausgehend von dieser selbstbestimmten Vermögensschätzung und der finanziellen Autarkie des Gemeinwesens folgert Marx aus den Ausführungen Giradins, sollten dann Autorität und Zwang eines Staates *entfallen*. MEGA² I/10, 295.
[1296] MEGA² I/10, 297, 331. Marx hebt ausdrücklich hervor, dass es sich hierbei um die Position des *bürgerlichen Sozialismus* handelt. MEGA² I/10, 295.
[1297] MEGA² I/10, 294 f., 330 f.
[1298] MEGA² I/10, 294 f.
[1299] MEGA² I/10, 295.

tenfalls zu einer Änderung seiner *Bezeichnung*.[1300] Demgegenüber vertritt Marx die Auffassung, dass ein sich auf der bürgerlichen Produktion erhebender Staat notwendig auf die Form einer „wechselseitige[n] Assekuranz der Bourgeoisieklasse gegen ihre einzelnen Mitglieder wie gegen die exploitirte Klasse" beschränkt bleiben muss.[1301] Erst die im Zuge der sozialen Revolution eingeleitete Umwälzung der Gesellschaftsverhältnisse werde dann die Abschaffung des Staats ermöglichen, aber eben nur in seiner *bürgerlichen Gestalt*.[1302]

Resümierend lassen sich die Revolutionsanalysen der *Revue* und des *Brumaires* als eine Weiterführung und theoretische Verdichtung der Gedanken in der Zeit der *NRhZ* begreifen. Wie es in der Auseinandersetzung mit der Märzrevolution und dem

---

[1300] MEGA² I/10, 297. Gegenüber Giradin hebt Marx hervor, dass auch sein Akkuranzsystem auf Gegenseitigkeit mit dem Problem konfrontiert ist, *wer* über das Zutreffen der einzelnen Vermögensschätzungen befindet bzw. *was* passiert, wenn eine Person sein Vermögen zu niedrig einschätzt oder sich gleich ganz dem System verweigert. Dieser Umstand ist für Marx in Verhältnissen, die weiterhin auf dem bürgerlichen Privateigentum aufbauen, nicht unwahrscheinlich: „Jener Römer wünschte, sein Haus möchte von Glas sein, damit jede seiner Handlungen vor Aller Augen offen daliege. Der Bürger wünscht nicht daß sein Haus, sondern das seines Nachbarn von Glas sei." MEGA² I/10, 296. Um die Einschätzungen zu regulieren und Sanktionen festzusetzen, müsse daher eine allgemeine Assekuranzkasse eingerichtet werden, so dass „Zwang, die Autorität, die bureaukratische Einmischung" nur auf anderem Wege wieder in die Gesellschaft zurückkehrten. MEGA² I/10, 297. Ähnlich gelagert war bereits die Kritik an Stirners Verein, dessen „Anerkennungsentzug für alle sozialen Konstruktionen" (Schmidt 2018, S. 72) Marx und Engels mit einer Darlegung begegnet waren, die hinter dessen „überschwängliche[r] Verschwindelung der bürgerlichen Freiheit zur absoluten Unabhängigkeit und Selbstständigkeit des Einzelnen" nur die Rückkehr zum Bestehenden in veränderter Form ausgemacht hatte (s. Fn. 997). MEGA² I/10, 297. Auch die Kritik Proudhons an der Autorität und dem Zwang eines Staates wird von Marx durch eine Kritik an dessen Auseinandersetzung mit der politischen Ökonomie letztlich zu dem Punkt geführt, an dem die Einführung *gesellschaftlicher Institutionen* zur Regelung von Produktion und Bedarf wieder unerlässlich wird. Eine ausführliche Darstellung dieser Kritik findet sich u. a. bei Schmidt: Schmidt 2018, S. 84–97.

[1301] MEGA² I/10, 296 f.

[1302] „Die Abschaffung des Staats hat nur einen Sinn bei den Kommunisten als nothwendiges Resultat der Abschaffung der Klassen, mit denen von selbst das Bedürfniß der organisirten Macht einer Klasse zur Niederhaltung der andern wegfällt." MEGA² I/10, 297. Abgeschafft wird der Staat daher als Form einer *organisierten Klassenherrschaft*, deren entwickeltste Gestalt die aus der Teilung der Arbeit hinausgewachsene bürgerliche „Staatsmaschinerie" (MEGA² I/11, 178) nur ist. Plausibel wird dies vor dem Hintergrund des vorgehenden Entwicklungsgangs der Theorie, die der Kritik der anarchistischen Phrase von der Abschaffung des Staats zugrunde liegt. Erst mit der Umgestaltung der *gesellschaftlichen Produktion* und dem hiermit intendierten Wegfall der Klassengegensätze verliere der Staat als Institution zwar seinen „politischen Charakter", bleibe als „öffentliche Gewalt" im Verein freier Menschen aber weiterhin bestehen (s. S. 80, 157 f., 166 f.; s. Fn. 1073, 1075). Der hierzu im *Manifest* für den Übergangsprozess entworfene Maßnahmenkatalog umfasst insbesondere auch die Einführung einer progressiven Einkommensteuer (s. S. 174). Daneben steht Marx aber auch der Idee einer „Kapitalsteuer" nicht ablehnend gegenüber. MEGA² I/10, 298. Zu betrachten sind diese *Distributionsmaßnahmen* in jedem Falle aber immer in ihrem Zusammenwirken mit dem *gesamten* Maßnahmenbündel des *Bundes*, das von vornherein unter dem Primat einer sukzessiven Umgestaltung der bürgerlichen *Produktion* steht. Hieran halten Marx und Engels auch in den *Ansprachen an den Bund* expressis verbis fest: MEGA² I/10, 258, 262 f.

Vereinbarungsdenken der preußischen Bourgeoisie vorskizziert wurde, wird die Betrachtung der Revolutionsepoche 1848 bis 1851 konsequent an das *Programm des Historischen Materialismus* zurückgebunden. Sowohl das Scheitern der März- als auch der Februarrevolution wird für Marx erst vor dem Hintergrund der *ökonomischen Lebensbedingungen* der Akteure und der hieraus folgenden *Interessen* sichtbar. So sei es in beiden Fällen letztlich die durch die Revolution zugleich geschaffene Infragestellung und Bedrohung der eigenen *Eigentumsverhältnisse* durch ein politisch und organisatorisch immer mehr erstarkendes Proletariat, welche die Bourgeoisie sich wieder den aristokratischen Kräften zuwenden lasse, was dann letztlich zum Umschlagen der Revolution in Restauration führe. Durch die Verbindung der Überlegungen der *NRhZ* mit den Gedanken zur *politischen Emanzipation*, den Marx in den *Jahrbüchern* entwickelt hatte und der im weiteren Verlauf im Ideologieverständnis seines *Programms* aufgegangen war, wird es dann möglich, den Verlauf des Scheiterns mit der verfehlten Revolutionseuphorie zu verknüpfen, um hieraus die bestehende Theorie einer gesamteuropäischen Revolution festigen und modifizieren zu können.[1303]

Auch die Betrachtungen des Rechts lassen sich am ehesten als ein Kondensationsprozess der *Kritik des bürgerlichen Rechts* lesen, den Marx im Anschluss an die entwickelte Programmatik bereits in der *NRhZ* begonnen hatte. Recht ist demnach immer das Recht einer *spezifischen* Gesellschaftsformation, dessen Inhalt durch die Interessen der jeweils herrschenden Klasse vermittelt wird. Entsprechend konsequent ist die Blickrichtung der rücksichtslosen Kritik in der *Revue* und im *Brumaire* von Beginn an auf die repressiven Rechtsgestaltungen und -anwendungen fokussiert, die sich im Zuge des restaurativen Niedergangs der Revolution in Frankreich vollziehen. Anknüpfend an die Ausdehnung der Menschenrechtskritik der *Jahrbücher*, die bereits in den Manuskripten der *Deutschen Ideologie* verfolgt worden ist, wird die allgemein gehaltene Kritik auf die konkrete Verfassung der französischen Republik übertragen und die Verfassungswirklichkeit als ein Recht transparent gemacht, das als Sicherungskonzept der materiellen Interessen der herrschenden Klasse fungiert. Ablesbar wird dies vor allem an der finanzpolitischen und strafrechtlichen Gesetzgebung der konservativen Bourgeoisie, die sowohl in der *NRhZ* als auch in der *Revue* und im *Brumaire* den Schwerpunkt der Rechtsbetrachtungen bilden. Zuletzt offenbaren die Texte dieser Zeit auch, dass die Kritik des bürgerlichen Rechts eben nicht als Negation des Rechts schlechthin zu verstehen ist. In der Abgrenzungsdebatte mit dem bürgerlichen Sozialismus findet eine deutlich spürbare Anknüpfung an das politische

---

1303 Strukturell gleichbleibend scheint die Möglichkeit einer genuin mehrstufigen Revolution, in der das Proletariat zunächst mit der Bourgeoisie zusammenwirkt und sich dann durch die Aneignung der politischen Macht gegen diese wendet, nur noch für *England* zu gelten. Die Ausführungen der *Revue* und des *Brumaires* legen nahe, dass in den kontinentaleuropäischen Ländern die soziale Revolution auch durch ein Bündnis von Proletariat und Bauernklasse vollzogen werden kann. Eine genauere Bestimmung lässt sich diesen Schriften jedoch nicht entnehmen.

Programm des Historischen Materialismus statt, das ein Festhalten an quasi-staatlichen Institutionen auch für die Zeit einer post-bürgerlichen Gesellschaft vorsieht.[1304]

Diese Verlaufslinien einer in die europäische Revolutionsskizze eingebetteten Kritik des Rechts werden das literarische Wirken Marxens auch in der Folgezeit bestimmen, der Zeit der „journalistische[n] Brotarbeiten".[1305]

6.2 Die „journalistischen Brotarbeiten" und das Recht des Herzens

Aus der Notwendigkeit heraus, seinen Lebensunterhalt im Londoner Exil fortlaufend bestreiten zu müssen, wird Marx zum August 1852 eine Tätigkeit als Europakorrespondent der *New York Daily Tribune* (*NYDT*) aufnehmen, der „auflagenstärkste[n] Zeitung der damaligen Welt" mit einem weitverzweigten internationalen Lesepublikum.[1306] Begleitet wird dieses journalistische Schaffen durch Korrespondenzen für die Breslauer *Neue Oder-Zeitung*, die Wiener Tageszeitung *Die Presse* sowie vereinzelte Artikel für das in London kurzzeitig erscheinende *Das Volk* und die Chartistenorgane *Notes to the People* und *People's Paper*.[1307] Dabei gehen die Beobachtungen und Analysen der Artikel über den Status „bloße[r] Lohnschreibereien" hinaus und sind von Beginn an in dem in der *Revue* und im *Brumaire* fortentwickelten Paradigma einer europäischen Revolutionskaskade fest verankert.[1308] Es sind in der Hauptsache die

---

[1304] Hauptpunkt der Kritik an den Theorien des bürgerlichen Sozialismus ist es, eben nicht mehr hinter die bestehende Form der Institutionen zurückzufallen. Um dies zu vermeiden, müsse aber der Sprung aus der naturwüchsigen Gesellschaft heraus vollzogen werden, der eine umfassende Umwälzung der bürgerlichen Produktion bedingt. Erst dann werde die Etablierung von Institutionen möglich sein, die die Selbstbestimmung der Individuen als Gesellschaftsmitglieder nicht negieren.
[1305] Krätke 2006, S. 42.
[1306] Herres 2006, S. 20; Krätke 2006, S. 42f. Die *Tribune* verfügte über eine Gesamtauflage von über 200.000 Exemplaren gegenüber renommierten Zeitungsorganen wie der *London Times*, deren Auflage es zu dieser Zeit auf ca. 40.000 Exemplare brachte. Vgl. ebd., S. 43 Fn. 51. Als einer von 18 Auslandskorrespondenten der Zeitung verfasste Marx bis Februar 1862 über 300 Artikel für die *Tribune*. Vgl. Herres 2006, S. 19; Celikates / Loick 2016, S. 142.
[1307] Vgl. Herres 2006, S. 18; Krätke 2006, S. 43. Für die *Neue Oder-Zeitung* schrieb Marx im Zeitraum Januar bis Juli 1855 und für die *Die Presse* in den Jahren 1861 und 1862. Karl Marx an Julius Weber, 13.2. 1860, MEGA² III/10, 255; Krätke 2006, S. 43. Soweit möglich wird bei der Betrachtung der Zeitungsartikel auf die Veröffentlichungen im Rahmen der MEGA² zurückgegriffen (Bde. I/11–I/14, I/18). Da eine vollständige Publikation in dieser Edition allerdings noch aussteht, muss ergänzend auch auf die MEWs Bezug genommen werden (Bde. 12, 13, 15).
[1308] Herres 2006, S. 19. In zahlreichen Artikeln hebt Marx das Bild ökonomischer Krisen hervor, die auf dem Kontinent eine „European conflagration" entfachen und so dann auch einen schicksalsschweren Widerhall in England finden würden. *Revolution in China and Europe*, NYDT Nr. 3794, 14.6. 1853, MEGA² I/12, 151; *Affairs Continental and English*, NYDT Nr. 3864, 5.9.1853, MEGA² I/12, 308; *Parliamentary Debates of February 22 – Pozzo di Borgo's Dispatch – The Policy of the Western Powers*, NYDT Nr. 4025, 13.3.1854, MEGA² I/13, 87; *Die Ursachen der Geldkrise in Europa*, NYDT Nr. 4843, 27.10. 1856, MEW 12, 63; *Die Geldkrise in Europa – Aus der Geschichte der Geldzirkulation*, NYDT Nr. 4848, 1.11.

Eckpunkte des Konzepts der *permanenten Revolution*, die unter den zumeist tagespolitischen Berichterstattungen aufgegriffen werden und in den Artikeln dieser Zeit eine weitere Vertiefung, Modifikation und Ausdifferenzierung erfahren. Entsprechend intensiv ist vor allem die Auseinandersetzung mit den Ursachen und Verläufen *ökonomischer Krisen*, die Marx vor dem Hintergrund der Schlüsselstellung Englands analysiert und ausdeutet.[1309] Als letztgültiger Adressat der „economical disasters and social convulsions" bildet England auch den Mittelpunkt der *politischen Betrachtun-*

1856, MEW 12, 65; *Die Krise in Europa*, NYDT Nr. 4878, 6.12.1856, MEW 12, 80. Aufgrund der politischen Verflechtungen der europäischen Nationen bergen die verschiedenen lokalen Konflikte stets das Potenzial in sich, in Folge ökonomischer Erschütterungen einen gesamteuropäischen Krieg zu verursachen. „Der Anfang vom Ende ist nahe" wie Marx es in diesem Sinne pointiert zusammenfasst. *Die politischen Parteien in England – Die Lage in Europa*, NYDT Nr. 5359, 24.6.1858, MEW 12, 506; *Affairs in Holland –Denmark – Conversation of the British Debt – India, Turkey and Russia*, NYDT Nr. 3790, 9.6. 1853, MEGA² I/12, 141. Entsprechend dezidiert verfolgt Marx diese Auseinandersetzungen in seinen Berichterstattungen. Vgl. u. a. *Die Lage in Preußen*, NYDT Nr. 5517, 27.12.1858, MEW 12, 662; *Eine preußische Meinung zum Krieg*, NYDT Nr. 5659, 10.6.1859, MEW 13, 353; *The Invasion Panic in England*, NYDT Nr. 5813, 9.12.1859, MEGA² I/18, 24; *Events in Syria – Session of the British Parliament – The State of British Commerce*, NYDT Nr. 6021, 11.8.1860, MEGA² I/18, 477.

1309 Zur Betrachtung der wirtschaftlichen Krisen (u. a.): *Fortification of Constantinople – Denmark's Neutrality – Composition of British Parliament –Crop Failure in Europe*, NYDT Nr. 4004, 16.2.1854, MEGA² I/13, 44; *Greece and Turkey – Turkey and the Western Powers – Falling of the Wheat Sales in England*, NYDT Nr. 4072, 6.5.1854, MEGA² I/13, 209; *The Formation of a Special Ministry of War in Britain – The War on The Danube – The Economic Situation*, NYDT Nr. 4105, 14.6.1854, MEGA² I/13, 273f.; *The Actions of the Allied Fleed – The Situation in the Danubian Principalities – Spain – British Foreign Trade*, NYDT Nr. 4198, 2.10.1854, MEGA² I/13, 502; *Geschäftskrisis – Die Zunahme des englischen Handels und der englischen Industrie in dem Zeitraum von 1849–1853*, Neue Oder-Zeitung Nr. 17 u. 19, 11.1. u. 12.1.1855, MEGA² I/14, 23–25; *The commercial Crisis in Britain*, NYDT Nr. 4297, 26.1.1855, MEGA² I/14, 37; *The crisis in England*, NYDT Nr. 4346, 24.3.1855, MEGA² I/14, 167f.; *Die Ursachen der Geldkrise in Europa*, NYDT Nr. 4843, 27.10.1856, MEW 12, 63; *Die Handelskrise in England*, NYDT Nr. 5196, 15.12.1857, MEW 12, 335f.; *Die Krise in Europa*, NYDT Nr. 5213, 5.1.1858, MEW 12, 345; MEGA² I/18, 478. Über die Auseinandersetzung mit den ökonomischen Krisen in der *Revue* und im *Brumaire* hinausgehend, werden diese in den journalistischen Arbeiten fester in die theoretische Programmatik integriert. Während die politische Ökonomie in den Augen Marxens nur die gesellschaftlichen Verhältnisse der bestehenden Epoche verewigt und auf diesem beschränkten Standpunkt aufbauend die Ursachen der Krisen dann auf außergewöhnliche Umstände wie Kriege und betrügerisches Fehlverhalten einzelner Spekulanten zurückführt, ist es das „jetzige System der Produktion" (MEW 12, 571) selbst, aus dem die Krisen mit *Notwendigkeit* folgen. *The War Question – British Population and Trade Returns – Doing of Parliament*, NYDT Nr. 3854, 24.8.1853, MEGA² I/12, 277; MEGA² I/14, 37; MEW 12, 335f.; *Britischer Handel und Finanzen*, NYDT Nr. 5445, 4.10.1858, MEW 12, 570f. Sie sind eine *chronische Krankheit* dieses Entwicklungsstands der Arbeitsteilung, die durch ihren Ausbruch nur *akut* werden. MEGA² I/14, 167. Als ökonomischer Ausdruck der Beherrschung der Menschen durch sachliche Mächte besteht die einzige Möglichkeit der Vermeidung periodisch wiederkehrender Krisen Marx zufolge darin, die *Kontrolle* über die gesellschaftlichen Verhältnisse zu erlangen, welches sich durch die *gesellschaftliche Aneignung* der Produktivkräfte vollzieht. MEW 12, 571; *The Future Results of British Rule in India*, NYDT Nr. 3840, 8.8. 1853, MEGA² I/12, 251; *Letter to the Labour Parliament*, People's Paper Nr. 98, 18.3.1854, MEGA² I/13, 108; *Rede auf der Jahresfeier des „People's Paper" am 14. April 1856 in London*, The People's Paper Nr. 207, 19.4.1856, MEW 12, 4.

gen der Zeitungsartikel.[1310] Bei den detaillierten Auseinandersetzungen mit den politischen Institutionen, Strukturen und Ereignissen des Vereinigten Königreichs dient Marx dabei insbesondere die Forderung nach einer Parlamentsreform als roter Faden, deren Gegenstand die Institutionalisierung des allgemeinen Wahlrechts darstellt und die somit zugleich die Voraussetzung für eine politische Wirksamkeit der Chartisten und der Realisierung der sozialen Revolution in Europa schafft.[1311] Aufs Engste verbunden mit den politischen Verhältnissen und ihrer materiellen Fundierung wird sich auch die Auseinandersetzung mit Fragestellungen und Problemlagen des *Rechts* verschieben. Hatte sich die Betrachtung des Rechts in der vergangenen Werkphase vor allem auf das deutsche Recht fokussiert, verlagert sich die Blickrichtung nun von der *Peripherie* zum *Herzen* des bürgerlichen Körpers – zum *englischen Recht*.[1312]

Zusammengefasst aus dem umfangreichen Bestand der journalistischen Arbeiten der Jahre 1852 bis 1862 konzentrieren sich die Ausführungen zum Recht dabei auf die Debatten zum *irischen Pachtrecht* und zur *Besteuerung* (6.2.1), die *Fabrikgesetzgebung* (6.2.2), das *Strafrecht* (6.2.3) sowie das *englische Seerecht* (6.2.4).

6.2.1 Das irische Pachtrecht und das System der direkten Besteuerung

In den Zeitungsartikeln der *NYDT* erscheint die politische Gemengelage in England der 1850er Jahre als eine Zeit des Übergangs. Der „antiquated compromise" der britischen Verfassung, ein spezifischer Modus des Zusammenwirkens von Aristokratie und Bourgeoisie, beginne im Fortgang der Festigung der ökonomischen Machtstellung der Bourgeoisie zu bröckeln.[1313] Mit dem sukzessiven Niedergang der „remnants of

---

1310 *Political Movements – Scarcity of Bread in Europe*, NYDT Nr. 3886, 30.9.1853, MEGA² I/12, 332.
1311 *The Chartists*, NYDT Nr. 3543, 25.8.1852, MEGA² I/11, 324; *Results of Elections*, NYDT Nr. 3558, 11.9. 1852, MEGA² I/11, 341f.; *Political Consequences of the Commercial Excitement*, NYDT Nr. 3602, 2.11.1852, MEGA² I/11, 350; *The Defeat of the Ministry*, NYDT Nr. 3659, 7.1.1853, MEGA² I/11, 454; *A Superannuated Administration – Prospects of the Coalition Ministry, etc.*, NYDT Nr. 3677, 28.1.1853, MEGA² I/12, 6; *Ein Meeting*, Neue Oder-Zeitung Nr. 141, 24.3.1855, MEGA² I/14, 214. Den besonderen Stellenwert der Institutionalisierung des allgemeinen Wahlrechts in England hebt Marx expressis verbis hervor. Durch die Entwicklung der ökonomischen Verhältnisse und die hiermit einhergehende Konzentration der Bevölkerungsmehrheit in den Städten verwandele sich die Frage nach dem allgemeinen Wahlrecht unmittelbar in die Möglichkeit einer Verwirklichung der „socialen Bedürfnisse" der Arbeiter. An dieser differentia specifica, die England von Kontinentaleuropa unterscheidet, hält Marx auch in seinen journalistischen Arbeiten fest: „Dort war der nächste Inhalt der Revolution das allgemeine Wahlrecht, hier ist der nächste Inhalt des allgemeinen Wahlrechts die Revolution." *The Elections – Torries and Whigs*, NYDT Nr. 3540, 21.8.1852, MEGA² I/11, 320, 327; *Die Administrativreform-Assoziation*, Neue Oder-Zeitung Nr. 261, 8.6.1855, MEGA² I/14, 386f.; s. S. 214f.
1312 Die Fokussierung seiner Berichterstattung vor allem auf England hebt Marx auch gegenüber Lassalle hervor. *Marx an Ferdinand Lassalle*, 28.3.1859, MEGA² III/9, 371.
1313 MEGA² I/14, 166; s. Fn. 1309. Dieser *Kompromiss* wird von Marx in verschiedenen Artikeln auch als Auseinanderfallen von „herrschende[r] Klasse" und „regierende[r] Kaste" charakterisiert. *Die Parteien und Cliquen*, Neue Oder-Zeitung Nr. 65, 8.2.1855, MEGA² I/14, 102; MEGA² I/14, 166; *Die britische*

feudal society" befänden sich zugleich die *Parteien der Vergangenheit* im Prozess der Auflösung und gingen allmählich in den modernen Gegensatz von Bourgeoisie und Proletariat über.[1314] Auf der Grundlage des Programms des Historischen Materialismus zeige sich dieser Veränderungsprozess dann nicht mehr nur an der „politischen Oberfläche", sondern sei auch in den „Tiefen des gesellschaftlichen Lebens" fest verwurzelt, den „substantial class interest[s]".[1315] Dieser eigentumsbasierte Interessensgegensatz zwischen einer Klasse, deren *Enthusiasmus* einzig einer möglichst hohen „rent of land" gilt, und einer anderen, die die „unrestricted rule of capital, not only industrially, but also politically" heraufzubeschwören trachtet, bildet den Boden der Rechtsbetrachtungen, die Marx in seinen Artikeln zum *irischen Pachtrecht* und der Debatte zur *englischen Einkommensteuer* anstellen wird.[1316]

Als Grundlage der Untersuchung der irischen Grundbesitzverhältnisse dient Marx die „angelsächsische Revolution", die sich in der ersten Hälfte des 19. Jahrhunderts vollzogen hatte und eine grundlegende Umwälzung des irischen Agrikultursystems

---

Konstitution – Layard, Neue Oder-Zeitung Nr. 107 u. 109, 5.3. u. 6.3.1855, MEGA² I/14, 170. Während die Bourgeoisie die „Sphären der bürgerlichen Gesellschaft" beherrsche, konzentriere die Aristokratie die politische Macht in ihren Händen. MEGA² I/14, 103, 170. Da die politische Macht jedoch der ökonomischen folgt, verschieben sich auch die Inhalte der Gesetzgebung nach und nach in Richtung der industriellen Bourgeoisie: „Die Geschichte der Gesetzgebung seit 1831 ist die Geschichte der Concessionen, die an die industrielle Bourgeoisie gemacht worden sind [...]." MEGA² I/14, 170; s. a. MEGA² I/12, 122.

1314 MEGA² I/11, 323 f., 327; *Achievements of the Ministry*, NYDT Nr. 3753, 27.4.1853, MEGA² I/12, 104; MEGA² I/12, 307; MEW 12, 504; s. Fn. 1308. Wichtige Signa dieses Wandels stellen für Marx die 1846 beschlossene Abschaffung der Kornzölle sowie die Ohnmacht des politischen Organismus und der „Permanenz der Krise" (MEGA² I/14, 171) dar, die aus dem Zustand wechselseitiger Lähmung der alten Parteien erwachse. Es sei ein Zustand, der bereits zu seiner Überwindung dränge. MEGA² I/11, 319, 341 f.; *Parliament-Vote of November 6 – Disraeli's Budget*, NYDT Nr. 3650, 28.12.1852, MEGA² I/11, 443; MEGA² I/12, 6; *The Attack on Francis Joseph – The Milan Riot –British Politics – Disraeli's Speech – Napoleon's Will*, NYDT Nr. 3710, 8.3.1853, MEGA² I/12, 44; MEGA² I/14, 167; s. Fn. 1309.

1315 *Mazzini und Napoleon*, NYDT Nr. 5321, 11.5.1858, MEW 12, 420; MEGA² I/11, 319; s. Fn. 1311.

1316 MEGA² I/11, 318 f.; *Defense – Finances – Decrease of the Aristocracy –Politics*, NYDT Nr. 3699, 23.2. 1853, MEGA² I/12, 36. Einbezogene Artikel zum irischen Pachtrecht: *Elections – Financial Clouds – The Duchess of Sutherland and Slavery*, NYDT Nr. 3687, 9.2.1853, MEGA² I/12, 16 – 23; *The Indian Question – Irish Tenant Right*, NYDT Nr. 3816, 11.7.1853, MEGA² I/12, 194 – 199; *The War Question – British Population and Trade Returns –Doing of Parliament*, NYDT Nr. 3854, 24.8.1853, MEGA² I/12, 275 – 285; *Attack upon Sewastopol – Clearing of Estates in Scotland*, NYDT Nr. 4095, 2.6.1854, MEGA² I/13, 241 – 245; *Das gestürzte Ministerium*, Neue Oder-Zeitung Nr. 63, 7.2.1855, MEGA² I/14, 98 – 101; *Herberts Wiederwahl – Die ersten Schritte des neuen Ministeriums – Nachrichten aus Ostindien*, Neue Oder-Zeitung Nr. 85, 20.2. 1855, MEGA² I/14, 136 – 138; *Irlands Rache*, Neue Oder-Zeitung Nr. 127, 16.3.1855, MEGA² I/14, 188 – 190; *Aus dem Parlamente*, Neue Oder-Zeitung Nr. 325, 16.7.1855, MEGA² I/14, 550 – 553. Zur englischen Einkommensteuer: *Parliament – Vote of November 6 – Disraeli's Budget*, NYDT Nr. 3650, 28.12.1852, MEGA² I/11, 443 – 448; *Feargus O' Connor – Ministerial Defeats – The Budget*, NYDT Nr. 3758, 3.5.1853, MEGA² I/12, 115 – 119; *Riot at Constantinople – German Table Moving – The Budget*, NYDT Nr. 3761, 6.5. 1853, MEGA² I/12, 120 – 126; *Das neue englische Budget*, NYDT Nr. 4956, 9.3.1857, MEW 12, 129 – 136; *The English Budget*, NYDT Nr. 5878, 25.2.1860, MEGA² I/18, 389 – 392.

bedingte.¹³¹⁷ Prägender Zug dieser *Revolution* stellte die systematische Vertreibung der Landbevölkerung und die Konzentration des Grundeigentums in den Händen weniger „land monopolists" dar, denen dann eine „very large class of tenants" gegenüberstand.¹³¹⁸ Dabei gestaltete sich das Verhältnis zwischen Verpächter und Pächter derart, dass der Grundeigentümer über die Vereinnahmung des Pachtzinses hinausgehend auch die praktische Möglichkeit besaß, sich die Investitionen des Pächters anzueignen, die dieser zur Optimierung und Steigerung der Werthaltigkeit des Pachtgrundes vorgenommen hatte.¹³¹⁹ Um diesem Missstand abzuhelfen, drängten die irischen Pächter auf eine *gesetzliche Regelung* des Pachtrechts, deren zentrale Bedeutung in der Festlegung einer Entschädigung bestand, die im Falle einer Beendigung des Pachtverhältnisses für durch den Pächter vorgenommene Investitionen in den Grund und Boden an diesen zu leisten war.¹³²⁰

Die Betrachtung des parlamentarischen Weges dieser offenkundig gegen die Eigentumsinteressen der regierenden Aristokratie gerichteten Gesetzesvorlagen bildet dann den Gegenstand der kritischen Artikel Marxens. Um zum Gesetz werden zu können, müssten die eingebrachten Bills zuvor ein formalisiertes Verfahren institutionalisierter „Procedurchikane[n]" durchlaufen, in dessen Zuge der *Inhalt* der Sache selbst durch eine bloße *Form* verdrängt werde.¹³²¹ Genauer betrachtet werde der Vorgang zunächst erheblich verzögert und der Inhalt im Wechselspiel zwischen Un-

---

1317 MEGA² I/13, 241; MEGA² I/14, 190.
1318 MEGA² I/12, 21 f., 195; MEGA² I/14, 136, 190. Hintergrund dieses Vertreibungsprozesses war die Etablierung eines neuen Systems der Landwirtschaft in Gestalt einer weideintensiven Tierhaltung und die Rückverpachtung von Teilflächen gegen die Entrichtung von Pachtzinsen. MEGA² I/12, 21 f.; MEGA² I/14, 136. Eine ausführliche Schilderung dieser Vertreibungen und Aneignungen des Grund- und Bodens durch aristokratische Familien beschreibt Marx in einem auf Schottland bezogenen Artikel. Aus seiner Sicht entspricht dieser Prozess einer widerrechtlichen Umwandlung des ursprünglichen Gemeindelandes in modernes Privateigentum. Indem der *Rechtstitel* (MEGA² I/12, 23) des Grundeigentums auf das Handeln einer „small caste of rapacious lordlings" (MEGA² I/12, 196) zurückgeführt wird, verbinden sich an dieser Stelle Überlegungen der *Heiligen Familie* und der *Deutschen Ideologie* (s. S. 148, 162 f.). Deutlich wird dies, wenn die Ausführungen Marxens hinzugezogen werden, dass selbst die „British middle-class Science" (politische Ökonomie) keinerlei Raum für eine solche Aneignung des Bodens biete. MEGA² I/12, 199. „If of any property it ever was true that it was robbery, it is literally true of the property of the British Aristocracy." MEGA² I/12, 23.
1319 MEGA² I/12, 194; MEGA² I/14, 552. Bei Auslaufen des Pachtvertrags blieb den Pächtern dann nur die Wahl, entweder den durch den Wertzuwachs bedingten höheren Pachtzins zu leisten oder das Feld einem anderen Pächter zu überlassen, der bereit war, den Pachtzins zu tragen. Im Endeffekt besaß der Grundherr so die Position, sich die Arbeit und das Kapital ganzer Generationen anzueignen, wie Marx herausstellt. MEGA² I/12, 194 f.
1320 Insgesamt wurden drei Vorlagen eingebracht, die das Pachtrecht festlegen sollten: *Landlord and Tenant Bill, Leasing Powers Bill* und *Tenant's Improvement Compensation Bill*. MEGA² I/12, 280.
1321 MEGA² I/14, 550. „Die technischen Schwierigkeiten, einen Antrag auf die Tagesordnung zu bringen, die verschiedenen Metamorphosen, die eine Bill durchlaufen muß, um sich in ein Gesetz zu verwandeln; die Formeln, die dem Gegner eines Antrages oder einer Bill erlauben, den einen nicht in das Haus herein und die andere nicht aus dem Hause herauszulassen – dies Alles bildet ein unerschöpfliches Arsenal parlamentarischer Chikane, Rabulisterei und Taktik." MEGA² I/14, 550.

ter- und Oberhaus dann soweit modifiziert, dass die eigentliche Hauptklausel der Bills, die Entschädigungsregelung, schlussendlich auf dem „Altar des Grundeigenthums" hingeopfert werde.[1322] Das formelle Recht des Gesetzgebungsverfahrens entpuppe sich so nur als weitere Spielart eines von der sozialen Wirklichkeit entkoppelten Rechts, dessen sich die politisch herrschende Aristokratie bediene, um ihre „substantial class-advantages" zu wahren.[1323]

Ähnlich gelagert wie die Betrachtungen zum irischen Pachtrecht sind auch die Artikel zum englischen *Steuerrecht*, auf dessen Grundlage der Konflikt zwischen Aristokratie und Bourgeoisie jedoch deutlicher zutage tritt. Dreh- und Angelpunkt der Ausführungen Marxens stellt die Unterscheidung zweier Grundformen der Besteuerung dar, einem *indirekten* System, welches vor allem Verkehrs- und Verbrauchssteuern beinhaltet, und einem „system of direct taxation" mit seinem Zentralgestirn der *Einkommensteuer*.[1324] Während die Formen der indirekten Besteuerung noch aus dem vormodernen Gesellschaftszustand entspringen, handele es sich bei den direkten Steuern um den „finanzielle[n] Ausdruck" der Durchsetzung des *Freihandels*, d. h. des Systems der modernen Industrie.[1325] Unter Zugrundelegung eines gegebenen Ausgabenbudgets muss die Reduktion der *indirekten Steuern* notwendig zu einer korrespondierenden Erhöhung der *Einkommensteuer* führen, die als „offensive Waffe in den

---

1322 MEGA² I/14, 552.
1323 MEGA² I/11, 350; s. S. 159 f.; s. Fn. 1251. Bereits in seiner *Kritik der Historischen Rechtsschule* hatte Marx die Formalismuskritik Hegels aufgegriffen und Recht zurückgewiesen, das nur der *willkürlichen* Durchsetzung besonderer Interessen dient (*Recht der willkürlichen Gewalt*; s. S. 75 f., 82 f.). In den Debatten zum *Holzdiebstahlgesetz* verdichtete sich diese Kritik dann zu einer Ablehnung von Recht, dessen bloße *Form* nicht mehr mit dem *Inhalt* verbunden ist (s. Fn. 536). Zudem wird diese Kritiklinie mit der Zurückweisung der abstrakten Willenstheorien des Rechts und den Ausführungen zur *Abschaffung der Frondienste* weitergeführt. Dass Marx in seiner Betrachtung des irischen Pachtrechts diese ursprüngliche Kritik an der Historischen Rechtsschule auf das englische Gesetzgebungsverfahren ausdehnt, wird insbesondere durch die Nähe von Recht und Religion offenbar, die in den Artikeln explizit betont wird: „In den Geheimnissen der Jurisprudenz Uneingeweihte begreifen schwer, wie in dem einfachstem Rechtshandel unerwartet Rechtsfragen auftauchen, die nicht der Natur des Rechtshandels, sondern den Vorschriften und Formeln der Prozeßordnung ihr Dasein verdanken. Die Handhabung dieser Rechtsceremonien macht den Advocaten, wie die Handhabung der Kirchenceremonien den Brahminen macht. Wie in der Fortentwicklung der Religion, so wird in der Fortentwicklung des Rechts die Form zum Inhalt." MEGA² I/14, 550.
1324 MEGA² I/11, 447 f. Unter die indirekte Besteuerung fallen Abgaben, die unmittelbar mit der Produktion und den Austausch von Waren zusammenhängen (Zölle, Akzisen etc.). MEW 12, 132. Die britische Einkommensteuer wurde zu Beginn des 19. Jahrhunderts aus der Taufe gehoben und basierte noch 1853 im Wesentlichen auf dem von Henry Addington 1803 entworfenen System verschiedener Einkommensquellen, deren Besteuerung in zugeordneten Listen festgehalten war (*schedular system*). Vgl. Großfeld 1981, S. 9 f., 18 f., 23 f. Neben der Einkommensteuer bildet auch die *Erbschaftsteuer* einen Teil des Systems der direkten Besteuerung. MEGA² I/12, 118, 122.
1325 MEGA² I/11, 447 f.; MEW 12, 132; s. S. 219; s. Fn. 1070, Fn. 1293. Mit der Entwicklung der Industrie und Ausdehnung des Handels zum Weltmarkt werde die Form der indirekten Besteuerung zum Hemmschuh, da sie den freien Austausch und Wettbewerb nach innen und außen beeinträchtigt. MEGA² I/11, 448.

Händen des industriellen Kapitalisten gegen den aristokratischen Großgrundbesitzer" vor allem auf die Einkommen aus Grundeigentum entfallen soll.[1326] Es ist ein Konflikt, der sich in der *qualitativen* Unterscheidung zwischen „realized and precarious incomes" spiegelt, um die in der Debatte gerungen wird, und mittels deren die Steuerbelastung auf die jeweils andere Klasse abgewälzt werden soll.[1327] Indem die Ausweitung der direkten Besteuerung auf den Grundbesitz vermieden werden konnte, setzte sich die aristokratische Oligarchie letztlich gegenüber der Bourgeoisie durch.[1328] Das hierbei vermittelte Bild des Zusammenhangs zwischen der politischen Machtstellung und den „juristischen Privilegien und Ausnahmsgesetzen" wird durch die Betrachtung der englischen *Handelsgesetzgebung* noch weiter konturiert.[1329] Insbesondere in der Begrenzung der Haftungsbeschränkungen, die allein in Bezug auf kapitalintensive Aktiengesellschaften durchgesetzt wurde, erblickt Marx die Handschrift der „regierende[n] Kaste" und ihrer Gesetzgebung „der hohen Finanz" nur allzu deutlich.[1330]

Resümee der kritischen Betrachtungen beider Debatten ist es dann, dass es der britischen Aristokratie zunächst gelungen sei, ihre „engstirnige Selbstsucht", d. h. die Eigentumsinteressen als Basis des gesellschaftlichen Status quo, zu behaupten, indem sie sowohl die Entschärfung des irischen Pachtrechts als auch die Vermeidung einer stärkeren Besteuerung des Grundbesitzeinkommens durchzusetzen vermoch-

---

[1326] MEGA² I/11, 448; MEW 12, 132.
[1327] MEGA² I/12, 118, 122; s. Fn. 1316. Während die grundbesitzende Aristokratie darauf ziele, die Belastung Industrie und Handel aufzuerlegen, würden Freihandelsvertreter und Bourgeoisie gerade das Einkommen aus Grundbesitz und Staatspapieren als sichere Einkunftsquelle kategorisieren, den Profit dagegen als unsichere. MEGA² I/11, 444–446; MEGA² I/12, 124. Aus der Marx'schen Perspektive stelle die *qualitative* Unterscheidung jedoch nur eine Spiegelfechterei dar, der es in erster Linie daran gelegen sei, eine ausgeprägte *quantitative* Unterscheidung der Einkommen zu vermeiden, die die Grundlage für eine *progressive* Einkommensbesteuerung bilden würde. MEGA² I/12, 124. Eine stark progressive Einkommensteuer bei gleichzeitiger Abschattung der indirekten Steuern, die vor allem die einkommensschwache Bevölkerung treffen, da sie „allgemeine Lebensnotwendigkeiten" (MEW 12, 133) besteuern, ist jedoch die Position, für die Marx in Anlehnung an das *Manifest* und das *Programm des Bundes* immer wieder eintritt (s. S. 174, 219).
[1328] MEGA² I/18, 390. In dem Verzicht der Bourgeoisie das System der direkten Besteuerung kompromisslos auszufechten erblickt Marx dann jenen Versöhnungsgedanken wieder, den er bereits den Klassenauseinandersetzungen in Preußen und Frankreich zugrunde gelegt hatte (s. S. 192, 213 f.). MEW 12, 132. Es ist die Sicherung des Fortbestands der Lebensbedingungen des Antagonismus der „drei großen Klassen", der den „Bau der englischen Gesellschaft" durchdringt und stabilisiert. *Der französische Crédit mobilier*, NYDT Nr. 4735, 27.6.1856, MEW 12, 20.
[1329] *Mitteilungen verschiedenen Inhalts*, Neue Oder-Zeitung Nr. 303, 3.7.1855, MEGA² I/14, 465.
[1330] MEGA² I/14, 102, 465; s. Fn. 1313, 1316. Zunächst war die Einführung einer Haftungsbeschränkung, die vermeiden sollte, dass Inhaber von Handelsunternehmen im Konkursfall stets mit ihrem gesamten Vermögen herangezogen werden, sowohl für kleinere als auch größere Unternehmungen geplant (*Bouverie's Bill* und *Bill über Actiengesellschaften*). MEGA² I/14, 464; *General Simpsons Abdankung – Aus dem Parlamente*, Neue Oder-Zeitung Nr. 361, 6.8.1855, MEGA² I/14, 616. Durchgesetzt wurde sie dann ausschließlich für Aktiengesellschaften mit einem Stammkapital von über 20.000 Pfund. MEGA² I/14, 465.

te.¹³³¹ Anders gefasst: „It is an old proverb that the belly has no ears, but it is no less true that rent-rolls have no conscience."¹³³² Und es wird sich zeigen, dass diese Gewissenlosigkeit ebenso auch auf die *Sphäre des Profits* zutrifft, der sich Marx in seinen journalistischen Arbeiten noch ausgiebig widmen sollte, in seinen Betrachtungen der englischen *Fabrikgesetzgebung.*

6.2.2 Die Fabrikgesetzgebung

Mit dem Festigungsprozess der Bourgeoisie als „wirkliche Macht", der sich im Schatten der „konterrevolutionären Orgien" Kontinentaleuropas vollzogen habe, habe sich gestützt auf die „Sucht, reich zu werden" ein beispielloses „industrielles Fieber" in England durchgesetzt, das zu einer enormen Ausdehnung des „Fabriksystems" führte.¹³³³ Eine Entwicklung, die den „scharfe[n] Antagonismus zwischen Gutsherren und Fabrikherren" zwar nicht aufhob, jedoch den Klassengegensatz von Bourgeoisie und Lohnarbeit in den Vordergrund rücken ließ.¹³³⁴ Dem Interesse der Fabrikbesitzer, dem freien Walten der „„gesund[en]"" Prinzipien der Ökonomie, steht Marx zufolge das Interesse der Arbeiter gegenüber, ihre Arbeitsbedingungen gesetzlich zu regulieren.¹³³⁵ Ausdruck dieser Regulierungsbemühungen ist die englische „Fabrikgesetzgebung", deren Entwicklung und Ausführung in den Artikeln Marxens kritisch beleuchtet wird.¹³³⁶ Schwerpunkte bilden dabei das *Zehnstundengesetz,* die Gesetze zur *Verbesserung des Arbeitsschutzes und der Einrichtung von Schiedsgerichten,* die ge-

---

1331 MEW 12, 131.
1332 MEGA² I/18, 390.
1333 *Die Geldkrise in Europa,* NYDT Nr. 4833, 15.10.1856, MEW 12, 55; *Das englische Fabriksystem,* NYDT Nr. 4999, 28.4.1857, MEW 12, 187; *Die Lage in Preußen,* NYDT Nr. 5548, 1.2.1859, MEW 12, 686; *Bevölkerung, Verbrechen und Pauperismus,* NYDT Nr. 5741, 16.9.1859, MEW 13, 492.
1334 MEW 12, 20; s. Fn. 1244; *Der Zustand in der britischen Fabrikindustrie,* NYDT Nr. 5584, 15.3.1859, MEW 13, 203. Die Ausdehnung der Industrialisierung ging zugleich mit einem wachsenden Elend in den Fabrikdistrikten einher. *Die Arbeiternot in England,* Die Presse Nr. 266, 27.9.1862, MEW 15, 544. „Seht euch die Millionäre von heute an, die noch gestern arme Teufel waren. Damit ein Habenichts über Nacht zu einem Millionär werde, müssen sich tausend 1000-Dollar-Besitzer tagsüber in Bettler verwandelt haben." MEW 12, 686; s. Fn. 1333.
1335 MEW 13, 203; s. Fn. 1334. Ebenso wie die Grundeigentümer in Bezug auf die Pachtverhältnisse sei auch die Bourgeoisie bestrebt, das Verhältnis zwischen Fabrikbesitzern und Arbeitern allein dem Prinzip von Angebot und Nachfrage zu unterwerfen. Mit der Fortentwicklung der Industrie und des Freihandels würde dieser Lehre zufolge automatisch dann auch die Armut verschwinden. MEGA² I/12, 194 f.; s. Fn. 1316; *Layard's Motion – Struggle over the Ten Hours' Bill,* NYDT Nr. 3826, 22.7.1853, MEGA² I/12, 225. Diese Auffassung wird von Marx vehement zurückgewiesen. Gestützt auf die unterschiedliche Machtposition in dem bestehenden Gesellschaftszustand können Verträge dieser Art für ihn immer nur leoninischen Charakters sein: „As well you might call the relation between the robber who presents his pistol, and the traveler who presents his purse, a relation between two traders." MEGA² I/12, 196; s. Fn. 1316.
1336 *Wichtige britische Dokumente,* NYDT Nr. 5329, 20.5.1858, MEW 12, 460.

setzlichen Regelungen zur *Kinder- und Jugendarbeit* in den Fabriken sowie der Gesetzesentwurf zur Bekämpfung des „,stoppage of wages'"-Systems.¹³³⁷

Die Ausführungen zum *Zehnstundengesetz* erfolgen auf der Grundlage der Fortentwicklung der 1847 eingebrachten Bill, die 1853 zu einem Wiederaufleben der parlamentarischen Debatte über die Dauer des Arbeitstages von Frauen und Jugendlichen führen sollte.¹³³⁸ Als Reaktion auf die Beschränkungen der Arbeitszeiten griffen die Fabrikbesitzer zunächst auf die Einführung eines Zweischichtsystems zurück, das den Einsatz von Frauen und Jugendlichen während der gesamten Produktionsdauer ermöglichte. Um wiederum dem Schichtsystem entgegenzuwirken, verabschiedete das Parlament 1850 ein verändertes Gesetz, das die Arbeitszeit um eine halbe Stunde erhöhte (*Zehneinhalbstundenakt*). In der 1853 erneut entfachten Debatte ging es dann um eine Gesetzesinitiative, die eine Wiederherstellung der ursprünglichen Arbeitszeitbestimmungen von 1847 intendierte.¹³³⁹ Zum Stein des Anstoßes wurde dabei der Vorschlag, die Maschinenlaufzeiten in den Fabriken zu beschränken. Während die Fabrikbesitzer in dieser Regelung einen unnötigen und unzulässigen Eingriff in die Freiheit ihrer Produktion erblickten, stellt die Beschränkung der Laufzeiten Marx zufolge die einzige Möglichkeit dar, die Durchsetzung der Arbeitszeitbestimmungen in der Wirklichkeit auch tatsächlich gewährleisten zu können.¹³⁴⁰ Entsprechend seinen vorangegangenen Rechtsbetrachtungen handelt es sich für Marx bei der „Zwangsbeschränkung der Arbeitszeit" um ein *notwendiges* Gesetz, das einer ausufernden Ausbeutung der Arbeiter Einhalt zu gebieten vermag, ohne dass es dadurch bereits *hinreichend* wäre, die gesellschaftlichen Verhältnisse der bürgerlichen Produktion im Ganzen zu verändern: „Aber wir finden den Fehler nicht in den Gesetzen, sondern in den Zuständen, die es nöthig machen."¹³⁴¹ Letztlich wurde die Bill nicht verabschiedet

---

1337 *Agitation gegen Preußen – Ein Fasttag*, Neue Oder-Zeitung, Nr. 137, 22.03.1855, MEGA² I/14, 209.
1338 Artikel zum Zehnstundengesetz: *Parliamentary Debates – The Clergy against Socialism – Starvation*, NYDT Nr. 3716, 15.3.1853, MEGA² I/12, 50–55; *Layard's Motion – Struggle over the Ten Hours' Bill*, NYDT Nr. 3826, 22.7.1853, MEGA² I/12, 220–225; *Zur Handelskrise*, Neue Oder-Zeitung, Nr. 33, 20.1.1855, MEGA² I/14, 49; *Palmerston – Physiologie der herrschenden Klasse Großbritanniens*, Neue Oder-Zeitung Nr. 343, 26.7.1855, MEGA² I/14, 571–574.
1339 MEGA² I/12, 52f., 222–224.
1340 MEGA² I/12, 52, 222–224; MEGA² I/14, 49.
1341 MEGA² I/14, 49. Die Lebensverhältnisse in den Fabrikdistrikten vor Augen entwirft Marx in seinen Artikeln das schonungslose Bild moderner Zustände der Sklaverei, d.h. Verhältnisse die nicht rühmlicher sind „[...] als die Narben, die die Peitsche des Plantagenbesitzers auf dem Leib des Negers zeichnet." MEGA² I/14, 573. In einem weiteren Artikel werden die Fabrikbesitzer als „industrielle Sklavenhalter" und „Vampire" bezeichnet, „[...] die sich mit dem Lebensblut der jungen Generation von Arbeitern [...] mästen." *Die Lage der Fabrikarbeiter*, NYDT Nr. 4994, 22.4.1857, MEW 12, 185f. Um diesen Eindruck zu erhärten, schildert Marx auch immer wieder die dramatischen Geschichten *konkreter* Schicksalsfälle dieser Zeit. Vgl. u.a. *Political Prospects – Commercial Prosperity – Case of Starvation*, NYDT Nr. 3681, 2.2.1853, MEGA² I/12, 14f.; MEGA² I/12, 54f.; s. Fn. 1338; *Die Arbeiternot in England*, Die Presse, Nr. 266, 27.9.1862, MEW 15, 546f., 549f.; *Garibaldi –Meetings – Notstand der Baumwollarbeiter*, Die Presse Nr. 273, 4.10.1862, MEW 15, 549f.

und die Probleme im Zusammenhang mit den Arbeitszeitbestimmungen blieben ungelöst – gleich den Bestimmungen über die *Arbeitssicherheit* in den Fabriken.[1342]

Im Rahmen der Regulierung der *Arbeitssicherheit* nimmt Marx auf ein Gesetz Bezug, dass in der Sitzungsperiode 1856 verabschiedet wurde.[1343] Gegenstand des Gesetzes waren die Änderung der Bestimmungen über die „Schutzeinrichtungen bei Getrieben und Maschinen" sowie die Einführung eines „Schiedsgerichts", welches Streitigkeiten zwischen Arbeitern und Fabrikbesitzern auflösen sollte.[1344] Hintergrund war die Zunahme von Unfällen und Missständen in den Fabriken, die durch die Berichte der ab 1833 eingesetzten Fabrikinspektoren offengelegt wurden.[1345] Wenngleich die Einrichtung der Fabrikinspektionen von Marx begrüßt wird, offenbaren ihre Berichte auch die Grenzen der tatsächlichen Überprüfbarkeit der Bestimmungen zu den Arbeitszeiten und der Sicherheit in den Betrieben.[1346] So würden bereits die Formulierungen der Fabrikgesetze bewussten Spielraum für „Umgehung[en]" und „Überlistung[en]" beinhalten und auch die festgelegten Strafen für Verstöße seien so gering, dass sie kaum zu einer nachhaltigen Verbesserung der Arbeitsbedingungen Anlass böten.[1347] Echte Kontrollen würden zudem oftmals an einem Frühwarnsystem der Fabrikbesitzer scheitern, das diese zeitnah über eine anstehende Überprüfung informiere.[1348] Unter den Bedingungen der bestehenden Produktionsverhältnisse müssen sich die Fabrikgesetze zur Regulierung des Arbeitsschutzes und der Arbeitszeiten in den Augen Marxens daher zu guter Letzt als bloßer „Lug und Trug" erweisen.[1349]

[1342] MEGA² I/14, 209; s. Fn. 1337.
[1343] Verwendete Artikel: *English Prosperity – Strikes – The Turkish Question – India*, NYDT Nr. 3809, 1.7.1853, MEGA² I/12, 174–180; *The War Question – British Population and Trade Returns – Doing of Parliament*, NYDT Nr. 3854, 24.8.1853, MEGA² I/12, 275–285; *Palmerston – Physiologie der herrschenden Klasse Großbritanniens*, Neue Oder-Zeitung Nr. 343, 26.7.1855, MEGA² I/14, 571–574; *Die Lage der Fabrikarbeiter*, NYDT Nr. 4994, 22.4.1857, MEW 12, 183–186; MEGA² I/14, 207–209; *Der Zustand der britischen Fabrikindustrie*, NYDT Nr. 5584, 15.3.1859, MEW 13, 202–209.
[1344] MEW 12, 183.
[1345] Beispielsweise wurden allein im Zeitraum November 1854 bis April 1855 1788 Unfälle verzeichnet, von denen 18 tödlich verliefen. MEGA² I/14, 573.
[1346] MEW 13, 205. Aus der Sicht Marxens stellt die Praxis der Berichte einen „wertvollen Beitrag zur sozialen Anatomie des Vereinigten Königreiches" (MEW 12, 183) dar, die sich entgegen der „allmächtigen Klasseninteressen" (MEW 13, 203) der Bourgeoisie hatte durchsetzen können (s. S. 164).
[1347] MEW 12, 184; MEW 13, 202f., 205. Um dies zu verdeutlichen, führt Marx die Höhe des gesamten Schadensersatzes an, der für die verunfallten Personen im Zeitraum November 1854 bis April 1855 geleistet wurde: „298 Pfund Sterling! Es ist weniger als der Preis eines Rennpferdes dritter Klasse!" MEGA² I/14, 574.
[1348] MEW 12, 185.
[1349] MEW 12, 185. Dieser trügerische Schein treffe auch auf die Einführung des Schiedsgerichts zu, mittels dessen die Arbeiter dann neben ihren „Glieder[n]" auch noch um ihr „Recht" geprellt würden, zumal das Monopol des Schiedsspruchs einer Berufsgruppe überlassen werde, die in enger geschäftlicher Abhängigkeit zu den Fabrikbesitzern stehe. MEW 12, 183f. Deutlicher wird Marx in Bezug auf die ebenfalls mit den Auseinandersetzungen zwischen Arbeitern und Fabrikbesitzern betrauten

Ergänzend hierzu wird eine ähnliche Kritik auch die Fabrikgesetzgebung treffen, die die Probleme der *Kinder- und Jugendarbeit* in den Betrieben aufgreift.[1350] Gegenstand der Betrachtung bildet insbesondere das *Gesetz über die Kattundruckereien* von 1845 (*Printworks' Act*). Den Bestimmungen dieses Gesetzes zufolge können Kinder im Alter von acht bis dreizehn Jahren innerhalb der Zeit von sechs Uhr morgens bis zehn Uhr abends in den Fabriken beschäftigt werden.[1351] Zudem unterliegen sie einer periodischen Schulpflicht, die den Besuch einer Schule in den ersten zwölf Monaten der Beschäftigung im Umfang von zweimal 150 Stunden vorsieht.[1352] Neben der systematischen Umgehung der Arbeitszeitbestimmungen ist es insbesondere die Aushöhlung der gesetzlichen Regelung dieser Schulpflicht, die Marx in seiner Betrachtung kritisch hervorhebt.[1353] Zum einen setze sich eine Praxis zur Erteilung von Schulzertifikaten durch, die durch „speziell für diesen Zweck geschaffene Einrichtungen" vorgenommen werden, und zum anderen bedienten sich die Fabrikbesitzer der Ausstellung von ärztlichen Gefälligkeitsgutachten, die das Alter der Kinder verfälschen.[1354] Komme die Schulpflicht dann tatsächlich zur Anwendung, werde sie bloß als notwendiges Übel um den Produktionsablauf herum drapiert.[1355] Für Marx wird der eigentliche *Inhalt* des Gesetzes so aber in eine bloße *Form* verkehrt, die die Einhaltung der Bestimmungen allein an den „Zertifikate[n] über den Schulbesuch" festmache, ohne dass dabei gewährleistet sei, dass die Kinder auch „etwas gelernt haben müssen".[1356]

Nicht unmittelbar Teil der Fabrikgesetzgebung, jedoch eng hiermit verknüpft, greift Marx in seinen Artikeln auch jene private Aneignung des Strafrechts wieder auf, die bereits Gegenstand seiner Auseinandersetzungen mit der englischen Freihandelsdebatte war. Es sind die restriktiven *Fabrikordnungen*, mittels derer die Fabrikanten versuchen ihren Profit zu steigern, indem sie die Nominallöhne der Arbeiter durch einen ganzen Katalog von Geldbußen belasten, die im Falle der Verletzung

---

Friedensrichter. Selbst zumeist Fabrikanten oder zumindest mit diesen verwandt, würden sie eine Auslegung der Gesetze verfolgen, die den Interessen der Arbeiter direkt entgegensteht. MEGA² I/12, 175.
1350 Verwendete Artikel: *Das englische Fabriksystem*, NYDT Nr. 4999, 28.4.1857, MEW 12, 187–193; *Wichtige britische Dokumente*, NYDT Nr. 5329, 20.5.1858, MEW 12, 456–462; *Der Zustand in der britischen Fabrikindustrie*, NYDT Nr. 5584, 15.3.1859, MEW 13, 202–209; *Der Zustand in der britischen Fabrikindustrie*, NYDT Nr. 5592, 24.3.1859, MEW 13, 220–224.
1351 MEW 12, 460f. „Es mag noch erwähnt werden, daß das menschenfreundliche Gesetz von 1844 [Graham's Factory Act, D.P.] gestattet, Kinder von 8 Jahren in Fabriken zu beschäftigen, während es vorher gesetzwidrig war, Kinder unter 9 Jahren zu beschäftigen [Althorp's Act von 1833, D.P.]." MEW 12, 193.
1352 MEW 12, 461.
1353 MEW 12, 184, 461; MEW 13, 202, 205.
1354 MEW 13, 207, 221.
1355 „Manchmal besucht ein Kind die Schule in der vom Gesetz geforderten Stundenzahl zu der einen Tageszeit, manchmal zu einer anderen, doch niemals regelmäßig; [...] und so wird das Kind sozusagen hin und her gepufft (buffeted) von der Schule in die Fabrik, von der Fabrik in die Schule, bis die Summe der hundertfünfzig Stunden abgezählt ist." MEW 13, 461f.
1356 MEW 13, 207.

betrieblicher Regelungen zu entrichten sind.[1357] Diese Praxis hatte sich in Teilen des Landes geradezu zu einem „System" fortentwickelt und führte 1855 zur Einbringung der „‚stoppage of wages'"-Bill.[1358] Obschon die Bill in erster Linie gegen die ausufernden Züge dieses Systems gerichtet war, die der Ansicht Marxens zufolge Verhältnisse etablieren würde, die einer Leibeigenschaft glichen, wurde auch sie letztlich nicht verabschiedet.[1359]

Zusammenfassend betrachtet zeichnet die Darstellung der Fabrikgesetzgebung in den Zeitungsartikeln das Bild einer Gesetzgebung, die den Klassenverhältnissen unter bürgerlichen Produktionsbedingungen entspricht. Soweit Gesetzesinitiativen nicht bereits im Parlament blockiert werden, fallen auch die mit Gesetzeskraft ausgestatteten Verbesserungen einer praktischen Wirkungslosigkeit anheim. Nichtsdestotrotz erblickt Marx gerade in der Fabrikgesetzgebung jenen notwendigen *Appell*, der die Lebensbedingungen der Arbeiter zu verbessern in der Lage ist und so erst die Voraussetzungen für ihre politische Organisierung zu gewährleisten vermag.[1360]

6.2.3 Verbrechen, Strafe und *lettres de cachet d'anglais*

Mit der Ausdehnung des Fabriksystems und der zunehmenden Konzentration der Bevölkerung in den Städten trat auch jenes „Gesetz" der modernen bürgerlichen Gesellschaft umso deutlicher hervor, welches seine Wirkungen durch das parallele Anwachsen von Pauperismus und Reichtum entfaltet.[1361] Gerade die „neuen Quellen des Reichtums", die doch eigentlich eine Beendigung der Armut verheißen hatten, verwandelten sich im Zuge eines „seltsamen Zauberbann[s]" tatsächlich in „Quellen

---

1357 s. S. 173f.; s. Fn. 1067.
1358 MEGA² I/14, 209; s. Fn. 1337.
1359 Durch die Vorenthaltung des Nominallohns werden die Verhältnisse für den Arbeiter soweit verschlechtert, „[...] bis er im vollen Sinne zum Leibeigenen geworden, ohne aber wie der Leibeigene wenigstens die leibliche Existenz garantirt zu erhalten." MEGA² I/14, 209.
1360 *Panic on the London Stock Exchange – Strikes*, NYDT Nr. 3900, 17.10.1853, MEGA² I/12, 351 [Marx / Engels]; *Persian Expedition in Afghanistan and Russian Expedition in central Asia – Denmark – The Fighting on the Danube and in Asia – Wigan Colliers*, NYDT Nr. 3928, 18.11.1853, MEGA² I/12, 477f.; *Ein Londoner Arbeitermeeting*, Die Presse Nr. 32, 2.2.1862, MEW 15, 454; s. S. 164, 173f. Dass Marx insoweit an der progressiven Funktion des bürgerlichen Rechts festhält, wird zudem durch einen Artikel untermauert, in dem er die Forderungen nach einer Rückkehr zum „Common law" (gemeines Recht) kritisiert und sich stattdessen für das „Statute law" ausspricht, d.h. für das gesetzesförmige Recht. *Die Administrativreform-Assoziation*, Neue Oder-Zeitung Nr. 261, 8.6.1855, MEGA² I/14, 387. Indem Marx die Befürworter einer Rückkehr zum gemeinen Recht als „rückwärtsgewandte Propheten" bezeichnet, die „antiquarisch verzückt" seien „im Anblick von Altengland", greift er zudem ganz offenkundig auf die von Hegel und Gans adaptierte Kritik der Historischen Rechtsschule zurück. MEGA² I/14, 387; s. S. 72f., 81f.; s. Fn. 352.
1361 *Die steigende Anzahl der Geisteskranken in England*, NYDT Nr. 5407, 20.8.1858, MEW 12, 533; s. S. 230. Gemeint ist das *inhärente Prinzip* materieller Gegensätzlichkeit, welches der bürgerlichen Gesellschaft zu eigen ist und das bereits Hegel herausgestellt hatte (s. S. 40f.).

der Not", die im täglich wachsenden Elend der Fabrikdistrikte greifbare Gestalt erlangten.[1362] Begleitet wurde diese gesellschaftliche Entwicklung durch ein weiteres Phänomen, der Steigerung der *Verbrechenszahlen*.[1363] Die dabei auftretenden Fragen nach dem Zusammenhang zwischen Pauperismus und Verbrechen sowie dessen Verknüpfung mit dem Strafrecht wird Marx in seinen Zeitungsartikeln zum Gegenstand einer kritischen Berichterstattung erheben.[1364]

Entgegen der Bourgeoisie und ihrer Presseorgane, die die Zunahme der Verbrechen auf der Grundlage des etablierten Freihandels nur als individuelles Fehlverhalten zu betrachten vermögen, erblickt Marx in der Ausweitung des Pauperismus eine *chronische* Folgewirkung, die aus dem bestehenden Arrangement der Arbeitsteilung erwächst. Demnach ist es auch nicht etwa ein *böser Zauber*, dem die bürgerliche Gesellschaft unterliege, sondern vielmehr die Gestalt ihrer materiellen Produktion selbst, die diese Entwicklung fortwährend erzeuge.[1365] Sind Not und Elend jedoch notwendige Ausflüsse der ehernen Grundlagen einer bestehenden Gesellschaftsformation, dann müssen auch Handlungen und Maßnahmen, die hieraus folgen, unmittelbar in diesen gesellschaftlichen Verhältnissen angelegt sein. Entsprechend konsequent betrachtet Marx die wachsende Zahl der Verbrechen dann auch als „the mere necessary and natural result of the economical base of the Bourgeois Society".[1366] Eine *wirksame* und *nachhaltige* Eindämmung des Verbrechens ist für ihn daher auch nur auf der Grundlage einer umfassenden Änderung *dieser* gesellschaftlichen Verhältnisse möglich („alteration of the system that breeds these crimes"), keinesfalls

---

1362 *Rede auf der Jahresfeier des „People's Paper" am 14. April 1856 in London*, The People's Paper Nr. 207, 19.4.1856, MEW 12, 3; MEW 15, 544; s. Fn. 1334. Mit der Beseitigung des Schutzzollsystems und der Etablierung des Freihandels würden der bürgerlichen Presse zufolge auch Armut und Pauperismus verschwinden. Grundlage hierfür ist die Vorstellung einer vom ökonomischen Krisengeschehen befreiten Entfaltung der industriellen Produktion, die eine Zeit der *allgemeinen* Prosperität einleiten würde. *Pauperism and Free Trade – The Approaching Commercial Crisis*, NYDT Nr. 3601, 1.11.1852, MEGA² I/11, 344f.; s. Fn. 1262, 1309.
1363 MEGA² I/11, 346.
1364 Verwendete Artikel: *Pauperism and Free Trade – The Approaching Commercial Crisis*, NYDT Nr. 3601, 1.11.1852, MEGA² I/11, 344–349; *Capital Punishment – Mr. Cobden's Pamphlet –Regulations of the Bank of England*, NYDT Nr. 3695, 18.2.1853, MEGA² I/12, 24–30; *Excitement in Italy – The Events in Spain – The Position of the German States – British Magistrates*, NYDT Nr. 4142, 28.7.1854, MEGA² I/13, 329–341; *A Congress at Vienna – The Austrian Loan – Proclamation of Duke and O'Donnel – The Ministerial Crisis in Berlin*, NYDT Nr. 4147, 3.8.1854, MEGA² I/13, 342–347; *The Policy of Austria – The War Debates in the House of Commons*, NYDT Nr. 4152, 9.8.1854, MEGA² I/13, 361–369; *Die Einkerkerung der Lady Bulwer-Lytton*, NYDT Nr. 5393, 4.8.1858, MEW 12, 527–532; *Die steigende Anzahl der Geisteskranken in England*, NYDT Nr. 5407, 20.8.1858, MEW 12, 533–538; *Bevölkerung, Verbrechen und Pauperismus*, NYDT Nr. 5741, MEW 13, 490–495.
1365 s. S. 156f. (naturwüchsige Gesellschaften und Arbeitsteilung); S. 159f., 173f. (Klassengegensatz); Fn. 1309 (systemisch bedingte Immanenz der Krise).
1366 MEGA² I/11, 345; MEGA² I/12, 26. „Es muß doch etwas faul sein im Innersten eines Gesellschaftssystems, das seinen Reichtum vermehrt, ohne sein Elend zu verringern, und in dem die Verbrechen sogar rascher zunehmen als seine Bevölkerungszahl." MEW 13, 492.

aber durch eine Ausweitung der als Delikte aufzufassenden Handlungsweisen oder durch eine abschreckende Verschärfung des Strafrechts zu erreichen, wie es in der zeitgenössischen Debatte um die *Todesstrafe* gefordert wird.[1367]

In dieser Debatte, in der ein Teil der britischen Presse die Todesstrafe bedingungslos befürwortete, wird Marx dieser Strafpraxis nicht nur ablehnend entgegenstehen, sondern auf ihrer Folie auch die *Rechtfertigung* des Strafens in der modernen Gesellschaft an sich thematisieren.[1368] Den Rahmen dieser Betrachtung gewinnt er aus der Verbindung einer erneuten Auseinandersetzung mit der Strafrechtstheorie Hegels und ihrer Kritik, die bereits Gegenstand der Ausführungen in der *Heiligen Familie* und der Manuskripte der *Deutschen Ideologie* war. Ausgangspunkt der Darstellung bildet eine implizite Teilung der Rechtfertigungsarten des Strafrechts in ihre grundlegenden Strömungen von *Präventions-* und *Vergeltungstheorien*.[1369] Zunächst werden die utilitaristisch argumentierenden *Präventionstheorien* zurückgewiesen, die den Zweck der Strafe auf eine Abschreckungs- oder Besserungswirkung zurückführen.[1370] Die Gründe, die Marx dann gegen diese Rechtfertigungsströmung vorbringt, knüpfen unmittelbar an die *Grundlinien* und die *Vorlesungen* Gans' an. Zum einen belege bereits die Geschichte, dass „since Cain the world has neither been intimidated nor ameliorated by punishment", und zum anderen bleibe die entscheidende Frage nach der Berechtigung des Strafens, d. h. der Gerechtigkeit der Rechtsstrafe (*iustitia punitiva*), nicht nur unbeantwortet, sondern auch ungestellt.[1371] Im Vergleich dazu würden

---

1367 MEGA² I/12, 26 f. Bereits in den *Artikeln zum Holzdiebstahlgesetz* hatte Marx hervorgehoben, dass es insbesondere im Falle von Handlungen, die aus materieller Not erwachsen, darum gehe den „sociale[n] Unordnung[en]" mit milden Korrekturen zu begegnen statt mit repressiven Strafrechtsregelungen (s. S. 86). In den Manuskripten der *Deutschen Ideologie* wird dieser Gedankengang dann weiter verfestigt, wenn gegenüber dem bürgerlichen Strafrecht geltend gemacht wird, dass eine wirkliche Beseitigung des Verbrechens nur durch die Aufhebung seiner „antisozialen Geburtsstätten" zu bewerkstelligen wäre (s. S. 164). Aus diesem Grund wird die Ausweitung von Verbrechensdelikten und die Kriminalisierung der Armut von Marx auch abgelehnt: „Das Gesetz selbst kann nicht nur das Verbrechen bestrafen, sondern es auch hervorrufen, und das Gesetz der Berufsjuristen ist sehr dazu geeignet, in dieser Richtung zu wirken." MEW 13, 493.
1368 „[...] and it would be very difficult, if not alltogether impossible, to establish any principle upon which the justice or expediency of capital punishment could be founded, in a society gloryring in its civilsation." MEGA² I/12, 25.
1369 Vgl. Mohr 2005a, S. 183.
1370 MEGA² I/12, 25. Die Legitimation der Strafe wird in diesen Theorien über den *Nutzen* für die Gesellschaft (Abschreckung) oder den Verbrecher (Besserung) hergeleitet. Vgl. Mohr 2005a, S. 183.
1371 MEGA² I/12, 25. In den *Grundlinien* wendet sich Hegel mit seiner begriffsanalytischen Bestimmung der Straftheorie explizit gegen die aus seiner Sicht nur oberflächlich agierenden Präventionstheorien der Strafe: „Durch jene oberflächlichen Gesichtspunkte aber wird die objective Betrachtung der Gerechtigkeit, welche der erste und substantielle Gesichtspunkt bey dem Verbrechen ist, bey Seite gestellt [...]." HGW 14, 1, (§ 99) S. 91. Dass das Strafen an und für sich *gerecht* ist, werde in diesen Theorien nur vorausgesetzt, nicht begründet. HGW 14, 1, (§ 99) S. 91 f. Entsprechend weist auch Gans den Geltungsanspruch der Präventionstheorien zurück: „Noch dazu ist die ganze Abschreckungstheorie nur ein Wahn, denn die Strafe schreckt gar nicht ab. Wie lange wird schon abgeschreckt, und

die *Vergeltungstheorien* in der Tradition Kants, insbesondere in der „more rigid formula given to it by Hegel", gerade auf dieser entscheidenden Rechtsfrage aufbauen und gelangten dadurch überhaupt erst dazu, den Standpunkt des abstrakten Rechts einnehmen zu können.[1372] Für Marx stellen sie die einzige Theoriengattung dar, die die menschliche Würde („human dignity") anerkennt und dadurch auch den Verbrecher auf die Stufe eines „free and self-determined beeing[s]" erhebt, statt ihn zu einem bloßen „slave of justice" zu degradieren.[1373]

Mit der Feststellung, dass diese Anerkennung des freien Individuums in den willensbasierten Vergeltungstheorien Kants und Hegels letztlich jedoch nur *abstrakt* bleibe, lässt Marx seine Betrachtung in eine Kritik übergehen, die auf die materialistisch fundierte Rechtsreflexion seiner programmatischen Schriften rekurriert. Die Anerkennung des Verbrechers als freies Individuum ist hiernach einzig auf die begriffliche Ebene der Idee beschränkt, wohingegen in der Wirklichkeit des Strafens die „subjektive[n] Willkür" gerichtlicher Entscheidungsträger herrsche.[1374] Nur vor diesem Hintergrund wird es plausibel, dass Marx in der abstrakten Vergeltungstheorie des Rechts eine Rückkehr zum *alten* ius talionis erblickt. Entgegen dem sittlichen Charakter, den Hegel seiner Straftheorie zu verleihen bestrebt sei, bleibe sie im Kontext naturwüchsiger Gesellschaften nur der Ausdruck einer Form von *Rache* und bedinge somit letztlich eine Strafpraxis, die im Grunde nicht weniger willkürlich sei als die der von ihm kritisierten Präventionstheorien.[1375] Deutlich wird dies, wenn hinzugezogen wird, dass Marx die Abstraktion des freien Willens als eine transzen-

---

doch werden noch immer Verbrechen begangen! [...] Der Verbrecher wird so wenig durch die Strafe abgeschreckt, als die Leute aus der Geschichte etwas lernen." Gans 2005, S. 111.
1372 KpV (§ 8) A 66; HGW 14, 1, (§ 99) S. 127; MEGA² I/12, 25.
1373 MEGA² I/12, 25. Hintergrund dieser Formulierungen Marxens ist die Wendung Kants gegen die Willkürlichkeit des Strafens in den Präventionstheorien. Losgelöst von einer zutreffenden Legitimation des Strafens und ausschließlich auf der Grundlage eines Nutzenkalküls argumentierend, würden diese Theorien gerade den Boden dafür bereiten, den Verbrecher willkürlichen kriminalpolitischen Absichten auszusetzen: „Vollends aber alles Strafen und belohnen nur als das Maschinenwerk in der Hand einer höheren Macht anzusehen, welches vernünftige Wesen dadurch zu ihrer Endabsicht (der Glückseligkeit) in Tätigkeit zu setzen allein dienen sollte, ist gar zu sichtbar ein alle Freiheit aufhebender Mechanism ihres Willens, als daß es nötig wäre uns hiebei aufzuhalten." KpV (§ 8) A 68. Gegen diese *Möglichkeit* des Zufalls und der Willkür wendet sich Kant mit der Betonung der im Kategorischen Imperativ verankerten *persönlichen Rechte*. Vgl. Hüning 2004, S. 354f.; Mohr 2005a, S. 183f.; Murphy 2008, S. 160f. Und es ist diese Kritik Kants, die in den Augen Marxens in Hegels begrifflicher Grundlegung der Strafe als Recht des Verbrechers fortwirkt. Zum Ausdruck gelangt dies darin, dass der Verbrecher noch in der Rechtsverletzung als *Person* anerkannt wird, deren Handlungen sich nach *vernünftigen Maximen* vollziehen. So gesehen bildet die Strafe dann eben auch nur die Anwendung des in der Tat des Verbrechers selbst gesetzten Rechts auf diesen selbst. Vgl. Mohr 2005b, S. 205f. Demgegenüber reduzieren die Präventionstheorien den Menschen aus der Sicht Hegels und Gans' auf den Status eines *unvernünftigen* Wesens, eines bloßen Tieres: „Es ist mit der Begründung der Strafe auf diese Weise, als wenn man gegen einen Hund den Stock erhebt, und der Mensch wird nicht nach seiner Ehre und Freiheit, sondern wie ein Hund behandelt." HGW 14, 1, (§ 99) S. 128; Gans 2005, S. 112.
1374 s. S. 149, 163.
1375 s. S. 36f., 75f., 149f., 163f.

dentale Form jener Konservierung des gesellschaftlichen Status quo begreift, die jeder Theorie zu eigen sei, die auf dem Stand einer bloßen *Ideologie* verharre.[1376] Entsprechend bildet die abstrakte Vergeltungstheorie der Strafe in seinen Augen dann auch nur ein Instrumentarium der Verteidigung der modernen bürgerlichen Gesellschaft gegenüber Verletzungen ihrer elementaren *Lebensbedingungen*, deren besonders blutiger Ausdruck die Todesstrafe nur sei.[1377] Eine Rechtfertigung dieser Strafpraxis sowie die des Strafens überhaupt sei auf der Grundlage der bestehenden Gesellschaftsverhältnisse daher ausgeschlossen.[1378]

Wie weit dieser Selbstverteidigungsmechanismus zum Erhalt der Lebensbedingungen einer Gesellschaft reicht, verdeutlicht eine juristische Posse, die sich unter dem „Deckmantel des Gesetzes über Geisteskranke" vollzog und die Marx in einigen Artikeln für die *Tribune* aufgreifen sollte.[1379] Es ist der Vorfall um die Verhaftung des Dr. Peithmann, eines deutschen Geisteswissenschaftlers, der einige Jahre in Irland im Dienste einer aristokratischen Familie stand und aufgrund der Einmischung in familiäre Angelegenheiten polizeigerichtlich festgesetzt und der Obhut einer Anstalt für Geisteskranke überantwortet wurde. Durch die Nähe zu einem Mitglied der Königsfamilie wurde er in der Folge erneut verhaftet und in einem nichtöffentlichen Verfahren abermals für geisteskrank befunden.[1380] Dass in dieser Verfahrensweise eine

---

[1376] MEGA² I/12, 25 f. Es ist der gegenüber den abstrakten Willenstheorien des Rechts erhobene Vorwurf einer Entkopplung von der sozialen Wirklichkeit, auf den Marx unmittelbar Bezug nimmt, wenn er davon spricht, dass es eine Täuschung sei „[...] to substitute for the individual with his real motives, with multifarious social circumstances pressing upon him, the abstraction of ‚free-will' – one among the many qualities of man for man himself [...]". MEGA² I/12, 26; s. S. 158 f. Theorien aber, die sich dem Bewusstsein entziehen durch die gegebenen Produktionsbedingungen und den hiermit verbundenen Eigentums- und Klassenverhältnissen maßgeblich beeinflusst zu sein, hatte Marx als *Ideologien* begriffen, als Lehren im Dienste einer „Apologie des Bestehenden" (s. S. 154 f., 158 f.).

[1377] s. S. 212 f., 219, 222. „Now, what a state of society is that, which knows of no better Instrument for its own defense than the hangman, and which proclaims through the ‚leading journal of the world' [gemeint ist die Times, D.P.] its own brutality as eternal law?" MEGA² I/12, 26.

[1378] MEGA² I/12, 26 f.; vgl. auch Murphy 2008, S. 162, 172. Eine Gerechtigkeit der Rechtsstrafe könne es nicht geben, wenn das Recht nur Ausdruck der bestehenden Eigentums- und Klassenverhältnisse ist. Hervorzuheben ist bei der Betrachtung des Artikels aber auch, dass Marx hier lediglich den *abstrakten* Charakter der Theorie Hegels kritisiert, nicht deren intendierten *Inhalt*. Ganz im Gegenteil wird Hegel als Spitze der Entwicklung der Strafrechtstheorien gefasst und seine Verklammerung von Recht und Freiheit explizit herausgestellt. MEGA² I/12, 25. Dies legt eine Anknüpfung an die bereits in der *Heiligen Familie* und den Manuskripten der *Deutschen Ideologie* verfolgten Argumentation nahe, an den originären Inhalten der Theorie festzuhalten. Einen tatsächlich sittlichen Charakter kann das Strafrecht für Marx daher erst unter „menschlichen Verhältnissen" gewinnen, d. h. in einer nicht-naturwüchsigen Gesellschaftsformation, in der die rechtliche Freiheit nicht nur eine ideelle Abstraktion, sondern gelebte Wirklichkeit ist, unter den Bedingungen *sozialer Freiheit* (s. S. 150).

[1379] MEW 12, 532.

[1380] MEGA² I/12, 339–341. Hintergrund der Verhaftung in Irland war den Artikeln zufolge die Unterstützung für ein durch den Sohn der Familie geschwängertes Dienstmädchen. Zunächst verbrachte Dr. Peithmann ab 1836 vier Jahre in der Anstalt für Geisteskranke, wurde aber bereits 1840 nach seiner Entlassung erneut festgesetzt. Er hatte in Bonn zusammen mit einem Mitglied der königlichen Familie

über den Einzelfall hinausweisende gesellschaftliche Praxis zum Ausdruck gelangt, macht Marx dadurch deutlich, dass er die Festsetzungen als „lettres de cachet" etikettiert und sie damit ganz bewusst mit der willkürlichen Verhaftungspraxis zur Zeit des absolutistischen Frankreichs gleichstellt.[1381] Trotz des geltenden gesellschaftlichen Rechtsrahmens vermögen sich die Interessen der herrschenden gesellschaftlichen Kräfte und die hiermit verbundene Verteidigung ihrer Stellung durchzusetzen, so dass auch eine durch die *Menschenrechte* geprägte Gesellschaft letztlich zu einem Ort verkommt, „[...] where a lettre de cachet burried a man for eighteen years, just because he had the misfortune to know something of the royal and aristocratic relations with German maid-servants."[1382]

Zusammenfassend bleibt festzuhalten, dass die Erörterungen des Verbrechens und Strafrechts im Kontext der spezifischen Gesellschaftsverhältnisse erfolgen, die sich auf der Grundlage der materiellen Produktionsbedingungen einstellen. So führt Marx die Zunahme von Delikten vor allem auf die durch die bürgerliche Produktion etablierten Lebensbedingungen zurück, deren Forterhalt durch das Strafrecht und seine Anwendung garantiert werden und der sich im Zweifel auch abseits des Rechts Raum zu verschaffen weiß.[1383]

Entgegen der Betrachtung des englischen Rechts und der fortgehenden Gesetzgebung bildet die gerichtliche Rechtsanwendung keinen Schwerpunkt in den Artikeln der journalistischen Schaffenszeit. Die Erörterungen zu den wenigen Verfahren, die von Marx überhaupt aufgegriffen werden, erfolgen nicht im Kontext einer *Kritik des*

---

studiert und dabei aus ihrer Sicht Wissen erlangt, das nicht an die Öffentlichkeit gelangen sollte. Durch polizeigerichtliche Verfügung wurde er 1840 dann erneut für 14 Jahre in Verwahrung genommen. Nach seiner Entlassung im Jahre 1854 kam es aufgrund des Versuchs einer Kontaktaufnahme zur königlichen Familie dann abermals zu einer Verhaftung, die den Gegenstand der Debatten innerhalb der Presse und des Parlaments bildete. Aufgrund eines in der Presse veröffentlichten Briefes Dr. Peithmanns an die Königin wird Marx zufolge deutlich, dass dieser keinesfalls als geistesgestört anzusehen sei. MEGA² I/12, 339–341; MEGA² I/13, 347, 368 f.
1381 MEGA² I/13, 368; MEW 12, 532. Bereits zuvor hatte sich Marx dieser Parallele bedient (s. Fn. 1209).
1382 MEGA² I/13, 347. Ein weiterer vergleichbarer Fall, den Marx aufgreift, betrifft die Einweisung der Lady Bulwer, die sich in der Öffentlichkeit gegen den eigenen für das Parlament kandidierenden Ehemann ausgesprochen hatte. MEW 12, 529. Auch in anderen Bereichen thematisiert Marx die Aushöhlung des Rechts durch die Interessen der politisch und wirtschaftlich herrschenden Kreise Englands. Beispielsweise greift er die politische Duldung der Nichtbeachtung geltender Habeas-Corpus-Bestimmungen durch ausländische Militärangehörige (*The Quadruple Convention – England and the War*, NYDT Nr. 3960, 16.12.1853, MEGA² I/12, 554–556) oder die willkürliche Verleumdungs- und Verhaftungspraxis im Vorgehen gegen die irischen Geheimgesellschaften auf (*Die Erregung in Irland*, NYDT Nr. 5530, 11.1.1859, MEW 12, 669 f.). Nicht unmittelbar an die Menschenrechtskritik anknüpfend, jedoch sich in ihrer Stoßrichtung bewegend, fasst Marx dies dann sicher nicht ganz ohne Ironie zusammen: „No wonder, then, that Thomas Paine's ‚Rights of Man' were publicity burned in this free and blessed country." MEGA² I/13, 369.
1383 Anders ausgedrückt: „In der Tat ist die Persönlichkeit des Menschen so völlig von seinem Besitz aufgesogen worden, daß das englische Gesetz stets einen Angriff gegen das Eigentum eines Menschen weit strenger behandelt hat als gegen seine Person, und ein guter Bürger wird immer noch daran erkannt, daß er Eigentum hat." Wilde 1982, S. 18.

Rechts, sondern stehen zumeist unter dem Primat ihres kuriosen Charakters, der dem Zeitungspublikum beinahe boulevardblattartig dargelegt wird.[1384] So bleibt das Interesse an der Jurisdiktion in der Werkphase zwischen 1850 und 1862 auf zwei Momente beschränkt, die sich im Bezugsrahmen der *preußischen* Rechtsprechung bewegen. Neben dem die öffentlichen Gemüter bewegenden *Kommunistenprozess zu Köln* ist dies der Versuch Marxens, im Zuge seines Disputs mit Carl Vogt einen Verleumdungsprozess gegen die Berliner *National-Zeitung* zu erwirken, dessen Betrachtung sich der nächste Abschnitt widmen wird. Zuvor gilt es die Blickrichtung jedoch noch auf einen eher ungewöhnlichen Rechtsbereich zu richten, der das Interesse Marxens zu Beginn der 1860er Jahre beflügelte.

6.2.4 Exkurs: Die „Trent-Affäre" und das englische Seerecht

Eine besondere Rechtsthematik, mit der Marx im Rahmen seiner journalistischen Berichterstattung konfrontiert werden sollte, ist das *englische Seerecht*. Den Rahmen für die Auseinandersetzung mit diesem Bereich des Rechts bildete der im Frühjahr 1861 ausgebrochene Bürgerkrieg in Amerika, in dem sich die Union der Nordstaaten und eine durch die Südstaaten formierte Konföderation gegenüberstanden.[1385] Im

---

[1384] *Die Franzosenprozesse in London*, NYDT Nr. 5309, 27.4.1858, MEW 12, 425–433; *Das Problem der Ionischen Inseln*, NYDT Nr. 5526, 6.1.1859, MEW 12, 663–667; *Ein Verleumdungsprozess*, Die Presse Nr. 353, 24.12.1861, MEW 15, 423–426; *Englisch*, Die Presse Nr. 39, 9.2.1862, MEW 15, 464–467. Einzig der Strafprozess gegen William Hudson Guernsey anlässlich der Entwendung zweier Geheimdepeschen aus dem Bestand des britischen Kolonialamtes samt anschließender Veröffentlichung in der Presse steht im originären „juristische[n] Interesse" Marxens. Während die rechtswidrige Aneignung der Depeschen eingeräumt wurde, bestritt Guernsey jedoch dies in der *Absicht* getan zu haben, sie zu privaten Zwecken zu verwenden. Letztlich folgte das Geschworenengericht dieser Betrachtung, indem sie die Depeschen als öffentliches Eigentum bewerteten und nicht als *privates* Eigentum der Regierung. Soweit sich das Strafrecht jedoch ausschließlich an Absichten orientiert und nicht an Handlungen, wird es in den Augen Marxens „auf einen toten Punkt gebracht". MEW 12, 667. Insoweit folgt er seiner Kritik früherer Veröffentlichungen, denn mit der Reduktion des Strafrechts auf reine Absichten ist es nur noch ein kleiner Schritt zu *Verdachtsstrafen* und einer Tendenzgesetzgebung (s. S. 75 f., 104, 205 f.; s. Fn. 1211).

[1385] Ähnlich den Betrachtungen zur Märzrevolution von 1848 erblickt Marx in diesem durch die „Sklavenfrage" motivierten Konflikt im Kern den Kampf zweier nicht zu vereinbarender „sozialer Systeme": Auf der einen Seite einem durch Plantagenwirtschaft geprägten Süden („System der Sklaverei"), der sich als „niedrigste und schamloseste Form der Menschenversklavung" zeige, und auf der anderen der industrialisierte Norden („System der freien Arbeit"), in dem die gegenwärtig „höchste Form der Selbstregierung des Volkes" herrsche. *Die Londoner „Times" über die Prinzen von Orléans in Amerika*, NYDT Nr. 6426, 7.11.1861, MEW 15, 327; *Der Bürgerkrieg in den Vereinigten Staaten*, Die Presse, Nr. 306, 7.11.1861, MEW 15, 340, 346; *Krise in der Sklavenfrage*, Die Presse Nr. 343, 14.12.1861, MEW 15, 419. Dies sei ein Kampf *sozialer Systeme*, der nur mit dem Sieg des einen über das andere System enden könne und in dem die „Sklavenemanzipation" bereits zur Verwirklichung dränge. MEW 15, 346; s. S. 188 f. Aus seiner eigenen Parteinahme macht Marx dabei keinen Hehl, wenn er davon spricht, dass

6.2 Die „journalistischen Brotarbeiten" und das Recht des Herzens — 241

Zuge dieses „erste[n] große[n] Krieg[s] der gegenwärtigen Geschichte" kam es im November 1861 zu einem maritimen Zwischenfall, der die juristischen Gemüter diesseits und jenseits des Atlantiks in Erregung versetzte und an dessen öffentlicher Diskussion sich Marx im Rahmen seiner Korrespondententätigkeit beteiligen sollte – der *Trent-Affäre*.[1386]

Ausgang dieser Episode war das Aufbringen des britischen Postschiffes *Trent* durch die *USS San Jacinto* in den Gewässern zwischen Kuba und den Bahamas. Bei der Durchsuchung durch die amerikanische Besatzung stellte sich heraus, dass sich zwei konföderierte Kommissäre an Bord befanden.[1387] Die Kommissäre wurden durch den Kommandanten des amerikanischen Kriegsschiffs in Gewahrsam genommen und nach Monroe verbracht. Die *Trent* selbst konnte ihre Reise nach London fortsetzen. In der Folge sorgte dieses Ereignis für nicht unerhebliche diplomatische Verstimmungen zwischen beiden Ländern, in denen vor allem der „juristische Standpunkt der Angelegenheit" ins Zentrum rückte.[1388] Dreh- und Angelpunkt der Kontroverse war die Frage nach der Rechtmäßigkeit des Vorgehens der *USS San Jacinto* nach den Grundsätzen des gleichermaßen von England und den Vereinigten Staaten akzeptierten Seerechts.[1389] Übereinstimmung herrschte Marx zufolge darüber, dass auf Grundlage der Neutralitätsproklamation Queen Victorias, die in Reaktion auf die Blockade konföderierter Häfen durch die Union erlassen wurde, faktisch auch das Durchsuchungsrecht der kriegsführenden Parteien bestätigt worden sei und zudem die Beförderung von *Depeschen* unter die Kriegskontrebande subsumiert werde.[1390] Zur Streitfrage zwischen den „Kronadvokaten" und der „amerikanischen Jurisdiktion" avancierte dann die genaue Definition der Kriegskontrebande, d. h., ob durch diesen Rechtsbegriff auch die *Personen* erfasst werden, die die Depeschen bei sich tragen.[1391] Da die „materielle Rechtsfrage" je nach Bezug auf die „höchsten juristischen Auto-

---

der Krieg der Union „[...] auf seiner Seite die wärmsten Sympathien eines jeden hat, der nicht ein erklärter Räuber ist." MEW 15, 441, s. Fn. 1386.
1386 MEW 15, 327; s. Fn. 1385. Verwendete Artikel: *Der „Trent"-Fall*, Die Presse Nr. 331, 2.12.1861, MEW 15, 389–391; *Der englisch-amerikanische Streit*, Die Presse Nr. 332, 3.12.1861, MEW 15, 392–394; *Die neuesten Nachrichten und ihre Auswirkung in London*, NYDT Nr. 6462, 19.12.1861, MEW 15, 395–400; *Die Hauptakteure im „Trent"-Drama*, Die Presse Nr. 337, 8.12.1861, MEW 15, 406–408; *Streit um die Affäre „Trent"*, Die Presse, Nr. 340, 11.12.1861, MEW 15, 409–413; *Wachsende Sympathien in England*, NYDT Nr. 6467, 25.12.1861, MEW 15, 414–418; *Französischer Nachrichtenhumbug – Ökonomische Kriegskonsequenzen*, Die Presse Nr. 4, 4.01.1862, MEW 15, 434–435; *Die Meinung der Journale und die Meinung des Volkes*, Die Presse Nr. 359, 31.12.1861, MEW 15, 430–433; *Die öffentliche Meinung in England*, NYDT Nr. 6499, 1.2.1862, MEW 15, 439–444; *Interventionsfeindliche Stimmung*, Die Presse Nr. 34, 4.2.1862, MEW 15, 458–460; *Zur Baumwollkrise*, Die Presse Nr. 38, 8.2.182, MEW 15, 461–463.
1387 MEW 15, 406. Beide Kommissäre waren Mitglieder des amerikanischen Senats und Marx zufolge „[f]anatische Lobredner der Sklaverei". MEW 15, 407.
1388 MEW 15, 397.
1389 MEW 15, 390.
1390 MEW 15, 392, 397 f., 411. Die Proklamation wurde am 13. Mai 1861 erlassen und beinhaltete u. a. auch die Anerkennung der Konföderierten Republik als kriegsführende Partei.
1391 MEW 15, 392, 398, 411 f.

ritäten" beider Seiten sowohl bejaht als auch verneint werden konnte, wechselten die „englischen Kronjuristen" den Ausführungen Marxens zufolge ihre Strategie, indem sie statt des „error in re" nunmehr zu einem bloßen „Prozedurfehler" Zuflucht nahmen, d. h. zu einem „error in forma".[1392]

Entsprechend der *materialistischen Fundierung* des Rechts verknüpft Marx dann im nächsten Zug das juristische Vorgehen mit den aus den gesellschaftlichen Verhältnissen erwachsenen *Interessenlagen* in England. So gesehen bilde die Rüge des Prozedurfehlers nur einen „technischen Vorwand", um dem aufgeheizten politischen Klima einen „casus belli" liefern zu können.[1393] Ein solcher Kriegsfall würde insbesondere den politischen und ökonomischen Interessen eines „große[n] und einflußreiche[n] Teil[s] der Handelswelt" dienen, den englischen „Baumwollfreunde[n] und Krautjunker[n]".[1394] Ihre *politischen* Interessen zielen Marx zufolge dabei vor allem auf eine neue Regierungsbildung ab, die die Konstituierung eines konservativen Kabinetts ermögliche. Zudem seien sie durch Revanchegelüste gegenüber den „‚revoltierten englischen Kolonien'" und die Aussicht auf reiche „Beute" motiviert.[1395] Aus seiner Sicht bei Weitem entscheidender seien aber die *ökonomischen* Interessen, die eine rasche Beseitigung der Blockade konföderierter Häfen intendierten, um den „Hauptzweig der britischen Industrie mit den nötigen Rohstoffen" versorgen zu können, der „amerikanischen Baumwolle".[1396]

Letztlich tritt das unter die Kategorie des Völkerrechts fallende Seerecht somit hinter die Interessenlage der gesellschaftlich herrschenden Kräfte zurück und entpuppt sich aus der Sicht Marxens dann auch nur als „fictio[...] iuris publici", d. h. jene Fiktion, auf die das moderne Völkerrecht angesichts der allgemeinen politischen

---

1392 MEW 15, 391, 392, 398, 412. Dieser *Prozedurfehler* bestand in den Augen Großbritanniens darin, dass die *San Jacinto* die Verhaftung der Kommissäre „auf eigene Verantwortung" (MEW 15, 399) vornahm, statt die *Trent* in den nächsten Unionshafen zu schleppen und den Gesamtsachverhalt der Beurteilung eines amerikanischen Prisengerichts zu überantworten. MEW 15, 392, 398 f., 414. Aus der Sicht Marxens schmilzt der „englische Rechtsboden" (MEW 15, 391) somit aber auf ein bloßes „technisches Versehen" (MEW 15, 392) zusammen, welches kaum geeignet sei, kriegsbegründende Maßnahmen auszulösen, zumal das Versehen darin bestand, dass die Union ihr Recht auf die *zusätzliche* Konfiskation der Waren und des Schiffs nicht ausübte, d. h. das Versehen zu eigenen Lasten erging. MEW 15, 409; *Marx an Friedrich Engels*, 19.12.1861, MEGA² III/11, 623.
1393 MEW 15, 430. Der Vorwandcharakter wird aus seiner Sicht dadurch bestärkt, dass sich die britische Marine in der Vergangenheit gleichgelagerter und noch gröberer Verletzungen des Seerechts schuldig gemacht habe und das die ganze Affäre England im Grunde doch begünstigt habe, da weder die *Trent* selbst noch ihre Waren beschlagnahmt worden seien. MEW 15, 390, 392, 399; s. Fn. 1392.
1394 MEW 15, 393 f., 415, 431, 444.
1395 MEW 15, 432.
1396 MEW 15, 393 f., 414 f., 459. Diesen Zusammenhang hatte Marx bereits vor Ausbruch des Krieges erahnt: „Die Sklavencrisis in den Ver. St. wird in ein paar Jahren zu einer furchtbaren Crisis in England treiben; die Manchester Cottonlords fangen schon jezt zu zittern an." *Marx an Ferdinand Lassalle*, 16.1. 1861, MEGA² III/11, 316.

Realität ohnehin beschränkt bleibe.[1397] Es ist demnach nicht mehr als ein „Schein des Rechts", der die Interessen der beteiligten Parteien bemäntelt.[1398] In seiner Betrachtung des öffentlichen Rechts folgt Marx daher exakt dem Weg seiner Analyse des Privat- und Strafrechts.[1399]

6.3 Der Kommunistenprozess zu Köln und die Klage gegen die National-Zeitung

Abseits der journalistischen Tätigkeiten wirkten zwei Auseinandersetzungen mit der preußischen Justiz gewissermaßen als Verklammerung der Beschäftigung mit dem Recht in dieser Werkphase. Auf der einen Seite war dies der durch die Verhaftung eines Emissärs des *Bundes* eingeleitete Strafprozess, der zum Ende des Jahres 1852 in der Stadt Köln durchgeführt wurde und in der Öffentlichkeit als *Kommunistenprozess* Bekanntheit erlangte, auf der anderen Seite die Auseinandersetzung mit *Carl Vogt*, einem demokratischen Politiker und Publizisten, dessen gegen Marx erhobene Vorwürfe diesem 1860 dazu Anlass boten, vor einem Berliner Gericht einen Verleumdungsprozess gegen eine Tageszeitung anzustreben, die diese Vorwürfe in zwei Leitartikeln weiterverbreitet hatte. Als Textgrundlagen der Beschäftigung mit den Ereignissen in Köln fungieren die im Nachgang des Prozesses 1853 publizierte Broschüre *Enthüllungen über den Kommunistenprozeß zu Köln*[1400] sowie ein Artikel, den Marx in der *New-Yorker Criminal-Zeitung*[1401] veröffentlichte. Zur Rekonstruktion des Klagevorgangs wird auf die Korrespondenz Marxens sowie die Streitschrift *Herr Vogt* zurückgegriffen, die zum Ende des Jahres 1860 publiziert wurde.[1402]

Ausgangspunkt des *Kommunistenprozesses* war die Verhaftung Peter Nothjungs, eines Aktivisten des ehemaligen Kölner Arbeitervereins, sowie die in der Folge hierdurch ausgelösten Hausdurchsuchungen und Verhaftungen in der Stadt Köln.[1403] Wenngleich die Verhaftungen bereits im Mai 1851 erfolgten, wurde der Prozess gegen insgesamt elf Angeklagte erst am 4. Oktober 1852 eröffnet und nach 32 Verhand-

---

[1397] MEW 12, 664; s. Fn. 1384. Mit dem Völkerrecht hatte sich Marx zuvor im Zusammenhang mit dem Depeschen-Diebstahl auseinandergesetzt. Den Gegenstand dieser Depeschen, die rechtswidrige Aneignung einer unter dem britischen Protektorat stehenden Insel, stellt er hier in eine ganze Reihe von Verstößen gegen das zu Beginn des 19. Jahrhunderts erlassene Völkerrecht. MEW 12, 664f.
[1398] MEW 12, 665; MEW 15, 398.
[1399] s. S. 116, 119, 162–164, 172f., 192, 219, 237f.
[1400] MEGA² I/11, 363–422.
[1401] *Erklärung zum Abschluß des Kölner Prozesses*, New Yorker Criminal-Zeitung Nr. 39, 10.12.1852, MEGA² I/11, 429–432.
[1402] MEGA² I/18, 51–339.
[1403] Bei der Verhaftung Nothjungs wurden u. a. das *Manifest*, die Statuten des Bundes der Kommunisten sowie die *Ansprachen der Zentralbehörde* aus dem Jahre 1850 sichergestellt. MEGA² I/11, 369; s. Fn. 1241.

lungstagen am 12. November abgeschlossen.[1404] Gestützt auf die Mitgliedschaft der Angeklagten im Bund der Kommunisten verfolgte die Anklage dabei den Straftatbestand eines „‚hochverrätherischen Komplotts' gegen den preußischen Staat".[1405] In seinem Urteil sprach das Gericht vier der Angeklagten frei und verhängte Freiheitsstrafen von drei bis sechs Jahren gegen die übrigen.[1406]

Mit seinen post festum an die „Jury der öffentlichen Meinung" adressierten *Enthüllungen* verfolgt Marx das Ziel, die „mysteries [...] of the Prussian state" offen darzulegen, die eine Verurteilung der Angeklagten überhaupt erst ermöglicht hätten, und in denen darüber hinausgehend auch der „Tendenz-Charakter" des gesamten Prozesses ablesbar werde.[1407] Ein Ziel, das innerhalb der Broschüre mit einer doppelten Argumentationslinie verfolgt wird. Neben der Darstellung der politischen Einflussnahme auf die *Rahmenbedingungen des Prozesses* ist es vor allem die *Prozessführung der Anklage*, d.h. die Beweismittelbeschaffung und Fundierung der erhobenen Vorwürfe, die den Schwerpunkt der kritischen Betrachtungen bildet.

Eine politische Einflussnahme auf die *Rahmenbedingungen* des Gerichtsverfahrens sieht Marx in der ungewöhnlich langen Dauer und den rechtswidrigen Bedingungen der Untersuchungshaft sowie dem Erlass eines neuen Disziplinargesetzes erfüllt, welches der preußischen Regierung die Möglichkeit eröffnete, sich von „mißliebigen richterlichen Beamten" zu trennen und somit den „Diensteifer" der fünf im Kölner Verfahren eingesetzten Berufsrichter zusätzlich anzufachen.[1408] Der zen-

---

1404 Entsprechend dem in Rheinpreußen geltenden französischen Strafrecht fand die Verhandlung vor einem Schwurgericht statt, welches sich aus fünf Richtern und zwölf Geschworenen zusammensetzte. Vgl. Herres 2003, S. 133.
1405 MEGA² I/11, 369; vgl. Herres 2003, S. 139.
1406 Vgl. ebd., S. 146. Während des Prozesses unterstützte Marx die Verteidigung von London aus, indem er Entlastungsmaterial beschaffte und die Beweise der Anklage zu entkräften half. MEGA² I/11, 975.
1407 MEGA² I/11, 371, 419; *Kossuth and Mazzini – Intrigues of the Prussian Government – Austro-Prussian Commercial treaty – „The Times" and the Refugees*, NYDT Nr. 3733, 4.4.1853, MEGA² I/12, 63; *Marx an Friedrich Engels*, 27.10.1852, MEGA² III/6, 55.
1408 MEGA² I/11, 369f. Eine genauere Schilderung der Haftbedingungen nimmt Marx in seinem Artikel für die *Criminal-Zeitung* vor. Zudem war er zusammen mit Engels bereits im Januar 1852 bestrebt, in der englischen Presse auf die schlechten Haftbedingungen hinzuweisen. Die *Times* druckte die Erklärung jedoch nicht ab, so dass sie erst posthum publiziert wurde. *To the Editor of the „Times"*, MEGA² I/11, 203–204. So mussten die Angeklagten insgesamt anderthalb Jahre in einer Untersuchungshaft verharren, die ihnen die Möglichkeit zu einer Beratung mit ihren Verteidigern, der Kommunikation untereinander, den Zugang zu Büchern und Schreibmaterial sowie den Besuch von Familienangehörigen untersagte. Zudem erhielten sie eine nur unzureichende ärztliche Versorgung. MEGA² I/11, 203, 429. Diese Haftbedingungen gehen aus der Sicht Marxens deutlich über diejenigen „ordinäre[r] Verbrecher" hinaus und dienen lediglich dem Ziel die Angeklagten vor dem Beginn des Prozesses zu „paralysiren". MEGA² I/11, 429; *Marx an Joseph Weydemeyer*, 13.2.1852, MEGA² III/5, 41. Die Unterscheidung der Haftbedingungen gewöhnlicher und politischer Verbrecher hatte Marx bereits im Zusammenhang mit der Inhaftierung von Lassalle, Anneke und Gottschalk zur Zeit seiner Tätigkeit für die *NRhZ* thematisiert (s. Fn. 1210). Bei dem Disziplinargesetz handelt es sich um das *Gesetz, betreffend die Dienstvergehen der Richter und die unfreiwillige Versetzung derselben auf eine andere Stelle oder in*

trale Kritikpunkt der Beeinflussung bezieht sich jedoch auf die Zusammensetzung der Geschworenen, zu denen ausschließlich Vertreter der „herrschenden Klassen" berufen worden seien, so dass die Jury daher auch nicht über den Status eines bloßen „Standgericht[s] der privilegierten Klassen" hinausgelange.[1409] In Bezug auf die *Prozessführung* weisen die *Enthüllungen* das Vorliegen des objektiven Straftatbestandes eines hochverräterischen Komplotts im Sinne des Code pénal konsequent zurück. Den Ausführungen Marxens zufolge sei es der Anklage lediglich gelungen, die „revolutionäre Tendenz" der Angeklagten festzustellen, ohne aber diesen gegenüber auch strafbare *Handlungen* nachzuweisen.[1410] Vor diesem Hintergrund erfolgt dann auch die Betrachtung der vorgebrachten Beweismittel, die sich unter der aktiven Mitwirkung Marxens im Prozessverlauf als haltlose Konstruktionen und „reine Regierungsfabrikate" entpuppten.[1411] Als „Knotenpunkt" der gesamten „Regierungsmachinationen" fungiert in den *Enthüllungen* dabei die polizeilich veranlasste Fälschung des „Original-Protokollbuch[s]" der „,Partei Marx'".[1412] Dass es der Verteidigung im Prozess gelang, die Falschheit dieses Beweisstücks nachzuweisen, so dass selbst die Anklage von diesem Schlüsselelement Abstand nahm, steht aus Sicht

---

den Ruhestand vom 7.5.1851. MEGA² I/11, 203. Da das Gesetz bereits vor der Verhaftung der Angeklagten veröffentlicht wurde, ist die Kritik Marxens losgelöst vom Kommunistenprozess ganz allgemein auf den Umgang der preußischen Regierung mit der Justiz zu beziehen. So gesehen fügt sich das Disziplinargesetz in das Gesamtbild einer zunehmend repressiveren Vorgehensweise gegen die Opposition von 1848 ein. Vgl. Herres 2003, S. 153f.

1409 MEGA² I/11, 370, 421f., 430. „In dieser Jury waren also sämmtliche der in Deutschland herrschenden Klassen vertreten, und nur sie waren vertreten. [...] In den Angeklagten stand den als Jury urtheilenden herrschenden Klassen das revolutionäre Proletariat waffenlos gegenüber; die Angeklagten waren also verurtheilt, weil sie vor dieser Jury standen." MEGA² I/11, 370, 421; vgl. auch *Marx an Adolf Cluß*, 8.10.1852, MEGA² III/6, 38. Schon einige Jahre zuvor hatte Marx die Besetzung der Geschworenengerichte in Preußen als „Ergebnis des Klassenprivilegiums" gefasst und sie mit den „standrechtliche[n] Tribunale[n]" der Restaurationszeit Frankreichs gleichgesetzt (s. S. 204; s. Fn. 1206).

1410 MEGA² I/11, 370, 375, 389, 410, 431.

1411 MEGA² I/11, 431; vgl. Herres 2003, S. 145, 147.

1412 MEGA² I/11, 390, 418f.; *Marx an Adolf Cluß*, 7.12.1852, MEGA² III/6, 103. Im Laufe des Jahres 1850 kam es im *Bund der Kommunisten* zu Meinungsverschiedenheiten, die letztlich zu einer Spaltung führten. Gegenüber der Gruppe um Marx und Engels, zu der auch die Angeklagten zählten, konstituierte sich ein von diesen als solcher etikettierter „Sonderbund", der unter der Leitung Karl Schappers und August Willichs stand. MEGA² I/11, 371f.; vgl. auch Herres 2003, S. 139. Die preußische Polizei war im Rahmen ihrer Auslandsaktivitäten in den Besitz von Dokumenten und Korrespondenzen dieser Partei Willich-Schapper gelangt, deren Inhalt auf ein in Frankreich geplantes Komplott schließen ließ („Komplott Cherval"). Die Strategie der Anklage bestand nun darin, eine Verbindung zwischen Marx und dieser Verschwörung herzustellen und zudem eine laufende Korrespondenz mit den Angeklagten zu belegen. MEGA² I/11, 376–378, 382–386. Zentraler Schlüssel hierzu war das *Original-Protokollbuch*, das sich durch die aus London beschafften Beweise im Prozess dann aber als „auf Bestellung gemachte Waare" (MEGA² I/11, 431) offenbarte und Anklage und Regierung in erhebliche Verlegenheit brachte. MEGA² I/11, 394–397, 409f. Später sollte sich herausstellen, dass der Drahtzieher des französischen Komplotts, Julien Cherval, eine Doppelfunktion innehatte, als Korrespondent des Sonderbundes in Paris und zugleich als preußischer Agent. *Marx an Ferdinand Lassalle*, 1. o. 2.6.1860, MEGA² III/11, 13.

von Marx dann im direkten Widerspruch zu dem Urteil der Geschworenen, die einige der Angeklagten dennoch für schuldig befanden.[1413]

Beide Argumentationslinien münden letztlich in dem Bild eines Prozesses, in dem die Regierung nicht davor zurückschrecke, Beweismittel zu konstruieren und sich dabei selbst strafbarer Handlungen zu bedienen, und in dem letztlich „die Lücken des Gesetzes durch die Breite des bürgerlichen Gewissens" überwunden wurden.[1414] Ohne den tatsächlichen Nachweis, strafbare Handlungen im Sinne des Code pénal begangen zu haben, reduzieren sich die Schuldsprüche aus der Sicht Marxens daher auch auf die Verurteilung politischer Gesinnungen und die „fünfwöchentliche Polizeikomödie" somit auf einen „einfachen Tendenzprozeß".[1415]

Das zweite Aufeinandertreffen mit der preußischen Justiz sollte sich 1859 im Zeichen des Konflikts mit dem Naturwissenschaftler und demokratischen Politiker Carl Vogt anbahnen.[1416] Zunächst kam es in der Folge wechselseitig erhobener Be-

---

1413 MEGA² I/11, 417 f. „Daß die Kölner Angeklagten frei kommen, Alle ohne Ausnahme, unterliegt nach meiner Ansicht keinem Zweifel." *Marx an Friedrich Engels*, 10.11.1852, MEGA² III/6, 86.
1414 MEGA² I/11, 370, 409, 422; s. S. 204; s. Fn. 1207, 1251. Nachdem die Geschworenengerichte in den Jahren 1848/49 noch zu unabhängigen Urteilen gelangen konnten, sieht Marx mit dem Kommunistenprozess 1852 nun das endgültige Ende des „Aberglaube[ns] an die Jury" in Rheinpreußen erreicht. MEGA² I/11, 422. Es ist eine Einschätzung die insoweit zutreffen sollte, als die Geschworenengerichte kurze Zeit später tatsächlich die Zuständigkeit für politische Straftaten verloren. Bereits ein halbes Jahr nach der Beendigung des Kölner Prozesses wurde ein „Hofgericht für Hochverrat" mit Sitz in Berlin ins Leben gerufen, welches von da an für die Verhandlung politischer Delikte und Pressevergehen zuständig wurde. *Marx an Joseph Weydemeyer*, 13.2.1852, MEGA² III/5, 41; vgl. Herres 2003, S. 154.
1415 MEGA² I/11, 370; s. S. 75 f., 104, 205 f. Neben dem inhaltlichen Argumentationsmuster ist auch die *polemisch-suggestive Methode* hervorzuheben, der sich Marx in den *Enthüllungen* bedient. Zum einen wird dabei auf eine bewusste *Personalisierung* der preußischen Regierung zurückgegriffen, die mit den im Prozess maßgeblich verantwortlichen Polizeirat Wilhelm Stieber gleichgesetzt wird. MEGA² I/11, 430. Diese konsequent verfolgte Darstellung kulminiert in beißendem Spott gegenüber einer buffonesk gezeichneten Gestalt im Mittelpunkt einer „Polizei-Tragi-Komödie" (MEGA² I/11, 410), in deren Sottisen sowohl die Einfalt als auch die Verschlagenheit der preußischen Regierung zum Ausdruck gebracht wird. MEGA² I/11, 377, 382 f., 386, 392. Zum anderen bedient sich Marx bei der Charakterisierung von Anklage und Regierung einer *religiösen Terminologie*, die dem „byzantinischen Hof und seine[n] Eunuchen" (MEGA² I/11, 418) einen despotischen Anstrich verleiht und ganz bewusst auch eine Nähe zur Lehre vom christlichen Staat suggeriert. So spricht Marx in Bezug auf die Beweismittel vom „alte[n]" und „neue[n] Testament" (MEGA² I/11, 390), vergleicht die widersprüchlichen Aussagen Stiebers mit den chronologischen Wundern des „Evangelist[en] Matthäus" (MEGA² I/11, 377), erblickt im Protokollbuch das ganze „Mysterium des Monstreprozesses" (MEGA² I/11, 419) und lässt alle Fäden in den Händen der „christlich-germanischen Regierung" (MEGA² I/11, 408) zusammenlaufen (s. Fn. 829, 1198). Zwar wird die polemisch überspitzte Darstellung des Prozesses in der neueren Forschung zurückgewiesen und das Verfahren in Köln differenzierter bewertet, jedoch dessen politischer Charakter als eine von Berlin aus orchestrierte „späte Abrechnung mit der Revolution von 1848" durchaus bestätigt. Vgl. Herres 2003, S. 136 f., 146 f., 152 f., 154.
1416 Vgl. Jansen 2002, S. 50 f. Vogt war 1848 Mitglied der Frankfurter Nationalversammlung und 1849 auch Teil des Rumpfparlaments, welches sich in Stuttgart konstituierte. Dort nahm er die Funktion eines der fünf Reichsregenten wahr. Nach der gewaltsamen Auflösung des Rumpfparlaments im Juni 1849 emigrierte er in die Schweiz. Er veröffentliche 1859 die Schrift *Studien zur gegenwärtigen Lage*

6.3 Der Kommunistenprozess zu Köln und die Klage gegen die National-Zeitung — 247

schuldigungen im August zu einer Klage Vogts gegen die *Augsburger Allgemeine Zeitung*.[1417] Im Nachgang zu diesem Prozess publizierte er die bereits zuvor gegen Marx erhobenen Vorwürfe nochmals in einem Prozessbericht, dessen „Blüthenlese" dann Eingang in zwei Leitartikel der Berliner *National-Zeitung* fand.[1418] Erst diese Veröffentlichungen in der Presse veranlassten Marx dann sich mit „der Sache Vogt" zu befassen.[1419] Obschon die Vorwürfe ad personam formuliert waren, deutete Marx die Auseinandersetzung von Beginn an als Teil jenes über den Status einer Privatfehde hinausgehenden Richtungsstreits zwischen den kleinbürgerlichen Demokraten und den Vertretern einer Politik mit revolutionärer Zielsetzung, der bereits seit einigen Jahren schwelte.[1420] Vor diesem Hintergrund verfolgte er eine doppelt ausgerichtete

---

Europas, in der er sich gegen die Österreichische Italienpolitik wandte und eine Annexion der kleineren deutschen Staaten durch Preußen befürwortete. Vgl. ebd., 62 f. Dies rückte ihn aus der Perspektive von Marx und Engels in eine auffällige Nähe zur expansiven Italienpolitik Louis Bonapartes. *Marx an Friedrich Engels*, 22.4.1859 u. 16.5.1859, MEGA² III/9, 400, 415.

1417 Die Kaskade des Disputs setze sich Anfang Mai 1859 in Gang, als in der Londoner Zeitung *Das Volk* der Artikel *Der Reichsregent* erschien, der die Anschuldigung gegenüber Vogt enthielt, als bezahlter französischer Propagandist tätig zu sein. Zwar war Marx nicht der Autor dieses Artikels, jedoch auch nicht ganz unbeteiligt an dem Informationsaustausch, der letztlich zu seiner Abfassung führte. Auf einem öffentlichen Meeting in London war ihm von Karl Blind zugetragen worden, dass Vogt für seine Propagandatätigkeit aus Frankreich Geld erhalte. Diese „facts" teilte Marx wiederum Elard Biskamp mit, der dann den die Kontroverse auslösenden Artikel schrieb. *Marx an Friedrich Engels*, 25.5., 26.11.1859, MEGA² III/9, 442; III/10, 113; *Marx an Wilhelm Liebknecht*, 17.9.1859, MEGA² III/10, 6 f. In der Annahme der Urheber der erhobenen Vorwürfe sei Marx, reagierte Vogt mit der Veröffentlichung eines Artikels, in dem er nun seinerseits Anschuldigungen gegenüber diesem geltend machte. *Marx an Ferdinand Lassalle*, 14.11.1859, MEGA² III/10, 82. Im weiteren Verlauf kam es dann zur Klage gegen die *Augsburger Allgemeine Zeitung*, nachdem dort zuvor ein Flugblatt aus der Feder eines Vertrauten Karl Blinds veröffentlicht worden war. Auch hier hielt Vogt daran fest, dass Marx sowohl Urheber der Anschuldigungen als auch der Verfasser des Artikels und des Flugblatts sei. Die Klage blieb letztlich erfolglos. *Marx an Wilhelm Liebknecht*, 17.9.1859, MEGA² III/10, 6 f.; *Marx an Friedrich Engels*, 5.10.1859, MEGA² III/10, 37.

1418 MEGA² I/18. 152, 269, 668. Vogt hatte Marx bezichtigt Kopf einer sich in London versammelnden Erpresser- und Falschmünzerbande zu sein sowie in ständigen Kontakt zur preußischen und französischen Geheimpolizei zu stehen. Zudem bestünde das Geschäftsmodell dieser Bande darin Emigranten mit der „politische[n] Compromittirung" und Auslieferung an die Polizei zu drohen, um so Geld von ihnen erpressen zu können. MEGA² I/18, 270 f., 275; *Marx an Julius Weber*, 24.2.1860, MEGA² III/10, 288–292.

1419 *Zum Prozesse von Karl Vogt contra die „Augsburger Allgemeine" Zeitung*, Dir Reform. Hamburg Nr. 139, 19.11.1859, MEGA² I/18, 11.

1420 In der Vorrede zu *Herr Vogt* hebt Marx explizit hervor, dass er in dessen Texten „eine ganze Richtung" repräsentiert sehe. MEGA² I/18, 56. Eine kritische Auseinandersetzung mit dieser *Richtung*, hatte er bereits unmittelbar nach dem Scheitern der Märzrevolution gesucht. In den Artikeln der *Revue* hatte sich Marx energisch gegen die kleinbürgerliche Demokratie gewandt und in der *März-Ansprache* an den Bund vor den Gefahren einer Allianz mit ihren Vertretern gewarnt. MEGA² I/10, 254, 256, 258, 318–320, 481–486; s. Fn. 1257. Eine Fortsetzung fand dieses „"system of mockery and contempt"" (*Marx an Ferdinand Freiligrath*, 29.2. u. 1.3.1860, MEGA² III/10, 327) dann in den *Enthüllungen* zum Kommunistenprozess, dem 1852 verfassten aber unveröffentlicht gebliebenen Manuskript *Die großen*

Strategie, um dem Versuch einer politisch-moralischen Diskreditierung der „Partei im grossen historischen Sinn" entgegenzutreten.[1421] Zum einen bestand dies in dem *juristischen Vorgehen* gegen die *National-Zeitung* und zum anderen in einer *literarischen Antwort* durch die Publikation einer „Schrift gegen Vogt".[1422]

Entsprechend dem übergeordneten politischen Rahmen der Anschuldigungen stand das juristische Vorgehen gegen die Berliner Zeitung von Beginn an unter dem Primat, eine öffentliche Wahrnehmbarkeit für die Gegendarstellung zu erzeugen, von der Marx sich aufgrund der durch die deutsche Presse gegen ihn verhängten „conspiration de silence" ansonsten abgeschnitten wähnte.[1423] Nachdem er zuvor die Erfolgsaussichten einer Verleumdungsklage gegen die *National-Zeitung* ausgelotet hatte, erteilte Marx dann im Februar 1860 dem Berliner Rechtsanwalt Julius Weber das Mandat zur Klageerhebung.[1424] Zunächst erfolgte die Einreichung einer *Kriminalklage*, die aufgrund des mangelnden öffentlichen Interesses an dem Vorgang durch die Staatsanwaltschaft jedoch zurückgewiesen wurde.[1425] In der Folge bemühte sich Marx dann, einen *zivilrechtlichen Injurienprozess* anzustrengen. Unter Ausschöpfung aller zur Verfügung stehenden Revisionsinstanzen gelang es letztlich aber nicht, die Klage zur Rechtshängigkeit zu bringen, da die zuständigen Gerichte bereits im Rahmen der Klageprüfung zu dem Ergebnis kamen, dass der Tatbestand der Verleumdung durch die Artikel der Zeitung nicht erfüllt sei.[1426]

Männer des Exils und in der 1854 gegen August Willich gerichteten Polemik *Der Ritter vom edelmüthigen Bewußtsein*. MEGA² I/11, 221–317; MEGA² I/12, 503–529.

1421 *Marx an Ferdinand Freiligrath*, 29.2. u. 1.3.1860, MEGA² III/10, 330.

1422 *Marx an Ferdinand Lassalle*, 30.1. u. 7.9.1860, MEGA² III/10, 178; MEGA² III/11, 137; *Marx an Ferdinand Freiligrath*, 23.2.1860, MEGA² III/10, 276; *Erklärung gegen Eduard Meyen*, Die Reform. Hamburg Nr. 29, 7.3.1860, MEGA² I/18, 395.

1423 MEGA² I/18, 269, 395; s. Fn. 1402; *Marx an Friedrich Engels*, 5.10.1859, MEGA² III/10, 36; s. Fn. 1418. „Ich bildete mir nie ein materiell Recht zu erhalten. Glaubte aber das Verfahren sei so, daß ich wenigstens es zur öffentlichen Prozedur bringen könnte. Das was alles was ich wollte." *Marx an Ferdinand Lassalle*, 15.9.1860, MEGA² III/11, 161. Veranschaulicht wird diese zudem an der Absicht Marxens, das Verfahren gegen die *National-Zeitung* parallel zum bereits laufenden „Process Eichhoff-Stieber" (*Marx an Ferdinand Freiligrath*, 23.2.1860, MEGA² III/10, 276) in Berlin zu führen. Zum Ende des Jahres 1859 hatte der Leiter der politischen Polizei Preußens, Wilhelm Stieber, den Journalisten Wilhelm Eichhoff aufgrund einer verleumderischen Artikelserie in der Wochenzeitung *Hermann* verklagt. Grundlage für die Anklage waren Äußerungen Eichhoffs zum Kölner Kommunistenprozess. *Marx an Friedrich Engels*, 13.12. u. 20.12.1859, MEGA² III/10, 128, 132. Aufgrund der Nähe Marxens zu diesem Prozess hätte ein Zusammenfallen voraussichtlich zu einer breiteren öffentlichen Wahrnehmung geführt.

1424 *Eduard Fischel an Karl Marx*, 2.2.1860, MEGA² III/10, 195; *Marx an Julius Weber*, 13.2.1860, MEGA² III/10, 252; *Julius Weber an Karl Marx*, 22.2.1860, MEGA² III/10, 270.

1425 *Julius Weber an Karl Marx*, 20.4. u. 12.5.1860, MEGA² III/10, 492, 564.

1426 *Julius Weber an Karl Marx*, 20.4., 12.5., 22.6., 21.7., 27.8., 22.10.1860, MEGA² III/10, 492, 564; MEGA² III/11, 53, 84, 125, 208; *Marx an Ferdinand Lassalle*, 7.9.1860, MEGA² III/11, 137; MEGA² I/18, 277 f.; *Abschrift der Verfügung des Königl. Stadtgerichts Berlin zur Zurückweisung der Verleumdungsklage Marx*, MEGA² I/18, 788–789; *Abschrift der Verfügung des Königl. Kammergerichts Berlin zur Abweisung von Marx Verleumdungsklage gegen die Nationalzeitung*, MEGA² I/18, 824–826; *Abschrift der Verfügung des Königl. Obertribunals in Berlin zur Abweisung der Beschwerde gegen das Urteil des Kammergerichts*,

6.3 Der Kommunistenprozess zu Köln und die Klage gegen die National-Zeitung

Die kritische Reflexion auf diese „practischen Reize" der Anwendung einer in ihrer „theoretischen Schönheit" erscheinenden preußischen Gesetzgebung vollzieht sich dann im Rahmen einer Analyse, die sich auf dem Boden der *Kritik des Rechts* bewegt und ihren Angelpunkt vor allem im Zivilklageverfahren findet.[1427] Während Marx in der Zurückweisung der *Kriminalklage* eine nachvollziehbare Ausübung des öffentlichen Interesses im Geiste des dieses maßgeblich determinierenden „Regierungsinteresse[s]" erblickt, mündet die Betrachtung des *zivilrechtlichen Klagegangs* in einer scharfen Kritik der „preußischen Gerichtsverfassung".[1428] Genauer betrachtete richtet sich die Kritik dabei auf das *formale Verfahren* der Klageerhebung, das den Prozess gegen die *National-Zeitung* für Marx in einen Prozess mit den „preußischen Gerichten" hat umschlagen lassen.[1429] Es ist das Prozedere der Prüfung über die Zulässigkeit einer Klage, welches ihm zufolge einer nicht mehr durch das abstrakte Recht der bürgerlichen Gesellschaft gedeckten Verletzung des „Klagerecht[s] der Privatperson[en]" gleichstehe. Stattdessen werde das Zustandekommen eines Zivilprozesses einem „Belieb[en] [des] Richter[s]" unterworfen und das „selbstverständliche Recht der selbstständigen Privatperson" in ein „vom Staat durch seine richterlichen Beamten ertheiltes Privilegium" transformiert.[1430] Statt die freiheitliche Selbstbestim-

---

MEGA² I/18, 943–944. Aufgrund des Schwerpunkts dieser Arbeit bleiben die Betrachtungen zur Auseinandersetzung mit Carl Vogt auf den juristischen Teil beschränkt (s. S. 248).

1427 MEGA² I/18, 280.

1428 MEGA² I/18, 277 f. In *Herr Vogt* hebt Marx die direkte Weisungsgebundenheit der Staatsanwaltschaft durch das preußische Justizministerium hervor. Insoweit entspricht die rechtliche Bewertung der Kriminalklage auch derjenigen der Regierung und eben diese konnte kein Interesse an einer erfolgreich verlaufenden Verleumdungsklage gegen die *National-Zeitung* und der damit verbundenen öffentlichen Bühne für Marx haben, zumal in unmittelbarer Nähe zum „Process Eichhoff-Stieber", in dem die pikanten Details der *kreativen* Polizeiarbeit im Kölner Kommunistenprozess ohnehin schon mit zu viel öffentlicher Wahrnehmbarkeit bedacht wurden und die Anklagevertreter ihre liebe Mühe hatten, diese unter die rechtlichen Regularien zu subsumieren. *Marx an Carl Siebel*, 15.5.1860, MEGA² III/10, 567. Ein öffentliches Interesse an einem Prozess Marxens konnte es daher nicht geben, „[d]as Interesse lag vielmehr umgekehrt". MEGA² I/18, 278; *Marx an Ferdinand Lassalle*, 7.9.1860, MEGA² III/11, 138. Eingebunden ist diese Kritik in die *materielle Fundierung des Rechts*, die dieses als Ausdruck der vorherrschenden gesellschaftlichen Verhältnisse definiert. So betrachtet ist das Recht und seine Anwendung Ausfluss eines sich aus diesen Verhältnissen speisenden „Ueberbaus" der Individuen, der die Interessenlagen der herrschenden Klassen bestimmt und insbesondere das Strafrecht als Mittel zur *Verteidigung* der materiellen Lebensbedingungen in Stellung zu bringen weiß. s. S. 159 f., 163, 237 f.; s. Fn. 1064, 1251.

1429 MEGA² I/18, 280. „Es ist dieß eine Schönheit der pr. Jurisprudenz. Ich bin jetzt durch 5 provisorische Instanzen gegangen, ob die ‚büreaucratische Erlaubniß' ertheilt wird, den Process wirklich zu führen. So etwas kommt nur im ‚Lichtstaat' Preussen vor." *Marx an Friedrich Engels*, 1.9.1860, MEGA² III/11, 129.

1430 MEGA² I/18, 278 f. „Man wird zugeben, daß eine Gesetzgebung, die das Klagerecht der Privatperson in ihren eignen Privatangelegenheiten nicht anerkennt, die allereinfachsten Grundgesetze der bürgerlichen Gesellschaft noch verkennt." MEGA² I/18, 278 f. Mit der Rede von den *Grundgesetzen der bürgerlichen Gesellschaft* im Zusammenhang mit einer Zivilklage bewegt sich Marx wieder fest auf dem Boden der *Rechtsphilosophie* Hegels. In den *Grundlinien* hatte dieser den Zivilprozess auf der Ebene des

mung der sich in Rechtskollision befindlichen Personen anzuerkennen, falle das Recht somit auf die Stufe einer staatlichen *Bevormundung* zurück und wird im Grunde mit jenem „Recht der willkürlichen Gewalt" identifiziert, dessen Weg Marx bereits einige Jahre zuvor gekreuzt hatte.[1431]

Zwar beabsichtigte Marx die Rückständigkeit des preußischen Rechts nochmals in gesonderter Weise zu thematisieren und vor allem dem englischen und amerikanischen Lesepublikum näher zu bringen. Zur Abfassung dieses Pamphlets, welches den Titel „,Prussian Justice'" tragen sollte, ist es dann allerdings nicht mehr gekommen.[1432] Kehrte er dem Prozessrecht dann zunächst auch den Rücken, sollte es nicht allzu lange dauern, bis eine erneute Kollision mit der *preußischen Gerechtigkeit* einsetzte, veranlasst durch eine weitere Möglichkeit, das *preußische Staatsbürgerrecht* zurückzuerlangen.

„bürgerlichen Rechtsstreits" angesiedelt, d. h. der Stufe einer Rechtskollision aus den entgegengesetzten Interessen zweier Parteien. HGW 14, 1, (§ 85) S. 86; (§ 86) S. 86. In den *Vorlesungen* von Gans wird dieses „Zivilunrecht" als gewöhnlicher Vorfall der Rechtsanwendung thematisiert, der gerichtlich zu entscheiden ist. Dem Gericht unterliegt es dabei, die Wahrheit aufzudecken, die sich unter dem „Schein des Rechts" verbirgt, mit dem sich beide Parteien bemänteln. „Dieses Unrecht kommt alle Tage vor, man lässt sich verklagen und verlässt sich auf den Richter. [...] Der Zivilprozess ist insofern die Behauptung einer jeden Seite, recht zu haben. [...] Der Richter hat zu sagen, wer von beiden recht hat und vom Schein des Rechts zu befreien." Gans 2005, S. 103. Eine bereits im Erlasswege vollzogene Abweisung dieses *Zivilunrechts* ist in der Systematik der Rechtsbetrachtung Hegels und Gans' nicht vorgesehen. Das sich Marx bei seiner Kritik durch die *Grundlinien* hat leiten lassen, wird zudem dadurch bestärkt, dass er die Parteilichkeit des Verfahrens aufgreift, in dem derselbe Richter, der über die Zulassung der Klage entscheidet, auch den möglicherweise folgenden Prozess zu leiten hätte. MEGA² I/18, 279. Eine ähnlich gelagerte Kritik findet sich zum Zivilunrecht auch bei Gans. In seiner Kritik des preußischen Prozessrechts weist er die Funktion des Richters als „Gleichgültigkeitsmaschine zwischen zwei Parteien" vor dem Hintergrund der geltenden „Instruktionsmaxime", d. h. des unterstützenden Eingreifens des Richters auf beiden Seiten, als bloße Fiktion zurück. Vgl. Gans 2005, S. 105. So wird die Kritik an der Instruktionsmaxime von Marx gewissermaßen auf die Prüfung der Klagerhebung ausgedehnt und somit implizit mit eben jener *Willkür* gebrandmarkt, die der Rechtsanwendung der modernen bürgerlichen Gesellschaft ohnehin zu eigen sei. s. S. 149, 163, 204 f.

1431 MEGA² I/1, 198; s. S. 82 f.; MEGA² I/18, 300. Marx spricht vom preußischen Staat insoweit als „väterliche Gewalt", die das Zivilleben der Bürger „bevormunde[n] und bemaßregel[n]" würde. MEGA² I/18, 300. Diese im Kontext des Rechts verwendete Terminologie schafft eine unverkennbare Nähe zur Kritik der Historischen Rechtsschule, die den Artikeln der *Rheinischen Zeitung* zugrunde lag. Bereits dort wurde die spezifische Symbiose aus einer *Unvollkommenheits- und Bevormundungstheorie* in einen strengen Gegensatz zur Freiheit des sittlichen Gemeinwesens gebracht. s. S. 72, 80, 82, 91 f.

1432 *Marx an Ferdinand Lassalle*, 2.10.1860, MEGA² III/11, 193. „Jedenfalls aber liefern mir die Preussen so ein Material in die Hand, dessen angenehme Folgen in der Londoner Presse sie bald merken werden." *Marx an Ferdinand Lassalle*, 7.9.1860, MEGA² III/11, 138. Den Charakter der Rückständigkeit des preußischen Rechts wird von Marx auch dadurch unterstrichen, dass er es mit dem in Rheinpreußen noch geltenden Prozessrecht des Code pénal kontrastiert, in welchem die Klagerhebung direkt mit einer „Audienzverhandlung" verknüpft sei. MEGA² I/18, 279 f.; *Marx an Ferdinand Lassalle*, 15.9.1860, MEGA² III/11, 162; *Ferdinand Lassalle an Karl Marx*, 17.9.1860, MEGA² III/11, 170.

6.4 Pro domo II: Marx und das preußische Staatsbürgerrecht

Bedingt durch die „kgl. pr. Amnestie"-Ordre vom 12. Januar 1861, die politischen Flüchtlingen straffreie Rückkehr in das preußische Hoheitsgebiet in Aussicht stellte, wurden auch Marx' Hoffnungen genährt, das preußische Staatsbürgerrecht nach dem erfolglosen Unterfangen des Jahres 1848 nun doch wiedererlangen zu können.[1433] Nicht ohne jede Skepsis reiste er im März desselben Jahres nach Berlin, um dort im Zusammenwirken mit Ferdinand Lassalle seine „restoration to the civil rights of a Prussian subject" zu betreiben, d.h., der Eigenschaft eines preußischen Untertanen wieder habhaft zu werden.[1434] Einen entsprechenden Antrag richtete Marx mit Schreiben vom 19. März 1861 an den Polizei-Präsidenten von Berlin, der sich auf die königliche Amnestie-Ordre sowie das *Gesetz über die Erwerbung und den Verlust der Eigenschaft als Preußischer Unterthan, so wie über den Eintritt in fremde Staatsdienste vom 31. Dezember 1842* stützte.[1435] Neben der Rüge von Verfahrensfehlern teilte der Polizei-Präsident Constantin von Zedlitz-Neukirch Marx gegenüber schriftlich mit, dass er aufgrund seines *freiwilligen Verzichts* auf die Untertaneneigenschaft nicht unter die Anwendung der Amnestie-Ordre falle.[1436] Dieser in seinen Augen unzulässigen und restriktiven Auslegung des königlichen Erlasses tritt Marx mit seinen Schreiben vom 25. März und 6. April 1861 entgegen, in denen er die Aufrechterhaltung seines Antrags auf *Renaturalisation* nochmals bekräftigt.[1437] Die Begründung des Antrags lässt sich dabei als eine zusammenhängende Argumentation in drei Schritten rekonstruieren: (1) Bei dem Verzicht aus dem Jahr 1845 handelt es sich nicht um einen Antrag aus freien Stücken im Sinne des Gesetzes vom 31. Dezember 1842; (2) das Indiginatsrecht wurde durch Bundestagsbeschluss vom 30. März 1848 bereits zurückerlangt; (3) die behördliche Lesart der Amnestie-Ordre ist eine unzutreffende Interpretation.

Zunächst führt Marx an, dass der Verzicht auf das preußische Staatsbürgerrecht aus dem Jahr 1845 vor dem Hintergrund fortwährender politischer Verfolgung erfolgt sei und daher auch nicht als Antrag aus freiem Antrieb gelten könne. Vielmehr sei der Verzichtserklärung der Charakter eines „gewaltsam abgezwungene[n] Mittel[s]" beizumessen, einzig aus der Not geboren, sich der anhaltenden Repression durch die preußischen Behörden im Ausland entziehen zu können.[1438] Dass es sich tatsächlich um einen bloßen „Scheinverzicht" gehandelt habe, dem nie die „ernste Absicht" zugrunde

---
[1433] *Marx an Ferdinand Lassalle*, 16.1.1861, MEGA² III/11, 315.
[1434] *Marx an Nanette Philips*, 24.3.1861, MEGA² III/11, 404; *Marx an Ferdinand Lassalle*, 16.1. u. 7.3.1861, MEGA² III/11, 315, 389; *Marx an Friedrich Engels*, 18.1.1861, MEGA² III/11, 319f.
[1435] *Marx an Constantin von Zedlitz-Neukirch*, 19.3.1861, MEGA² III/11, 40; s. Fn. 1222.
[1436] *Constantin von Zedlitz-Neukirch an Karl Marx*, 21.3. u. 30.3.1861, MEGA² III/11, 401, 418; s. S. 208.
[1437] *Marx an Constantin von Zedlitz-Neukirch*, 25.3. u. 6.4.1861, MEGA² III/11, 410–413; MEGA² III/11, 426–432.
[1438] *Marx an Constantin von Zedlitz-Neukirch*, 6.4.1861, MEGA² III/11, 427. „Ich war hierdurch genöthigt, der damaligen Preußischen Regierung diese Möglichkeit, mich weiter zu verfolgen, zu entziehen und beantragte deshalb 1845 jene Entlassung aus dem preußischen Unterthanenverbande." *Marx an Constantin von Zedlitz-Neukirch*, 6.4.1861, MEGA² III/11, 427.

lag, die Eigenschaft als Preuße aufzugeben, wird Marx zufolge schon dadurch dokumentiert, dass er während seines Exils keine Naturalisation im Ausland beantragt habe, weder in Frankreich noch in England.[1439] In unmittelbarer Anknüpfung an die Argumentation des Verfahrens von 1848 wird dann im zweiten Schritt herausgestellt, dass selbst das Vorliegen eines freiwilligen Verzichts im Sinne des Gesetzes vom 31. Dezember 1842 im Grunde irrelevant wäre, da das „preußische Indigenatsrecht" bereits durch den Bundesbeschluß vom 30. März 1848 wiederhergestellt worden sei.[1440] Vor diesem Hintergrund sieht Marx in der Ausweisung des Jahres 1849 auch nicht mehr als eine *widerrechtliche Gewalthandlung* der Regierung.[1441] Als drittes wird im Anschluss darzulegen versucht, dass die restriktive Interpretation des Polizei-Präsidenten weder durch den „Wortlaut" noch den „favorabeln Geist" der Amnestie-Ordre gedeckt sei und demzufolge eine Nichtanwendung der Amnestieregelungen auf den Fall Marx rechtswidrig wäre.[1442] Begründet wird dies durch den in der Ordre verwendeten Rechtsbegriff der „ungehinderte[n] Rückkehr" politischer Flüchtlinge.[1443] Um einen wirklichen Anwendungsbereich zu entfalten, muss der Begriff Marx zufolge die *Renaturalisation* miteinschließen, da aufgrund der *Zehnjahresregelung* ansonsten überhaupt keine politischen Flüchtlinge zurückkehren könnten und die Amnestie somit auf eine bloße Illusion reduziert würde.[1444] Zugleich weist Marx die von der Behörde vollzogene Differenzierung hinsichtlich des Grundes des Wegfalls der Eigenschaft als Staatsbürger, d.h. des Wegfalls aufgrund *freiwilliger Erklärung* oder durch *gesetzliche Wirkung*, zurück, da sie nicht notwendig aus dem Rechtsbegriff der ungehinderten Rückkehr abzuleiten sei.[1445] Vielmehr sei eine qualitative Beschränkung der Naturalisation auf die gesetzliche Wirkung schon durch die „rechtliche Natur des in Betracht kommenden Verhältnisses" zwischen einer Erklärung und einer Gesetzesfolge ausgeschlossen.[1446] Unter diesem Gesichtspunkt müsse die „freie Willenshandlung" hinter die Gesetzeswirkung zurücktreten.[1447] Ansonsten wäre in der Nichtrückkehr der politischen Flüchtlinge vor dem Verstreichen der Zehnjahresfrist formell ein ebenso freiwilliger Verzicht zu erbli-

---

[1439] *Marx an Constantin von Zedlitz-Neukirch*, 6.4.1861, MEGA² III/11, 427, 430.
[1440] *Marx an Constantin von Zedlitz-Neukirch*, 6.4.1861, MEGA² III/11, 427, 431f.; s. S. 208.
[1441] *Marx an Constantin von Zedlitz-Neukirch*, 6.4.1861, MEGA² III/11, 427, 431.
[1442] *Marx an Constantin von Zedlitz-Neukirch*, 25.3. u. 6.4.1861, MEGA² III/11, 410, 428f.
[1443] *Marx an Constantin von Zedlitz-Neukirch*, 25.3.1861, MEGA² III/11, 411.
[1444] *Marx an Constantin von Zedlitz-Neukirch*, 25.3.1861, MEGA² III/11, 411; s. S. 208. Ohne die Zuerkennung der Staatsbürgereigenschaft würden die politischen Flüchtlinge auf den Status von *Ausländern* im preußischen Staatsgebiet beschränkt bleiben und beständig der Gefahr ausgesetzt sein, erneut ausgewiesen zu werden (s. S. 209).
[1445] *Marx an Constantin von Zedlitz-Neukirch*, 6.4.1861, MEGA² III/11, 428f.
[1446] *Marx an Constantin von Zedlitz-Neukirch*, 6.4.1861, MEGA² III/11, 429.
[1447] *Marx an Constantin von Zedlitz-Neukirch*, 6.4.1861, MEGA² III/11, 430. „[...] die Erklärung eines Individuums, daß etwas eintreten solle, was durch das Gesetz ohnehin eingetreten wäre – die Entlassung aus dem preußischen Staatsverband – bleibt eine declaration suréogatoire, eine völlig gleichgültige, überflüssige Erklärung, deren Unterbleiben nichts hindert, deren Eintreten nichts bewirkt." *Marx an Constantin von Zedlitz-Neukirch*, 6.4.1861, MEGA² III/11, 429.

cken, nur eben im Sinne einer „voluntas tacita", d. h. der Zustimmung durch *Stillschweigen*.[1448] Zusammengefasst vertritt Marx daher die Position, dass, soweit die Naturalisation aus dem Begriff der ungehinderten Rückkehr ausgeschlossen wird, die preußische Amnestie sich semantisch „auf den Nullpunkt" reduziere, oder ihr Enthaltensein wird bestätigt, dann könne aber nicht plausibel zwischen verschiedenen Verlustgrundlagen der Staatsbürgerschaft unterschieden werden.[1449] Letztlich endete das Verfahren mit der endgültigen Ablehnung des Antrags durch das Berliner Polizei-Präsidium.[1450] Gestützt auf seine rechtliche Argumentation konnte Marx in der Nachschau auf diese „lediglich auf dem Papier" existierende Amnestie und den gesamten „unfruchtbaren, juristisch-theoretischen Streit" daher auch nicht mehr als eine „[s]chöne Affenkomödie" sehen, in der sich die praktische Anwendung der Amnestie-Ordre nur wieder als ein durch das *Regierungsinteresse* politisch motiviertes *Tendenzverfahren* enthüllte.[1451]

Parallel zu den Fragen und Problemstellungen, die sich im Rahmen der Kritik des Rechts einstellten, hatte sich Marx zu Beginn seines Exils in England bereits in die „Studierstube" zurückgezogen, um nach dem *Erlöschen der Tätigkeit des Bundes* der „Partei einen wissenschaftlichen Sieg zu erringen", zu vollziehen durch eine differenzierte „Einsicht in die öconomische Structur der bürgerlichen Gesellschaft".[1452] Die umfangreichen Studien, die Marx im Rahmen dieser Auseinandersetzung betreiben sollte, sind jedoch nicht gleichbedeutend mit einem Abrücken vom Terrain der Rechts, sondern lassen vor allem die *Wirklichkeitsbedingungen* rechtlicher Freiheit wieder in den Fokus der Betrachtung rücken.

6.5 Zusammenfassung

Bei der Betrachtung der zurückliegenden Werkphase lässt sich der Schluss nicht vermeiden, dass die vermeintliche *Zeit des Stillstands*, die nach den gescheiterten Revolutionen auf die politischen Reformprozesse wirken musste, sich keinesfalls im Schaffensprozess Marxens widerspiegelt. Ganz im Gegenteil sind die Texte der Jahre 1850 bis 1862 von einer dynamisch-produktiven Verfolgung des theoretischen Programms geprägt, welches sich nicht nur auf die ab 1850 einsetzenden Studien zur politischen Ökonomie beschränkt, sondern zugleich im umfangreichen publizisti-

---

1448 *Marx an Constantin von Zedlitz-Neukirch*, 6.4.1861, MEGA² III/11, 430.
1449 *Marx an Ferdinand Lassalle*, 22.7.1861, MEGA² III/11, 543.
1450 *Constantin von Zedlitz-Neukirch an Karl Marx*, 25.4.1861, MEGA² III/11, 446.
1451 *Marx an Friedrich Engels*, 18.1.1861, MEGA² III/11, 320; *Marx an Constantin von Zedlitz-Neukirch*, 25.3.1861, MEGA² III/11, 411; *Marx an Constantin von Zedlitz-Neukirch*, 6.4.1861, MEGA² III/11, 432; s. S. 246, 249 f. „Zedlitz, by the by, sagte noch kurz vor seinem Abtritt dem Lassalle: Ich hätte republik., mindestens antiroyalistische Gesinnung, u. es ist ein für allemal ihr Princip, Niemanden v. dieser couleur zu renaturalisieren." *Marx an Friedrich Engels*, 5.7.1861, MEGA² III/11, 529.
1452 *Marx an Joseph Weydemeyer*, 1.2.1859, MEGA² III/9, 294 f.; MEGA² I/18, 107.

schen Wirken in zahlreichen Broschüren und dem immensen Arsenal an Zeitungsartikeln Gestalt erlangt. Umso größere Bedeutung wächst der Einordnung dieses vielschichtigen Werkstadiums in die Gliederung des Gesamtoeuvres zu. Genauer betrachtet handelt es sich um die Kontinuitätsdebatte im Werk von Marx, in der ein Teil der Forschung einen *Bruch* zwischen dem an Hegel orientierten Frühwerk und der späteren ökonomisch dominierten Werkphase verortet.[1453] Im Gegensatz zu Ansätzen, die einen solchen Bruch bereits mit dem Übergang zu den *Ökonomisch-Philosophischen Manuskripten* vollziehen, vertritt Hauke Brunkhorst in seinem Kommentar zum *Achtzehnten Brumaire* die Position, dass insbesondere der „gescheiterten europäischen Revolution" mehr Gewicht beizumessen sei.[1454] Erst in dem Eingeständnis und der theoretischen Aufarbeitung der Revolutionsniederlagen sei die „eigentliche Bruchstelle" im Oeuvre Marxens angelegt.[1455] Diese Aufarbeitung habe er dann mit dem *Achtzehnten Brumaire* geleistet, dem somit eine „Schlüsselstellung" zuwachse, als theoretische Gelenkstelle zwischen einem an Hegels Philosophie und den aus seinem Rechtsbegriff abzuleitenden „normativen Strukturen politischer Selbstbestimmung" orientierten Frühwerk einerseits und dem durch eine „sachliche Darstellung" charakterisierten ökonomisch-soziologischen Spätwerk andererseits.[1456] Während in der *Revue* noch die Revolutionstheorie der Vorjahre verfolgt worden sei, habe Marx unmittelbar nach der Einstellung dieses Projektes die „revolutionäre Lokomotive vom Zug der Geschichte" abgekoppelt und sei zu dem *nicht genommenen Weg* der *Ökonomisch-Philosophischen Manuskripte* zurückgekehrt, d. h. zu einer „normativ neutralisierten Darstellung der objektiven Wirklichkeit", deren theoretischer Rahmen sich in einer „funktionalistische[n] Gesellschaftstheorie" erschöpfe und somit dem vollständigen Verlust einer „selbständigen Bedeutung" des „Politische[n]" gleichstehe.[1457] Mit der Rückbindung an den antizipierten Weg der *Ökonomisch-Philosophischen Manuskripte* ergibt sich somit auch eine nämliche Konsequenz in Bezug auf die Betrachtung des *Rechts*.[1458] Zu dieser Einordnung kann Brunkhorst nicht zuletzt auch deswegen gelangen, weil er gerade den *journalistischen Arbeiten* in diesem Zusammenhang keine ausschlaggebende Bedeutung mehr beizumessen vermag.[1459]

Demgegenüber beinhaltet die entwicklungsgeschichtliche Betrachtung eine konsequente Einbindung der in der Forschung üblicherweise wenig beachteten journalis-

---

[1453] Vgl. Vincent 2008, S. 44; Brunkhorst 2016, S. 151. Bekannt ist vor allem der auf Althusser zurückgehende „epistemologische Einschnitt", der das Werk in ein *ideologisches* Frühwerk und eine *wissenschaftliche* Phase der Ökonomiekritik scheidet. Vgl. Vincent 2008, S. 44 f.; Lindner 2016, S. 355 f. Eine ähnliche Einordnung vertritt beispielsweise auch Quante: s. S. 141.
[1454] Brunkhorst 2016, S. 151.
[1455] Ebd., S. 152.
[1456] Ebd., S. 137 f., 152, 170–172, 175, 269 f. Brunkhorst verleiht dem *Brumaire* somit eine Mittelstellung, in der sich Marx bereits von der frühen Werkphase distanziert, ohne dadurch bereits den Weg zum ökonomischen Spätwerk eingeschlagen zu haben. Vgl. ebd., S. 169, 171 f.
[1457] Ebd., S. 167 f., 169, 170, 172, 173 Fn. 42, 175, 225.
[1458] s. S. 141.
[1459] Vgl. ebd., S. 169 f.

tischen Arbeiten. Erst auf dieser Grundlage gelingt es, eine alternative Blickichtung einzunehmen, die in der Werkphase zwischen 1850 und 1862 gerade *keinen* Bruch erkennen lässt, sondern vielmehr ein kritisch reflektiertes und sich fortentwickelndes Festhalten an den Eckpunkten des theoretischen Programms sowie der politischen Zielsetzung einer sozialen Revolution nahelegt.[1460] Ablesbar wird dies nicht zuletzt auch anhand der Betrachtungen des Rechts, die in der Schaffensphase der journalistischen Arbeiten vor allem als eine Fortführung und Konkretisierung der *Kritik des Rechts* in Erscheinung treten.

In den Zeitungsartikeln erfolgt eine Übertragung der zuvor noch allgemein gehaltenen Kritik des Rechts auf *konkrete* Anwendungsfälle der vorherrschenden Rechtswirklichkeit. Dies entspricht einer Vorgehensweise, die der programmatisch intendierten Erfassung des Rechts in seiner *historischen Bestimmtheit* folgt.[1461] Unter dem Gesichtspunkt der *materiellen Fundierung* wird in den konkreten Fällen dabei offengelegt, dass Form und Inhalt der Gesetze stets der Absicherung der elementaren Lebensgrundlagen der in der Gesellschaft herrschenden Klassen dienen, d. h. die beste-

---

1460 Vgl. u. a. *The Attack on Francis Joseph – The Milan Riot – British Politics – Disraeli's Speech – Napoleon's Will*, NYDT Nr. 3710, 8.3.1853, MEGA² I/12, 44; *The Future Results of British Rule in India*, NYDT Nr. 3840, 8.8.1853, MEGA² I/12, 252 f.; *Die Geldkrise in Europa*, NYDT Nr. 4833, 15.10.1856, MEW 12, 55; *Spree und Mincio*, Das Volk Nr. 8, 25.6.1859, MEW 13, 392. Zum einen knüpfen die Artikel an das Entfremdungsverständnis der Manuskripte der *Deutschen Ideologie* sowie der Überwindung der versachlichten Fremdbestimmung des Privateigentums durch die Kontrolle über die Produktionsverhältnisse an und zum anderen entsprechen die dezidierten Betrachtungen der ökonomischen Krisen und diplomatischen Auseinandersetzungen in Europa sowie die beständige Aufmerksamkeit für die politischen Entwicklungen in England, die sich vor allem auf die Entfaltung und Organisation der Chartistenpartei und der Arbeiterbewegung konzentrieren, nur allzu deutlich der politisch-revolutionären Skizze der vorgehenden Schriften (s. Fn. 1308, 1309, 1311). Werden die Arbeiten, die unmittelbar nach den Revolutionsniederlagen abgefasst wurden, daher in eine zusammenfassende Betrachtung mit den Artikeln der *NRhZ* und denen der *NYDT* sowie der übrigen Zeitungsorgane gesetzt, bleibt für eine werksarchitektonische Sonderstellung des *Brumaires* kein Raum mehr. Vielmehr fügen sich die Erörterungen der französischen Verhältnisse in das politische Gesamtbild der Zeit ein, welches durch die Verknüpfung der spekulativen Finanzpolitik (*Crédit Mobilier*) mit dem innereuropäischen Krisengeschehen auch nach 1851 seine Fortsetzung finden wird. Vgl. u. a. *Der französische Crédit mobilier*, NYDT Nr. 4735, 21.6.1856, MEW 12, 22; *Die Krise in Europa*, NYDT Nr. 4878, 6.12.1856, MEW 12, 80; *Die Finanzlage Frankreichs*, Die Presse Nr. 322, 23.11.1861, MEW 15, 380; *Marx an Friedrich Engels*, 11.7.1857, MEGA² III/8, 132. Der Standpunkt Marxens entspricht daher während des gesamten Zeitraums einem „revolutionären [...] point of view". *Marx an Friedrich Engels*, 6.5.1859, MEGA² III/9, 405.
1461 So wird die allgemeine *Menschenrechtskritik* der *Jahrbücher* auf die konkrete Verfassung Frankreichs angewendet, das *Zivil-* und *Steuerrecht* Preußens und Englands einer detaillierten Kritik unterzogen (Ablösung der Feudallasten, irisches Pachtrecht, direkte / indirekte Besteuerungspraxis), *völkerrechtliche* Bestimmungen in die theoretischen Betrachtung integriert (*Seerecht*), die Kritik an der *Rechtsanwendung* anhand konkreter Fälle fortgeführt (*Kommunistenprozess, Klagerecht*) und die Reflexionen zum *Strafrecht* im Zuge einer bestehenden Debatte vertieft (*Todesstrafe*). Herauszustellen ist dabei, dass die Institution des Geschworenengerichts im Zuge der weiteren Ausarbeitung der Kritik des Rechts nun vollständig verworfen wird (s. Fn. 1414). Zwar tritt Marx den englischen Geschworenengerichten nicht gleichermaßen kritisch gegenüber, jedoch unterlag deren Betrachtung auch nicht den Maßstäben seiner Kritik des Rechts (s. S. 239 f.).

henden *Eigentumsverhältnisse* zu sichern helfen.[1462] Das dies auch im vorliegenden Werkstadium nicht zu einer vollständigen Nivellierung des Rechts führt, wird deutlich, wenn zudem berücksichtigt wird, dass Marx an der *progressiven* Bezugsdimension des Rechts festhält (*Fabrikgesetzgebung / Wahlrecht*), eingebettet in die plausible Folgerung eines Fortbestands des Rechts auch unter nicht-naturwüchsigen Gesellschaftsbedingungen (*Abschaffungsdebatte / Strafrecht*).[1463] Nicht zuletzt wird auch die fortgehende Orientierung an der *Rechtsphilosophie* Hegels offenkundig, die in Form einer ab-strakten Willenstheorie des Rechts von Marx zwar zurückgewiesen wird, deren Inhalte und formale Architektonik aber immer wieder aufgegriffen werden (*Strafrecht / Klagerecht*).[1464]

Bereits in den vorgehenden Kapiteln wurde nachgewiesen, inwieweit das spezifische an die *Grundlinien* angelehnte Rechtsverständnis als Grundlage der theoretischen Entwicklung diente und sich bis in das Programm des Historischen Materialismus forterhalten hat. Mit der Gabelung des Programms, die ab 1850 vollzogen wird, tritt neben die *Kritik des Rechts* auch jener theoretische pas de charge, den Marx gegen die „Leitwissenschaft der bürgerlichen Gesellschaft" entfesseln wird, die *Kritik der politischen Ökonomie*.[1465] In der Ausarbeitung dieser *Kritik* wird auch wieder der *positive Kern* der Theorie an Kontur gewinnen, die *persönliche Freiheit*.[1466] Erst die gemeinsame Betrachtung dieser beiden Verlaufslinien, als eine *Einheit in der Verklammerung*, vermag dann den Blick für eine vollständige Rekonstruktion des Rechtsverständnisses Marxens freizulegen.

1462 s. S. 196 f., 198 f., 220 f., 230–234, 238 f., 243.
1463 s. S. 220 f., 234; s. Fn. 1311, 1360.
1464 s. S. 236–238, 249 f.; s. Fn. 1378. Neben der Philosophie Hegels bleibt auch die Kritik an der Historischen Rechtsschule weiterhin präsent, auf die Marx fortwährend zurückgreift, um den willkürlichen Charakter rechtlicher Bestimmungen vor allem in Preußen transparent zu machen (s. Fn. 1323, 1360, 1415, 1431.).
1465 Krätke 2006, S. 40; s. S. 209.
1466 s. S. 166; s. Fn. 992.

7 Das Recht und das „Reich der Freiheit" (1850 – 1881)

Neben den kaleidoskopischen Betrachtungen der journalistischen und politischen Schriften in der Werkphase der nachrevolutionären Zeit, die eine Fortführung der *Kritik des Rechts* haben durchsichtig werden lassen, beginnt Marx mit seinem Rückzug in die „Studierstube" zugleich jene konzentrierte und umfassende Auseinandersetzung mit dem „System der politischen Ökonomie", der er sich bereits in den Jahren zuvor angenähert hatte und die seinem Oeuvre Pars pro toto seine zentrale Charakteristik verleihen wird.[1467] Ziel seiner Untersuchung ist es, die „Anatomie der bürgerlichen Gesellschaft" dadurch zu entschlüsseln, dass sie das ihren inneren Zusammenhang speisende „ökonomische Bewegungsgesetz" preisgibt, welches die spezifische Gestalt dieses Geflechts überhaupt erst als „moderne bürgerliche Production" erscheinen lässt.[1468] Dabei bleibt die Marx'sche Analyse nicht etwa auf eine bloße Darstellung der ökonomischen Funktionsimperative beschränkt, sondern ist von Beginn an in die fortentwickelte Programmskizze der Manuskripte der *Deutschen Ideologie* eingebettet.[1469] Demnach stellt sie gleichermaßen den Versuch dar, dem *Geheimnis des Privateigentums* und der hiermit verbundenen *Entfremdung* auf dem Feld der besonderen Wissenschaft zu begegnen, um auf der Grundlage eines *empirischen Fundaments* Tendenzen und Potenziale ihrer Überwindung sichtbar werden zu lassen, d. h. eben jener sozialen Voraussetzungen einer gesellschaftlichen Organisation, die eine Verwirklichung des positiven Kerns jenes Programms ermöglichen, der *persönlichen Freiheit*.[1470] Aus der Symbiose einer „Fundamentalkritik" an der bisherigen politischen Ökonomie und einer „kritische[n] Sozialphilosophie" erwächst so gesehen in letzter Konsequenz eine „politische Oeconomie der Arbeiterclasse", deren Darstellungen als *weißes Kaninchen* den Weg durch die „verzauberte Welt" der modernen bürgerlichen Produktion weisen sollen.[1471]

[1467] Marx an Joseph Weydemeyer, 1.2.1859, MEGA² III/9, 294; s. S. 253; vgl. Lukács 1923, S. 200; Korsch 1966, S. 138; Haug 1986, S. 38; Lohmann 1980, S. 236; Flechtheim / Lohmann 2000, S. 59; Rohbeck 2006, S. 15; Arndt 2012, S. 122; Heinrich 2016, S. 71. Bereits im Rahmen der *Ökonomisch-philosophischen Manuskripte* (1844) und der gegen Proudhon gerichteten Schrift *Das Elend der Philosophie* (1847) hatte Marx versucht, sich dem theoretischen Feld der politischen Ökonomie kritisch anzunähern. Vgl. Arndt 2012, S. 121; s. *Kap.* 4.1; s. Fn. 1056.
[1468] MEGA² II/1.1, 23; MEGA² II/2, 100; MEGA² II/5, 13 f.
[1469] Vgl. Arndt 2012, S. 120; Schmidt 2018, S. 178. Demgegenüber sprechen sich beispielsweise Heinrich und Brunkhorst gegen eine solche Verbindung aus: Vgl. Heinrich 2011, S. 160; Ders. 2016, S. 71 f.; Brunkhorst 2016, S. 170 – 172, 174 f., 269.
[1470] s. S. 136 – 139, 155 – 158, 164 – 166; s. Fn. 992, 1029.
[1471] MEGA² II/3.4, 1511; MEGA² II/4.2, 849; MEGA² II/15, 804; *Manifest an die arbeitende Klasse Europas (Inauguraladresse der Internationalen Arbeiterassoziation)*, Der Social-Demokrat Nr. 2 u. 3, 21.12. u. 30.12.1964, MEGA² I/20, 16 – 25, hier: 24; Heinrich 2005, S. 74; Quante 2018, S. 64, 96, 99. „Ein Zauber sei das Band." Caroll 2008, S. 8. Das „System der bürgerlichen Oekonomie kritisch dargestellt" (*Marx*

Die Entwicklung dieser *Kritik der politischen Ökonomie* wird sich fast zwanzig Jahre hinziehen und ein umfangreiches Konvolut von Texten, Manuskripten und Exzerpten Marxens hinterlassen.[1472] Ausgehend von den *Londoner Heften*[1473] (1850–1853), über die methodischen Überlegungen in der *Einleitung*[1474] zu den *Grundrissen der Kritik der Politischen Ökonomie* (1857), den *Grundrissen*[1475] (1857/58) selbst, der ersten Veröffentlichung als *Zur Kritik der politischen Ökonomie*[1476] (1859) sowie weiteren *Manuskripten*[1477] (1861–1867), wird die Analyse erst mit dem 1867 erscheinenden *Kapital*[1478] ihre endgültige Gestalt erlangen.[1479] Auf der Grundlage der Zielsetzung dieser Arbeit kann eine abschließende und vollständige Würdigung dieser umfassenden Kritik daher nicht erfolgen und muss darauf beschränkt bleiben, die für die *Rechtsbetrachtungen* Marxens innerhalb der Ökonomiekritik relevanten Passagen und Textstellen in ihrem spezifischen Kontext herauszuarbeiten.[1480] Zunächst richtet sich die Blickrichtung demgemäß auf die Skizzierung der zentralen Aspekte der *Kritik der politischen Ökonomie* unter der Berücksichtigung einer Anknüpfung an das bestehende Forschungsprogramm samt seiner *Kritik des Rechts* (7.1). Hieran anschließend erfolgt dann die Zusammenführung der Aussagen zum *Recht* eingebunden in dessen gesellschaftliche Verwirklichungsbedingungen als *persönliche Freiheit* (7.2).

---

an Ferdinand Lassalle, 23.2.1858, MEGA² III/9, 72) bleibt daher immer auch *praktisch* motiviert, wie Marx es selbst explizit hervorhebt. *Marx an Sigfrid Meyer*, 30.4.1867, MEW 31, 542. Unterfüttert wird dies zudem durch Briefe, in denen er vom *Kapital* als dem „furchtbarste[n] Missile, das den Bürgern (Grundeigentümer eingeschlossen) noch an den Kopf geschleudert worden ist" (*Marx an Johann Philipp Becker*, 17.4.1867, MEW 31, 541) spricht und es als theoretischen „Schlag" gegen die Bourgeoisie bezeichnet, „von dem sie sich nie erholen wird" (*Marx an Carl Klings*, 4.10.1864, MEGA² III/13, 7). Vgl. auch Heinrich 2011, S. 371.
1472 Vgl. ebd., S. 162.
1473 In den Exzerpten ist bereits ein Konzept der auszuarbeitenden Ökonomiekritik enthalten, welches im Frühjahr 1851 niedergeschrieben wurde und den Titel *Reflection* (MEGA² I/10, 503–510) trägt. MEGA² I/10, 1037; vgl. Arndt 2012, S. 128; Heinrich 2013, S. 136.
1474 MEGA² II/1.1, 21–45.
1475 MEGA² II/1.1, 49–309; MEGA² II/1.2.
1476 MEGA² II/2, 95–245 (*Zur Kritik der politischen Ökonomie – Urtext*, MEGA² II/2, 19–94).
1477 1861–1863: MEGA² II/3.1–3.6; 1863–1867: MEGA² II/4.1–4.3.
1478 MEGA² II/5.
1479 Zu Marx Lebzeiten wurden lediglich das erste Heft der *Zur Kritik der politischen Ökonomie* sowie der erste Band des *Kapitals* veröffentlicht. Die Folgebände des *Kapitals*, Band 2 (MEGA² II/12) und Band 3 (MEGA² II/15), wurden erst posthum durch Friedrich Engels herausgegeben, der dabei auch auf redaktionelle und inhaltliche Anpassungen zurückgriff. Vgl. Arndt 2012, S. 157; Heinrich 2011, S. 161f.; Ders. 2013, S. 124.
1480 Umfangreiche Darstellungen der *Kritik der politischen Ökonomie* finden sich beispielsweise bei Heinrich (2011) und Arndt (2012). Einen guten Überlick vermitteln u. a. Heinrich (2005) und Schmidt (2018).

7.1 Die „verzauberte Welt" der Dinge und die Kritik der politischen Ökonomie

Ausgangspunkt der kritischen Auseinandersetzung Marxens mit dem Feld der politischen Ökonomie bildet deren spezifische Erklärungs- und Rechtfertigungsweise der „modernen bürgerlichen Production", d. h. einer Produktion, die auf der Basis von Lohnarbeit und Kapital aufruht.[1481] Die Grundlage hierfür gewinne sie aus dem Rückgriff auf die *unmittelbare Erscheinungsweise* der ökonomischen Verhältnisse, wie sie sich in der bürgerlichen Gesellschaft zeige, als marktförmige Austauschprozesse einer „Gesellschaft der freien Concurrenz".[1482] Es ist das Bild einer Abfolge von Tausch- und Verkaufsakten freier und gleicher Personen, welches in den Augen Marxens auf der Abstraktion einer allgemeingültigen Form der Produktion aufbaut, die die vorherrschende Produktionsweise letztlich als „absolut" und „[n]aturgemäss" erscheinen lasse und sie so als alternativlos *verewige*.[1483] Bedeutsam ist dabei vor allem, dass mit der Identifikation der auf der bürgerlichen Produktion fußenden Gesellschaftlichkeit als natürliche Form der Vergesellschaftung schlechthin sich zugleich auch handfeste „politische Konsequenzen" einstellen, da die „Ewigkeit und Harmonie der bestehenden socialen Verhältnisse" keinen Raum mehr für eine alternative gesellschaftliche Gestaltung zuzulassen vermag.[1484] Das Ziel der Marx'schen Kritik besteht dann darin, diese ahistorische „Welt des Scheins" zu durchbrechen und den originären Charakter der bürgerlichen Produktionsweise als „historisch transitorische" und somit eben „nicht absolute Form der Production" zu erweisen.[1485] Unter

---

1481 MEGA² II/1.1, 23, 369; MEGA² II/3.3, 767; vgl. Arndt 2018, S. 16f.; Heinrich 2016, S. 88, 115.
1482 MEGA² II/1.1, 21; vgl. Arndt 2012, S. 143f.; Heinrich 2005, S. 73, 78; Ders. 2011, S. 254f.
1483 MEGA² II/1.1, 22–24, 238; MEGA² II/1.2, 369; MEGA² II/3.1, 79; MEGA² II/3.2, 338; MEGA² II/3.3, 804; MEGA² II/3.4, 1406; MEGA² II/4.1, 73 f.; MEGA² II/5, 49; vgl. Lukács 1923, S. 25; Arndt 2012, S. 131; Heinrich 2005, S. 218. Hintergrund dieser Abstraktion sei die Anlehnung der politischen Ökonomie an die Naturrechtstheorien des 17. und 18. Jahrhunderts, dabei insbesondere der John Lockes, mit ihrem Standpunkt des „vereinzelten Einzelnen" (MEGA² II/1.1, 22), der zum *Fundament* der Geschichte schlechthin avanciert. MEGA² II/1.1., 21f.; MEGA² II/3.6, 2120; s. S. 148. Hieraus wird dann die ideelle Vorstellung des besitzenden Individuums abgeleitet, welches das Produkt seiner eigenen Arbeit zum Markte trägt. MEGA² II/2, 48f.; *Marx an Friedrich Engels*, 2.4.1858, MEGA² III/9, 125. Es ist eine Abstraktion, die im direkten Gegensatz zur *Wissenschaft der Geschichte* steht, die das Individuum als „ζῷον πολιτικόν" (MEGA² II/1.1, 22) und somit stets im Kontext seiner historisch spezifischen Gesellschaftlichkeit betrachtet (s. S. 154–156). *Randglossen zu Adolph Wagners „Lehrbuch der politischen Ökonomie"*, MEW 19, 362. Bereits Hegel und Gans hatten die *einseitigen* Abstraktionen des *empirischen Naturrechts* zurückgewiesen (s. S. 24f., 47.).
1484 MEGA² II/1.1, 23f.; MEGA² II/3.3, 804; vgl. Lukács 1923, S. 59; Heinrich 2005, S. 218; Ders. 2016, S. 88; Schmidt 2018, S. 179. Ohne die Beachtung des Prinzips der historischen Spezifizierung falle die politische Ökonomie auf einen „ideologischen Standpunkt" (MEGA² II/1.1, 96) zurück und entpuppe sich so nur wieder als bloßer „Versuch der Apologetik" (MEGA² II/1.2, 369) im „sykophantische[n] Dienst für die industriellen Capitalisten" (MEGA² II/3.3, 767), d. h. der „herrschenden Klassen" (MEGA² II/3.3, 772). *Marx an Ludwig Kugelmann*, 11.7.1868, MEW 32, 553f.; s. S. 157.
1485 MEGA² II/3.4, 1406; MEGA² II/4.2, 852; MEGA² II/15, 256.

Berücksichtigung dieser historischen Spezifizierung wird sich das „Reich der bürgerlichen Freiheit und Gleichheit" zu guter Letzt dann auch als Reich einer nur „formellen Freiheit" bewahrheiten.[1486] Zunächst gilt es daher den Blick von der „Oberfläche der bürgerlichen Gesellschaft" abzuwenden und sich der unter dem „Nebel" der Austauschprozesse versteckten Welt zu widmen, der „Welt der Zusammenhänge des Capitals".[1487]

Um sich diesen Zusammenhang erschließen zu können, muss die *Kritik der politischen Ökonomie* zuerst aber den beschränkten „Standpunkt der Circulation" überwinden und zu einer Betrachtungsweise gelangen, die eine kritische Verknüpfung zwischen dem Verständnis des inneren Zusammenhangs der „Physiologie des bürgerlichen Systems" und der „Historizität der Verhältnisse" dieses Systemzusammenhangs ermöglicht, d. h. zu der Freilegung eben jener geschichtlichen Voraussetzungen, auf denen die moderne bürgerliche Produktion aufbaut und sich beständig reproduziert.[1488] Marx wird diese Möglichkeit in einem kritischen Rückgriff auf die „dialektische Entwicklungsmethode" der *Rechtsphilosophie* Hegels finden, mit der die gesellschaftlichen Verhältnisse als „organische[s] Ganzes", d. h. als „Totalität" erfasst werden können.[1489] Unter diesem „Gesichtspunkt der Totalität" wendet sich der Blick

---

1486 MEGA² II/1.2, 372; MEGA² II/2, 50; MEGA² II/3.6, 2025; *Marx an Friedrich Engels*, 2.4.1858, MEGA² III/9, 125.

1487 MEGA² II/1.1, 171; MEGA² II/1.2, 524; MEGA² II/2, 48 f., 52, 56, 61; MEGA² II/3.3, 816. Bereits in den Artikeln der *Rheinischen Zeitung* hatte sich Marx gegen das unkritische, allein auf den *Standpunkt* des „äußerlichen Schein[s]" der „menschlichen Verhältnisse" beschränkt bleibende Denken der Historischen Rechtsschule gewandt und diesen Vorwurf dann in den *Ökonomisch-Philosophischen Manuskripten* erstmals auf die Wissenschaft der Nationalökonomie ausgeweitet (s. S. 72, 136 f.).

1488 MEGA² II/2, 48; MEGA² II/3.3, 817, 1134; Arndt 2012, S. 136; Schmidt 2018, S. 162.

1489 MEGA² II/1.1, 35; *Marx an Friedrich Engels*, 27.6.1867, MEW 31, 313; vgl. Lukács 1923, S. 8, 18, 21, 28; Korsch 1966, S. 89, 116 f.; Rohbeck 2006, S. 101; Arndt 2012, S. 77, 120, 129, 134; Schmidt 2018, S. 156; s. Fn. 967. Erst diese „Methode der Wissenschaft" (*Marx an Ludwig Kugelmann*, 11.7.1868, MEW 32, 552) vermöge den spezifischen Zusammenhang zwischen der Zirkulations- und der Produktionssphäre in den Blick zu nehmen. MEGA² II/1.1, 35; MEGA² II/3.3, 1134. Hatte Hegel die *Totalität* noch als Bewegung der Vernunft begriffen, in deren *Selbsterfassung* zugleich die Erfassung ihrer *Bedingungen* liege, sind es nun die ökonomischen Gesellschaftsverhältnisse, in deren „innere[m] Zusammenhang" (*Marx an Friedrich Engels*, 27.6.1867, MEW 31, 313) zugleich der Schlüssel zu ihren *Voraussetzungen* zu finden sei. MEGA² II/1.1, 201; vgl. Arndt 2006, S. 447. Entsprechend dem Vorgehen der *Rechtsphilosophie* folgt die Analyse des komplexen Ganzen dabei dem aufsteigenden Weg von der Betrachtung „dünnere[r] Abstracta" bis zu ihren Konkretionen als „reiche Totalität von vielen Bestimmungen und Beziehungen", die die moderne bürgerliche Gesellschaft in toto ausmachen. MEGA² II/1.1, 36; s. S. 32–34. Zwar werden die methodischen Überlegungen während der langen Bearbeitungszeit der Ökonomiekritik durch Marx fortwährend weiterentwickelt, im Wesentlichen bleiben sie aber bis zum *Kapital* erhalten. Vgl. Arndt 2012, S. 122, 129; Schmidt 2018, S. 160. Auf der Folie der *Programmatik* erfolgt die Anwendung dieser „dialektische[n] Methode" jedoch in „kritische[r] Weise" (*Marx an Ludwig Kugelmann*, 27.6.1870, MEW 32, 686), d. h. eben nicht in der Form eines verselbstständigten Denkprozesses eines *demiurgischen Subjekts*, welches die Wirklichkeit nur *gedanklich* reproduziert, ohne den *realen Entgegensetzungen* dabei Rechnung zu tragen. Vgl. Arndt 2015, S. 129 f., 152. Ein Rückgriff auf die Dialektik Hegels kann Marx zufolge daher nur unter der „Abstreifung ihrer mystischen Form" vollzogen werden. *Marx an*

der *Kritik der politischen Ökonomie* dann auf eine genauere Analyse des *Systems der Bedürfnisse* zurück.¹⁴⁹⁰

Auf dem Stand der modernen bürgerlichen Gesellschaft stellt sich dieses System für Marx zunächst als ein soziales Gefüge der Warenproduktion unter der Form privater Aneignung dar.¹⁴⁹¹ Gemeint ist damit, dass das Aufeinandertreffen der Produkte als Waren, d. h. unter der „gesellschaftliche[n] Form" ihres „Tauschwerth[s]", auf dem Markt stattfindet, wo sich die einzelnen „Waarenhüter" als Privateigentümer ihrer auf eigener Arbeit beruhenden Produkte entgegentreten und so eine *spezifische Form* des Austauschs begründen.¹⁴⁹² Es ist das Aufeinandertreffen freier und gleicher *Personen*, d. h. von Individuen, die in einem „Rechtsverhältniß" zueinander stehen und deren wechselseitige Aneignung sich als „gemeinschaftliche[r] Wille" im „Contract" realisiert.¹⁴⁹³ Vor diesem Hintergrund führt Marx das „normative Selbstverständnis" der „gleichberechtigte[n] Waarenbesitzer" auf das „faktische Verhältnis" des Austauschs zurück, so dass sich die hieraus folgenden Bestimmungen von Freiheit und Gleichheit bloß noch als „idealisierte Ausdrücke" einer „reale[n] Basis" begreifen lassen.¹⁴⁹⁴ Als

---

Ludwig Kugelmann, 6.3.1868, MEW 32, 538. Bereits in den *Deutsch-Französischen Jahrbüchern* hatte er die unkritische Anknüpfung an die Philosophie Hegels zurückgewiesen und jenen *Mystizismus* offengelegt, der eine unmittelbare Realisierung der Ideen (*Sollen*) in der Wirklichkeit (*Sein*) nur noch als bloße Abstraktion hat verbleiben lassen. Vgl. Arndt 2013, S. 93–96; Ders. 2015, S. 152; s. *Kap.* 3.4.1. Anders beispielsweise Heinrich, der in der methodischen Orientierung an der Dialektik nur eine Anlehnung an die Hegel'sche Ausdrucksweise zu einem problembewussteren Umgang mit kategorialen Darstellungen erblickt und insbesondere die Analyse des *Kapitals* von den methodischen Vorüberlegungen der *Einleitung* abzutrennen bestrebt ist. Vgl. Heinrich 2011, S. 170; Ders. 2013, S. 136; Ders. 2016, S. 78 f. Demgegenüber steht die bereits nachgezeichnete Nähe des Marx'schen Entwicklungsweges vor allem zur *Rechtsphilosophie* Hegels (s. *Kap.* 3–6).

1490 Lukács 1923, S. 40.
1491 MEGA² II/2, 107; MEGA² II/4.1, 30; MEGA² II/5, 17.
1492 MEGA² II/1.1, 80, 160; MEGA² II/1.2, 411f.; MEGA² II/2, 48, 130; MEGA² II/5, 51; *Marx an Ludwig Kugelmann*, 11.7.1868, MEW 32, 553. Während den Waren jeweils ein unmittelbarer Nutzen zukomme (*Gebrauchswert*), würden sie daneben auch eine „gesellschaftliche Form" (MEGA² II/1.1, 80) besitzen, die ausschließlich im Prozess des Austauschs zur Anwendung gelange, den *Tauschwert*. MEGA² II/5, 44. Diese „ökonomische Qualität" des Werts bildet dann die Grundlage für ihre quantitative Vergleichung. MEGA² II/1.1, 76.
1493 MEGA² II/1.2, 372; MEGA² II/2, 56; MEGA² II/5, 52, 120. Die Orientierung an den *Grundlinien* Hegels an dieser Stelle ist unverkennbar (s. S. 34–36). So führt das Aufeinandertreffen der freien Willen und ihrer durch sie durchdrungenen Waren auf der Grundlage des formellen Rechtsgebots auch in der Darstellung Marxens zum Vertrag, in dem sich die Personen notwendig als „Privateigenthümer" anerkennen müssen, und ihre Tauschobjekte so zum „juristische[n] Eigenthumstitel" erheben. MEGA² II/2, 48 f., 56; MEGA² II/5, 51 f. Dabei erfolge die Bildung des „gemeinschaftlichen Willen[s]" (MEGA² II/5, 51) auf der abstrakten Ebene des Rechts zum „wechselseitigen Vortheil" (MEGA² II/4.1, 77), so dass er auch nur in der Form eines „Austausch[s] eines Equivalents" (MEGA² II/2, 49) erscheinen könne. Dies gilt expressis verbis auch für den vertragsförmigen Austausch von Lohnarbeit und Kapital. MEGA² II/3.6, 2025; MEGA² II/4.1, 77. „In der Circulation selbst, dem Austauschprocess, wie er an der Oberfläche der bürgerlichen Gesellschaft heraustritt, giebt jeder nur, indem er nimmt, und nimmt nur, indem er giebt." MEGA² II/2, 48.
1494 MEGA² II/1.1, 160, 168; MEGA² II/2, 60; MEGA² II/4.1, 127; MEW 19, 377; Quante 2018, S. 74.

entwickelte „juristische, politische" und „sociale Beziehungen", verfestigt zu einer spezifischen „Rechtsordnung" und „Regierungsform", stellen sie dann auch nur noch „diese Basis in einer andren Potenz" dar.[1495] Auf dem Stand der modernen bürgerlichen Gesellschaft zerfällt diese auf die Gestalt des *abstrakten Privatrechts* und der „moderne[n] Republik".[1496] Erst vor diesem Hintergrund wird es verständlich, wenn Marx – sicherlich nicht ohne jede Ironie – im *Kapital* von der Sphäre der Zirkulation als einem „wahre[n] Eden der angebornen Menschenrechte" spricht, d. h. einem „Reich der bürgerlichen Freiheit und Gleichheit", in dem formal betrachtet Äquivalent gegen Äquivalent getauscht wird.[1497] Erste Risse erhält dieser *formelle* Firnis aber in

---

1495 MEGA² II/1.1, 25, 168; MEGA² II/5, 52; MEGA² II/15, 332; MEW 19, 377. An anderer Stelle spricht Marx auch von der Bindung des gemeinsamen Willens durch „bestimmte gesetzliche Formen" (MEGA² II/ 2, 201), oder von der gesetzlichen Anerkennung der juristischen Verhältnisse als „Ausdruck des allgemeinen Willens" (MEGA² II/1.2, 416), um den Kontrakt mit einer *staatlichen Erzwingbarkeit* zu versehen. MEGA² II/15, 331f. Und mit eben diesen Produktionsverhältnissen, d. h. vor allem den Eigentumsverhältnissen, geht dann die „spezifische politische Gestalt" des „Gemeinwesens" einher. MEGA² II/4.2, 732. Der Rückgriff auf die *Rechtsphilosophie* erfolgt somit auf der Grundlage der Ausführungen zu den abstrakten Willenstheorien im Kontext der Kritik des Rechts in der *Deutschen Ideologie* und dem *Manifest* (s. S. 158f., 162f.). Die „gegenwärtige Jurisprudenz für die Basis unserer ökonomischen Lage" zu nehmen entspreche Marx zufolge daher jenem „antiquirten Idealismus", der nicht zu erkennen imstande sei, „daß unsere ökonomische Lage die Basis und Quelle unserer Jurisprudenz ist!" *Marx an Paul und Laura Larfargue*, 19.4.1870, MEW 32, 674.
1496 *Die Republik in Spanien*, Der Volksstaat Nr. 18, 1.3.1873, MEGA² I/24, 131 [Marx / Engels]; MEGA² II/1.1, 169; MEGA² II/2, 60. Mit diesen Ausführungen knüpft Marx an die Erörterungen in den Manuskripten der *Deutschen Ideologie* an, in denen er bereits hervorgehoben hatte, dass die eigentliche Entwicklung des Privatrechts sich zum Ende des 18. und zu Beginn des 19. Jahrhunderts vollzogen habe, als ein „Recht der entstehnden industriellen Gesellschaft". MEGA² II/2, 60; s. S. 162. Durch den Wegfall der exogenen Restriktionen persönlicher Abhängigkeitsverhältnisse, die die mittelalterliche Gesellschaft noch charakterisiert hatten, beginnt die aufkommende bürgerliche Gesellschaft in den Augen Marxens ihr Privatrecht mehr und mehr am überlieferten römischen Recht auszurichten. MEGA² II/1.1, 89, 169; MEGA² II/2, 60. Genauer betrachtet ist es das Abstraktionspotenzial dieses Rechts, das es über den ursprünglichen „Kreis der Freien" (MEGA² II/2, 60) hinausweisen lässt, und ihm ermöglicht, die Personen allein auf ihre „sociale Position" (MEGA² II/3.1, 93) im Austauschprozess zu reduzieren, d. h. auf die des „Käufer[s] und Verkäufer[s]". MEGA² II/3.1, 32, 117; MEGA² II/4.1, 97 f. Vermittelt über die Form „juristisch gleiche[r] Personen" (MEGA² II/5, 121) bilden sie so gesehen „lebendige Equivalente". MEGA² II/2, 57. Korrespondierend hierzu verhält es sich für Marx mit der „politische[n] Gleichheit" (MEGA² I/24, 131) der modernen Republik, die er bereits in den *Jahrbüchern* auf der Grundlage einer nur einseitig vollzogenen Emanzipation kritisiert hatte und die ihm in Gestalt der Französischen Republik von 1848 wiederbegegnet war (s. S. 123f., 126f., 171–174, 211–214). Das *wirkliche Verhältnis* finde sich erst hinter diesen *Abstraktionen*.
1497 MEGA² II/2, 50; MEGA² II/5, 128. Bereits in den *Jahrbüchern* hatte Marx die Menschenrechte als Freiheit des Privateigentums unter den Bedingungen formeller Gleichheit betrachtet und als „Rechte des Mitglieds der bürgerlichen Gesellschaft" charakterisiert (s. S. 125). In der Fortentwicklung der *Kritik des Rechts* wurden sie dann noch enger mit der modernen Produktionsweise verwoben und auf der Grundlage einer privatrechtlichen Verallgemeinerung als ideeller Ausdruck der bürgerlichen Konkurrenzgesellschaft freier Privateigentümer gefasst (s. S. 147, 160f.; s. Fn. 1007). Das Marx auch noch im *Kapital* an dieser ursprünglichen Kritik festhält wird nicht zuletzt dadurch deutlich, dass er im Zusammenhang mit den Rechten des Eigentums, der Freiheit und der Gleichheit von der Herrschaft

7.1 Die „verzauberte Welt" der Dinge und die Kritik der politischen Ökonomie

dem Moment, in dem Marx auf der Grundlage des Äquivalenz-Paradigmas nach der Möglichkeit der *Wertvermehrung* fragt, die im Austauschprozess von Lohnarbeit und Kapital ganz offenkundig zuzage tritt.[1498] Um diesem „Geheimniß der Plusmacherei" auf die Spur zu kommen, gelte es im nächsten Schritt daher das „Blendwerk der Cirkulation" zu verlassen und die „verborgne Stätte der Produktion" zu betreten, im Rahmen einer Analyse des „Mehrwerth[s]".[1499]

Die *Analyse des Mehrwerts* setzt dann unmittelbar bei dem „Arbeitsvermögen" an, das als Ware am Markt erworben und im Rahmen des *Produktionsprozesses* durch den Kapitalisten konsumiert wird.[1500] Erworben und vertragsmäßig vergütet wird dabei jedoch nur die vereinbarte Zurverfügungstellung der Arbeitskraft, unabhängig von ihrer „wirkliche[n] Äusserung", d. h. ihrer tatsächlichen Anwendung.[1501] Dies sei ein Umstand, der umso schwerer wiege, als die *spezifische Eigenschaft* der Ware Arbeitskraft darin bestehe, mehr Wert zu produzieren, als zu ihrer Reproduktion notwendig ist.[1502] Die über die zur Reproduktion notwendigen Arbeitszeit hinausweisende „Surplusarbeit" bilde dann die Grundlage des Mehrwerts, den sich der Kapitalist unentgeltlich aneigne, ohne hierdurch aber die formellen Gesetze des Warentauschs zu verletzen.[1503] Und diese „Aneignung unbezahlter Arbeit" ist es, die

---

„Bentham[s]" spricht. Gemeint ist damit das auf *Zufall* basierende Zusammenwirken der Gesellschaftsmitglieder, einzig vermittelt über die Verfolgung der „Privatinteressen" der „vereinzelten Einzelnen". MEGA² II/1.1, 22, 89; MEGA² II/5, 128; s. Fn. 1483.

1498 Insbesondere die genaue Beobachtung der gesellschaftlichen Verhältnisse im industrialisierten England dokumentierten die zunehmend ungleichen Eigentumsverhältnisse zwischen Arbeitern und Fabrikbesitzern. MEGA² II/5, 522; s. S. 230, 234 f.

1499 MEGA² II/1.1, 240 f.; MEGA² II/3.1, 23, 79, 93; MEGA² II/5, 127 f., 457; MEGA² II/12, 322. „Man mag sich also drehen und wenden wie man will, das Facit bleibt dasselbe. Werden Aequivalente ausgetauscht, so entsteht kein Mehrwerth, und werden Nicht-Aequivalente ausgetauscht, so entsteht auch kein Mehrwerth. Die Circulation oder der Waarenaustausch schafft keinen Werth." MEGA² II/5, 117.

1500 MEGA² II/3.1, 36 f., 48. Die Erklärung des Mehrwerts nicht auf der Grundlage des Äquivalenztauschs vollzogen zu haben, betrachtet Marx als *das* zentrale Versäumnis der politischen Ökonomie überhaupt. MEGA² II/3.1, 23, 79. In diesem Sinne ist es daher auch die „kombinierte Untersuchung von Zirkulations- und Produktionssphäre" (Heinrich 2011, S. 259), die eine adäquate Einbeziehung des Produktionsprozesses in die Betrachtungen ermöglicht und so überhaupt erst als „wirkliche Wissenschaft der modernen Oekonomie" gelten darf. MEGA² II/15 329; s. Fn. 1489. Bereits in den *Ökonomisch-philosophischen Manuskripten* kam der Betrachtung der Arbeit eine zentrale Bedeutung bei der Auseinandersetzung mit der politischen Ökonomie zu (s. S. 137 f.).

1501 MEGA² II/1.1, 239; MEGA² II/3.1, 46; MEGA² II/12, 10; vgl. Arndt 2015, S. 95.

1502 Vgl. Heinrich 2011, S. 258 f.; Arndt 2015, S. 95. Ihr „spezifischer Gebrauchswerth" ist es „Tauschwerth zu schaffen". MEGA² II/3.1, 37; s. Fn. 1489.

1503 MEGA² II/3.1, 167; vgl. Heinrich 2011, S. 259; Arndt 2015, S. 95. Die sich im Zuge der Analyse ergebende Aneignung der Surplusarbeit begreift Marx zwar einerseits als „Ausbeutungsproceß" (MEGA² II/15, 335), aber als einen der aus den „allgemeinen Verhältnissen selbst" folgt und nicht etwa aus dem „Feld der individuellen Ueberlistung". MEGA² II/1.2, 338, 345. Es ist demzufolge der systemisch *zutreffende Wert*, den der Kapitalist im *Austausch* für die Arbeit zahlt, und den damit verbundenen Mehrwert schöpft er daher auch „mit vollem Recht, d. h. dem dieser Produktionsweise entsprechenden Recht", ab. MEW 19, 359. „Der Umstand, daß die tägliche Erhaltung der Arbeitskraft nur einen halben

sich in den Augen Marxens dann letztlich als das „Geheimniß der Plusmacherei" entpuppt.[1504] Entscheidend ist dabei, dass mit dieser Enthüllung zugleich eine „nothwendige Dialektik" in Gang gesetzt wird, die erhebliche Konsequenzen für das Ausgangsparadigma der Zirkulation beinhaltet.[1505] Gemeint ist der *dialektische Umschlag* des „Gesetz[es] des Privateigenthums", d. h. der Aneignung durch persönliche Arbeit in die „Aneignung fremder Arbeit ohne Austausch", welches aus der Perspektive Marxens letztlich einer vollständigen „Scheidung zwischen Eigenthum und Arbeit" gleichstehe und somit das exakte Gegenteil jenes Gesetzes offenbare, das doch eigentlich „von ihrer Identität ausging".[1506] Dieser Argumentation folgend definiere sich die bürgerliche Produktionsweise gegenüber ihrem „Schein des Austauschs" daher tatsächlich durch eine strikte Dichotomie; „Eigenthumslosigkeit des Arbeiters" auf der einen und Aneignung von „festgeronnene[r] unbezahlte[r] Arbeit" auf der anderen Seite.[1507]

Dieser in die *Produktionsbedingungen* notwendig eingelassene *asymmetrische Tausch* wird im nächsten Schritt der Darstellung dann mit der Betrachtung dieser Produktion als „historisch gewordne[s] Verhältnis" verbunden.[1508] Hierzu bestimmt Marx zuallererst die *Voraussetzungen* der Produktionsweise in ihrer „gegenwärtigen Gestalt", die das Vorhandensein des „freien Arbeiter[s]" auf dem „Waarenmarkt" betrifft, d. h. überhaupt erst die Möglichkeit, Lohnarbeit auf einem Handelsplatz als *Ware* erwerben zu können.[1509] Bedingung einer solchen Vorfindlichkeit sei es wiederum, dass der Arbeiter in einem „doppelte[n] Sinn[e] frei" ist: zum einen als „Person", „frei von den alten Clientel- oder Hörigkeitsverhältnissen" und somit „freier Eigenthümer über sein Arbeitsvermögen", und zum anderen „frei [...] von allen zur Verwirklichung seiner Arbeitskraft nöthigen Sachen", als ein von allen Produktionsmitteln „entblöste[s] Individuum".[1510] Diese Voraussetzungen sind aus der Sicht Marxens jedoch keinesfalls als

---

Arbeitstag kostet, obgleich die Arbeitskraft einen ganzen Tag wirken, arbeiten kann, daß daher der Werth, den ihr Gebrauch während eines Tags schafft, doppelt so groß ist als ihr eigner Tageswerth, ist ein besondres Glück für den Käufer, aber durchaus kein Unrecht gegen den Verkäufer." MEGA² II/5, 143f.

1504 MEGA² II/5, 480.
1505 MEGA² II/1.2, 416.
1506 MEGA² II/1.2, 364f., 367, 416; MEGA² II/5, 472f.; s. Fn. 1483, 1493. „Ursprünglich erschien uns das Eigenthumsrecht gegründet auf eigne Arbeit. [...] Eigenthum erscheint jetzt, auf Seite des Kapitalisten, als das Recht fremde unbezahlte Arbeit oder ihr Produkt, auf Seite des Arbeiters, als Unmöglichkeit, sich sein eignes Produkt anzueignen. Die Scheidung zwischen Eigenthum und Arbeit wird zur nothwendigen Konsequenz eines Gesetzes, das scheinbar von ihrer Identität ausging." MEGA² II/5, 472f.
1507 MEGA² II/1.2, 412, 556; MEGA² II/12, 350.
1508 MEGA² II/1.2, 369.
1509 MEGA² II/1.2, 369; MEGA² II/2, 90f.; MEGA² II/3.1, 33.
1510 MEGA² II/1.2, 409; MEGA² II/2, 91; MEGA² II/3.6, 2376; MEGA² II/5, 122. Die *Freiheit* unter Bedingungen der modernen bürgerlichen Produktion umfasst daher sowohl das Gegenübertreten unabhängiger Warenbesitzer (*Zirkulation*) als auch die Freiheit von allem Hab und Gut, die den Arbeiter dem beständigen *Zwang* aussetzt, die einzige Ware, die er besitzt, im asymmetrischen Tausch feilzubieten, um seine Existenz fortwährend gewährleisten zu können (*Produktion*).

7.1 Die „verzauberte Welt" der Dinge und die Kritik der politischen Ökonomie — 265

„natürliche Existenzbedingungen" des Menschen misszuverstehen, sondern ihre Entwicklung ist das Resultat eines spezifischen „historischen Process[es]", d. h. „eine[r] gewisse[n] Accumulation", die im Rahmen der Kritik der politischen Ökonomie zur „ursprüngliche[n] Accumulation" präzisiert wird.[1511] Es ist die Nachzeichnung jenes „historische[n] Scheidungsproceß[es]" von Arbeit und Eigentum, aus dem das spezifische „ökonomische Verhältniß" von Lohnarbeit und Kapital resultiert, auf dem die moderne bürgerliche Produktion aufbaut.[1512] Mit dieser notwendig aus der Darstellung der Produktionsweise folgenden „Entstehungsgeschichte des Capitals und der Lohnarbeit" belegt Marx somit zum einen die historische Relativität der bürgerlichen Produktionsverhältnisse als einer gewordenen und daher „geschichtlich bestimmte[n] Form des gesellschaftlichen Productionsprocesses" und zum anderen, dass die „extreme soziale Ungleichheit", die als bloßes Resultat dieser Form erscheint, bereits in ihren *Voraussetzungen* begründet liegt und dann „auf stets weiterer Stufenleiter" des „vollendeten bürgerlichen System[s]" nur beständig reproduziert wird.[1513] Auf der Grundlage der Betrachtung des „innere[n] Zusammenhang[s]" der bürgerlichen Produktionsweise zeigt sich das „System des Privataustauschs" entgegen seiner unmittelbaren Erschei-

---

[1511] MEGA² II/1.1, 236; MEGA² II/1.2, 393 f.; MEGA² II/5, 574. „Die Natur produzirt nicht auf der einen Seite Geld- oder Waarenbesitzer und auf der andern bloße Besitzer der eignen Arbeitskräfte. Dieß Verhältniß ist kein naturgeschichtliches und eben so wenig ein gesellschaftliches, das allen Geschichtsperioden gemein wäre. Es ist offenbar selbst das Resultat einer vorhergegangnen historischen Entwicklung, das Produkt vieler ökonomischer Umwälzungen, des Untergangs einer ganzen Reihe älterer Formationen der gesellschaftlichen Produktion." MEGA² II/5, 122. Demzufolge könne die Erklärung der Voraussetzungen auch nicht aus der Binnenlogik der bürgerlichen Produktionsverhältnisse selbst folgen. MEGA² II/1.1, 238; vgl. Arndt 2012, S. 144. Vielmehr verweisen die Bedingungen der Produktion, das *Dasein* des Verhältnisses von Lohnarbeit und Kapital, notwendig auf eine „hinter diesem System liegende Vergangenheit". MEGA² II/1.1, 236 f.; MEGA² II/1.2, 369, 393.

[1512] MEGA² II/1.2, 378; MEGA² II/3.1, 33; MEGA² II/3.4, 1450. Diese Entwicklung lässt Marx mit dem 16. und 17. Jahrhundert einsetzen, in denen die Anfänge der bürgerlichen Gesellschaft und ihre ökonomische Form „ins Leben poussirt" worden seien. MEGA² II/3.6, 2375; *Marx an Friedrich Engels*, 8. 10. 1858, MEGA² III/9, 219. Abgeschlossen wird sie durch das Aufkommen der „großen Industrie" und die Durchsetzung der modernen „Lohnarbeit", der „Basis der ganzen Scheisse", wie Marx es in einem Brief an Engels recht wenig poetisch auf den Punkt bringt. MEGA² II/3.6, 2375; *Marx an Friedrich Engels*, 2. 4. 1858, MEGA² III/9, 122.

[1513] MEGA² II/1.1, 89, 201, 206; MEGA² II/1.2, 369, 393; MEGA² II/3.1, 32, 143; MEGA² II/3.4, 1450; MEGA² II/3.5, 1778; MEGA² II/15, 793; vgl. Arndt 2012, S. 79, 148, 211; Heinrich 2016, S. 105, 107. „Es ist nicht mehr der Zufall, welcher Kapitalist und Arbeiter als Käufer und Verkäufer auf dem Waarenmarkt gegenüberstellt. Es ist die Zwickmühle des Prozesses selbst, die den Einen stets als Verkäufer seiner Arbeitskraft auf den Waarenmarkt zurückschleudert und sein eignes Produkt stets in das Kaufmittel des Andern verwandelt. In der That gehört der Arbeiter dem Kapital, bevor er sich dem Kapitalisten verkauft." MEGA² II/5, 468. Die Eigentumslosigkeit des Arbeiters ist daher die *notwendige* Basis einer Produktionsweise, in deren Vollzug sich die gegensätzliche Existenz von Reichtum und Elend als „polarisch vertheilte Producte desselben Processes" (MEGA² II/4.1, 127) zeigen. MEGA² II/1.2, 417; MEGA² II/3.4, 1249; MEGA² II/5, 520. Und es sei die sich hierauf fortsetzende „Accumulation von Reichthum" und „Elend", die „den Arbeiter fester an das Kapital" schmiede „als den Prometheus die Keile des Hephästos an den Felsen". MEGA² II/5, 520.

nung daher tatsächlich als ein „System prästabilierter Disharmonie", dessen Akteure von Beginn an in einem „Klassenverhältniß" zueinander stehen, d. h. „in einem anders ökonomisch bestimmten Verhältniß" als dem ihres bloßen Austauschs.[1514] In Gestalt der „ökonomische[n] Abhängigkeit" des Arbeiters gegenüber dem Kapitalisten verschwinde dieses Verhältnis jedoch unter dem „täuschende[n] Schein" eines „Contracts zwischen gleichberechtigen [...] Waarenbesitzern" und lasse seine Eigentumslosigkeit als eine Sache seines „freie[n] Wille[ns]" erscheinen.[1515] Tatsächlich sei dies jedoch ein trügerischer Schein, der aus der „immanente[n] Form der Vermittlung" dieser Produktionsweise selbst erwachse, die sich als spezfisch „gegenständliche Vermittlung der gesellschaftlichen Verhältnisse" zeige und deren Zusammenhänge Marx im Rahmen seiner *Fetischismus-Analyse* darlegen wird.[1516]

Um den „seltsame[n] Zauberbann" dieses Scheins aufzuklären, setzt Marx mit seinen Betrachtungen bei der spezifischen Form des Austausch von Produkten in einer warenproduzierenden Gesellschaft an, deren Vergleichbarkeit über ihren Wertcha-

---

1514 MEGA² II/1.1, 206; MEGA² II/1.2, 412; MEGA² II/5, 128; MEGA² II/12, 11; MEGA² II/15, 805; *Marx an Friedrich Engels*, 27.6.1867, MEW 31, 313; Adorno 2017, S. 206. Das Verhältnis zwischen Käufer und Verkäufer in der Zirkulation *kollidiert* also mit demjenigen in der Produktion, welches dann auch zu einer Veränderung der „sociale[n] Position[en]" (MEGA² II/3.1, 93) der „dramatis personae" (MEGA² II/5, 128) führt, die die Bühne nun als *Kapitalist* und *Arbeiter* betreten. MEGA² II/2, 52; MEGA² II/5, 128; s. Fn. 1496. Durch die fortgehende Notwendigkeit, seine Arbeitskraft verkaufen zu müssen, befinde sich der Arbeiter tatsächlich in einem Verhältnis der „ökonomische[n] Hörigkeit" (MEGA² II/5, 468), das ihn zwar nicht mehr durch schwere Ketten, schon aber noch durch „unsichtbare[n] Fäden" (MEGA² II/5, 464) an den *Eigentümer der Produktionsmittel* binde. An die Stelle des egalitären Verhältnisses der Zirkulation trete ein besonderes „Herrschafts- und Knechtschaftsverhältnis" (MEGA² II/4.2, 732), das sich gegenüber früheren Erscheinungsweisen Marx zufolge lediglich durch einen „Formwechsel" auszeichne. MEGA² II/4.1, 128; MEGA² II/5, 576. Aus seiner Sicht stellt die moderne Lohnarbeit daher auch nur eine spezifisch „vermittelte Zwangsarbeit" (MEGA² II/1.1, 242) dar, die aber „immer Zwangsarbeit ihrem Wesen nach bleibt, wie sehr sie auch als das Resultat freier contractlicher Ueberinkunft erscheinen mag." MEGA² II/4.2, 837; MEGA² II/15, 793.
1515 MEGA² II/1.1, 170, 206; MEGA² II/1.2, 372; MEGA² II/2 59; MEGA² II/4.1, 128; MEGA² II/5, 437. Gegenüber Hegel, der den jeweiligen „Antheil an der Welt der Producte" (MEGA² II/1.1, 31) noch einer „rechtliche[n] Zufälligkeit" (HGW 14, 1, (§ 49) S. 83) überantwortet hatte, ist dieser für Marx bereits durch das „ökonomische Verhältnis" (MEGA² II/1.1, 170) der bürgerlichen Gesellschaft maßgeblich bestimmt, und somit Spielraum für die „Poesie" des modernen Lebens sowie eine dem reinen Zufall überlassene Distribution des Reichtums im Grunde gar nicht mehr vorhanden. Vgl. Arndt 2012, S. 77 f.; Ders. 2015, S. 98; s. Fn. 194, 315. Vielmehr bildet die „Eigentumslosigkeit des Arbeiters an den Produktionsmitteln" überhaupt erst die „notwendige Voraussetzung derjenigen gesellschaftlichen und auch rechtlichen Ordnung [...], welche Hegel seiner Rechtsphilosophie zugrundelegt." Ebd., S. 98.
1516 MEGA² II/1.2, 525; MEGA² II/4.1, 73, 128; MEGA² II/5, 47; vgl. Heinrich 2005, S. 73 f.; Arndt 2012, S. 169; Schmidt 2018, S. 178 f. Anknüpfend an das *Programm des Historischen Materialismus* geht es der *Kritik der politischen Ökonomie* nicht nur darum, die tatsächlichen ökonomischen Verhältnisse offenzulegen, sondern zugleich eine Erklärung dafür zu liefern, *wieso* diese Verhältnisse dem Alltagsbewusstein und den Theorien der politischen Ökonomie *verborgen* bleiben müssen. Die Untersuchung schließt daher auch jene spezifischen „Probleme der Theoriebildung" (Ebd., S. 178) ein, die Marx zuvor im Rahmen seiner *Ideologiekritik* behandelt hatte. Vgl. Heinrich 2011, S. 306; Quante 2018, S. 69; Schmidt 2018, S. 178; s. S. 155, 158 f.

rakter generiert wird.¹⁵¹⁷ Tatsächlich das Resultat sozialer Interaktionen, in denen Individuen ihre Privatarbeiten aufeinander beziehen, erscheine dieser Tausch dann aber als eine „gesellschaftliche Beziehung der Sachen", d. h. als reines „Verhältniß der Dinge unter sich", welches die Beziehung der Individuen nur noch als „sachlich füreinander" verbleiben lasse.¹⁵¹⁸ Folge dieser „Verdinglichung der socialen Verhältnisse" sei dann eine „Verkehrung", mittels derer die ökonomischen Formbestimmungen der Dinge in *immanente* Eigenschaften dieser Dinge selbst verwandelt würden.¹⁵¹⁹ Genauer betrachtet sei es eine „Verkehrung von Subjekt und Objekt", die die „sachlichen Bedingungen" des Produktionsprozesses „als mit eignem Willen und eigner Seele begabte Fetische" erscheinen lasse und deren „mystificirenden Charakter" Marx ausgehend von der *Ware* über das *Geld* bis hin zur konkreteren Form des *Kapitals* genauestens nachvollzieht.¹⁵²⁰ Auf der Ebene des Kapitalverhältnisses erreiche diese Mystifikation ihre „fetischartigste Form", in der sich die *Produktivkräfte der Arbeit* vollständig zu *Produktivkräften des Kapitals* wandeln und es so zur eigentlich *wertschöpfenden* Instanz verkehren.¹⁵²¹ In der Gestalt der Kapitalrevenue des *Profits* ermittele sich der *Mehrwert* dann nur noch aus der Differenz zwischen den Auslagen, dem vorgeschossenen Kapital, und dem erzielten Warenpreis am Markt, so dass die Verbindung zur „wirkliche[n] Transaction", d. h. zur „kapitalistischen Exploitation", „gänzlich dem Blick entrückt" ist.¹⁵²² So erscheine das Kapital letztlich als

---

1517 Vgl. Heinrich 2011, S. 208 f.; Arndt 2012, S. 169 f.; Schmidt 2018, S. 179; s. S. 234 f., 257; s. Fn. 1471.
1518 MEGA² II/2, 33, 53; MEGA² II/3.4, 1317; MEGA² II/5, 47; s. Fn. 1492.
1519 MEGA² II/1.2, 567; MEGA² II/2, 128; MEGA² II/3.4, 1317; MEGA² II/4.1, 276; MEGA² II/4.2, 849, 852; MEGA² II/5, 47, 50.
1520 MEGA² II/1.2, 567; MEGA² II/3.4, 1432; MEGA² II/4.1, 78; MEGA² II/4.2, 849; MEGA² II/5, 637 f.; MEGA² II/15, 48; vgl. Heinrich 2011, S. 306. Marx greift hier ganz augenscheinlich auf die Denkfigur der *spekulativen Verkehrung* von Subjekt und Objekt zurück, die ihm bereits dazu diente, das *Mysterium* der Hegel'schen *Rechtsphilosophie* zu identifizieren und die er im Rahmen des Entfremdungsparadigmas weiterentwickelt hatte (s. S. 112 f., 117 f.). Entgegen der auf der Arbeit beruhenden Wertsetzung im Tauschverhältnis wird in der „prosaisch relle[n] Mystifikation" (MEGA² II/2, 128) der Kritik der politischen Ökonomie dann zunächst die *Ware* und in deren Potenzierung das *Kapital* zum „Subject" verkehrt. MEGA² II/1.2, 378, 476; MEW 19, 358. Marx unterscheidet insoweit zwischen „Waarenfetisch", „Geldfetisch" und „Kapitalfetisch". MEGA² II/5, 59; MEGA² II/15, 382. Da den *Dingen* so Fähigkeiten und Qualitäten zugesprochen würden, die tatsächlich aus den sozialen Relationen der Menschen zueinander herrührten, differiert diese Verkehrung moderner warenproduzierender Gesellschaften aus der Sicht Marxens im Grunde auch nicht von der vermeintlich primitiverer Gesellschaftsformen, die ihren *Stoff- oder Holzfetischen* magische Kräfte zusprechen. Vgl. Heinrich 2005, S. 179, 185; vgl. auch: MEGA² II/1.1, 236.
1521 MEGA² II/1.2, 525; MEGA² II/3.4, 1450; MEGA² II/4.2, 852; MEGA² II/5, 420, 489 f.; MEGA² II/12, 192. Das Kapital wird dann nur noch als Sache, d. h. als „stoffliche Substanz" wahrgenommen, nicht als das was es tatsächlich ist, ein historisch bestimmtes gesellschaftliches „Productionsverhältniß". MEGA² II/1.1, 180, 224, 228; MEGA² II/4.2, 843.
1522 MEGA² II/1.2, 620; MEGA² II/3.4, 1481; MEGA² II/4.1, 128; MEGA² II/4.2, 852; MEGA² II/12, 186, 191; *Marx an Friedrich Engels*, 30.4.1868, MEW 32, 71. „Es [das Kapital, D.P.] verhält sich als Grund zum Mehrwerth als dem von ihm Begründeten. Seine Bewegung besteht darin, indem es sich producirt sich zugleich als Grund von sich als Begründetem, als vorausgesetzter Werth zu sich selbst als Mehrwerth

„selbstwirkende[r] Automat", ausgestattet mit der „magische[n] Kraft", aus dem „Nichts Etwas" zu schaffen und alle „Narben seiner Entstehung" zu verbergen, gleich „ein[em] beseelte[n] Ungeheuer, das zu ‚arbeiten' beginnt, als hätt' es Lieb' im Leibe."[1523] Und es sei dieser „ökonomische Fetischismus", der sich an der „Oberfläche der Circulation" zeige, der sich zu einer „Religion of every day's life" verfestige, d. h. zu jenem Glaubenssystem des Alltagsbewustseins, auf dem die bürgerlichen Ökonomen ihre Theorien aufrichten: „So leben die Agenten der capitalistischen Production in einer verzauberten Welt und ihre eignen Beziehungen erscheinen ihnen als Eigenschaften der Dinge, der stofflichen Elemente der Production."[1524]

Nachdem Marx zuvor nachgewiesen zu haben glaubt, dass es sich bei der bestehenden Produktionsweise um ein historisch bestimmtes Produktionsverhältnis handelt, das seine Grundlage in der Ausbeutung der Arbeitskraft findet und das gegenüber den an ihm partizipierenden Akteuren gerade nicht in dieser Gestalt erscheint, erreicht die *Kritik der politischen Ökonomie* im nächsten Schritt den Punkt, an dem die Darstellung in eine Überwindung dieser „verzauberte[n], verkehrte[n] und auf den Kopf gestellte[n] Welt" umschlägt.[1525] Es ist der Punkt, an dem Marx seine deskriptive Fetischismus-Analyse mit dem *normativen* Entfremdungsparadigma sei-

---

oder zu dem Mehrwerth als von ihm gesetztem zu verhalten." MEGA² II/1.2, 619. Dieser Lesart nach ist es die Investition selbst, d. h. das investierte Kapital, das sich zu vermehren scheint. Vor diesem Hintergrund spricht Marx insbesondere von der „[z]instragende[n] Gestalt" des Kapitals auch von der „Capitalmystification" in ihrer „grellsten Form". MEGA² II/3.4, 1460; MEGA² II/4.2, 462. Resultat ist es dann, das der als Tagespreis der Arbeit verausgabte *Arbeitslohn* als Bestandteil der gesamten Produktionskosten wieder im *Kapital* verschwindet und keinen Raum mehr für eine „Katgeorie der Mehrarbeitszeit" zurückzulassen vermag. MEGA² II/1.2, 620; MEGA² II/5, 446; MEGA² II/12, 10; MEGA² II/15, 40–42. Die *Surplusarbeit*, die „Exploitation der Arbeitskraft", verkommt im *Nebel der Zirkulation* zur Unkenntlichkeit. MEGA² II/1.2, 444; MEGA² II/3.4, 1482. Entsprechend betrachtet Marx die mit den versachlichten Quellen des Werts verbundenen *Revenuen* (Profit, Zins, Lohn) der klassischen Ökonomie dann auch nur als mystifizierte Formen des *Mehrwerts*, in denen „der ganze innere Zusammenhang ausgelöscht ist". MEGA² II/4.2, 852; MEGA² II/5, 456; MEGA² II/15, 804.

1523 MEGA² II/1.2, 633; MEGA² II/3.4, 1454; MEGA² II/3.5, 1602; MEGA² II/5, 145; Goethe, *Faust I*, Vs. 2140, HA 3, 69.
1524 MEGA² II/3.4, 1397, 1404, 1409, 1453, 1511; MEGA² II/4.2, 851 f.; MEGA² II/15, 805; *Marx an Friedrich Engels*, 27.6.1867, MEW 31, 313; *Marx an Friedrich Engels*, 30.4.1868, MEW 32, 74.Ähnlich im dritten Band des *Kapitals*: MEGA² II/15, 804 f. Das „bürgerliche Bewußtsein" (MEGA² II/5, 49), welches die kapitalistische Produktionsweise auf eine „selbstverständliche Naturnothwendigkeit" (MEGA² II/5, 49) reduziert, entspringt daher unmittelbar aus den „Productions- und Austauschverhältnisse[n]" (MEGA² II/1.1, 97) der bürgerlichen Gesellschaft selbst, und eine sich unkritisch hierauf entfaltende Theorienbasis kann dann auch nicht mehr sein als der theoretische Ausdruck dieser sich *innerhalb* der Produktionsweise bewegenden Vorstellungswelt, d. h. einer Denkweise, die Marx zuvor als *Ideologie* begriffen hatte. MEGA² II/3.4, 1397; MEGA² II/5, 435 f.; *Marx an Ludwig Kugelmann*, 11.7.1868, MEW 32, 553; s. S. 137, 155. Dieser „theoretische Glaube in die permanente Notwendigkeit der bestehenden Zustände" (MEW 32, 553 f.) gehe daher mit einer Apologetik der „überlieferte[n] Eigenthumsverhältnisse" (MEGA² II/5, 14) einher, die Marx zufolge im „absolute[n] Interesse der herrschenden Klassen" (MEW 32, 554) liege. MEGA² II/1.1, 97; s. S. 158 f., 175; s. Fn. 1063, 1064.
1525 MEGA² II/4.2, 852.

ner *Programmatik* verkoppelt.¹⁵²⁶ Die Grundlage hierfür gewinnt er aus den warenförmigen Austauschbeziehungen der bürgerlichen Produktionsweise, die in der fetischisierten Form eines „gesellschaftliche[n] Verhalten[s] der Sachen" zugleich ein „sachliche[s] Abhängigkeitsverhältniß" im Gepäck führen, in dem dem Menschen die Verwirklichungsbedingungen seiner Arbeit, d. h. die Produktionsmittel, als ihm äußerliche „sociale Mächte" in Gestalt einer „fremde[n] und ihn beherrschende[n] Welt" gegenübertreten.¹⁵²⁷ Genauer betrachtet sei es die Wertschöpfung der Arbeit selbst, die unter den Produktionsbedingungen der bürgerlichen Gesellschaft den Arbeitern als *kapitalisiertes Surplusprodukt* entgegengesetzt werde, dem sie ihre Arbeitskraft immer wieder aufs Neue zu verkaufen gezwungen sind und das sie somit einer „Herrschaft der Sache über den Menschen" unterwerfe, der „Herrschaft des Kapitals über die Arbeit".¹⁵²⁸ Letztgültige Konsequenz dieser Sachherrschaft sei dann die *Kontrolle* und *Fremdbestimmung* der gesellschaftlichen Beziehungen der Individuen durch das „entfremdete Product" ihrer eigenen Arbeit, die sich in der Form des „allgemeine[n] Austausch[s]" zu einer „Verselbstständigung des Weltmarkts" verdichten und sich so den „unabhängigen Naturgesetze[n]" des Marktgeschehens ausliefern; dem Walten des blinden „Zufall[s]" und der „vollständigste[n] Anarchie".¹⁵²⁹ Dieser entfremdeten

---

1526 s. S. 156 f.; vgl. auch Jaeggi 2005, S. 33, 44.
1527 MEGA² II/1.1, 90 f., 95 f.; MEGA² II/1.2, 360; MEGA² II/3.1, 78; MEGA² II/4.1, 123, 126; MEGA² II/5, 263; MEGA² II/15, 85. Wie bereits in den zurückliegenden Schriften ist diese „objektive Welt der Werthe" aber nichts anderes als die Welt des Privateigentums: „Je mehr sie sich – die Arbeit sich objektivirt – desto grösser wird die objektive Welt der Werthe, die ihr als fremde – als fremdes Eigenthum – gegenübersteht." MEGA² II/1.2, 364; s. S. 130, 156 f.
1528 MEGA² II/1.2, 362; MEGA² II/3.4, 1396, 1450; MEGA² II/4.1, 63 f.; MEGA² II/5, 461; MEGA² II/15, 376. In dieser Wandlung des Herrschaftsverhältnisses von einer *persönlichen* zur „sachlichen Abhängigkeit" (MEGA² II/1.1, 91) drückt sich in den Augen Marxens nur die Rückführung dieses Verhältnisses auf „eine allgemeine Form" (MEGA² II/1.1, 96) aus, d. h. eine Reduktion des „Exploitationsverhäßniß[es]" auf seine „rein ökonomisch[e]" Gestalt „sachlicher Natur". MEGA² II/4.1, 98 f. Die Herrschaft des Kapitalisten ist daher „sachlich vermittelt" (Heinrich 2011, S. 266), indem der „stumme Zwang der ökonomischen Verhältnisse" (MEGA² II/5, 592) die Arbeiter dazu nötigt, sich dem „objektiven Reichthum als Kapital" (MEGA² II/5, 461) beständig auszuliefern. MEGA² II/3.6, 2161; MEGA² II/4.1, 63 f.; vgl. Heinrich 2011, S. 266 f.; s. Fn. 1510, 1513, 1514. Das „Verhältniß in der materiellen Production" als „Entfremdungsproceß" der Arbeiter von den Bedingungen ihrer Arbeit entspricht Marx zufolge daher auch vollkommen den Verhältnissen „auf dem ideologischen Gebiet in der Religion" (MEGA² II/4.1, 64 f.): „Wie der Mensch in der Religion vom Machwerk seines eignen Kopfes, so wird er in der kapitalistischen Production vom Machwerk seiner eignen Hand beherrscht." MEGA² II/5, 500; s. Fn. 872.
1529 MEGA² II/1.1, 93; MEGA² II/1.2, 427, 523; MEGA² II/3.1, 284; MEGA² II/4.2, 313, 331, 850; MEGA² II/5, 47, 59; MEGA² II/15, 169, 189, 795, 853; vgl. Lukács 1923, S. 112; Marcuse 2004b, S. 265 f. Folge dieser dem Zufall überlassenen Produktionsverhältnisse sind dann die ökonomischen „Crisen", die sich mit „gesetzmässige[r] Periodicität" vollziehen und in „grossen Ungewittern" entladen. MEGA² II/1.1, 93; MEGA² II/1.2, 323, 623; MEGA² II/3.3, 1122 f.; MEGA² II/4.2, 332; s. Fn. 1309. Diese auf der mangelnden Erklärbarkeit der politischen Ökonomie fußende *Naturalisierung* des Krisengeschehens wird Brecht dann später in seiner *Heiligen Johanna* treffend auf den Punkt bringen: „Gegen Krisen kann keiner was! / Unverrückbar über uns / Stehen die Gesetze der Wirtschaft, unbekannte. / Wiederkehren in furchtbaren Zyklen / Katastrophen der Natur!" Brecht 2017, S. 52.

Welt des Zufalls setzt Marx dann einen nicht-entfremdeten Gesellschaftszustand entgegen, der sich als Übergang zu einer „neue[n] Productionsweise" begreift, in der die verselbstständigten Produktionsmittel unter die „gemeinsame Controlle" der „associirten Producenten" subsumiert werden, so dass sich der „gesellschaftliche Lebensprozess" als „Produkt frei vergesellschafteter Menschen unter deren bewußter planmäßiger Controle" zu vollziehen vermag.[1530]

Mit der Kompromittierung der „Gesellschaft der freien Concurrenz" als historisch spezifische Gesellschaftsformation, die ihre Grundlage in einer arbeitsteilig vermittelten und systemimmanent sich reproduzierenden sozialen Ungleichheit findet, ist in der *Kritik der politischen Ökonomie* die Brücke zur *Kritik des Rechts* geschlagen.[1531] Neben den Ausführungen zum Recht, die sich in den ökonomischen Schriften finden, wird Marx im Zuge der sich 1864 konstituierenden *Internationalen Arbeiterassoziation* und der in Deutschland sich entwickelnden *Sozialdemokratie* zudem seine politische Arbeit wieder aufnehmen und in diesem Kontext verschiedene Texte und Abhandlungen abfassen, deren Darlegungen zum Bereich des Rechts die grundlegenden Ausführungen der ökonomischen Schriften ergänzen.[1532] Diesen Ausführungen zu-

---

1530 MEGA² II/1.2, 438; MEGA² II/4.2, 331; MEGA² II/5, 48; MEGA² II/15, 795. Die Argumentation in der *Kritik der politischen Ökonomie* folgt somit dem Entfremdungsparadigma der *Deutschen Ideologie*, im Rahmen dessen Marx bereits die Verfestigung der Arbeitsprodukte zu einer den Menschen entgegengesetzten sachlichen Macht und die Unterwerfung unter die Anarchie des Weltmarktes herausgestellt hatte (s. S. 157). Zudem hält er auch am *positiven Kern* des Paradigmas fest, der *persönlichen Freiheit*, die der zufallsbelasteten Fremdbestimmung sachlicher Abhängigkeitsverhältnisse diametral entgegengesetzt ist (s. S. 166f.; s. Fn. 989, 992, 1075). Vielmehr fuße die Entwicklung des „freie[n] gesellschaftliche[n] Individuum[s]" (MEGA² II/1.1, 126) auf einer Selbstbestimmung auf, die einen *bewussten* Bezug zur Gestaltung seiner gesellschaftlichen Produktion voraussetzt. In der *Kritik der politischen Ökonomie* steht daher der Verwirklichungsrahmen der Selbstbestimmung im Vordergrund, die *soziale Freiheit*, die Marx neben den *materiellen Bedingungen* für eine allgemeine „Entwicklung [...] reiche[r] Individualität" (MEGA² II/1.1, 241) nun um die *zeitlichen Bedingungen* des gesellschaftlichen Produktionsprozesses ergänzt, d.h. der Möglichkeit, überhaupt erst hinreichend „disponible Zeit" (MEGA² II/1.1, 308) für die Selbstbestimmung der „gesellschaftliche[n] Einzelne[n]" (MEGA² II/1.2, 698) zu gewährleisten (s. *Kap.* 7.2). Dass es die *Freiheit* ist, die den normativen Bezugspunkt der Ökonomiekritik bildet, betonen auch Arndt („Begriff der individuellen Freiheit") und Jaeggi („positive Freiheit"). Vgl. Jaeggi 2005, S. 53; Arndt 2018, S. 19; s. a. Vincent 2008, S. 59. Dagegen beispielsweise Heinrich, aus dessen Sicht es sich bei der Entfremdung im *Kapital* um eine Entfremdung sui generis handle, die völlig losgelöst von dem Entfremdungsdenken der früheren Schriften zu betrachten sei und somit auch keine Anbindung an deren „normative[s] Fundament" mehr erlaube. Vgl. Heinrich 2005, S. 20, 70 Fn. 19; Ders. 2011, S. 380. Tatsächlich wird das Entfremdungsparadigma so aber nur auf seine *negative Seite* reduziert, der „Verselbständigung der gesellschaftlichen Verhältnisse" (Ders. 2016, S. 82), ohne die ebenfalls darin enthaltene „positive Aufhebung" (Marcuse 2004b, S. 280) zu erfassen, deren Grundlage eben jener normative Kern der *persönlichen Freiheit* bildet (s. S. 157f., 184).

1531 MEGA² II/1.1, 89.

1532 Vgl. Celikates / Loick 2016, S. 136. Die 1864 unter Mitwirkung Marxens aus der Taufe gehobene Arbeiterassoziation, auch *Erste Internationale*, wirkte bis in die 1870er fort, bevor die bereits zu Beginn einsetzenden Richtungskämpfe und Positionsstreitigkeiten ihren sukzessiven Niedergang einleiten sollten. *Marx an Friedrich Bolte*, 23.11.1871, MEW 33, 328. Tätig wurde Marx hier vor allem im *Generalrat* der Assoziation, der als eine Art „Geschäftsstelle" über die Einhaltung der Statuten durch die Mitfolge sind es die aus der bürgerlichen Produktionsweise herrührenden *Eigentumsverhältnisse*, die als „empirisches Auseinander der Welt der endlichen Interessen" den „Boden der modernen bürgerlichen Gesellschaft" bilden und somit zugleich die materielle Grundlage des „‚heutige[n] Staatswesen[s]'" liefern, d. h. der „Ausschüsse zur Verwaltung oder Handhabung der gemeinschaftlichen Interessen der productiven Bourgeois[ie]".[1533] Ausdruck finde diese Interessensverwaltung dann im *positiven Recht* des Gemeinwesens, das sich in der bürgerlichen Gesellschaft in einer spezifisch *abstrakten Form* durchsetze.[1534] Diese *abstrakte Form* des bürgerlichen Rechts ermögliche zuallererst eine Lösung vom *wirklichen Inhalt* der gesellschaftlichen Beziehungen, die die Individuen im Rahmen der kapitalistischen Produktionsweise beständig einzugehen gezwungen sind.[1535] So werde letztlich jene Rechtsordnung geschaffen, die die Individuen auf ihre Funktion in der Zirkulationsbewegung des Austauschs reduziere und sie einzig noch als *Rechtspersonen* begreife, d. h. als Personen, die sich trotz ihrer systematischen Ungleichheit als Freie und Gleiche gegen-

---

gliedsverbände sowie deren einheitliche politische Zielsetzung wachte. Vgl. Schmidt 2018, S. 194. Neben dem Engagement in der Assoziation richtete sich das politische Augenmerk Marxens zu dieser Zeit vor allem auf die sich in Deutschland formierende Sozialdemokratie, deren theoretische Ausrichtung er kritisch begleitete. Die verschiedenen im Kontext der politischen Arbeit verfassten und zum Teil unveröffentlicht gebliebenen Texte erstrecken sich über die Zeitspanne von 1864 bis zum Ende der 1870er Jahre. Im Wesentlichen liegen sie in der MEGA vor (Bde. I/20–I/22, I/24 und I/25). Die Lücke des noch nicht erschienenen Bandes I/23 wird durch den Rückgriff auf die MEW kompensiert (Bd. 18).
1533 *Kritik des Gothaer Programms*, MEGA² I/25, 3–25, hier: 21; MEGA² II/3.2, 617; *Marx an Friedrich Engels*, 13.11.1857, MEGA² III/8, 193. Es ist die Scheidung zwischen den „sachlichen Produktionsbedingungen" (MEGA² II/25, 15) des Kapitals und Grundeigentums sowie der „persönlichen Produktionsbedingung" (MEGA² II/25, 15) der Arbeitskraft, die als Konstituens der Produktionsweise nicht nur die Distribution der gesellschaftlichen Konsumtionsmittel bestimmt, sondern auch die fortwährende Konzentration des materiellen Wohlstands auf nur „Wenige" (MEGA² II/15, 431) gewährleistet. MEGA² I/25, 15; s. S. 265 f.; s. Fn. 1515. Die sich hierdurch ergebende soziale Disparität fungiert dann als interessenleitendes Moment in der politischen Sphäre des Gemeinwesens und bestimmt somit auch das Wirken des Staats (s. Fn. 1495). Dies wird deutlich, wenn Marx von den „politischen Privilegien" der Kapitalisten und Grundeigentümer spricht, die diese nur zur „Vertheidigung und zur Verewigung ihrer ökonomischen Monopole" nutzen würden. MEGA² I/20, 24; s. Fn 1483. Ähnlich in einem Interview für eine amerikanische Tageszeitung: „Rings and cliques have seized upon the legislature, and politics have been made a trade." *Account of an Interview with Karl Marx*, The Chicago Tribune Nr. 6, 5.1.1879, MEGA² I/25, 429–437, hier: 433.
1534 MEGA² II/5, 52; MEGA² I/25, 12, s. Fn. 1496. Es ist dies eine dem ökonomischen Fetischismus korrespondierende Form des Rechts, die auf der Ebene der freien Konkurrenz verharrt, d. h. jener von den Existenzbedingungen der Individuen abstrahierenden „Bewegung dieser verkehrten Welt" (MEGA² II/3.4, 1511), der die „Theorie der capitalistischen Productionsweise (die Politische Oekonomie, Rechtsphilosophie u. s. w.)" (MEGA² II/4.1, 134) aufgrund ihrer systematischen *Vergessenheit* anheim falle. MEGA² II/1.1, 96, 171; MEGA² I/25, 19; s. S. 259, 261 f. So ist es auch kein Zufall, dass Marx im Zusammenhang mit der mangelnden Erfassung der eigenen Voraussetzungen durch die politische Ökonomie auf jene „Eigenthümlichkeit [...] im Sinn der historischen Rechtsschule" verweist, die „eigne Geschichte beständig zu vergessen". MEGA² II/2, 227; s. S. 21, 66 f., 69 f., 82 f., 154 f., 158 f., 162 f.
1535 MEGA² II/15, 331 f.; MEW 19, 377; vgl. Arndt 2015, S. 98.

überzustehen vermögen.[1536] Verdeutlicht wird dies in den Schriften dieser Zeit durch Marx anhand der Betrachtungen des *Privatrechts*, des *Strafrechts* und der englischen *Fabrikgesetzgebung*.

Einen Schwerpunkt der Betrachtungen des Privatrechts bildet das *Privateigentum an Grund- und Boden,* welches bereits zuvor Gegenstand der rechtlichen Auseinandersetzungen Marxens war und das er nun als Form der Legitimierung eines „ursprünglich der Gewalt entstammenden Besitzrechtes" darlegt, „dem Faktum der Eroberung".[1537] Quintessenz der Erörterungen ist es dann, dass diese „sogenannten ‚Rechte' des Eigentums" in der bürgerlichen Gesellschaft zwar in der *Form* allgemeiner Gültigkeit auftreten, sich aber in der *gesellschaftlichen Praxis* doch nur wieder als „Naturrecht der wenigen" erweisen, d.h. der herrschenden Klassen.[1538] Ähnlich gelagert ist auch die Auseinandersetzung mit dem *Erbrecht*, welches Marx nur als „juridical consequence of the existing economical organization of society" begreift, d.h. als Recht, das letztlich der „Befestigung" der sich aus der gesellschaftlichen Produktion ergebenden Eigentumsverhältnisse über ihre „natürliche Lebensgrenze hinaus" dient.[1539]

[1536] s. S. 162f., 261–266. Erst das abstrakte bürgerliche Recht eröffne daher die Möglichkeit, dass die modernen „Rechtsvorstellungen" (MEGA² II/5, 437) und „Freiheitsillusionen" (MEGA² II/5, 437) *neben* der Ausbeutung aufblühen können und sich die Aneignungsweise fremden Eigentums in die *Ideologie der Aneignung von Eigentum durch Arbeit* zu verkehren imstande ist. MEGA² II/4.1, 135; MEGA² II/5, 437.

[1537] *Über die Nationalisierung des Grund- und Bodens*, MEW 18, 59–62, hier: 59. Bei der Verbindung des Bildes eines gewaltsamen Raubs und der anschließenden rechtlichen Legitimierung hat Marx ganz augenscheinlich den großangelegten Landvertreibungsprozess vor Augen, den er bereits in seinen journalistischen Arbeiten aufgegriffen hatte und der auch einen nicht unwesentlichen Gegenstand der Darstellungen zur *ursprünglichen Akkumulation* bildet (s. S. 227, 265). Die gewaltsame Aneignung des ursprünglichen Gemeindelandes und die daran anschließende Transformation in modernes Privateigentum hatte er bereits dort als *Raub* gebranntmarkt (s. Fn. 1318).

[1538] MEW 18, 59. Schon in der *Menschenrechtskritik* der *Jahrbücher* wurde dem Recht des *Privateigentums* der Status eines ewigen Naturrechts entrissen und es als bloßes Recht des Mitglieds der bürgerlichen Gesellschaft identifiziert (s. S. 125). Die Figur der Rechtfertigung eines faktischen Besitzverhältnisses durch eine hinzutretende rechtliche Legtimierung durfte Marx aus der Auseinandersetzung zum Besitzrecht bekannt sein, die sich zwischen Savigny und Gans zugetragen hatte (s. S. 19f., 54f.). Eine rechtliche Begründbarkeit des Privateigentums an Grund und Boden hatte er in diesem Zusammenhang immer wieder angezweifelt bzw. verworfen. (s. S. 119, 148; s. Fn. 1015).

[1539] MEGA² II/1.1, 170; MEGA² II/2, 59; *Report of the General Council of the International Working Men's Association on the right of inheritance*, MEGA² I/21, 132–133, hier: 132. Die der Produktionsweise eigentümlichen Voraussetzungen werden durch das Erbrecht insoweit nur weiter potenziert und verlängert, nicht aber eigens hierdurch geschaffen: „Inheritance does not create that power of transferring the produce of one man's labour into another man's pocket – it only relates to the change in individuals who yield that power." MEGA² I/21, 132. Aus der Sicht Marxens ist es demnach nur die *Forterhaltung* der über das Eigentum, d.h. „private property in the means of production; that is to say, in land, raw material, machinery, &c.", vermittelten Bestimmtheit der sozialen Verhältnisse. MEGA² I/21, 132. Schon in der *Kritik der Hegelschen Rechtsphilosophie* hatte er sich kritisch mit dem feudalen Rechtsinstitut des *Majorats* auseinandergesetzt, in dem materielles Eigentum und soziale Machtstellung in eins fallen (s. S. 116f.).

Auf dem Feld des *Strafrechts* greift Marx zum einen die Auseinandersetzungen zwischen den englischen Fabrikbesitzern und Arbeitern auf, die die „englische Jurisdiktion" als „stets getreue[n] Knecht des Kapitals" erweisen und so doch nur wieder die Nutzung des Strafrechts zur Absicherung und Verteidigung der bestehenden Gesellschaftsverhältnisse dokumentieren.[1540] Zum anderen setzt er sich mit dem repressiven Vorgehen der preußischen Institutionen gegen die deutschen Sozialdemokratie auseinander, das sich im Zuge des Deutsch-Französischen Kriegs und der Attentatsversuche auf den Kaiser einstellte.[1541] In den Versuchen, dabei eine Nähe zwischen der Lehre der Sozialdemokratie und radikaleren Positionen der Arbeiterbewegung zu konstruieren, erblickt Marx dann nur jene „gendarme proceedings" wieder, denen er im Umgang mit der preußischen Justiz bereits zuvor begegnet war und die in seinen Augen daher auch nur als Ausdruck eines reaktionären Vorgehens der preußischen Monarchie zu betrachten seien, welches sich gegen eine „gesetzlich unangreifbare Entwicklung" richte.[1542] Maßgeblich bestimmt durch die Eigentumsinteressen der herrschenden Klassen und die Aufrechterhaltung ihrer in die ökonomischen Verhältnisse eingebetteten sozialen Lebensbedingungen verbleiben die ge-

---

1540 MEGA² II/5, 236 Fn. 184; s. S. 163 f., 238–240. Im *Kapital* führt Marx einen Fall der Doppelbestrafung eines Arbeiters an, der wegen vorgeblichen Vertragsbruchs zweimal in Folge bestraft worden sei. Dieses Urteil eines der „höchsten Gerichtshöfe" Englands sei selbst innerhalb der Zunft als „juristische Ungeheuerlichkeit" aufgenommen worden, da es die Menschen der Möglichkeit aussetze, ihr ganzes Leben hindurch „periodisch für dasselbe identische Vergehn, resp. Verbrechen, wieder und wieder bestraft" zu werden. MEGA² II/5, 349 Fn. 190. Gegen das Verbot der Doppelbestrafung war Marx bereits bei der Verurteilung Lassalles eingetreten (s. Fn. 1210). Ein weiterer Fall betrifft den Streik mehrerer Dampfstuhlweberinnen einer Tuchfabrik aufgrund der willkürlichen Erhebung und Unverhältnismäßigkeit der Strafen für Verspätungen. Das Gericht verurteilte die Weberinnen wegen Vertragsbruchs, ließ die Strafpraxis des Fabrikbesitzers jedoch bestehen. MEGA² II/5, 349 Fn. 190. Auch die Strafkataloge der Fabrikordnungen waren bereits mehrfach Gegenstand Marx'scher Betrachtungen (s. S. 233 f.; s. Fn. 1067.).
1541 1872 erhob die preußische Justiz *Hochverratsanklagen* gegen August Bebel und Wilhelm Liebknecht veranlasst durch ihren Protest gegen die Annexion Elsass-Lothringens sowie gegen Mitglieder des Braunschweiger Ausschusses der Sozialdemokratischen Arbeiterpartei aufgrund ihrer Kritik am militärischen Vorgehen gegen Frankreich. In beiden Fällen wurden Freiheitsstrafen in verschiedener Höhe verhängt. Mit dem *Gesetz gegen die gemeingefährlichen Bestrebungen der Sozialdemokratie*, das 1878 erlassen und als *Sozialistengesetz* bekannt wurde, verfolgte die preußische Regierung letztlich ein faktisches Verbot der Aktivitäten der sozialistisch ausgerichteten Teile der Arbeiterbewegung.
1542 *The freedom of the press and the debate in Germany. To the Editor on the „Daily News",* The Daily News Nr. 7714, 19.1.1871, MEGA² I/21, 501 f.; *Konzept eines Artikels zur Debatte über das Sozialistengesetz im Deutschen Reichstag*, MEGA² I/25, 159–168, hier: 160 f., 167; *Offizieller Bericht des Londoner Generalrats, verlesen in öffentlicher Sitzung des Internationalen Kongresses zu Haag*, Der Volksstaat Nr. 75, 18.9.1872, MEW 18, 129–137, hier: 134. Die Argumentation bewegt sich daher in der Nähe zur Kritiklinie der Tendenzgesetzgebung und dem Vorgehen der Regierungen gegen die Revolutionen von 1848 (s. S. 75 f., 104, 204–207, 237 f., 243). „Probatum est. Mettre hors la loi, war von jeher das unfehlbare Mittel, um regierungswidrige Bewegungen ‚gesetzwidrig' zu machen und die Regierung vor dem Gesetz – la légalité nous tue – zu schützen." *Marx an Friedrich Engels*, 17.9.1878, MEW 34, 77 f. Anders ausgedrückt: „Es ist eine alte Geschichte, doch bleibt sie ewig neu." MEGA² I/25, 167.

setzlichen Regelungen des bürgerlichen „,Rechtsstaat ⁅s]" somit ihrem Inhalt nach dann auch nur wieder als das überkommene „Recht des Stärkeren", wenn auch „unter andrer Form".[1543]

Eine Sonderstellung in der Betrachtung des Rechts nimmt die englische *Fabrikgesetzgebung* ein, die aus der Sicht Marxens unmittelbar aus der Entwicklung der großen Industrie folge und als notwendiges „physisches und geistiges Schutzmittel der Arbeiterklasse" nur den „tollsten Ungeheuerlichkeiten der kapitalistischen Exploitation" entgegenwirke.[1544] Über diesen aus dem „freie[n] Spiel" der Produktionsweise folgenden Charakter eines notwendigen „Zwangsgesetz[es]" hinausweisend, stelle sie jedoch zugleich die „erste bewußte und planmäßige Rückwirkung der Gesellschaft auf die naturwüchsige Gestalt ihres Produktionsprozesses" dar, die der Arbeiterklasse überhaupt erst den notwendigen „ellbowroom zur Entwicklung" verschaffe und somit die Grundlage für ihre Konstituierung als „politcial movement" liefere.[1545] Erst als eine solche Bewegung erhalte sie die Möglichkeit, die „[p]olitische Macht" zu erobern, um auf diese Voraussetzung gestützt jene „economcial reconstruction of society" in Gang zu setzen, die für eine „soziale Emanzipation" unabdingbar sei, die die naturwüchsige Gestalt des Produktionsprozesses und die mit ihm verbundene Form der *Unfreiheit* zu überwinden trachtet.[1546]

[1543] MEGA² II/1.1, 25. Demnach ist es auch kein Zufall, dass Marx das fetischisierte Kapital im Kontext des Rechts mit der Stimme *Shylocks* sprechen lässt: „Meine Thaten auf mein Haupt! Mein Recht verlang' ich! Die Buße und Verpfändung meines Scheins!" Shakespeare, *Der Kaufmann von Venedig*, IV. Aufzug, 1. Szene, ShSW 1, 443; MEGA² II/5, 228. Zur Charakterisierung der *Hartherzigkeit* des bürgerlichen Rechtsverständnisses hatte Marx bereits in den Artikeln der *Rheinischen Zeitung* wiederholt auf diese Figur zurückgegriffen (s. Fn. 541, 545, 829). Wesentliche Änderungen in Bezug auf die sozialen Verhältnisse seien von *diesem* Recht und ihren Bezugsnormen daher nicht zu erwarten (s. S. 183).
[1544] MEGA² II/3.1, 162; MEGA² II/5, 241, 402, 405 f.
[1545] MEGA² II/5, 393, 402; *Marx an Ludwig Kugelmann*, 17.3.1868, MEW 32, 541; *Marx an Friedrich Bolte*, 23.11.1871, MEW 33, 332. Die Betrachtung der Gesetzgebung baut demnach auf der wissenschaftlichen Erfassung der gesellschaftlichen Grundlagen auf, der *Kritik der politischen Ökonomie*: „Ohne Einsicht in die Natur des Werts haben die Entwicklungen über Arbeitstag etc., kurz die Fabrikgesetze, keine Basis." *Marx an Victor Schily*, 30.11.1867, MEW 31, 573. Insoweit begreift Marx die Verkürzung des Arbeitstags sowie die Einführung einer allgemeinen Unterrichtspflicht als jenen *Appell* an das Recht, der zugleich den ersten Schritt zur Durchsetzung einer „Controle [der] sociale[n] Production" (MEGA² I/20, 23 f.) beinhalte. MEGA² II/5, 241; MEGA² I/20, 23 f.; s. S. 164, 174, 234.
[1546] MEGA² I/20, 25; *Value, price and profit*, MEGA² I/20, 141–186, hier: 186; *Rede über den Haager Kongreß*, La Liberte Nr. 37, 15.9.1872, MEW 18, 159–161, hier: 160; *Marx an Ludwig Kugelmann*, 29.11. 1869, MEW 32, 638. „Wenn die Fabrikgesetzgebung als erste, dem Kapital nothdürftig abgerungene Koncession nur Elementarunterricht mit fabrikmäßiger Arbeit verbindet, unterliegt es keinem Zweifel, daß die unvermeidliche Eroberung der politischen Gewalt durch die Arbeiterklasse auch dem technologischen Unterricht, theoretisch und praktisch, seinen Platz in den Arbeiterschulen erobern wird. Es unterliegt ebenso wenig einem Zweifel, daß die kapitalistische Form der Produktion und die ihr entsprechenden ökonomischen Arbeitsverhältnisse im diametralsten Widerspruch stehn mit solchen Umwälzungsfermenten und ihrem Ziel, der Aufhebung der alten Theilung der Arbeit." MEGA² II/5, 400. Dabei hält Marx an der Schlüsselstellung der englischen Arbeiterklasse zur Durchführung der „révo-

Zusammenfassend ergibt sich das Bild eines bürgerlichen Rechts, das auf dem Boden sozialer Ungleichheit aufruht und sich ausschließlich *innerhalb* der Bedingungen der kapitalistischen Produktionsweise bewegt, d. h. einem Dasein nur „formelle[r] Freiheit" gleichsteht, das sich in letzter Konsequenz als *wirkliche Unfreiheit* entpuppt.[1547] Erst mit der Verwirklichung der *sozialen Freiheit* durch die Einsicht in die „innere Natur des Kapitals" und der damit verbundenen Unterwerfung des „Stoffwechsel[s] mit der Natur" unter die „gemeinschaftliche Kontrolle" der „associirten Producenten" wird der materielle Boden geschaffen, um hierauf eine *rechtliche Freiheit* realisieren zu können, die das Recht nicht bloß auf seinen formellen Charakter beschränkt, sondern zuallererst den Raum für ein *Recht* als Dasein *wirklicher Freiheit* eröffnet.[1548]

7.2 Der „Verein freier Menschen" und die „Ökonomie der Zeit"

Neben der in den Entfremdungsrahmen einer formalen Freiheit und einer mit reeller Unfreiheit einhergehenden sachlichen Abhängigkeit eingelassenen *Kritik des Rechts* enthalten die Schriften dieses Werkstadiums aber auch *positive Ausführungen* zu einer Überwindung dieser naturwüchsigen Formation der bürgerlichen Gesellschaft sowie zur politischen Gestalt und der Rechtsform eines alternativen Gemeinwesens, welches das Versprechen einer *umfassenden Realisierung* von Freiheit mit sich führt.[1549]

---

lution prolétaire" fest: *Circulaire du Conseil Général de l'Association Internationale des Travailleurs au Conseil Fédéral de la Suisse Romande du 1 janvier 1870*, MEGA² I/21, 159–165, hier: 161.
1547 MEGA² II/1.1, 172; MEGA² II/1.2, 534, 537; MEGA² II/3.6, 2025. Obschon Marx dies nicht explizit formuliert, entspricht die von ihren ökonomischen Voraussetzungen abstrahierende formelle Freiheit somit jener Fokussierung auf das „clair obscur der Emancipation des Arbeiters", welches die Transformation „der feudalen in die kapitalistische Exploitationsweise" vollkommen auszublenden vermocht hat. MEGA² II/5, 576; s. S. 124. Die sich im Schatten der bürgerlichen Freiheit vollziehende *sachliche Abhängigkeit* bedingt so eine sich dem Zufall ausliefernde Fremdbestimmtheit, die die Individuen „sich nicht frei zu den Bedingungen ihres Handelns und ihrer Existenz verhalten" lässt. Vgl. Arndt 2018, S. 19; s. S. 268–270. „Die Wahrheit dieser Form der Freiheit ist deshalb ihre Negation." Marcuse 2004b, S. 272.
1548 MEGA² II/5, 255; MEGA² II/15, 795. Zwar bedeutet die Lösung aus den persönlichen Abhängigkeitsverhältnissen und der Übergang zum abstrakten bürgerlichen Recht auch für Marx einen „Zuwachs an Freiheit" (Arndt 2018, S. 19) im „geschichtlichen Progress" (MEGA² II/1.2, 481), ohne dass hiermit aber bereits die „absolute Daseinsform der freien Individualität" (MEGA² II/1.2, 533) erreicht wäre, die eine individuelle Selbstbestimmung und -verwirklichung einschließt, die als „überschießendes Moment über den Rahmen der spezifischen bürgerlichen Rechtsordnung" (Arndt 2017, S. 47) hinausweist. MEGA² II/1.1, 167; MEGA² II/4.1, 99; vgl. Arndt 2017, S. 46 f.; Ders. 2018, S. 19; s. S. 108 f., 132 f., 166 f.; s. Fn. 992, 1496, 1530.
1549 Enthalten sind Ausführungen in diesem Sinne sowohl in den ökonomischen Texten als auch in den politischen Schriften dieser Zeit. Insbesondere sind es jedoch die Publikationen *Der Bürgerkieg in Frankreich* (MEGA² I/22, 183–226), in dem sich Marx mit den Entwicklungen um die Pariser Kommune von 1871 auseinandersetzt, sowie die *Kritik des Gothaer Programms* (MEGA² I/25, 3–25), die eine kri-

Wenngleich die über die verschiedenen Schriften verstreuten Aussagen die *systematische Lücke* nicht kompensieren können, die das Fehlen einer originären Theorie zu Staat und Recht im Werk hinterlassen hat und die Marx im Rahmen seines ursprünglichen „Sechs-Bücher-Plans" selbst hat vermeiden wollen, vermögen sie in ihrem Zusammenhang betrachtet doch den Blick für jene Verknüpfung von *Recht und Freiheit* offenzulegen, die er im Ausgang von Hegel und Gans beständig zu verfolgen begonnen hatte.[1550] Ausdruck findet dies in der Forderung nach einer Veränderung der ökonomischen Grundlagen der Gesellschaft, die Marx mit dem Übergang zum Konzept einer „Oekonomie der Zeit" zu vollziehen beabsichtigt und die begleitet wird durch eine ihm entsprechende politische Form, den „Verein freier Menschen".[1551]

Mit der Entwicklung der Produktivkräfte im „Schoß der capitalistischen Gesellschaft" reift in den Augen Marxens zugleich die Möglichkeit des Übergangs zu einer „neue[n] Productionsweise" heran, die auf einer „Aneignung" des gesellschaftlichen „Reichthums" aufbaut, die ihre Voraussetzungen gerade nicht in der Ausbeutung zu Lasten einer Klasse von Individuen findet.[1552] Diese „materielle Basis einer freien menschlichen Gesellschaft" bedinge dann jedoch die Überführung der Produktionsmittel aus der „Privatmacht der Privatperson" in das „gemeinsame Vermögen" der

---

tische Betrachtung des Programms der deutschen Sozialdemokratie beinhaltet, die hierbei zu berücksichtigen sind.

1550 Vgl. Arndt 2012, S. 162, 212; Vollgraf 2015, S. 7. Der sogenannte „Sechs-Bücher-Plan" beschreibt die von Marx ursprünglich intendierte Publikationsabsicht, neben den Untersuchungen zur Ökonomie auch Bücher über den *Staat,* den internationalen Handel und den Weltmarkt zu verfassen. Bekräftigt hatte er diesen Plan in Briefen an Lassalle und Engels, daneben finden sich ähnlich gelagerte Ausführungen aber auch in den unveröffentlicht gebliebenen *Grundrissen* sowie in der publizierten Schrift *Zur Kritik der politischen Ökonomie.* MEGA² II/1.1, 43, 187; MEGA² II/2, 99; *Marx an Ferdinand Lassalle,* 23.2.1858, MEGA² IIII/9, 73; *Marx an Friedrich Engels,* 2.4.1858, MEGA² IIII/9, 122. In der Forschung ist es allerdings kontrovers, ob Marx an diesem Veröffentlichungsplan auch in der Folgezeit festgehalten hat und somit eine originäre Auseinandersetzung mit dem Bereich des Staats beabsichtigte, oder ob er diesen Plan dann durch das alternative Projekt eines auf vier Bände ausgelegten *Kapitals* ersetzte. Letzteres wäre dann gleichbedeutend mit einer Preisgabe der systematischen Beschäftigung mit Staat und Recht. Vgl. Heinrich 2011, S. 180; Ders. 2016, S. 96; Vollgraf 2015, S. 7–10. Während sich beispielsweise Arndt für eine wesentliche Fortführung des ursprünglichen Plans ausspricht, vertreten u. a. Heinrich und Vollgraf die Position einer Ersetzung. Vgl. Arndt 2012, S. 161 f.; Heinrich 2013, S. 136 f.; Vollgraf 2015, S. 10 f., 21. Obschon im Zuge der Ausarbeitung der *Kritik der politischen Ökonomie* Perspektivverschiebungen und Akzentuierungswechsel im theoretischen Konzept Marxens zu konstatieren sind, verbleibt das grundlegende Interesse am Recht ungebrochen (s. *Kap.* 7.1). Insbesondere bei einer Betrachtung im Kontext der bislang erfolgten Rekonstruktion des Rechtsdenkens wirkt eine vollständige Preisgabe der ursprünglichen Absicht daher wenig plausibel. Ungeachtet der Modifikationen des ursprünglichen Plans hinsichtlich des Aufbaus der Ökonomiekritik im engeren Sinne, entspräche es vielmehr einer werksarchitektonischen Stringenz zumindest an der Auseinandersetzung mit dem *Staat* und insbesondere der genauen Darlegung des dabei zu berücksichtigenden „Uebergreifen[s] der bürgerlichen Gesellschaft" (MEGA² II/1.1, 187) auf diesen festzuhalten.

1551 MEGA² II/1.1, 104; MEGA² II/5, 45.

1552 MEGA² II/1.2, 438, 699; MEGA² II/3.4, 1248 f.; MEGA² II/5, 520; MEGA² II/15, 794; *The Civil War in France (First Draft),* MEGA² I/22, 17–81, hier: 59; MEGA² I/25, 15 f.

"associirten Producenten", um sie so der Kontrolle und dem „gemeinsamen und rationellen Plan bewußt tätiger Produzenten" zu unterwerfen.[1553] Nur auf der Grundlage dieser Bedingungen werde dann jene Gleichheit erreicht, die Marx zuvor als *soziale Freiheit* begriffen hatte und die eine „universelle Entwicklung der Individuen" zu einer wirklich „[f]reie[n] Individualität" im Sinne der *persönlichen Freiheit* überhaupt erst ermögliche.[1554] Zum zentralen Aspekt einer Produktionsweise, die sich aus der Sachherrschaft des Privateigentums gelöst hat und die „das freie gesellschaftliche Individuum" zu ihrem Ausgangspunkt erklärt, avanciert dann die „Zeitbestimmung" zum wesentlichen Moment der Ökonomie, d.h. die Bestimmung des Verhältnisses zwischen der im Rahmen des gesellschaftlichen Stoffwechselprozesses mit der Natur notwendigen Arbeitszeit und der Zeit für die „freie Bewegung" als „Entwicklung der reichen Individualität".[1555]

Dieser Bruch mit der perennierenden „Verwertungslogik" des Kapitals markiert dann den Übergang zu der gesellschaftlichen Produktion, die Marx als „Oekonomie der Zeit" definiert. Gemeint ist damit eine den „Gesamtbedürfnissen gemässe Production" der Gesellschaft, deren Maßstab die planmäßige Distribution der hierzu notwendigen Arbeitszeit darstellt, um den „wirklichen Reichthum" egalitär verteilen zu können, die außerhalb der unmittelbaren Produktion liegende „disposable time".[1556] Unter diesem Gesichtspunkt betrachtet Marx die moderne bürgerliche Produktion dann als eine Produktionsweise, in der sich das Verhältnis zwischen individueller Arbeitszeit und der *disposable time* insoweit ungleich gestaltet, als es auf der einen Seite fortwährend „Surplusarbeitszeit der Masse" erzeugt und auf der anderen „freie Zeit für einige", d.h. „reinen Müssiggang eines Theils der Gesellschaft" ermöglicht.[1557]. Demgegenüber zeichne sich die Produktionsweise der assozierten Pro-

---

[1553] MEGA² II/1.1, 91 f.; MEGA² II/4.1, 65; MEGA² II/5, 90, 690 f.; MEGA² II/15, 123, 431, 794 f.; MEW 18, 62; s. Fn. 1537.
[1554] MEGA² II/1.1, 91; s. Fn. 992, 1530.
[1555] MEGA² II/1.1, 103, 126, 241; MEGA² II/1.2, 589; vgl. Arndt 2008, S. 113; Ders. 2015, S. 99. Unter der *persönlichen Freiheit* hatte Marx den Freiraum individueller Selbstbestimmung begriffen, der einer Beherrschung durch die persönliche Willkür oder dem Zufall sachlicher Verhältnisse unmittelbar entgegensteht (s. Fn. 989, 992). In der *Kritik der politischen Ökonomie* wird die Selbstbestimmung des Individuums dann deutlicher als zuvor um das Moment einer „Selbstverwirklichung" (MEGA² II/1.2, 499) ergänzt, welches vor allem die Möglichkeit der Entwicklung individueller Anlagen und Fähigkeiten umfasst. MEGA² II/1.1, 103, 241; MEGA² II/1.2, 582, 589.
[1556] MEGA² II/1.1, 103 f.; MEGA² II/1.2, 581 f.; *Der Bürgerkrieg in Frankreich. Adresse des Generalrats der Internationalen Arbeiterassoziation an alle Mitglieder in Europa und den Vereinigten Staaten*, MEGA² I/22, 183–226, hier: 205; Arndt 2008, S. 113.
[1557] MEGA² II/1.1, 308, 584; MEGA² II/3.1, 167; MEGA² II/4.2, 837. Demnach ist es der „Diebstahl an fremder Arbeitszeit" (MEGA² II/1.2, 581), der die Basis dieser Produktionsweise ausmacht, denn die gesamte freie Zeit wird durch den Kapitalisten „usurpirt" (MEGA² II/1.2, 519) und die gesamte *Lebenszeit* des Arbeiters in Arbeitszeit verwandelt, so dass er nur noch als „beast of burthen" (MEGA² I/20, 180) zu existieren vermag, statt als freies Individuum leben zu können. MEGA² II/5, 520. Unter der Perspektive der *Ökonomie der Zeit* entfaltet sich so ein Bild, dass pointiert in Michael Endes Roman *Momo* zum Ausdruck gebracht wird. Ähnlich dem Treiben in der kapitalistischen Zirkulation sind es

duzenten zum einen dadurch aus, dass die *disposable time* tatsächlich *allen* Individuen zugute komme, und zum anderen, dass auf der Grundlage des bereits erreichten Entwicklungsgrads der Produktivkräfte eine möglichst umfangreiche *Reduktion* der individuellen Arbeitszeit zugunsten dieser frei verfügbaren Zeit bewirkt werden soll.[1558] Orientiert an den Tendenzen und Potenzialen, die sich bereits innerhalb der „alten Form" gesellschaftlicher Produktion Bahn brechen, erblickt Marx insbesondere in der aufkommenden *Kooperativbewegung* Englands eine Gestalt der „genossenschaftliche[n] Produktion", die aufbauend auf dem Gemeineigentum an den sachlichen Produktionsbedingungen die Grundlage für eine Anwendung der modernen Wissenschaft auf die Landbearbeitung und die gesteigerte Maschinisierung der industriellen Produktion liefert und es so ermöglicht, dass „die Arbeit, wo der Mensch in ihr thut, was er Sachen für sich thun lassen kann" in zunehmenden Grade aufhört notwendig zu sein.[1559] Ziel sei es daher, die Arbeitszeit so weit wie *möglich* zu redu-

---

hier die „grauen Herren", die die Zeit der Menschen stehlen, in dem sie sie dazu verführen, ihre gesamte Lebenszeit nur noch auf Arbeitszeit zu reduzieren und die überschüssige Zeit dann bei der „Zeit-Spar-Kasse" anzulegen. Kraft dieser eingesparten Zeit, die sich die „Zeit-Diebe" aneignen und deren Umfang beständig erweitert werden muss, fristen sie ihr Dasein. Vgl. Ende 2015, S. 45, 66, 74 f., 108, 178. Gleich dem Kapital stellen sie daher nur *fetischisierte Formen* des menschlichen Zusammenlebens selbst dar, die aus der Gesellschaft hervorgebracht werden und deren Herrschaft sich die Menschen in ihrem täglichen Dasein dann aus eigenem Antrieb unterwerfen. Vgl. ebd., S. 171, 272. Ohne die fortbestehende Möglichkeit, sich die *Lebenszeit der Menschen* aneignen zu können, hören sie jedoch auf zu existieren: „Und wenn sie keine Zeit mehr stehlen könnten?" will Momo von Meister Hora wissen, „Dann müssten sie ins Nichts zurück, aus dem sie gekommen sind." Ebd, S. 171.
1558 MEGA² II/1.2, 582.
1559 MEGA² II/1.1, 241; MEGA² II/15, 431; MEGA² II/22, 205; MEGA² II/25, 13. Diese *Bewegung* hatte Marx bereits zu Zeiten seiner Korrespondenztätigkeit für die *NYDT* mit großem Interesse beobachtet. *The State of British Manufacturing Industry*, NYDT Nr. 6016 u. 6032, 6.8. u. 24.8.1860, MEGA² I/18, 457 f. In seinen Augen handelt es sich bei den englischen „Kooperativfabriken" um eine Form der Produktion, in der der Gegensatz von Kapital und Arbeit bereits aufgehoben ist, Lohn und Zins der gleichen Beteiligung aller Arbeiter unterliegen. MEGA² II/15, 431; MEGA² I/18, 458; *Instructions for the Delegates of the Provisional General Council. The different questions*, The International Courier Nr. 6/7 u. 8–10, 20.2. u. 13.3.1867, MEGA² I/20, 225–235; hier: 232. Um eine tatsächliche Veränderung der gesellschaftlichen Produktionsweise bewirken zu können, müsse sich die partielle Durchsetzung der Kooperativarbeit jedoch auf „nationaler Stufenleiter" erweitern. MEGA² II/15, 431f.; MEGA² I/20, 23, 232. Die so vollzogene Umgestaltung der gesellschaftlichen Produktion zu einem genossenschaftlichen „system of free and co-operative labour" (MEGA² I/20, 232) ermöglicht es in den Augen Marxens dann, die technischen und wissenschaftlichen Errungenschaften, die in der Ära kapitalistischer Produktion entwickelt wurden, für eine „Zeitersparung" (MEGA² II/1.1, 103) gesellschaftlich notwendiger Arbeitszeit zugunsten *aller* Individuen einzusetzen: „Gemeinschaftliche Production vorausgesetzt, bleibt die Zeitbestimmung natürlich wesentlich. Je weniger Zeit die Gesellschaft bedarf, um Weizen, Vieh etc zu produciren, desto mehr Zeit gewinnt sie zu andrer Production, materieller oder geistiger. [...] Die freie Entwicklung der Individualitäten, und daher nicht das Reduciren der nothwendigen Arbeitszeit um Surplusarbeit zu setzen, sondern überhaupt die Reduction der nothwendigen Arbeit der Gesellschaft zu einem Minimum, der dann die künstlerische, wissenschaftliche etc Ausbildung der Individuen durch die für sie alle freigewordne Zeit und geschaffnen Mittel entspricht." MEGA² II/1.1, 103; MEGA² II/1.2, 582.

zieren, ohne dass hierdurch bereits die generelle *Notwendigkeit* für Arbeitsleistungen auch in einem postkapitalistischen Gesellschaftszustand entfallen wird: „Wie der Wilde mit der Natur ringen muß, um seine Bedürfnisse zu befriedigen, um sein Leben zu erhalten und zu reproduciren, so muß es der Civilisirte und er muß es in allen Gesellschaftsformen und unter allen möglichen Produktionsweisen. [...] [E]s bleibt dies immer ein Reich der Nothwendigkeit. Jenseits desselben beginnt die menschliche Kraftentwicklung, die sich als Selbstzweck gilt, das wahre Reich der Freiheit, das aber nur auf jenem Reich der Nothwendigkeit als seiner Basis aufblühn kann."[1560] Diese Parallelität zwischen notwendiger Produktion und Raum freier Individualitätsentfaltung verweist dann im nächsten Schritt auf das Erfordernis eines *institutionellen Rahmens*, der die Regulierung der Produktion und der Distribution der Konsumtionsmittel überhaupt erst gewährleistet und der bei Marx dann im „Verein freier Menschen" in Erscheinung tritt.[1561]

Die Darstellung dieses politischen Gemeinwesens der „kommunistische[n] Gesellschaft" greift Marx an verschiedenen Stellen seiner Schriften auf.[1562] Entsprechend seinem an Hegel und Gans orientierten *Anti-Utopismus* bleibt sie jedoch auf bloße Skizzierungen der Strukturen und Abläufe dieses *Vereins* beschränkt, soweit sich diese aus der Perspektive der Gegenwart bestimmen lassen.[1563] Im Fokus der

---

[1560] MEGA² II/15, 794 f. Erst auf der Grundlage der Produktion der gesellschaftlich zu bestimmenden Güter für die Bedürfnisbefriedigung der Individuen (*Reich der Notwendigkeit*) besteht Raum für die Entfaltung der freien Individualität (*Reich der Freiheit*). Kraft der fortgehenden Entwicklung der Produktivkräfte, die in die Hände der unmittelbaren Produzenten übergeht, lässt sich das Verhältnis zwischen beiden Reichen in den Augen Marxens dann immer mehr zum *Reich der Freiheit* hin verschieben, ohne dass die Existenz des Reichs der Notwendigkeit hierdurch entfallen würde. Vgl. Arndt 2008, S. 102 f.; Ders. 2015, S. 101. Im Bewusstsein dieser Notwendigkeit weist Marx auch Vorstellungen zurück, dass die Arbeit unter der Produktionsweise der assoziierten Produzenten „bloses amusement" oder „Spiel" sein könnte. Vielmehr müsse die Arbeit auch hier „verdammtester Ernst" bleiben. MEGA² II/1.2, 499, 589.

[1561] MEGA² II/5, 45; vgl. auch Arndt 2015, S. 101 f., 153.

[1562] MEGA² I/25, 13. Explizit als *Verein freier Menschen* im *Kapital*: MEGA² II/5, 45 f. Bedeutsam sind aber vor allem die Betrachtungen der strukturellen Ausgestaltung in der *Der Bürgerkrieg in Frankreich* samt den Vorentwürfen zu dieser Schrift sowie die *Kritik des Gothaer Programms* (s. Fn. 1549, 1556). Daneben finden sich vereinzelte Aussagen auch in den unveröffentlicht gebliebenen Texten *Konspekt von Bakunins Buch „Staatlichkeit und Anarchie"* (MEW 18, 599–642) sowie *Über die Nationalisierung des Grund- und Bodens* (s. Fn. 1537).

[1563] Vgl. Arndt 2012, S. 212; s. Fn. 165, 294, 1075. Marx wendet sich ganz explizit gegen Spekulationen über einen „,hypothetischen Sozialstaat'" (MEW 19, 360) oder allzu große Versuche einer „Konstruktion" oder „Phantasiegespiel[e] über den künftigen Gesellschaftsbau". *Zirkularbrief an Bebel, Liebknecht, Bracke und andere Führer der Sozialistischen Arbeiterpartei Deutschlands*, MEGA² I/25, 171–185, hier: 176; *Marx an Friedrich Adolph Sorge*, 19.10.1877, MEW 34, 303. Wie die Frage nach konkreten ökonomischen und politischen Maßnahmen im Falle der Erringung der politischen Macht durch das Proletariat, lasse sich auch diese Frage letztlich nur im Rahmen der „gegebnen historischen Umstände" beantworten, d.h. der Gegenwart: „Jene Frage aber stellt sich in Nebelland, stellt also in der Tat ein Phantomproblem, worauf die einzige Antwort-die Kritik der Frage selbst sein muß. Wir können

Betrachtungen von Marx liegt daher insbesondere die Form des Staates in der „Uebergangsperiode", die zum einen die notwendigen Veränderungen der gesellschaftlichen Produktionsweise umzusetzen hat und zum anderen den institutionellen Rahmen einer öffentlichen Gewalt etabliert, die ihren überkommenen Charakter „im jetzigen politischen Sinne" sukzessive abzustreifen in der Lage ist.[1564] Insbesondere aus den Betrachtungen der *Pariser Kommune* lässt sich die Vorstellung Marxens ableiten, dass diese institutionelle Struktur eine *dezentrale* und *basisdemokratische* Form der Selbstverwaltung aufweisen soll.[1565] Begleitet und erhärtet werden diese Vorstellungen zudem durch die beständige und konsequente Zurückweisung der Forderung nach einer „Abschaffung des Staates", die Marx gegenüber dem anarchistischen Programm Bakunins an verschiedenen Stellen hervorhebt.[1566] Ausgehend

---

keine Gleichung lösen, die nicht die Elemente ihrer Lösung in ihren Data einschließt." *Marx an Ferdinand Domela Nieuwenhuis*, 22.2.1881, MEW 35, 160.

1564 MEGA² I/22, 205; MEGA² I/25, 22; MEW 18, 634, 636. Gemeint ist der Wegfall der die Politik der bestehenden bürgerlichen Gesellschaft bestimmenden Eigentumsinteressen, die aus dem ökonomischen Fundament der Gesellschaft erwachsen und sich fortlaufend reproduzieren (s. Fn. 1073, 1251). Der Staat verliert seine Form als „Maschine der Klassenherrschaft" (MEGA² I/22, 199), d. h. als „Despotie einer Klasse" (s. S. 214, Fn. 1302) über eine andere. Und mit dem Verlust dieses Charakters kann die öffentliche Gewalt dann in die Gesellschaft zurückkehren, „as its own living forces" (MEGA² I/22, 56), und somit als eine Form von Staat und Regierung, die nicht länger „im Gegensatz zur Gesellschaft selbst steh[t]!" (MEW 18, 62). MEW 18, 634 f. Als solches bildet sie den Rahmen eines Gemeinwesens mit unbeeinträchtigter und gleichberechtigter Mitbestimmung *aller* Individuen und kann somit zuallerst als Ausdruck ihrer individuellen Selbstbestimmung gelten (s. S. 108 f., 132 f., 166 f.).

1565 Vgl. Arndt 2015, S. 113; Ders. 2018, S. 21. Ungeachtet der späteren Relativierung der politischen und historischen Bedeutung der Kommune durch Marx ist nicht zu verkennen, dass gerade die Beschreibung ihrer *Strukturen* im *Bürgerkrieg* durchweg positiv konnotiert ist. *Marx an Wilhelm Blos*, 10.11.1877, MEW 34, 308; *Marx an Ferdinand Domela Nieuwenhuis*, 22.2.1881, MEW 35, 160. So ist die Rede von einem „allgemeine[n] Stimmrecht" (MEGA² I/22, 201) und „wirklich demokratische[n] Einrichtunge[n]" (MEGA² I/22, 204) sowie einer „Selbstregierung der Produzenten" (MEGA² I/22, 202) innerhalb der Provinzen. Ausgehend von diesen „lokale[n] Selbstregierung[en]" (MEGA² I/22, 204) werden Delegierte für Bezirksversammlungen und eine Nationaldelegation abgestellt, die Zentralregierung stark begrenzt. MEGA² I/22, 202 f. So spricht Marx von der Kommune insgesamt als einer öffentlichen Gewalt, „in der eine Regierung des Volkes durch das Volk sich bewegt" (MEGA² I/22, 209). Insoweit decken sich diese Vorstellungen durchaus mit der über die abstrakte politische Gleichheit der bürgerlichen Gesellschaft hinausweisende Mitbestimmung im möglichst horizontal strukturierten Verein der *Jahrbücher* (s. S. 80, 117–119, 132 f.).

1566 *Ein Komplott gegen die Internationale Arbeiterassoziation im Auftrage des Haager Kongresses verfasster Bericht über das Treiben Bakunins und der Allianz der sozialistischen Demokratie*, MEGA² I/24, 471–582, hier: 484; *Die angeblichen Spaltungen in der Internationale. Vertrauliches Zirkular des Generalrats der Internationalen Arbeiterassoziation*, MEW 18, 3–51, hier: 50 [Marx / Engels]; *L'indifferenze in materia politica*, MEGA² I/24, 105–109 [Übersetzung in MEW 18, 299–304], hier: 106 / 300 f. In einem Brief an Edward Spencer Beesley spricht Marx auch vom negativen Einfluss Bakunins auf die Entwicklungen in Frankreich zur Zeit der Pariser Kommune und verweist auf „die verrücktesten Gesetze über abolition de l'état und dergleichen Blödsinn". *Marx an Edward Spencr Beesley*, 19.10.1871, MEW 33, 158. Die Kritik Marxens entspricht insoweit derjenigen, die er in der Auseinandersetzung mit den „Freunden der Anarchie" bereits in der *Revue* geübt hatte (s. S. 220 f.). Vor diesem Hintergrund sind

von dieser Notwendigkeit des Fortbestehens einer *öffentlichen Gewalt* auch in einem postkapitalistischen Gesellschaftszustand gewinnt vor allem die Frage nach der *Form* eine elementare Bedeutung, mittels derer das Gemeinwesen die ihm zufallenden Aufgaben zu bewältigen hat und die von Marx dann folgerichtig auch nur als *Rechtsform* begriffen werden kann.[1567]

Gegenstand der Auseinandersetzung mit dem *Recht* im Kontext des Vereins bilden dann in erster Linie das *Privatrecht* und die damit zusammenhängende Frage nach dem „Eigenthum des Einzelnen".[1568] Bezugspunkt des *Privatrechts* ist dabei die Verteilung der im gesellschaftlichen „Gesammtprodukt" enthaltenen „Consumtionsmittel" an die kraft ihrer individuellen Arbeitsleistung hieran unmittelbar mitwirkenden Vereinsmitglieder.[1569] Obschon die „Art dieser Vertheilung" dann in Abhängigkeit zum Entwicklungsstand des „gesellschaftlichen Produktionsorganismus[es]" und der „geschichtlichen Entwicklungshöhe der Produzenten" gesetzt wird, ist sie in den Augen Marxens zunächst durch das Verhältnis der individuellen Arbeitszeit zum „gesellschaftlichen Arbeitstag" bestimmt.[1570] „Demgemäß erhält der einzelne Produzent [...] exakt zurück, was er ihr gibt. [...] Dasselbe Quantum Arbeit, das er der Gesellschaft in einer Form gegeben hat, erhält er in der andern zurück."[1571] Das Prinzip dieser Art der Distribution entspricht daher grundsätzlich demselben „Prinzip wie beim Austausch von Warenäquivalenten", vollzieht sich aber – und das ist in den Augen Marxens die differentia specifica – auf einer veränderten ökonomischen Grundlage, so dass „Inhalt und Form" des Prinzips nicht mehr im Widerspruch zueinander stehen.[1572] Formal betrachtet bleibe das „gleiche Recht" der Produzenten dennoch weiterhin „bürgerliche[s] Recht", d.h. eben auch „ungleiches Recht für ungleiche Arbeit", insoweit die notwendig unterschiedlich ausfallenden Arbeitslieferungen zu heterogenen Konsumtionsberechtigungen führen.[1573] In den Fußstapfen

---

dann auch die Übersetzungshinweise zu deuten, die Marx in einem Brief an Wilhelm Blos hervorhebt: „Was die ‚suppression de l'État' betrifft, [...] so ist der Sinn derselben kein andrer, als der in meinem Pamphlet über den ‚Bürgerkrieg' in Frankreich entwickelte. In Kürze kannst Du übersetzen: ‚Abschaffung (oder Unterdrückung) des Klassenstaats.'" *Marx an Wilhelm Blos*, 10.11.1877, MEW 34, 308; s. Fn. 1302.
1567 Vgl. Arndt 2015, S. 113; Ders. 2018, S. 27.
1568 MEGA² I/25, 14.
1569 MEGA² II/5, 45; MEGA² I/25, 13f.
1570 MEGA² II/5, 45f.; MEGA² I/25, 14.
1571 MEGA² I/25, 13f.
1572 MEGA² I/25, 14. „Einmal die Arbeit emanzipirt, so wird jeder Mensch ein Arbeiter, und produktive Arbeit hört auf, eine Klasseneigenschaft zu sein." MEGA² I/22, 205. Durch die Befreiung der Arbeit aus dem strukturellen Ausbeutungsverhältnis der bürgerlichen Produktionsbedingungen unterliegen daher *alle* Individuen dem *gleichen* Verteilungsmaßstab, so daß „Princip und Praxis sich nicht mehr in den Haaren liegen". MEGA² I/22, 59; MEGA² I/25, 14; s. S. 272–274.; s. Fn. 1483.
1573 MEGA² I/25, 14. „Es ist daher ein Recht der Ungleichheit, seinem Inhalt nach, wie alles Recht. Das Recht kann seiner Natur nach nur in Anwendung von gleichem Massstab bestehn; aber die ungleichen Individuen (und sie wären nicht verschiedne Individuen, wenn sie nicht ungleiche wären) sind nur an gleichem Massstab messbar, so weit man sie unter einen gleichen Gesichtspunkt bringt, sie nur von

dieses Rechts bürgerlichen Charakters wandelnd, verbindet Marx mit dem Anspruch auf ein bestimmtes Quantum an Konsumtionsmitteln dann zugleich ein „individuelle[s] Eigenthum" hieran, wodurch die eherne Grundlage der bürgerlichen Gesellschaft in seinen Augen erst „zu einer Wahrheit" gebracht wird, indem das „Eigenthum der Einzelnen" sich ausschließlich noch durch eigene Arbeit zu legitimieren vermag.[1574] Der freiheitskonstitutive Zusammenhang zwischen Rechtsperson und Eigentum wird daher nicht etwa durchbrochen, sondern lediglich zugunsten einer „Universalierung der Privateigentumsverhältnisse" auszudehnen versucht.[1575] Eine Lösung aus diesem „enge[n] bürgerliche[n] Rechtshorizont" und ein Übergang zum Prinzip „Jeder nach seinen Fähigkeiten, Jedem nach seinen Bedürfnissen" ist Marx zufolge aber erst einer „höheren Phase der kommunistischen Gesellschaft" vorbehalten.[1576] Mit der im Rahmen der gesellschaftlichen Entwicklung zunehmenden Steigerung der Produktivität und dem verbesserten Konsumtionsmittelbezug für die Individuen werde somit zugleich die Möglichkeit geschaffen, dass das „bürgerliche Recht" überwunden wird, *soweit* es sich auf die „Distribution der Arbeit und ihrer Produkte" bezieht.[1577] Dass

---

einer bestimmten Seite fasst, z. B. im gegebnen Fall sie nur als Arbeiter betrachtet und weiter nichts in ihnen sieht, von allem andern absieht." MEGA² I/25, 14. Wie zuvor Hegel betrachtet auch Marx die „natürliche[n] Privilegien" als unvermeidlich, die eine unterschiedlich ausgeprägte Möglichkeit der „Leistungsfähigkeit" der Individuen bedingen. MEGA I/25, 14; HGW 14, 1, (§ 200) S. 234. Für den Fall einer aus verschiedenen Gründen vorliegenden Arbeitsunfähigkeit der Mitglieder ist im Verein ein *Hilfsfonds* vorgesehen, der eine Versorgung auch ohne Arbeitslieferung gewährleistet. MEGA² I/25, 12.
1574 MEGA² II/5, 609 f.; MEGA² I/22, 205; MEGA² I/25, 14. Diesen Zusammenhang hatte Marx in der *Kritik der politischen Ökonomie* sehr aufwendig herausgearbeitet (*Kap.* 7.1). Aufbauend auf der spezifischen Produktions- und Aneignungsweise habe sich „[…] das kapitalistische Privateigenthum" hier als „Negation des individuellen, auf eigne[r] Arbeit gegründeten Privateigenthums" entpuppt. MEGA² II/5, 609; s. S. 264. Erst durch die „Negation der Negation" (MEGA² II/5, 609), d. h. die Abschaffung dieser gegenwärtig vorherrschenden „class form of property" (MEGA² I/22, 73) durch die Überführung der sachlichen Produktionsbedingungen in das „common property of society" (MEGA² I/25, 432) werde dann der Boden bereitet, um wirkliches Eigentum auf der Grundlage rechtlicher Freiheit begründen zu können. MEGA² I/22, 62. Es geht Marx daher keinesfalls um die Aufhebung des „property itself" (MEGA² I/22, 73), sondern nur um seine *geschichtlich gewordene* Gestalt als bürgerliches *Privateigentum an den Produktionsmitteln*. MEGA² II/1.1, 25; s. S. 264 f.
1575 Arndt 2015, S. 13, 99, 102; Ders. 2018, S. 23.
1576 MEGA² I/25, 15; vgl. auch Arndt 2018, S. 27.
1577 Ebd., S. 27. Auf der Grundlage einer veränderten Produktionsweise würde auf jeden Fall jene „Prävalenz des Privatrechts" (Bloch 1977, S. 213) entfallen, die sich mit der historischen Durchsetzung der modernen bürgerlichen Gesellschaft eingestellt hatte (s. S. 162 f.; s. Fn. 1496). Ob vor dem Hintergrund einer trotz Produktivitätssteigerung notwendig fortexistierenden Parallelität zwischen dem *Reich der Notwendigkeit* und dem *Reich der Freiheit*, dem damit verbundenen Regelungsbedarf für die Produktion, der Abgrenzung zwischen individuellem und gemeinschaftlichen Eigentum, der Festlegung von Anspruchsgrundlagen an den gesellschaftlichen Hilfsfonds, der Regelung des Arbeitsschutzes usw. nicht auch Formen des *Privatrechts* weiterbestehen, wird bei Marx letztlich nicht abschließend thematisiert. Wird dies allerdings mit der Kritik an Stirner, Proudhon, Giradin und Bakunin sowie der beständigen Zurückweisung des hieraus erwachsenen „Anti-Gouvernementalismus" und „Anti-Autoritäts-Individualismus" verbunden, so scheint es in der Gesamtbetrachtung wenig überzeugend, dass die verbleibenden gesellschaftlichen Institutionen durch Marx nicht rechtsförmig ge-

Marx hier nur eine Reduktion des gesellschaftlichen Rechtsrahmens, keinesfalls aber einen Wegfall der *Rechtsform* schlechthin intendiert, wird zudem bereits durch die Ausführungen zu einem anderen Rechtsbereich untermauert, dem ein Überdauern auch in einer postkapitalistischen Gesellschaft beschieden sein werde, dem des *Strafrechts*.[1578]

Zusammenfassend entsteht so ein Bild des *Vereins freier Menschen* als eines Gemeinwesens, das aufbauend auf einer veränderten ökonomischen Grundlage und horizontal-wechselseitigen Strukturen eine selbstbewusste Partizipation der Individuen an den Entscheidungsprozessen der gesellschaftlichen Gestaltung gewährleistet. Bar jeder Kontaminierung mit den Eigentums- und Bestandssicherungsinteressen Weniger, vermögen die Individuen dann zu jenem *Selbstgefühl der Freiheit* zu finden, die die *öffentliche Gewalt* nicht in einem Gegensatz zur Gesellschaft verbleiben lässt, sondern zuallerst als *Produkt ihrer Freiheit* setzt.[1579] Diese Freiheit ist bei Marx aber auch auf dem Stand seiner ökonomischen Kritik notwendig mit der Existenz positiven Rechts verbunden. Ein Recht, das *formal* betrachtet auch weiterhin dem abstrakten bürgerlichen Recht entspricht, sich auf der Grundlage der *sozialen Freiheit* aber in eine *wirklich selbstgesetzte Institution* wandelt, die frei von persönlicher oder sachlich vermittelter Fremdbestimmung hinreichenden Raum für die *rechtliche Freiheit* aller Individuen zu etablieren vermag (*Selbstbestimmung und -verwirklichung*). Offenbar das Konvolut der Rechtsthematisierungen im Oeuvre Marxens dabei auch keine in sich geschlossene Komposition des Rechts, die eine hinreichend konkrete Bestimmung

---

dacht werden. MEGA² I/24, 486; *Marx an Ludwig Kugelmann*, 9.10.1866, MEW 31, 529 f.; s. Fn. 1300. Zu guter Letzt wählt er auch mit dem *Verein* selbst eine institutionelle Struktur, die durch und durch *rechtsförmig* definiert ist (s. Fn. 490).

[1578] s. S. 149–151, 163 f., 236–238; vgl. auch Bloch 1977, S. 210. Bezogen auf die Übernahme der politischen Macht durch die Arbeiterbewegung thematisiert Marx zudem auch das *öffentliche Recht*, wobei sich der Fokus auf Erörterungen zum bereits zuvor immer wieder aufgegriffenen *Besteuerungsrecht* beschränkt. Im Rahmen der Umgestaltungsmaßnahmen im „state of social transition" (MEGA² I/21, 133) gelte es das System der direkten Besteuerung zu Lasten indirekter Besteuerungsformen auszuweiten. Neben einer stark progressiven Einkommensteuer umfasst dies Marx zufolge auch eine höhere Besteuerung von Erbschaften (s. S. 174, 219, 228 f.). Erst im Zuge des durch die Revolution in Gang gesetzten Wandels der ökonomischen Grundlagen aber sei das Erbrecht, als eine „[…] arbitrary and superstitious exaggeration even of principles of private property himself" (MEGA² I/21, 133), zu überwinden, nicht dagegen als Ausgangspunkt derselben zu missdeuten. Gestützt auf diese „alte Saint-Simonsche Schrulle" (MEGA² I/24, 489) falle beispielsweise Bakunin aus der Sicht Marxens letztlich auf eine ideologische Position zurück, die den „Wille[n]" und nicht die ökonomischen Bedingungen als Grundlage gesellschaftlicher Veränderungen begreife. MEW 18, 633 f.; s. S. 52 f., 158 f.; s. Fn. 307, 1539.

[1579] s. S. 80, 95 f., 118; s. Fn. 757, 1530. Dass Marx hier durchaus an die Gedanken seiner frühen Schriften anknüpft, wird auch dadurch dokumentiert, dass er von der kommunistischen Gesellschaft als einem „Produktionsorganismus" (MEGA² II/5, 45) spricht und vom „wirklichen Willen des Kooperativs" (MEW 18, 635), der zur Entfaltung gelange. Demgegenüber wird der Staat der bürgerlichen Gesellschaft fortwährend in mechanische Metaphern gekleidet („Staatsmaschinerie", „Maschine der Klassenherrschaft" etc.). MEGA² I/22, 53, 55, 199; MEGA² I/24, 486; s. Fn. 594, 597.

einzelner Rechtsbereiche auch in einer postkapitalistischen Ära zulassen würde, lässt sich auf der Grundlage der entwicklungsgeschichtlichen Rekonstruktion zumindest eine *rechtsphilosophische Kadenz* skizzieren, die aus seinem Rechtsdenken abzuleiten ist. So führen die veränderten gesellschaftlichen Rahmenbedingungen im Verein freier Menschen zur Ablösung der bürgerlichen Einfassung des *Privatrechtes*, die Marx zuvor als historisch spezifische Aneignung des abstrakten römischen Rechts entlarvt hatte. Entgegen der ursprünglichen Rechtsintention wurde die Rechtsform vor allem zur Legitimierung des Auseinanderfallens von Titel und tatsächlichem Gebrauch einer Sache genutzt, die somit überhaupt erst den rechtlichen Rahmen für eine aus den feudalen Lebensbestimmungen entwachsenen Konzentration des Reichtums und der Akkumulation unternehmerischen Kapitals hat liefern können.[1580] Dabei konnte die entwicklungsgeschichtliche Rekonstruktion offenlegen, dass mit dem *Fall des Purpurs* der bürgerlichen Gesellschaft, dem reinen Privateigentum, zwar auch die spezifische Form sachlich vermittelter Herrschaft samt ihres rechtlichen Rahmens *fällt*, nicht aber die Erforderlichkeit der *Rechtsform* überhaupt.[1581] Da Marx in seinen Rechtsüberlegungen entgegen Hegel und Gans auch zur Ableitung sozialen bzw. öffentlichen Eigentums gelangt, wird das Privatrecht des Vereins vor allem die Regelung dieser Eigentumsform, die augenscheinlich an der Institution des *ager publicus* orientiert ist, welche dem römischen Recht entlehnt wird, und verschiedenen Werkstellen zufolge zumindest die zentralen Produktionsmittel und den Grund- und Boden der Gemeinschaft beinhaltet, umfassen müssen.[1582] Neben diesem Gemeineigentum wird das Privatrecht aber auch Bestimmungen zum individuellen Eigentum aufzugreifen haben, welches im Rahmen der veränderten Gesellschaftsbedingungen an die Stelle des reinen Privateigentums treten wird. Von Marx nicht näher erläutert, werden durch diese Institution sicherlich Konsumtionsmittel im weiteren Sinne erfasst, d.h. Lebensmittel, Wohnraum sowie sonstige Güter des alltäglichen Gebrauchs, die der Selbstverwirklichung der Individuen zu dienen bestimmt sind. Aufbauend auf einer

---

1580 s. *Kap.* 3.4.1, *Kap.* 3.4.2, *Kap.* 4.3, *Kap.* 7.1. Vgl. auch Renner 1965, S. 67 f., 74.

1581 „Nun, wenn der Purpur fällt, muß auch der Herzog nach." Schiller, *Die Verschwörung des Fiesko zu Genua. Ein republikanisches Trauerspiel*, V/16, ScSW 1, 751. Bezogen auf die Herzog-Mantel-Theorie: Vgl. Renner 1965, S. 167.

1582 s. *Kap.* 3.4.1, *Kap.* 4.2, *Kap.* 4.3, *Kap.* 4.4, *Kap.* 7.1, *Kap.* 7.2. Aufbauend auf dem Rechtsbegriff der Person und dem mit diesem verbundenen Anerkennungsverhältnis, schließen Hegel und Gans noch absolut unvermittelt auf die Form des *Privateigentums*. (s. S. 35, 53; s. Fn. 766). Diese Verknüpfung erfolgt bei ihnen jedoch unter der Prämisse eines sich hierüber erhebenden sittlichen Staates und dessen Korrekturvermögen, der die Privateigentümer gewissermaßen sozial einhegt. Durch die Veränderung des theoretischen Resonanzbodens ist es Marx jedoch nicht mehr möglich diesem Aufbau exakt nachzufolgen. Stattdessen geht er dazu über, ein *soziales Eigentum* bereits aus der Wechselseitigkeit der Selbstbestimmung (Vermittlungsprozess der Rechtspersonen) folgen zu lassen. In seiner Theorie besteht insoweit kein Widerspruch zwischen der Freiheit des Individuums und der gemeinschaftlichen Verfügbarkeit über Ressourcen des Lebensvollzugs. Vielmehr schafft die assoziative Umgestaltung der gesellschaftlichen Produktion ja gerade erst den Rahmen für die Verwirklichung der persönlichen Freiheit aller Individuen. Vgl. auch Arndt 2020, S. 237 f.

umfassenden Partizipation der Individuen an den gesellschaftlichen Mitbestimmungsprozessen, kann sich diese Form des Eigentums dann aber nur noch über die individuelle Leistung bzw. das Engagement im gesellschaftlichen Reproduktionsprozess und über den tatsächlichen Gebrauch bzw. die Nutzung der entsprechenden Sachen legitimieren.[1583] Die Betrachtungen Marxens im Gesamtkontext der entwicklungsgeschichtlichen Rekonstruktion vermitteln darüber hinaus das Bild, dass diese Form des individuellen Eigentums unter Bedingungen assoziativer Produktionsverhältnisse auch in der voranschreitenden Gesellschaftsentwicklung forterhalten werden wird. Ein Umschlagen in eine Art utopisches *Rien faire comme une bête* halten die Werkstellen indessen nicht bereit.[1584] Folgerichtig wäre es daher, würden privatrechtlich auch Bestimmungen berücksichtigt, die die Verfügbarkeit über das individuelle Eigentum regeln, d.h. ggf. auch den Tausch und die Übertragungsmöglichkeiten sowie Zivilprozesse und rechtliche Streitigkeiten in diesem Kontext behandeln. Abseits des Horizontes der bürgerlichen Gesellschaft finden sich bei Marx hierzu jedoch keine Thematisierungen. Lediglich die Frage des *Erbrechtes* wird an verschiedenen Stellen des Werkes gestreift. Ausgehend davon, dass mit der Sozialisierung der Produktionsmittel und des Grundbesitzes weite Bezugspunkte des bürgerlichen Erbrechtes entfallen, steht eine Verbindung des individuellen Eigentums mit dem Recht des Vererbens zumindest nicht im Widerspruch, da ein Umschlagen in eine sachlich vermittelte Form der Herrschaft institutionell und strukturell bereits ausgeschlossen ist. Es wäre daher naheliegend, dass es in einem gewissen Grade auch noch

---

[1583] Marx spricht sich an verschiedenen Stellen seines Werkes für die Institution privaten bzw. individuellen Eigentums aus und problematisiert in erster Linie die Frage der Angemessenheit und Verteilung. Das erstmals „herrschaftsneutrale Eigentum" (Priddat 2018, S. 477) baut dann auf der Grundlage umfassender Mitbestimmung sowie der unmittelbaren Verknüpfung zur eigenen Arbeit im gesellschaftlichen Produktionsprozess auf, die eine systemisch begründete Ungleichverteilung, die eine Herrschaft über Andere zu begründen in der Lage wäre, gar nicht mehr zu ermöglichen imstande ist. Verbunden mit der Institution des sozialen Eigentums bildet das individuelle Eigentum dann erst jenes „right to property which guarantees not only a share of the social product but also a share of control over the means of production." Buchanan 1981, S. 288; vgl. auch Brie 2018, 459; Arndt 2020, S. 238f.
[1584] Vgl. Adorno 2003, S. 179; Arndt 2008, S. 110. Innerhalb seines Werks hat Marx immer wieder auf die Notwendigkeit von Institutionen und einer Form legitimer Autorität hingewiesen (vgl. u.a. Kap. 6.1.2, Kap. 7.1). Vor diesem Hintergrund ist die Rede von *jeder nach seinen Bedürfnissen und Fähigkeiten* im Kontext eines infinitesimalen Niedergangs des durch das reine Privateigentum verursachten Gegensätzen zwischen den gesellschaftlichen Individuen und in ihrem Verhältnis zueinander zu begreifen, der durch die nunmehr allen Individuen dienende technische und kulturelle Entwicklung der Gesellschaft voranschreiten soll. Rechtlich dem Individuum zugeordnetes Eigentum aber wird es unter dem Gesichtspunkt rechtlicher Freiheit aus der Sicht von Marx somit in jedem erdenklichen Gesellschaftszustand geben, wie Renner hervorhebt: „Ein privatum suum, ein ‚rechtliches Mein' wird immer bleiben, auch im Sachenrecht, welche Gesellschaftsordnung sich die Menschen geben mögen." Renner 1965, S. 203; vgl. auch Marti 2010, S. 188; Priddat 2018, S. 477; Arndt 2020, S. 237.

erbrechtliche Bestimmungen im postbürgerlichen Gesellschaftszustand geben wird, werden diese hier auch nur noch von untergeordneter Bedeutung sein.[1585]

Mit der Aufhebung der bürgerlichen Rechtsform wird zudem jenes folgenschwere Übergreifen privatrechtlicher Bestimmungen auf das *öffentliche Recht* entfallen, welches Marx im Ausgang von seinen frühesten rechtsphilosophischen Betrachtungen überhaupt erst zu einer Auseinandersetzung mit dem Recht gedrängt hatte. Im Verein wird diese Entwicklung auf der Grundlage allgemein vorherrschender rechtlicher Freiheit der Individuen wieder aufgehoben.[1586] Basis der Legitimation dieses Rechtes ist daher auch die Möglichkeit der grundlegenden Mitbestimmung. Abseits dieser elementaren Verhältnisbestimmung zwischen privatem und öffentlichem Recht verbleibt das Werk im Kontext konkreter Rechtsregelungen letztlich aber auch hier nur andeutungshaft. Eine Ausnahme bildet der Bereich des *Steuer-* bzw. *Abgabenrechts*, den Marx an mehreren Stellen seiner Schriften aufgreift. Fungiert dieser Teil des öffentlichen Rechts unter den Bedingungen bürgerlicher Rechtssetzung zuvorderst noch als politisches Machtmittel und Instrumentarium der Umverteilung, werden auch im Verein der assoziierten Produzenten Institutionen und das Sozialeigentum zu erhalten sein sowie die Erforderlichkeit von Sozial- und Unterstützungsleistungen bestehen. Insoweit werden Regelungen zu Abgaben, Ausgleichsleistungen oder sonstigen solidarischen Maßnahmen auch in diesem gesellschaftlichen Kontext den Gegenstand rechtlicher Bestimmungen bilden müssen.[1587] Ergänzt würden diese Regelungen durch andere Bereiche des öffentlichen Rechts, die beispielsweise die Verwaltung des Sozialeigentums, die Festlegung der Ansprüche auf Sozialleistungen (Arbeitsunfähige etc.), den Aufbau und die Funktion des Bildungssystems sowie den Rahmen und die Verwaltung der Produktion zu regeln hätten. Darüber hinaus wäre es plausibel, wenn auch der internationale Handel und das Verhältnis der nationalen Gemeinwesen zueinander einbezogen würden.[1588]

1585 Sowohl im *Manifest* als auch in seiner Auseinandersetzung mit Bakunin spricht sich Marx für eine Abschaffung des Erbrechtes aus (s. S. 174, 272, 280). Diese Abschaffungsforderung bewegt sich aber stets im Kontext einer hierdurch bedingten Verstetigung und Verfestigung der sozialen Verhältnisse der bürgerlichen Gesellschaft und ihrer Reproduktion durch Ausbeutung (s. S. 272). Da unter den veränderten gesellschaftlichen Lebensverhältnissen eine Kontamination des Eigentums durch Herrschaft ausgeschlossen ist und der Bestand individuellen Eigentums auf den tatsächlichen Gebrauch beschränkt bleibt, stehen die erbrechtliche Regelungen nicht mehr im Widerspruch zur rechtlichen Freiheit der Gesellschaftsmitglieder.
1586 Eine grundsätzliche Trennung zwischen privatem und öffentlichem Recht wird aber auch bei Marx nicht entfallen. Vielmehr werden beide Rechtsbereiche auch in einem postbürgerlichen Gesellschsftszustand erforderlich bleiben. Durch den Wegfall der „Prävalenz des Privatrechts" (Bloch 1977, S. 213) wird das öffentliche Recht seinen eigentlichen Charakter jedoch zurückgewinnen und nicht mehr im Widerspruch zur rechtlichen Freiheit seiner Partizipanten stehen. Die Spannungen zwischen einer allein auf dem Privatinteresse fußenden bürgerlichen Gesellschaft und dem Staat, die das bürgerliche Recht prägen, bestehen insoweit nicht mehr. Vgl. Renner 1965, S. 97; Spitzer 2008, S. 39; Sypnowich 2008, S. 475; s. *Kap.* 6.2.4.
1587 s. *Kap.* 4.4, *Kap.* 5.2, *Kap.* 6.1.2, *Kap.* 6.2.1, *Kap.* 7.2.
1588 s. Fn. 1584. Zudem legt auch der *Sechs-Bücher-Plan* eine Beschäftigung mit diesen Themen nahe.

Des Weiteren ist auch unter den vergemeinschafteten Produktions- und Lebensbedingungen des Vereins davon auszugehen, dass noch Verhaltensweisen existieren, die die Forterhaltung eines *Strafrechts* samt zugehöriger Jurisdiktion erfordern. Wie Hegel und Gans hatte sich Marx in seinen Schriften dabei wiederholt für eine transparente und öffentliche Justiz in Gestalt von Geschworenengerichten ausgesprochen. Ergänzend hierzu wurde durch die entwicklungsgeschichtliche Rekonstruktion deutlich, dass Marx an der Grundausrichtung der Straftheorie Hegels festhält und lediglich ihre spekulativ-abstrakte Einfassung ablehnt (Vergeltungstheorie).[1589] Erst unter veränderten gesellschaftlichen Bedingungen entfällt die Grundlage für eine klassenbezogene Instrumentalisierung des Strafrechts. Unter diesen dann „menschlichen Verhältnissen" vermag sich der spekulative Charakter der Straftheorie in seinen Augen in eine angemessen verfahrene und nachvollziehbare Rechtsgeltung und -durchsetzung zu verkehren.[1590] Aber auch unter der Voraussetzung eines Wegfalles der „sociale[n] Unordnung[en]" der bürgerlichen Gesellschaft bzw. der Beseitigung ihrer „antisozialen Geburtsstätten" der Kriminalität, der sicherlich zu einer Eingrenzung des Spektrums potenzieller Delikte führen würde, ist kaum davon auszugehen, dass nicht auch unter der veränderten gesellschaftlichen Entwicklung Verhaltensweisen verbleiben, die eine institutionelle Sanktionierung weiterhin erforderlich machen.[1591] Zu denken wäre hier beispielsweise an Affekt- und Sexualdelikte sowie in einem untergeordneten Rahmen auch an Verfehlungen auf Ebene des Privatrechts.[1592]

So bleibt das künftige Recht einer postbürgerlichen Gesellschaft auch im Marx'schen Werk notwendig abstraktes Recht, jedoch unter den Bedingungen einer tatsächlich verwirklichten Sittlichkeit, d.h. eines Rechtes, das seiner Gestalt nach zwar abstrakt, aber eben nicht mehr *unangemessen abstrakt*, noch restriktiv, aber eben nicht mehr *repressiv* ist. Diese notwendige Abstraktheit des positiven Rechts des *Vereins* baut somit unmittelbar auf dem liberalen „Geist der Moderne" auf, der jene *Universalität* des Rechtsinhalts erst hat ins Leben rufen können, die *objektiv bestimmte* Freiheitspielräume der *Individuen* zu konstituieren in der Lage ist.[1593] Erst unter den gesell-

---

1589 s. *Kap.* 3.3.3, *Kap.* 4.2, *Kap.* 4.3, *Kap.* 5.3, *Kap.* 6.2.3, *Kap.* 6.3, *Kap.* 7.1; vgl. Murphy 2008, S. 162f., 176.
1590 MEW 2, 190. Dem Klassengegensatz enthoben bestehen zwischen den Angeklagten, den Geschworenen und dem Richter keine durch Eigentums- oder Herrschaftsinteressen bedingte Verzerrung strafrechtlicher Würdigungen eines Sachverhaltes mehr. Erst unter dieser Annahme, verbunden mit der umfassenden gesellschaftlich – politischen Partizipation auch des Straftäters, kann die Institution des Strafens als gerecht und rechtmäßig erscheinen. Das Strafrecht steht nicht mehr im Widerspruch zur Autonomie der Individuen. (s. *Kap.* 6.2.3). Nur in diesem Sinne ist die Rede von einer *Umkehrung* des Verhältnisses zwischen dem Straftäter und der Gesellschaft zu verstehen (s. *Kap.* 4.2).
1591 MEGA² I/1, 210; MEW 2, 138.
1592 Vgl. Bloch 1977, S. 210; Murphy 2008, S. 163, 182; Sypnowich 2008, S. 486; Priddat 2018, S. 477.
1593 Vgl. Roth 2008, S. 285, 287, 289f.; Sypnowich 2008, S. 496; Marti 2010, S. 179f.; Arndt 2015, S. 116; Ders. 2016, S. 46f.; Ders. 2018, S. 19, 23f.; Ders. 2020, S. 235; s. Fn. 53. Das abstrakte moderne Recht schafft nicht nur die Grundlage für eine allgemein gültige Autonomie der Indviduen, sondern liefert zugleich den Rahmen ihrer *institutionellen Absicherung*. Hinter diesen Sprung nach vorn in der ge-

schaftlichen Bedingungen rechtlicher Freiheit vermag sich dieses Recht aus der Sicht von Marx dann endlich zu etwas „wahrhaft positive[m]" wandeln und somit zu *wirklichem Recht* erwachsen.[1594]

---

schichtlichen Entwicklung der Freiheit will auch Marx nicht mehr zurückfallen (s. Fn. 1548). So hatte er auch weniger den *Inhalt*, sondern vor allem die *Form* der Menschenrechte kritisiert, die auf der Grundlage der bürgerlichen Produktionsverhältnisse in Wirklichkeit nur vergleichsweise wenigen Individuen zukommen (s. S. 147, 271 f., 274; s. Fn. 1497).
1594 HGW 4, 483.

8 Zur Rekonstruktion des Gedankens freiheitlichen Rechts bei Marx

Die zurückliegende Betrachtung hat den Verlauf der Auseinandersetzung mit dem Recht im Werk von Marx – ausgehend von den frühesten Texten bis hin zum Spätwerk – nachzuvollziehen versucht. Sichtbar wurde hierbei, dass die Thematik des Rechts über das Werkganze hinweg einen kontinuierlichen Gegenstand seiner Betrachtungen bildete. Stand es in weiten Teilen des Ouevres zwar auch nicht im Zentrum der Erörterungen, büßte es hierdurch nie seine Bedeutung ein, die Marx dem Recht im Rahmen seiner rechtsphilosophischen Grundüberlegungen zugesprochen und dann beständig aufgegriffen und weiterentwickelt hatte. Resultat ist eine spezifische Gestalt des Rechtsdenkens Marxens, die vor dem Hintergrund ihrer strikten Historisierung sowohl *kritisch* als auch *affirmativ* in Erscheinung tritt.

Ausgehend vom wissenschaftlichen Handgemenge zwischen der Historischen und Philosophischen Rechtsschule, adaptiert Marx bereits in seinen *Frühschriften* den weiten Rechtsbegriff der Philosophie Hegels und macht diesen zum Ausgang einer eigenen, sich progressiv verstehenden Rechtsphilosophie. Eingefasst in das normative Freiheitsdenken der kritischen Philosophie des 19. Jahrhunderts ist es ein Begriff des Rechts, der sich eben nicht darin erschöpft, ein *formal-abstraktes* Normengefüge zur Regulierung menschlicher Interaktionen zum Ausdruck zu bringen, sondern immer schon auch *inhaltlich* bestimmt ist durch die individuelle Freiheit (*Person / Selbstbestimmung*).[1595] Diesem Gedanken einer *rechtlichen Freiheit* wird Marx dann in der Folgezeit im Kontext seiner Verwirklichung weiter nachspüren. Zunehmend konfrontiert mit diese Selbstbestimmung beeinträchtigenden Momenten der bestehenden gesellschaftlichen Organisation, wird daher vor allem die *soziale Freiheit* ins Zentrum der Betrachtungen rücken, die die notwendige *Ermöglichungsbedingung* einer rechtlichen Freiheit aller Individuen darstellt. Genauer betrachtet erweisen sich für ihn die im Wirken der bürgerlichen Gesellschaft eingelassenen Besitzstands- und Eigentumsverhältnisse als eine immanente Blockierung der universellen Durchsetzbarkeit rechtlicher Freiheit und lassen das Recht als eine *Form* zurück, die ihrem *Inhalt* nach im Grunde weiterhin auf den Status vorbürgerlicher Privilegien verwiesen bleibt. Entsprechend unterscheidet Marx dann auch zwischen einem *wirklichen* und einem nur *formellen Recht*, d.h. zwischen einem Recht, das inhaltlich durch Selbstbestimmung definiert ist, und einem Recht, bei dem dies nur der Form nach der Fall ist. Mit dieser vor allem in den *Deutsch-Französischen Jahrbüchern* konstituierten Scheidung tritt dann erstmals jene Janusköpfigkeit des Rechtsdenkens in Erscheinung, die sich als *Kritik des Rechts der bürgerlichen Gesellschaft* begreift und vor allem im politisch-journalistischen Werkteil weiter ausgeschärft und konkretisiert wird, sowie die Bestimmung der *Verwirklichungsbedingungen rechtlicher Freiheit*, die als affirmative

---

[1595] Vgl. Arndt 2015, S. 117; Ders. 2018, S. 19; Fischer 2018, S. 35.

Rechtsadaption den Gegenstand der theoretisch-wissenschaftlichen Abhandlungen bildet und Marx auf das Terrain der politischen Ökonomie führen wird. Es ist dann auch jene *Kritik der politischen Ökonomie,* die sowohl eine Erklärung dafür liefert, *wieso* sich aus der modernen bürgerlichen Gesellschaft heraus keine Verwirklichung der rechtlichen Freiheit einzustellen vermag, als auch dafür, *welche* gesellschaftlichen Veränderungen bewirkt werden müssen, um eine *soziale Freiheit* in Geltung setzen zu können, die eine *rechtliche Freiheit* der Individuen überhaupt erst zu ermöglichen imstande ist. Deutlich wird dabei, dass sich Marx diese Verwirklichung der rechtlichen Freiheit ausschließlich im Rahmen eines institutionellen Gefüges vorstellt, d. h. als eine mit Sanktionsmechanismen ausgestattete *öffentliche Gewalt,* die sich aus dem politischen Bezugsrahmen einer sich über die ökonomisch fundierten Eigentumsverhältnisse definierenden bürgerlichen Gesellschaft gelöst hat. In diesem Gemeinwesen des *Vereins freier Menschen,* deren Ausgestaltung Marx nur schemen- und skizzenhaft hinterlassen hat, ist das mit Selbstbestimmung untrennbar verknüpfte Recht erst als *wirkliches Recht* vorhanden, da die Menschen als *gleichberechtigte* Mitglieder ihrer Sozietät *bewusst* über die Gestaltung ihres Lebenszusammenhangs bestimmen können und somit auch über das dieses Zusammenleben regelnde Normengefüge. Resümee der entwicklungsgeschichtlichen Rekonstruktion des Rechtsdenkens ist es daher, dass Marx über das Werkganze hinweg an einer der *Hegel'schen Rechtsphilosophie* entlehnten Orientierung an einem mit der Freiheit des Individuums verknüpften *Recht* im Kontext seiner modernen Institutionalisierung festhält, seine Realisierung unter dem Primat der Rechtswirklichkeit aber im Gegensatz zu Hegel und Gans dann nicht mehr unter den abstrakt-formalen Bedingungen der modernen bürgerlichen Gesellschaft zu begreifen vermag.

Im Ergebnis ist festzustellen, dass das Resultat der entwicklungsgeschichtlichen Betrachtung des Marx'schen Rechtsdenkens daher im Gegensatz zu Interpretationen steht, die Marx – zumeist bereits a limine – eine nur *reduktionistische* Auffassung des Rechts zusprechen und diese auf ihre *kritische* Dimension beschränken oder sogar ganz zur Position eines *Rechtsnihilismus* verflachen. Interpretationen dieser Art werden der Komplexität seines Rechtsdenkens daher nicht gerecht, die eben auch eine *affirmative Dimension* mit einschließt. Bezogen auf den Rekonstruktionsversuch Maihofers bestätigt dieses Ergebnis zwar einerseits die dialektische Rechtsauffassung im Werk von Marx, soweit sie sich auf die Kritik des Rechts erstreckt, weist aber andererseits die Negation der Rechtsform und eine generelle Kritik am Konzept autonomer Subjektivität zurück. Vielmehr hat die entwicklungsgeschichtliche Darstellung gezeigt, dass das Marx'sche Rechtsdenken auf dem spezifischen Rechtsbegriff Hegels und der Architektonik seiner Rechtsphilosophie aufbaut. Norma normarum des Rechts bleibt auch bei ihm wie bei Hegel und Gans von Beginn bis Ende die Freiheit des Individuums im Sinne ihrer institutionellen Entwicklung bis zur Schwelle der Moderne, d. h. in ihrer Einfassung in die Vorstellung eines Gemeinwesens, das die *universelle Durchsetzbarkeit* der rechtlichen Freiheit institutionell zu gewährleisten hat. Dies schließt daher auch bei Marx das Bestehen von *Individualrechten* mit ein, soweit sie über ihren formal-abstrakten Charakter hinausgelangen (*Distribution, individuelles Eigentum, Selbstverwirklichung*). Und somit können auch die Postulate eines *absterbenden Staats* und der *Auflösung allen Rechts* zumindest im Denken Marxens keine hinreichende Grundlage finden. Vielmehr lässt die Vorstellung eines institutionalisierten Rechts individueller Freiheit nur den Fortbestand einer entsprechenden öffentlichen Gewalt samt einer mit Sanktionsmöglichkeiten ausgestatteten Regelung des Zusammenlebens zu, d. h. einer Instanz der notwendigen „Vermittlung zur Gemeinschaftlichkeit".[1596] Es ist das Fehlen einer systematischen Rechts- und Staatstheorie, das diese Vermittlungsaufgabe dann aber auch bei Marx, wie bereits zuvor bei Hegel und Gans, letztlich als ungelöstes Spannungsverhältnis zurücklassen muss. Neben den positiven Ausführungen zum Recht sind es auch die kontinuierlichen Zurückweisungen der sozialistischen Utopien und anarchistischen Forderungen nach einer Abschaffung des Staates, mit der sozialromantischen Vorstellungen des *unmittelbaren* Ineinseinsfallen von Individuum und Gemeinwesen oder dem Verlust *jeglicher* Autorität der Boden entzogen wird. Entscheidend ist für Marx vielmehr die *Legitimation* dieser Form von Autorität, die nicht mehr jener Herrschaft vom type ancien zu entsprechen vermag, die noch dem Staat der bürgerlichen Gesellschaft zuwächst und die erst im *Verein freier Menschen* eine mit der Selbstbestimmung des Individuums zu vereinbarende Form erlangt, die jedoch weiterhin eine *Form des Rechts* bleiben muss.

 Abschließend ließe sich fragen, was dies nun für die Bestimmung einer eigenen *Rechtsphilosophie* bei Marx bedeutet. Werden die Ausführungen zum Recht auf die eingangs entworfenen Fragestellungen der Rechtsphilosophie übertragen, so lässt sich feststellen, dass diese im Rechtsdenken Marxens vollständig zu identifizieren sind. So setzt sich Marx auf der Ebene des Rechts fortgehend mit der vorherrschenden Rechtswirklichkeit auseinander und versteht das Recht zudem als ein eigenständiges, positives Regelsystem, in dem die Möglichkeit einer sanktionsfundierten Durchsetzung stets mitgedacht ist. Entscheidende Modifikationen gegenüber den Ansätzen von Hegel und Gans nimmt Marx dann in Bezug auf die *Legitimität* des Rechts vor. Der originäre Zug seiner Rechtsphilosophie besteht in der ausgeprägteren Sensibilität gegenüber dem Verhältnis zwischen der bestehenden Rechtswirklichkeit und dem Recht als freiheitskonstitutives Moment des gesellschaftlichen Lebens, die die Legitimität von Rechtsnormen viel enger an die im Status der Rechtsperson liegende *Selbstbestimmung* zurückbindet. Zu rechtfertigen können das Zustandekommen und die Durchsetzung von Normen daher nur noch sein, wenn sie dieser Bestimmung institutionell und inhaltlich gerecht werden. Vor diesem Hintergrund ist das Rechtsdenken Marxens auch keinesfalls als ein Bruch mit der Rechtshilosophie Hegels und Gans' zu missdeuten, sondern als ihre kritisch und sozialphilosophisch ausgerichtete *Weiterführung* zu betrachten. Alles in allem darf die mühevolle entwicklungsgeschichtliche Rekonstruktion des Rechtsdenkens aber auch nicht darüber hinwegtäuschen, dass dieser *rechtsphilosophische Rahmen* viel zu unterbestimmt bleibt, als dass

---

1596 Arndt 2016, S. 47.

sich eine Theorie des Rechts hieraus unmittelbar ableiten ließe. Ebensowenig darf sich eine moderne marxistische Rechtstheorie aber auch jener Herausforderung verschließen, die darin besteht, neben der *Rechtskritik* auch der hier angelegten *Verschränkung von Recht und individueller Freiheit* gerecht zu werden. Erst eine auf diesem rechtsphilosophischen Rahmen zu entwickelnde Theorie des Rechts kann als die von Marx intendierte *Philosophie des freiheitlichen Rechts* gelten und ihr normatives Potenzial im Rahmen des kritischen Diskurses zur Anwendung bringen.

Bibliografie

Quellentexte

Marx, Karl/Engels, Friedrich, Gesamtausgabe (MEGA), herausgegeben vom Institut für Marxismus-Leninismus beim Zk der KpdSU und vom Institut für Marxismus-Leninismus beim Zk der SED, seit 1990 herausgegeben von der Internationalen Marx-Engels-Stiftung Amsterdam (Berlin 1975 ff.).

Marx, Karl/Engels, Friedrich, Werke (MEW), herausgegeben vom Institut für Marxismus-Leninismus beim Zk der SED (Berlin 1956 ff.).

Sekundärliteratur

Adorno, Theodor W., Minima Moralia. Reflexionen aus dem beschädigten Leben, Gesammelte Schriften Bd. 4, hrsg. v. Rolf Tiedemann (Frankfurt a. M. 2003).

Adorno, Theodor W., Kulturkritik und Gesellschaft I. Prismen ohne Leitbild, Gesammelte Schriften Bd. 10.1, hrsg. v. Rolf Tiedemann, 6. Aufl. (Frankfurt a. M. 2016).

Adorno, Theodor W., Kleine Proust-Kommentare, in: Noten zur Literatur, Gesammelte Schriften Bd. 11, hrsg. v. Rolf Tiedemann, 6. Aufl. (Frankfurt a. M. 2017) S. 203–215.

Aischylos, Tragödien, übers. v. Oskar Werner, hrsg. v. Bernhard Zimmermann, 6. Aufl. (Düsseldorf/Zürich 2005).

Alexy, Robert, Die Natur der Rechtsphilosophie, in: (Hrsg.) Winfried Brugger/Ulfried Neumann/Stefan Kirste, Rechtsphilosophie im 21. Jahrhundert (Frankfurt a. M. 2008) S. 11–25.

Althusser, Louis, Ideologie und ideologische Staatsapparate (1. Halbband), Gesammelte Schriften Bd. 5, hrsg. v. Frieder Otto Wolf (Hamburg 2010).

Althusser, Louis, Über die Reproduktion, Ideologie und ideologische Staatsapparate (2. Halbband), Gesammelte Schriften Bd. 5, hrsg. v. Frieder Otto Wolf (Hamburg 2012).

Arndt, Andreas, *Art.* Totalität, in: (Hrsg.) Paul Cobben/Paul Cruysberghs/Peter Jonkers/Lu De Vos, Hegel-Lexikon (Darmstadt 2006) S. 446–447.

Arndt, Andreas, Arbeit und Nichtarbeit, in: (Hrsg.) Franz Josef Wetz, Kolleg Praktische Philosophie Band 4, Recht und Rechte (Stuttgart 2008) S. 89–115.

Arndt, Andreas, Jenseits der Philosophie. Die Kritik an Bruno Bauer und Hegel, in: (Hrsg.) Harald Bluhm, Die deutsche Ideologie, Klassiker Auslegen Bd. 36 (Berlin 2010) S. 151–164.

Arndt, Andreas, Marxismus heute. Warum Marx immer noch aktuell ist, Interview vom 31.5. 2011, durchgeführt v. Timo Stein, Cicero online. Magazin für politische Kultur, http://www.cicero.de/kapital/warum-marx-immer-noch-aktuell-ist/42029, Zugriffstag: 9.1. 2022.

Arndt, Andreas, Karl Marx. Versuch über den Zusammenhang seiner Theorie, 2., durchges. u. um ein Nachwort erg. Aufl. (Berlin 2012).

Arndt, Andreas, Unmittelbarkeit (Berlin 2013).

Arndt, Andreas, Geschichte und Freiheitsbewusstsein. Zur Dialektik der Freiheit bei Hegel und Marx (Berlin 2015).

Arndt, Andreas, Rechtsform gleich Warenform? Zur Methode in Paschukanis' *Allgemeine Rechtslehre und Marxismus*, in: (Hrsg.) AG Rechtskritik, Recht – Staat – Kritik 1. Rechts- und Staatskritik nach Marx und Paschukanis (Berlin 2017) S. 42–50.

Arndt, Andreas, „….eine Assoziation, worin die freie Entwicklung eines jeden die Bedingung für die freie Entwicklung aller ist". Individualität und Freiheit bei Marx, in: (Hrsg.) Die Landesbeauftrage für Mecklenburg-Vorpommern für die Unterlagen des

Staatssicherheitsdienstes der ehemaligen DDR, Fachtagung der Landesbeauftragten für Mecklenburg-Vorpommern für die Stasi-Unterlagen. Schwerin, 16. November 2017 (Schwerin 2018) S. 11–27.

Arndt, Andreas, Individuelle Freiheit und Recht bei Marx, in: (Hrsg.) Martin Endreß/Christian Jansen, Karl Marx im 21. Jahrhundert. Bilanz und Perspektiven (Frankfurt a. M. 2020) S. 233–242.

Balbus, Isaac D., Commodity Form and Legal Form: An Essay on the „Relative Autonomy" of the law, in: (Hrsg.) Susan Easton, Marx and Law (Hampshire [GB]/Burlington [USA] 2008) S. 123–140.

Baratta, Alessandro, Recht und Gerechtigkeit bei Marx, in: (Hrsg.) Fritz Büser, Karl Marx im Kreuzverhör der Wissenschaften (Zürich/München 1974) S. 91–113.

Bienenstock, Myriam, Die „soziale Frage" im französisch-deutschen Kulturaustausch: Gans, Marx und die deutsche Saint-Simon-Rezeption, in: (Hrsg.) Reinhard Blänkner/Gerhard Göhler/Norbert Waszek, Eduard Gans (1797–1839). Politischer Professor zwischen Restauration und Vormärz (Leipzig 2002) S. 153–175.

Biewer, Frank, Karl Marx (1818–1883) und Friedrich Engels (1820–1895), in: (Hrsg.) Christian Steuerwald, Klassiker der Soziologie der Künste, prominente und bedeutende Ansätze (Wiesbaden 2016) S. 21–41.

Blänkner, Reinhard, Berlin – Paris. Wissenschaft und intellektuelle Milieus des *l'homme politique* Eduard Gans, in: (Hrsg.) Ders./Gerhard Göhler/Norbert Waszek, Eduard Gans (1797–1839). Politischer Professor zwischen Restauration und Vormärz (Leipzig 2002) S. 367–408.

Bloch, Ernst, Naturrecht und menschliche Würde (Frankfurt a. M. 1977).

Bluhm, Harald, Freiheit in Marx' Theorien, in: (Hrsg.) Ingo Pies/Martin Leschke, Karl Marx' kommunistischer Individualismus (Tübingen 2005) S. 57–80.

Bluhm, Harald, Einführung: Die deutsche Ideologie – Kontexte und Deutungen, in: (Hrsg.) Ders., Die deutsche Ideologie, Klassiker Auslegen Bd. 36 (Berlin 2010) S. 1–23.

Böhler, Dietrich, Zu einer historisch-dialektischen Rekonstruktion des bürgerlichen Rechts – Probleme einer Rechts- und Sozialphilosophie, in: (Hrsg.) Hubert Rottleuthner, Probleme der marxistischen Rechtstheorie (Frankfurt a. M. 1975) S. 92–158.

Bourgeois, Bernard, Der Begriff des Staates (§§ 257–271), in: (Hrsg.) Ludwig Siep, G. W. F. Hegel: Grundlinien der Philosophie des Rechts, Klassiker Auslegen Bd. 9, 3., bearb. Aufl. (Berlin 2014) S. 217–242.

Braun, Johann, Der Besitzrechtsstreit zwischen F. C. von Savigny und Eduard Gans. Idee und Wirklichkeit einer juristischen Kontroverse, Quaderni Fiorentini per la Storia del pensiero giuridico moderno, Bd. 9 (Mailand 1980) S. 457–506.

Braun, Johann, Einführung des Herausgebers, in: (Hrsg.) Ders., Eduard Gans. Naturrecht und Universalrechtsgeschichte. Vorlesungen nach G. W. F. Hegel (Tübingen 2005) S. XIX–LVII.

Braun, Johann, Einleitung, in: (Hrsg) Ders., Eduard Gans. Briefe und Dokumente (Tübingen 2011) S. IX–XXXVII. (= 2011a)

Braun, Johann, Einführung in die Rechtsphilosophie. Der Gedanke des Rechts, 2., durchges. u. verb. Aufl. (Tübingen 2011). (= 2011b)

Brecht, Bertolt, Aufstieg und Fall der Stadt Mahagonny (Frankfurt a. M. 1963).

Brecht, Bertolt, Die heilige Johanna der Schlachthöfe, 39. Aufl. (Frankfurt a. M. 2017).

Brown, Stephen A., The Problem with Marx on Rights, in: (Hrsg.) Susan Easton, Marx and Law (Hampshire [GB]/Burlington [USA] 2008) S. 259–264.

Brunkhorst, Hauke, Kommentar, in: (Hrsg.) Ders., Karl Marx. Der achtzehnte Brumaire des Louis Bonaparte, 2. Aufl. (Frankfurt a. M. 2016) S. 133–329.

Buchanan, Allen, The Marxian Critique of Justice and Rights, in: (Hrsg.) Kai Nielsen/Steven C. Patten, Marx and Morality (Guelph Ontario 1981) S. 269–306.

Carroll, Lewis, Alices Abenteuer im Wunderland, übers. u. hrsg. v. Günther Flemming (Stuttgart 2008).

Celikates, Robin/Loick, Daniel, *Art.* Politische Schriften, in: (Hrsg.) Michael Quante/David P. Schweikard, Marx Handbuch. Leben – Werk – Wirkung (Stuttgart 2016) S. 119–144.
Cerroni, Umberto, Marxismus und Recht – Historisch-kritische Überlegungen, in: (Hrsg.) Norbert Reich, Marxistische und sozialistische Rechtstheorie (Frankfurt a.M. 1972) S. 169–180.
Cobben, Paul, Kapitel I. Werkbiographie, in: (Hrsg.) Ders./Paul Cruysberghs/Peter Jonkers/Lu De Vos, Hegel-Lexikon (Darmstadt 2006) S. 11–29. (= 2006a)
Cobben, Paul, Werke. Objektiver Geist/Grundlinien der Philosophie des Rechts (Grl), in: Ebd., S. 73–78. (= 2006b)
Cobben, Paul, *Art.* Gesellschaft, bürgerliche, in: Ebd., S. 229–331. (= 2006c)
Cobben, Paul, *Art.* Moralität, in: Ebd., S. 324–328. (= 2006d)
Cobben, Paul, *Art.* Recht, abstraktes, in: Ebd., S. 381–384. (= 2006e)
Cobben, Paul, *Art.* Sittlichkeit, in: Ebd., S. 408–410. (= 2006f)
Cobben, Paul, *Art.* Staat, in: Ebd., S. 423–427. (= 2006g)
Cruysberghs, Paul, *Art.* Poesie, in: Ebd., S. 358–360.
Dahmer, Helmut/Fleischer, Helmut, Karl Marx, in: (Hrsg.) Dirk Käsler, Klassiker des soziologischen Denkens. Erster Band von Comte bis Durkheim (München 1976) S. 62–158.
Döring, Eberhard, Paul K. Feyerabend zur Einführung (Hamburg 1998).
Easton, Susan, Introduction: Marx's Legacy, in: (Hrsg.) Dies., Marx and Law (Hampshire [GB]/Burlington [USA] 2008) S. XI–XXIX.
Egger, Lukas, Der „schreckliche erste Abschnitt". Zu Louis Althussers Kritik an der marxschen Werttheorie, PROKLA 188 (2017) S. 435–452.
Ende, Michael, Momo oder Die seltsame Geschichte von den Zeit-Dieben und von dem Kind, das den Menschen die gestohlene Zeit zurückbrachte. Ein Märchen-Roman, 4. Aufl. (Stuttgart 2015).
Endreß, Martin/Jansen, Christian, Einleitung, in: (Hrsg.) Dies., Karl Marx im 21. Jahrhundert. Bilanz und Perspektiven (Frankfurt a.M. 2020) S. 9–20.
Eßbach, Wolfgang, Max Stirner – Geburtshelfer und böse Fee an der Wiege des Marxismus, in: (Hrsg.) Harald Bluhm, Die deutsche Ideologie, Klassiker Auslegen Bd. 36 (Berlin 2010) S. 151–164.
Feuerbach, Ludwig, Ein kurzes Wort gegen die Hypokrisie des liberalen Pietismus, Hallische Jahrbücher 4/1841 (92) S. 367–368.
Feuerbach, Ludwig, Gesammelte Werke, hrsg. v. Werner Schuffenhauer (Berlin [DDR] 1967 ff.).
Fisahn, Andreas, Staat, Recht und Demokratie. Eine Einführung in das politische Denken von Marx und Engels (Köln 2018).
Fischer, Franz-Alois, Das Recht und seine Voraussetzungen. Eine rechtsphilosophische Rekonstruktion von Hegels Rechtsbegriff (Freiburg/München 2018).
Flechtheim, Ossip K./Lohmann, Hans-Martin, Marx zur Einführung, 3., verb. Aufl. (Hamburg 2000).
Fleischer, Helmut, Warum eigentlich Materialismus?, in: (Hrsg.) Urs Jaeggi/Axel Honneth, Theorien des Historischen Materialismus (Frankfurt a.M. 1977) S. 173–205.
France, Anatole, Die rote Lilie, Gesammelte Schriften, übers. v. F. Gräfin zu Reventlow (München 1925).
Frank, Manfred, Eine Einführung in Schellings Philosophie, 2. Aufl. (Frankfurt a.M. 1995).
Gamm, Gerhard, Der Deutsche Idealismus. Eine Einführung in die Philosophie von Fichte, Hegel und Schelling (Stuttgart 1997).
Gans Eduard, Das Erbrecht in weltgeschichtlicher Entwicklung – Eine Abhandlung der Universalrechtsgeschichte, Bd. 1 (Berlin 1824).
Gans Eduard, Rückblicke auf Personen und Zustände (Berlin 1836).
Gans Eduard, Über die Grundlage des Besitzes. Eine Duplik (Berlin 1839).

Gans Eduard, Vorrede, in: (Hrsg.) Hermann Klenner, Georg Wilhelm Friedrich Hegel, Grundlinien der Philosophie des Rechts oder Naturrecht und Staatswissenschaften im Grundrisse. Nach der Ausgabe von Eduard Gans (Berlin [DDR] 1981) S. 3–10.

Gans Eduard, Naturrecht und Universalrechtsgeschichte. Vorlesungen nach G. W. F. Hegel, hrsg. v. Johann Braun (Tübingen 2005).

Goethe, Johann Wolfgang von, Werke, Hamburger Ausgabe in 14 Bänden, 16., überarb. Aufl. (München 1986).

Göhler, Gerhard, Stabilität von Institutionen unter den Bedingungen ihres Wandels: Hegel und Gans, in: (Hrsg.) Reinhard Blänkner/Gerhard Göhler/Norbert Waszek, Eduard Gans (1797–1839). Politischer Professor zwischen Restauration und Vormärz (Leipzig 2002) S. 207–231.

Graf, Jakob/Krug, Anne-Kathrin/Peitsch, Matthias, Recht im marxschen Denken. Eine Einführung, in: (Hrsg.) AG Rechtskritik, Recht – Staat – Kritik 1. Rechts- und Staatskritik nach Marx und Paschukanis (Berlin 2017) S. 11–19.

Grosser, Dieter, Grundlagen und Struktur der Staatslehre Friedrich Julius Stahls (Köln/Opladen 1963).

Großfeld, Bernhard, Die Einkommensteuer. Geschichtliche Grundlage und rechtsvergleichender Ansatz (Tübingen 1981).

Habermas, Jürgen, Zur Rekonstruktion des Historischen Materialismus (Frankfurt a. M. 1976).

Habermas, Jürgen, Noch einmal: Zum Verhältnis von Moralität und Sittlichkeit. Vortrag an der Universität Frankfurt, 19. Juni 2019, Deutsche Zeitschrift für Philosophie 67 (2019) S. 729–743.

Haferkamp, Hans-Peter, Die Historische Rechtsschule (Frankfurt a. M. 2018).

Haug, Wolfgang Fritz, Marx, Ethik und ideologische Formbestimmtheit der Moral, in: (Hrsg.) Emil Angehrn/Georg Lohmann, Ethik und Marx. Moralkritik und normtive Grundlagen der Marxschen Theorie (Königstein/Ts. 1986) S. 36–57.

Hegel, Georg Wilhelm Friedrich, Gesammelte Werke, in Verbindung mit der Deutschen Forschungsgemeinschaft, hrsg. v. d. Rheinisch-Westfälischen Akademie der Wissenschaften (Hamburg 1968 ff.).

Hegel, Georg Wilhelm Friedrich, Grundlinien der Philosophie des Rechts oder Naturrecht und Staatswissenschaft im Grundrisse. Nach der Ausgabe von Eduard Gans, hrsg. u. mit einem Anhang versehen von Hermann Klenner (Berlin [DDR] 1981).

Heinrich, Michael, Kritik der politischen Ökonomie. Eine Einführung, 3. Aufl. (Stuttgart 2005).

Heinrich, Michael, Die Wissenschaft vom Wert. Die Marxsche Kritik der politischen Ökonomie zwischen wissenschaftlicher Revolution und klassischer Tradition, 5. Aufl. (Münster 2011).

Heinrich, Michael, Von den ‚kanonischen Texten' zu Marx' ungeschriebenem *Kapital*, in: (Hrsg.) Rahel Jaeggi/Daniel Loick, Karl Marx – Perspektiven der Gesellschaftskritik, Deutsche Zeitschrift für Philosophie Sonderband 34 (Berlin 2013) S. 123–144.

Heinrich, Michael, *Art.* Das Programm der Kritik der politischen Ökonomie, in: (Hrsg.) Michael Quante/David P. Schweikard, Marx Handbuch. Leben – Werk – Wirkung (Stuttgart 2016) S. 71–118.

Heinrich, Michael, Karl Marx und die Geburt der modernen Gesellschaft. Biographie und Werkentwicklung. Erster Band: 1818–1841 (Stuttgart 2018).

Henrich, Dieter, Hegel im Kontext. Mit einem Nachwort zur Neuauflage (Frankfurt a. M. 2010).

Herres, Jürgen, Der Kölner Kommunistenprozeß von 1852, Geschichte in Köln. Zeitschrift für Stadt- und Regionalgeschichte 50 (2003) S. 133–155.

Herres, Jürgen, Karl Marx als politischer Journalist im 19. Jahrhundert, Beiträge zur Marx-Engels-Forschung Neue Folge 2005 (Berlin/Hamburg 2006) S. 7–28.

Herres, Jürgen, Karl Marx in den europäischen Revolutionen von 1848/49, in: (Hrsg.) Martin Endreß/Christian Jansen, Karl Marx im 21. Jahrhundert. Bilanz und Perspektiven (Frankfurt a. M. 2020) S. 119–153.

Hollerbach, Alexander, Der Rechtsgedanke bei Schelling. Quellenstudien zu seiner Rechts- und Staatsphilosophie (Frankfurt a. M. 1957).
Honneth, Axel, Geschichte und Interaktionsverhältnisse. Zur strukturalistischen Deutung des Historischen Materialismus, in: (Hrsg.) Urs Jaeggi/Ders., Theorien des Historischen Materialismus (Frankfurt a. M. 1977) S. 405–449.
Honneth, Axel, Das Reich der verwirklichten Freiheit. Hegels Idee einer „Rechtsphilosophie", in: Das Ich im Wir. Studien zur Anerkennungstheorie (Frankfurt a. M. 2010) S. 33–48.
Honneth, Axel, Das Recht der Freiheit. Grundriß einer demokratischen Sittlichkeit (Frankfurt a. M. 2013).
Honneth, Axel, Wirtschaft oder Gesellschaft? Größe und Grenzen von Marx' Theorie des Kapitalismus, in: (Hrsg.) Martin Endreß/Christian Jansen, Karl Marx im 21. Jahrhundert. Bilanz und Perspektiven (Frankfurt a. M. 2020) S. 289–322.
Honneth, Axel/Joas, Hans, Soziales Handeln und menschliche Natur. Anthropologische Grundlagen der Sozialwissenschaften (Frankfurt a. M. 1980).
Horster, Detlef, Rechtsphilosophie zur Einführung (Hamburg 2002).
Horstmann, Rolf-Peter, Hegels Theorie der bürgerlichen Gesellschaft (§§ 158–256), in: (Hrsg.) Ludwig Siep, G. W. F. Hegel: Grundlinien der Philosophie des Rechts, Klassiker Auslegen Bd. 9, 3., bearb. Aufl. (Berlin 2014) S. 193–216.
Hubmann, Gerald, Referenz und Maßstab emanzipativen Denkens. Karl Marx in neuen Textausgaben und Einführungen, Deutsche Zeitschrift für Philosophie 56 (2008) S. 789–801.
Hühn, Lore/Müller, Oliver, Vorwort, Allgemeine Zeitschrift für Philosophie 2018 (43.3) S. 245–247.
Hüning, Dieter, Kants Strafrechtstheorie und das jus talionis, in: (Hrsg.) Ders./Karin Michel/Andreas Thomas, Aufklärung durch Kritik. Festschrift für Manfred Baum zum 65. Geburtstag (Berlin 2004) S. 333–360.
Hugo, Gustav, Lehrbuch eines civilistischen Kursus. Zweyter Band, welcher daß Naturrecht, als eine Philosophie des positiven Rechts enthält (Berlin 1799).
Hugo, Gustav, Lehrbuch des Naturrechts 1819, eingel. v. Theodor Viehweg (Glashütten im Taunus 1971 [ND Berlin 1819]).
Iorio, Marco, Einführung in die Theorien von Karl Marx (Berlin/Boston 2012).
Jaeggi, Rahel, Entfremdung. Zur Aktualität eines sozialphilosophischen Problems (Frankfurt a. M. 2005).
Jaeggi, Rahel/Loick, Daniel, Marx Aktualitäten – Zur Einleitung, in: (Hrsg.) Dies./Ders., Nach Marx. Philosophie, Kritik, Praxis (Frankfurt a. M. 2013) S. 9–22.
Jaeggi, Urs, Einleitung, in: (Hrsg.) Ders./Axel Honneth, Theorien des Historischen Materialismus (Frankfurt a. M. 1977) S. 8–26.
Jaeschke, Walter/Arndt, Andreas, Die Klassische Deutsche Philosophie nach Kant. Systeme der reinen Vernunft und ihre Kritik 1785–1845 (München 2012).
Jansen, Christian, Politischer Streit mit harten Bandagen. Zur brieflichen Kommunikation unter den emigrierten Achtundvierzigern – unter besonderer Berücksichtigung der Kontroverse zwischen Marx und Vogt, in: (Hrsg.) Jürgen Herres/Manfred Neuhaus, Politische Netzwerke durch Briefkommunikation. Briefkultur der politischen Oppositionsbewegungen und frühen Arbeiterbewegungen im 19. Jahrhundert (Berlin 2002) S. 49–100.
Jhering, Rudolf von, Der Kampf ums Recht, 8., erg. Aufl. (Frankfurt a. M. 2003).
Jonkers, Peter, Werke. Jenaer kritische Schriften (JKS), in: (Hrsg.) Paul Cobben/Paul Cruysberghs/Peter Jonkers/Lu De Vos, Hegel-Lexikon (Darmstadt 2006) S. 38–44. (= 2006a)
Jonkers, Peter, Art. Potenz, in: Ebd., S. 362–363. (= 2006b)
Kant, Immanuel, Kritik der praktischen Vernunft. Grundlegung zur Metaphysik der Sitten, Werkausgabe Bd. 7 (Frankfurt a. M. 1974).
Kant, Immanuel, Kritik der Urteilskraft, Werkausgabe Bd. 10 (Frankfurt a. M. 1974).

Kelley, Donald R., The Metaphysics of Law: An Essay on the very young Marx, in: (Hrsg.) Susan Easton, Marx and Law (Hampshire [GB]/Burlington [USA] 2008) S. 3–20.
Kervégan, Jean-François, *Art.* Freiheit, Moral und Sittlichkeit. Hegel, in: (Hrsg.) Hans Jörg Sandkühler, Handbuch Deutscher Idealismus (Stuttgart/Weimar 2005) S. 162–171.
Klenner, Hermann, Feuerbach und der Ansatz der Rechtstheorie von Karl Marx, Beiträge zur Marx-Engels-Forschung, Dem Wirken Auguste Cornus gewidmet (Berlin 1975) S. 55–71.
Klenner, Hermann, Hegels Rechtsphilosophie in der Zeit, in: (Hrsg.) Ders., Georg Wilhelm Friedrich Hegel, Grundlinien der Philosophie des Rechts oder Naturrecht und Staatswissenschaften im Grundrisse. Nach der Ausgabe von Eduard Gans (Berlin [DDR] 1981) S. 565–609.
Klenner, Hermann, Vom Recht der Natur zur Natur des Rechts (Berlin [DDR] 1984).
Klenner, Hermann, Feuerbach contra Stahl, in: (Hrsg.) Hans-Jürg Braun/Hans-Martin Sass/Werner Schuffenhauer/Francesco Tomasoni, Ludwig Feuerbach und die Philosophie der Zukunft (Berlin 1990) S. 529–542.
Klenner, Hermann, Deutsche Rechtsphilosophie im 19. Jahrhundert. Essays (Berlin 1991).
Klenner, Hermann, Marxens Verfassungstheorie und historische Illusionen 1842 bis 1852, Beiträge zur Marx-Engels-Forschung Neue Folge 2002 (Berlin/Hamburg 2003) S. 66–82.
Klenner, Hermann, Recht und Unrecht (Bielefeld 2004).
Kliem, Manfred, Karl Marx. Dokumente seines Lebens, 1818–1883, zusammengest. u. erl. v. Ders. (Leipzig 1970).
Koglin, Olaf, Die Briefe Friedrich Julius Stahls (Kiel 1975).
Koller, Peter, Der Begriff des Rechts und seine Konzeptionen, in: (Hrsg.) Winfried Brugger/Ulfried Neumann/Stefan Kirste, Rechtsphilosophie im 21. Jahrhundert (Frankfurt a. M. 2008) S. 157–180.
Kool, Frits/Krause, Werner, Wilhelm Weitling und August Becker, Einführung, in: (Hrsg.) Dies., Die frühen Sozialisten, Bd. 2 (München 1972) S. 465–471.
Korsch, Karl, Marxismus und Philosophie, hrsg. u. eingel. v. Erich Gerlach (Frankfurt a. M. 1966).
Krätke, Michael, Marx als Wirtschaftsjournalist, Beiträge zur Marx-Engels-Forschung Neue Folge 2005 (Berlin/Hamburg 2006) S. 29–97.
Landau, Peter, Karl Marx und die Rechtsgeschichte, Tijdschrift for Rechtsgeschiedenis 41 (1973) S. 361–371.
Lange, Ernst Michael, Verein freier Menschen, Demokratie, Kommunismus, in: (Hrsg.) Emil Angehrn/Georg Lohmann, Ethik und Marx. Moralkritik und normative Grundlagen der Marxschen Theorie (Königstein/Ts. 1986) S. 102–124.
Lenin, Wladimir Iljitsch, Staat und Revolution, in: Lenin, Werke (LW), Bd. 25 (Berlin [DDR] 1960) S. 393–507.
Lindner, Urs, *Art.* Louis Althusser in: (Hrsg.) Michael Quante/David P. Schweikard, Marx Handbuch. Leben – Werk – Wirkung (Stuttgart 2016) S. 355–360.
Linke, Bernhard, Die römische Republik von den Gracchen bis Sulla, 3., bibl. aktual. Aufl. (Darmstadt 2015).
Locke, John, Zwei Abhandlungen über die Regierung, übers. v. Jörn Hoffmann, hrsg. u. eingel. v. Walter Euchner (Frankfurt a. M. 1977).
Lohmann, Georg, Gesellschaftskritik und normativer Maßstab. Überlegungen zu Marx, in: (Hrsg.) Axel Honneth/Urs Jaeggi, Arbeit, Handlung, Normativität, Theorien des Historischen Materialismus 2 (Frankfurt a. M. 1980) S. 234–299.
Lohmann, Georg, „Alte Neustadt". Georg Lohmann zu Ingo Elbes Forschungsbericht über die „Neue-Marx-Lektüre" in Information Philosophie 5 (2012) S. 112–113.
Lohmann, Georg, Marxens Kapitalismuskritik als Kritik an menschenunwürdigen Verhältnissen, in: (Hrsg.) Rahel Jaeggi/Daniel Loick, Karl Marx – Perspektiven der Gesellschaftskritik (Berlin 2013) S. 67–77.

Loick, Daniel, Abhängigkeitserklärung. Recht und Subjektivität, in: (Hrsg.) Rahel Jaeggi/Ders., Nach Marx. Philosophie, Kritik, Praxis (Frankfurt a. M. 2013) S. 296–318.
Lucas, Hans-Christian, „Dieses Zukünftige wollen wir mit Ehrfurcht begrüßen" – Bemerkungen zur Historisierung und Liberalisierung von Hegels Rechts- und Staatsbegriff durch Eduard Gans, in: (Hrsg.) Reinhard Blänkner/Gerhard Göhler/Norbert Waszek, Eduard Gans (1797–1839). Politischer Professor zwischen Restauration und Vormärz (Leipzig 2002) S. 105–135.
Lukács, Georg, Geschichte und Klassenbewußtsein. Studien über marxistische Dialektik (Berlin 1923).
Magdanz, Edda, Gans' Stellung im Konstituierungsprozess der junghegelianischen Bewegung, in: (Hrsg.) Reinhard Blänkner/Gerhard Göhler/Norbert Waszek, Eduard Gans (1797–1839). Politischer Professor zwischen Restauration und Vormärz (Leipzig 2002) S. 177–206.
Maihofer, Andrea, Das Recht bei Marx. Zur dialektischen Struktur von Gerechtigkeit, Menschenrechten und Recht (Baden-Baden 1992).
Marcuse, Herbert, Neue Quellen zur Grundlegung des Historischen Materialismus, Schriften Bd. 1 (Springe 2004) S. 509–555. (= 2004a)
Marcuse, Herbert, Vernunft und Revolution. Hegel und die Entstehung der Gesellschaftstheorie, Schriften Bd. 4 (Springe 2004). (= 2004b)
Márkus, György, Die Welt menschlicher Objekte. Zum Problem der Konstitution im Marxismus, in: (Hrsg.) Axel Honneth/Urs Jaeggi, Arbeit, Handlung, Normativität, Theorien des Historischen Materialismus 2 (Frankfurt a. M. 1980) S. 12–136.
Marquard, Odo, Schelling – Zeitgenosse Inkognito, in: (Hrsg.) Hans Michael Baumgartner, Schelling. Einführung in seine Philosophie (Freiburg/München 1975) S. 9–26.
Marti, Urs, Marx und die politische Philosophie der Gegenwart, PROKLA 159 (2010) S. 177–193.
McMurtry, John, Is there a Marxist Personal Morality?, in: (Hrsg.) Kai Nielsen/Steven C. Patten, Marx and Morality (Guelph Ontario 1981) S. 171–192.
Melis, François, 150 Jahre Neue Rheinische Zeitung. Aktuelle Forschungsergebnisse und neue Dokumente, Beiträge zur Marx-Engels-Forschung Neue Folge 1998 (Berlin/Hamburg 1999) S. 97–116.
Melis, François, Eine neue Sicht auf die Neue Rheinische Zeitung? Zur Edition der MEGA²-Bände I/7–9, Beiträge zur Marx-Engels-Forschung Neue Folge 2005 (Berlin/Hamburg 2006) S. 121–138.
Melville, Herman, Moby-Dick oder Der Wal, übers. v. Matthias Jendis, hrsg. v. Daniel Göske, 3. Aufl. (München/Wien 2003).
Menke, Christoph, Die andere Form der Herrschaft. Marx' Kritik des Rechts, in: (Hrsg.) Rahel Jaeggi/Daniel Loick, Nach Marx. Philosophie, Kritik, Praxis (Frankfurt a. M. 2013) S. 273–295.
Metzger, Ulrike/Weingarten, Joe, Einkommensteuer und Einkommensteuerverwaltung in Deutschland. Ein historischer und verwaltungswissenschaftlicher Überblick (Wiesbaden 1989).
Mikat, Paul, Zur Bedeutung Friedrich Carl von Savignys für die Entwicklung des deutschen Scheidungsrechts im 19. Jahrhundert, in: (Hrsg.) Walther J. Habscheid/Hans Friedhelm Gaul/Paul Mikat, Festschrift für Friedrich Wilhelm Bosch zum 65. Geburtstag (Bielefeld 1976) S. 671–697.
Miller, Richard W., Marx and Aristotle, in: (Hrsg.) Kai Nielsen/Steven C. Patten, Marx and Morality (Guelph Ontario 1981) S. 323–352.
Mohnhaupt, Heinz, Universalrechtsgeschichte und Vergleichung bei Eduard Gans, in: (Hrsg.) Reinhard Blänkner/Gerhard Göhler/Norbert Waszek, Eduard Gans (1797–1839). Politischer Professor zwischen Restauration und Vormärz (Leipzig 2002) S. 339–366.
Mohr, Georg, *Art.* Das Strafrecht (Kant), in: (Hrsg.) Hans-Jörg Sandkühler, Handbuch Deutscher Idealismus (Stuttgart 2005) S. 183–184. (= 2005a)
Mohr, Georg, *Art.* Verbrechen und Strafe (Hegel), in: Ebd., S. 204–206. (= 2005b)

Mohr, Georg, Unrecht und Strafe, in: (Hrsg.) Ludwig Siep, G. W. F. Hegel: Grundlinien der
   Philosophie des Rechts, 3., bearb. Aufl. (Berlin 2014) S. 95–124.
Montesquieu, Vom Geist der Gesetze, Ausw., Übers. u. Einleitung v. Kurt Weigand (Stuttgart 1994).
Moriya, Kenichi, Savignys Gedanke im Recht des Besitzes (Frankfurt a. M. 2003).
Mozart, Wolfgang Amadeus, Le Nozze de Figaro/Die Hochzeit des Figaro. Opera buffa in vier Akten,
   Textbuch Italienisch/Deutsch, Liberetto v. Lorenzo da Ponte, Übers. u. Nachwort v. Dietrich
   Klose (Stuttgart 2016).
Müller, Claudius, *Art*. Rechtsphilosophie, in: (Hrsg.) Peter Prechtl/Franz-Peter Burkhard, Metzler
   Philosophie Lexikon. Begriffe und Definitionen, 2., erw. u. akt. Auflage (Stuttgart/Weimar
   1999) S. 498.
Murphy, Jeffrie G., Marxism and Retribution, in: (Hrsg.) Susan Easton, Marx and Law (Hampshire
   [GB]/Burlington [USA] 2008) S. 361–387.
Negt, Oskar, 10 Thesen zur marxistischen Rechtstheorie, in: (Hrsg.) Hubert Rottleuthner, Probleme
   der Marxistischen Rechtstheorie (Frankfurt a. M. 1975) S. 10–71.
Newman, Katherine, Law and Economic Organisation, in: (Hrsg.) Sally Falk Moore, Law and
   Anthropology. A Reader (Malden MA 2005) S. 32–39.
Novalis, Werke, hrsg. u. kommentiert v. Gerhard Schulz, 5., erg. Aufl. (München 2013).
Nutzinger, Hans G., Das Werk von Karl Marx im Spiegel der Beiträge des Bandes, in: (Hrsg.) Ingo
   Pies/Martin Laeschke, Karl Marx' kommunistischer Individualismus (Tübingen 2005)
   S. 203–223.
Nuzzo, Angelica, Begriff und Geschichte – Eduard Gans' Stellung zu Hegels Systematik der
   Philosophie, in: (Hrsg.) Reinhard Blänkner/Gerhard Göhler/Norbert Waszek, Eduard Gans
   (1797–1839). Politischer Professor zwischen Restauration und Vormärz (Leipzig 2002)
   S. 137–151.
Paschukanis, Eugen, Für eine marxistisch-leninistische Staats- und Rechtstheorie (Auszüge), übers.
   aus dem Russischen von Norbert Reich, in: (Hrsg.) Norbert Reich, Marxistische und
   sozialistische Rechtstheorie (Frankfurt a. M. 1972) S. 107–111.
Paschukanis, Eugen, Allgemeine Rechtslehre und Marxismus. Versuch einer Kritik der juristischen
   Grundbegriffe, übers. aus dem Russischen von Edith Hajós (Freiburg 2013).
Paul, Wolf, Die Marxistische Rechtstheorie – Wissenschaft oder Philosophie des Rechts?, in: (Hrsg.)
   Günther Jahr/Werner Maihofer, Rechtstheorie. Beiträge zur Grundlagendiskussion (Frankfurt
   a. M. 1971) S. 175–223.
Paul, Wolf, Das Programm marxistischer Rechtstheorie – ein kritischer Rekonstruktionsversuch, in:
   (Hrsg) Nobert Reich, Marxistische und sozialistische Rechtstheorie (Frankfurt a. M. 1972)
   S. 201–235.
Paul, Wolf, Der aktuelle Begriff marxistischer Rechtstheorie, in: (Hrsg.) Hubert Rottleuthner,
   Probleme der marxistischen Rechtstheorie (Frankfurt a. M. 1975) S. 72–91.
Pinkard, Terry, Eduard Gans, Heinrich Heine und Hegels Philosophie der Geschichte, in: (Hrsg.)
   Hans-Christoph Schmidt am Busch/Ludwig Siep/Hans-Ulrich Thamer [u. a.], Hegelianismus und
   Saint-Simonismus (Paderborn 2007) S. 131–158.
Piraud, Mischa/Rother, Wolfgang, Vorwort, Studia Philosophica 79 (2020) S. 3–6.
Priddat, Birger P., Die ‚wirkliche Ökonomie' bei Marx. Über den Kommunismus als Reich der Freiheit
   freier Zeit, in: (Hrsg.) Rainer Lucas/Reinhard Pfriem/Claus Thomasberger, Auf der Suche nach
   dem Ökonomischen – Karl Marx zum 200. Geburtstag (Marburg 2018) S. 469–486.
Poulantzas, Nicos, Aus Anlaß der marxistischen Rechtstheorie, in: (Hrsg.) Norbert Reich,
   Marxistische und sozialistische Rechtstheorie (Frankfurt a. M. 1972) S. 181–199.
Quante, Michael, Zeit für Marx? Neue Literatur zur Philosophie von Karl Marx, Zeitschrift für
   philosophische Forschung 56 (2002) S. 449–467.

Quante, Michael, Philosophie der Krise: Dimensionen der nachhegelschen Reflexion. Neuere Philosophie des Vormärz und der Junghegelianer, Zeitschrift für philosophische Forschung 63.2 (2009) S. 313–334. (= 2009a)
Quante, Michael, Karl Marx. Ökonomisch-philosophische Manuskripte. Kommentar von Michael Quante (Frankfurt a. M. 2009). (= 2009b)
Quante, Michael, Die Beisetzung des Politischen in der Metaphysik von Karl Marx, *Mitteilungen des Fachverbands Philosophie* 50 (2010) S. 97–111.
Quante, Michael, Der unversöhnte Marx. Die Welt in Aufruhr (Münster 2018).
Quante, Michael/Schweikard, David P., Vorwort, in: (Hrsg.) Dies., Marx Handbuch. Leben – Werk – Wirkung (Stuttgart 2016) S. V–VI.
Rapic, Smail, Legitimationsprobleme im Spätkapitalismus – Zur Aktualität eines Habermas'schen Textes aus dem Jahre 1973, in: (Hrsg.) Ders., Habermas und der Historische Materialismus, 2. Aufl. (Freiburg/München 2015) S. 154–199.
Reich, Norbert, Einleitung. Marxistische und sozialistische Rechtstheorie – Subjekt und Objekt von Wissenschaft, in: (Hrsg.) Ders., Marxistische und sozialistische Rechtstheorie (Frankfurt a. M. 1972) S. 7–23.
Renner, Karl, Die Rechtsinstitute des Privatrechts und ihre soziale Funktion. Ein Beitrag zur Kritik des bürgerlichen Rechts, mit einer Einleitung u. Anmerkungen von Otto Kahn-Freund (Stuttgart 1965).
Ritter, Joachim, Person und Eigentum. Zu Hegels Grundlinien der Philosophie des Rechts (§§ 34 – 81), in: (Hrsg.) Ludwig Siep, G. W. F. Hegel: Grundlinien der Philosophie des Rechts, Klassiker Auslegen Bd. 9, 3., bearb. Aufl. (Berlin 2014) S. 5572.
Rohbeck, Johannes, Marx (Leipzig 2006).
Roth, Brad R., Retrieving Marx for the Human Rights Project, in: (Hrsg.) Susan Easton, Marx and Law (Hampshire [GB]/Burlington [USA] 2008) S. 265–300.
Rottleuthner, Hubert, Marxistische und analytische Rechtstheorie, in: (Hrsg.) Ders., Probleme der marxistischen Rechtstheorie (Frankfurt a. M. 1975) S. 159–311.
Rousseau, Jean-Jacques, Vom Gesellschaftsvertrag oder Grundsätze des Staatsrechts (Stuttgart 2006).
Rousseau, Jean-Jacques, Diskurs über die Ungleichheit/Discours sur l'inégalité, kritische Ausgabe des integralen Textes, übers. v. Heinrich Meier, 6. Aufl. (Paderborn 2008).
Ruge, Arnold, Die berliner Juristenfacultät, Hallische Jahrbücher 4/126 (1841) S. 501.
Safranski, Rüdiger, Romantik. Eine deutsche Affäre (München 2007).
Sandkühler, Hans Jörg, *Art.* Der Deutsche Idealismus zur Einführung, in: (Hrsg.) Ders., Handbuch Deutscher Idealismus (Stuttgart/Weimar 2005) S. 1–21.
Savigny, Friedrich Carl von, Das Recht des Besitzes. Eine civilistische Abhandlung (Frankfurt a. M. 1985 [ND Gießen 1803]).
Savigny, Friedrich Carl von, Vom Beruf unserer Zeit für Gesetzgebung und Rechtswissenschaft (Hildesheim/Zürich/New York 2013 [ND Heidelberg 1840]).
Savigny, Friedrich Carl von, Die Prinzipienfragen in Beziehung auf eine neue Strafprozeß-Ordnung (ungedruckte Denkschrift, Berlin 1846), auszugsweise abgedrckt u. d. Titel „Ueber Schwurgerichte und Beweistheorie im Strafprozesse", Archiv für Preußisches Strafrecht 6 (1858) S. 469491.
Schiller, Friedrich, Sämtliche Werke in fünf Bänden, auf der Grundlage der Textedition v. Herbert G. Göpfert, hrsg. v. Peter-André Alt/Albert Meier/Wolfgang Riedel, 2. Aufl. (München 2007).
Schefold, Christoph, Die Rechtsphilosophie des jungen Marx von 1842 (München 1970).
Schelling, Friedrich Wilhelm Joseph, Sämtliche Werke, hrsg. v. K. F. A. Schelling (Stuttgart/Augsburg 1856–1861).
Schmidt, Christian, Karl Marx zur Einführung (Hamburg 2018).

Schmidt am Busch, Hans-Christoph, Eduard Gans und die Rezeption des Saint-Simonismus im Horizont der Hegelschen Sozialphilosophie, in: (Hrsg.) Ders./Ludwig Siep/Hans-Ulrich Tharner [u. a.], Hegelianismus und Saint-Simonismus (Paderborn 2007) S. 105–130.

Schmidt am Busch, Hans-Christoph, Friedrich Wilhelm Carové, Welchen normativen Status hat das Privatrecht? Zu Jürgen Habermas' *Rekonstruktion des Historischen Materialismus*, in: (Hrsg.) Smail Rapic, Habermas und der Historische Materialismus, 2. Aufl. (Freiburg/München 2015) S. 275–294.

Schnädelbach, Herbert, Hegel zur Einführung (Hamburg 1999).

Schnädelbach, Herbert, Die Verfassung der Freiheit (§§ 272–340), in: (Hrsg.) Ludwig Siep, G. W. F. Hegel: Grundlinien der Philosophie des Rechts, Klassiker Auslegen Bd. 9, 3., bearb. Aufl. (Berlin 2014) S. 243–265.

Schröder, Horst, Vorwort, in: (Hrsg.) Ders., Eduard Gans. Philosophische Schriften (Berlin 1971) S. V–LXXXI.

Schulz, Gerhard, Kommentarteil, in: Novalis, Werke, hrsg. u. kommentiert v. Dems., 5., erg. Aufl. (München 2013).

Schwenzfeuer, Sebastian, Marx' Theorie sozialer Freiheit, Allgemeine Zeitschrift für Philosophie 43.3 (2018) S. 307–321.

Senk, Norman, Junghegelianisches Rechtsdenken. Die Staats-, Rechts- und Justizdiskussion der „Hallischen" und „Deutschen Jahrbücher" 1838–1843 (Paderborn 2007).

Shakespeare, William, Sämtliche Werke in vier Bänden, hrsg. v. Anselm Schlösser (Berlin/Weimar 1964).

Sieferle, Rolf Peter, Karl Marx zur Einführung (Hamburg 2007).

Siep, Ludwig, Vernunftrecht und Rechtsgeschichte. Kontext und Konzept der Grundlinien im Blick auf die Vorrede, in: (Hrsg.) Ders., G. W. F. Hegel: Grundlinien der Philosophie des Rechts, Klassiker Auslegen Bd. 9, 3., bearb. Aufl. (Berlin 2014) S. 5–29.

Skirbekk, Gunnar/Gilje, Nils, Geschichte der Philosophie. Eine Einführung in die europäische Philosophiegeschichte mit Blick auf die Geschichte der Wissenschaften und die politische Philosophie, Bd. 2 (Frankfurt a. M. 1993).

Somek, Alexander, Rechtstheorie zur Einführung (Hamburg 2017).

Somek, Alexander, Rechtsphilosophie zur Einführung (Hamburg 2018).

Sperber, Jonathan, Karl Marx. Sein Leben und sein Jahrhundert, übers. v. Thomas Atzert (München 2013).

Spitzer, Steven, Marxist Perspectives in the Sociology of Law, in: (Hrsg.) Susan Easton, Marx and Law (Hampshire [GB]/Burlington [USA] 2008) S. 21–42.

Stahl, Friedrich Julius, Die Philosophie des Rechts nach geschichtlicher Ansicht, Bd. 1: Die Genesis der gegenwärtigen Rechtsphilosophie (Heidelberg 1830).

Stahl, Friedrich Julius, Die Philosophie des Rechts nach geschichtlicher Ansicht, Bd. 2.1: Christliche Rechtslehre (Heidelberg 1833).

Stedman Jones, Garreth, When would Capitalism End? Karl Marx' Changing View of History, in: (Hrsg.) Martin Endreß/Christian Jansen, Karl Marx im 21. Jahrhundert. Bilanz und Perspektiven (Frankfurt a. M. 2020) S. 27–48.

Stirner, Max, Der Einzige und sein Eigentum, ausf. komm. Studienausgabe, hrsg. v. Bernd Kast (München 2009).

Stoppenbrink, Katja, *Art.* Rechtswissenschaften, in: (Hrsg.) Michael Quante/David P. Schweikard, Marx Handbuch. Leben – Werk – Wirkung (Stuttgart 2016) S. 403–406.

Sypnowich, Christine, The Withering away of Law, in: (Hrsg.) Susan Easton, Marx and Law (Hampshire [GB]/Burlington [USA] 2008) S. 473–500.

Thamer, Hans-Ulrich, Symbole, Handlungs- und Kommunikationsformen der Saint-Simonisten, in: (Hrsg.) Christoph Schmidt am Busch/Ludwig Siep/Ders. [u. a.], Hegelianismus und Saint-Simonismus (Paderborn 2007) S. 53–76.

Tietz, Udo, Die Gesellschaftsauffassung, in: (Hrsg.) Harald Bluhm, Die deutsche Ideologie, Klassiker Auslegen Bd. 36 (Berlin 2010) S. 59–81.
Trawny, Peter, Der frühe Marx und die Revolution. Eine Vorlesung (Frankfurt a.M. 2018).
Trotzki, Leo D., Ihre Moral und unsere (Berlin 1967).
Vieth, Andreas, *Art.* Philosophische Schriften, in: (Hrsg.) Michael Quante/David P. Schweikard, Marx Handbuch. Leben – Werk – Wirkung (Stuttgart 2016) S. 31–70.
Vincent, Andrew, Marx and Law, in: (Hrsg.) Susan Easton, Marx and Law (Hampshire [GB]/Burlington [USA] 2008) S. 43–69.
Vollgraf, Carl-Erich, Nun also wieder der Sechs-Bücher-Plan? Über die Perspektivlosigkeit einer Legende, Beiträge zur Marx-Engels-Forschung Neue Folge 2013 (Hamburg 2015) S. 7–21.
von der Pfordten, Dietmar, Rechtsphilosophie. Eine Einführung (München 2013).
Wagner, Richard, Parsifal. Ein Bühnenweihfestspiel, Textbuch mit Varianten der Partitur, hrsg. v. Egon Voss (Stuttgart 2005).
Waszek, Norbert, Saint-Simonismus und Hegelianismus – ein Forschungsfeld, in: (Hrsg.) Hans-Christoph Schmidt am Busch/Ludwig Siep/Hans-Ulrich Thamer [u.a.], Hegelianismus und Saint-Simonismus (Paderborn 2007) S. 13–35.
Waszek, Norbert, War Eduard Gans (1797–1839) der erste Links- oder Junghegelianer?, in: (Hrsg.) Michael Quante/Amir Mohseni, Die linken Hegelianer. Studien zum Verhältnis von Religion und Politik im Vormärz (Paderborn 2015) S. 29–51.
Weber, Max, Wirtschaft und Gesellschaft. Grundriss der verstehenden Soziologie, 5., rev. Aufl., bes. v. Johannes Winckelmann (Tübingen 1980). (= 1980a)
Weber, Max, Gesammelte Politische Schriften, mit einem Geleitw. v. Theodor Heuss, hrsg. v. Johannes Winckelmann, 4. Aufl. (Tübingen 1980). (= 1980b)
Weber, Max, Gesammelte Aufsätze zur Soziologie und Sozialpolitik, hrsg. v. Marianne Weber, 2. Aufl. (Tübingen 1988).
Weckwerth, Christine, Ludwig Feuerbach zur Einführung (Hamburg 2002).
Weckwerth, Christine, Arbeit oder gemeinschaftliche Praxis? Karl Marx im Spiegel neuerer Rezeptionstendenzen, Deutsche Zeitschrift für Philosophie 56 (2008) S. 435–450.
Wetz, Franz Josef, Friedrich W. J. Schelling zur Einführung (Hamburg 1997).
Wilde, Oscar, Der Sozialismus und die Seele des Menschen. Ein Essay, übers. v. Gustav Landauer und Hedwig Lachmann (Zürich 1982).
Wildt, Andreas, Produktivkräfte und soziale Umwälzung. Ein Versuch zur Transformation des Historischen Materialismus, in: (Hrsg.) Urs Jaeggi/Axel Honneth, Theorien des Historischen Materialismus (Frankfurt a.M. 1977) S. 206–255.
Willoweit, Dietmar/Seif, Ulrike, Europäische Verfassungsgeschichte, ausgew. u. hrsg. v. Ders./Dies. (München 2003).
Zelik, Raul, Marx! Warum den kritischen Gesellschaftswissenschaften ein *materialistic turn* guttun würde und was sich sonst von Marx noch lernen lässt, in: (Hrsg.) Rainer Lucas/Reinhard Pfriem/Claus Thomasberger, Auf der Suche nach dem Ökonomischen – Karl Marx zum 200. Geburtstag (Marburg 2018) S. 289–309.

Namenregister

Addington, Henry 228
Aischylos 30
Althusser, Louis 5, 179, 254
Anneke, Friedrich 205f., 244
Aristoteles 27
Arndt, Andreas 3, 5, 33, 39, 68f., 78, 111, 140, 142, 153–155, 175, 270, 276

Bakunin, Michail, Alexandrowitsch 280, 282f., 286
Baratta, Alessandro 5
Bauer, Bruno 23, 69, 121f., 124, 143–145, 147, 151, 153, 182
Bauer, Edgar 148
Bebel, August 273
Beesley, Edward, Spencer 280
Bentham, Jeremy 263
Bethmann-Hollweg, Moritz, August von 13, 54, 62
Biskamp, Elard 247
Blind, Karl 247
Blos, Wilhelm 281
Bluhm, Harald 133, 165
Böcking, Eduard 13
Böhler, Dietrich 6
Bonaparte, Louis, Napoléon 210, 212, 247
Böttiger, Karl, Wilhelm 58
Braun, Johann 14, 20, 46, 178
Brecht, Bertolt 88, 269
Brunkhorst, Hauke 132, 254, 257

Camphausen, Ludolf 189
Cherval, Julien 245
Cobben, Paul 35, 38
Coblenz, Peter 98

Eichhoff, Wilhelm 248
Ende, Michael 277
Engels, Friedrich 1, 4, 10, 144, 151, 154–156, 158, 160, 162–164, 166f., 172, 174f., 177, 186, 210f., 220f., 244f., 258, 265, 276
Epikur 68

Feuerbach, Ludwig 57, 59–62, 73f., 78f., 111f., 117, 120–122, 124, 126, 128–131, 135f., 141f., 144f., 149, 151–154, 164, 182
Feuerbach, Paul, Johann, Anselm von 45, 65

Fichte, Johann, Gottlieb 15, 20, 24, 66
Fischer, Franz–Alois 12, 33f.
France, Anatole 126
Fries, Jacob, Friedrich 31

Gabler, Georg, Andreas 23
Gans, Eduard 3, 8–10, 12, 23, 30f., 44–55, 57, 63–70, 72–77, 80–82, 85–87, 92, 101, 105, 107–110, 120, 128, 130f., 133, 135, 137, 139, 149, 158, 170, 172, 175, 179, 184f., 197, 203f., 234, 236, 250, 259, 272, 276, 279, 284, 287, 290f.
Geiger, Wilhelm, Arnold 207
Giradin, Émile de 220f., 282
Gottschalk, Andreas 205f., 244
Gracchus, Gaius und Tiberius 35
Grolmann, Carl, Ludwig, Wilhelm 65
Grotius, Hugo 80
Grün, Karl 151
Guernsey, William, Hudson 240

Habermas, Jürgen 6, 17, 178
Haferkamp, Hans-Peter 13, 14, 16, 21, 62
Haller, Karl, Ludwig von 81, 127
Hansemann, David 189, 202
Hasse, Johann, Christian 13
Heffter, August, Wilhelm 13
Hegel, Georg, Wilhelm, Friedrich 3–9, 12, 21–27, 29–33, 35–37, 39, 41–45, 47–49, 51–53, 56–60, 63f., 66f., 69f., 72–76, 80–82, 84–87, 89, 92, 94, 96, 98, 101f., 106–114, 116, 118–122, 124, 126f., 129, 131, 133, 135, 137, 141, 143f., 146, 149f., 152f., 155, 158f., 163, 171, 176, 178f., 182, 184f., 197, 204, 228, 234, 236f., 249, 254, 256, 259–261, 266f., 276, 279, 282, 284, 287, 289–291
Heineccius, Johann, Gottlieb 65
Heinrich, Michael 23, 141, 156, 257, 261, 270, 276
Heinzen, Karl 173
Heß, Moses 135, 138, 141f., 144
Hobbes, Thomas 41
Hollerbach, Alexander 58
Honneth, Axel 5, 33, 181

Hugo, Gustav   15, 18, 22, 31, 45, 47, 50, 68, 81–84, 115, 127, 147
Hume, David   55

Jaeggi, Rahel   270

Kant, Immanuel   13, 22, 24, 37, 46, 65f., 81f., 95, 158f., 237
Kapp, Christian   59
Kelley, Donald R.   19, 46, 65, 163
Klenner, Hermann   8f., 21, 23, 62, 67
Knapp, Ludwig   62
Kriege, Hermann   176
Kühlwetter, Friedrich, Christian, Hubert von   207f.

Lange, Ernst, Michael   118
Larmatine, Alphonse de   173, 176
Lassalle, Ferdinand   205, 225, 244, 251, 253, 273, 276
Lenin, Wladimir, Iljitsch   4
Leo, Heinrich   81
Liebknecht, Wilhelm   273
Locke, John   148, 259
Lohmann, Georg   8
Loick, Daniel   8

Maihofer, Andrea   8f., 180, 290
Malthus, Thomas, Robert   170
Marcuse, Herbert   35, 59, 142
Marquard, Odo   22
Maurer, Georg, Ludwig von   15
Menke, Christoph   8
Mohr, Georg   36
Montesquieu, Charles de Secondat   13, 80, 195
Moriya, Kenichi   20
Möser, Justus   15
Mozart, Wolfgang, Amadeus   208

Negt, Oskar   5f., 180
Nothjung, Peter   243
Novalis, Hardenberg, Friedrich von   127

Pain, Thomas   239
Paschukanis, Eugen   4f., 178, 180
Paul, Wolf   6
Platon   35
Poulantzas, Nicos   5f., 179f.
Prometheus   70, 106, 140, 171

Proudhon, Pierre–Joseph   135, 142, 146–148, 171, 220f., 257, 282
Puchta, Georg, Friedrich   54, 62
Puggé, Eduard   13

Quante, Michael   117, 141, 165, 254

Renner, Karl   285
Rings, Max   23
Ritter, Joachim   34, 37
Rousseau, Jean–Jacques   80, 125, 133, 158
Rudorff, Adolf, August, Friedrich   14, 54
Ruge, Arnold   59, 68, 71f., 77, 104, 111, 114, 139, 144

Saint-Simon, Henri de   135
Savigny, Friedrich, Carl von   13, 15, 17–22, 29, 31, 34, 36, 43, 45–48, 51, 53–57, 59, 62, 65f., 68f., 73, 81, 90, 93, 107, 119, 127f., 148, 161, 201, 272
Say, Jean–Baptiste   148
Schapper, Karl   205, 245
Schefold, Christoph   8, 14, 81f., 107f., 133, 141
Schelling, Friedrich, Wilhelm, Joseph   15, 21, 23f., 57–59, 67, 69, 72, 74
Schmalz, Theodor   54
Schmidt, Christian   153
Schwenzfeuer, Sebastian   133
Senk, Norman   18, 21
Shakespeare, William   156
Sieferle, Rolf, Peter   71
Siep, Ludwig   31f.
Somek, Alexander   18
Spinoza, Baruch de   80
Stahl, Friedrich, Julius   21, 57–62, 69, 72, 74, 79–82, 106, 127, 149
Stieber, Wilhelm   246, 248
Stirner, Max   151–154, 159, 170, 182, 220f., 282
Strauß, David, Friedrich   78
Stutschka, Petr   180
Sue, Eugène   148

Thibaut, Anton, Friedrich, Justus   14, 45, 65

Vincent, Andrew   4
Vogt, Carl   240, 243, 246–249
Vollgraf, Carl–Erich   276
Voltaire, Francois–Marie, Arouet   80

Wagner, Heinz 180
Waszek, Norbert 46
Weber, Julius 248
Weber, Max 118, 164
Weckwerth, Christine 112, 117
Willich, August 245, 248

Witte, Karl 44
Wolff, Christian 80

Zedlitz–Neukirch, Constantin von 251, 253
Zychlinski, Franz von 149

Sachregister

Aberglauben 126, 134, 137, 154, 246
Abschaffung des Staates 220f., 280f., 291
Absolutes Wissen 138, 140
Absterben des Staates 4, 291
Adel 115, 130, 160, 196f.
Ager publicus 35f., 284
Akkommodation 111, 114
– Akkommodationsvorwurf 68
Allgemeines Landrecht für die Preußischen Staaten 15, 23, 46, 51, 80, 90, 200, 203
Analytischer Marxismus 7
Anarchie 147, 157, 216, 220f., 269f., 280, 291
Ancien régime 83f., 114
Anthropologie 112, 115, 117, 130, 151
Arbeit 9, 11, 13, 21, 23, 26f., 33, 99, 113, 125, 133, 136–138, 146, 148, 152, 154–157, 159, 163f., 168–170, 173f., 188, 209, 213, 221, 227, 240, 249, 258f., 261, 263–265, 267–272, 274, 278f., 281f., 285
Arbeiterbewegung 10, 167, 180, 255, 273, 283
Arbeiterklasse 190, 274
Arbeiterverein 205, 243
Arbeitshäuser 52, 170
Aristokratie 59, 163, 167–169, 173, 188, 190, 195, 199, 212, 222, 225–229
Assoziation 52, 152, 175, 270
– Assoziationsfreiheit 168, 170, 192, 202, 219
Audienzverhandlung 250
Aufklärung 18, 83, 210
Ausbeutung 52, 120, 169, 172, 176, 178, 191f., 213f., 231, 263, 268, 272, 276, 281, 286

Basis-Überbau 177
– Basis-Überbau-Kategorien 180
– Basis-Überbau-Lehre 2
– Basis-Überbau-Metaphorik 178
– Basis-Überbau-Modell 178
– Basis-Überbau-Problem 180
– Basis-Überbau-Problematik 181
– Basis-Überbau-Terminologie 180
– Basis-Überbau-Theorem 9, 177f., 179, 180f.
– Basis-Überbau-Verhältnis 179, 180
Besitz 19f., 28, 35, 53–56, 62f., 66, 79, 84, 94, 119, 148, 160, 162f., 239, 272
Besitzrechtsstreit 20f., 46, 53, 69
Betrug 36, 200

Bevormundung 91, 250
– Bevormundungstheorie 80, 82, 106, 250
Böse 53, 59, 72, 149, 235
Bürgerliche Gesellschaft 2, 18, 26–29, 39–42, 44, 49, 51f., 63, 77, 79, 88, 97f., 109–113, 115f., 118, 121, 123–132, 134, 136–139, 142f., 147, 150, 154–157, 159–162, 164–167, 171f., 175f., 180, 182f., 188, 192, 198, 200, 204, 213f., 219, 226, 234f., 238, 249f., 253, 257, 259–262, 265f., 268f., 271f., 275, 280, 282–287, 289f.
Bürokratie 101, 118, 164, 202, 217, 221

Chartisten 170, 190, 215–217, 223, 225, 255
Code Napoléon 14f., 51, 80, 192
Code pénal 203, 205f., 245f., 250
Corpus Iuris Civilis 17f., 43, 162
Critical Legal Studies 7

Demokratie 106, 117f., 123–125, 132, 160, 175, 182, 193, 213f., 217, 247
Despotismus 51, 95, 106, 115, 174, 195, 203, 214f., 246
Detention 19f.
Deutscher Idealismus 22, 95, 153
Deutscher Zollverein 98, 159
Dialektik 8, 141, 260, 264, 290
Diebstahl 83, 85f., 89, 243
Distribution 220, 271, 277, 281, 290
Disziplinargesetz 244

Ehescheidung 91–93
Eigentum
– Eigentumsfreiheit 85, 99, 108
– Eigentumsverhältnisse 21, 62, 119, 150, 163, 165, 170, 173, 182–184, 197, 214, 222, 256, 263, 271f., 289f.
– Gemeineigentum 35, 88, 278, 284
– gemeinschaftliches 282
– individuelles 282, 284f., 291
– öffentliches 119, 240, 284
– soziales 119, 148, 284–286
– Staatseigentum 120, 163
Eigentumsrecht 34–36, 148, 176, 197
Einkommensteuer 167f., 170, 174, 194f., 226, 228
– progressive 174, 219, 221, 229, 283

Emanzipation   121, 126, 180, 190, 212 f., 217, 262, 274
– Menschliche Emanzipation   122, 126, 128 f., 139, 146, 183, 190, 202, 212, 220
– Politische Emanzipation   122–124, 126, 132, 136, 139, 147, 161, 165 f., 186, 212, 216, 220, 222
– Sklavenemanzipation   240
Empörung   129, 146
England   49, 170, 173–175, 191, 198, 214–216, 222–225, 230, 233, 239–242, 252 f., 255, 263, 273, 278
Entfremdung   1, 117, 122, 124, 126 f., 129 f., 135–139, 146, 156 f., 164, 166, 173, 175 f., 182, 255, 257, 269 f., 275
– Entfremdungsparadigma   184, 267 f.
– Entfremdungstheorie   117, 124, 132, 135, 138, 146, 150, 156
– Selbstentfremdung   123, 129, 139
Entwicklungsgeschichtliche Methode   3, 6 f., 9, 11, 67, 181, 183, 185, 254, 284 f., 287, 290 f.
Erbrecht   14, 49, 52 f., 99, 108, 120, 174 f., 272, 283, 285
Erbschaftsteuer   228, 283
Erkenntnis   12, 19, 27, 30, 32, 34, 40, 50, 60, 63, 112, 126, 130, 154, 170, 176
Erweckungsbewegung   59

Fabrikgesetzgebung   225, 230, 232–234, 256, 272, 274
Fabrikordnungen   173 f., 233, 273
Faktum-Lehre   20, 34, 54, 56, 148
Familie   39, 43, 49, 53, 92, 111 f., 140, 167, 175, 177, 186, 203 f., 227, 238, 244
– Familienrecht   90, 93
– Familienscheidung   92
– Familienvermögen   53, 108
Februarrevolution   167, 176, 202, 211, 215 f., 222
Fetischismus   266, 268, 274, 278
– Fetisch   267
– ökonomischer   268, 271
Feudalismus   43, 115, 123 f., 160, 162, 169 f., 172, 175, 188, 192, 195, 217, 272, 284
– Feudalrechte   196
Finanzaristokratie   212
Finanzpolitik   187, 193 f., 199, 219, 222, 255
Formalismusvorwurf   25, 38, 76, 228

Frankreich   167, 171, 190, 210, 213, 215, 217, 222, 229, 239, 245, 247, 252, 255, 273, 280 f.
Französische Revolution   123, 125, 189, 192, 217
Freihandel   167, 169 f., 190, 214, 228, 233, 235
Freiheit
– persönliche   40, 158, 160, 166, 176, 184, 202, 256–258, 270, 277, 284
– rechtliche   75, 125, 132 f., 150, 166, 176, 184, 238, 275, 282 f., 285 f., 288–290
– soziale   130, 133 f., 150, 166, 176, 270, 275, 277, 283, 289 f.
Frondienste   168, 192, 196 f., 228
Fürst   106
– Fürstliche Gewalt   49, 114, 116 f.

Gattung   117 f., 122, 124, 126 f., 130–134, 138 f., 141, 147, 151–153, 156, 158, 164, 166
Gebrauchswert   261, 263
Geist   23, 30 f., 33, 55, 60, 73, 75, 79, 82, 91, 94–98, 102, 111, 115, 118, 123, 136, 138, 140, 145, 152
– absoluter   44, 92
– objektiver   30 f., 92, 165
– subjektiver   31
Geld   88, 125, 127, 130, 136–138, 157, 198 f., 247, 265, 267
Geldmarkt   216
Gemeines Recht   15 f., 19, 51, 234
Gemeinwesen   26, 39, 41, 43 f., 49, 52, 61, 76–78, 89, 95, 103, 106, 108 f., 115, 120 f., 123, 132, 138 f., 143, 160, 162, 185, 198, 204, 220, 250, 262, 271, 275, 279–281, 283, 286, 290 f.
Genossenschaft   278
Gerechtigkeit   7, 9, 36, 42, 86–89, 149, 178, 236, 238, 250
Gericht   41 f., 51, 75, 86 f., 92 f., 104, 163, 204, 218, 239, 243 f., 248–250, 273
Germanisches Recht   119
Geschworene   42, 51, 204, 244–246, 287
Geschworenengericht   42, 51, 87, 109, 168, 204 f., 240, 245 f., 255, 287
Gesetz   25, 27, 29, 41, 43, 50, 73–75, 80 f., 83–85, 89, 91–93, 99, 101, 105, 107, 109, 114, 118, 125, 132, 137, 150, 160, 164, 168, 173, 192, 197, 200, 203, 207, 216, 218, 227, 231–234, 239, 245, 251 f., 255, 264, 273

– formelles 75, 77, 91
– wirkliches 75, 77, 93, 119
Gesetzbuch 14, 18, 29, 41, 43, 75
Gesetze der rechtlichen Freiheit 75, 90, 109
Gesetzgeber 14, 17, 81, 83, 89, 92f., 109
Gesetzgebung 19, 27, 29, 42, 50, 64, 81, 83, 90, 92, 94, 97, 105, 149, 191–193, 202–204, 208, 222, 226, 229, 234, 239, 249, 274
Gesinnung 38, 76, 78, 80, 89, 95, 98, 100, 104f., 208, 253
Gewissen 37, 42, 51, 74, 78, 150, 204f., 246
Gewohnheitsrecht 15–17, 21, 43, 50, 75, 83–85, 89, 109, 130
Gott 58f., 61, 73, 79, 111, 117, 124f., 136f., 152, 203, 209, 216
Griechische Tragödie 29
Grundbesitz 99, 116, 119f., 132, 163, 173, 188, 226, 229, 285
Grundeigentum 94, 116, 148, 174, 188, 213, 227, 229, 271f.

Halsgerichts-Ordnung 86
Historische Rechtsschule 6, 10, 12–14, 17–19, 21–23, 31, 33, 42f., 47–51, 53f., 57–59, 62–64, 66–70, 72f., 75, 80f., 83–85, 88, 90, 95, 107f., 114f., 117, 119–121, 124, 127f., 131, 135, 137, 146, 151, 159, 161–163, 182, 228, 234, 250, 256, 260, 289
Historischer Materialismus 5, 8, 135, 143, 152, 165, 172, 176–178, 192, 222f., 226, 256, 266
Hofgericht 246
Hypothekensteuer 219

Idealismus 67, 142, 144, 181, 262
Ideologie 1–4, 155, 158, 160, 163, 179, 184, 193, 212, 215, 222, 238, 259, 266, 268, 272, 283
Industrie 94, 162, 188, 214–216, 228–230, 242, 274, 278
Inquisition 61
– Inquisitionsprozess 42
– Inquisitionsverfahren 205
Interdict 19, 55, 63
Inversion 112, 124, 131, 145, 152, 182f.
– Inversionsmethode 112, 144
Irland 238, 255

Italien 247
Ius talionis 36, 149, 237

Jurisprudenz 2, 12, 17, 31, 43, 59, 65, 91, 135, 149, 206, 228, 249, 262
Justiz 42, 109, 149, 200, 203, 205f., 243, 245f., 249, 273, 287
– Kabinettsjustiz 204

Kaiserzeit 51, 119
Kapital 2, 156, 162, 169f., 172, 188, 192, 202, 213, 216, 227, 259–261, 265, 267, 269, 271, 273–275, 277–279, 284
Kapitalismus 1, 164, 181
Kapitalsteuer 221
Kategorischer Imperativ 25, 38, 66, 237
Kirche 58, 79, 92, 228
Klassen 89, 146, 159–161, 163, 165, 168, 170–175, 190, 202, 204, 212–214, 218f., 221f., 225f., 229, 232, 245, 249, 255, 259, 268, 272f., 276, 280
– Klassengegensatz 146, 160, 169f., 172, 175, 188, 190, 216, 221, 230, 235, 287
– Klassenherrschaft 217, 221, 280
– Klasseninhalt, ökonomischer 5
– Klasseninteressen 165, 172, 174, 217, 219, 232
– Klassenkampf 172, 174, 212
– Klassenprivilegium 204, 245
– Klassenrecht 185
– Klassenverhältnisse 234, 238, 266
Kodifikation 15f., 18, 43, 50f., 86
Kommunismus 121, 127, 130, 133, 139–141, 146, 157, 167, 171f., 176, 180, 243f., 247–249, 255, 279, 282
König 82, 115, 122, 168, 198, 204f., 217
Konstitution 123, 126, 140, 160, 166, 173, 198, 203, 218
Konsumtionssteuern 174
– Mahl- und Schlachtsteuern 174
– Weinsteuer 219
Korporation 41, 43f., 52, 101, 118, 123
Kriminalrecht 23, 46, 65, 161, 191
Krisen, ökonomische 214f., 223f., 235, 255, 269
Kritik der politischen Ökonomie 2f., 8, 11, 142, 153, 166, 178, 181, 254, 256, 258, 260f., 265–268, 270, 274, 277, 282, 290

Kritik des Rechts 3, 128, 131, 143, 158, 165 f., 173, 176, 183 f., 204, 217, 222 f., 240, 249, 253, 255–258, 262, 270, 275, 289 f.

Lehre vom christlichen Staat 62, 72, 76, 79, 81, 83, 91, 106, 108, 111, 114, 121 f., 124, 128, 133, 203, 246
Lettres de cachet 205, 239
Liberalismus, politischer 159, 161, 165, 169
Linkshegelianer 46
– Junghegelianer 67, 69–71, 151, 154 f., 164, 182
Logik 23, 28, 34, 87, 111, 113 f., 116, 120, 131, 134, 142, 176
Lohnarbeit 52, 172, 188, 192, 230, 259, 261, 263–266

Majorat 116, 120, 162, 272
Markt 29, 41, 98, 259, 261, 263, 267
– Marktwirtschaft 52
Märzrevolution 186, 189, 192, 196, 200, 208, 211, 213, 221 f., 240, 247
Materialismus 5, 8, 88, 147, 150, 152 f., 158, 160 f., 164–166, 172, 178, 183, 205, 237, 242
Mechanismus 95 f., 106, 283
Mehrwert 88, 263, 267
Menschenrechte 7, 9, 28, 125, 127, 130, 132, 136, 147, 161 f., 166, 173, 182, 217, 219, 222, 239, 255, 262, 272, 288
Monarchie 59, 106, 114 f., 117 f., 120, 125, 168, 170, 187, 189, 199 f., 202, 204, 214, 273
– Julimonarchie 212
Moral 7, 12, 24–26, 28, 31, 33, 37 f., 49, 63, 68, 76, 78, 89, 91, 120, 126, 140, 143, 150, 175, 178, 181, 213

Nationalökonomie 40, 52, 100, 135–137, 142 f., 147, 159, 166, 169, 260
Nationalversammlung 187, 189, 191 f., 194, 197 f., 208, 212, 217, 246
Naturgesetz der Freiheit 74, 109
Naturrecht 12–14, 16, 22, 24–26, 33, 47–49, 63, 66, 80 f., 89, 111, 118, 120, 126, 132 f., 158, 184, 259, 272

Obligationenrecht 20
Öffentliches Recht 58, 61, 66, 202, 243, 286

Ökonomie 3 f., 10, 141, 143, 148, 151, 171, 179, 182, 209, 221, 224, 227, 253, 257, 259, 263, 266, 271, 276 f.
Opposition 49, 94 f., 97, 102, 168, 188 f., 202, 215, 217, 245
Organismus 74, 80, 84, 94–96, 98, 109, 114, 226, 260, 283
Österreich 247
Österreichisches Gesetzbuch 15, 51

Pachtrecht 225–229, 255
Pandekten 13, 18–20, 65 f., 162
Paris 121, 167, 176, 186, 207, 209, 212, 245, 275, 280
Pariser Kommune 275, 280
Parlament 82, 173, 198, 216, 225, 231, 234, 239
Pauperismus 139, 170, 234 f.
Persönlich dingliches Recht 66
Persönliches Recht 66
Persönlichkeit 5, 34 f., 39, 41, 53, 56, 116, 119, 175, 204, 239
Philosophie, positive 57–61, 67, 69 f., 72–74, 128
Philosophische Rechtsschule 45, 53, 57, 67, 110, 289
Pöbel 41, 52, 89, 109, 130, 133, 140
– Privatpöbel 76
– reicher 77
Polizei 41, 43, 189, 208 f., 245–248, 251–253
Präsident 49, 205, 217, 251 f.
Pressefreiheit 49, 71 f., 74, 77, 168, 170, 192, 202, 207, 218
Preußen 45, 90, 94, 97, 102, 105 f., 115, 122, 128, 168, 187, 191–195, 199, 205, 208, 218, 222, 229, 243–247, 249–251, 253, 255 f., 273
Privateigentum 35, 41, 52 f., 61, 63, 74, 84, 86–88, 108, 116, 119, 124, 126 f., 130, 132–137, 139, 143, 145, 148, 150, 157, 162–164, 173, 175, 182, 184, 195, 209, 213, 219, 221, 227, 255, 257, 262, 264, 269, 272, 277, 282, 284 f.
Privatrecht 17, 33 f., 37, 58, 61, 66, 84, 116, 119, 147, 161–163, 166 f., 184, 191, 200, 202, 243, 262, 272, 281 f., 284–287
Privilegien 83, 147, 188, 198, 204, 217, 229, 271, 282, 289
– Vorrechte 83

Produktionsverhältnisse 162, 165, 172–174, 177, 181, 188, 193, 214, 232, 255, 262, 265, 268f., 285, 288
Produktionsweise 155f., 159, 161, 177, 179, 188, 192, 220, 259, 262–266, 268–272, 274–280, 282
Produktivkräfte 155, 158f., 161, 164, 177, 183, 188, 216, 224, 267, 276, 278f.
Profit 163, 174, 229f., 233, 267f.
Proletariat 52, 129f., 133, 137–140, 146f., 160, 164, 167–172, 174–176, 183, 186, 190, 193, 202, 211–213, 215–219, 222, 226, 245, 279
Provinziallandtage 94, 96f.
Prozessrecht 42, 250

Recht
– bürgerliches 28, 33, 37, 150, 196, 222, 234, 271f., 275, 281–283, 286
– entfremdetes 143
– formelles 87, 132, 166, 184, 289
– kanonisches 92
– wirkliches 86, 132f., 166, 184, 288–290
Rechtsboden 191, 193, 197, 219, 242
Rechtsfähigkeit 31, 34, 55
Rechtsform 20, 275, 281, 283f., 286, 290
Rechtsgebot 35, 84, 108, 261
Rechtshegelianer 46
– Althegelianer 67
Rechtsmoralismus 12
Rechtsordnung 25, 35, 89, 262, 271, 275
Rechtsperson 5, 34, 63, 108, 271, 282, 284, 291
Rechtspflege 41–43, 203f.
Rechtspositivismus 12, 33, 63
Rechtsprechung 50, 64, 163, 240
Rechtsstaat 44, 141, 274
Rechtstheorie 2f., 5f., 9, 62, 177–181, 292
Rechtswissenschaft 14f., 17, 22, 26, 29, 31f., 45, 47f., 50, 56, 63, 65, 107
Regierung 76, 101–105, 167f., 174, 186, 193–198, 200–202, 204–207, 209, 212f., 215, 219, 240, 242, 244–246, 249, 251–253, 262, 273, 280
Reichsregenten 246
Reichtum 51, 130, 137, 234f., 265f., 284
Religion 60, 72f., 78–80, 91, 106, 111, 117, 122f., 128, 136f., 140, 160, 203, 228, 268f.
– Religionsphilosophie 78
– Staatsreligion 122

Renaturalisation 208, 251f.
Republik 18, 199, 210–213, 217, 219, 222, 241, 262
Restauration 189, 204, 209, 214, 222, 245
Revolution 4, 41, 129f., 174, 187f., 190–193, 197f., 210, 212, 214, 216, 218, 220, 222, 224, 227, 246, 253, 273, 283
– bürgerliche 214
– demokratische 188f.
– europäische 190
– Julirevolution 52
– politische 124f., 192
– proletarische 175, 188, 215, 275
– radikale 130, 135
– Revolutionstheorie 146f., 165, 254
– soziale 8, 139, 170, 186, 190, 211f., 215f., 221, 225, 255
Richter 42, 149, 163, 200, 204f., 218, 237, 244, 249f., 287
Rom 50, 162f.
Romantik 72, 105, 114, 121, 127
Römisches Recht 16–21, 31, 43, 51, 54, 62f., 119f., 162f., 262, 284
Russland 190

Sachenrecht 35, 66
Saint-Simonismus 45, 52f., 130, 133, 172, 175, 283
Schadenersatz 86f., 200, 232
Schottland 227
Schutzzoll 167, 169, 173, 235
Schweiz 246
Sechs-Bücher-Plan 276, 286
Seerecht 225, 240–242, 255
Selbstverwirklichung 33, 63, 158, 275, 277, 283f., 291
Skeptizismus 82, 88
Sklaverei 50, 52, 82, 147, 172, 203, 213, 231, 240f.
Souveränität 106, 189
Sowjetische Rechtstheorie 4f.
Sozialdemokratie 11, 270f., 273, 276
Soziale Frage 21, 45, 52, 110
Sozialismus 45, 131, 139, 141, 151, 171, 212, 220, 222f., 273, 291
Spekulation 112f., 120, 129, 131, 135, 142–145, 149, 151–154, 158f., 163, 176, 182, 287
Spezialistendogma 17, 43, 63

Staat 1f., 16, 30, 33f., 37, 39, 44f., 47, 49, 51, 58–61, 63, 71–74, 76–80, 86–89, 92–100, 102f., 105f., 109–116, 118–120, 122–124, 126, 128f., 131, 133, 135, 139f., 143, 145, 147, 150, 152, 156, 158f., 161f., 164f., 173, 176f., 183, 189–195, 198, 202, 204, 211, 218, 220f., 244, 249f., 271, 276, 280, 283f., 286, 291
Staatsanwaltschaft 248f.
Staatsbürgerrecht 187, 207f., 251
Staatsgeist 76f., 79, 103, 123
Staatsrecht 28, 82, 94, 116, 119
Stände 40, 84, 94–97, 105, 114f., 117f., 161f.
Steuern 99, 164, 197, 228
Steuerrecht 168, 220, 228, 255, 286
Strafe 29f., 36, 42, 58, 75, 83, 86–88, 109, 149f., 163f., 167, 185, 200, 203, 219, 236–238, 273
Strafprozess 204f., 240, 243
Strafrecht 30, 33f., 36, 42, 63, 75, 87, 105, 109, 147f., 150, 163f., 166, 174, 184f., 187, 199, 202–204, 206, 222, 225, 233, 235f., 238f., 243f., 249, 255f., 272f., 283, 287
Strafrechtstheorie 51, 86, 149f., 163, 236, 287
– präventive 36, 236f.
– vergeltende 236f.
Strafverfahren 51, 206
Strukturaler Marxismus 5, 178
Subjekt und Prädikat 112f., 116, 182

Tauschwert 172, 261, 263
Tendenz-Charakter 244
Tendenzgesetz 75–77
Tendenzgesetzgebung 104, 109, 207, 240, 273
Tendenzstrafe 206, 208
Theologie 80, 93, 111, 128, 137, 149
Todesstrafe 218, 236, 238, 255
Totalität 24–26, 48, 68, 260

Universalrechtsgeschichte 47f., 51, 63, 75
Unrecht 20, 36–38, 55f., 89, 130, 207, 250, 264
Unvollkommenheitstheorie 72, 80, 82, 91, 106, 250
Usucaption 19, 34, 148
Utopie 47, 141, 176, 190, 285, 291

Verbrechen 29, 36, 42, 75, 83, 86–89, 149f., 163f., 203, 235f., 239, 273
Verbrecher 89, 109, 150
Verdachtsstrafe 76, 109, 206, 240
Vereinbarungstheorie 189, 191, 193, 195, 218, 222
Verein freier Menschen 80, 109, 118, 132f., 166, 276, 279, 281, 283f., 286f., 290f.
Vereinigte Staaten von Amerika 49, 77, 198f., 210, 240–242, 250
Verfassung 27, 79, 94f., 97, 105f., 114f., 117f., 121, 132, 140, 175, 187, 192, 209, 211, 216–220, 222, 225, 255
Verkehrsform 154, 156–159, 164, 177, 183, 188
Vermögen 89, 92, 125, 195, 199f., 221
Vernunftrecht 14, 16, 22, 80, 109, 120
Vertrag 28, 35f., 56, 196, 261, 273
Verwaltung 75, 98–101, 105, 200f., 203f., 206, 271, 286
Völkerrecht 28, 242f., 255
Volksgeist 16, 102f., 105, 109, 206f.
– Volksgeistlehre 16f.
Vormärz 71

Wahlrecht 208, 212, 216, 219, 225, 256
Waren 4f., 127, 137, 169, 178, 228, 242, 261, 263, 266f., 269, 281
Weltgeschichte 36, 44, 92
Weltkrieg 190, 215
Weltmarkt 157, 169, 172, 190, 214–216, 228, 269f., 276
Willenstheorie des Rechts 158f., 161, 193, 228, 238, 256, 262
Wissenschaft
– besondere 26, 109, 135, 142, 149, 163, 257
– empirische 151, 155
– moderne 278
Würde 88, 90f., 172, 237

Zehnstundenbill 174, 230f.
Zensur 73, 76, 81, 102
– Pressezensur 72, 75, 77f., 101, 104, 185, 207
Zivilprozess 249f., 285
Zivilrecht 54, 62f., 255
Zoll 228
– Einfuhrzölle 98

www.ingramcontent.com/pod-product-compliance
Lightning Source LLC
Chambersburg PA
CBHW080911170426
43201CB00017B/2285